AF834219

Kryptowährungen im Steuerrecht

Forum Unternehmens-, Steuer- und Bilanzrecht

Deutsche, europäische und internationale Rechtsfragen
Herausgegeben von Oliver Fehrenbacher / Michael Stöber

Band 25

Cecilie Elisabeth J. Madsen

Kryptowährungen im Steuerrecht

PETER LANG
Lausanne - Berlin - Bruxelles - Chennai - New York - Oxford

Bibliografische Information der Deutschen Nationalbibliothek
Die Deutsche Nationalbibliothek verzeichnet diese Publikation in der Deutschen Nationalbibliografie; detaillierte bibliografische Daten sind im Internet über http://dnb.d-nb.de abrufbar.

Zugl.: Kiel, Univ., Diss., 2022

D 8
ISSN 2366-293X
ISBN 978-3-631-89224-4 (Print)
E-ISBN 978-3-631-89230-5 (E-PDF)
E-ISBN 978-3-631-89231-2 (EPUB)
DOI 10.3726/b20320

© 2023 Peter Lang Group AG, Lausanne

Verlegt durch:
Peter Lang GmbH, Berlin, Deutschland

info@peterlang.com http://www.peterlang.com

Alle Rechte vorbehalten.

Das Werk einschließlich aller seiner Teile ist urheberrechtlich geschützt. Jede Verwertung außerhalb der engen Grenzen des Urheberrechtsgesetzes ist ohne Zustimmung des Verlages unzulässig und strafbar. Das gilt insbesondere für Vervielfältigungen, Übersetzungen, Mikroverfilmungen und die Einspeicherung und Verarbeitung in elektronischen Systemen.

Vorwort

Die vorliegende Arbeit wurde von der Rechtswissenschaftlichen Fakultät der Christian-Albrechts-Universität zu Kiel im Sommersemester 2022 als Dissertation angenommen. Literatur und Rechtsprechung wurden mit Ausnahme des BFH Urteils zur Wirtschaftsguteigenschaft von Krypto-Token (IX R 3/22) bis Ende Juli 2022 berücksichtigt.

Ein Dank gilt meinem Doktorvater, Herr Prof. Dr. Michael Stöber, für die Betreuung meiner Arbeit. Des Weiteren danke ich Herrn Prof. Dr. Jan Roth für die Erstellung des Zweitgutachtens. Ebenfalls danke ich den Herausgebern für die Aufnahme der Arbeit in die Schriftenreihe *Forum Unternehmens-, Steuer- und Bilanzrecht*.

Ein besonderer Dank gilt meinem besten Studienfreund und treuen Wegbegleiter Dr. jur. Malte Drews für alle *ad hoc* (Fach-)Diskussionen, kritischen und belustigenden Anmerkungen, seine Geduld und Zeit sowie die stetigen Ermutigungen, ohne die ich diese Arbeit niemals fertiggestellt hätte. Ebenfalls möchte ich meiner Freundin Lisa Ziehm für die loyale Freundschaft und emotionale Unterstützung seit mehr als 26 Jahren danken. Ein weiterer Dank gilt Herrn Dr. med. Jörg Engster.

Mein größter Dank gilt meiner Familie. Ich danke meinen Eltern Anja und Jörn Madsen für ihren unermüdlichen Beistand, Fürsorge, Vertrauen und die ewige Ermunterung, *wo ein Wille auch Weg*. Ferner danke ich meinen beiden Großeltern Uwe und Elke Ramm, die diese Veröffentlichung leider nicht mehr miterleben konnten, für die mir gewährte Charakterbildung, die mir zuteil gewordene Lehre von Moral und Selbstreflexion sowie die stets geförderte Eigenschaft, alles zu hinterfragen und sich selbst treu zu bleiben. Schließlich danke ich meinen Geschwistern Philipp und Bodil Madsen und meinem geliebten Maximilian Löhr für ihren kompromisslosen Beistand.

Widmung

Diese Arbeit ist

Elke Meta Ramm, geb. Pagels,
Uwe Otto Heinrich Ramm,
Anja Juliane Madsen, geb. Ramm,
Jörn Christian Madsen,
Rasmus Uwe Peter Madsen,
&
Maximilian Löhr

gewidmet.

Literaturverzeichnis

Andres, Joerg/Stoffels, Joshua, Besteuerung von Veräußerungsgewinnen bei sog. Krypto-Assets zulässig? – Eine kritische Analyse des FG-Beschlusses Berlin-Brandenburg v. 20.6.2019 – 13 V 13100/19, NWB 7/2020, 489—494.

Andres, Joerg/Stoffels, Joshua, Sind „technische Details" bei der Besteuerung sog. Kryptowährungen tatsächlich generell nicht entscheidungserheblich? Anmerkungen zu FG Baden-Württemberg v. 11.06.2021 – 5 K 1996/ 19, DStR 2022,137–140.

Antonopoulus, Andreas M., Mastering Bitcoin, Chap., verfügbar unter: chimera.labs.oreilly.com/books/1234000001802/index.html, abgerufen am 04.10.2018.

Assmann, Heinz-Dieter/Schütze, Rolf A./Buck-Heeb, Petra (Hrsg.), Handbuch des Kapitalanlagerechts, 5. Auflage, München 2020.

Auffenberg, Lutz, E-Geld auf Blockchain-Basis, BRK 2019, 341–345.

Badertscher, Marc, Ethereum: Hackerangriff auf den 150-Millionen-Fonds, veröffentlicht am 17.06.2016 unter: https://www.handelszeitung.ch/blogs/bits-coins/ethereum-hackerangriff-auf-den-150-millionen-fonds-1118070#, abgerufen am 25.03.2019.

Baetge, Jörg/Kirsch, Hans-Jürgen/Thiele, Stefan (Hrsg.), Bilanzrecht, 1. Auflage 2002, 100. Lieferung, Stand Oktober 2021, Bonn 2021.

Baetge, Jörg/Kirsch, Hans-Jürgen/Thiele, Stefan (Hrsg.), Bilanzen, 16. Auflage, Düsseldorf 2021.

Bankrechts-Handbuch (Hrsg. *Schimansky, Herbert/Bunte, Hermann-Josef/Lwowski, Hans Jürgen*), Band 2, 5. Auflage, Berlin 2017.

Bausch, Stephan/Heetkamp, Simon J., Wie kommt der „Kuckuck" auf den Bitcoin?, FD-ZVR 2018, 404464, Dispute Resolution 2018, 7.

Bayrisches Landesamt für Steuern v. 12.03.2012 – S 2256.1.1-6/4 St3, Ertragsteuerliche Berücksichtigung von Veräußerungsgewinnen bei Fremdwährungsgeschäften nach Einführung der sog. Abgeltungsteuer, verfügbar unter: https://datenbank.nwb.de/Dokument/Anzeigen/498931, abgerufen am 14.11.2020.

Bayrisches Landesamt für Steuern v. 14.01.2019 – S 3812b.1.1-16/12 St 34, Erbschaft- und schenkungsteuerliche Behandlung von Kryptowährungen, verfügbar unter: https://datenbank.nwb.de/Dokument/Anzeigen/770796, abgerufen am 14.11.2020.

Beck, Benjamin/König, Dominik, Bitcoin: Der Versuch einer vertragstypologischen Einordnung von kryptographischem Geld, JZ 2015, 130–138.

Beck, Benjamin, Bitcoins als Geld im Rechtssinne, NJW 2015, 580–586.

Beck´scher Bilanzkommentar, Handels- und Steuerbilanz, §§ 238 bis 339, 342–342e HGB (Hrsg.: *Grottel, Bernd/Schmidt, Stefan F./Schubert, Wolfgang J.* u. a.), 12. Auflage, München 2020.

Beck´scher Online Kommentar BGB, Hrsg: *Hau, Wolfgang/Poseck, Roman,* 61. Edition, Stand: 01.02.2022, München 2022.

Beck´scher Online Kommentar EStG, Hrsg.: *Kirchhof, Gregor/Kulosa, Egmund/Ratschow, Eckart,* 12. Edition, Stand. 01.03.2022, München 2022.

Beck´scher Online Kommentar HGB, Hrsg.: *Häublein, Martin/Hoffmann-Theinert, Roland,* 34. Edition, Stand: 15.10.2021, München 2021.

Beck´scher Online Kommentar Umsatzsteuergesetz, Hrsg.: *Weymüller, Rainer,* 32. Edition, Stand: 06.03.2022, München 2022.

Beck´scher Online Kommentar Urheberrecht, Hrsg: *Ahlberg, Hartwig/Götting, Peter,* 33. Edition, Stand: 15.01.2022, München 2022.

Beck´sches Handbuch der Rechnungslegung – HGB und IFRS –, Gesamt-Hrsg: *Böcking, Hans- Joachim/Gros, Marius/Oser, Peter/Scheffler, Eberhard/Thormann, Bettina,* Band I, Stand: 67. EL Januar 2022, München 2022.

Beck´sches IFRS-Handbuch, Gesamt-Hrsg: *Brune, Jens/Driesch, Dirk/Schulz-Danso, Martin/Senger, Thomas,* 6. Auflage, München 2020.

Beck´sches Steuer- und Bilanzrechtslexikon, Hrsg.: *Alber, Matthias/Arendt, Hendrik/Faber, Stephan* u. a.), 58. Edition 2021, Stand: 01.01.2022, München 2022.

beck-online.GROSSKOMMENTAR Handelsgesetzbuch Gesamt-Hrsg: *Henssler, Mar tin,* Hrsg: *Henssler, Martin/Herresthal, Carsten/Paschke, Marian,* Stand: 01.12.2021, München 2021.

beck-online.GROSSKOMMENTAR zum Zivilrecht, Gesamt-Hrsg: *Gsell, Beate/Krüger, Wolfgang/Lorenz, Stephan/Reymann, Christoph,* München 2022.

Beck Steuer-Lotse, Hrsg: *Anderlik, Florian/Bahr, Ingrid/Becker, Stefanie,* 1. Auflage 2021, Stand: 30.09.2021, München 2021.

Bergmann, Christoph/Buterin, Vitalik, Vitalik Buterin über Geschichte & Zukunft von Ethereums Proof-of-Stake, veröffentlicht am 23.08.2018 unter: https://bitcoinblog.de/2018/08/23/vitalik-buterin-ueber-geschichte-und-zukunft-von-ethereums-proof-of-stake, abgerufen am 19.03.2018.

Bergmann, Christoph, Dash: Der neue Überflieger-Altcoin, der Bitcoin Probleme löst?, veröffentlicht am 02.03.2017 unter: https://bitcoinblog.de/2017/03/02/dash-der-neue-ueberflieger-altcoin-der-bitcoins-probleme-loest, abgerufen am 25.03.2019.

Bergmann, Christoph, Ripple: Ist die Kryptowährung nun zentral oder dezentral, veröffentlicht am 27.05.2019 unter: https://bitcoinblog.de/2019/05/27/ripple-ist-die-kryptowaehrung-nun-zentral-oder-dezentral, abgerufen am 10.12.2020.

Bergmann, Christoph, Studie: Dafür werden Bitcoins genutzt, veröffentlicht am 05.01.2016 unter: https://bitcoinblog.de/2016/01/05/studie-dafuer-werden-bitcoins-genutzt, abgerufen am 14.11.2020.

Beutelspacher, Albrecht/Schwenk, Jörg/Wolfenstetter, Klaus-Dieter, Moderne Verfahren der Kryptographie, 7. Auflage, Berlin 2010.

Bialluch-von Allwörden, Stephanie/von Allwörden, Sebastian, Initial Coin Offerings: Kryptowährungen als Wertpapier oder Vermögensanlage?, WM 2018, 2118–2123;

Bitcoin & Co., Umsatzsteuerliche Behandlung, BC 2018, 154. (Kein Autor, Becklink-402734)

Blank, Matthias/Christ, Ramona, Besteuerungsfragen der Blockchain-Technologie – Bestandsaufnahme und Ausblick, StB 2018, 47–52.

Böcking, Hans-Joachim/Gros, Marius/Oser, Peter/Scheffler, Eberhard/Thormann, Bettina (Hrsg.), Beck´sches Handbuch der Rechnungslegung, 67. Auflage, München 2022.

Boehm, Franziska/Pesch, Paulina, Rechtliche Herausforderungen einer virtuellen Währung – Eine erste juristische Einordnung, MMR 2014, 75–79.

Boeing, Niels, Blockchain – An die Kette gelegt, Zeit Wissen Nr. 3/2018, 17.04.2018, verfügbar unter: https://www.zeit.de/zeit-wissen/2018/03/blockchain-technologie-stromverbrauch-nachhaltiges-wirtschaften/seite-2, abgerufen am 08.02.2019.

Bollen, Rhys, The legal status of online currencies: Are Bitcoins the future? JBFLP – Journal of Banking and Finance Law and Practice v. 01.05.2013, 1–7.

Boos/Fischer/Schulte-Mattler, KWG, CRR-Vo (Hrsg.: *Boos, Karl-Heinz/Fischer, Reinfried/Schulte-Mattler, Hermann* u. a.), 5. Auflage, München 2016.

Bordewin, Arno/Brandt, Jürgen/Bode, Walter (Hrsg.), EStG-Kommentar, Stand: 442. Aktualisierung Dezember 2021, Heidelberg 2021.

Borkert, Kristian, Crowdfunding goes Blockchain – Teil 1 – Einordnung und rechtliche Rahmenbedingungen von Tokensales, insb. Initial Coin Offerings, ITRB 2018, 39–43.

Böser, Jan Ole/Burchardt, Fabian, Bitcoin & Co: Ertragsteuern und Kryptowährung, DB 2018, 857–859.

Bouveret, Antoine/Haksar, Vikram, What are Cryptocurrencies? Finance and Development, June 2018, 26–27.

Brandis/Heuermann (Hrsg.: *Heuermann, Bernd/Brandis, Peter*), EStG, KStG, GewStG, 159. EL Oktober 2021, München 2021.

Bräutigam, Peter/Rücker, Daniel (Hrsg.), E-Commerce, 1. Auflage, München 2017.

Brinkmann, Marco/Meseck, Marius, Besteuerung von Kryptowährungen im Privatvermögen in Deutschland, EdF 2018, 231–238.

Brinkmann, Marco/Meseck, Marius, Besteuerung von Kryptowährungen im Privatvermögen in Deutschland, RdF 2018, 231–238.

Brocker, Till/Klebeck, Ulf: ICO – Aufsicht & Haftung, RdF 2018, 288–295.

Buchert, Jan Ole/Böse, Fabian, Bitcoin & Co: Ertragsteuern und Kryptowährung, DB 2018, 857–859.

Bundesanstalt für Finanzdienstleistungen (BaFin), BaFin Jahresbericht 2015, 39, verfügbar unter: https://www.bafin.de/SharedDocs/Downloads/DE/Jahresbericht/dl_jb_2015.html, abgerufen am 14.11.2020.

Bundesanstalt für Finanzdienstleistungen (BaFin), BaFin Journal 2017, 15–18, veröffentlicht am 15.11.2017 unter: https://www.bafin.de/SharedDocs/Downloads/DE/BaFinJournal/2017/bj_1711.html, abgerufen am 14.11.2020.

Bundesanstalt für Finanzdienstleistungen (BaFin), Bitcoins: Aufsichtliche Bewertung und Risiken für Nutzer, veröffentlicht am 19.12.2013 unter: https://www.bafin.de/SharedDocs/Veroeffentlichungen/DE/Fachartikel/2014/fa_bj_1401_bitcoins.html, abgerufen am 14.11.2020.

Bundesanstalt für Finanzdienstleistungen (BaFin), Blockchain-Technologie – Gedanken zur Regulierung, veröffentlicht am 01.08.2018 unter: https://www.bafin.de/SharedDocs/Veroeffentlichungen/DE/BaFinPerspektiven/2018/bp_18-1_Beitrag_Fusswinkel.html, abgerufen am 04.06.2020.

Bundesanstalt für Finanzdienstleistungen (BaFin), Initial Coin Offerings: BaFin veröffentlicht Hinweisschreiben zur Einordnung als Finanzinstrumente, veröffentlicht am 15.03.2018 unter: https://www.bafin.de/SharedDocs/Veroeffentlichungen/DE/Fachartikel/2018/fa_bj_1803_ICOs.html, abgerufen am 31.03.2020.

Bundesanstalt für Finanzdienstleistungen (BaFin), Merkblatt: Zweites Hinweisschreiben zu Prospekt- und Erlaubnispflicht im Zusammenhang mit der Ausgabe sogenannter Krypto-Token v. 16.08.2019, 6, verfügbar unter: https://www.bafin.de/SharedDocs/Downloads/DE/Merkblatt/WA/dl_wa_merkblatt_ICOs.html;jsessionid=577AA0BA1F947EFAAB8B37CEA5D5DB5F.2_cid392?nn=9021442, abgerufen am 14.12.2020.

Bundesanstalt für Finanzdienstleistungen (BaFin), Virtuelle Währungen/Virtual Currency, veröffentlicht erstmalig am 28.04.2016 unter: https://www.bafin.de/SharedDocs/FAQs/DE/Verbraucher/Fintech/VirtuelleWaehrungen/2_chancen_risiken.html, abgerufen am 27.01.2023; geändert am 18.09.2020, verfügbar unter: https://www.bafin.de/DE/Verbraucher/Finanzwissen/Fintech/VirtuelleWaehrungen/virtuelle_waehrungen_artikel.html, abgerufen am 14.01.2023.

Bundesanstalt für Finanzdienstleistungen (BaFin), Weiß, Hagen: Tokenisierung – Vermögensanlage oder Wertpapier? Die Blockchain-Technik lässt die Grenzen zwischen beiden verschwimmen, BaFin Journal April 2019, 8–10, veröffentlicht unter: https://www.bafin.de/SharedDocs/Downloads/DE/BaFinJournal/2019/bj_1904.html, abgerufen am 25.05.2020.

Bundesanstalt für Finanzdienstleistungsaufsicht (BaFin), Bitcoins: Aufsichtsrechtliche Bewertung und Risiken für Nutzer, veröffentlicht am 19.12.2013 unter: https://www.bafin.de/SharedDocs/Veroeffentlichungen/DE/Fachartikel/2014/fa_bj_1401_bitcoins.html, abgerufen am 14.11.2020.

Bundesministerium der Finanzen und Bundesministerium der Justiz und für Verbraucherschutz, Eckpunkte für die regulatorische Behandlung von elektronischen Wertpapieren und Krypto-Token – Digitale Innovationen ermöglichen – Anlegerschutz gewährleisten –, veröffentlicht am 07.03.2019, verfügbar unter: https://www.bundesfinanzministerium.de/Content/DE/Gesetzestexte/Gesetze_Gesetzesvorhaben/Abteilungen/Abteilung_VII/19_Legislaturperiode/2019-03-07-Eckpunktepapier-Wertpapiere-Krypto-Token/2019-03-07-Eckpunktepapier-regulatorische-Behandlung-elektronische-, abgerufen am 14.11.2020.

Bundesministerium der Finanzen, Einzelfragen zur ertragsteuerrechtlichen Behandlung von virtuellen Währungen und von sonstigen Token, veröffentlich am 10.05.2022 unter: https://www.bundesfinanzministerium.de/Content/DE/Downloads/BMF_Schreiben/Steuerarten/Einkommensteuer/2022-05-09-einzelfragen-zur-ertragsteuerrechtlichen-behandlung-von-virtuellen-waehrungen-und-von-sonstigen-token.html#:~:text=Mit%20dem%20BMF%20%2DSchreiben%20%E2%80%9EEinzelfragen,rechtssicheren%20und%20praktikablen%20Leitfaden%20zur, aberufen am 15.01.2023.

Bunjes UStG Kommentar (Hrsg.: *Heidner, Hans-Herrmann/Korn, Christian/Robisch, Martin*), 20. Auflage, München 2021.

Bünning, Martin/Park, Carina, Steuerbilanzielle Behandlung von Kryptowährungen, BB 2018, 1835–1838.

Burandt, Wolfgang/Rojahn, Dieter (Hrsg.), Erbrecht, 3. Auflage, München 2019.

Busch, Alexander, Venezuelas Kryptowährung Petro ist ein verzweifelter Versuch, an ausländische Gelder zu kommen, veröffentlicht am 21.02.2018 unter: https://www.nzz.ch/wirtschaft/potemkinscher-petro-ld.1359430, abgerufen am 14.12.2020.

Buterin, Vitalik, Ethereum: A Next-Generation Cryptocurrency and Decentralized Application Platform, veröffentlicht am 23.01.2014 unter: https://bitcoinmagazine.com/articles/ethereum-next-generation-cryptocurrency-decentralized-application-platform-1390528211, abgerufen am 11.07.2018.

Buterin, Vitalik, What Proof of Stake Is and Why It Matters, veröffentlicht am 26.08.2013 unter: bitcoinmagazine.com/articles/what-proof-of-stake-is-and-why-it-matters-1377531463, abgerufen am 05.10.2018.

Calliess, Christian (Hrsg.), Geld und „Geld", Währung und „Währung", Festschrift Stein, Baden-Baden 2015.

Creifelds Rechtswörterbuch, (Hrsg.: *Weber, Klaus*), 26. Edition, München 2021.

Damm, Christoph (Business Insinder), Ein Schulabbrecher kaufte mit 12 Jahren Bitcoins – heute ist er Millionär, veröffentlicht am 27.06.2017 unter: https://www.

businessinsider.de/gruenderszene/allgemein/ein-schulabbrecher-kaufte-mit-12-jahren-bitcoins-heute-ist-er-millionaer, abgerufen am 06.12.2020.

Danwerth, Christopher/Hildner, Alicia: Nach dem Pyrrhussieg vor dem KG Berlin – Neue Lösungsansätze zur Regulierung von Bitcoins, BKR 2019, 57–66.

Danwerth, Christopher, The Regulation of Bitcoin and Other Virtual Currencies under Japanese Law in Comparative Perspektive, ZVglRWiss 2018, 117–155.

Dauses, Manfred/Ludwigs, Markus (Hrsg.), Handbuch des EU-Wirtschaftsrechts, 50. Auflage, München 2020.

Deutsche Bundesbank, Krypto-Token im Zahlungsverkehr und in der Wertpapierentwicklung, Deutsche Bundesbank Monatsbericht Juli 2019, 39–58, veröffentlicht unter: https://www.bundesbank.de/resource/blob/802398/8630bff27a7afd0a2c865ee31e322482/mL/2019-07-krypto-token-data.pdf, abgerufen am 14.11.2020.

Die Bilanz nach Handels- und Steuerrecht (Hrsg.: *Brönner, Herbert/Bareis, Peter/Hahn, Klaus* u. a.), 11. Auflage, Stuttgart 2016.

Dietsch, David R., Umsatzsteuerliche Behandlung von Bitcoin-Mining, MwStR 2018, 250–255.

Dietsch, David R., Umsatzsteuerliche Einordnung von Initial Coin Offerings, MwStR 2018, 546–551.

Djazayeri, Alexander, Die virtuelle Währung Bitcoin – Zivilrechtliche Fragestellungen und internationale regulatorische Behandlung (Hrsg.: *Meder, Stephan/Besch, Anna-Maria)*, jurisPR-BKR 6/2014.

Dörner, Astrid, Security Token sind die neue Hoffnung der Krypto Branche, veröffentlicht am 31.01.2019 unter: https://www.handelsblatt.com/finanzen/anlagestrategie/trends/blockchain-security-token-sind-die-neue-hoffnung-der-krypto-branche/23927318.html?ticket=ST-103229-1IdWA5vsfSXfUl4rIkdb-ap1, abgerufen am 01.04.2019.

Druschel, Johannes, Die Regelung digitaler Inhalte im Gemeinsamen Europäischen Kaufrecht (GEKR), GRUR Int. 2015, 125–137.

Ebenroth/Boujong/Joost/Strohn (Hrsg.: *Joost, Detlev/Strohn, Lutz*), Handelsgesetzbuch: HGB, Band 1: §§ 1–342e, 4. Auflage, München 2020.

Eberle, Nicolas, Wie Security Token Offerings den Kapitalmarkt umkrempeln können, veröffentlicht am 02.01.2020 unter: https://www.dasinvestment.com/rechtsanwalt-nicolas-eberle-wie-security-token-offerings-den-kapitalmarkt-umkrempeln-koennen, abgerufen am 14.12.2020.

Eckert, Kim-Patrick, Steuerliche Betrachtung elektronischer Zahlungsmittel am Beispiel sog. Bitcoin-Geschäfte, DB 2013, 2108–2111.

Ehrke-Rabel, Tina/Pfeiffer, Sebastian, Umsatzsteuerbarer Leistungsaustausch durch "entgeltlose" digitale Dienstleistungen SWK 10/2017, 532–539.

Ellsworth, Brian, Special Report: In Venezuela, new cryptocurrency is nowhere to be found, veröffentlicht am 30.08.2018 unter https://www.reuters.com/article/us-cryptocurrency-venezuela-specialrepor/special-report-in-venezuela-new-cryptocurrency-is-nowhere-to-be-found-idUSKCN1LF15U, abgerufen am 14.12.2020.

Emde, Thomas/Dornseifer, Frank/Dreibus, Alexandra, KAGB, 2. Auflage, München 2019.

Emmenegger, Susann (Hrsg.), Zahlungsverkehr, SBT-2018 – Schweizerische Bankenrechtstagung.

Engelhardt, Christian/Klein, Sascha, Geschäfte mit Geld, das keines ist – Technische Grundlagen und zivilrechtliche Betrachtung, MMR 2014, 355–360.

Erbguth, Jörn/Fasching, Joachim Galileo, Wer ist Verantwortlicher einer Bitcoin-Transaktion?, ZD 2017, 560–565.

Erman (Hrsg.: *Westermann, Harm Peter/Grunewald, Barbara/Maier-Reimer, Georg*), BGB-Kommentar, 16. Auflage, Köln 2020.

Ernst, Rob, Der Bitcoin Startkurs seit 2009 & sein extremer Kurverlauf, veröffentlicht am 22.09.2018 unter: https://blockchain-hero.com/bitcoin-startkurs-seit-beginn-2009, abgerufen am 19.03.2019.

Eschenbruch, Klaus/Gerstberger, Robert, Smart Contract, NZBau 2018, 3–8.

EStG eKommentar, Hrsg.: *Fuhrmann, Claas/Kraeusel, Jörg/Schiffers, Joachim*, Fassung 01.01.2020, Bonn 2020.

Fehrenbacher, Oliver, Steuerrecht, 7. Auflage, Baden-Baden 2019.

Ferner, Jens, Bitcoins: Sind Bitcoins Geld, E-Geld bzw. Währung oder Ware?, abrufbar unter: https://www.ferner-alsdorf.de/bitcoins-wahrung-oder-ware/, abgerufen am 15.01.2023.

Feißt, Jürgen, Grundlagen der gewerblichen Tätigkeit, verfügbar unter: https://www.haufe.de/finance/haufe-finance-office-premium/grundlagen-der-gewerblichen-taetigkeit_idesk_PI20354_HI2175814.html, abgerufen am 08.01.2021.

Festschrift für Michael Streck (Autoren: *Binnewies, Burkhard/Spatscheck, Rainer*), 1. Auflage, Köln 2011.

Figatowski, Martin, Tokenisierung und Steuerrecht – Einkommensteuerrechtliche Folgen von Security Token Offerings aus Anlegersicht, NWB 2019, 2352–2360.

Figatowski, Martin/Feser, Tobias, Kryptowährungen und Non-Fungible Token im Steuerrecht, NWB 2022, 705–712.

Filbinger, Konstantin, Blockchain-basierte Unternehmensfinanzierung: Rechtsfragen zur Token-Economy, veröffentlich am 21.11.2019 unter: https://www.haufe.de/recht/weitere-rechtsgebiete/wirtschaftsrecht/blockchain-basierte-unternehmensfinanzierung-mit-token-economy_210_504648.html, abgerufen am: 22.05.2020.

Finanzministerium der Freien und Hansestadt Hamburg, Ertragsteuerliche Behandlung des Handels mit Bitcoins auf der privaten Vermögenssphäre, Erlass vom

11.12.2017, S 2256-2017/003-52, Ertragssteuerliche Behandlung des Handels mit Bitcoins auf der privaten Vermögenssphäre, verfügbar unter: https://datenbank.nwb.de/Dokument/Anzeigen/722501, abgerufen am 12.05.2020.

Fölsing, Philipp, Aktiensplits: Was Depotbanken keinesfalls dürfen, DStR 2014, 1342–1346.

Fries, Martin/Scheufen, Marc, Märkte für Maschinendaten – Eine rechtliche und rechtsökonomische Standortbestimmung, MMR 2019, 721–726.

Frotscher, Marion, Freistellungsmethode – ABC IntStR, veröffentlicht unter: https://www.haufe.de/steuern/steuer-office-basic/freistellungsmethode-abc-intstr_idesk_PI27_HI3707583.html, abgerufen am 19.10.2020.

Gelhausen, Hans Friedrich/Fey, Gerd/Kämpfer, Georg, Rechnungslegung und Prüfung nach dem BilMoG, 1. Auflage, Düsseldorf 2009.

Gerauer, Tobias, Doppelbesteuerungsabkommen: Systematik und Bestimmungen/5.3.2. Anrechnungsmethode, veröffentlicht unter: https://www.haufe.de/finance/haufe-finance-office-premium/doppelbesteuerungsabkommen-systematik-und-bestimmungen-532-anrechnungsmethode_idesk_PI20354_HI7376132.html, abgerufen am: 19.10.2020.

Gerlach, Ingo/Oser, Peter, Ausgewählte Aspekte zur handelsrechtlichen Bilanzierung von Kryptowährungen, DB 2018, 1541–1547.

Getting, Taylor, Cut and try: building a dream, *veröffentlicht am 09.02.2016*, verfügbar unter: https://blog.ethereum.org/2016/02/09/cut-and-try-building-a-dream, abgerufen am 15.01.2023.

Geserich, Stephan, Auslegung und Rechtsfortbildung, DStR-Beiheft 2011, 59–66.

Grashoff, Dietrich, Grundzüge des Steuerrechts, 15. Auflage, München 2021.

Grinberg, Reuben, Bitcoin: An innovative Alternative Digital Currency, HSTLJ – Hastings Science & Technology Law Journal, Volume 4, Number 1 (Winter 2012), v. 09.12.2011, 159–209.

Grüneberg (Hrsg. *Ellenberger, Jürgen/Götz, Isabell/Grüneberg, Christian* u. a.), BGB-Kommentar, 81. Auflage, München 2022.

Gosch, Dietmar/Kroppen, Heinz-Klaus/Grotherr, Siegfried/Kraft, Gerhard, DBA-Kommentar, 47. Aktualisierung, Herne 2021.

Habersack, Mathias/Mülbert, Peter O./Schlitt, Michael (Hrsg), Unternehmensfinanzierung am Kapitalmarkt, 4. Auflage, München 2019.

Kubisch, Sascha: Merkle Trees – Eine Einführung in Konzepte und Komponenten, veröffentlicht am 02.08.2021 unter: https://medium.com/umbrella-network/merkle-trees-eine-einf%C3%BChrung-in-konzepte-und-komponenten-53eb3c31aaf7, abgerufen am 27.01.2023.

Haisch, Martin L., Besteuerung von Goldzertifikaten – Finanzgerichte widersprechen Verwaltung, BB 2014, 2333–2336.

Hakert, Anka/Kirschbaum, Benjamin, Ether Classic und Bitcoin Cash: Bilanzierung und Besteuerung von Kryptowährungen aus einer Hard Fork, DStR 2018, 881–886.

Hakert, Anka, *Steuergeheimnis Bitcoin. Was das Finanzamt zu Kryptogeld sagt*, veröffentlicht am 02.10.2014 unter: https://www.winheller.com/fileadmin/redaktion/Publikationen/anka_hakert/Anka_Hakert_Steuergeheimnis_Bitcoin.pdf, abgerufen am 15.01.2023.

Handbuch des Kapitalanlagerechts (Hrsg.: *Assmann, Heinz-Dieter/Schütze, Rolf A./Buck-Heeb, Petra* u. a.), 5. Auflage, München 2020.

Hanten, Matthias/Sacarcelik, Osman, Zivilrechtliche Einordnung von Kryptowährungen und ICO-Token und ihre Folgen, RdF 2019, 124–131.

Härting, Nico: Digital Goods und Datenschutz – Daten sparen oder monetisieren?, CR 2016, 721–729.

Haufe HGB Bilanz-Kommentar (Hrsg.: *Bertram, Klaus/Brinkmann, Ralph/Kessler, Harald/Müller, Stefan*), 12. Auflage, Freiburg 2021.

Heck, Johannes, Funktionsweise und Grundzüge der steuerlichen Behandlung von Blockchain-basierten Kryptowährungen, DStZ 2019, 106–112.

Heckelmann, Martin, Zulässigkeit und Handhabung von Smart Contracts, NJW 2018, 504–510.

Heckmann, Jörn/Kaulartz, Markus, Selbsterfüllende Verträge – Smart Contracts: Quellcode als Vertragstext, c't, 24/2016, S. 138, verfügbar unter: https://www.heise.de/select/ct/2016/24/1479732797359866, abgerufen am 15.07.2018.

Heidel, Thomas/Schall, Alexander, Handelsgesetzbuch, 3. Auflage, Baden-Baden 2020.

Henssler, Martin/Strohn, Lutz (Hrsg.), Gesellschaftsrecht, 5. Auflage, München 2021.

Herrmann/Heuer/Raupach (Hrsg.: *Raupach, Arndt/Tiedchen, Susann/Heuer, Gerhard/Herrmann, Carl*), Einkommensteuer- und Körperschaftsteuerkommentar, 309. Aktualisierung, Februar 2022, Köln 2021.

Herrnberger, Stefanie, Asset-backed Token – rosige Zukunft, veröffentlicht am 05.08.2020 unter: https://blockchainwelt.de/asset-backed-token, abgerufen am 14.12.2020.

Herzig, Norbert/Jensen-Nissen, Lars/Koch, Simone, Bilanzierung von Emissionsberechtigungen gem. Treibhausgas-Emissionshandelsgesetz (TEHG) nach Handels- und Steuerbilanzrecht, FR 2006, 109–121.

Heuel, Ingo/Matthey, Isabel, Im Betriebsvermögen gehaltene Kryptowährungen (III) – Steuer- und handelsrechtliche Einordnung, EStB 2018, 342–351.

Heuel, Ingo/Matthey, Isabel, Im Privatvermögen gehaltene Kryptowährungen (II) – Spezialfälle und Abgrenzungskriterien zur Gewerblichkeit, EStB 2018, 300–307.

Heuel, Ingo/Matthey, Isabel, Steuerliche Behandlung von Kryptowährungen im Privatvermögen – Wann müssen Bitcoin-Gewinne versteuert werden?, NWB 2018, 1037–1055.

Heuel, Ingo/Matthey, Isabell, Im Privatvermögen gehaltene Kryptowährungen – Ertragsteuerliche Beleuchtung von Verkauf, Tausch und Schürfen von virtuellen Währungen, EStB 2018, 263–270;

Heymann, Thomas, Rechte an Daten, CR 2016, 650–657.

Hildner, Alicia, Bitcoins auf dem Vormarsch: Schaffung eines regulatorischen Level Playing Fields?, BKR 2016, 485–495.

Himmer, Klaus/Binder, Sebastian, Das BMF-Schreiben zur ertragsteuerrechtlichen Behandlung von virtuellen Währungen und sonstigen Token, Ubg 2022, 273–277.

Hippeli, Michael, Das Gesetz über elekronische Wertpapiere – eWpG, jurisPR-HaGeR 2/2021 Anm. 1.

Hoeren, Thomas/Sieber, Ulrich/Holznagel, Bernd (Hrsg), Handbuch Multimedia-Recht, 56. Auflage, München 2021.

Hoeren, Thomas/Sieber, Ulrich/Holznagel, Bernd (Hrsg.), Handbuch Multimedia-Recht, Stand: 57. EL September 2021, München 2021.

Hofert, Eduard, Blockchain-Profiling, ZD 2017, 161–166.

Höhlein, Thomas/Weiß, Hagen, Krypto-Assets, ICO und Blockchain: prospektrechtliche Perspektive und aufsichtsrechtliche Praxis, RdF 2019, 116–123.

Hohn-Hein, Nicolas/Bahn, Günther, Immaterialgüterrechte in der Welt von Blockchain und Smart Contract, GRUR 2018, 1089–1096.

Horch, Philip, Bitcoin-SV-Kurs pumpt – Hard-Fork angekündigt, veröffentlicht am 21.01.2020 unter: https://www.btc-echo.de/news/bsv-kurs-pumpt-die-aussichten-am-bitcoin-markt-83788/, abgerufen am 15.01.2023.; für den Kurs des Bitcoin-Cash seit der Hard-Fork 2017: https://kryptoszene.de/kurs/bch, abgerufen am 23.04.2020. Für den Kurs nach der Hard-Fork im Ethereum Netzwerk vgl.: https://web.archive.org/web/20180217023912/https://www.btc-echo.de/venezuela-mit-petro-kommt-die-erste-staatliche-kryptowaehrung-ico-am-20-februar/, angerufen am 27.01.2023.

Horch, Philipp, Alles stabil? The Stable Coin Index bietet einen Überblick über Stable Coins, veröffentlicht am 07.06.2018 unter: https://www.handelsblatt.com/finanzen/anlagestrategie/trends/blockchain-security-token-sind-die-neue-hoffnung-der-krypto-branche/23927318.html?ticket=ST-103229-1IdWA5vsfSXfUl4rIkdb-ap1, abgerufen am 01.04.2019.

Horch, Philipp, Venezuela: Mit Petro kommt die erste staatliche Kryptowährung, ICO Startet am 20.2, veröffentlicht am 01.02.2018 unter: https://web.archive.org/web/20180217023912/https://www.btc-echo.de/venezuela-mit-petro-kommt-die-erste-staatliche-kryptowaehrung-ico-am-20-februar/, angerufen am 27.01.2023.

Hosp, Julian, Bitcoin-Lending: Vergleich der 5 besten Crypto Plattformen, veröffentlicht am 09.04.2020 unter: https://www.wallstreet-online.de/nachricht/12392059-bitcoin-lending-vergleich-5-besten-crypto-plattformen/all, abgerufen am 05.05.2020.

Hötzel, David/Schober, Tibor/Wicher, Christoph, Steuerfragen zu Kryptowährungen – Bitcoin und andere sog. virtuelle Währungen – Zwischenbilanz auf dem Weg in die Rechtssicherheit, IWB 2018, 392–399.

Hötzel, David, Unternehmensfinanzierung durch Ausgabe von Kryptotoken – Besteuerung in Deutschland und in der Schweiz, in: David Hötzel, Daniel U. Lehmann, Marcus Niemann, Lukas Scherer (Hrsg.) ifst-schrift Nr. 533, 2020, 26.

Hötzel, David, Virtuelle Währungen im System des deutschen Steuerrechts, 1. Auflage, München 2018.

Howell, Sabrina T./Niessner, Marina/Yermack, David, Initial Coin Offerings: Financing Growth with Cryptocurrency Token Sales, ECGI Finance Working Paper No. 564, July 2018, 1 ff., veröffentlicht unter: https://ecgi.global/sites/default/files/working_papers/documents/finalhowellniessneryermack.pdf, abgerufen am 14.11.2020.

Hübschmann, Walter/Hepp, Ernst/Spitaler, Armin (Hrsg.), Abgabenordnung – Finanzgerichtsordnung, 265. Aktualisierung, November 2021, Köln 2021.

Hueck, Alfred/Canaris, Claus-Wilhelm, Recht der Wertpapiere, 12. Auflage, München 1986.

Isensee, Josef, Die typisierende Verwaltung, 1. Auflage, Berlin 1976.

Julius Staudinger, J. von Staudingers Kommentar zum Bürgerlichen Gesetzbuch: Staudinger BGB – Buch 1: Allgemeiner Teil. §§ 164–240 (Allgemeiner Teil 5), (Hrsg. *Habermann, Norbert/Jacoby, Florian/Peters, Frank u. a.)* Neubearbeitung, Berlin 2014.

Julius Staudinger, J. von Staudingers Kommentar zum Bürgerlichen Gesetzbuch: Staudinger BGB – Buch 2: Recht der Schuldverhältnisse: §§ 397–432 (Erlass, Abtretung, Schuldübernahme, Mehrheit von Schuldnern und Gläubigern (Hrsg.: *Löwisch, Manfred/Rieble, Volker/Busche, Jan* u. a.), 17. Auflage, Berlin 2017.

Otto H. Jacobs (Hrsg.: *Endres, Dieter/Spengel, Christoph*), Internationale Unternehmensbesteuerung, 8. Auflage, München 2016.

John, David, Zur Sachqualität und Eigentumsfähigkeit von Kryptotoken, BKR 2020, 76–81.

Julia, Sara, Debt Token – Initial Implementation of Security Tokens, veröffentlicht am 19.07.2019 unter: https://www.securitytokenizer.io/what-is-debt-token, abgerufen am 14.12.2020.

Jünemann, Michael/Wirtz, Johannes, ICO: Rechtliche Einordnung von Token, Zeitchrift für das gesamte Kreditwesen, 21/23- 2018, 1–11.

juris Praxis Kommentar BGB Band 2, (Hrsg.: *Juker, Markus/ Beckmann, Michael/ Rüßmann, Helmut*, Autor: *Rosch*), 9. Auflage 2020.

Kaminski, Bert, Unbewegliches Vermögen – ABC IntStR/2.2 Bedeutung im Rahmen des Abkommens, verfügbar unter: https://www.haufe.de/steuern/steuer-office-basic/unbewegliches-vermoegen-abc-intstr-22-bedeutung-im-rahmen-des-abkommensrechts_idesk_PI27_HI6794239.html, abgerufen am 23.10.2020.

Kanders, Thomas/Thondemann-Micker, Susanne/Gräfe, Maren, Geschäfte mit Kryptowährungen – Abgrenzung zwischen Gewerbebetrieb und privater Vermögensverwaltung und weitere Problemstellungen aus Anlegerperspektive, ErbStB 2018, 145–151.

Kannenberg, Axel, US-Steuerbehörde: Bitcoins sind keine Währung, veröffentlicht am 26.03.2014 unter: https://www.heise.de/newsticker/meldung/US-Steuerbehoerde-Bitcoins-sind-keine-Waehrung-2155331.html, abgerufen am 12.02.2021.

Kaplanov, Nikolei M., Nerdy Money: Bitcoin, the Private Digital Currency, and the Case Against its Regulation, Loyola Consumer Law Review, Volume 25, Issue 1, Article 5, 111–174, TLR 2012, Chigaco 2012.

Kaulartz, Markus/Matzke, Robin, Die Tokenisierung des Rechts, NJW 2018, 3278–3283;

Kaulartz, Markus, Die Blockchain-Technologie – Hintergründe zur Distributed Ledger Technology und zu Blockchains, CR 2016, 474–480.

Keding, Sebastian, Die aufsichtsrechtliche Behandlung von Machine-to-Machine-Zahlungen unter Rückgriff auf Peer-to-Peer-Netzwerke, WM 2018, 64–72.

Kerkmann, Jens, Was ist Ripple (XRP) – Erklärung & Vor- und Nachteile, veröffentlicht am 27.01.2020 unter: https://blockchainwelt.de/ripple, abgerufen am 28.10.2020.

Kessler, Wolfgang/Kröner, Michael/Köhler, Stefan (Hrsg.), Konzernsteuerrecht, 3. Auflage, München 2018.

Kirchhof (Hrsg.: *Kirchhof, Paul/Seer, Roman*), EStG-Kommentar, 20. Auflage, Köln 2021.

Kirchhof, Paul/Söhn, Hartmut/Mellinghoff, Rudolf (Hrsg.), Einkommensteuergesetz-Kommentar, Stand: 321. Aktualisierung, Heidelberg 2022.

Kirsch, Hans-Jürgen/von Wieding, Fabian, Bilanzierung von Bitcoin nach HGB, BB 2017, 2731–2735.

Kirsch, Hans-Jürgen/von Wieding, Fabian/Höbener, Julian, Bilanzierungsfähigkeit von Krypto-Token aus einer *Hard-Fork* und *Airdrop* nach IFRS, IRZ 2020, 495–500,

Kirschbaum, Benjamin/Stepanova, Olga, Widerrufsrecht beim Handel mit Kryptowährungen, BKR 2019, 286–291.

Klein (Hrsg.: *Gärsch, Eva-Maria/Jäger, Markus/Rätke, Bernd* u. a.), Abgabenordnung: AO-Kommentar, 15. Auflage, München 2020.

Kleinert, Ursula/Mayer, Volker, Elektronische Wertpapiere und Krypto-Token, EuZW 2019, 857–863.

Klilic, Klemens, WIRED erklärt: Das ist der Unterschied zwischen einem Token und einer Kryptowährung, veröffentlicht am 02.05.2018 unter: https://www.gq-magazin.de/auto-technik/article/wired-erklaert-das-ist-der-unterschied-zwischen-einem-token-und-einer-kryptowaehrung, abgerufen am 25.03.2019.

Klöhn, Lars/Parhofer, Nicolas/Resas, Daniel, Initial Coin Offerings (ICOs), ZBB 2018, 89–106.

Klöhn, Lars/Parhofer, Nicolas, Bitcoins sind keine Rechnungseinheiten – ein Paukenschlag und seine Folgen, ZIP 2018, 2093–2101.

Koch, Philipp, Die „Tokenisierung" von Rechtspositionen als digitale Verbriefung, ZBB 2018, 359–368;

Koller, Ingo/Kindler, Peter/Roth, Wulf-Henning/Druen, Klaus-Dieter (Hrsg.), HGB: Handelsgesetzbuch-Kommentar HGB, 9. Auflage, München 2019.

Kölner Kommentar zum Rechnungslegungsrecht (§§ 238–342e HGB) (Hrsg.: *Altenburger,* Otto/*Altenhain, Karsten/Berndt, Thomas* u. a.), 1. Auflage, Köln 2010.

Kopstein, Joshua, Gold 2.0: can code and competition build a better Bitcoin?, verfügbar unter: theverge.com/2013/4/23/4252808/can-zerocoin-an-ripple-buils-a-better-bitcoin, abgerufen am 01.11.2018.

*Korn, Klaus (*Hrsg.), Einkommensteuergesetz-Kommentar, 133. Aktualisierung, Bonn, August 2021.

Kortendick, Andreas/Rettenmaier, Felix, Besteuerung von Token-Transaktionen im Privatvermögen – Ausgewählte Einzelfragen und Erklärungspflichten, FR 2019, 412–421.

Krauß, Wilfred W./Blöchle, Daniel, Einkommensteuerliche Behandlung von direkten und indirekten Investments in Kryptowährungen, DStR 2018, 1210–1215.

Krüger, Fabian/Lampert, Michael, Augen auf bei der Token-Wahl – privatrechtliche und steuerliche Herausforderungen im Rahmen des Initial Coin Offering, BB 2018, 1154–1160.

Krüger, Fabian, Kryptowährungen: Gewinne aus Token-Verkäufen als Einkünfte aus privaten Veräußerungsgeschäften, BB 2018, 1887–1893.

Kubaile, Heiko/Kuhl, Hendrik, Die Besteuerung von Kryptowährungen in Deutschland, verfügbar unter: https://www.handelskammerjournal.ch/de/die-besteuerung-von-kryptowaehrungen-in-deutschland-teil-1, abgerufen am 27.01.2023., abgerufen am 29.10.2020.

Kuhlmann, Nico, Bitcoins – Funktionsweise und rechtliche Einordnung der digitalen Währung, CR 2014, 691–696.

Kuo Chuen, David Lee, Handbook of Digital Currency, 1. Auflage, Singapore 2015.

Küting, Karlheinz/Pfitzer, Norbert/Weber, Claus-Peter (Hrsg), Handbuch der Rechnungslegung – Einzelabschluss, 34. Aktualisierung, Stand: Dezember 2021, Stuttgart 2021.

Kütük, Erdem/Sorge, Christoph, Bitcoin im deutschen Vollstreckungsrecht – *von* der „Tulpenmanie" zur „Bitcoinmanie", MMR 2014, 643–646.

Lammerding, Jan, Besteht eine Pflicht zur Aufbewahrung von Steuerbelegen aus dem Privatbereich und bei Überschußrechnern?, DB 1979, 2452–2452.

Lang Mirco, DEV – Insider |Blockchain: vom Blockchain – Journal zum Development – Motor, als eBook, verfügbar unter: www.devinsider.de, abgerufen am 18.03.2019.

Langenbucher, Katja, Digitales Finanzwesen, AcP 2018 (218), 385–429.

Leible, Stefan/Lehmann, Matthias/Zech, Herbert (Hrsg.), Unkörperliche Güter im Zivilrecht, 1. Auflage, Tübingen 2011.

Lerch, Marcus, Bitcoin als Evolution des Geldes: Herausforderungen, Risiken und Regulierungsfragen, ZBB 2015, 190–204.

LFD Thüringen, Steuerliche Zurechnung vermieteter Wirtschaftsgüter; Transportcontainer als Leasing-Gegenstand beim sog. Container-Leasing, LFG Thüringen Verfügung v. 31.01.2012 – S 2170 A-28-A 3.15 (R), DStR 2012, 970.

Lieder, Jan, Die rechtsgeschäftliche Sukzession, 1. Auflage, Tübingen 2015.

Liegmann, Bastian/Furrugia-Weber, Francesco, Stablecoins – Zur steuerlichen Behandlung von „tokenisierten Fiat-Währungen" – Teil I: Besteuerung der privaten Einkünfte, BB 2019, 2524–2530.

Liegmann, Bastian/Furrugia-Weber, Francesco, Stablecoins – Zur steuerlichen Behandlung von „tokenisierten Fiat-Währungen" – Teil II: Gewerblicher Handel mit Stablecoins, BB 2019, 2455–2461.

Liegmann, Bastian, Umsatzsteuerliche Behandlung von virtuellen Währungen, BB 2018, 1175–1179;

Lohmar, Oliver/Jeuckens, Julien, Besteuerung von Kryptowährungen im Privatvermögen: Bestandsaufnahme und Ausblick, FR 2019, 110–119.

Luber, Stefan, Was ist Kryptographie, veröffentlicht am 13.09.2017 unter: https://www.security-insider.de/was-ist-kryptographie-a-642288, abgerufen am 27.10.2020.

Lutzenberger, Helena, Die Besteuerung von Bitcoin und sonstigen Blockchain-Währungen, GmbHR 2018, 794–799.

Malanov, Alexey, Wir erklären Smart Contracts, Ethereum und ICOs, veröffentlicht am 19.10.2017 unter: https://www.kaspersky.de/blog/ethereum-ico/14993, abgerufen am 07.12.2020.

Manger-Nestler, Cornelia, Währung, verfügbar unter: https://www.gabler-banklexikon.de/definition/waehrung-62457, abgerufen am 09.01.2021.

Margto, Florian, Die Besten Ripple Wallets 2020 – der große Vergleich, zuletzt aktualisiert am 09.12.2020 unter: https://kryptoszene.de/ripple-wallet-vergleich, abgerufen am 09.12.2020.

Martini, Mario/Weinzierl, Quirin, Die Blockchain-Technologie und das Recht auf Vergessenwerden, NVwZ 2017, 1251–1259.

Martiny, Dieter, Virtuelle Währungen, insbesondere Bitcoins, im internationalen Privat- und Zivilverfahrensrecht, IPRax 2018, 553–565.

Marx, Franz Jürgen/Dallmann, Holger, Bilanzierung und Bewertung virtueller Währungen nach HGB und Steuerrecht – Ansatz-, Bewertungs- und Ausweisfragen, StuB Nr. 6 vom 22.03.2019, 217–224.

Marx, Franz Jürgen/Dallmann, Holger, Bilanzierung und Bewertung virtueller Währungen im Jahresabschluss nach IFRS, PiR 5/2019, 125–136.

Maume, Philipp/Wilser, Christian, Viel Lärm um nichts? Zur Anwendung von § 651 BGB auf IT-Verträge (§ 651 BGB), CR 2010, 209–214.

Meisser, Luzius, Kryptowährungen: Geschichte, Funktionsweise, Potential, Beitrag zum Tagungsband „Rechtliche Herausforderung durch webbasierte und mobile Zahlungssysteme“, in; Rolf. H Weber/Florent Thouvenin (Hrsg.), 1. Auflage, München 2015.

Menninger, Jutta/Kunowski, Stefan, Wertermittlung von Patenten, Technologien und Lizenzen vor dem Hintergrund von Optimierungsstrategien, DStR 2003, 1180–1184.

Miers, Ian/Garman, Christina/Green, Matthew/Rubin, Aviel D., Zerocoin: Anonymous Distributed E-Cash from Bitcoin, verfügbar unter: https://spar.isi.jhu.edu/~mgreen/ZerocoinOakland.pdf, abgerufen am 15.01.2023.

Minter, Steffen, Quellensteuern, abrufbar unter: https://wirtschaftslexikon.gabler.de/definition/quellensteuern-44385, abgerufen am 15.10.2020.

Mitterer, Katharina/Wiedemann, Markus/Zwissler, Thomas, BB-Gesetzgebungs- und Rechtsprechungsreport zu Industrie 4.0 und Digitalisierung, BB 2017, 3–13.

Moritz, Joachim/Strohm, Joachim, Besteuerung von Investitionen in virtuelle Währungen bei privaten Kapitalanlegern, DB 2018, 3012–3019.

Möslein, Florian/Omlor, Sebastian (Hrsg.), FinTech-Handbuch, 2. Auflage, München 2021.

Moskat, Roland/Schaar, Rüdiger, Kryptokunst – eine steuerliche Einordnung, BB 2022, 28–31.

Mücke, Thomas, Bitcoin Mining Pool, veröffentlicht am 08.03.2018, verfügbar unter: https://www.coin-report.net/de/bitcoin-pool-mining, abgerufen am 08.02.2019.

Mückel, Patrick, Bitcoin & Co. – Arbeitsentgelt in virtuellen Währungen, veröffentlicht am 22.01.2019 unter: https://www.noerr.com/de/newsroom/news/bitcoin--co---arbeitsentgelt-in-virtuellen-wahrungen, abgerufen am 27.01.2023.

Mugdan, Benno, Die gesamten Materialen zum Bürgerlichen Gesetzbuch für das Deutsche Reich, 1899 (Nachdruck, London 2005).

Mujkanovic, Robin, Bilanzierung immaterieller Güter nach DRS 24 – Änderungen gegenüber E-DRS 32, StuB Nr. 7 v. 08.04.2016, 247–251.

Müller, Martin, Bitcoin, Blockchain und Smart Contracts Technische Grundlagen und mögliche Anwendungsbereiche in der Immobilienwirtschaft, ZfIR 2017, 589–648.

Münchener Kommentar Bilanzrecht (Hrsg.: *Hennrichs, Joachim/Kleindiek, Detlef/Watrin, Christoph*), Band 2, Bilanzrecht §§ 238–342e HGB, 1. Auflage, München 2013.

Münchener Kommentar zum Bürgerlichen Gesetzbuch (Hrsg.: *Schubert, Claudia/Armbrüster, Christian/Bayreuther, Frank* u. a.), BGB, Band 1, Allgemeiner Teil §§ 1-240, AllgPersönlR, ProstG, AGG, 9. Auflage, München 2021.

Münchener Kommentar zum Bürgerlichen Gesetzbuch (Hrsg.: *Westermann, Peter/Berger, Klaus Peter/Franzen, Martin u. a.),* BGB, Band 4, Schuldrecht, Besonderer Teil I §§ 433-534, Finanzierungsleasing, CISG, 8. Auflage, München 2019.

Münchener Kommentar zum Bürgerlichen Gesetzbuch, BGB, Band. 2, Schuldrecht Allgemeiner Teil I §§ 241–310, (Hrsg.: *Krüger, Wolfgang/Bachmann, Gregor/Basedow, Jürgen* u. a.), 8. Auflage, München 2019.

Münchener Kommentar zum Handelsgesetzbuch (Hrsg.: *Schmidt, Karsten/Ebke, Werner F.*), HGB, Band 4, Drittes Buch: Handelsbücher §§ 238–342e HGB, 4. Auflage, München 2020.

Münchener Kommentar zum Strafgesetzbuch (Hrsg.: *Joecks, Wolfgang/Miebach, Klaus),* StGB, Band 4, §§ 185–262, 4. Auflage, München 2021.

Münchener Kommentar zur Zivilprozessordnung (Hrsg.: *Krüger, Wolfgang/Rauscher, Thomas),* ZPO, Band. 2, §§ 355-945b, 6. Auflage, München 2020.

Musil, Andreas/Weber-Grellet, Heinrich, Europäisches Steuerrecht, 1. Auflage, München 2019.

Nakamoto, Satoshi, „Bitcoin: A Peer-to-Peer Electronic Cash System", veröffentlicht am 01.11.2008 unter: https://bitcoin.org/bitcoin.pdf, abgerufen 27.01.2023; abrufbar unter: https://bitcoin.org/bitcoin.pdf, abgerufen am 18.03.2020.

Nathmann, Marc, Token in der Unternehmensfinanzierung, BKR 2019, 540–549.

Niedling, Dirk/Merkel, Florian, Initial Coin Offerings (ICO) – Steuerliche Rahmenbedingungen einer neuen Finanzierungsform, RdF 2018, 141–149.

Oberste Finanzbehörden der Länder, Entwurf eines BMF-Schreibens: Einzelfragen zur ertragsteuerrechtlichen Behandlung von virtuellen Währungen und von Token, veröffentlicht am 17.06.2021, abrufbar unter: https://www.bundesfinanzministerium.de/Content/DE/Downloads/BMF_Schreiben/Steuerarten/Einkommensteuer/2021-06-17-est-kryptowaehrungen.html, abgerufen am 09.04.2022.

Omlor, Sebastian/Birne, Aurelia, Digitales Zentralbankgeld im Euroraum, RDi 2020, 1–10.

Omlor, Sebastian, Blockchain-basierte Zahlungsmittel – Ein Arbeitsprogram für Gesetzgeber und Rechtswissenschaft, ZRP 2018, 85–89.

Omlor, Sebastian, Digitaler Zahlungsverkehr, JuS 2019, 289–294.

Omlor, Sebastian, Geld und Währung als Digitalisate – Normative Kraft des Faktischen und Geldrechtsordnung, JZ 2017, 754–763.

Omlor, Sebastian, Kryptowährungen im Geldrecht, ZHR 183, 294–345 (2019).

Omlor, Sebastian/Link, Matthias, Kryptowährungen und Token, 1. Auflage 2021, Frankfurt a. M. 2021.

Österreichisches Bundesministerium Finanzen v. 25.07.2017, Steuerliche Behandlung von Kryptowährungen (virtuelle Währungen), verfügbar unter: https://www.steuerberatung-wien22.at/media/22718/Beilage%20122017_BMF%20Info%2007082017.pdf, abgerufen am: 09.06.2020.

Österreichisches Bundesministerium Finanzen v. 25.7.2017 (zuletzt aktualisiert am 14.02.2022), Steuerliche Behandlung von Krypto-Assets, abrufbar unter: https://www.bmf.gv.at/themen/steuern/sparen-veranlagen/steuerliche-behandlung-von-kryptowaehrungen.html, abgerufen am 27.01.2023.

Paulus, David/Matzke, Robin, Smart Contracts und das BGB – Viel Lärm um nichts?, ZfPW 2018, 431–465.

Pesch, Paulina/Böhme, Rainer, Datenschutz trotz öffentlicher Blockchain – Chancen und Risiken bei der Verfolgung und Prävention Bitcoin-bezogener Straftaten, DuD 2017, 93–98.

Pesch, Paulina/Böhme, Rainer, Technische Grundlagen und datenschutzrechtliche Fragen der Blockchain-Technologie, DuD 2017, 473–481.

Pesch, Paulina/Böhme, Rainer, Datenschutz trotz öffentlicher Blockchain?, DuD 2/2017, 93–98.

Pesch, Paulina Jo, Cryptocoin-Schulden, 1. Auflage, München 2017.

Peschel, Christopher/Rockstroh, Sebastian, Big Data in der Industrie – Chancen und Risiken neuer datenbasierter Dienste Rockstroh, MMR 2014, 571–576.

Petry, Heiko, Kryptowährungen nach Swiss GAAP FER – Ein Fall für die Lösung offener Rechnungslegungsfragen nach Swiss GAAP FER, Expert Focus 2018, 369–373.

Petry, Heiko, Neue Herausforderungen durch Kryptowährungen, Audit Committee News, Ausgabe 62/ Q3 2018, verfügbar unter: https://assets.kpmg/content/dam/kpmg/ch/pdf/acn62-kryptowaehrungen-de.pdf, abgerufen am 11.10.2020.

Pielke, Walther, Besteuerung digitaler Währungen, IWB 6/2018, 209–2012.

Pielke, Walther, Besteuerung von Kryptowährungen – Ein Überblick über die verschiedenen Steuerarten, 1. Auflage, Berlin/Heidelberg 2018.

Pielke, Walther, Umsatzsteuerliche Behandlung von Bitcoins nach dem Urteil des EuGH, MwStR 2016, 150–152.

Pinkernell, Reimar, Ertrag- und umsatzsteuerliche Behandlung von Bitcoin-Transaktionen, Ubg 2015, 19–27.

Plitt, David/Fischer, Rebecca, Kryptowährungen im Arbeitsrecht – Wieviel Bitcoin darf es sein?, NZA 2016, 799–803.

Polivanova-Rosenauer, Tatjana/Lindner, Thomas, Besteuerung von Kryptowährungen im Privatvermögen in Österreich und der Schweiz, RdF 2018, 239–246.

Prinz, Ulrich/Ludwig, Fabian, Bitcoins, ICOs und Token – Neue Welten im Steuerbilanzrecht? – Entwicklung steuerbilanzieller Lösungen, StuB Nr. 7 v. 12.04.2019, 257–263.

Radeisen, Wolf-Rüdiger, Umsatzsteuer 2019: Wichtige Änderungen im Überblick/1.3 Umsetzung der EU-Gutschein-Richtlinie, veröffentlicht unter: https://www.haufe.de/steuern/kanzlei-co/umsatzsteuer-2019-wichtige-aenderungen-im-ueberblick_170_478070.html, abgerufen am 27.01.2023.

Rau/Dürrwächter (Hrsg.: *Rau, Günther/Dürrwächter, Erich/Flick, Hans /Geist, Reinhold*), Kommentar zum Umsatzsteuergesetz, 197. Lieferung, Januar 2022, Köln 2022.

Reiter, Christian/Nolte, Dirk, Bitcoin und Krypto Assets – ein Überblick zur steuerlichen Behandlung beim Privatanleger und im Unternehmen, BB 2018, 1179–1185.

Reiter, Christian/Massoner, Christian, Privatinvestments in Kryptowährungen – Update zur internationalen Besteuerung in Deutschland und Österreich, ISR 2018, 424–430.

Reiter, Julius F./Methner, Olaf, Bitcoin und Blockchain-Technologie: Rechtliche Aspekte für Verbraucher und Anbieter beim anonymen Bezahlen, DSRITB 2018, 359–371.

Rentrop, Christian, CPU-Mining von Kryptowährungen: Lohnt sich das?, veröffentlicht am 11.02.2020 unter: https://www.heise.de/tipps-tricks/CPU-Mining-von-Kryptowaehrungen-Lohnt-sich-das-4658058.html, abgerufen am 31.10.2020.

Richter, Lutz/Augel, Christian, Die Spaltung des Bitcoin: Entstehung steuerfreier Veräußerungsgewinne?, FR 2017, 1131–1133.

Richter, Lutz/Augel, Christian, Geld 2.0 (auch) als Herausforderung für das Steuerrecht – Die bilanzielle und ertragsteuerliche Behandlung von virtuellen Währungen anhand des Bitcoins, FR 2017, 937–949.

Richter, Lutz/Augel, Christian, Zur Besteuerung abgespaltener Bitcoin Cash – Erwiderung auf den Beitrag von Siegel, FR 2018, 306; FR 2018, 308-309.

Richter, Stefan/Schlücke, Katharina, Zur steuerbilanziellen Erfassung von Token im Betriebsvermögen, FR 2019, 407–412.

Rödder, Thomas/Herlinghaus, Andreas/van Lishaut, Ingo (Hrsg.), UmwStG, 3. Auflage, Köln 2019.

Ronig, Roland, Virtuelle Währungen im Einkommensteuer- und Umsatzsteuerrecht – Steuerliche Behandlung am Beispiel von Bitcoins, NWB-EV Nr. 4 v. 04.04.2018, 132–137.

Rössler, Rudolf/Troll, Max, Bewertungsgesetz: BewG Kommentar, 33. EL, München 2021.

Rückert, Christian, Vermögensabschöpfung und Sicherstellung bei Bitcoins – Neue juristische Herausforderungen durch die ungeklärte Rechtsnatur von virtuellen Währungen, FD-StrafR 2016, 378567; MMR 2016, 295–300, https://www.jura.uni-frankfurt.de/61760889/fd-strafr-2016-378541-beck-online.pdf, angerufen am 15.01.2023.

Rupp, Thomas, Internationales Steuerrecht: Überblick und Grundbegriffe/ 2. Arbeiten mit einem DBA (Prüfungsreihenfolge), verfügbar unter: https://www.haufe.de/finance/haufe-finance-office-premium/internationales-steuerrecht-ueberblick-und-grundbegriffe-2-arbeiten-mit-einem-dba-pruefungsreihenfolge_idesk_PI20354_HI2933653.html, abgerufen am 22.10.2020.

Safferling, Christoph/Rückert, Christian, Telekommunikationsüberwachung bei Bitcoins – Heimliche Datenauswertung bei virtuellen Währungen gem. § 100a StPO?, MMR 2015, 788–794;

Saive, David, Blockchain in der Transportwirtschaft, RdTW 2018, 85–89.

Sanning, Dajo, Die Vermessung des Krypto Gewerbes – von Schürfern, Händlern und anderen Stakeholdern, FR 2022, 244–252.

Sardan, Thibaut, What is a light client and why you should care?, veröffentlicht am 26.07.2018 unter: https://www.parity.io/what-is-a-light-client, abgerufen am 07.12.2020.

Schiller, Kai, Bitcoin Difficulty | Einfach erklärt, veröffentlicht am 01.01.2020 unter: https://blockchainwelt.de/bitcoin-difficulty-einfach-erklaert/, abgerufen am 03.12.2020.

Schiller, Kai, Double-Spend und Race Angriffe bei Kryptowährungen, veröffentlicht am 29.04.2019 unter: https://blockchainwelt.de/double-spend-und-race-angriffe-kryptowaehrungen, abgerufen am 07.12.2020.

Schiller, Kai, Equity-Token und ETO: Was können sie wirklich?, veröffentlicht am 30.04.2019 unter: https://blockchainwelt.de/equity-token-eto, abgerufen am 14.12.2020.

Schiller, Kai, Genesis-Block | Anfang einer Kryptowährung, veröffentlicht am 17.04.2019 unter: https://blockchainwelt.de/genesis-block-bitcoin-ethereum-blockchain-kryptowaehrung/, abgerufen am 05.12.2020.

Schiller, Kai, Merkle Tree – Eine Basis der Blockchain, veröffentlicht am 21.02.2018 unter: https://blockchainwelt.de/merkle-tree-basis-von-blockchain-und-hash-trees, abgerufen am 08.02.2019.

Schiller, Kai, Was ist zn-SNARKs und Zero Knowledge Proof?, veröffentlicht am 19.08.2019 unter: https://blockchainwelt.de/zk-snarks-und-zero-knowledge-proof, abgerufen am 07.12.2020.

Schimansky, Hermann/Bunte, Herrmann-Josef/Lwowski, Hans Jürgen (Hrsg.), Bankrechts-Handbuch, 5. Auflage, München 2017.

Schimmelschmidt, Uwe/Hun, Chai, Die Besteuerung von Vollrisikozertifikaten nach der Unternehmensteuerreform 2008, DB 2008, 1711–1716.

Schlund, Albert/Prognatz, Hans, Distributed-Ledger-Technologie und Kryptowährungen – eine rechtliche Betrachtung, DStR 2018, 598–604.

Schmid, Pirmin, Computerhacken und materielles Strafrecht – unter besonderer Berücksichtigung von § 202a StGB, Diss., Konstanz 2001.

Schmidt (Hrsg.: *Weber-Grellet, Heinrich*), EStG-Kommentar 40. Auflage, München 2021.

Schmidt, Tobias, Der große Bitcoin-Blockchain Jahresrückblick 2017, veröffentlicht am 31.12.2017 unter: Der große Bitcoin-&-Blockchain-Jahresrückblick 2017 (https://www.btc-echo.de/news/der-grosse-bitcoin-blockchain-jahresrueckblick-2017-32394/, abgerufen am 15.01.2023), abgerufen am 03.12.2020.

Schmittmann, Jens M., Bitcoin und Steuern, Essen, StuB Nr. 6 v. 23.03.2018, 226–236.

Schrey, Joachim/Thalhofer, Thomas, Rechtliche Aspekte der Blockchain, NJW 2017, 1431–1436.

Schroen, Oliver Christian, Sind „Bitcoin und Co." Wirtschaftsgüter gemäß der gefestigten BFH-Rechtsprechung?, DStR 2019, 1369–1375.

Schulz, Johannes, Kryptowährungen – Zahlungsmittel, Spekulationsobjekt oder Nullum? Zivilrechtliche & aufsichtsrechtliche Einordung sowie Bedürfnis und mögliche Ausgestaltung, Beiträge zum Transnationalen Wirtschaftsrecht, Heft 192, Mai 2019, 1–47;

Schulze-Osterloh, Joachim/Hennrichs, Joachim/Wüstemann, Jens (Hrsg.), Handbuch des Jahresabschlusses (HdJ), Lieferung 75, August 2020, Köln 2020.

Schwark, Eberhard/Zimmer, Daniel (Hrsg.), Kapitalmarktrechts-Kommentar, 5. Auflage, München 2020.

Schwendemann, Jürgen/Kirschbaum, Benjamin/Förster, Sebastian, Utility-Token: ICO, Gestaltung, Besteuerung, veröffentlicht unter: https://www.winheller.com/bankrecht-finanzrecht/bitcointrading/ico-initial-coin-offering/utility-token.html, abgerufen am 01.06.2020.

Selonke, Mandy/Madsen, Cecilie, Kritische Auseinandersetzung mit dem BMF-Schreiben zu „Einzelfragen zur ertragsteuerrechtlichen Behandlung von virtuellen Währungen und von sonstigen Token" - BMF v. 10.5.2022 – IV C 1 - S 2256/19/10003: 001, beck.digitax 2022, 290-298.

Skauadszn, Dominik, Handels- und steuerrechtliche Bilanzierung von Kryptowerten und Kryptowertpapieren i. S. v. § 1 Abs. 11 S. 4 KWG, § 4 Abs. 3 eWpG-E, DStR 2021, 1063–1070.

Schwintowski, Hans Peter (Hrsg.), Bankrecht, 6. Auflage, Köln 2021.

Shmatenko, Leonid/Möllenkamp, Stefan, Digitale Zahlungsmittel in einer analog geprägten Rechtsordnung, MMR 2018, 495–501.

Siedenbiedel, Christian, Wie kommt Geld in die Welt?, veröffentlicht am 05.03.2012 unter: https://www.faz.net/aktuell/wirtschaft/wirtschaftswissen/geldschoepfung-wie-kommt-geld-in-die-welt-11637825.html, abgerufen am 03.12.2020.

Siegel, Theodor, Bitcoins: Zur Besteuerung von erfüllten Hoffnungen – Gegenposition zur Annahme steuerfreier Bitcoin-Cash-Veräußerungsgewinne bei Richter/Augel, FR 2017, 1131; FR 2018, 306–307.

Simmons, Jake, Ripple CEO prophezeit starkes Wachstum für XRP und ODL, 2020 „war riesig", veröffentlicht am 06.10.2020 unter: https://www.crypto-news-flash.com/de/ripple-ceo-prophezeit-starkes-wachstum-fuer-xrp-und-odl-2020-war-riesig, abgerufen am 28.10.2020.

Sixt, Michael, Die bilanzielle und ertragsteuerliche Behandlung von Token beim Investor, DStR 2019, 1766–1773.

Sixt, Michael, Die handelsbilanzielle und ertragsteuerliche Behandlung von Token beim Emittenten, DStR 2020, 1871–1878.

Sorge, Christoph/Krohn-Grimberghe, Artus, Bitcoin: Eine erste Einordnung, DuD 2012, 479–484.

Spindler, Gerald/Bille, Martin, Rechtsprobleme von Bitcoins als virtuelle Währung, WM 2014, 1357–1369.

Spindler, Gerald, Initial Coin Offerings und Prospektpflicht und -haftung, WM 2018, 2109–2118;

Srocke, Dirk/Donner, Andreas, Was ist ein Gateway?, veröffentlicht am 01.08.2018 unter: https://www.ip-insider.de/was-ist-ein-gateway-a-581268, abgerufen am 09.12.2020.

Steinadler, Robert, Masternodes – Grundlagen, Hosting, Pools und Anbieter, veröffentlicht am 04.10.2020 unter: https://bitcoin-kurier.de/masternodes-grundlagen-hosting-pools-und-anbieter/#:~:text=unterschiedliche%20H%C3%B6he%20aufweisen.-,Masternode%20ROI,der%20Betreiber%20pro%20Jahr%20bekommt., abgerufen am 17.12.2020.

Stocker, Frank, Bitcoin werden scheitern – und die Welt verändern, veröffentlicht am 10.08.2017 unter: https://www.welt.de/debatte/kommentare/article167558828/Bitcoin-werden-scheitern-und-die-Welt-veraendern.html, abgerufen am 08.02.2019.

Stöber, Michael, Zur verfassungs- und europarechtlichen (Un-)Zulässigkeit von Treaty Overrides, DStR 2016, 1889–1895.

Stöhr, Afra, Die steuerrechtliche Einordnung von elektronischen Schuldverschreibungen, DStR 2019, 1889–1896.

Suchanek, Markus/Jansen, Arne, Umfang und Grenzen der Mitwirkungspflicht bei der Sachverhaltsaufklärung im Rahmen von § 8c KStG, GmbHR 2009, 412–418.

Tappe, Henning, Steuerliche Betriebsstätten in der „Cloud“ – Neuere technische Entwicklungen im Bereich des E-Commerce als Herausforderung für den ertragsteuerrechtlichen Betriebsstättenbegriff, IStR 2011, 870–874.

Thurow, Christian, Bitcoin in der IFRS-Bilanzierung, IRZ 2014, 197–198.

Thurow, Christian, Virtuelle Währungen und Token: Einzelfragen zur ertragsteuerrechtlichen Behandlung, BC 2021, 304–305.

Tipke, Klaus, Grenzen der Rechtsfortbildung durch Rechtsprechung und Verwaltungsvorschriften im Steuerrecht, 1. Auflage, Köln 1982.

Tipke/Kruse (Hrsg.: *Seer, Roman/Brandis, Peter/Loose, Matthias* u. a.), Abgabenordnung/Finanzgerichtsordnung, 168. Lieferung, November 2021, Köln 2021.

Tipke/Lang (Hrsg.: *Wolfgang, Hans-Michael/Jatzke, Harald*), Steuerrecht, 24. Auflage, Köln 2021.

Traugott, Philipp, Wie lange dauern Bitcoin-Transaktionen?, veröffentlicht am 12.11.2020 unter: https://kryptozeitung.com/wie-lange-dauert-eine-bitcoin-transaktion, abgerufen am 09.12.2020.

Trinks, Beate/Trinks, Matthias, Besteuerung von Bitcoin und anderen Kryptowährungen, NWB-Beilage 1 2018, 21.

Tual, Stephan, Ethereum Launches, veröffentlicht am 30.07.2015 unter: https://blog.ethereum.org/2015/07/30/ethereum-launches, abgerufen am 11.07.2018.

Ukrow, Jörg, Libra im Lichte des Europarechts, EuZW 2019, 726–733.

Urban, Johannes, Steuerpflichtigte Spekulationen mit Kryptowährugen, NWB 2022, 681–689.

Vogel/Lehner (Hrsg.: *Ismer, Roland*), DBA: Doppelbesteuerungsabkommen-Kommentar, 7. Auflage München 2021.

Wallace, Neil, Fiat Money – The New Palgrave Dictionary of Economics, Second Edition, (Hrsg.: *Durlauf, Steven N./Blume, Steven E.*), veröffentlicht am 24.03.2017 unter: https://link.springer.com/referenceworkentry/10.1057%2F978-1-349-95121-5_454-2, abgerufen am 27.10.2020.

Walter, Andreas, Bitcoin, Libra und sonstige Kryptowährungen aus zivilrechtlicher Sicht, NJW 2019, 3609–3614.

Weber, Martin, Die Entwicklung des Kapitalmarktrechts 2019/2020, NJW 2020, 968–973.202020

Weber-Grellet, Heinrich, 100 Jahre Bilanzrechtsprechung durch RFH und BFH, BB 2018, 2347–2351.

Weich, Ilka/Sandkühler, Max, Bilanzierung von Krypto-Assets und Kryptowährungen nach IFRS und HGB sowie ein Überblick über die Blockchain-Strategie in Deutschland, IRZ 2020, 409–412.

Weiss, Alexander, Zivilrechtliche Grundlagenprobleme von Blockchain und Kryptowährungen, JuS 2019, 1050–1057.

Weißbrodt, Jan/Michalke, Dirk, Die sonstige Kapitalforderung i. S. von § 20 Abs. 1 Nr. 7 EStG, DStR 2012, 1533–1537.

Weitnauer *(Hrsg.: Weitnauer, Wolfgang/Guth, Mathias/Kraus, Martin* u. a.), Handbuch Venture Capital, 6. Auflage, München 2019.

Weitnauer, Wolfgang (Hrsg.), Handbuch Venture Capital, 7. Auflage, München 2022.

Weitnauer, Wolfgang, Initial Coin Offerings (ICOs): Rechtliche Rahmenbedingungen und regulatorische Grenzen, BKR 2018, 231–236.

Wenzig, Herbert, Die Mitwirkungspflichten der Steuerpflichtigen und ihre Grenzen, DStZ 1986, 376.

Werneberg, Martin, Steuerliche Behandlung von Erträgen aus Security Token, BB 2019, 2844–2850.

Westermann, Benjamin/Hornung, Christian, Ertragssteuerliche Erfassung von Gewinnen aus Kauf, Verkauf und Tauch von Kryptowährungen, Deutsche Steuer-Zeitung v. 01.05.2018, Heft 9/2018, 301–307.

Wiebe, Frank, Schürfen neuer Bitcoins wird unprofitabel, Handelsblatt Online, verfügbar unter: https://www.handelsblatt.com/finanzen/maerkte/devisen-rohstoffe/kryptowaehrungen-schuerfen-neuer-bitcoins-wird-unprofitabel/23679102.html?ticket=ST-111844-RH2jbRwFyGtijSQSsS1Z-ap2, abgerufen am 19.12.2018.

Wiegand, Wolfgang, Festschrift Kroeschell, Frankfurt/New-York 1987.

Wilmoth, Josiah, The Difference Between Utility Tokens and Equity Tokens, verfügbar unter: https://medium.com/@Strategic_Coin/the-difference-between-utility-tokens-and-equity-tokens-5204de8ee0d8, abgerufen am 01.04.2019.

Wolf, Redmar, International VAT Monitor September/October 2014, 254 (257), verfügbar unter: https://research.vu.nl/ws/portalfiles/portal/1076219/Bitcoin_and_EU_VAT.PDF, aberufen am 15.01.2023.

Wood, Gavin, ETHEREUM: A SECURE DECENTRALISED GENERALISED TRANSACTION LEDGER, verfügbar unter: https://ethereum.github.io/yellowpaper/paper.pdf, angerfuen am 11.07.2018.

Wood, Gavin, Ethereum: A Secure Decentralised Generelised Transaction Ledger, veröffentlicht am 06.04.2014 unter: gavwood.com/Paper.pdf, abgerufen am 11.07.2018.

Yermack, David, Corporate Governance and Blockchains, Review of Finance 2017, Volume 21, issue 1, 7–31.

Zapf, Anke, Herausforderungen und Chancen bei der Bilanzierung von Kryptowährungen, Junior Management Science 5 (2) 2020, 148–175, verfügbar unter: https://jums.ub.uni-muenchen.de/JMS/article/view/5069/3273, abgerufen am 11.10.2020;

Zawodsky, Florian, Strukturelles Vollzugsdefizit bei Kryptowährungen, StuB 2022, 72–74.

Zickgraf, Peter, Initial Coin Offerings – Ein Fall für das Kapitalmarktrecht?, AG 2018, 293–308.

Zimmermann, Anton S., Blockchain-Netzwerke und Internationales Privatrecht – oder: der Sitz dezentraler Rechtsverhältnisse, IPRax 2018, 566–573.

Zöllner, Wolfgang, Wertpapierrecht, 15. Auflage, München 2006.

Zwirner, Christian, Bitcoins nach HGB: Bilanzierung, Bewertung, Berichterstattung, BV 2019, 61–67.

Inhaltsverzeichnis

Vorwort 5

Literaturverzeichnis 9

1. Teil: Einleitung 47

2. Teil: Kryptowährungen 49

1. Abschnitt: Ursprung der Kryptographie 49
2. Abschnitt: Die Entstehung von Kryptowährungen 50
3. Abschnitt: Funktionsweise von Kryptowährungen 52

A. Vertrauen 52
B. Privatwirtschaft vs. gemeinschaftlich basisdemokratische Organisationsstruktur 52
I. *Proof-of-Work* 53
II. *Proof-of-Stake* 54
III. Vergleich der Verfahren 54
C. Rechenleistung, sog. *Mining* 55
D. Gemeinsamer Aufbau 56
I. *Peer-to-Peer*-Netzwerk 56
II. Schlüsselpaare 56
III. *Wallet* 58
E. Die Blockchain 58
I. Transaktionsgebühren 59
II. Probleme 60
III. *Double-Spending* 61
IV. *Hash*-Bäume 62
V. *Mining-Pools* 63
VI. Anonymisierung und informationelle Selbstbestimmung 65

4. Abschnitt: Die verschiedenen Formen von Kryptowährungen 67
A. Bitcoin 67
I. Hintergründe 67
II. Bisherige Entwicklung 69
III. Klassifizierung 70
IV. Funktionsweise des Bitcoins 71
1. Struktur des Bitcoins 71
2. Die Schlüssel 71
3. Die Blockchain 71
4. Das *Mining* 72
B. Ether 73
I. Entstehung und Entwicklungsverlauf 73
II. Die Organisationen hinter Ether 75
III. Das System Ethereum 76
C. Ripple 77
I. Hintergründe 77
1. *IOU*s 79
2. Das System Ripple und die einzelnen Produkte 80
3. *xRapid* 81
4. *xCurrent* 81
5. *xVia* 81
II. Dezentralisierung und die Währung XRP 81
D. DASH 83
I. Entstehung 83
II. Erneuerungen auf Netzwerkebene 84
III. Private Send 85
5. Abschnitt: *Hard-Forks* 86
A. Hintergründe 86
B. Entstehung einer *Hard-Fork* 87
I. Die *Hard-Fork* beim Bitcoin 87
II. Die *Hard-Fork* bei Ethereum 88
6. Abschnitt: Unterscheidung innerhalb der Token 89

A. Einzelne Begrifflichkeiten 89
I. Kryptowährung 89
II. Krypto-Coin 90
III. Altcoin 90
IV. Krypto-Token 90
B. Entstehung von Token durch sog. *Minting* 92
C. Begrifflichkeiten 92
I. Differenzierung zwischen Krypto-Token und Krypto-Coins ... 93
II. Token Gattungen 93
1. Currency Token 94
2. Utility Token 94
3. Investment- bzw. Security-, Equity-, Debt-Token 95
a) Equity-Token 96
b) Debt-Token 96
4. Asset-backed Token 97
III. Fazit 98

3. Teil: Zivilrechtliche Behandlung von Kryptowährungen 99

1. Abschnitt: Wie Krypto-Token zivilrechtlich qualifiziert werden 99
A. Kryptowährungen i. R. d. originären Geldbegriffs 99
B. Einordnung als Buchgeld 100
C. Kryptowährungen als elektronisches Geld 101
D. Behandlung als Fremdwährung 103
E. Sache i. S. d. § 90 BGB 104
I. Problem der fehlenden Körperlichkeit 104
II. §§ 2 Abs. 3 i. V. m. 4 Abs. 3 eWPG 106
III. Fazit 107
F. Immaterialgut 108
G. Kryptowährungen als sonstiges Recht i. S. d. § 823 BGB 109
H. Rechte oder sonstiger Gegenstand i. S. d. § 453 BGB 111
I. Currency-Token 111

II. Investment-Token ... 112
1. Wertpapier i. S. d. Zivilrechts ... 112
2. Schuldverschreibung i. S. d. § 973 BGB ... 115
3. Schuldurkunde i. S. d. § 952 BGB ... 116
4. Ergebnis ... 117
III. Utility-Token ... 117
IV. Ergebnis ... 117

2. Abschnitt: Erwerb von Kryptowährungen ... 118
A. Technische Grundlage des Erwerbs ... 118
B. Vorfrage des anwendbaren Rechts ... 118
C. Arten der Übertragungen ... 119
I. Dinglicher Übertragungsvorgang ... 119
1. §§ 929 ff. BGB direkt ... 119
2. Analoge Anwendung der §§ 929 ff. BGB ... 120
3. Realakt ... 121
4. Abtretung i. S. d. §§ 398 ff. BGB ... 122
a) Abtretung der einzelnen Krypto-Token ... 122
b) Abtretung einer Forderung, die einen Krypto-Token zum Gegenstand hat ... 125
II. Schuldrechtlicher Übertragungsvorgang ... 126
1. Erwerb von Krypto-Token ... 126
a) §§ 453, 433 BGB ... 126
b) §§ 453, 480 BGB ... 128
2. Krypto-Token als Bezahlmittel im Rahmen des Verpflichtungsgeschäfts ... 128
3. Miet-, Dienst- und Werkverträge ... 129
4. Übertragungen nach dem Urhebergesetz ... 130
5. Zwischenergebnis ... 130
6. Sonstiger Bezug von Kryptowährungen ... 131
a) Kryptowährungen als Teil des Gehalts ... 131
b) Anschaffung von Kryptowährungen durch Bezug ... 131

7. Erhalt von Kryptowährungen mittels *Lending* und *Air-Drop* ... 132
a) *Lending* ... 132
b) *Air-Drop* ... 133
III. Fazit ... 134
D. Zivilrechtliche Qualifikation der Zusammenwirkung von Blockchain-Nutzern ... 134

4. Teil: Aufsichtsrechtliche Einordnung von Kryptowährungen ... 135

1. Abschnitt: *BaFin:* Einordnung als Rechnungseinheit ... 135
A. Kein gesetzliches Zahlungsmittel oder E-Geld i. S. d. ZAG ... 136
B. Erlaubnispflichten ... 136

2. Abschnitt: Einordnung durch KG Berlin ... 137

3. Abschnitt: Auswirkungen auf die steuerrechtliche Bewertung ... 137

4. Abschnitt: Weitere rechtliche Einordnung von Krypto-Token ... 139
A. Investment-Token ... 139
B. Currency-Token ... 141
C. Utility-Token ... 141

5. Abschnitt: Geld im Sinne eines gesetzlichen Zahlungsmittels ... 143

6. Abschnitt: Fremdwährungen ... 146

5. Teil: Steuerrechtliche Behandlung von Kryptowährungen ... 147

1. Abschnitt: Anwendbarkeit des deutschen Steuerrechts ... 147

2. Abschnitt: Einkommensteuerliche Behandlung von Kryptowährungen ... 148
A. Ertragsteuerliche Einordnung ... 148
I. Einordnung der *BaFin* ... 149
II. Einordnung des *BMF* vom 19.12.2013 ... 149
III. Einschätzung der *OFD-NRW* ... 149

IV. Einschätzung des Finanzministeriums Hamburg 150
V. Einschätzung des Finanzgerichts Baden-Württemberg 150
VI. Einschätzung des Finanzgerichts Köln 150
VII. Einschätzung des Bundesfinanzhofes 151
VIII. Zusammenfassung 152
B. Differenzierung private und gewerbliche Einkünfte 153
I. Private Einkünfte durch unmittelbare Nutzung von Kryptowährungen 153
1. Erwerb und Veräußerung von Currency-Token 153
a) Wirtschaftsgut i. S. d. § 23 EStG 154
b) Bewertung der einzelnen Erwerbsvorgänge 158
aa) Erwerb und Veräußerung gegen Fiat-Geld 158
bb) Erwerb gegen Ware/Dienstleistung 159
(1) Currency-Token als Wirtschaftsgut des täglichen Gebrauchs? 160
(2) Teil der Literatur 160
(3) Finanzministerium Hamburg 160
(4) Fazit 161
cc) Tausch gegen Fiat-Geld 161
dd) Tausch gegen andere Kryptowährungen 162
c) FiFo-Methode 163
aa) Entsprechende Anwendung des § 23 Abs. 1 S. 1 Nr. 2 S. 3 EStG 164
bb) Ablehnung der FiFo-Methode 164
cc) Fazit und Praxistauglichkeit 165
(1) Mitwirkungspflicht gem. §§ 90 ff. AO 166
(2) Bisheriger gerichtlicher Standpunkt 168
(3) Entwurf-Schreiben des *BMF* 168
(4) Fazit 170
dd) Verlängerung der Haltefrist, § 23 Abs. 1 S. 1 Nr. 2 S. 4 EStG 172

2. Erwerb und Veräußerung von Investment-Token 174
a) Voraussetzungen der Steuerbarkeit nach § 20 Abs. 1 Nr. 1 EStG 175
b) Klassifizierung durch die *BaFin* 176
c) *BMF*-Schreiben vom März 2019 177
d) Folgerungen 177
aa) Equity-Token 178
bb) Debt-Token 179
(1) Kapitaleinkünfte i. S. d. § 20 Abs. 1 Nr. 7 EStG 179
(2) Kapitaleinkünfte i. S. d. § 20 Abs. 1 Nr. 4 EStG 181
(3) Sonstige Einkünfte i. S. d. § 22 Nr. 3 EStG 182
cc) Zwischenfazit 182
dd) Andere Finanzprodukte 183
ee) Ausgabe von Investment-Token an Mitarbeiter 184
e) Vorgang der Besteuerung 185
aa) Veräußerungsgewinne 186
bb) Anzeigepflichten des Investors bzw. Emittenten 186
3. Erwerb und Veräußerung von Utility Token 187
a) Erwerb und Veräußerung 187
b) Nutzung von Utility-Token 189
4. Anderweitige Nutzung von Krypto-Token im Privatvermögen 189
a) *Lending* 189
b) *Air-Drops* 192
aa) Erhalt von Krypto-Coins mittels eines *Air-Drops* 193
bb) Veräußerung von Krypto-Coins aus *Air-Drops* 194
c) Generierung über *ICOs* 195
d) *Staking* 195

aa) Zufluss und anschließende Veräußerung 196
bb) Verlängerung der Haltefrist, § 23 Abs. 1 S. 1 Nr. 2 S. 4 EStG 197
e) *Masternoding* 197
aa) Erhalt von Krypto-Coins durch *Masternoding* 197
bb) Veräußerung von Krypto-Coins aus *Masternoding* 199
f) Krypto-Coins aus einer *Hard-Fork* 199
aa) Erhalt durch sog. *Claiming* 200
(1) § 22 Nr. 3 EStG 200
(2) § 7 Abs. 1 Nr. 1 ErbStG 200
(3) Steuerverhaftender Vorgang 202
(a) „Fußstapfentheorie" 202
(b) Aktiensplit analog 203
(c) Zwischenergebnis 204
(aa) Keine Annahme der „Fußstapfentheorie" 204
(bb) Keine analoge Anwendung des Aktiensplits 205
(cc) Fazit 206
(4) Andere steuerrechtliche Betrachtung 206
(a) Steuerbarkeit gem. § 22 Nr. 3 EStG .. 207
(b) Fall des § 20 Abs. 4a S. 5 EStG 208
(aa) Planwidrige Regelungslücke 209
(bb) Vergleichbare Interessenlage 211
(5) Fazit 214
bb) Veräußerung von aus einer *Hard-Fork* entstandenen Krypto-Coins 214
(1) § 22 Nr. 2 i. V. m. § 23 Nr. 2 EStG 215
(2) Wirtschaftliche Identität i. S. d. § 23 EStG 215
(3) Veräußerung nach § 20 Abs. 2 Nr. 1 EStG analog 218
(a) Voraussetzungen einer Analogie 219

(aa) Entwicklung des § 20 Abs. 2 Nr. 1 EStG 219
(bb) Übertragbarkeit auf den diskutierten Sachverhalt 220
(b) Auswirkungen für den zu betrachtenden Fall 221
(4) Keine Steuerbarkeit 222
cc) Ergebnis 223
g) Krypto-Währungen als Mietzins 224
II. Private Einkünfte durch das Mining 225
1. Ansicht der *OFD-NRW* 225
2. Gegenansicht der Literatur 226
3. Fazit 227
4. Einnahmen durch Verifizierung der Transaktion 227
III. Gewerbliche Einkünfte durch das Mining 228
1. Wann ist Mining gewerblich? 229
a) Äußerliches Anbieten am Markt 230
b) Einkünfteerzielungsabsicht 231
c) Leistungsaustausch 232
d) Nachhaltigkeit und Teilnahme am wirtschaftlichen Verkehr 232
e) *BMF*-Schreiben vom 10.05.2022 233
f) Fazit 235
2. Formen des gewerblichen Minings 237
a) *Pool-Mining* 237
b) *Cloudmining* 239
aa) Entgeltzahlung für Kapitalüberlassung 240
bb) Gewinn in Gestalt der zugewiesenen Currency-Token 240
cc) Transaktionsgebühren 241
c) Dienstleister 241
3. Besteuerung der gewerblichen Einnahmen 242
a) Berechnung der Gewerbesteuer 242

b) Bilanzierung im Gewerbebetrieb 243
c) Betriebseinnahmen durch *Block-Rewards* und Transaktionsgebühren 244
d) Fazit 245

3. Abschnitt: Kryptowährungen im Unternehmen 245
A. Besteuerung von Kryptowährungen im Unternehmen 245
I. Einordnung der einzelnen Krypto-Token-Typen 246
1. Currency-Token 246
2. Investment-Token 247
3. Utility-Token 248
II. Einordnung der einzelnen Erwerbsvorgänge/Nutzungen 248
1. Erwerb und Veräußerung von Krypto-Token 248
a) Erwerb gegen Entgelt 249
b) Erwerb gegen Ware/Dienstleistung 250
c) Tausch gegen Fiat-Geld 250
2. Sonstige Nutzung von Krypto-Token im Betriebsvermögen 250
a) Generierung von Betriebsvermögen mittels *ICOs* 251
b) Erwerb durch Mining 251
c) Sonstige Besonderheiten 251
B. Bilanzierung von Token im Betriebsvermögen in der Handelsbilanz 252
I. Allgemeine Bilanzierungsgrundsätze 252
II. Abstrakte und konkrete Aktivierungsfähigkeit 253
III. Konkrete Ausweisung von Currency-Token 255
1. Vorräte i. S. d. § 266 Abs. 2 B. I. HGB 255
2. Liquide Mittel i. S. d. § 266 Abs. 2 B. IV. HGB 256
3. Finanzielle Vermögensgegenstände i. S. d. § 266 Abs. 2 A. III. und B. II.–III. HGB 257
a) § 266 Abs. 2 A. III HGB 257
b) § 266 Abs. 2 B. II. und III. HGB 258
4. Immaterielle Vermögensgegenstände i. S. d. § 266 Abs. 2 A. I. HGB 259

5. Krypto-Coins im Anlagevermögen ... 261
IV. Konkrete Ausweisung von Investment-Token ... 262
1. Finanzielle Vermögensgegenstände i. S. d. § 266 Abs. 2 A. III. und B. II.–III. HGB ... 262
a) § 266 Abs. 2 A. III. HGB ... 262
b) § 266 Abs. 2 B. III. HGB ... 263
2. Fazit ... 264
V. Konkrete Ausweisung von Utility-Token ... 264
1. § 266 Abs. 2 B. II. und III. HGB ... 264
2. § 266 Abs. 2 A. I. HGB ... 265
VI. Aktivierungsgebote, -verbote und -wahlrechte, § 248 HGB 266
1. Aktivierungsverbote i. S. d. § 248 Abs. 1 HGB ... 266
a) Differenzierung zwischen Ausgabe und Erhalt von Krypto-Token ... 268
aa) Ausgabe und Erwerb von Utility-Token ... 268
bb) Ausgabe und Erwerb von Investment-Token ... 268
b) Fazit ... 269
2. Aktivierungswahlrecht i. S. d. § 248 Abs. 2 S. 1 HGB ... 270
3. Aktivierungsverbot i. S. d. § 248 Abs. 2 S. 2 HGB ... 270
VII. Fazit ... 271
C. Steuerbilanzierung von Token im Betriebsvermögen ... 271
I. Steuerrechtliche Qualifikation ... 273
1. Gliederung der Steuerbilanz ... 274
2. Bisherige Einschätzung der *BaFin* und Finanzverwaltungen ... 274
3. Bilanzierung von Currency-Token ... 275
4. Bilanzierung von Investment-Token ... 277
5. Bilanzierung von Utility-Token ... 278
6. Weitere steuerbilanzielle Aspekte ... 279
a) Abnutzbares oder nicht abnutzbares Wirtschaftsgut ... 280
b) Bilanzierung des Zugangs ... 280

c) Bilanzierung des Erhalts von Krypto-Token mittels Tausches ... 281
d) Bilanzierung von geminten Krypto-Coins ... 282
e) Steuerbilanzielle Folgen eines *ICOs* beim Emittenten ... 283
f) Steuerbilanzielle Folgen eines *ICOs* beim Investor ... 284
g) Besonderheiten i. R. d. § 4 Abs. 3 EStG ... 285
h) LiFo-Methode gem. § 6 Abs. 1 Nr. 2a EStG ... 285
7. Die Folgebewertung ... 286
a) Currency-Token ... 287
b) Investment-Token ... 288
c) Utility-Token ... 288
II. Fazit ... 289
D. Steuerliche Folgen der *Hard-Fork* bei bilanzierenden Unternehmen ... 289
I. Aktivierungspflicht für geforkte Coins ... 290
II. Bewertung der Krypto-Coins ... 291
III. Aktivierungsverbot ... 292
IV. Veräußerung der geforkten Coins ... 296
V. Fazit ... 298
E. Steuerliche Behandlung von Kryptowährungen als Teil des Gehalts ... 298

4. Abschnitt: Umsatzsteuerliche Behandlung von Kryptowährungen 300
A. Urteil des EuGHs vom 22.10.2015 ... 300
I. Sachverhalt ... 301
II. Vorgelegte Fragestellung ... 301
1. Erste Fragestellung ... 301
2. Zweite Fragestellung ... 302
III. Entscheidungsgründe ... 302
1. Zur ersten Fragestellung ... 302
2. Zur zweiten Fragestellung ... 302
B. *BMF*-Schreiben vom 27.02.2018 ... 303
I. Umtausch von Bitcoin ... 303

II. Die Verwendung von Bitcoin als Entgelt 303
III. Mining 304
IV. *Wallet* 304
V. Handelsplattformen 304
VI. Praktische Konsequenz des *BMF*-Schreibens 305
1. Neue Regelung im UStAE 305
2. Rezeption in der Literatur 305
a) Mining 305
aa) Sonstige Leistung i. S. d. § 3 Abs. 9 UStG 305
bb) Bestimmung des Leistungsortes 306
cc) Unmittelbarkeitszusammenhang 307
b) Umtausch von Krypto-Token 308
VII. Unbeantwortete Frage der Umsatzsteuerpflicht i. R. v. *ICOs* 308
1. Gutschein-Richtlinie 309
2. Umsatzsteuerpflicht von Einzweckgutscheinen 310
3. Bestimmung des Leistungsortes i. S. d. § 3a UStG 310
a) Datenverarbeitung i. S. d. § 3a Abs. 4 S. 2 Nr. 4 UStG 310
b) Auf elektronischem Weg erbrachte sonstige Leistungen i. S. d. § 3a Abs. 5 S. 2 Nr. 3 UStG 311
c) Fazit 312
C. Fazit 312

6. Teil: Rechtliche Behandlung von Kryptowährungen im internationalen Kontext 313

1. Abschnitt: International tragende Aspekte 313
A. Allgemeines 313
I. Das OECD-MA 315
II. Aufbau der Musterabkommen 315
III. Anrechnungsmethode 316
IV. Freistellungsmethode 316
V. Transformation 317

B. Kryptowährungen im Rahmen des OECD-Musterabkommens . 317
I. Persönlicher und sachlicher Anwendungsbereich 318
1. Regelung im OECD-MA 318
2. Auswirkungen auf Transaktionen mit Kryptowährungen 319
II. Die einzelnen Erwerbstatbestände 319
1. Einkünfte aus unbeweglichem Vermögen 319
2. Unternehmensgewinne 320
3. Dividenden und Zinsen 321
4. Besonderheiten bei Personengesellschaften 322
5. Gewinne aus der Veräußerung von Vermögen 323
III. Fazit 324
C. Einzelne praktische Problematiken 324
I. Betriebsstättenproblematik 324
II. Abzugspflichten i. R. d. Quellensteuer 325
2. Abschnitt: Besteuerungsregelungen im internationalen Vergleich . 326
A. Bilanzierungsaspekte im Vergleich 328
I. Japan 328
II. Schweiz 329
III. USA/Kanada 330
IV. Australien 331
B. Fazit 331

7. Teil: Schlussbemerkung und Ausblick 333
1. Abschnitt: Ergebnisse 333
2. Abschnitt: Fazit 338

1. Teil: Einleitung

Im November 2017 stieg der Wert von einem Bitcoin gegenüber seinem Wert am Jahresanfang von unter 1.000 US-Dollar auf erstmalig 20.000 US-Dollar.[1] Dies stellte einen Anstieg um fast 1900 % dar.[2] Auf einen Schlag erlangte der Bitcoin eine derartige Medienpräsenz, dass das Thema Kryptowährung allgegenwärtig erschien. Mit dem auf einmal heiß diskutierten Thema gingen neben faktischen Fragen vordergründig rechtliche einher. Die Beantwortung der aufgeworfenen Fragen setzte jedoch zunächst eine Auseinandersetzung mit der Funktionsweise von Kryptowährungen voraus. Hierbei wurde sich hauptsächlich auf die bekannteste Kryptowährung, den Bitcoin, gestützt. Erst im Laufe der Zeit erreichten auch weitere Kryptowährungen und deren individuelle Ausgestaltung mehr Aufmerksamkeit. Mittlerweile existieren über 20.305 weitere Kryptowährungen, wobei die Anzahl stetig steigt.[3]

Dem Durchschnittsverbraucher sind grundsätzlich die gängigen, von den Zentralbanken zentral verwalteten Währungen bekannt. Überdies sind in den Kreisen von Online-Spielern das sogenannte Spielgeld eine gängige Größe. Kryptowährungen bleiben indes für viele ein offenes Feld.

Die nachstehende Arbeit wird sich im Schwerpunkt mit der Frage der steuerrechtlichen Behandlungen von Kryptowährungen beschäftigen. Hierbei wird neben der einkommensteuerrechtlichen Betrachtung auch auf die körperschaftsteuerliche, die gewerbesteuerliche und die umsatzsteuerliche Bewertung von Kryptowährungen eingegangen werden. Die erbschaftsteuerliche Betrachtung wird hingegen außen vor gelassen.

Um eine geeignete Einschätzung vornehmen zu können, wird sich jedoch zunächst mit den faktischen Gegebenheiten auseinandergesetzt. Es soll Aufschluss darüber gegeben werden, welche verschiedenen Kryptowährungen es gibt und wie diese einzeln entwickelten Systeme funktionieren. Hierauf aufbauend wird sich sodann der zivilrechtlichen Behandlung von Kryptowährungen gewidmet. Vor allem der Frage der zivilrechtlichen Qualifikation des Handels mit Kryptowährungen wird dabei Aufmerksamkeit geschenkt. Auf dieser Basis erfolgt dann die steuerrechtliche Bewertung.

---

1 *Schmidt*, Der große Bitcoin-Blockchain Jahresrückblick 2017, veröffentlicht am 31.12.2017 unter: Der große Bitcoin-&-Blockchain-Jahresrückblick 2017 (www.btc-echo.de), abgerufen am 03.12.2020.

2 https://coin-update.de/bitcoin-kurs, abgerufen am 27.10.2020.

3 Stand Februar 2022, vgl. https://coinmarketcap.com/de/all/views/all, abgerufen am 22.07.2022.

2. Teil: Kryptowährungen

Zunächst gilt es zu klären, was Kryptowährungen eigentlich sind. Im Laufe der Zeit haben sich unterschiedliche Definitionsversuche hervorgetan. Nach Ansicht in der Literatur werden als Kryptowährungen digitale Zahlungsmittel bezeichnet, die keine physische Repräsentation ihrer einzelnen Zahlungseinheiten kennen und die auf kryptografischen Technologien basieren.[4] Nach einer jüngsten Entscheidung des FG Nürnberg steht hingegen eine verlässliche Definition, was unter einer Kryptowährung i. S. d. Steuergesetze zu verstehen sei, noch aus.[5]

Als Gegenstück zu Kryptowährungen gilt das sog. Fiat-Geld. Unter dem Begriff Fiat-Geld sind Zahlungsmittel zusammengefasst, die keinen eigenen innere Wert besitzen und künstlich (z. B. durch einen Staat) ins Leben gerufen wurden. Die meisten gängigen Währungen heutzutage stellen Fiat-Geld dar. Sie besitzen einen rein fiktiven Wert und gewinnen ihre Kaufkraft lediglich darüber, dass die Nutzer der Währungen an ihren Wert glauben.[6]

1. Abschnitt: Ursprung der Kryptographie

Das Wort Kryptographie selbst leitet sich vom griechischen Wort *kryptos* ab, was so viel wie „versteckt" bedeutet. Unter Kryptographie wird ferner die Methode verstanden, Daten in einer bestimmten Form zu sichern und zu übertragen, sodass nur diejenigen, für die sie bestimmt sind, die Daten lesen und verarbeiten können.[7]

Kryptographie betitelt überdies die Wissenschaft der Verschlüsselung von Informationen. Heutzutage befasst sie sich hauptsächlich mit Themenkomplexen der Informationssicherheit. Hierbei verfolgt die moderne Kryptographie die folgenden vier Ziele[8]: (1) Vertraulichkeit: Die Information kann von niemandem verstanden werden, für den sie nicht bestimmt war; (2) Integrität: Die Information kann während der Speicherung oder der Übermittlung zwischen Sender und gewünschtem Empfänger nicht verändert werden, ohne dass die Veränderung bemerkt wird; (3) Nichtabstreitbarkeit: Der Ersteller beziehungsweise Sender der Information kann nicht zu einem späteren Zeitpunkt seine Absichten bei der Erstellung oder

---

4 *Möllenkamp/Shmatenko* in Hoeren/Sieber/Holznagel, Hdb. MMR, Teil 13.6, Rn. 12.

5 FG Nürnberg, Urt. v. 08.04.2020 – 3 V 1239/19, DStR 2020, 1233, Rn. 17.

6 *Schmitz*, Was ist Fiatgeld? Veröffentlicht am 09.12.2019 unter: Was ist Fiatgeld? (www.blockchain-insider.de), abgerufen am 03.12.2020.

7 *Luber*, Was ist Kryptographie, veröffentlicht am 13.09.2017 unter: https://www.security-insider.de/was-ist-kryptographie-a-642288, abgerufen am 27.10.2020.

8 *Luber*, Was ist Kryptographie, veröffentlicht am 13.09.2017 unter: https://www.security-insider.de/was-ist-kryptographie-a-642 288, abgerufen am 27.10.2020.

Übertragung der Information bestreiten; (4) Authentifizierung: Der Sender und der Empfänger können ihre Identität und den Ursprung beziehungsweise das Ziel der Information gegenseitig bestätigen.[9]

Zusammenfassend gesagt, befasst sich die Kryptographie somit als Konzeption, Definition und Konstruktion von Informationssystemen, die widerstandsfähig gegen Manipulationen und unbefugtes Lesen sind.[10]

In Zusammenspiel mit dem Prinzip des Fiat-Geldes[11] wurden schließlich die vorbenannten Prinzipien der Kryptographie dergestalt angewandt, dass ein sicheres und dezentral organisiertes Zahlungssystem entstehen konnte. Anders als beim Fiat-Geld, das größtenteils durch Banken erschaffen wird,[12] werden Kryptowährungen fast ausschließlich durch Privatpersonen geschöpft.[13]

2. Abschnitt: Die Entstehung von Kryptowährungen

Die Entstehung der Kryptowährungen geht auf den Beginn der 1990er-Jahre zurück. Damals begann eine Gruppe von Programmierern und Kryptographen, die sich selbst in Anlehnung an die Begriffe *Cipher*[14], *Cyber* und *Punk* als *Cypherpunks* bezeichneten, sich über eine Mailingliste auszutauschen, in der sowohl technisch als auch politisch diskutiert wurde. Die *Cypherpunks* sahen Verschlüsselungen – *cipher* – und verwandte Technologien als einen Weg an, die eigene Privatsphäre vor Firmen und Regierungen zu schützen. Sie stellten sich dabei auf den Standpunkt, dass der Bürger den Schutz der Privatsphäre in die eigene Hand nehmen müsse und sich nicht auf das Wohlwollen dieser Institutionen verlassen könne.

---

9 *Luber*, Was ist Kryptographie, veröffentlicht am 13.09.2017 unter: https://www.security-insider.de/was-ist-kryptographie-a-642288, abgerufen am 27.10.2020.

10 https://www.computerweekly.com/de/definition/Kryptographie, abgerufen am 15.01.2023.

11 Dieser Begriff leitet sich wiederum aus dem lateinischen Begriff *fieri* ab und bedeutet übersetzt: *„Er, sie, es sei, werde, geschehe, entstehe, finde statt bzw. ereigne sich", vgl.* https://de.langenscheidt.com/latein-deutsch/fieri, abgerufen am 27.10.2020.

12 *Siedenbiedel*, Wie kommt Geld in die Welt?, veröffentlicht am 05.03.2012 unter: https://www.faz.net/aktuell/wirtschaft/wirtschaftswissen/geldschoepfung-wie-kommt-geld-in-die-welt-11637825.html, abgerufen am 03.12.2020.

13 *Hakert, Steuergeheimnis Bitcoin – Was das Finanzamt zu Kryptogeld sagt*, veröffentlicht am 02.10.2014 unter: https://www.heise.de/ct/ausgabe/2014-22-Was-das-Finanzamt-zu-Kryptogeld-sagt-2406479.html, abgerufen am 04.10.2018.

14 Englisch für Chiffre, vgl. https://www.linguee.com/english-german/translation/cipher.html, abgerufen am 27.02.2021.

Das Mittel sei die Technologie, deren Sicherheit im Gegensatz zu lokal begrenzten und umgehbaren Gesetzen mathematisch beweisbar sei und universal gelte.[15]

Das allgegenwärtige Ziel unter den *Cypherpunks* war deshalb die Verschlüsselung persönlicher Nachrichten zum Schutz vor Überwachung. Auf etwaigen rechtlichen Schutz, z. B. auf Grund des verfassungsimmanenten Fernmeldegeheimnisses oder ähnlich gearteter Rechte, wollte man sich nicht verlassen. Das so geartete Misstrauen stelle damit das Fundament und den Ausgangspunkt des *Cypherpunks dar.* Dieser Ansatz hat im Laufe der Zeit auch immer mehr Bestätigung erfahren.[16] Allgemein gelten in der Informatik dezentrale, redundante Systeme mit klarer Aufgabenteilung gegenüber zentralisierten Alternativen als überlegen, da letztere stets mindestens einen *single point of failure* aufweisen und weniger skalierbar sind.[17] Bei einem *single point of failure* handelt es sich um Systeme oder Systemkomponenten, durch die im Fehlerfall das ganze System nicht mehr betriebsbereit ist. Um diese Art von Ausfällen zu verhindern, wurde das sog. *Peer-to-Peer-Netz* entwickelt. Durch dieses werden die Daten auf die angeschlossenen Computer verteilt und gleichzeitig aktualisiert.[18] Das *Peer-to-Peer-Netz* stellt auch ein zentrales Element der Blockchain und damit von Kryptowährungen dar.[19]

Einen weiteren Grundbaustein für die Entwicklung von Kryptowährungen lieferte der bekannte *Cypherpunk* Adam Back. Der Brite stellte bereits 1997 *Hashcash*[20] zur Bekämpfung von Spam vor. *Hashcash* ist das erste sog. *Proof-of-Work*-System, das auch eine wichtige Rolle in der Entwicklung des Bitcoins spielte.[21] Bei *Hashcash* investiert ein Computer Rechenleistung in schwer zu lösende, aber einfach zu überprüfende Rechnungen, die vom exakten Inhalt und Empfänger einer E-Mail abhängen. Hierdurch kann der Beweis angetreten werden, dass es sich um keine Spam-E-Mail handelt, da solche nur effektiv sind, wenn man Hunderte von ihnen pro Sekunde versendet. Dies wiederum soll dem Empfänger zeigen, dass der Absender eine gewisse Zeit sowie Rechenleistung in den Versand der E-Mail

---

15 *Meisser*, Kryptowährungen: Geschichte, Funktionsweise, Potential, Beitrag zum Tagungsband „Rechtliche Herausforderung durch webbasierte und mobile Zahlungssysteme", Hrsg.: Rolf. H Weber/Florent Thouvenin; m. w. N.

16 https://www.btc-echo.de/academy/bibliothek/cypherpunk, abgerufen am 03.12.2020.

17 *Meisser*, Kryptowährungen: Geschichte, Funktionsweise, Potential, Beitrag zum Tagungsband „Rechtliche Herausforderung durch webbasierte und mobile Zahlungssysteme", Hrsg.: Rolf H. Weber/Florent Thouvenin m. w. N.

18 https://www.itwissen.info/SPoF-single-point-of-failure.html, abgerufen am 03.12.2020.

19 S. u. unter: 2. Teil, 3. Abschnitt, E.

20 http://www.hashcash.org/, abgerufen am 04.10.2018.

21 http://www.hashcash.org/, abgerufen am 03.12.2020.

investiert hat.[22] Damit war bereits in diesem System die Schaffung von Vertrauen außerhalb von zentral organisierten Systemen ein wichtiger Ausgangspunkt.

3. Abschnitt: Funktionsweise von Kryptowährungen

Zunächst wird dargestellt werden, welche Grundprinzipien Kryptowährungen allgemein zugrunde liegen. Hierbei wird sich an den genannten Zielen der Kryptographie orientiert. Anschließend werden die einzelnen Funktionen kurz dargestellt und erläutert. Hierbei wird von den Funktionen ausgegangen, die den meisten Kryptowährungen zugrunde liegen. In der Praxis gibt es jedoch diverse individuelle Abweichungen.

A. Vertrauen

Die Basis einer jeden Kryptowährung ist – wie bereits ausgeführt – Vertrauen. Anders als bei konventionellem Fiat-Geld gibt es bei Kryptowährungen keine zentral gesteuerte Überwachungseinheit wie z. B. die Europäische Zentralbank. Stattdessen werden die Neugenerierungen und Transaktionen der einzelnen Kryptowährungseinheiten durch die Teilnehmer des jeweiligen Systems, die sich grundsätzlich misstrauen und gegenseitig kontrollieren, bestätigt.[23]

Dies erfolgt grundsätzlich dergestalt, dass jede getätigte Transaktion z. B. auf ihre Gültigkeit hin überprüft wird. Erst wenn eine Transaktion durch die Mehrheit der Teilnehmer eines Systems bestätigt wird, gilt sie als vorgenommen. Wie genau die Überprüfung vonstatten geht, ist einem im Vorfeld genau bestimmten Regelwerk zu entnehmen. Dasselbe gilt für die Schaffung neuer Kryptowährungseinheiten. Durch die gegenseitige Überprüfung wird nicht nur Vertrauen, sondern auch ein demokratisches System geschaffen.[24]

B. Privatwirtschaft vs. gemeinschaftlich basisdemokratische Organisationsstruktur

Wie im Einzelnen diese Überwachung organisiert ist, hängt von der von der jeweiligen Kryptowährung gewählten Organisationsstruktur ab. Hierbei wird zwischen den privatwirtschaftlich und den gemeinschaftlich basisdemokratisch betriebenen Kryptowährungen differenziert. Erstere werden dabei von einem gewinnorientierten inhabergeführten Unternehmen entwickelt. Dies ist z. B. bei der Kryptowährung Ripple der Fall. Dort hält die gewinnorientierte Gesellschaft Ripple Labs,

---

22 *Meisser*, Kryptowährungen: Geschichte, Funktionsweise, Potential, Beitrag zum Tagungsband „Rechtliche Herausforderung durch webbasierte und mobile Zahlungssysteme", Hrsg.: Rolf H. Weber/Florent Thouvenin m. w. N.

23 *Erbguth/Fasching*, ZD 2017, 560.

24 *Erbguth/Fasching*, ZD 2017, 560.

hinter der wiederum diverse Investoren stehen, 80 Prozent der Neuemissionen und verteilt diese nach ihren eigenen Regeln.[25] Diese Form der Organisation stellt die Ausnahme zu den ansonsten dezentral aufgestellten Kryptowährungen dar.

Das gängige Konzept ist hingegen das sog. gemeinschaftlich basisdemokratische System. In diesem werden die einzelnen Stimmrechte nicht nach dem klassischen Demokratieprinzip verteilt. Dies wäre allein auf Grund des Umstands, dass Personen infolge der Grundidee von Kryptowährungen anonym bleiben, praktisch nicht umsetzbar. Stattdessen kommen zwei Prinzipien zur Anwendung: zum einen der Nachweis der Arbeit, der sog. *Proof-of-Work*, und zum anderen der Nachweis von Anteilen, der sog. *Proof-of-Stake*.[26]

I. Proof-of-Work

Das *Proof-of-Work*-Verfahren stellt im Einzelnen einen Konsensmechanismus dar, der für die Validierung und Generierung neuer Blöcke einer Blockchain angewandt wird. Hierbei bekommen die Teilnehmer des jeweiligen Netzwerkes komplexe Rechenaufgaben gestellt, die sie mittels ihrer Rechenleistung lösen müssen. Derjenige, der Rechenaufgaben löst und auf diese Weise der Gemeinschaft nachweist, dass er Rechenleistung aufgewendet hat, darf den neu erschaffenen Block an die Blockchain anhängen und erhält so mehr Einfluss auf das Gesamtsystem.[27] Je mehr Rechenaufgaben gelöst werden, desto größer wird die Wahrscheinlichkeit, bei Neuemissionen und Transaktionsgebühren beteiligt zu werden. Diese in Aussicht gestellte Belohnung soll die Teilnehmer dazu bringen, Rechenleistung bereitzustellen und gleichzeitig genügend Rechenleistung aufzuwenden, damit das System in Betrieb gehalten wird. Die Rechenaufgaben werden daher so gestellt, dass sie zusammen die „Buchhaltung des Systems" gewährleisten.[28] Ob die Lösung schließlich korrekt ist, lässt sich hingegen einfacher überprüfen. Der Teilnehmer generiert nach dem Lösen der Rechenaufgabe einen sog. *Hash* aus der Lösung und dem Inhalt des Blocks. Erfüllt dieser *Hash* bestimmte Bedingungen, wird er von anderen Knoten in dem Netzwerk überprüft. Bestätigen diese wiederum die Gültigkeit, so erhält der Teilnehmer eine Belohnung und der Block wird als validiert angesehen.[29]

---

25 Was ist Ripple? So traden Sie die Kryptowährung XRP, veröffentlicht am 21.07.2017 unter: https://admiralmarkets.de/wissen/articles/forex-basics/was-ist-ripple, abgerufen am 27.10.2020.

26 *Schlund/Pongratz*, DStR 2018, 598 (599).

27 *Steidl, Vicky/ Wenz, Daniel*, Was ist Proof-of-Work? Definition und Grundlagen, veröffentlicht am 19.12.2022 unter: https://bitcoin-2go.de/was-ist-proof-of-work/, angerufen am 15.01.2023.

28 *Schrey/Thalhofer*, NJW 2017, 1431.

29 https://www.blockchain-insider.de/was-ist-proof-of-work-pow-a-900636/, abgerufen am 03.12.2020.

II. *Proof-of-Stake*

Diesem Konsensmechanismus steht der des sog. *Proof-of-Stake* gegenüber. *Proof-of-Stake* – auf Deutsch Anspruchsnachweis bzw. Anteilsnachweis[30] – bezeichnet ein Verfahren, in dem das gesamte Blockchain-Netzwerk einen Konsens darüber erreicht, welcher Teilnehmer den nächsten Block erzeugen darf. Diese Auswahl verläuft so, dass jedem Teilnehmer eine Art Bedeutung bestehend aus Teilnahmedauer und/oder Vermögen – dem *Stake* – beigemessen wird. Im Anschluss kommt es zu einer sog. gewichteten Zufallsauswahl anhand der zuvor beigemessenen Bedeutung der jeweiligen Teilnehmer.[31]

Allerdings vergrößert sich der Einfluss und damit die Chance des jeweiligen Teilnehmers anhand der Anzahl der Anteile, die er bereits hält. Neben dem Guthaben wird dabei auch die Haltedauer der Anteile bewertet.[32] Dieses System wird z. B. beim Peercoin angewandt. Dieses von den Teilnehmern als basisdemokratisch betitelte Demokratieprinzip weicht jedoch stark von dem allgemeinen Demokratieverständnis ab, weshalb es auch als besonderes Demokratieverständnis betitelt wird.[33]

III. *Vergleich der Verfahren*

Im Gegensatz zum *Proof-of-Work*- benötigt das *Proof-of-Stake*-Verfahren kein zeit- und energieintensives Mining. Darüber hinaus ist es auch nicht möglich, das gesamte Netzwerk ausschließlich durch den Besitz von Rechenleistung zu übernehmen, was in Fachkreisen auch als „51 %-Angriff" deklariert wird.[34] Ein 51 %-Angriff wird als Angriffsvektor, also eine Strategie, um ein Netzwerk anzugreifen, in einem *Proof-of-Work*-basierten Netzwerk definiert. Bei diesem versuchen Angreifer, mindestens 51 % der Hashrate aufzubringen. Mit der Mehrheit der Netzwerk-Hashrate wäre der Angreifer in der Lage, *Double-Spends*[35] – also eine doppelte

---

30 *Bergmann*, Vitalik Buterin über Geschichte & Zukunft von Ethereum Proof of Stake, veröffentlicht am 23.08.2018 unter: https://bitcoinblog.de/2018/08/23/vitalik-buterin-ueber-geschichte-und-zukunft-von-ethereums-proof-of-stake, abgerufen am 19.03.2018.

31 https://www.btc-echo.de/academy/bibliothek/proof-of-stake, abgerufen am 07.12.2020.

32 https://www.blockchain-insider.de/was-ist-proof-of-stake-pos-a-900657, abgerufen am 03.12.2020.

33 https://www.binäre-optionen.info/krypto-grundlagen/was-sind-kryptowaehrungen-und-wie-funktionieren-diese.html, abgerufen am 19.12.2018.

34 *Vitalik Buterin,* What Proof of Stake Is and Why It Matters, veröffentlicht am 26.08.2013 unter: bitcoinmagazine.com/articles/what-proof-of-stake-is-and-why-it-matters-1377531463/, abgerufen am 05.10.2018.

35 Hierzu unter 2. Teil, 3. Abschnitt, E., III. ausführlicher.

Ausgabe[36] – der zu tätigenden Transaktionen rückgängig zu machen.[37]

C. Rechenleistung, sog. *Mining*

Das Prozedere, durch Zurverfügungstellung von Rechenleistung die Chance zum Erhalt von Neuemissionen zu bekommen, wird als sog. *Mining* bezeichnet. Wörtlich übersetzt bedeutet dies „Bergbau".[38] Mittlerweile hat sich im Zusammenhang mit Kryptowährungen jedoch die Übersetzung „Schürfen" durchgesetzt und ist die gängige deutsche Bezeichnung.[39]

Mit der immer weiter steigenden Wirtschaftlichkeit von Kryptowährungen hat auch ebenfalls der Anreiz zugenommen, die zum Schürfen zur Verfügung gestellten Rechenaufgaben möglichst effizient zu lösen. Dies hat zur Konsequenz, dass die normalen CPUs, also Prozessoren eines Rechners, diese Rechenaufgaben heutzutage oft nicht mehr leisten können. Sehr schnell verwendeten die Teilnehmer zum Schürfen deshalb sog. GPUs, also Grafikprozessoren. Mittlerweile gibt es eigens für das Schürfen entwickelte Geräte.[40] Für manche Kryptowährungen, wie z. B. den Bitcoin, gibt es bereits sog. „Mining-Farmen", auf denen Hunderte von Prozessoren zusammen an den Rechenaufgaben arbeiten, weil deren Lösung für einen einzelnen Prozessor nicht rentabel ist. Dieses Phänomen ist jedoch nicht bei jeder Kryptowährung zu beobachten.[41]

Um diesem Effekt sowie der stark angestiegenen Teilnehmeranzahl entgegenzuwirken, wurden im Rahmen der Rechenaufgaben teilweise anpassbare Schwierigkeitsgrade entwickelt. Hierbei ändert das Netzwerk automatisch den Schwierigkeitsgrad für das Mining, um sicherzustellen, dass die Miner nur in einem bestimmten Zeitintervall einen neuen Block entdecken.[42] Auf diese Weise werden die Emissionsraten konstant

---

36 https://www.blockchaincenter.net/wiki/double-spending, abgerufen am 13.02.2021.

37 https://www.btc-echo.de/academy/bibliothek/51-attacke, abgerufen am 07.12.2020.

38 https://de.langenscheidt.com/englisch-deutsch/mining, abgerufen am 19.12.2018.

39 *Schlund/Pongratz*, DStR 2018, 598; angelehnt ist die Bezeichnung indes an den Bergbau bzw. das Goldgraben, bei dem durch Einsatz von Maschinen, von Menschen verrichteter körperlicher Arbeit und Know-how Warengelder generiert werden, vgl. *Dietsch*, Umsatzsteuerliche Behandlung von Bitcoin-Mining, MwStR 2018, 250.

40 *Ernst*, Ethereum CPU-Mining – Was ist das?, veröffentlicht am 03.11.2018 unter: https://blockchain-hero.com/ethereum-cpu-mining/amp, abgerufen am 03.12.2020.

41 *Wiebe*, Schürfen neuer Bitcoins wird unprofitabel, Handelsblatt Online, verfügbar unter: https://www.handelsblatt.com/finanzen/maerkte/devisen-rohstoffe/kryptowaehrungen-schuerfen-neuer-bitcoins-wird-unprofitabel/23679102.html?ticket=ST-111844-RH2jbRwFyGtijSQSsS1Z-ap2, abgerufen am 19.12.2018.

42 *Schiller*, Bitcoin Difficulty | Einfach erklärt, veröffentlicht am 01.01.2020 unter: https://blockchainwelt.de/bitcoin-difficulty-einfach-erklaert, abgerufen am 03.12.2020.

gehalten.[43]

Schließlich gibt es auch Kryptowährungen, bei denen die vorbenannten Prinzipien kombiniert werden. Dies hat zur praktischen Konsequenz, dass die Halter von großen und alten Guthaben in Gestalt von Krypto-Token die Rechenaufgaben mit einem herabgesetzten Schwierigkeitsgrad lösen dürfen. Dieses System findet beispielsweise beim Peercoin Anwendung. Die hierdurch erhöhte Chance auf Neuemissionen oder Transaktionsgebühren wird von den Erfindern von Peercoin als eine Art „Verzinsung" deklariert.[44]

D. Gemeinsamer Aufbau

Vielen Kryptowährungen liegt ein gemeinsamer Aufbau zugrunde, der jeweils nur in Nuancen divergiert.[45]

I. *Peer-to-Peer* Netzwerk

Basis des Aufbaus ist ein signiertes *Peer-to-Peer* Netzwerk.[46] Dieses Netzwerk weist die Besonderheit auf, dass jede Nachricht, die ein Teilnehmer im Rahmen dieses Netzwerkes sendet, für jeden anderen Teilnehmer verfügbar ist. Dabei erfolgt die Versendung indes nicht als Broadcast, sondern wird in bestimmten Zeitabständen weitergegeben.[47] Ein Broadcast ist hingegen eine Mehrpunktverbindung in einem Computernetzwerk. Dabei wird ein Datenpaket von einem Punkt aus an alle Teilnehmer eines Nachrichtennetzes übertragen. Dies geschieht unter Verwendung der Broadcast-Adresse. Anders als im P2P-Netzwerk wird hierfür eine zentrale Instanz benötigt.[48]

II. *Schlüsselpaare*

Im Einzelnen erfolgt das Verfahren im P2P-Netzwerk dergestalt, dass zunächst jeder neue Teilnehmer ein Schlüsselpaar eines asymmetrischen Krypto-Systems erzeugt. Ein asymmetrisches Krypto-System stellt hierbei den Oberbegriff für

---

43 *Schlund/Pongratz*, DStR 2018, 598 (599).

44 Was ist ein Peercoin Coin?, verfügbar unter: https://anycoindirect.eu/de/kryptowahrung/was-ist-peercoin, abgerufen am 15.01.2023.

45 Anders verhält es sich jedoch z. B. bei dem bereits angeführten Ripple, der weder blockchainbasiert ist noch eine Miningtätigkeit voraussetzt, vgl. https://www.cryptolist.de/ripple, abgerufen am 03.12.2020. Hierzu im Folgenden ausführlicher, vgl. 2. Teil, 4. Abschnitt, C.

46 Im Folgenden als P2P-Netzwerk betitelt.

47 *Eschenbruch/Gerstberger*, NZBau 2018, 3.

48 https://www.ionos.de/digitalguide/server/knowhow/broadcast-adresse, abgerufen am 03.12.2020.

das sog. *Public-Key*-Verschlüsselungs- und Authentifizierungsverfahren dar. Im Gegensatz zu einem symmetrischen System gibt es in diesem zwei Schlüssel.[49] Vorliegend besteht das verwendete Schlüsselpaar aus einem öffentlichen und einem privaten Schlüssel.

Innerhalb dieses Netzwerkes kreiert jeder Nutzer ein oder mehrere Schlüsselpaare.[50] Diese Schlüsselpaare dienen der Verwaltung der jeweiligen Krypto-Token und stehen in einem speziellen Verhältnis zueinander.[51] Der öffentliche Schlüssel jedes Schlüsselpaares dient dabei als eine Art „Kontonummer".[52] Dieser Kontonummer kann im Netzwerk ein bestimmter Wert der jeweiligen Kryptowährung zugewiesen werden. Der private Schlüssel eines jeden Schlüsselpaares dient hingegen zur Autorisierung einer Transaktion, also einer „Überweisung", von dem dazugehörigen öffentlichen Schlüssel.[53] Vergleichbar ist die mit dem privaten Schlüssel erzeugte digitale Signatur daher z. B. mit der Unterschrift auf einem Überweisungsträger bzw. mit dem TAN-Verfahren beim Online-Banking.[54] Die Nutzer können dabei nur im Netzwerk von ihrem öffentlichen Schlüssel eine Transaktion der ihrem öffentlichen Schlüssel zugewiesenen Krypto-Token an einen oder mehrere andere öffentliche Schlüssel vornehmen.[55]

Durch das kryptographische Signieren mit dem privaten Schlüssel kann ein Teilnehmer auch ein Konto eröffnen. Ein solches neu erzeugtes Konto weist zunächst ein Guthaben von null auf. Erst wenn über den öffentlichen dem privaten Schlüssel ein Krypto-Token zugesendet wird, befindet sich hierauf mittelbar ein Wert. Der öffentliche Schlüssel – im Englischen auch als *Account Address* bezeichnet – ist quasi die „Kontonummer".[56] Der private Schlüssel hingegen dient der Zugangssicherung. Ohne den privaten Schlüssel kann das Konto nicht benutzt

---

49 https://www.kryptowissen.de/asymmetrische-verschluesselung.html, abgerufen am 04.12.2020.

50 *Kaplanov,* TLR 2012 (v. 31.03.2012), 1 (5); *Sorge/Krohn-Grimberghe,* DuD 2012, 479 (480); *Kütük/Sorge,* MMR 2014, 643.

51 *Kaplanov,* TLR 2012 (v. 31.03.2012), 1 (5); *Sorge/Krohn-Grimberghe,* DuD 2012, 479 (480); *Kütük/Sorge,* MMR 2014, 643.

52 *Djazayeri,* juris BKR 6/2014 Anm. 1, S. 2; *Sorge/Krohn-Grimberghe,* DuD 2012, 479 (480); *Boehm/Pesch,* MMR 2014, 75 (76).

53 *Sorge/Krohn-Grimberghe,* DuD 2012, 479 (480); *Kütük/Sorge,* MMR 2014, 643.

54 Vgl. *Boehm/Pesch,* MMR 2014, 75 (76).

55 *BaFin,* DLT/ Blockchain, geändert am 01.09.2022, veröffenticht unter: https://www.bafin.de/DE/Aufsicht/FinTech/InnovativeFinanztechnologien/DLT_Blockchain/DLT_Blockchain_node.html, aberufen am 15.01.2023.

56 https://www.coinpro.ch/public-und-privat-key-beim-*Wallet*-fuer-kryptowaehrungen/#:~:text=Was%20ist%20der%20Public%20Key,gerne%20eine%20Kryptow%C3%A4hrung%20%C3%BCbersenden%20m%C3%B6chte., abgerufen am 04.12.2020.

werden. Kommt einem der Teilnehmer der alphanumerische Wert seines privaten Schlüssels abhanden, so kann er nicht mehr über die sich darin befindlichen Werte verfügen.[57]

III. Wallet

Die Schlüssel werden in der sog. *Wallet*-Datei – auf Deutsch „Brieftasche" – verwahrt. Die Nutzer können indes beliebig viele Schlüsselpaare erzeugen, da hierbei keine Begrenzung vorgegeben ist.[58] Dies ist empfehlenswert, da das gesamte Krypto-System öffentlich ist und somit jede einzelne Transaktion über den öffentlichen Schlüssel nachverfolgbar ist.[59]

E. Die Blockchain

Das Herzstück der meisten Kryptowährungen bildet die sog. *Blockchain* – englisch für „Blockkette".[60] Den Namen schuldet sie der Art, wie Transaktionen gespeichert werden.[61] Die Speicherung erfolgt in Blöcken, die in einer Kette zusammengefasst werden. Sämtliche Transaktionen, die innerhalb eines bestimmten Zeitraumes im Rahmen eines asymmetrischen Krypto-Systems abgewickelt werden, werden in einer Liste zusammengefügt auf, dem sog. „Block".[62]

Hierbei zeichnet jeder Block die einzelnen Daten einer freizugebenden Transaktion auf, bestätigt diese oder codiert sie. Darüber hinaus weist der Block einen Zeitstempel und die Codierung des vorherigen Blocks der Kette in Gestalt einer Prüfsumme auf. Die Aufgabe der Miner ist es, die einzelnen Transaktionen zu bestätigen und in ein Kontenbuch einzutragen. Das Kontenbuch stellt dabei eine lange Liste aller Blöcke dar. Durch das Erfordernis der Bestätigung der Berechnungen des einzelnen Miners durch die restliche Gemeinschaft wird jeder einzelne Block verifiziert. Dies kann einige Zeit in Anspruch nehmen, weshalb ein Block zumeist erst dann als bestätigt gilt, wenn auf ihn mindestens drei bis vier weitere folgen.[63]

Auf diese Weise werden die einzelnen Blöcke miteinander zu einer Kette verbunden. Diese Kette ist später weder änderbar noch können andere Blöcke nachträglich

---

57 *Pesch/Böhme*, Datenschutz trotz öffentlicher Blockchain, DuD 2017, 93–98.

58 *Safferling/Rückert*, MMR 2015, 788, (790).

59 https://link.springer.com/chapter/10.1007%2F978-3-662-61916-2_3, abgerufen am 04.12.2020.

60 *Schlund/Pongratz*, DStR 2018, 598.

61 *Schlund/Pongratz*, DStR 2018, 598.

62 https://www.btc-echo.de/academy/bibliothek/was-ist-bitcoin-mining, abgerufen am 04.12.2020.

63 https://www.btc-echo.de/academy/bibliothek/was-ist-bitcoin-mining, abgerufen am 04.12.2020.

eingefügt werden. Die Prüfsumme wird durch einen *Hash*-Algorithmus berechnet, der aus den Eingabedaten mittels einer mathematischen Funktion eine Art „digitalen Fingerabdruck" generiert.[64] Auf diese Weise sind nachträgliche Datenmanipulationen unmöglich, da der *Hash*-Algorithmus eine andere Prüfsumme berechnen würde, wodurch die Veränderung aufgedeckt werden würde.[65] Am häufigsten wird dabei der sog. *SHA-256-Algorithmus* verwendet.[66]

I. Transaktionsgebühren

Das Legitimationsverfahren, also die Bestätigung der einzelnen Blöcke, erfolgt wiederum über das vorbezeichnete Mining. Die Überprüfungen erfolgen durch die im Netzwerk verbundenen Rechner, die bei jeder neuen Transaktion durch einen Abgleich der dezentral abgelegten Kontenbücher mit der Transaktionshistorie einschließlich des Zeitstempels prüfen, ob diese im Widerspruch zu den bisherigen Transaktionen steht oder ob die Freigabe erklärt werden kann.[67] Bei diesem Ablauf konkurrieren die einzelnen Rechner – wie bereits aufgeführt – miteinander um die schnellste Verifizierung. Hierbei stehen die Miner in Konkurrenz zueinander. Denn jedes Mal, wenn einer erfolgreich einen *Hash* erzeugt, erhält er anteilig Krypto-Token.[68] Den Anreiz für die Überprüfung stellt demnach der Erhalt von Transaktionsgebühren in Gestalt der jeweiligen Kryptowährung bzw. einer neuen Kryptowährung dar.[69]

Die Höhe der jeweiligen Transaktionsgebühr legt dabei der Überweiser fest. Die Miner benötigen diese, um ihre Betriebs- und Hardwarekosten zu decken. Deshalb bevorzugen Miner die bestbezahlten Transaktionen. Da die Dauer einer Transaktion teilweise bis zu zehn Minuten dauern kann, ist nicht jede in die Wege geleitete Transaktion sofort ausgeführbar. Die nicht ausgeführten Transaktionen werden in einem sog. *Mempool* – was übersetzt Speicherpool bedeutet – zwischengespeichert.[70] Unter einem *Mempool* wird somit ein Sammelspeicher von Kryptowährungen-Transaktionen verstanden, die beispielsweise von einem Bitcoin-Knoten verifiziert, aber noch nicht zur Blockchain hinzugefügt worden ist,

---

64 *Schrey/Thaljofer,* NJW 2017, 1431 f.

65 *Schlund/Pongratz,* DStR 2018, 598.

66 Ausführlich hierzu: https://www.biteno.com/was-ist-sha256/#:~:text=Bei%20SHA256%20handelt%20es%20sich,Integrit%C3%A4t%20von%20Daten%20zu%20garantieren., abgerufen am 15.02.2021.

67 *Schlund/Pongratz,* DStR 2018, 598.

68 https://www.btc-echo.de/academy/bibliothek/was-ist-bitcoin-mining, abgerufen am 04.12.2020.

69 *Schlund/Pongratz,* DStR 2018, 598.

70 *Schlund/Pongratz,* DStR 2018, 598.

verstanden.[71] Ein Bitcoin-Knoten ist ein elektronisches Gerät, das ein Teil des Netzwerkes ist und die jeweilige Software ausführt. Er enthält die vollständige Kopie der Blockchain sowie seinen eigenen Satz an nicht getätigten Transaktionen.[72] Diese werden von den Minern gesammelt und im Anschluss an die Blockchain angefügt. Innerhalb des *Mempools* kommunizieren die einzelnen Knoten – auf Englisch *nodes*[73] – miteinander, bis die Transaktion dem kompletten Netzwerk bekannt gegeben worden ist. Tritt die Verifizierung ein, wird die Transaktion mit allen anderen verifizierten Transaktionen aus dem *Mempool* entnommen und als jeweils neuer Block an die Blockchain gehängt.[74]

II. Probleme

Der Ablauf des Minings ist in der Praxis nicht unproblematisch. Wie bereits ausgeführt, benötigen die Miner für die immer länger werdenden Blöcke immer mehr Rechenkapazität, um eine Überweisung oder einen Kontostand zu überprüfen. Um das Vertrauen der Nutzer in die Transaktionen aufrecht zu erhalten, muss die aktuelle Blockchain bis zurück zum Genesis-Block rückverfolgbar sein. Als Genesis-Block wird der erste erzeugte Block, also der Startblock der Blockchain verstanden.[75]

Hierzu muss jeder Teilnehmer im P2P-Netzwerk eine vollständige Kopie der bisherigen weltweiten Buchhaltung auf seinem Rechner speichern.[76] Das hat zur Folge, dass im Laufe der Zeit nur noch Miner konkurrenzfähig sind, deren Rechner eine große Datenspeicherkapazität aufweisen. Darüber hinaus führt die limitierte Rate zur Erzeugung neuer Blöcke und der Determinismus des Verfahrens zu unvorhersehbar langen Bestätigungszeiten. Diese divergieren je nach Art

---

71 https://www.tokens24.com/de/cryptopedia/basics/bitcoin-mempool#:~:text=Kurz%20gesagt%2C%20der%20Bitcoin%20Mempool,zur%20Bitcoin%2DBlockkette%20hinzugef%C3%BCgt%20wurden., abgerufen am 13.02.2021.

72 Bitcoin-Mempool: Was ist das?, veröffentlicht am 13.09.2020 unter: https://weser-ems-wirtschaft.de/index.php/2020/09/13/bitcoin-mempool-was-ist-das-bitcoin-memory-pool, abgerufen am 05.12.2020.

73 https://www.linguee.de/englisch-deutsch/uebersetzung/node.html, abgerufen am 05.12.2020.

74 https://www.tokens24.com/de/cryptopedia/basics/bitcoin-mempool, abgerufen am 28.10.2020.

75 *Schiller*, Genesis-Block | Anfang einer Kryptowährung, veröffentlicht am 17.04.2019 unter: https://blockchainwelt.de/genesis-block-bitcoin-ethereum-blockchain-kryptowaehrung, abgerufen am 05.12.2020.

76 Die Blockchain-Technologe Bitcoin im Detail. Eine Gegenüberstellung zum konventionellen Finanzsystem, verfügbar unter:https://www.grin.com/document/491041, abgerufen am 21.01.2023.

der Kryptowährung.[77] Maßgeblich hierfür sind die jeweiligen Anpassungen der Schwierigkeitsgrade und die teilweise erhöhten Raten zur Blockerzeugung. Diese wiederum werden jedoch benötigt, damit die Emissionsraten konstant gehalten werden.[78]

III. Double-Spending

Im Zuge des bereits vorgestellten Schlüsselsystems eröffnet sich zudem das weitere Problem des sog. *Double-spendings.* Das bedeutet, dass durch wiederholte Autorisierung mit einem privaten Schlüssel und mangels Überwachung durch eine zentrale Überwachungseinheit der Inhaber eines privaten Schlüssels denselben Krypto-Token mehrfach an verschiedene Empfängeradressen, also öffentliche Schlüssel, senden könnte.[79] Als erstes wurde im Bitcoin-Netz ein Verfahren hiergegen entwickelt. Das sog. „Bitcoin-Prinzip" tritt diesem Problem dahingehend entgegen, dass der Überweisende seine Transaktionsdaten an alle Teilnehmer des Netzwerkes sendet. Diese sammeln wiederum alle erhaltenen Transaktionsdaten in Datenblöcken und versuchen dann auf freiwilliger Basis, ein komplexes mathematisches Problem zur Bestätigung der Datenblöcke zu errechnen und so die in ihnen enthaltenen Transaktionen auf ihren Rechnern zu bestätigen. Diese Vorgehensweise stellt eine Ausgestaltung des bereits dargestellten *Proof-of-Work*-Verfahrens dar.[80] Der erste Teilnehmer, der das Problem gelöst hat, sendet den so bestätigten Datenblock wieder an alle anderen Teilnehmer, die dann ihrerseits den errechneten Block bestätigen müssen.[81] Diese können wiederum versuchen, weitere Blöcke mit neuen Transaktionen zu errechnen.[82] Hierdurch wird jeder Datenblock mathematisch mit dem vorangegangenen verknüpft, wodurch Ketten von Datenblöcken entstehen, die dann zur Blockchain zusammengefügt werden.[83]

---

77 *Boeing,* Blockchain – An die Kette gelegt, Zeit Wissen Nr. 3/2018, 17.04.2018, verfügbar unter: https://www.zeit.de/zeit-wissen/2018/03/blockchain-technologie-stromverbrauch-nachhaltiges-wirtschaften/seite-2, abgerufen am 08.02.2019.

78 Die Blockchain-Technologe Bitcoin im Detail. Eine Gegenüberstellung zum konventionellen Finanzsystem, verfügbar unter:https://www.grin.com/document/491041, abgerufen am 21.01.2023.

79 Vgl. S*orge/Krohn-Grimberghe,* DuD 2012, 479, 480; *Spindler/Bille,* WM 2014, 1357 (1358); *Kütük/Sorge,* MMR 2014, 643.

80 *Sorge/Krohn-Grimberghe,* DuD 2012, 479 (480); *Nakamoto,* Bitcoin: A Peer-to-Peer Electronic Cash System, abrufbar unter: https://bitcoin.org/bitcoin.pdf, S. 3; *Spindler/Bille,* WM 2014, 1357, 1358; *Boehm/Pesch,* MMR 2014, 75 (76).

81 *Antonopoulus,* Mastering Bitcoin, Chap., verfügbar unter: chimera.labs.oreilly.com/books/1234000001802/index.html, abgerufen am 04.10.2018.

82 *Sorge/Krohn-Grimberghe,* DuD 2012, 479 (480); Spindler/*Bille,* WM 2014, 1357 (1358).

83 *Sorge/Krohn-Grimberghe,* DuD 2012, 479 (480).

Vom Netzwerk wird jedoch nur die längste Kette akzeptiert.[84] Transaktionen, die kürzere Ketten enthalten und der längsten Kette widersprechen, werden im Netzwerk als ungültig und nicht existent behandelt. Je länger die Blockchain ist, desto unwahrscheinlicher ist es, dass die in ihr enthaltenen Transaktionen im Nachhinein als ungültig klassifiziert werden. Der weitere Vorteil dieses Systems liegt darin, dass es für Hacker exponentiell schwieriger wird, die Berechnungen vorzunehmen, die nötig sind, um eine in der Blockchain enthaltene Transaktion nachträglich zu ändern.[85]

IV. Hash-Bäume

Eine Lösung für die Problematik der gesamten Speicherung der Blöcke sind sog. „*Hash*-Bäume“. Sie weisen den Vorteil auf, dass anstatt der Bestimmung eines *Hash*-Wertes über den gesamten Block nur der *Hash*-Wert der einzelnen Transaktionen errechnet und als sog. *Hash*-Baum organisiert werden kann. Auf diese Weise erhält man an der Wurzel eines Baumes einen *Hash*-Wert, der sämtliche Transaktionen zusammenfassend absichert. Dadurch wird ein sog. *Block-Header* erstellt, der nur noch den *Hash*-Wert des Vorgängers, den *Nonce*, also die einmalig verwendete Zahlen- und Buchstabenkombination[86] sowie den Wurzel-*Hash*-Wert des eigenen Baumes enthält.[87]

Hierdurch lässt sich trotz des dadurch größer werdenden Baumes die Lückenlosigkeit der Kette allein anhand der vergleichsweise kleinen *Block-Header* überprüfen. Die dadurch entstehenden *Header* haben den großen Vorteil, dass sie unabhängig im Hinblick auf ihren Speicherbedarf sind. Zudem besteht keine Abhängigkeit mehr von der Anzahl der durchgeführten Transaktionen. Hierdurch wird die Speicherung als solche wesentlich eloquenter.[88]

Bildlich betrachtet stellt sich die Blockchain damit als eine Reihe von *Hash*-Bäumen dar, bei denen der Fokus lediglich auf der Wurzel und deren Verkettung liegt. Soll eine einzelne Transaktion überprüft werden, ist hierfür nur noch der

---

84 *Sorge/Krohn-Grimberghe*, DuD 2012, 479 (480); *Antonopoulus*, Mastering Bitcoin, Chap. 7, verfügbar unter: chimera.labs.oreilly.com/books/1234000001802/index.html, abgerufen am 04.10.2018.

85 *Schiller*, Double-Spend und Race Angriffe bei Kryptowährungen, veröffentlicht am 29.04.2019 unter: https://blockchainwelt.de/double-spend-und-race-angriffe-krypt owaehrungen/, abgerufen am 07.12.2020.

86 https://www.zeit.de/zeit-wissen/2018/03/blockchain-technologie-stromverbrauch-nachhaltiges-wirtschaften/seite-2, abgerufen am 18.03.2019.

87 *Schiller*, Merkle Tree – Eine Basis der Blockchain, veröffentlicht am 21.02.2018 unter: https://blockchainwelt.de/merkle-tree-basis-von-blockchain-und-hash-trees, abgerufen am 08.02.2019.

88 *Lang*, DEV – Insider | Blockchain: vom Blockchain-Journal zum Development-Motor, als eBook, verfügbar unter: www.devinsider.de, abgerufen am 18.03.2019.

dafür maßgebliche Teilbaum relevant, um den *Hash*-Wert der Transaktion anhand der Werte dieses Teilbaumes bis zur Wurzel überprüfen zu können. Der Vorteil beruht darin, dass dem voll validierenden Server oder dem Archiv-Server, von dem der Teilbaum bezogen wird, nicht mehr vertraut werden muss. Diese Grundintention entstammt einer Idee von *Ralph Merkle* und wurde bereits im Jahr 1987 entwickelt. Noch heute findet diese Entwicklung ihren Widerklang im Rahmen der Kryptowährungen.[89] Auch wenn durch die Grundidee der Vollvalidierung der gesamten Blockchain eigentlich die Vertrauensbasis einer Kryptowährung geschaffen werden soll, geht der Praxisanwender im Rahmen eines P2P-Nezwerkes mehr und mehr auf die eloquentere Variante der *Hash*-Bäume über, da diese als fast genauso vertrauenswürdig erachtet werden.[90] Somit stellt bereits der Teilbaum mit seinen *Hash*-Werten die überprüfbare Verbindung zwischen den einzelnen Transaktionen und dem Block-Header des Blocks, in dem er gebucht wurde, dar.[91]

Dieses Prozedere bietet die Möglichkeit, mit sehr geringem Aufwand die Gültigkeit einer Buchung zu kontrollieren, ohne die rechtlichen Berechnungen zu kennen.[92] So kann die spezialisierte *Hardware* der Miner sehr effizient für das Mining eingesetzt werden. Für jeden neuen *Nonce* wird nur noch der *Hash*-Wert des kleinen Block-Headers anstelle des gesamten Blocks berechnet, was den Speicherbedarf immens reduziert. Indes gibt es auch Kryptowährungen, die genau diese Erleichterungen verhindern wollen, indem sie den Speicherbedarf künstlich erhöhen und damit den Einfluss spezieller Hardware auf die Währung forcieren wollen.[93]

V. Mining-Pools

Auf Grund des stetig wachsenden Interesses an Kryptowährungen steigt die Anzahl derjenigen, die sich an Neuemissionen beteiligen wollen. Dadurch besteht ein enormer Konkurrenzdruck, der sich insbesondere auf die Rechenleistung bezieht. Dies hat zur Folge, dass die Neuemissionen immer wertvoller werden und

---

89 *Schiller*, Merkle Tree – Eine Basis der Blockchain, veröffentlicht am 21.02.2018 unter: https://blockchainwelt.de/merkle-tree-basis-von-blockchain-und-hash-trees, abgerufen am 08.02.2019.

90 *Schiller*, Merkle Tree – Eine Basis der Blockchain, veröffentlicht am 21.02.2018 unter: https://blockchainwelt.de/merkle-tree-basis-von-blockchain-und-hash-trees, abgerufen am 08.02.2019.

91 *Martini/Weinzierl*, Die Blockchain-Technologie und das Recht auf Vergessenwerden, NVwZ 2017, 1251.

92 Blockchain Merkle Trees, veröffentlicht am 19.09.2022 unter: https://www.geeksf orgeeks.org/blockchain-merkle-trees/, abgeruen am 21.01.202.

93 *Saive*, RdTW 2018, 85.

parallel hierzu die Wahrscheinlichkeit, dass der einzelne Teilnehmer an den Neuemissionen partizipiert, immer geringer.[94]

Deshalb schließen sich viele Miner in sog. *Mining-Pools* zusammen. Diese sind vergleichbar mit Spielgemeinschaften beim Glücksspiel. Die Teilnehmer der *Mining-Pools* investieren gemeinsam, um ihre Chance auf einen Gewinn zu erhöhen, und teilen einen etwaigen Gewinn sodann untereinander auf.[95] Dazu stellen sie jeweils ihre Rechenleistung zur gemeinsamen Validierung zur Verfügung, um im Anschluss die Neuemissionen oder Transaktionsgebühren als Gewinn zu teilen.[96]

Die *Mining-Pools* werden von bestimmten Dienstleistern zur Verfügung gestellt, bei denen sich die Teilnehmer anmelden können.[97] Der Dienstleister wiederum bestimmt einen neuen Block und teilt zu durchsuchende Intervalle des *Nonce* einzelnen Teilnehmern zu.[98] Auf diese Weise arbeiten alle parallel an verschiedenen Teilbereichen derselben Problematik, was ansonsten von einem einzelnen Teilnehmer hätte gelöst werden müssen. Sobald einer der Teilnehmer einen *Nonce* findet, der zu einem gültigen Block führt, wird dieser Block veröffentlicht und der Gewinn im Anschluss aufgeteilt.[99]

Die Suche wird dadurch wesentlich schneller und effizienter, da alle Teilnehmer an demselben Block mit unterschiedlichen Werten des *Nonce* arbeiten und dadurch der Suchraum über die Teilnehmer verteilt wird. Allerdings wird dadurch, dass in dem Block bereits ein Zielkonto für die Gewinne enthalten ist und der *Hash*-Wert sich unweigerlich ändern würde, wenn die Adresse geändert werden würde, es nahezu ausgeschlossen, dass einer der Teilnehmer für sich alleine einen neuen erfolgreichen Block generiert.[100] Dem einzelnen Teilnehmer sind auf Grund des Einsetzens von *Hash*-Bäumen die Transaktion des neuen Blocks in der Regel auch nicht bekannt. Er erhält nur die Vorlage für den neuen Block-Header und sucht ausschließlich nach neuen *Noncen*.[101]

---

94 *Terlau* in Schimansky/Bunte/Lwowski, Bankrechts-Handbuch, 5. Auflage 2017, § 55a – Elektronisches Geld, virtuelle Währungen (Bitcoins, Ether Coins), Rn. 171.

95 https://www.krypto-magazin.de/das-maerchen-vom-mining-pool/, abgerufen am 08.02.2019.

96 *Richter/Augel*, FR 2017, 937–949.

97 *Bhaskar/Lee Kuo Chuen* in Lee Kuo Chuen, Handbook of Digital Currency, 2015, S. 45 (58).

98 *van Aubel* in Habersack/Mülbert/Schlitt, Unternehmensfinanzierung am Kapitalmarkt, 4. Aufl. 2018, Initial Coin Offerings (ICOs), Rn. 20.211.

99 *Mücke*, Bitcoin Mining Pool, veröffentlicht am 08.03.2018, verfügbar unter: https://www.coin-report.net/de/bitcoin-pool-mining, abgerufen am 08.02.2019.

100 https://www.bitcoinmag.de/mining/tutorial-bitcoin-mining-auf-pc/a-79, abgerufen am 08.02.2019.

101 https://www.bitcoinmining.com/bitcoin-mining-pools, abgerufen am 08.02.2019.

Der Betreiber des *Mining-Pools* schätzt die tatsächlich geleistete Rechenleistung dadurch ab, dass die Teilnehmer ihre eigenen *Noncen* melden. Hierzu setzt er den *Nonce* in den kollektiv bearbeiteten *Block-Header* ein und berechnet den *Hash*-Wert. Je kleiner dieser ist bzw. je näher er dem aktuellen Schwierigkeitsgrad kommt, desto höher ist die aufgewendete Rechenleistung. Die so geschätzte Rechenleistung muss auf Grund der statistischen Streuung der *Proof-of-Work*-Aufgabe über mehrere bearbeitete Blocks gemittelt werden. Auf diese Weise wird ein betrügerisches Vortäuschen tatsächlich nicht geleisteter Rechenleistung weitestgehend ausgeschlossen.[102]

Der Nachteil der *Mining-Pools* besteht in dem Verlust der Kontrolle der Teilnehmer. Die Dienstleister der *Mining-Pools* versagen es den Teilnehmern zumeist, die Transaktionen, die der Betreiber mit dem neuen Block für die Allgemeinheit bestätigt, autonom nachzuprüfen. Dies ist gerade nicht möglich, weil die Teilnehmer nur Vorlagen des Block-Headers erhalten. Der Betreiber des *Mining-Pools* erhält auf diese Weise sowohl die Rechenleistung der Teilnehmer als auch deren Stimmrecht. So wird das Demokratieprinzip, das, wie bereits ausgeführt, den Kryptowährungen zugrunde liegt, unterwandert, da der Teilnehmer des *Mining-Pools* in gewisser Weise seinen Stimmzettel dem Betreiber zur Verfügung stellt.[103]

VI. Anonymisierung und informationelle Selbstbestimmung

Ein weiterer Anreiz für den Erwerb und Handel mit Kryptowährungen ist die informationelle Selbstbestimmung. Anders als bei zentralen Banken kann jeder Teilnehmer, wie bereits ausgeführt, ungehindert auf alle Transaktionen seit Beginn der Währung zugreifen. Pendants wie z. B. das Bankgeheimnis, Registrierungen oder Ähnliches existieren schlichtweg nicht. Denn lediglich die Schlüsselpaare stellen gewissermaßen das Pseudonym des jeweiligen Teilnehmers dar.[104]

Problematisch bleibt indes die mögliche Rückverfolgung der Teilnehmer über E-Mail- oder IP-Adressen. Um diese zu vermeiden, werden eigens Dienstleistungen angeboten, die Konten zur Verfügung stellen, über die Transaktionen derart abgewickelt werden können, dass die Erkennung eines Zusammenhangs zwischen den eingehenden und ausgehenden Transaktionen bestmöglich erschwert wird. Dieser Effekt tritt dadurch ein, dass viele Teilnehmer über dasselbe Konto Zahlungsaufträge abwickeln und nur der Anbieter der Dienstleistungen den Zusammenhang zwischen den ein- und ausgehenden Transaktionen kennt. Damit Korrelationen vermieden werden, können die Teilnehmer weitere Maßnahmen

102 https://www.cryptocompare.com/mining/guides/mining-pools-and-how-they-work, abgerufen am 08.02.2019.

103 https://www.krypto-magazin.de/lexikon/mining-pool, abgerufen am 08.02.2019.

104 Bitcoin is not Anonymous, verfügbar unter: www.anonymity-in-bitcoin.blogspot.de/2011/07/bitcoin-is-not-anonymus.html, abgerufen am 04.10.2018.

in Auftrag geben.[105] Die Zahlungen können beispielsweise verzögert werden, in Teilbeträge zerlegt und/oder an mehrere Empfängerkonten, die dann derselben Person gehören, aufgeteilt werden.[106] Diese Angebote von Dienstleitungen werden in der Fachsprache als *mixing-services* – auf Deutsch „Mischdienste" – oder *laundry-services* – auf Deutsch „Waschdienste"[107] – bezeichnet, wobei die letztere Bezeichnung eine Anlehnung an den strafrechtlichen Tatbestand der Geldwäsche darstellen soll.[108]

Der Nachteil dieser Dienstleistungen besteht eindeutig darin, dass zumindest Vertrauen gegenüber dem Dienstleister aufgebracht werden muss. Dieses bezieht sich dabei sowohl auf die Anonymität des einzelnen Teilnehmers als auch darauf, dass die Transaktionen tatsächlich auftragsgemäß ausgeführt werden. Diese Vorgehensweise divergiert indes mit der Philosophie der Kryptographie, da auf diese Weise wieder einer zentral organisierten Stelle vertraut werden muss.[109]

Daneben können die Teilnehmer auch im Rahmen des *laundry-services* ihre Anonymität wahren. Dies geschieht dergestalt, dass durch das sog. *Commitment-Verfahren* – auf Deutsch bedeutet *commit* „sich bekennen"[110] –, kryptographische Akkumulatoren und durch den sog. *Zero-Knowledge-Beweis* – auf Deutsch kenntnisfreier Beweis[111] – ein imaginäres schwarzes Brett erzeugt wird, an dem die Teilnehmer anonym Beträge deponieren und später wieder entnehmen können. Die Gefahr besteht indes darin, dass andere Teilnehmer wiederum die dort deponierten Beträge entwenden können. Um dies zu verhindern, ist die Buchhaltung dieses schwarzen Brettes wiederum selbstorganisiert. Dieses schwarze Brett wird deshalb auch als eine anonyme Parallelwährung zur eigentlichen Kryptowährung klassifiziert und in deren Buchhaltung integriert.[112] Dieses System wird hauptsächlich bei

---

105 *Miers/Garman/Green/Rubin,* Zerocoin: Anonymous Distributed E-Cash from Bitcoin, verfügbar unter: https://spar.isi.jhu.edu/~mgreen/ZerocoinOakland.pdf, abgerufen am 04.10.2018.

106 https://www.linguee.de/englisch-deutsch/uebersetzung/mixing+service.html, abgerufen am 18.03.2019.

107 https://www.dict.cc/englisch-deutsch/laundry+service.html, abgerufen am 18.03.2019.

108 *Miers/Garman/Green/Rubin:* Zerocoin: Anonymous Distributed E-Cash from Bitcoin, verfügbar unter: https://spar.isi.jhu.edu/~mgreen/ZerocoinOakland.pdf, abgerufen am 04.10.2018.

109 *Stocker,* Bitcoin werden scheitern – und die Welt verändern, veröffentlicht am 10.08.2017 unter: https://www.welt.de/debatte/kommentare/article167558828/Bitcoin-werden-scheitern-und-die-Welt-veraendern.html, abgerufen am 08.02.2019.

110 www.duden.de/rechtschreibung/Commitment, abgerufen am 08.02.2019.

111 *Beutelspacher/Schwenk/Wolfenstetter,* Moderne Verfahren der Kryptographie, 7. Auflage 2010, S. 43 ff.

112 *Martini/Weinzierl,* NVwZ, 2017, 1251.

der Kryptowährung Zerocoin angewandt. Nähere Ausführungen zu dieser Ausgestaltung der Buchführung erfolgen deshalb in der gesonderten Darstellung des Zerocoins.[113]

4. Abschnitt: Die verschiedenen Formen von Kryptowährungen

Aus dem *Hashcash* und weiteren Systemen entwickelten die *Cypherpunks* und andere Kryptographen Kryptowährungen. Mittlerweile existieren weltweit ca. 18.900 solcher Währungen.[114] Die Kryptographen wollten ihren Nutzern durch kryptographisch abgesicherte Protokolle und dezentrale Datenhaltungen einen digitalen Zahlungsverkehr ohne Zentralinstanzen wie beispielsweise Banken ermöglichen. Die bekannteste Kryptowährung ist Bitcoin. Daneben handelt es sich beispielsweise bei Ether, Ripple und Dash um weitere Kryptowährungen.[115] Diese werden im Folgenden vorgestellt und miteinander verglichen.

A. Bitcoin

Die größte und bekannteste Kryptowährung ist der Bitcoin. Da viele andere Kryptowährungen nachfolgend nach demselben Prinzip konzipiert worden sind[116], wird sich zunächst ausführlich mit dieser Kryptowährung befasst.

I. Hintergründe

Erfunden wurde Bitcoin von einem unbekannten Erfinder, der unter dem Pseudonym *Satoshi Nakamoto* auftritt.[117] Dieser hat am 1. November 2008 in *The Cryptography Mailing List* den Bitcoin vorgestellt[118] und in einem Whitepaper mit dem

113 https://medium.com/@lopp/zerocoin-zero-knowledge-for-infinite-anonymity-b38322a46767, abgerufen am 08.02.2019.

114 Anzahl der Kryptowährungen weltweit laut coinmarketcap.com, Stand: v. 16.04.2022, verfügbar unter: https://coinmarketcap.com/de, abgerufen am: 16.04.2022.

115 Bitcoin, Ether und mehr: Die 10 größten Kryptowährungen der Welt, veröffentlicht am 06.03.2017 unter: https://t3n.de/news/bitcoin-ether-kryptowaehrung-802230, abgerufen am 17.10.2020.

116 https://www.finanzen.net/devisen/kryptowaehrungen, abgerufen am 17.11.2020.

117 Der Name stellt das japanische Gegenstück zu dem deutschen Synonym „Max Mustermann" dar.

118 *Nakamoto*, „Bitcoin P2P e-cash paper", The Cryptography Mailing List, 01.11.2008, https://www.mail-archive.com/cryptography@metzdowd.com/msg09959.html, abgerufen am 04.10.2018.

Titel *Bitcoin: A Peer-to-Peer Electronic Cash System*[119] beschrieben. Seit 2011 ist er jedoch mit wenigen Ausnahmen nicht mehr in Erscheinung getreten und hat somit die Weiterentwicklung des Bitcoins anderen überlassen.[120] Zwar hat *Nakamoto* die wichtigsten technischen Grundlagen von Bitcoin gelegt und die erste Implementierung des Systems veröffentlicht, bis heute wurden jedoch weitere Implementierungen in verschiedenen Programmiersprachen von verschiedenen Autoren entwickelt.[121] Dabei wurde die Originalversion von *Nakamoto* fast vollständig überarbeitet.[122] Hierbei wird die meiste Arbeit von freiwilligen Programmierern erbracht, die in der Vielzahl von Fällen von Stiftungen bezahlt werden. In Amerika ist die *Bitcoin Foundation* führend, sie finanziert sich fast ausschließlich durch Mitgliedsbeiträge.[123] Daneben gibt es auch diverse Start-up-Unternehmen, die Entwicklungsarbeit leisten. Sie werden meist durch sog. Risikokapital finanziert. Hier ist *Blockstream* eines der größten.[124] In dieses von *Adam Back* gegründete Unternehmen flossen insgesamt ca. 21 Millionen US-Dollar an Risikokapital, wodurch die Weiterentwicklung der Bitcoin-Infrastruktur vorangetrieben werden soll.[125] Im Jahr 2014 sind schätzungsweise 400 Millionen US-Dollar als Risikokapital in Bitcoin-Start-ups geflossen.[126]

Rund um den Bitcoin hat sich im Laufe der Zeit ein symbiotisches System aus vielen kleinen Unternehmen und Teilnehmern entwickelt, welches robust gegenüber Ausfällen Einzelner ist. Es besteht aus Unternehmen aller Art, z. B.

---

119 *Nakamoto*, „Bitcoin: A Peer-to-Peer Electronic Cash System", 01.11.2008, bitcoin.org/bitcoin.pdf, abgerufen am 04.10.2018.

120 *Meisser*, Kryptowährungen: Geschichte, Funktionsweise, Potential, Beitrag zum Tagungsband „Rechtliche Herausforderung durch webbasierte und mobile Zahlungssysteme", Hrsg.: Rolf. H. Weber/Florent Thouvenin.

121 BitcoinJ, Java Library für Bitcoin, verfügbar unter: https://github.com/bitcoinj/bitcoinj.github.io, abgerufen am 04.10.2018; Gocoin, Go Library für Bitcoin, verfügbar unter: github.com/piotrnar/gocoin, abgerufen am 04.10.2018.

122 Bitcoin Quellcode und Versionshistorie, verfügbar unter: github.com/bitcoin/bitcoin, abgerufen am 04.10.2018.

123 Bitcoin Foundation, verfügbar unter: bitcoinfoundation.org, abgerufen am 04.10.2018.

124 Blockstream, Founders, verfügbar unter: blockstream.com/founders, abgerufen am 04.10.2018.

125 Coindesk, „Blockstream: $21 Million Funding Will Drice Bitcoin Development", 18.11.2014, verfügbar unter: https://www.coindesk.com/markets/2014/11/18/blockstream-21-million-funding-will-drive-bitcoin-development/, abgerufen am 21.01.2023.

126 CB Insights, „Despite Falling Price, Bitcoin Startup Investment Continues to Hit New Records", 21.11.2014, verfügbar unter: cbinsights.com/blog/bitcoin-startup-funding-2014, abgerufen am 04.10.2018.

Zahlungsdiensten wie *Bitpay* oder *Coinbase*, Börsen wie *Bitstamp.de* und *Bitfinex*, Brokern wie *SBEX* oder *Bitcoin Suisse*. Darüber hinaus existieren beispielsweise die Kontoführungsdienste *Blockchain.info* oder *Bitcoin Armory* sowie die Hersteller von Bankomaten *Robocoin* oder *Lamassu*. Daneben gibt es Hersteller spezialisierter Hardware zum Schürfen von Bitcoins wie *Butterfly*, *Labs* oder *KNX*, Newsportale wie *Coindesk*, Anlagefonds wie der von *Exante* oder *Secondmarket*, diverse Konferenzen, lokale Unterstützungsorganisationen wie der *Bitcoin Association Switzerland* und weitere, die das Geflecht an unterschiedlichsten Firmen erweitern.[127]

Im Zahlungsverkehr werden Bitcoins in Werteinheiten mit bis zu acht Nachkommastellen transferiert. Bei der Benennung der Nachkommastellen besteht indes noch keine ganzeinheitliche Bezeichnung.[128] Bisher werden die ersten fünf wie folgt bezeichnet: Decibitcoin, Centibitcoin, Millibitcoin, Microbitcoin und Satoshi.[129]

II. Bisherige Entwicklung

Im Sommer 2011 erfuhr der Bitcoin durch Medienberichte erstmals eine breite Aufmerksamkeit. Erstmalig wurde über sog. Bitcoin-Millionäre berichtet, die durch Spekulationsgewinne enorm reich geworden sind.[130] Parallel zu der Aufmerksamkeit stieg auch der Kurs. 2013 kam es schließlich zum ersten großen Hype, in dem der Kurs auf über 1000 € pro Bitcoin stieg. Doch bereits die Negativmeldungen wie beispielsweise die Insolvenz der zu dieser Zeit weltgrößten Bitcoin-Börse *Mt.Gox* führten wieder zu einem Absturz. Zwischen 2013 und 2015 haben sich dennoch die Zahlen der Transaktionen pro Tag verdoppelt und der Preis eines Bitcoins hat sich in derselben Zeitspanne verzwanzigfacht. 2015 betrug der Gesamtwert aller sich im Umlauf befindlichen Bitcoins ca. vier Milliarden US-Dollar.[131] Diese Summe ist vergleichbar mit der Geldmenge M1 von Ländern wie dem Libanon und Island.[132]

---

127 *Meisser*, Kryptowährungen: Geschichte, Funktionsweise, Potential, Beitrag zum Tagungsband „Rechtliche Herausforderung durch webbasierte und mobile Zahlungssysteme", Hrsg.: Rolf. H. Weber/Florent Thouvenin.

128 https://bitcoinblog.de/2014/05/07/bits-millibitcoin-satoshis-wo-soll-das-komma-hin, abgerufen am 06.12.2020.

129 https://www.bitcoin-welt.com/bitcoin-lexikon/bitcoin-einheit, abgerufen am 19.03.2019.

130 z. B. *Damm* (Business Insinder), Ein Schulabbrecher kaufte mit 12 Jahren Bitcoins – heute ist er Millionär, veröffentlicht am 27.06.2017 unter: https://www.businessinsider.de/gruenderszene/allgemein/ein-schulabbrecher-kaufte-mit-12-jahren-bitcoins-heute-ist-er-millionaer, abgerufen am 06.12.2020.

131 *Ernst*, Der Bitcoin Startkurs seit 2009 & sein extremer Kurverlauf, veröffentlicht am 22.09.2018 unter: https://blockchain-hero.com/bitcoin-startkurs-seit-beginn-2009, abgerufen am 19.03.2019.

132 Coinometrics, „Narrow Money Stock (M1)", verfügbar unter: coinometrics.com/bitcoin/bmix, abgerufen am 04.10.2018.

M1 stellt dabei die Umlaufklasse von Geld dar, in das dieses nach seiner Verfügbarkeit aufgelistet wird.[133] Laut *statista.de* befanden sich im Juli 2017 rund 16,5 Millionen Bitcoins im Umlauf. Bei einem Wert von 4500,00 US-Dollar lag der Umlaufwert damit bei rund 72,3 Milliarden US-Dollar.[134] Der aktuelle Kurs kann jederzeit im Internet abgerufen werden.[135]

III. Klassifizierung

Ein Bitcoin wird als ein digitales Zahlungsmittel für Transaktionen im Internet definiert.[136] Ein Zahlungsmittel wird als im Zahlungsverkehr verwendete Gegenstände definiert, die zur Tilgung von Geldschulden geeignet sind.[137] Ein unmittelbares gegenständliches Handeln ist indes bei Bitcoins nicht möglich. Geldscheine und Münzen existieren mit Ausnahme von einigen Sammlereditionen nicht.[138] Bitcoins sind kein gesetzliches Zahlungsmittel. Das bedeutet, dass sie nicht von einem sog. Emittenten wie z. B. der Europäischen Zentralbank herausgegeben werden.[139] Schließlich unterliegt der Bitcoin auch keinem Annahmezwang durch Gläubiger.[140]

Wie jedes andere an einem Markt gehandelte Gut unterliegt auch der Bitcoin dem Prinzip von Angebot und Nachfrage. Die hierdurch entstehende Annahmebereitschaft bestimmt maßgeblich den Wechselkurs, wodurch das Bezahlen mit Bitcoins einem Tauschhandel gleicht.[141] Ein Tauschhandel stellt dabei eine Form des Handels dar, bei der Waren oder Dienstleistungen direkt gegen andere Waren oder Dienstleistungen getauscht werden, ohne dass eine Gegenleistung in Geld

---

133 https://www.gelon.de/finanzen/geldmenge-m1-m2-m3/#:~:text=Das%20Geld%20im%20Umlauf%20wird,umfassen%20dagegen%20l%C3%A4ngerfristig%20gebundenes%20Geld., abgerufen am 06.12.2020.

134 https://www.fondsprofessionell.at/news/maerkte/headline/bitcoin-wuerde-andere-blasen-in-den-schatten-stellen-136612, abgerufen am 19.03.2019.

135 https://www.bitcoin.de/de, abgerufen am 04.10.2019.

136 https://www.cryptolist.de/bitcoin, abgerufen am 15.02.2021.

137 https://www.gabler-banklexikon.de/definition/zahlungsmittel-62764, abgerufen am 06.12.2020.

138 *Sorge/Krohn-Grimberghe*, DuD 2012, 479, 480; *Kütük/Sorge*, MMR 2014, 643; *Spindler/Bille*, WM 2014, 1357 (1358); *Bollen*, JBFLP – Journal of Banking and Finance Law and Practice 2013 (v. 01.05.2013), 1 (7).

139 *Kütük/Sorge*, MMR 2014, 643; *Engelhard/Klein*, MMR 2014, 355; *Boehm/Pesch*, MMR 2014, 75; *Kuhlmann*, CR 2014, 691 (692); *Bollen*, JBFLP 2013, 1 (9); *Djazayeri*, jurisPR-BKR 6/2014 Anm. 1, S. 1; *Kaplanov*, TLR 2012, 1 (4).

140 https://www.bafin.de/SharedDocs/Veroeffentlichungen/DE/Fachartikel/2014/fa_bj_1401_bitcoins.html, abgerufen am 19.03.2019.

141 https://www.bafin.de/SharedDocs/Veroeffentlichungen/DE/Fachartikel/2014/fa_bj_1401_bitcoins.html, abgerufen am 19.03.2019.

eingesetzt wird.[142] Es besteht allerdings kein Rechtsanspruch auf den Umtausch in eine staatliche Währung zu einem bestimmten Kurs.[143]

IV. Funktionsweise des Bitcoins

Im Nachfolgenden wird ein kurzer Einblick in die Funktionsweise des Bitcoins gegeben.

1. Struktur des Bitcoins

Bitcoin basiert auf dem bereits vorgestellten Prinzip der Blockchain. Auch im Bitcoin-Netz gibt es keine zentrale Ausgabe- oder Verwaltungsstelle. Es findet stattdessen eine Zuweisung mittels eines speziellen Systems statt, das der digitalen Rechtsverwaltung (DRM) ähnelt.[144] Es handelt sich dabei um das bereits angeführte P2P-Netzwerk.[145] Im Rahmen des Bitcoin-Netzes speichert jedes teilnehmende Gerät, egal ob PC, Laptop oder Smartphone, einen sog. *Full-Client*. Das ist ein umfassendes Endnutzer-Programm zum Zugriff auf das Bitcoin-Netz, das fortlaufend die gesamte Transaktionslegende, die Blockchain, herunterlädt und auf dem jeweiligen Medium speichert.[146] Auf diese Weise fungiert jeder *Full-Client*-Teilnehmer dem Grunde nach gleichzeitig als Server für das Bitcoin-Netzwerk.

2. Die Schlüssel

Die Schlüsselverwaltung im Bitcoin-Netz entspricht hingegen den oben dargelegten Grundsätzen. Insoweit wird auf die obigen Ausführungen Bezug genommen.[147]

3. Die Blockchain

Das Bitcoin-Netzwerk ist ebenfalls auf einer Blockchain-Technologie, genauer dem *SHA-256-Algorithmus*, aufgebaut. Insoweit wird deshalb wiederum auf die oben benannten Grundsätze Bezug genommen.[148]

---

142 https://wirtschaftslexikon.gabler.de/definition/kompensationshandel-40656, abgerufen am 06.12.2020.

143 https://www.bafin.de/SharedDocs/Veroeffentlichungen/DE/Fachartikel/2014/fa_bj_1401_bitcoins.html, abgerufen am 19.03.2019.

144 *Engelhardt/Klein*, MMR 2014, 355.

145 *Kütük/Sorge*, MMR 2014, 643; *Engelhardt/Klein*, MMR 2014, 355; *Boehm/Pesch*, MMR 2014, 75; *Kuhlmann*, CR 2014, 691, 692; *Bollen*, JBFLP 2013, 1 (9); *Djazayeri*, jurisPR-BKR 6/2014, Anm. 1, 1; *Kaplanov*, TLR 2012, 1 (4).

146 *Bollen*, JBFLP 2013, 1 (9 f.).

147 S. o. 2. Teil, 3. Abschnitt, D., II.

148 S. o. 2. Teil, 3. Abschnitt, E.

Infolge des *Double-spending*-Problems wird zudem im Bitcoin-Netzwerk eine Transaktion erst in dem Moment als vollständig abgeschlossen betrachtet, in dem auf dem maßgeblichen Block mindestens sechs weitere Blöcke aufgebaut worden sind.[149] Auf diese Weise überprüft das komplette P2P-Netzwerk stetig anhand der Blockchain, ob die gerade in Rede stehenden Bitcoins zuvor schon einmal von dem Inhaber des öffentlichen Schlüssels überwiesen worden sind.[150]

Auch beim Bitcoin stellt die Blockchain im Ergebnis damit eine komplette Auflistung aller jemals getätigten, verifizierten Bitcoin-Transaktionen dar.[151] Diese wird sowohl auf sämtlichen *Full-Clients* des Bitcoin-Netzwerkes fortlaufend gespeichert als auch öffentlich im Internet, wo sie z. B. auf *www.blockchain.info* jederzeit eingesehen werden kann.[152] Die Anonymität resultiert dabei daraus, dass nur der Inhaber des öffentlichen Schlüssels weiß, wer hinter diesem Schlüssel steckt.[153] Dies ist dem Umstand geschuldet, dass jeder *Client* beliebig viele öffentliche Schlüssel erzeugen kann[154] und keine Identifizierung erforderlich ist.[155] Der private Schlüssel wird dabei – wie im allgemeinen Aufbau bereits dargelegt[156] – in den *Wallets* digital gespeichert und verwahrt.[157]

4. Das Mining

Der Erwerb von Bitcoins erfolgt auf verschiedene Arten und Weisen. Zunächst gibt es Tauschbörsen. Hier kann Fiat-Geld in Bitcoins gewechselt werden. Darüber hinaus können die Netzwerkteilnehmer durch das bereits dargestellte Mining[158] als Belohnung neu entstandene Bitcoins sowie teilweise auch die anfallenden Transaktionsgebühren von anderen Bitcoin-Nutzern gutgeschrieben bekommen.[159]

Die Konzeption des *Proof-of-Work* ist im Bitcoin-Netz dergestalt ausgerichtet, dass in stetigen Zeitintervallen ein neuer Block errechnet wird. Auf Grund der unregelmäßigen Anzahl von Bitcoin-Nutzern und der dadurch zwangsläufig variablen Rechenleistung wird die Schwierigkeit durch einen Regelkreis ständig angepasst. Hierdurch wird ca. alle zehn Minuten ein neuer Block gefunden.[160] Das

149 *Antonopoulus*, Mastering Bitcoin, Chap., verfügbar unter: chimera.labs.oreilly.com/books/1234000001802/index.html, abgerufen am 04.10.2018., Chap. 2 und Chap. 8.
150 *Boehm/Pesch*, MMR 2014, 75 (76); *Kütük/Sorge*, MMR 2014, 643 (644).
151 *Spindler/Bille*, WM 2014, 1357 (1358); *Boehm/Pesch*, MMR 2014, 75 (76).
152 *Djazayeri*, jurisPR-BKR 6/2014, Anm. 1, S. 2; *Boehm/Pesch*, MMR 2014, 75 (76).
153 *Nakamato* (vgl. Fn. 66), S. 6; *Grinberg*, HSTLJ 2011, 159 (164 f.).
154 *Boehm/Pesch*, MMR 2014, 75 (76).
155 *Bollen*, JBFLP 2013, 1 (7); *Boehm/Pesch*, MMR 2014, 75 (76).
156 S. o. 2. Teil, 3. Abschnitt, D., III.
157 *Spindler/Bille*, WM 2014, 1357 (1358).
158 S. o. 2. Teil, 3. Abschnitt, C.
159 *Spindler/Bille*, WM 2014, 1357 (1358).
160 *Kütük/Sorge*, MMR 2014, 643.

System ist von vornherein auf 21 Mio. Bitcoins begrenzt worden, um eine Inflation zu vermeiden.[161]

Das Zahlungssystem Bitcoin ist ein Netzwerk, das – wie bereits erläutert – auf der *Peer-to-Peer*-Technologie basiert. Das hat zur Konsequenz, dass auch das Bitcoin-System aus einem Rechennetz besteht, in dem alle Rechner des Netzes gleichberechtigt zusammenarbeiten. Im Zuge der anhaltenden Entwicklung der Bitcoin-Software treten auch stetig neue, unfertige Funktionen, Werkzeuge und Dienste auf, die das Netzwerk noch sicherer und somit einer breiteren Masse zugänglicher machen sollen.[162]

Die Verwaltung des Bitcoin-Netzwerkes erfolgt entsprechend der Vernetzungsmethode gleichzeitig durch alle Teilnehmer, wodurch es komplett transparent ist und für jeden Teilnehmer einsehbar. Auf Grund der Synchronisation verfügen alle Teilnehmer jederzeit über den gleichen Informationsstand. Dabei ist jeder Bitcoin-*Client* mit mehreren anderen Nutzern verbunden, die ihrerseits mit wiederum anderen Nutzern verbunden sind. Dadurch sind alle *Clients* gleichberechtigt vernetzt.[163]

B. Ether

Die zweitgrößte Kryptowährung neben Bitcoin ist Ether, Stand Februar 2021.[164]

I. Entstehung und Entwicklungsverlauf

Ethereum ist eine sog. *Smart-Contract*-Plattform, die es den Entwicklern ermöglicht, dezentrale Anwendungen, sog. *dApps*, auf ihrer Blockchain zu bauen. Ether[165] ist die systemeigene Kryptowährung der Ethereum-Plattform.[166]

Die Ethereum-Plattform und das ihr zugrunde liegende System entstammen aus einer Idee von *Vitalik Buterin*, der die Philosophie des Systems entwickelte[167] und Ende 2013 in einem Whitepaper *Ethereum: A Next-Generation Smart Contract*

161 *Spindler/Bille*, WM 2014, 1357 (1358); *Kaplanov*, TLR 2012, 1 (8).

162 https://www.ionos.de/digitalguide/online-marketing/verkaufen-im-internet/bitcoin-alle-fakten-zum-digitalen-zahlungsnetzwerk/, abgerufen am 07.12.2020.

163 *Hofert*, ZD 2017, 161 (163).

164 Stand Februar 2021, vgl.: https://coinmarketcap.com/de, abgerufen am 15.02.2021.

165 Abgekürzt ETH, vgl. https://coinmarketcap.com/de/currencies/ethereum, abgerufen am 07.12.2020.

166 https://coinmarketcap.com/de/currencies/ethereum, abgerufen am 07.12.2020.

167 *Buterin*, Ethereum: A Next-Generation Cryptocurrency and Decentralized Application Platform, veröffentlicht am 23.01.2014 unter: https://bitcoinmagazine.com/articles/ethereum-next-generation-cryptocurrency-decentralized-application-platform-1390528211, abgerufen am11.07.2018.

& Decentralized Application Platform[168] dieses der Öffentlichkeit im Rahmen der *North American Bitcoin Conference* in Miami vorstellte.[169] Die Veröffentlichung der formalen Spezifikation erfolgte anschließend durch den Mitbegründer *Gavin Wood*, der im April 2014 das *Ethereum Yellow Paper*[170] sowie das Design *Ethereum Virtual Machine (EVM)* der Öffentlichkeit präsentierte.[171]

Das System fuhr erstmalig im Juli 2015 hoch.[172] Hierbei wurde die Ethereum-Beta-Version mit der Bezeichnung *Ethereum-Frontier* publiziert, welche das Fundament von Ethereum darstellt. Die Implementierung eines *Proof-of-Work*-Algorithmus und *Smart-Contracts*, also verteilt ausgeführte Programme, stellten die beiden wichtigsten Funktionen des Systems dar.

Hierbei handelt es sich anders – als beim Bitcoin-Netzwerk – nicht nur um ein einfaches Zahlungssystem, sondern es bietet seinen Nutzern auch die Option, auf *Wallets* basierte Programme zu schreiben, sog. *Smart-Contracts.* Diese Programme können z. B. automatisch Geld von den *Wallets* aus empfangen und je nach ihrer Programmierung entscheiden, an wen es gesendet wird. Den *Smart-Contracts* liegen dabei einheitliche Prinzipien zugrunde. Sie müssen vorhersehbar, gleichwertig, transparent und unveränderbar sein. Die *Smart-Contracts* werden zur Blockchain geschrieben und dort für immer gespeichert.[173]

Von dem Ethereum-Beta-System distanzierte man sich jedoch sehr schnell, sodass im März 2016 das System *Homestead* zur Anwendung gelangte. Dieses System eliminierte zuvor aufgetretene Fehler und führte zu einer höheren

---

168 Ethereum: A Next Generation Smart Contract & Decentralized Application Platform, verfügbar unter: github.com/ethereum/wiki/wiki/White-Paper, abgerufen am 04.10.2018.

169 *Gerring*, Cut and try: building a dream. verfügbar unter: web.archive.org/web/20160209181020/http://blog.ethereum.og/2016/02/09/cut-and-try-building-a-dream, abgerufen am 04.10.2018; *Ethereum Blog* – Stiftung Ethereum, archiviert vom Original am 09.02.2016 veröffentlicht unter: https://blog.ethereum.org/2016/02/09/cut-and-try-building-a-dream, abgerufen am 21.01.2023.

170 *Wood*, Ethereum: A Secure Decentralised Generalised Transaction Ledger, verfügbar unter: https://ethereum.github.io/yellowpaper/paper.pdf, angerufen am 21.01.2023.

171 *Wood*, Ethereum: A Secure Decentralised Generalised Transaction Ledger, veröffentlicht am 06.04.2014 unter: gavwood.com/Paper.pdf, abgerufen am 11.07.2018.

172 *Tual*, Ethereum Launches, verfügbar unter: https://web.archive.org/web/20150811013142/https://blog.ethereum.org/2015/07/30/ethereum-launches/, abgerufen am 11.07.2018; *Ethereum Blog*, Stiftung Ethereum, veröffentlicht am 30. Juli 2015 unter: derefer.unbubble.eu?u=https://blog.ethereum.org/2015/07/30/ethereum-launches, abgerufen am 11.07.2018.

173 *Malanov*, Wir erklären Smart Contracts, Ethereum und ICOs, veröffentlicht am 19.10.2017 unter: https://www.kaspersky.de/blog/ethereum-ico/14993, abgerufen am 07.12.2020.

Sicherheit.[174] In der Folgezeit wurden weitere sog. Zwischenziele erreicht, indem das *Metropolis*- und *Serenity*-System entwickelt und in Betrieb genommen wurden. Das zuerst genannte System *Metropolis* beinhaltete Anwendungen für den Endverbraucher, wodurch beispielsweise *Light Clients* – was übersetzt „leichte Kunden"[175] bedeutet – zur Verfügung gestellt wurden. Diese bezweckten, dass der Endverbraucher nicht mehr die gesamte Ethereum-Blockchain auf seinen PC herunterladen musste, wodurch die privaten Computer weniger belastet wurden. Ferner wurde das Verfahren *zk-SNARKS* im System implementiert, wodurch sämtliche Transaktionen nunmehr absolut anonym im öffentlichen Ethereum-Netz erfolgen konnten.[176] Bei diesem *Zero-Knowledge-Proof*-Verfahren sind alle Parteien einer Transaktion in der Lage, sich gegenseitig zu verifizieren, dass sie über einen bestimmten Satz von Informationen verfügen, ohne offen zu legen, was diese Informationen sind.[177]

Im Verlauf kam es im Ethereum-System schließlich zu einem Wechsel von einem *Proof-of-Work*-Algorithmus zu einem *Proof-of-Stake*-Algorithmus.[178]

II. Die Organisationen hinter Ether

Neben dem Gründer *Vitalik Buterin* war Hauptakteur der Gründung auch *Gavin Wood*, der Ethereum formalisierte und auch die im Jahr 2015 erfolgte Inbetriebnahme leitete. Die weitere Entwicklung von Ethereum wird von der Ethereum-Stiftung mit Sitz in der Schweiz geleitet. *Vitalik Buterin* gehört innerhalb der Stiftung dem achtköpfigen Vorstand an.[179]

Neben der Ethereum-Stiftung gibt es die *Enterprise Ethereum Alliance*. Zu ihren Gründungsmitgliedern gehören unter anderem *Accenture*, *Credit Suisse*, *Intel*, *J. P. Morgan*, *Microsoft*, *Santander* und die *ING-DiBa*.[180] Ziel der Alliance ist es,

---

174 About the Ethereum Foundation, veröffentlicht am 30.07.2015 unter: ethereum.org/foundation, abgerufen am 11.07.2018.

175 https://www.parity.io/what-is-a-light-client, abgerufen am 19.03.2019.

176 Metropolis steht bevor – Die Änderungen und Auswirkungen der dritten Fahrplan-Station, veröffentlicht am 15.08.2017 unter: ethereum-kaufen.de/news/metropolis-release-datum-aenderungen-und-auswirkungen/#Was_ist_Metropolis_und_welche_Neuerungen_bringt_es, abgerufen am 11.07.2018.

177 *Schiller*, Was ist zn-SNARKs und Zero Knowledge Proof?, veröffentlicht am 19.08.2019 unter: https://blockchainwelt.de/zk-snarks-und-zero-knowledge-proof, abgerufen am 07.12.2020.

178 Ethereum Zukunft: Der Ethereum Fahrplan, verfügbar unter: ethereum-kaufen.de/ethereum-zukunft-der-ethereium-fahrplan/#Ethereum_Zukunft_Serenity, abgerufen am 14.07.2018.

179 https://www.crunchbase.com/person/vitalik-buterin, abgerufen am 27.12.2021.

180 *Lang*, DEV-Insider | Blockhain: vom Bitcoin-Journal zum Development Motor, S. 6 f., veröffentlicht unter: Dev-Insider.de, abgerufen am 05.10.2018.

Standard-Softwarelösungen für den gesamten Markt zu entwickeln, indem sie Industriestandards auf Basis der „einzigen *Smart-Contracts* unterstützenden Blockchain, die in der realen Welt produktiv läuft", aufbauen. Diese soll im Ergebnis als *Open-Source-Software* frei nutzbar sein.[181]

III. Das System Ethereum

Wie bereits erläutert, ist Ethereum – anders als das Bitcoin-Netz – eine Plattform, die nicht nur ausschließlich Zahlungsfunktionen innehat. Sie stellt vielmehr eine Plattform für sog. *dApps* – Abkürzung für *distributed Apps*, was ins Deutsche übersetzt „verteilte Anwendungen" bedeutet[182] – dar, die sich wiederum aus den bereits dargestellten *Smart-Contracts* zusammensetzen. Neben der Festlegung von Überweisungsanweisungen innerhalb des Ethereum-Systems[183] gibt es für *Smart-Contracts* eine Vielzahl von Anwendungsmöglichkeiten, z. B. *Crowdfunding*, Identitätsmanagementsysteme oder auch elektronische Votingsysteme.[184]

DApps hingegen sind Programme, die auf der Blockchain und somit auf allen Rechnern der jeweiligen Teilnehmer synchron ausgeführt werden. Die *dApps* sind dabei durch die *Smart-Contracts* mit der Blockchain verbunden, wodurch sie dezentralisiert werden. Die Ausführung der *dApps* verläuft so, dass sie mittels der *Smart-Contracts* Ether kaufen. Ether wird in diesem Zusammenhang auch als der Treibstoff der Plattform bezeichnet, der für ihre jeweiligen Ausführungen auf der Blockchain benötigt wird.[185] Bei Ethereum handelt es sich um eine einheitliche Datenbasis, die sog. „Ethereum-Blockchain". Diese impliziert ein eigenes P2P-Netzwerk, in dem wiederum Daten ohne einen zentralen Server ausgetauscht werden. Die Teilnahme an diesem Netzwerk setzt einen Ethereum-*Client*[186] voraus. Dieser synchronisiert sich vor dem Start mit dem Netzwerk, sodass alle in der Blockchain seit der letzten Benutzung getätigten Transaktionen heruntergeladen und geprüft werden. Um Speicherplatz zu erhalten, wurde die initiale Synchronisation entwickelt, bei der nicht die komplette

---

181 *Lang*, DEV-Insider | Blockhain: vom Bitcoin-Journal zum Development Motor, S. 6 f., veröffentlicht unter: https://www.dev-insider.de/blockchain-vom-bitcoin-journal-zum-development-motor-d-38407/, abgerufen am 27.01.2023.

182 https://context.reverso.net/übersetzung/englisch-deutsch/distributed+applications, abgerufen am 19.03.2019.

183 *Vogel Business Media GmbH und Co. KG*, Was ist Ethereum und wie funktioniert Ether?, verfügbar unter: https://www.dev-insider.de/was-ist-ethereum-und-wie-funktioniert-ether-a-620385, abgerufen am 12.07.2018.

184 Ethereum Project, verfügbar unter: ethereum.org, abgerufen am 12.07.2018.

185 Ethereum einfach erklärt, verfügbar unter: github.com/ethereum/go-ethereum, abgerufen am 15.07.2018.

186 Ethereum Clients, verfügbar unter: ethdocs.org/en/latest/ethereum-clients/index.html, abgerufen am 04.10.2018.

Blockchain jedes Mal erneut heruntergeladen werden muss.[187] Wie Bitcoins haben die Nutzer auch bei Ethereum *Wallets*. Hierbei gibt es eine Vielzahl von Variationen, wie z. B. die *Ethereum Wallet*, *Mist*[188], *MyEtherWallet*[189], *Parity*[190] sowie *Exodus*[191]. Sie werden als sog. *Multi-Asset-Wallets* für verschiedene Kryptowährungen klassifiziert.

Die Überwachung eines Teils der Ethereum-Plattform und die Verifizierung einzelner Transaktionen wird schließlich durch den Einsatz von *Light-Clients* zu vereinfachen versucht.[192] Hierbei verbindet sich die Software des Light-Clients mit einem *Full-Node*, also einem vollständigen Knoten, der alle Transaktionen überprüft und sendet, um mit der Blockchain zu interagieren. Durch die Verbindung müssen sie nicht permanent ausgeführt werden, sondern beziehen nur dann die von ihnen benötigten Informationen, wenn eine Ausführung von den Nutzern angestrebt wird.[193] Allerdings befindet sich diese Technologie immer noch in der Entwicklung.[194]

C. Ripple

Eine der größten Kryptowährungen ist der Ripple.[195]

I. Hintergründe

Das sog. Ripple-Protokoll wurde von der ursprünglichen, als Opencoin betitelten Gesellschaft Ripple Labs entwickelt. Hinter dieser Gesellschaft stehen neben einer Vielzahl von Einzelpersonen eine Reihe von Investoren, unter anderem *Google Ventures*, *Lightspeed Venture Partners*, *Andreessen Horowitz*, *IDG Technology Venture Investment Fund*, *Camp One Ventures*, *Venture 51* und *Bitcoin Opportunity Fund*.[196] Ripple selbst ist jedoch nicht die Kryptowährung, sondern

---

187 github.com/ethereum/go-ethereum#full-node-on-the-main-ethereum-network, abgerufen am 04.10.2018.

188 github.com/ethereum/mist, abgerufen am 04.10.2018.

189 www.myetherwallet.com, abgerufen am 04.10.2018.

190 Parity Wall, verfügbar unter: www.parity.io, abgerufen am 04.10.2018.

191 www.exodus.io, abgerufen am 04.10.2018.

192 github.com/ethereum/wiki/wiki, abgerufen am 21.09.2018.

193 *Sardan*, What is a light client and why you should care?, veröffentlicht am 26.07.2018 unter: https://www.parity.io/what-is-a-light-client, abgerufen am 07.12.2020.

194 *Bergmann*, Vitalik Buterin über Geschichte & Zukunft von Ethereums Proof-of-Stake, veröffentlicht am 23.08.2018 unter: https://bitcoinblog.de/2018/08/23/vitalik-buterin-ueber-geschichte-und-zukunft-von-ethereums-proof-of-stake, abgerufen am 19.03.2018.

195 Stand Februar 2021, vgl. https://coinmarketcap.com/de/all/views/all, abgerufen am 27.02.2021.

196 Investors Ripple Labs, verfügbar unter: www.ripplelabs.com/investors, abgerufen am 17.10.2018.

XRP.[197]

Die Idee hinter Ripple ist dieselbe wie die hinter dem bekannten ursprünglichen Währungskonzept. Der Kunde soll das Vertrauen aufbringen, dass sein Guthaben auf seinem Bankkonto auf Verlangen ausgezahlt und zudem in eine Online-Währung transferiert werden kann. Ripple will jedoch die Probleme, vor denen Banken und Zahlungsdienstleister bei Transaktionen über Ländergrenzen hinweg stehen, also in verschiedenen Währungsräumen, eliminieren. Denn bei solchen muss zum einen die Liquidität in allen involvierten Währungen gegeben sein und zum anderen sichergestellt werden, dass die Zahlungen auch vonstattengehen.[198]

Ripple will diesen Problematiken durch ein umfassendes System, das über das einer typischen Kryptowährung hinausgeht, entgegentreten, indem neben der Kryptowährung als solcher eine Auswahl an Produkten angeboten wird. Im Zuge dessen erforscht und entwickelt *RippleLaps* z. B. die Programme *xRapid, xCurrent* und *xVia.*[199]

Dies soll so erfolgen, dass Ripple ein Zahlungsnetzwerk darstellt, welches auf einem *Open-Source*-Protokoll basiert und somit für jedermann transparent ist. Es soll Banken ermöglichen, internationale Zahlungen in Echtzeit abzuwickeln. Im Zuge dessen werden alle Verbindlichkeiten zwischen Individuen und Institutionen, die Mitglieder des Netzwerkes sind, in einem weltweiten öffentlichen Register gespeichert. Wie bei Bitcoin handelt es sich um ein P2P-Netzwerk. Kommt es zu einer Änderung auf einem Mitgliederkonto, so findet wie bei vielen anderen Kryptowährungen ein Konsensverfahren statt. Es müssen sich also alle Mitglieder des Netzwerkes auf die Änderung im Zahlungsbuch einigen. Faktisch bedeutet dies, dass alle Banken und Unternehmen, die Mitglied des Ripple-Netzwerkes sind, alle Transaktionen bestätigen müssen. Der Einigungsprozess findet hierbei alle zwei bis fünf Sekunden statt.[200] Dies ist wesentlich schneller als z. B. bei Bitcoin, wo die Bestätigungszeit eines Blocks bei zehn Minuten liegt und damit die Dauer der Transaktion bei einer Stunde. Jedoch können auch hier Zeitspannen von 30 Minuten bis 16 Stunden auftreten.[201]

Das Konzept gleicht dabei dem einer Großbank, weshalb die Initiatoren des Ripple-Systems das Konzept auch als *Single-Point-of-Failure* betitelten, da von diesem singulären Punkt aus die gesamte Kryptowährung kontrolliert wird.[202]

197 https://www.finanzfluss.de/geldanlage/ripple, abgerufen am 09.12.2020.

198 https://www.cryptolist.de/ripple, abgerufen am 08.12.2020.

199 https://www.cryptolist.de/ripple, abgerufen am 08.12.2020.

200 https://www.finanzfluss.de/geldanlage/ripple, abgerufen am 09.12.2020.

201 *Traugott*, Wie lange dauert eine Bitcoin-Transaktion?, veröffentlicht am 12.11.2020 unter: https://kryptozeitung.com/wie-lange-dauert-eine-bitcoin-transaktion, abgerufen am 09.12.2020.

202 *Kopstein*, Gold 2.0: can code and competition build a better Bitcoin?, veröffentlicht am 23.04.2013 unter: www.Theverge.com/2013/4/23/4252808/can-zerocoin-an-ripple-buil-a-better-bitcoin, abgerufen am 17.10.2018.

Abhängig von der Menge der zur Verfügung stehenden Server und der damit einhergehenden Rechenleistung[203] bietet das Ripple-System derzeit die Möglichkeit, bis zu 1500 Transaktionen pro Sekunde vonstattengehen zu lassen, wobei die Anzahl der Transaktionen bis auf 50.000 pro Sekunde angehoben werden kann. Dies hat eine Transaktionsgeschwindigkeit von derzeit etwa vier Sekunden zur Folge.[204]

1. IOUs

Das Ripple-Netzwerk verfolgt das Ziel, eine effiziente Abwicklung internationaler Transaktionen zu schaffen und so Banken als Mitglieder zu werben, damit diese ihre Transaktionen über das Ripple-Netzwerk abschließen. Eine der zentralen Innovationsideen des Ripple-Netzwerks im Hinblick auf die Liquiditätsprobleme, die mit dem internationalen Zahlungsverkehr z. B. infolge der unterschiedlichen Inflationsraten eines Landes einhergehen, ist der Einsatz von Schuldscheinen, den sog. *IOUs.*[205] Diese *IOUs* speichern, wie viele Einheiten welcher Währung ein Nutzer einem anderen schuldet und umgekehrt.[206] Der Vorteil dieser *IOUs* ist, dass Banken diese in einer sehr großen Anzahl, vergleichbar mit VISA-Transaktionen, gegenseitig binnen Sekunden, transparent, fast kostenlos und unmanipulierbar ausstellen.[207]

Im Ripple-Netzwerk stellen zudem sog. Ripple-*Gateways* – was in der Informatik die Vermittlung zweier Systeme bedeutet, die unterschiedliche Protokolle verwenden[208] – einen Spezialfall dar. Diese stellen *IOUs* dafür aus, dass man ihnen im Gegenzug etablierte Zahlungsmittel anbietet. Diese *IOUs* sind jederzeit wieder einlösbar. Das Einlösen von *Gateways-IOUs* bedeutet demnach stets, dass eine Zahlung außerhalb des Ripple-Netzwerks erfolgt, sei es durch eine Überweisung oder Bargeld. Die hierdurch entstehenden Verbindlichkeiten werden vollumfänglich im Ripple-Register gespeichert. So kann auf eine gesonderte Buchführung verzichtet werden.[209]

Finden indes Zahlungen zwischen den einzelnen Nutzern des Ripple-Systems statt, werden die Verbindlichkeiten jeweils entsprechend angepasst. Diese können

---

203 Rippled Setup | Ripple, verfügbar unter: ripple.com/build/rippled-setup/#types-of-rippled-servers, abgerufen am 01.11.2018.

204 *XRP | Ripple*, verfügbar unter: ripple.com/xrp, abgerufen am 01.11.2018.

205 Abkürzung für die englische Phrase „I owe (yo)u“, auf Deutsch: ich schulde dir, vgl. ausführlich hierzu: https://blockchainwelt.de/ripple, abgerufen am 15.02.2021.

206 https://www.cryptolist.de/ripple, abgerufen am 09.12.2020.

207 https://www.cryptolist.de/ripple, abgerufen am 09.12.2020.

208 *Srocke/Donner*, Was ist ein Gateway?, veröffentlicht am 01.08.2018 unter: https://www.ip-insider.de/was-ist-ein-gateway-a-581268, abgerufen am 09.12.2020.

209 Was ist Ripple (XRP)?, verfügbar unter: https://www.xn--binre-optionen-7hb.info/ripple/ripple-xrp.html, abgerufen am 28.10.2020.

jedoch nur vom System gespeichert werden. Die Durchsetzbarkeit des zugrunde liegenden Anspruchs ist jedoch seitens des Systems nicht möglich. Deshalb ist Grundvoraussetzung für die jeweilige Durchsetzbarkeit, dass der jeweilige Nutzer angibt, welchem anderen Nutzer er in welcher Währung und bis zu welcher Höhe das Vertrauen entgegenbringt, die gespeicherten *IOUs* auf Verlangen einzulösen.[210]

Besteht hingegen keine Vertrauensbeziehung zwischen den einzelnen Nutzern, so begegnet das System dem folgendermaßen: Das System versucht einen Pfad von Nutzern zu eruieren, auf dem jeder Nutzer dem nächsten ausreichend vertraut, um so die Zahlung durchzuleiten. Darauf folgt, dass die Zahlungen durch den sozialen Pfad von Vertrauensbeziehungen „sickern" – auf Englisch: to ripple[211]. Das Register verrechnet sodann alle Zahlungen miteinander. Die einzelnen Nutzer begleichen im Folgenden ihre Schulden peu à peu außerhalb des Systems.[212]

Daneben existiert noch eine virtuelle Devisenbörse. An dieser können die *IOUs* gegen *IOUs* einer anderen Währung und/oder von einem anderen ausstellenden *Gateway* getauscht werden. Das System integriert diese Funktionalität automatisch in die Suche des soeben beschriebenen Vertrauenspfades, soweit keine andere Verbindung zwischen den einzelnen Sendern und Empfängern der jeweiligen Zahlung gefunden werden kann.[213]

2. Das System Ripple und die einzelnen Produkte

Die schnelle Transaktionsgeschwindigkeit innerhalb des Ripple-Netzwerkes ist den drei bereits benannten Produkten von *Ripple Labs*, dem *xRapid*, *xCurrent* und *xVita* geschuldet.[214] Die drei Produkte unterscheiden sich vor allem im Hinblick auf ihre Zielgruppen. Während *xRapid* für Zahlungsanbieter und andere Finanzinstitute gedacht ist, die ihre Liquidität minimieren und gleichzeitig ihre Kundenerfahrung verbessern möchten, stellt *xCurrents* eine Unternehmenssoftwarelösung dar, anhand derer Banken grenzüberschreitende Zahlungen mit *End-to-End-Tracking* sofort abwickeln können. *xVia* ist schließlich für solche Unternehmen, Zahlungsdienste und Banken entwickelt worden, die über eine Standardschnittstelle Zahlungen über verschiedene Netzwerke versenden möchten.

Im Einzelnen haben die Produkte folgende Funktionen:

---

210 Das Ripple-1x1 – Teil 3: So funktioniert Ripple – Part 2, veröffentlicht am 24.06.2019 unter: https://zertifikate.vontobel.com/DE/blog/Artikel/das-ripple-1x1-teil-3-so-funktioniert-ripple-part-2, abgerufen am 28.10.2020.

211 https://www.dict.cc/englisch-deutsch/to+ripple.html, abgerufen am 19.03.2019.

212 *Kerkmann*, Was ist Ripple (XRP) – Erklärung & Vor- und Nachteile, veröffentlicht am 27.01.2020 unter: https://blockchainwelt.de/ripple, abgerufen am 28.10.2020.

213 Was ist Ripple (XRP)?, verfügbar unter: https://krypto-kauf.com/ripple-kryptowaehrung, abgerufen am 28.10.2020.

214 Solutions To Send Money Globally, Using Blockchain Technology | Ripple, verfügbar unter: www.ripple.com/solutions, abgerufen am 01.11.2018.

3. *xRapid*

Ausgangspunkt für die Entwicklung von *xRapid* ist die Problematik, dass im internationalen Zahlungsverkehr häufig immens hohe Liquiditätskosten entstehen, weil die Zahlungen in Schwellenländern oft vorfinanzierte Konten in der jeweiligen Landeswährung erfordern. Um diesem Effekt entgegenzuwirken, nutzt *xRapid* ein digitales *Asset-XRP*. So wird eine sog. *On-Demand-Liquidität* angeboten, die die Kosten drastisch senkt und die Echtzeitzahlungen in den vorbenannten Schwellenländern möglich macht. Dieses für Banken und Unternehmen konzipierte System ermöglicht ihnen auf diese Weise eine effiziente, zuverlässige und skalierbare Liquidationsoption für grenzüberschreitende Transaktionen.[215]

4. *xCurrent*

xCurrent hingegen ist ausschließlich für Banken konzipiert worden, damit diese in Echtzeitgeschwindigkeit untereinander Zahlungsdetails vor Beginn der Transaktion austauschen sowie die anschließende Lieferung und deren jeweilige Beendigung bestätigen können. Basis des Systems ist ein sog. *Rulebook* – auf Deutsch: Regelwerk[216]. Dieses hat das Ripple-Netzwerk zusammen mit dem *RippleNet-Advisory-Board* entwickelt. Es soll die rechtliche Grundlage für die Transaktionen für jeden Nutzer klar und transparent machen sowie die operative Konsistenz gewährleisten.[217]

5. *xVia*

xVia ist ein System, das ohne eine vorangegangene Installation einer Software einen direkten Versand von weltweiten Zahlungen ermöglicht. Diese sind komplett transparent im Hinblick auf den Zahlungsstatus und implementieren umfangreiche Informationen wie beispielsweise Rechnungen, die im Anhang anbei versendet werden.[218]

II. Dezentralisierung und die Währung XRP

Nach eigenen Angaben handelt es sich beim Ripple-Netzwerk – ebenso wie z. B. bei Bitcoin – um ein dezentrales System. Diese Annahme stößt jedoch immer

---

215 Solutions To Send Money Globally, Using Blockchain Technology | Ripple, verfügbar unter: www.ripple.com/solutions, abgerufen am 01.11.2018.

216 https://www.linguee.de/englisch-deutsch/uebersetzung/rulebook.html, abgerufen am 09.12.2020.

217 Solutions To Send Money Globally, Using Blockchain Technology | Ripple, verfügbar unter: www.ripple.com/solutions, abgerufen am 01.11.2018.

218 Solutions to Send Money Globally, Using Blockchain Technology | Ripple, verfügbar unter: www.ripple.com/solutions, abgerufen am 01.11.2018.

wieder auf Kritik.[219] Die Währung XRP, die gemeinhin fälschlicherweise als Ripple betitelt wird, weicht in ihrer Konzeption deutlich von der des Bitcoins ab. Das Ripple-Netzwerk wurde mit 100 Milliarden XRP erzeugt. Die Erfinder übertrugen hiervon 80 Milliarden an die gewinnorientiert wirtschaftende Gesellschaft *Ripple Labs*. Von diesen 80 Milliarden XRP kamen indes nur 55 Milliarden im Rahmen des Ripple-Netzwerkes in Umlauf und können von den Nutzern erhalten werden. Die übrigen 25 Milliarden behielt *Ripple Labs* selbst inne.[220] Die meisten XRP sind bis dato an diverse Projekte verteilt worden. Hierbei handelt es sich um ca. 7,2 Milliarden XRP. Anders als beim Bitcoin ist eine Herstellung von XRP durch Mining nicht ermöglicht.[221] Infolge dieses Geschäftskonzepts gibt es einige Kritiker, die das Ripple-System nicht als dezentralisiert betrachten und es somit nicht zu dem Kreis der typischen Kryptowährungen zählen.[222]

Der Währung als solcher liegen zwei Hauptfunktionen zugrunde. Zum einen soll sie Netzwerkspam verhindern und zum anderen als Brückenwährung im Handel mit anderen Währungen dienen. Darüber hinaus stellt sie die einzige Finanzierungsquelle von *Ripple Labs* dar. Unter Netzwerkspam werden unerwünschte, zumeist auf elektronischem Weg übertragene, massenhafte Nachrichten bezeichnet, die dem Empfänger ohne dessen Einverständnis zugestellt werden. Zumeist haben sie einen werbenden Inhalt.[223] Die Verhinderung von Netzwerkspam erfolgt dergestalt, dass bei jeder Transaktion ein Bruchteil des XRP, momentan ca. 0,000001 Ripple, einbehalten und anschließend gelöscht wird. Dies hat zur Konsequenz, dass die von vornherein begrenzte Anzahl von XRP im Laufe der Zeit sukzessiv abnimmt.[224]

---

219 https://www.finanzfluss.de/geldanlage/ripple, abgerufen am 15.02.2021.

220 *Kopstein*, Gold 2.0: can code an competition build a better Bitcoin?, verfügbar unter: theverge.com/2013/4/23/4252808/can-zerocoin-an-ripple-buils-a-better-bitc oin, abgerufen am 01.11.2018; Introduction to Ripple for *Bitcoiners* – Ripple Wiki, verfügbar unter: https://en.wikipedia.org/wiki/Ripple_(payment_protocol), abgerufen am 27.01.2023.

221 *Simmons*, Ripple CEO prophezeit starkes Wachstum für XRP und ODL, 2020 'war riesig', veröffentlicht am 06.10.2020 unter: https://www.crypto-news-flash.com/de/ripple-ceo-prophezeit-starkes-wachstum-fuer-xrp-und-odl-2020-war-riesig/, abgerufen am 28.10.2020.

222 Ausführlich dazu *Bergmann*, Ripple: Ist die Kryptowährung nun zentral oder dezentral, veröffentlicht am 27.05.2019 unter: https://bitcoinblog.de/2019/05/27/ripple-ist-die-kryptowaehrung-nun-zentral-oder-dezentral, abgerufen am 10.12.2020.

223 https://www.computerweekly.com/de/definition/Spam, abgerufen am 09.12.2020.

224 *Kopstein*, Gold 2.0: can code an competition build a better Bitcoin?, verfügbar unter: theverge.com/2013/4/23/4252808/can-zerocoin-an-ripple-buils-a-better-bitc oin, abgerufen am 01.11.2018; *Transaction Cost | Ripple*, verfügbar unter: ripple.com/build/transaction-cost, abgerufen am 01.11.2018.

Anders als bei den *IOU*-Konten ist der XRP selbst unabhängig von der Deckung durch die Organisation. Denn XRP ist die einzige Währung, die es im Ripple-System gibt. Dadurch wohnt ihm zwar ein Wechselkurs-, aber kein Kontrahentenrisiko inne.[225]

Wie die *IOUs* können die XRP in der vom Ripple-Netzwerk zur Verfügung gestellten Online-*Wallet* verwaltet werden. Daneben existieren jedoch auch inoffizielle, quelloffene *Clients*, durch die diese Funktionalität auch für anderen Software wie z. B. *iOS*, *Android*, *Mac* und *Linux* genutzt werden kann. So können die *Wallets* auf privaten Endgeräten installiert und bedient werden.[226]

Zu Beginn des Jahres 2018 hatten sich bereits über 100 Banken dem Ripple-Netzwerk angeschlossen, der Kurs lag zu diesem Zeitpunkt bei seinem Höchststand in Höhe von 3,38 US-Dollar.[227] Im Dezember 2020 zeigt sich der Ripple trotz der anhaltenden Covid-19-Pandemie ebenfalls stark und liegt bei einer Marktkapitalisierung von knapp unter 21 Mrd. US-Dollar bei 0,5 US-Dollar. XRP ist damit unter den Top fünf der weltweit am meisten gehandelten Kryptowährungen.[228]

D. DASH

Der DASH ist eine Kryptowährung, die aus einer *Hard-Fork*[229] der Kryptowährung Litecoin entstanden ist. Die dem DASH zugrunde liegende Intention war ein innovativer Neuentwurf von Bitcoin. Ziel des DASH war es deshalb, durch seine neue Philosophie und ein neues Design den Energieverbrauch zu minimieren und das Netzwerk vor Angriffen zu schützen. Überdies sollten Anonymität und vor allem Integrität garantiert werden.[230]

I. Entstehung

Wie bereits erwähnt, entstand DASH (Kofferwort aus *Digital Cash*) zu Beginn des Jahres 2014 aus einer *Hard-Fork* des Litecoins. Zunächst wurde er als *XCoin,* später als *Darkcoin* betitelt, bevor er seinen endgültigen Namen erhielt.[231]

---

225 https://www.cryptolist.de/ripple, abgerufen am 09.12.2020.

226 *Margto*, Die Besten Ripple Wallets 2020 – der große Vergleich, zuletzt aktualisiert am 09.12.2020 unter: https://kryptoszene.de/ripple-wallet-vergleich, abgerufen am 09.12.2020.

227 https://coin-hero.de/ripple/kurs, abgerufen am 09.12.2020.

228 Stand 15.02.2021, vgl.: https://coinmarketcap.com/de/all/views/all, abgerufen am 15.02.2021.

229 Vgl. Ausführungen dazu unter 2. Teil, 5. Abschnitt: *Hard-Forks.*

230 Dash – Eine Analyse, veröffentlicht am 28.07.2018 unter: https://www.coinkurier.de/dash_eine_analyse, abgerufen am 01.11.2018.

231 https://www.cryptolist.de/dash, abgerufen am 10.12.2020.

Das Grundgerüst des Litecoins stellt dabei auch die Basis des DASH dar. Insbesondere der Code sowie andere Entwicklungen wurden fast vollständig übernommen. Anders als der Litecoin wurde DASH jedoch als eine Art Verbesserung zum Bitcoin entwickelt. Zwar wurde keine grundsätzliche Neuentwicklung der Blockchain vorgenommen, wie dies beispielweise bei *IOTA*[232] und *Cardano*[233] der Fall war. Es kam dennoch zu dahin gehenden Verbesserungen, indem das Design und die Implementierung des Systems vollständig geändert wurden, um die zuvor bei Bitcoin und Litecoin aufgetretenen Probleme, wie z. B. die hohen Energieaufwendungen und das ressourcenreiche Mining, zu eliminieren.[234]

Zwar wird auch weiterhin der *Proof-of-Work*-Konsens als Mechanismus im Hinblick auf das Mining genutzt, jedoch kommt eine ressourcenschonende dedizierte *Hardware* zur Anwendung, die der Bevorzugung von energieraufwendigen Systemen entgegentritt.[235]

Die *Hardware* ist gekennzeichnet durch den Einsatz des *Hash-Algorithmus X11.* Der Name ist der Vorgehensweise des Algorithmus geschuldet. Im Rahmen des X11 werden elf verschiedene *Hash*-Algorithmen aneinandergekettet. Deren nacheinander erfolgende Ausführung ist im Ergebnis energieeffizienter als der *SHA-256-Algorithmus* des Bitcoins.[236]

Weiterer Effekt ist, dass – anders als beim *SHA-256-Algorithmus* – beim X11-System auf Grund des Algorithmus nicht die Möglichkeit besteht, dezidierte *Hardware* zu konstruieren. Die Intention dahinter ist es, einer drohenden Monopolisierung von DASH-Vermögen dadurch vorzubeugen, dass Teilnehmer mit großen finanziellen Ressourcen dieses nicht in dedizierte *Hardware* reinvestieren können, um große Mengen DASH zu schürfen.[237]

II. Erneuerungen auf Netzwerkebene

Eine weitere Erneuerung im DASH-Netzwerk gegenüber dem Bitcoin betrifft das Netzwerksystem. Dort sind Knoten implementiert, auf denen mehr als 1.000 DASH liegen. Diese Knoten werden als sog. *Masternodes* bezeichnet und aus der übrigen

---

232 https://www.cryptolist.de/iota, abgerufen am 25.03.2019.

233 https://www.cryptolist.de/cardano, abgerufen am 25.03.2019.

234 https://www.rechnungswesen-verstehen.de/finanzen/dash.php, abgerufen am 25.03.2019.

235 https://www.aktiendepot.com/dash-erklaerung, abgerufen am 25.03.2019.

236 Vom Darkcoin zum Dash: Was hinter der Kryptowährung steckt, veröffentlicht unter: https://www.finanzen.net/nachricht/devisen/anonymitaet-pur-vom-darkcoin-zum-dash-wer-hinter-der-kryptowaehrung-steckt-6021729, abgerufen am 25.03.2019.

237 *Bergmann*, Dash: Der neue Überflieger – Altcoin, der Bitcoin-Probleme löst?, veröffentlicht am 02.03.2017 unter: https://bitcoinblog.de/2017/03/02/dash-der-neue-ueberflieger-altcoin-der-bitcoins-probleme-loest, abgerufen am 25.03.2019.

Masse an Knoten herausgenommen. Ihnen kommen dabei im Bereich der Administration und Sicherheit besondere Aufgaben zu. Sie stimmen über die weitere Entwicklung von DASH ab und erhalten für ihren Aufwand einen Anteil an den Mining-Erträgen des Netzwerkes.[238]

Auf diese Weise soll der Erstellung von Fake-Accounts oder Mehrfachaccounts entgegengewirkt werden, da mit der Inhaberschaft eines *Masternodes* die Verpflichtung zur Zahlung einer Mindesteinlage in Höhe von 1.000 DASH einhergeht. Diese Vorgehensweise soll verhindern, dass Fake-Accounts durch ihre schiere Anzahl das Netzwerk beeinflussen und so den Zahlungsverkehr kompromittieren können. Ein solcher Angriff wird in Fachkreisen als *Sybil-Angriff* bezeichnet, weshalb der DASH als „*Sybil*-sicher" klassifiziert wird.[239]

III. Private Send

Überdies verfügt der DASH über weitere Zusatzfunktionen, unter anderem das sog. *Private Send.*[240] Hierbei sammeln die *Masternodes* die Transaktionen der anderen Knoten und fassen diese in Zahlungsströme zusammen. Dies hat zur Folge, dass im DASH-Netzwerk keine Einzeltransaktionen mehr existieren. Stattdessen gibt es nur noch In- und Outputs, die von einzelnen Knoten aus in die Zahlungsströme der *Masternodes* ein- und an ihrem Ziel wieder austreten. Diese Vorgehensweise erhöht die Anonymität. Der damit einhergehende Effekt ist dem Umstand geschuldet, dass der Transferweg der einzelnen Transaktionen nicht mehr offengelegt wird.[241] Daneben gibt es die Funktion *Instant Send.* Diese ermöglicht den *Masternodes*, die In- und Outputs abzugleichen und sie netzwerkübergreifend zu verifizieren.[242] Diese Vorgehensweise führt zu einer Steigerung der Transaktionsgeschwindigkeit, welche – wie bereits ausgeführt – einer der großen Kritikpunkte der Kryptowährungen im Allgemeinen darstellt.[243]

Zusammenfassend stellt DASH eine übliche Kryptowährung dar. Auf der Basis der herkömmlichen Blockchain-Technologie versucht sie dennoch diese zu verbessern, indem sie das zugrunde liegende System schneller, skalierbarer und sicherer macht. Diese Innovationen spiegelten sich auch im Erfolg des DASH wider.

---

238 https://www.cryptolist.de/dash, abgerufen am 10.12.2020.

239 *Bergmann*, Dash: Der neue Überflieger – Altcoin, der Bitcoin Probleme löst?, veröffentlicht am 02.03.2017 unter: https://bitcoinblog.de/2017/03/02/dash-der-neue-ueberflieger-altcoin-der-bitcoins-probleme-loest, abgerufen am 25.03.2019.

240 https://docs.dash.org/de/0.14.0/wallets/dashcore/privatesend-instantsend.html, abgerufen am 27.01.2023.

241 https://www.btc-echo.de/academy/bibliothek/dash-dash, abgerufen am 15.02.2021.

242 https://www.cryptolist.de/dash, abgerufen am 10.12.2020.

243 Masternodes: Was sind die wirtschaftlichen und steuerrechtlichen Auswirkungen?, veröffentlicht am 20.04.2018 unter: https://cryptotax.io/masternodes-wirtschaftlichen-steuerlichen-auswirkungen, abgerufen am 25.03.2019.

Teilweise erreichte er Anfang 2018 zweistellige Gewinnraten, die relativ zum Bitcoin-Kurs waren.[244] Von Fachkreisen wurde der DASH deshalb teilweise auch als die zukünftige einfachere, sauber implementierte und besser durchdachte Alternative zum Bitcoin prophezeit.[245] Mittlerweise findet er sich bei einem Kurs von ca. 218,00 US-Dollar und einer Marktkapitalisierung von ca. 2,1 Mrd. US-Dollar auf Platz 31 der weltweit gehandelten Kryptowährungen.[246]

5. Abschnitt: *Hard-Forks*

Wie bereits im Rahmen des DASH angesprochen, entstammt dieser aus einer *Hard-Fork* des Litecoins.[247] Neben dem Litecoin entstammen auch diverse andere Kryptowährungen aus einer solchen. Auf Grund dessen wird sich im Folgenden näher mit dem Phänomen der *Hard-Fork* auseinandergesetzt.

A. Hintergründe

Die Protokolle der einzelnen Kryptowährungen sind in ihrer Flexibilität begrenzt. Zwar kann beispielsweise der im Bitcoin-Protokoll veröffentlichte *Open-Source-Code* von jedem Nutzer eingesehen, heruntergeladen und somit auch verändert werden. Jedoch existiert auf Grund des vorherrschenden Demokratieprinzips und des dezentralen Aufbaus der Kryptowährungen in Gestalt der Mehrheit der jeweiligen Nutzer einer Kryptowährung auch eine Art Instanz, die eine bestimmte Verwendung des Protokolls vorgeben und durchsetzen kann.[248] Zu einer Fortentwicklung des Bitcoin-Protokolls kommt es nämlich nur, wenn die Nutzer sich mehrheitlich einig sind, dass die gerade angewandte Version die effektivste ist. Problematiken treten jedoch dann auf, wenn kein mehrheitlicher Konsens gefunden werden kann. Dieses Grundprinzip und die damit einhergehende Problematik besteht nicht nur bei Bitcoin, sondern auch bei vielen anderen Kryptowährungen.[249]

Ausgangspunkt einer jeder *Hard-Fork* stellt deshalb der in jeder Demokratie auftretende Umstand der abweichenden Ansichten dar. Diese bestehen zumeist darin, dass einige Nutzer eine Entwicklung anstreben, die mit der ursprünglichen Idee der Entwickler nicht mehr kompatibel ist. In einem solchen Fall entstehen zwei Lager von Minern, die verschiedene Ansichten vertreten, wie die weitere

---

244 https://coinmarketcap.com/de/currencies/dash, abgerufen am 10.12.2020.
245 https://www.cryptolist.de/dash, abgerufen am 25.03.2019.
246 Stand Februar 2021, vgl. https://coinmarketcap.com/de/all/views/all, abgerufen am 15.02.2021.
247 Vgl. oben, 2. Teil., 4. Abschnitt, D.
248 *Lutz/Augel*, FR 2019, 1131.
249 *Lutz/Augel*, FR 2019, 1131.

Ausgestaltung der Blockchain vonstattengehen soll. Wird im Folgenden keine Einigung zwischen den Lagern gefunden, kann es passieren, dass sich das System spalten muss, um die Existenz der Kryptowährung zu wahren und das System als solches zu erhalten.[250]

B. Entstehung einer Hard-Fork

So kam es neben dem Bitcoin auch bei Ethereum zu einer sog. *Hard-Fork*, also einer Gabelung der Blockchain bzw. des Blockchain-Blocks.[251]

I. Die Hard-Fork beim Bitcoin

Im Rahmen von Bitcoin lag der *Hard-Fork* eine langwierige Diskussion zugrunde, wie es mit der Bitcoin-Blockchain in Zukunft weiter gehen sollte. Da keine Einigung erfolgte, kam es am 01.08.2015 zu einer Spaltung, wodurch eine neue Version des Bitcoins erschaffen wurde, der sog. *Bitcoin-Cash*.[252] Infolge dessen existieren zwei Blockchains, einmal die alte Bitcoin-Blockchain und die neue des Bitcoin-Cash. Diese stimmten bis zur Spaltung überein, die bis dato existierende Blockchain wird seither als sog. „Basiskette" bezeichnet. Anschließend wurden jedoch unterschiedliche neue Blöcke generiert und hinzugefügt, sodass die Blockchain im Folgenden auf zwei verschiedenen Blockchains weitergeführt wurde.[253] Dieser Umstand führte jedoch zu der Problematik, dass alle bisher in der Blockchain enthaltenen und abgeschlossenen Blöcke einschließlich der enthaltenen Transaktionen identisch waren. Überdies waren auch die Adressen, auf denen die einzelnen Bitcoins der Nutzer lagen, bis zum Zeitpunkt der Spaltung identisch. Dies hatte schließlich zur Folge, dass die Nutzer auch nach der *Hard-Fork* ihre bisherigen Bitcoins behielten, die als Teil der Basiskette sowohl Teil der alten Bitcoin-Blockchain als auch Teil der neuen Bitcoin-Cash-Blockchain waren.[254] Dieser Umstand hätte grundsätzlich die Möglichkeit eröffnet, dass die Nutzer auf beiden Blockchains ihre Bitcoins hätten verwenden können, obwohl sie de facto nur einmal existierten. Um dieses Phänomen zu verhindern, entschied sich das Bitcoin-Netzwerk zur Ausgabe einer zweiten Kryptowährung, dem Bitcoin-Cash, den man nur auf der Bitcoin-Cash-Blockchain nutzen kann. Im Zuge dessen erhielten alle Nutzer, die der Bitcoin-Cash-Blockchain folgten, im Zuge der *Hard-Fork* neben ihren Bitcoins dieselbe Anzahl von Bitcoin-Cash. Dies erfolgte für die Nutzer kostenlos und

---

250 *Hakert/Kirschbaum*, DStR 2018, 881.

251 https://www.btc-echo.de/academy/bibliothek/was-ist-eine-fork/, abgerufen am 27.01.2023.

252 https://www.btc-echo.de/academy/bibliothek/was-ist-eine-fork, abgerufen am 19.12.2018.

253 https://www.btc-echo.de/academy/bibliothek/was-ist-eine-fork/, abgerufen am 27.01.2023.

254 https://www.btc-echo.de/academy/bibliothek/was-ist-eine-fork, abgerufen am 19.12.2018.

automatisch. Im Folgenden konnten die Nutzer nunmehr auf der normalen Bitcoin-Blockchain über Bitcoin und auf der Bitcoin-Cash-Blockchain über Bitcoin-Cash verfügen.[255]

II. Die Hard-Fork bei Ethereum

Dasselbe Phänomen trat zuvor bei Ethereum auf. Indes bestand die Ursache der *Hard-Fork* nicht in Unstimmigkeiten innerhalb der Nutzergemeinde, sondern sie war Ausfluss eines Hackerangriffs. Ein Hacker hatte eine Lücke im Code eines auf Ethereum laufenden *Smart-Contracts* erkannt, dem sog. *DAO*,[256] und diese ausgenutzt. Auf diese Weise bemächtigte er sich ca. 3,6 Millionen Ether, was zum damaligen Wechselkurs umgerechnet ca. 70. Mio. US-Dollar waren.[257]

Im Folgenden gerieten die Nutzer über die Handhabung dieses Falles in Zwiespalt. Während der größere Teil von ihnen die Transaktionen des Hackers zu revidieren beabsichtigte, wollte eine Minderheit dies verhindern. Sie waren der Ansicht, dass ein Eingriff von außen, der den Code nachträglich ändern würde, dem Prinzip der Blockchain widersprechen würde.[258]

Da keine Einigung gefunden werden konnte, wurde die *Hard-Fork* beschlossen. Dies hatte zur Konsequenz, dass die Mehrheit der Nutzer die Transaktionen des Hackers revidierten und die Minderheit ohne dieses Prozedere ihr Mining auf der unveränderten Blockchain fortsetzten.[259]

---

255 https://www.bundesfinanzministerium.de/Content/DE/Downloads/BMF_Schreiben/Steuerarten/Einkommensteuer/2022-05-09-einzelfragen-zur-ertragsteuerrechtlichen-behandlung-von-virtuellen-waehrungen-und-von-sonstigen-token.html#:~:text=Mit%20dem%20BMF%20%2DSchreiben%20%E2%80%9EEinzelfragen,rechtssicheren%20und%20praktikablen%20Leitfaden%20zur, abgerufen am 27.01.2023.; fehlerhaft dargestellt von dem *BMF* v. 10.05.2022, Einzelfragen zur ertragsteuerrechtlichen Behandlung von virtuellen Währungen und sonstigen Token, verfügbar unter: https://www.bundesfinanzministerium.de/Content/DE/Downloads/BMF_Schreiben/Steuerarten/Einkommensteuer/2022-05-09-einzelfragen-zur-ertragsteuerrechtlichen-behandlung-von-virtuellen-waehrungen-und-von-sonstigen-token-bmf-schreiben.pdf?__blob=publicationFile&v=2, abgerufem am 27.01.2023.

256 Abkürzung für „Decentralized Autonomous Organization", übersetzt; „Dezentrale Autonome Organisation", verfügbar unter: https://docs.dash.org/de/0.14.0/wallets/dashcore/privatesend-instantsend.html, aberufen am 27.01.2023.

257 *Hakert/Kirschbaum*, DStR 2018, 881.

258 *Badertscher*, Ethereum: Hackerangriff auf den 150-Millionen-Fonds, veröffentlicht am 17.06.2016 unter: https://www.handelszeitung.ch/blogs/bits-coins/ethereum-hackerangriff-auf-den-150-millionen-fonds-1118070#, abgerufen am 25.03.2019.

259 *Hakert/Kirschbaum*, DStR 2018, 881.

Wie beim Bitcoin wurden so unterschiedliche Blockchains erschaffen, die lediglich bis zum Ende der Basiskette identisch waren. Jedoch trat auch hier das Problem auf, dass bis zum Ende der Basiskette die abgeschlossenen Blöcke, Transaktionen und Adressen sowie die gehaltenen Ether identisch waren. Um zu verhindern, dass die real existierenden Ether nunmehr auf beiden Blockchains verwendet werden konnten, wurde wiederum automatisiert und gebührenfrei eine neue Kryptowährung ausgegeben, der *Ether Classic.*[260]

Im Ergebnis verwendet die Mehrheit der Nutzer nunmehr die Blockchain, in der die Transaktionen des Hackers revidiert wurden. Die im Rahmen dieser Blockchain gehandelte Kryptowährung wird nunmehr als *Ether* bezeichnet und ist als solche Bestandteil von Ethereum. Die Blockchain, die nicht geändert wurde und auf der nach dem *DAO* alle Transaktionen weitergeführt wurden, erhielt indes den Titel *Ethereum Classic.*[261]

6. Abschnitt: Unterscheidung innerhalb der Token

Im Rahmen von Kryptowährungen wird grundsätzlich zwischen Krypto-Coins und Krypto-Token differenziert sowie zwischen einzelnen Token-Typen. Daneben werden häufig die Begrifflichkeiten *Altcoins* und *Minting* verwendet. Häufig kommt es zu Verwechslungen in der Praxis, weshalb im Folgenden kurz auf die einzelnen Unterschiede und Begrifflichkeiten näher eingegangen wird.[262]

A. Einzelne Begrifflichkeiten

Zunächst wird eine Abgrenzung zwischen den Oberbegriffen Kryptowährung, Krypto-Coin, Altcoin und Krypto-Token vorgenommen.

I. Kryptowährung

Als Kryptowährung wird die erste Währung, die für kryptographische Zahlungen in der Blockchain vorgesehen ist, bezeichnet. Streng genommen fällt unter diese Begrifflichkeit nur der Bitcoin, weil dieser als *Original-Krypto* angesehen wird.[263]

---

260 Was passiert bei einem Hard Fork – Die Blockchain kann nicht einfach verändert werden, veröffentlicht am 21.09.2018 unter: https://bitcoin-live.de/was-passiert-bei-einem-hard-fork, abgerufen am 25.03.2019.

261 *Hakert/Kirschbaum*, DStR 2018, 881.

262 https://btcdirect.eu/de-at/was-sind-token#:~:text=Kryptow%C3%A4hrungen%2C%20Altcoins%20und%20Token&text=Kryptow%C3%A4hrung%3A%20Dies%20beschreibt%20die%20erste,Der%20originale%20Krypto, abgerufen am 14.12.2020.

263 https://btcdirect.eu/de-at/was-sind-token#:~:text=Kryptow%C3%A4hrungen%2C%20Altcoins%20und%20Token&text=Kryptow%C3%A4hrung%3A%20Dies%20beschreibt%20die%20erste,Der%20originale%20Krypto, abgerufen am

In der Praxis wird die Begrifflichkeit jedoch auch auf alle anderen Währungen bezogen.[264]

II. Krypto-Coin

Eine Kryptowährung, die ihre eigene Plattform nutzt und unabhängig arbeitet, ist ein Krypto-Coin. Maßgebend für die Bezeichnung ist demnach, dass die Krypto-Coins mit einer unabhängigen und neuen Blockchain generiert werden.[265] Erschafft demnach ein Miner durch Einsatz von Rechenleistung eine Einheit einer Kryptowährung, so wird diese Einheit als Krypto-Coin – übersetzt „Münze"[266] – deklariert.[267]

III. Altcoin

Der Begriff Altcoin stellt eine Verschmelzung der Begriffe Alternative und Coins da. Er wird deshalb auch als alternative Münze bezeichnet, da er alle alternativen digitalen Münzen zum Bitcoin erfasst. Als Altcoin werden damit alle Krypto-Coins bezeichnet, die darauf angewiesen sind, dass die Blockchain ihre Transaktionen aufzeichnet. Danach sind Altcoins solche Krypto-Coins, die unter Verwendung des ursprünglichen Quellcodes der von Bitcoin abgeleiteten Blockchain mit Modifikationen und Änderungen erstellt werden.[268]

IV. Krypto-Token

Eine Kryptowährung, die hingegen auf einer bereits vorhandenen Blockchain oder einem bestehenden Protokoll aufgebaut ist, wird als Krypto-Token betitelt.[269]

14.12.2020.

264 https://btcdirect.eu/de-at/was-sind-token#:~:text=Kryptow%C3%A4hrungen%2C%20Altcoins%20und%20Token&text=Kryptow%C3%A4hrung%3A%20Dies%20beschreibt%20die%20erste,Der%20originale%20Krypto, abgerufen am 14.12.2020.

265 Unterschied zwischen Token und Coin, veröffentlicht am 27.11.2019 unter: https://blockchainwelt.de/token-coin-unterschied, abgerufen am 14.12.2020.

266 https://www.dict.cc/englisch-deutsch/coin.html, abgerufen am 25.03.2019.

267 *Klilic*, WIRED erklärt: Das ist der Unterschied zwischen einem Token und einer Kryptowährung, veröffentlicht am 02.05.2018 unter: https://www.gq-magazin.de/auto-technik/article/wired-erklaert-das-ist-der-unterschied-zwischen-einem-token-und-einer-kryptowaehrung, abgerufen am 25.03.2019.

268 Unterschied zwischen Token und Coin, veröffentlicht am 27.11.2019 unter: https://blockchainwelt.de/token-coin-unterschied, abgerufen am 14.12.2020.

269 Unterschied zwischen Token und Coin, veröffentlicht am 27.11.2019 unter: https://blockchainwelt.de/token-coin-unterschied, abgerufen am 14.12.2020.

Krypto-Token kommen häufig in Gestalt von *Smart-Contracts* vor, denen ein Wert oder eine Funktion zugesprochen wird. Bildlich gesehen stellen sie damit einen Eintrag in eine Datenbank dar, der ausschließlich individuell und nicht reproduzierbar ist.[270]

Ihre Funktionsweise ist dabei unterschiedlich ausgestaltet. Sie können sowohl als Unternehmensanteile, Stimmrechte oder als „Treibstoff für das Netzwerk" dienen. Dies hat zur Konsequenz, dass sie in der jeweiligen Kryptowährung durchaus mehr darstellen können als eine digitale *Peer-to-Peer*-Währung. Das Unterscheidungskriterium zur Kryptowährung, zu Krypto-Coins oder zu Altcoins[271] ist demnach ihre Beschaffenheit. Im Gegensatz zu diesen benutzen Krypto-Token keine eigene Blockchain, sondern ausschließlich externe Blockchains, die das Erstellen von dezentralen Anwendungen und auch der Krypto-Token selbst ermöglichen.[272]

Schließlich handelt es sich bei Krypto-Token nicht um bestimmte Datenmengen, die zwischen zwei Parteien verschoben werden. Vielmehr ist Gegenstand der getätigten Transaktion die Änderung der Berechtigung über einen Datenbankeneintrag.[273] Technisch betrachtet impliziert eine Transaktion von Token demnach, dass nicht mehr der ursprüngliche Nutzer bzw. Miner die Herrschafts- und damit auch die Verfügungsgewalt innehat, sondern derjenige, mit dem der ursprüngliche Inhaber kooperiert hat. Überdies weist ein Krypto-Token auch keinen aus sich heraus resultierenden Wert auf.[274] Allerdings existieren zwei Varianten, wie ihm ein Wert zugeschrieben werden kann. Auf der einen Seite können – ausschließlich – von dem Inhaber des Private Key Inhaltsänderungen an dem ursprünglichen Eintrag vorgenommen werden. Diesem Umstand wird eine gewisse Ausschließlichkeit zugesprochen, da der Zugriff auf die Datenbank faktisch nur demjenigen vorbehalten ist, der den Private Key kennt. Daneben kommt der Umstand der Begrenztheit zum Tragen. Da die maximale Anzahl von Krypto-Token von vornherein einer Begrenzung unterliegt, bestimmt sich der Wert des einzelnen Krypto-Tokens nach dem klassischen ökonomischen Prinzip von Angebot und Nachfrage. Dem einzelnen Token wird somit nur derjenige Wert implementiert, der sich aus dem Ausmaß ergibt, in dem jemand bereit ist, für seinen Erhalt zu bezahlen bzw. eine werthaltige Gegenleistung zu erbringen.[275]

---

270 *Kaulatz/Matzke*, NJW 2018, 3278.

271 https://www.krypto-magazin.de/lexikon/altcoin, abgerufen am 25.03.2019.

272 https://decentralbox.com/was-sind-token, abgerufen am 25.03.2019.

273 https://www.coinbase.com/de/learn/crypto-basics/what-is-a-token, abgerufem am 27.01.2023.

274 https://btcdirect.eu/de-at/was-sind-token, abgerufen am 25.03.2019.

275 *Kaulartz/Matzke*, NJW 2018, 3278 m. w. N.

B. Entstehung von Token durch sog. Minting

Um anschließend eine genaue Differenzierung zwischen den einzelnen Token-Typen vornehmen zu können, wird erst der Prozess des sog. *Minting* kurz erläutert. Neben dem Mining können die einzelnen Token durch sog. *Minting* – übersetzt „Prägung"[276] – auch manuell erzeugt und so für diverse Zwecke genutzt werden. Das erste Mal, dass diese Funktion Anwendung fand, war im Rahmen des Ethereum-Netzwerkes. Der im Nachfolgenden vorgestellte Vorgang kommt neben dem isolierten *Minting*-Verfahren auch beim *Crowdinvesting* zur Anwendung, wo er als *Initial Coin Offering*[277] bezeichnet wird. In Fachkreisen wird teilweise von *ITO – Initial Token Offering* – oder *TGE – Token Generation Event* – gesprochen. Letztere sollen aufzeigen, dass ausschließlicher Gegenstand des Verfahrens Krypto-Token und keine Krypto-Coins sind.[278]

Im Zuge der Entwicklung des *Mintings* wurde von den bereits benannten Initiatoren von Ethereum[279] der sog. *ERC-20-Token-Standard* vorgestellt. Gegenstand dieser Funktion ist ein Muster, nach dem ein Token-Code auf der Ethereum-Blockchain programmiert werden kann. Im Einzelnen verläuft der zugrunde liegende Mechanismus wie folgt:

Auf Basis des *ERC-20-Standards* wird ein *Smart-Contract* dahingehend näher spezifiziert, dass ihm ein Name, ein Token-Code, die Gesamtanzahl der Token und einige andere Parameter zugeschrieben werden. Im Anschluss wird der so kreierte Smart-Contract in die jeweilige Blockchain der Kryptowährung eingeflochten. Dies hat zur Konsequenz, dass er ab diesem Zeitpunkt unter einer individuellen Adresse kontaktiert werden kann und entsprechend den vorangegangenen Ausführungen Bestandteil jeder nachfolgenden Blockchain-Replikation ist.[280] Die Auskehrung des bis dato lediglich dem *Smart-Contract* innewohnenden Token verläuft so, dass zunächst eine bestimmte andere Kryptowährung an den *Smart-Contract* gesendet wird. Im Folgenden errichtet dann der die Kryptowährung sendende Schlüssel ein Konto auf der Datenbank des *Smart-Contracts.* Anschließend werden dem Konto und damit zwangsläufig auch dem sich in der *Wallet* befindlichen Schlüsselpaar die Anzahl der Krypto-Token gutgeschrieben, die sich nach dem jeweiligen Umrechnungskurs im Hinblick auf die verwendete Kryptowährung ergeben.[281]

C. Begrifflichkeiten

Auf Grund der unterschiedlichen Erzeugung von Krypto-Token und deren sehr divergierenden Eigenschaften haben sich eine Reihe an Begrifflichkeiten rund um

---

276 https://www.dict.cc/englisch-deutsch/minting+privilege.html, abgerufen am 26.03.2019.

277 Abgekürzt *ICO.*

278 *Borkert*, ITRB 2018, 39.

279 Vgl. 3. Teil, 2. Abschnitt, B., I.

280 *Kaulartz/Matzke*, NJW 2018, 3278, m. V. a. *Borkert*, ITRB 2018, 39.

281 *Kaulartz/Matzke*, NJW 2018, 3278, m. V. a. *Borkert*, ITRB 2018, 39.

die Krypto-Token herauskristallisiert. Auf die am häufigsten verwendeten wird im Folgenden in angebrachter Kürze eingegangen, damit auf dieser Grundlage später die zivil- und steuerrechtliche Betrachtung eindeutiger vorgenommen werden kann und Wiederholungen vermieden werden.

I. Differenzierung zwischen Krypto-Token und Krypto-Coins

In Fachkreisen wird penibel zwischen den Begriffen Krypto-Token und Krypto-Coins unterschieden. Die Entstehungsvariante, also durch Mining oder *Minting*, gibt jedoch nicht endgültig Aufschluss über die Bezeichnung. Zwar wird beim Mining oft von Krypto-Coins und bei *Minting* oft von Krypto-Token gesprochen. Eine klare Abgrenzung anhand dessen kann jedoch nicht vorgenommen werden. Denn aus technischer Sicht sind beide nichts anderes als einem spezifischen Konto zugewiesene Werte in einer Datenbank.[282]

Bildlich veranschaulicht, schafft die Vorstellung von drei Ebenen Abhilfe. In diesem Zusammenhang wird die erste Ebene als Basis verstanden, auf der die zweite Ebene aufbaut. Auf dieser läuft das dezentrale Netzwerk, also z. B. das Ethereum-Netzwerk. Im Rahmen des Netzwerks wiederum werden sodann die *Smart-Contracts* ausgeführt. Integriert man nunmehr die Werte, so würden die durch Mining entstandenen Krypto-Coins auf der zweiten und die hauptsächlich durch *Minting* erzeugten Krypto-Token auf der dritten Ebene platziert werden. Die terminologische Unterscheidung basiert damit auf den technischen Unterschieden. Auswirkungen auf die im Anschluss erfolgenden Transaktionen hat sie nicht.[283]

Letztlich führt deshalb das Unterscheidungskriterium der Nutzung einer eigenen Blockchain zur klarsten Abgrenzung. Danach sind Krypto-Coins eigenständige Kryptowährungen, für deren Ausführung keine andere Plattform benötigt wird. Sie werden durch Mining generiert und dienen als digitale P2P-Währung. Bekannte Beispiele sind Bitcoin, Ether und NEO.[284] Krypto-Token hingegen müssen auf einer anderen Plattform erstellt werden. Sie nutzen vorhandene Blockchain-Netzwerke und ermöglichen das Erstellen von dezentralen Anwendungen. So läuft z. B. die Kryptowährung *Golem* als sog. *ERC20-Token* auf der Ethereum-Blockchain.[285]

II. Token Gattungen

Ferner werden innerhalb von Krypto-Token verschiedene Gattungen unterschieden, wobei eine trennscharfe Differenzierung oftmals nicht möglich ist. Denn in der Praxis sind häufig Hybride, also Mischformen, Gegenstand von Transaktionen.

---

282 *van Aubel* in Habersack/Mülbert/Schlitt, Unternehmensfinanzierung am Kapitalmarkt, 4. Auflage 2018, Initial Coin Offering (ICOs).

283 *Borkert*, ITRB 2018, 39.

284 https://btcdirect.eu/de-at/was-sind-token, abgerufen am 14.12.2020.

285 https://www.cryptolist.de/was-sind-kryptowaehrungen, abgerufen am 14.12.2020.

Dies erschwert ebenso wie die uneinheitliche Terminologie in Fachkreisen und Rechtswissenschaft die rechtliche Betrachtung.[286] Im Folgenden werden daher sowohl die englischen als auch die deutschen Begrifflichkeiten erläutert, wobei sich eine inhaltliche Überschneidung nicht immer vermeiden lässt.

1. *Currency Token*

Unter dem bekanntesten Begriff der Currency-Token – übersetzt „Währung“[287] – werden alle diejenigen Kryptowährungen verstanden, die als Zahlungsmittel bzw. Geldersatz verwendet werden.[288] Wie bereits erläutert, bemisst sich der der Kryptowährung zugeschriebene Wert nach dem Angebots- und Nachfrageprinzip. Dieses wird auf den sog. Krypto-Börsen, den *Exchanges*, gebildet. Bekanntester Vertreter dieser Art ist der Bitcoin.[289]

Die im Deutschen als Zahlungstoken betitelten Krypto-Token repräsentieren demnach für den Erwerb von Waren und Dienstleistungen akzeptierte Zahlungsmittel oder dienen im P2P-Netzwerk der Geld- und Wertübertragung.[290] Sie können als produkt- und dienstleistungsunabhängige Transaktionswährung genutzt werden. Um volatilitätsbedingte Einschränkungen in der Zahlungsmittelfunktion zu beheben, ist eine eigene Art von Zahlungstoken entwickelt worden, die sog. *Stablecoins*.[291]

2. *Utility Token*

Utility-Token sind mit Gutscheinen vergleichbar.[292] Ihnen liegt das System zugrunde, dass für eine im Vorhinein festgelegte Anzahl an Krypto-Token bestimmte Produkte oder Dienstleistungen auf einer ebenfalls zuvor bestimmten Plattform vorbehalten werden. Diese können im Anschluss gegen die jeweiligen Produkte oder Dienstleistungen eingetauscht werden. Daneben können sie auch Rechte zur Nutzung einer bestimmten Dienstleistung enthalten.[293]

---

286 *Krüger/Lampert*, BB 2018, 1154 (1155).

287 https://www.dict.cc/englisch-deutsch/currency.html, abgerufen am 01.04.2019.

288 https://www.winheller.com/bankrecht-finanzrecht/bitcointrading/ico-initial-coin-offering/currency-token.html#:~:text=Bei%20Currency%2DTokens%20handelt%20es,werden%20Bitcoin%2C%20Ripple%20und%20Co, abgerufen am 15.02.2021.

289 *Klöhn/Parhofer/Resas*, ZBB 2018, 89 (92).

290 *Bouveret/Vikram*, Finance and Development, 2018, S. 36.

291 Ausführlich hierzu: *Horch*, Alles stabil? The Stable Coin Index bietet einen Überblick über Stable Coins, veröffentlicht am 07.06.2018 unter: https://www.handelsblatt.com/finanzen/anlagestrategie/trends/blockchain-security-token-sind-die-neue-hoffnung-der-krypto-branche/23927318.html?ticket=ST-103229-1IdWA5vsfSXfUl4rIkdb-ap1, abgerufen am 01.04.2019.

292 https://coinsundtokens.com/krypto-token/utility-token, abgerufen am 28.10.2020.

293 *Zickgraf*, AG 2018, 293.

Im Deutschen werden Utility-Token als Nutzungstoken bezeichnet, da sie im weiteren Sinne Rechte zu einer digitalen Nutzung oder Dienstleistung repräsentieren, die auf oder unter Benutzung einer Blockchain-Infrastruktur erbracht werden.[294] Hierbei verfügen sie allerdings regelmäßig nicht über eine eigene Blockchain, sondern werden in der Regel über eine bestehende angehängt. In Abgrenzung zu den Zahlungstoken basieren Nutzungs- und Anlagetoken häufig auf einem von einem blockchainbasierten Unternehmen durchgeführten *ICO*[295] zur Kapitalbeschaffung.[296] Ferner lassen sich die Utility-Token danach unterscheiden, welche Werte bzw. Rechte[297] die einzelnen Krypto-Token digital repräsentieren.[298]

3. Investment- bzw. Security-, Equity-, Debt-Token

Von Investment-[299] oder auch Security-Token[300] spricht man hingegen, wenn dem Krypto-Token ein Partizipationsrecht am späteren Unternehmenserfolg, ein fester jährlicher Zins oder auch eine Kombination aus beidem zugeordnet wird.[301] Danach stellen Investment-Token virtuelle Geschäftsanteile dar, vergleichbar mit denen eines Aktieninhabers oder Inhabers eines Schuldtitels.[302] Ihren Inhabern stehen deshalb oftmals mitgliedschaftliche Rechte oder schuldrechtliche Ansprüche vermögenswerten Inhalts zu. Hierbei kann es sich um Ansprüche auf dividendenähnliche Zahlungen, Mitbestimmungen, Rückzahlungsansprüche oder Verzinsungen handeln.[303]

---

294 https://coinsundtokens.com/krypto-token/utility-token, abgerufen am 28.10.2020.

295 S. u. unter: 5. Teil, 2. Abschnitt, B., I., 4. c).

296 *BaFin*, *BaFin* Journal 2017, S. 15–18; *Howell/Niessner/Yermack*, ECGI Finance Working Paper No. 564, 2018,. S. 1 ff.

297 *Yermack*, Review of Finance 2017, S. 24–26.

298 *Deutsche Bundesbank*, Krypto-Token im Zahlungsverkehr und in der Wertpapierentwicklung, Monatsbericht Juli 2019, 39, veröffentlicht unter: https://www.bundesbank.de/resource/blob/802398/8630bff27a7afd0a2c865ee31e322482/mL/2019-07-krypto-token-data.pdf, abgerufen am 28.10.2020.

299 *Weitnauer*, BKR 2019, 231.

300 *Dörner*, Security Token sind die neue Hoffnung der Krypto Branche, veröffentlicht am 31.01.2019 unter: https://www.handelsblatt.com/finanzen/anlagestrategie/trends/blockchain-security-token-sind-die-neue-hoffnung-der-krypto-branche/23927318.html?ticket=ST-103229-1IdWA5vsfSXfUl4rIkdb-ap1, abgerufen am 01.04.2019.

301 *Eberle*, Wie Security Token Offerings den Kapitalmarkt umkrempeln können, veröffentlicht am 02.01.2020 unter: https://www.dasinvestment.com/rechtsanwalt-nicolas-eberle-wie-security-token-offerings-den-kapitalmarkt-umkrempeln-koennen/, abgerufen am 14.12.2020.

302 https://www.btc-echo.de/academy/bibliothek/security-token, abgerufen am 15.02.2021.

303 *BaFin*, Merkblatt: Zweites Hinweisschreiben zu Prospekt- und Erlaubnispflicht im Zusammenhang mit der Ausgabe sogenannter Krypto-Token v. 16.08.2019, S. 6,

Aus den Investment- bzw. Security-Token[304] haben sich im Laufe der Zeit zwei Untervarianten herausgebildet, die Equity- und die Debt-Token.

a) Equity-Token

Equity-Token stellen einen Vermögenswert oder einen Schuldtitel dar. Sie repräsentieren dabei Beteiligungs- und/oder Dividendenrechte.[305] Anders als die Investment-Token ist ihre Ausgabe jedoch immer mit der Vergabe von Anteilen am zugrunde liegenden Unternehmen verbunden. Vermitteln sie ihrem Inhaber eine gesellschaftsrechtliche Vermögensbeteiligung in Gestalt von Aktien oder Gesellschaftsanteilen, so sind solche im bestehenden GmbH- und Aktienrecht jedoch nur bedingt umsetzbar. Problematisch sind in diesem Zusammenhang die strengen Formerfordernisse der §§ 15, 55 Abs. 1 GmbHG, § 185 AktG sowie § 162 Abs. 1 u. 3 HGB. Infolge dessen wird im Rahmen der Ausgabe von Equity-Token in Gestalt von GmbH-Anteilen zumeist eine Unterbeteiligungslösung gegeben sein. Bei der Ausgabe von Aktien stellen Treuhandmodelle und Unterbeteiligungen Lösungsansätze im Hinblick auf das Formerfordernis dar. Auf Grund dieser nur mittelbaren Beteiligungsmöglichkeiten ist deshalb von vorwiegend schuldrechtlichen Beziehungen zwischen Emittenten und Investoren auszugehen.[306]

Ein Beispiel für einen Equity-Token stellt die bereits im Rahmen des Litecoin vorgestellte *DAO* dar. Die Finanzierungsform mittels Equity-Token heißt *Equity Token Offering (ETO)*. Anders als bei einem gewöhnlichen Börsengang bietet diese Investmentoption den Vorteil der Kosten- und Zeitersparnis sowie eine Reduktion des Aufwands im Hinblick auf die einzuhaltenden Formalia, da alle Transaktionen direkt vom Emittenten zum Investor über das P2P-Netzwerk laufen.[307]

b) Debt-Token

Neben den Equity-Token gibt es noch die Debt-Token. Hierbei handelt es sich um Krypto-Token, die eine Schuld oder Bargeld darstellen. Sie ähneln hierdurch kurzfristigen Darlehen zu einem bestimmten Zinssatz für einen bestimmten Festkapitalbetrag,

---

verfügbar unter: https://www.bafin.de/SharedDocs/Downloads/DE/Merkblatt/WA/dl_wa_merkblatt_ICOs.html;jsessionid=577AA0BA1F947EFAAB8B37CEA5D5DB5F.2_cid392?nn=902144, abgerufen am 14.12.2020.

304 I. F. einheitlich als Investment-Token betitelt.

305 *Werneburg*, BB 2019, 2844 (2845).

306 *Werneburg*, BB 2019, 2844 (2845).

307 *Schiller*, Equity-Token und ETO: Was können sie wirklich?, veröffentlicht am 30.04.2019 unter: https://blockchainwelt.de/equity-token-eto, abgerufen am 14.12.2020.

der dem Unternehmen verliehen wird, das die Debt-Token ausgibt. Damit entsprechen sie dem sog. Fremdkapital[308], ohne originäre Gesellschafterrechte zu gewähren.[309]

4. *Asset-backed Token*

Schließlich stellen noch die Asset-backed Token einen eigenständigen Typ von Krypto-Token dar. Hierbei handelt es sich um wertbasierte und an realwirtschaftliche Güter geknüpfte Krypto-Token.[310] Übersetzt bedeutet Asset „Vermögenswerte/ Besitz"[311] bzw. einen Anspruch auf einen bestimmten Vermögenswert.[312] Für die Sicherheit der Anlageposition dienen unter anderem Edelmetalle wie Gold, Immobilien, Betriebsmittel wie Windräder, Rohstoffe, Kunst, Schuldverschreibungen, Unternehmensanteile, Infrastruktur sowie Grundnahrungsmittel.[313]

Dabei sind die Asset-backed Token direkt mit dem Vermögenswert verbunden und benötigen infolge dessen keine volumenstarken Handelsaktivitäten und Liquidität.[314]

Diese Art des Investments nutzte als erstes Land der Welt Venezuela, um einen frischen Kapitalfluss zu erhalten. Venezuela lancierte die erste offiziell ausgegebene Kryptowährung, den sog. *Petro-Token*. Dabei repräsentiert ein Petro-Token ein Barrel Öl. Gesichert wird diese erste staatliche Kryptowährung durch Öl-, Gas-, Gold- und Diamantenreserven in Venezuela.[315] Die Anerkennung als Kryptowährung wird unterdessen angezweifelt, da bis dato keine bekannten Transaktionen erfolgt sind und auch der Eintausch gegen ein Barrel Öl angezweifelt wird.[316]

---

308 *Julia*, Debt Token – Initial Implementattion of Security Tokens, veröffentlicht am 19.07.2019 unter: https://www.securitytokenizer.io/what-is-debt-token, abgerufen am 14.12.2020.

309 *Jünemann/Wirtz*, ICO: Rechtliche Einordnung von Token, Zeitschrift für das gesamte Kreditwesen, 21/23-2018, S. 2, verfügbar unter: https://www.twobirds.com/ ~/media/pdfs/germany/ico-rechtliche-einordnung-von-token_juenemann-wirtz. pdf, abgerufen am 14.12.2020.

310 *Herrnberger*, Asset-backed Token – rosige Zukunft, veröffentlicht am 05.08.2020 unter: https://blockchainwelt.de/asset-backed-token, abgerufen am 14.12.2020.

311 https://www.dict.cc/englisch-deutsch/assets.html, abgerufen am 01.04.2019.

312 https://www.linguee.de/englisch-deutsch/uebersetzung/asset.html, abgerufen am 14.12.2020.

313 *Herrnberger*, Asset-backed Token – rosige Zukunft, veröffentlicht am 05.08.2020 unter: https://blockchainwelt.de/asset-backed-token, abgerufen am 14.12.2020.

314 *Herrnberger*, Asset-backed Token – rosige Zukunft, veröffentlicht am 05.08.2020 unter: https://blockchainwelt.de/asset-backed-token, abgerufen am 14.12.2020.

315 https://www.coindesk.com/venezuelas-pedro-token-launches-pre-sale, abgerufen am 01.04.2019.

316 *Busch*, Venezuelas Kryptowährung Petro ist ein verzweifelter Versuch an ausländische Gelder zu kommen, veröffentlicht am 21.02.2018 unter: https://www.nzz.ch/wir tschaft/potemkinscher-petro-ld.1359430, abgerufen am 14.12.2020; *Ellsworth*, Special

Ein etwas erfolgreicheres Projekt stellt hingegen der *Digix Gold Token* dar. Dieser repräsentiert ein Gramm Gold, den der Besitzer persönlich oder per Post einlösen kann. Dieser Token wird als interne Währung für die erste *DAO* auf der Ethereum-Blockchain genutzt.[317] Auf Grund der Besicherung mit Gold weist dieser Asset-backed Token eine hohe Preisstabilität auf.[318]

III. Fazit

Infolge der zum Teil übereinstimmenden Bezeichnungen wird sich im Folgenden ausschließlich auf die Verwendung Currency-, Utility-, Investment- sowie Equity- und Debt-Token als Oberbegriffe beschränkt.

Report: In Venezuela, new cryptocurrency is nowhere to be found, veröffentlicht am 30.08.2018 unter: https://www.reuters.com/article/us-cryptocurrency-venezuela-specialrepor/special-report-in-venezuela-new-cryptocurrency-is-nowhere-to-be-found-idUSKCN1LF15U, abgerufen am 14.12.2020.

317 https://www.trendsderzukunft.de/digixdao-und-dgx-was-ihr-ueber-das-digitale-krypto-gold-wissen-muesst/, abgerufen am 23.01.2023.

318 https://coinmarketcap.com/de/currencies/digix-gold-token, abgerufen am 14.12.2020.

3. Teil: Zivilrechtliche Behandlung von Kryptowährungen

Im Folgenden werden Kryptowährungen zivilrechtlich eingeordnet und qualifiziert, um auf dieser Basis die steuerrechtliche Betrachtung vornehmen zu können.

1. Abschnitt: Wie Krypto-Token zivilrechtlich qualifiziert werden

Aus Vorstehendem hat sich ergeben, dass die Krypto-Token den Anknüpfungspunkt für die Einordnung darstellen. Sie werden entweder originär erzeugt, erworben oder anderweitig im Wirtschaftsverkehr benutzt. Im Folgenden werden diese zivilrechtlich qualifiziert. Dabei wird insbesondere auch auf die individuellen Besonderheiten der einzelnen Typen von Krypto-Token eingegangen. Überdies werden die einzelnen wirtschaftlichen Möglichkeiten ihrer Nutzbarkeit aus zivilrechtlicher Sicht klassifiziert.

Im Rahmen der bisherigen wissenschaftlichen Auseinandersetzung mit der zivilrechtlichen Qualifikation von Kryptowährungen bzw. Krypto-Token haben sich zwei Ansätze herauskristallisiert. Einerseits wird diskutiert, ob es sich bei Kryptowährungen um Geld, Buchgeld oder elektronisches Geld im Rechtssinne handelt.[319] Andererseits wird eine Qualifikation als Sache, Immaterialgut oder sonstiges Recht diskutiert.[320] Im Folgenden wird sich kritisch mit diesen Ansatzpunkten auseinandergesetzt.

A. Kryptowährungen i. R. d. originären Geldbegriffs

Kryptowährungen fallen nicht unter den originären Geldbegriff.[321] In Rechtsprechung und Literatur wird Geld als jedes gesetzliche Zahlungsmittel definiert, das kraft staatlicher Anordnung zur Schuldentilgung angenommen werden muss.[322] Diese Definition erstreckt sich indes auch auf Fremdwährungen.[323] Im Hinblick auf Kryptowährungen fehlt es jedoch bereits an einer staatlichen Anordnung. Zwar setzen sich die Verwaltung und mittlerweile auch die Gerichte mit Kryptowährungen, allen voran mit dem Bitcoin, auseinander. Deren Akzeptanz in der freien

---

319 U. a. *Schlund/Pongratz*, DStR 2018, 598.

320 U. a. *Weiss*, JuS 2019, 1050.

321 *Engelhardt/Klein*, MMR 2014 355 (356); *Eckert*, DB 2013, 2108; *Grundmann* in Münchener Kommentar zum BGB, 8. Auflage 2019, § 245, Rn. 10.

322 *Grüneberg* in Grüneberg, 81. Auflage 2022, § 245, Rn. 1.

323 *Grüneberg* in Grüneberg, 81. Auflage 2022, § 245, Rn. 3.

Wirtschaft als Zahlungsmittel beruht jedoch nicht auf einer staatlichen Anordnung, sondern ist Ausfluss der Vertragsfreiheit, auf Grund der die Emittenten, Nutzer und die jeweiligen Vertragspartner interagieren.[324] Somit fallen Krypto-Token nicht unter den originären Geldbegriff.

B. Einordnung als Buchgeld

Fraglich ist, ob eine Einordnung als Buchgeld in Betracht kommt. Unter Buchgeld versteht man Forderungen aus Guthaben bei Kreditinstituten, soweit sie nicht in Wertpapieren oder ähnlichen Verbriefungen verkörpert sind, und dieses Guthaben jederzeit zu Zahlungszwecken zur Verfügung steht.[325] Die Kreditinstitute erteilen den Kontoinhabern eine entsprechende Gutschrift. Dieser liegt wiederum ein Schuldversprechen i. S. v. § 780 BGB und damit eine Forderung gegen die Bank zugrunde.[326] Im Gegensatz zu Bargeld wird dem Zahlungsempfänger jedoch ein direkter, abstrakter Anspruch gegen ein Kreditinstitut eingeräumt, nicht nur gegen den Zahlungsauftraggeber. Die anschließende Liquidierung der Aufwendungen beim Auftraggeber übernimmt dann das Kreditinstitut.[327] Es besteht demnach eine Dreiecksbeziehung, die ohne das Einschalten eines zentralen Kreditinstituts nicht vonstattengehen kann.[328] Nun ist es dem Sinn und Zweck von Kryptowährungen immanent, dass sie unabhängig von zentralen Stellen sind. Zwischengeschaltete Kreditinstitute sind per se nicht vorgesehene Intermediäre einer Kryptowährung.[329] In Bezug auf den Zahlungsfluss ist dies auch bei zentral verwalteten Kryptowährungen wie Ether der Fall, da dort die zentrale Verwaltung keinen Einfluss auf den Zahlungsfluss zwischen den einzelnen Nutzern hat.[330] Infolge dessen scheidet eine Einordnung von Krypto-Token als Buchgeld nach der vorbenannten Definition von vornherein aus.

---

324 *Eckert*, DB 2013, 2108 (2109).

325 *Freitag* in BeckOGK BGB, Stand: 15.03.2021, § 244, Rn. 16.

326 *Haug* in Schimansky/Bunte/Lwowski, Bankrechts-Handbuch, 5. Auflage 2017, § 123, Rn. 52.

327 *Grundmann* in Münchener Kommentar zum BGB, 8. Auflage 2019, § 245, Rn. 8 m. V. a. *Schwintowski*, Bankrecht, 6. Auflage 2021, Kap. 9, Rn. 5.

328 *Schmieder* in Schimansky/Bunte/Lwowski, Bankrechts-Handbuch, 5. Auflage 2017, § 123, Rn. 52.
Grundmann in Münchener Kommentar zum BGB, 8. Auflage 2019, § 46, Rn. 1, 46.

329 *Auffenberg*, E-Geld auf Blockchain-Basis, BRK 2019, 341; *Satoshi Nakamoto*, Bitcoin: A Peer-to-Peer Electronic Cash System, abrufbar unter: https://bitcoin.org/bitcoin.pdf, abgerufen am 18.03.2020.

330 S. o. 2. Teil, 4. Abschnitt, B.

C. Kryptowährungen als elektronisches Geld

Ferner könnte eine Klassifizierung als elektronisches Geld in Betracht kommen. In den §§ 675 ff. BGB regelt das Bürgerliche Gesetzbuch die Zahlungsdienste. Die dortigen Vorschriften sind mittlerweile maximalharmonisierend unionsrechtlich geprägt, insbesondere mit der Einführung des Euro sowie durch die Zahlungsdienste-Richtlinie 2007 (ZDRL 2007)[331] und die Zahlungsdienste-Richtlinie von 2016 (ZDRL 2016)[332] wurden zahlungstechnische Innovationen wie z. B das *E-Commerce, mobile payment* und der Marktzutritt neuer Zahlungsintermediäre gesetzlich berücksichtigt.[333] Die in der Richtlinie geregelten Umstände laufen dabei über komplexe technische Infrastrukturen ab.[334] Eine der durch die Harmonisierung neu geregelten Vorschrift stellt § 675c BGB dar, der in seinem Absatz 2 die Vorschriften des Untertitels auf den Vertrag über die Ausgabe und Nutzung von E-Geld anordnet, s. § 675 Abs. 2 BGB. Die Begriffsbestimmungen richten sich gem. § 675 Abs. 3 BGB nach dem Kreditwesen- und dem Zahlungsdiensteaufsichtsgesetz. Danach ist E-Geld jeder elektronisch, darunter auch magnetisch, gespeicherte monetäre Wert in Form einer Forderung an den Emittenten, s. § 1 Abs. 2 ZAG. Fraglich ist demnach, ob Kryptowährungen unter diese Definition fallen und damit zivilrechtlich als E-Geld einzuordnen sind. Im Hinblick auf dezentral organisierte Kryptowährungen wie den Bitcoin wird dies von der *BaFin*[335] und Teilen des Schrifttums[336] mit dem Argument verneint, dass es keinen Emittenten gebe, der sie unter Begründung einer Forderung gegen sich ausgibt. Abgrenzungskriterium ist somit die bei digitalen Zahlungsmitteln ansonsten dahinterstehende zentrale Stelle, welche die Ausgabe und die Verwaltung der Einheiten übernimmt.

---

331 RL 2007/64/EG des Europäischen Parlaments und des Rates v. 13.11.2007 über Zahlungsdienste im Binnenmarkt, zur Änderung der RL 97/7/EG, 2002/65/EG, 2005/60/EG und 2006/48/EG sowie zur Aufhebung der RL 97/5/EG, ABl. 2007 L 319, 1.

332 Richtlinie (EU) 2015/2366 des Europäischen Parlaments und des Rates v. 25.11.2015 über Zahlungsdienste im Binnenmarkt, zur Änderung der Richtlinien 2002/65/EG, 2009/110/EG und 2013/36/EU und der Verordnung (EU) Nr. 1093/2010 sowie zur Aufhebung der Richtlinie 2007/64/EG, ABl. 2015 L 337/35 v. 23.12.2015.

333 *Köndgen* in BeckOKG BGB, Stand 01.01.2022, § 675c, Rn. 1,15–21.

334 *Köndgen* in BeckOKG BGB, Stand 01.01.2022, § 675c, Rn. 1.

335 *BaFin*, Virtuelle Währungen/Virtual Currency, veröffentlicht am 28.04.2016 unter: https://www.bafin.de/SharedDocs/FAQs/DE/Verbraucher/Fintech/VirtuelleWaehrungen/2_chancen_risiken.html, abgerufen am 23.01.2023.

336 *Omlor*, JZ 2017, 754 (758); *Terlau*, Elektronisches Geld in Schimansky/Bunte/Lowsky, Bankrechts-Handbuch, Band 2, 5. Auflage 2017, § 55a, Rn. 150; *Djauayeri* in jurisPR-BRK 6/2014, Die virtuelle Währung Bitcoin, Anm. 1; *Köndgen* in BeckOK, BGB 61. Edition, Stand: 01.02.2022, § 675c, Rn. 129; *Grüneberg* in Grüneberg, 81. Auflage 2022, § 245, Rn. 5.

Diese Argumentation, die sich hauptsächlich auf die bekanntesten Kryptowährungen wie den Bitcoin bezieht, muss jedoch im Hinblick auf diejenigen Kryptowährungen hinterfragt werden, welche nicht (komplett) dezentral überwacht werden. Wie in den Ausführungen bezüglich der Kryptowährung Ether und der damit einhergehenden Plattform Ethereum dargestellt, gibt es auch Kryptowährungen, denen eine zentrale Plattform und damit eine zentrale Stelle zugrunde liegt.[337] Die diesbezüglichen Ausführungen zugrunde gelegt wird jedoch sehr schnell deutlich, dass es sich bei der Ethereum-Plattform nicht um eine solche zentrale Stelle handelt, wie sie die *BaFin* in ihrem Statement vom 28.04.2016 vor Augen hatte. Denn diese bezieht die Dezentralität darauf, dass die *Virtual Currency* von keiner Zentralbank oder öffentlichen Stelle emittiert oder garantiert wird und sie deshalb nicht den gesetzlichen Status einer Währung oder von Geld innehat.[338] Die bei Ether vorherrschende Zentralisierung unterscheidet sich hiervon jedoch. Dies zeigt sich am Umgang mit dem Hackerangriff bei Ether.[339] Dort wurde – wie bei der *Hard-Fork* beim Bitcoin – eine Entscheidung durch die Nutzergemeinde herbeigeführt und im Ergebnis kam es – wie dargestellt[340] – zu einer Spaltung der Blockchain und der Entstehung von Ether Classic. Bezogen auf die Intention der *BaFin* hat dies zur Konsequenz, dass auch bei einer Kryptowährung wie Ether, der eine zentrale Plattform zugrunde liegt, von keiner zentralen Stelle i. S. d. ZAG ausgegangen werden kann. Denn selbst bei einem schwerwiegenden Eingriff von außen in das Zahlungssystem besteht keine unabhängige zentrale Stelle, die eine Generallösung anstrebt. Stattdessen wird die gesamte Nutzergemeinde in demokratischer und damit kryptowährungstypischer Weise tätig und löst somit dem System der ursprünglichen Währungen zuwider das Problem ohne Einschaltung einer zentralen Stelle. Somit ist zumindest momentan davon auszugehen, dass die Einschätzung der *BaFin* und der ihr folgenden Ansichten in der Literatur auch für diejenigen Kryptowährungen gilt, denen eine zentrale Plattform zugrunde liegt. Mithin sind Kryptowährungen und vor allem auch der Ether nicht als E-Geld i. S. d. § 1 Abs. 2 ZAG zu qualifizieren.[341]

---

337 Vgl. Ausführungen unter 2. Teil, 4. Abschnitt B.

338 *BaFin*, Virtuelle Währungen/Virtual Currency, veröffentlicht am 28.04.2016 unter: https://www.bafin.de/SharedDocs/FAQs/DE/Verbraucher/Fintech/VirtuelleWaehrungen/2_chancen_risiken.html, angerufen 23.01.2023.

339 Vgl. 2. Teil, 5. Abschnitt.

340 Vgl. 2. Teil, 5. Abschnitt.

341 Ausdrücklich ausgenommen von dieser Prüfung ist hingegen der sog. E-Euro. Zur weiteren Vertiefung vgl. *Omlor/Birne*, RDi 2020,1; bestätigend: BFH, Urt. v. 14.02.2023 - IX R 3/22, DStR 2023, 435 (439).

D. Behandlung als Fremdwährung

Vielfach wird auch diskutiert, ob Kryptowährungen wie Fremdwährungen zu behandeln sind.[342] Ihrer Bedeutung nach sind Fremdwährungen ausländische Währungen.[343] Zivilrechtlich ist die Fremdwährung insbesondere in § 244 BGB geregelt. Danach ist eine Fremdwährungsschuld eine in einer anderen Währung als Euro ausgedrückte Geldschuld, die im Inland zu zahlen ist (Abs. 1 Satz 1). § 244 Abs. 1 Satz 1 BGB gewährt somit die Befreiung von der Pflicht, Geldmittel in der am Zahlungsort fremden Schuldwährung zu verschaffen.[344] Damit gewährt der Gesetzgeber eine speziell für Fremdwährungsschulden konzipierte Ersetzungsbefugnis, indem dem Schuldner einer Geldschuld, die in einer anderen Währung als in Euro denominiert und im Inland zu begleichen ist, die Möglichkeit eingeräumt wird, diese in Euro zu begleichen.[345] Auf Grund dieser gesetzlich normierten Ersetzungsbefugnis werden Kryptowährungen nicht als Fremdwährungen angesehen. Zwar wird in steuerrechtlicher Hinsicht von einer strukturellen Vergleichbarkeit mit Fremdwährungen und Devisen ausgegangen.[346] Zivilrechtlich werden Kryptowährungen jedoch nur als bloße Rechnungseinheit und damit nicht als Währung angesehen.[347] Denn unter einer Währung werden die mit alleinigem staatlichen Geltungsanspruch versehenen Geldmittel eines Währungsgebietes bezeichnet, die einem Annahmezwang unterliegen.[348] Argumentativ wird bei der Verneinung des Fremdwährungscharakters von Kryptowährungen deshalb auf die fehlende Währungsfunktion abgestellt.[349] Eine Kryptowährung wird weder staatlich ausgegeben noch ist ihr ein Annahmezwang immanent. Damit scheiden eine zivilrechtliche Betrachtung von Kryptowährungen als Fremdwährungen und die damit einhergehende gesetzlich konzipierte Erfüllungsmodalität aus.

---

342 U. a. *Schlund/Pongratz*, DStR 2018, 598 (603 f.); *Arendt* in Beck´sches Steuer- und Bilanzrechtslexikon, Edition 58 2022, Stand: 01.07.2021, Kryptowerte, Rn. 2.

343 https://www.duden.de/rechtschreibung/Fremdwaehrung, abgerufen am 21.03.2020.

344 *Freitag* in BeckOKG BGB, Stand: 15.03.2021, § 244, Rn. 102.

345 *Freitag* in BeckOKG BGB, Stand: 15.03.2021, § 244, Rn. 1, m. V. a. RGZ 101, 312 (313), BGH, NJW 1958, 1390 (1391); OLG Köln, NJW-RR 1992, 237 (239).

346 *Reiter/Nolte*, BB 2018, 1179 (1181) m. V. a.: *BMF*, 18.1.2016 – IV C 1 – S 2252/08/10004: 017, BStBl. I 2016, 106, Rn. 131 für die Einordnung von Fremdwährungen als privates Veräußerungsgeschäft i. S. d. § 23 Abs. 1 S. 1 Nr. 2 EStG; bejahend: BFH, Urt. v. 14.02.2023 - IX R 3/22, DStR 2023, 435 (440).

347 *Martiny*, IPRax 2018, 553 (556); *Hafe*, Geld und „Geld“, Währung und „Währung“, in Calliess (Hrsg.), Festschrift Stein, 2015, S. 113 ff.; *Omlor*, JZ 2017, 754 (758).

348 *Freitag* in BeckOKG BGB, Stand: 15.03.2021, § 244, Rn. 13.

349 *Omlor*, JZ 2017, 754 (758).

E. Sache i. S. d. § 90 BGB

Vielseitig diskutiert wird auch die Fragestellung, ob die einzelnen Krypto-Token als Sachen i. S. d. § 90 BGB zu qualifizieren sind.[350] Im Zuge dieser Qualifikation ist jedoch zuvorderst der *Numerus clausus* des Sachenrechts zu beachten. Danach sind die Regelungen des Sachenrechts dem Grunde nach abschließend. Er gebietet, dass die dinglichen Rechte zum Verkehrsschutz für jedermann erkennbar und bestimmbar sein müssen.[351] Dies hat eine enorme Begrenzung der Analogie- und Ergänzungsfähigkeit dieser Rechte zur Folge,[352] da die absolute Geltungswirkung, die sich als Rechtsmacht an einer Sache oder Rechten manifestiert, als Grundprinzip des Zivilrechts eine ungemein einschränkende Wirkung nach sich zieht.[353]

I. Problem der fehlenden Körperlichkeit

Sachen i. S. d. § 90 BGB sind nach dem Gesetzeswortlaut nur körperliche Gegenstände. Gemeinhin wird für die Annahme der Körperlichkeit gefordert, dass der Gegenstand in seinem Raum abgrenzbar ist, entweder durch eine eigene körperliche Begrenzung, durch Fassung in einem Behältnis oder durch sonstige künstliche Mittel.[354] Maßgeblich für diese Beurteilung ist in erster Linie die Verkehrsanschauung.[355] Die Kriterien zur Bestimmung der Körperlichkeit werden jedoch in der Literatur immer mehr als nicht trennscharf erachtet, da die bisherige räumliche Abgrenzbarkeit nicht mehr zeitgemäß sei.[356] Dennoch wird, diese Voraussetzung zugrunde gelegt, die Körperlichkeit von Krypto-Token in der bisherigen Literatur zumeist abgelehnt.[357] Denn technisch lassen sich Krypto-Token als Datenpakete

---

350 *John*, BKR 2020, 76 m. V. a.: *Omlor*, ZHR 2019, 294 (308); *Möllenkamp/Shmatenko* in Hoeren/Sieber/Holznagel, Stand Juli 2019, Teil 13.6, Rn. 21 f.; *Thomas* in Emde/Dornseifer/Dreibus, KAGB, 2. Aufl. 2019, § 261, Rn. 16; *Hanten/Sacarcelik*, RdF 2019, 124 (126); *Walter*, NJW 2019, 3609 (3611); *Koch*, ZBB 2018, 359 (362); *Fritzsche* in Bamberger/Roth/Hau/Poseck, BGB, Stand August 2019, § 90, Rn. 27; *Heckelmann*, NJW 2018, 504 (508); *Kütük/Sorge*, MMR 2014, 643 (644).

351 *Wiegand*, FS Kroeschell, 1987, S. 623 ff. (636).

352 *Wiegand*, FS Kroeschell, 1987, S. 623 ff. (636).

353 *Peters/Jacoby* in Staudinger, BGB, Neubearbeitung 2014, § 194, Rn. 19.

354 *Fritzsche* in BeckOK BGB, 61. Edition, Stand: 01.02.2022, § 90, Rn. 5.

355 *Ellenberger* in Grüneberg, 81. Auflage 2022, § 90, Rn. 1.

356 U. a. *Fritzsche* in BeckOK BGB, 61. Edition, Stand: 01.02.2022, § 90, Rn. 5.

357 *Omlor*, ZHR 2019, 294 (308); *Möllenkamp/Shmatenko* in Hoeren/Sieber/Holznagel, Stand Juli 2019, Teil 13.6, Rn. 21 f.; *Thomas* in Emde/Dornseifer/Dreibus, KAGB, 2. Aufl. 2019, § 261, Rn. 16; *Hanten/Sacarcelik*, RdF 2019, 124 (126); *Walter*, NJW 2019, 3609 (3611); *Koch*, ZBB 2018, 359 (362); *Fritzsche in* Bamberger/Roth/Hau/Poseck, BGB, Stand August 2019, § 90, Rn. 27; *Heckelmann*, NJW 2018, 504 (508); *Kütük/Sorge*, MMR 2014, 643 (644).

beschreiben, die innerhalb eines Netzwerkes unterschiedlichen Teilnehmern zugeordnet werden.[358] Datenpakete weisen jedoch keine körperliche Begrenzung auf und sind auch ansonsten nach der Verkehrsanschauung nicht als körperlicher Gegenstand zu verstehen.[359] An dieser Einschätzung vermag auch die Einstufung des BGH, der in stetiger Rechtsprechung „eine auf einem Datenträger verkörperte Standardsoftware als bewegliche Sache" einordnet, nichts zu ändern[360]. Anders als bei einer Standardsoftware auf einer CD stellen Krypto-Token lediglich virtuelle Aufzeichnungen über Transaktionen in der Blockchain dar.[361] Dabei wird nicht die Währungseinheit selbst, sondern nur ihre als Datum gespeicherte Zuordnung zu einem öffentlichen Schlüssel – als Transaktion – auf einem körperlichen Datenträger innerhalb des P2P-Netzwerkes gespeichert. Diese Zuordnung ist als bloße Tatsachenbeschreibung jedoch ohne eigenen Wert[362] und wird deshalb allenfalls mit der Konzeption von Buchgeld verglichen. Bei diesem kommt es ebenfalls lediglich zur Zuordnung eines bestimmten Guthabens zu einer Kontonummer, ohne dass der Zuordnung selbst ein wirtschaftlicher Wert zukommt. Die Zuordnung als solche ist deshalb nicht als werthaltig zu betrachten, sondern stellt allenfalls die von ihr abgebildete Forderung gegenüber dem Kreditinstitut dar.[363]

Somit stellen die reine Zuordnung von des dem Token innewohnenden Werts und der Leistung der Blockchain lediglich eine wertneutrale Zuordnung dar. Auf Grund des Umstandes, dass die einzelnen Krypto-Token trotz Speicherung der Transaktionshistorie und der privaten Schlüssel in der *Wallet* auf einem Datenträger keine Körperlichkeit aufweisen[364], besteht mittlerweile auch Einigkeit darüber,

---

358 *Keding*, WM 2018, 64 (66); *Richter/Augel*, FR 2017, 937 (940); *Borkert*, ITBR 2018, 91 (92).

359 So u. a. *Walter*, NJW 2019, 3609 (3611) m. w. N; kritisch *John*, BKR 2020, 76 m. w. N.

360 BGH, Urt. v. 15.11.2018 – XII ZR 120/04, MMR 2007, 243; *Maume/Wilser*, CR 2010, 209.

361 *Mössner* in BeckOKG BGB, Stand: 01.03.2021, § 90, Rn. 104.3; *Pesch*, Cryptocoin – Schulden, 2017, S. 7 ff.; *Schrey/Thalhofer*, NJW 2017, 1431 f.; *Beck/König*, JZ 2015, 580; *Beck*, NJW 2015, 580 (581); *Spindler/Bille*, WM 2014, 1357 (1358); *Kuhlmann*, CR 2014, 691 (694); *Kütük/Sorge*, MMR 2014, 643 (644); *Boehm/Pesch*, MMR 2014, 75; *Engelhardt/Klein*, MMR 2014, 355; *Djazayeri* in jurisPR-BKR 6/2014, Anm. 1.

362 *Müller*, ZfIR 2017, 600.

363 *Shmatenko/Möllenkamp*, MMR 2018, 495 (498).

364 *Mössner* in BeckOKG, Stand 01.03.2021, § 90, Rn. 100.3; *Pesch*, Cryptocoin-Schulden, 2017, S. 73 (101 f.); *Beck/König*, JZ 2015, 130 (132); *Spindler/Bille*, WM 2014, 1357 (1359); *Kuhlmann*, CR 2014, 691 (694); *Kütük/Sorge*, MMR 2014, 643 (644); *Engelhardt/Klein*, MMR 2014, 355 (356); *Boehm/Pesch*, MMR 2014, 75 (77); *Djazayeri* in jurisPR-BKR 6/2014, Anm. 1.

dass Krypto-Token keine Sachen i. S. d. § 90 BGB sind.[365] Es kann deshalb, gerade auch im Hinblick auf den *Numerus clausus* des Sachenrechts, weder an der Kryptowährung selbst noch an den einzelnen Krypto-Token Sachherrschaft begründet werden.

II. §§ 2 Abs. 3 i. V. m. 4 Abs. 3 eWPG

Etwas anderes ergibt sich auch nicht aus dem am 03.06.2021 verkündeten Gesetz zur Einführung von elektronischen Wertpapieren.[366] Dieses ausschließlich elektronische Inhaberschuldverschreibungen behandelnde Gesetz sieht in seinem § 2 Abs. 3 eWPG vor, dass ein elektronisches Wertpapier als Sache im Sinne des § 90 des Bürgerlichen Gesetzbuches gilt. Als Unterform des elektronischen Wertpapieres benennt der Gesetzgeber zudem in § 4 Abs. 3 eWPG das Kryptowertpapier.[367]

Die Zielsetzung des Gesetzes ist die Vorgabe einer Erweiterung der nutzbaren Formen, jedoch nicht eine Erweiterung des *Numerus clausus* der Wertpapiere. Nach der Gesetzesbegründung soll es vielmehr bei den allgemeinen, oftmals nicht kodifizierten Regeln des zivilrechtlichen Wertpapierrechts bleiben, in die bewusst nicht eingegriffen wird, um kein Recht *sui generis* zu schaffen. Zudem wurde bestimmt, dass nicht alle mittels der Blockchain-Technologie oder vergleichbarer Technologien begebenen Kryptowerte elektronische Wertpapiere im zivil- und aufsichtsrechtlichen Sinne sein sollen. Begründet wird dies mit den hohen aufsichtsrechtlichen Anforderungen und wesentlichen zivilrechtlichen Folgen, die mit der Wertpapiereigenschaft einhergehen. Welche Kryptowerte die Eigenschaft als Wertpapier haben, soll deshalb rechtssicher feststehen. Diese Eigenschaft ist gegeben, wenn den Kryptowerten eine Kennzeichnung als solche zugrunde liegt sowie eine Veröffentlichung im Bundesanzeiger erfolgt ist und gleichzeitig eine Mitteilung an die Aufsichtsbehörde vorgenommen wird.[368]

Welche Rechtsnatur Kryptowerte außerhalb des Wertpapierbereichs haben und wie sie übertragen werden sollen, wird von dem Gesetz hingegen ausdrücklich nicht geregelt. Die dortigen speziellen Regelungen sollen keinerlei Präjudizwirkung für eine etwaige allgemeine Regelung von Kryptowerten haben. Insbesondere im Hinblick auf die aufsichtsrechtlichen Regelungen im Gesetz sollen die speziellen Regelungen für Wertpapiere, z. B. zum umfassenden Schutz des gutgläubigen Erwerbs, nach dem Willen des Gesetzgebers nicht auf sonstige Kryptowerte übertragbar sein.[369]

---

365 *van Aubel* in Habersack/Müller/Schlitt, Unternehmensfinanzierung am Kapitalmarkt, 4. Auflage 2018, Initial Coin Offerings (ICOs), Rn. 20–40, m. V. a. Richter/ *Augel*, FR 2017, 937 (940); *Borkert*, ITBR 2018, 91 ff.

366 BGBl. I 2021, 1423.

367 BGBl. I 2021, 1423.

368 BT-Drs. 19/26925, S. 38 ff.

369 BT-Drs. 19/26925, S. 30.

Originäre Krypto-Token stellen auch keine Kryptowertpapiere i. S. d. § 3 Abs. 4 eWPG dar. In Anlehnung an den Begriff des Kryptowertpapierregisters definiert das Gesetz ein Kryptowertpapier als ein elektronisches Wertpapier, das in ein Kryptowertpapierregister eingetragen ist. In der Gesetzesbegründung stellt der Gesetzgeber indes klar, dass für die Entstehung eines solchen Kryptowertpapiers neben der Eintragung in einem solchen Register gem. § 16 eWPG es zusätzlich einer Einigung zwischen dem Emittenten und dem Inhaber über die Begebung eines Wertpapiers bedarf, sodass bestehende Forderungen auf der Basis der Distributed-Ledger-Technologie grundsätzlich nicht erfasst werden.[370] Die insbesondere funktionalen und technischen Anforderungen an die Ausgestaltung eines fälschungssicheren Aufzeichnungssystems sind als sehr hoch zu betrachten und nicht zwingend auf Basis der Distributed-Ledger-Technologie ausgerichtet. Danach muss das Aufzeichnungssystem als dezentrale Datenstruktur ausgestaltet sein, in welcher Daten in der Zeitfolge protokolliert sowie gegen unbefugte Löschung und nachträgliche Veränderung geschützt abgebildet werden.[371] Damit erfüllen originäre Krypto-Token nicht die Anforderungen des eWPG, um als ein Kryptowertpapier i. S. d. § 3 Abs. 4 eWPG eingeordnet zu werden. Unabhängig davon, dass die originären Blockchains diese Anforderungen zum Teil erfüllen könnten, werden originäre Krypto-Token nicht automatisch in eine Wertpapiersammelbank zum Zeitpunkt ihrer Emission eingetragen, weshalb ohne diesen zusätzlichen Eintragungsakt kein Kryptowertpapier i. S. d. eWPG gegeben sein kann.

III. Fazit

Somit hat das Gesetz zur Einführung von elektronischen Wertpapieren gemäß seiner Begründung kaum Folgen für die Frage der zivilrechtlichen Bewertung von Krypto-Token. Indem lediglich Krypto-Token, die durch ausdrückliche Vereinbarung zwischen Emittent und Inhaber als Inhaberschuldverschreibung ausgestaltet und in einem Kryptowertpapierregister gesondert eingetragen sind, von diesem umfasst sind und ausdrücklich alle weiteren rechtlichen Bewertungen nicht getroffen worden sind, ist im Umkehrschluss davon auszugehen, dass durch diesen weder direkt noch mittelbar eine Annahme der Körperlichkeit von Krypto-Token getroffen werden soll. Somit ergibt sich auch keine andere rechtliche Betrachtung in Bezug auf die Sacheneigenschaft von Kryptowerten.[372]

---

370 BT-Drs. 19/26925, S. 42.

371 BT-Drs. 19/26925, S. 60.

372 Kritisch zur Begriffsverwendung des Kryptowertpapierbegriffs im eWpG: *Hippeli* in jurisPR-HaGesR 2/2021, Anm. 1.

F. Immaterialgut

Diskutiert wird ferner, ob Kryptowährungen bzw. Krypto-Token als Immaterialgüter zu klassifizieren sind.[373] Nach dem gängigen Oberbegriff sind Immaterialgüter unkörperliche, geistige Güter wie z. B. Gesundheit, Freiheit, Ehre oder eine Idee.[374] Teilweise sind sie in einem Geldwert messbar, teilweise nicht.[375] An Immaterialgütern können grundsätzlich Rechte wie beispielsweise ein Urheberrecht, Patentrecht oder Persönlichkeitsrecht bestehen.[376] Originäre Krypto-Coins existieren nach den vorangegangenen Ausführungen nicht als verkörperte Einheiten innerhalb des Blockchain-Systems. Vielmehr sind sie als Informationen über ein einer Blockchain-Adresse zugeordnetes Guthaben zu qualifizieren, das sich aus der in der Blockchain gespeicherten Transaktionshistorie ergibt.[377] Auch Krypto-Token sind nur in einer Blockchain gespeicherte Guthabenstände einer über einen *Smart-Contract* geschaffenen Werteinheit. Zudem sind sie nur mittelbar von dem auf der genutzten Blockchain-Plattform stattfindenden Miningprozess abhängig.[378] Danach stellen beide grundsätzlich unkörperliche geistige Güter i. S. d. Immaterialgüterrechts dar.[379]

Den einzelnen Krypto-Token wird dabei auch sowohl ein ideeller als auch ein materieller Nutzen zugesprochen, weshalb sie dem Grunde nach als Immaterialgüter zu klassifizieren sind.[380] Allerdings wird ihnen wegen des *Numerus clausus* an Immaterialgütern[381] kein Immaterialgüterrechtschutz zugestanden.[382] Auch im Hinblick auf durch Mining originär geschaffene Kryptowährungen bzw. Krypto-Coins wird einhellig ein absoluter Schutz durch das Urhebergesetz verneint, da keine geistige Schöpfung i. S. d. § 2 Abs. 2 UrhG gegeben sei.[383] Dem ist sich

---

373 *Martiny*, IPRaX 2018, 553 (556); *Möslein/Omlor/Urban*, ZIP 2020 2149 (2152); *Engelhardt/Klein*, MMR 2014, 355 (357 ff.); *Kütük/Sorge*, MMR 2014, 643 (644); *Mössner* in BeckOKG BGB, Stand: 01.03.2021, § 90, Rn. 92

374 *Mössner* in BeckOKG BGB, Stand: 01.03.2021, § 90, Rn. 75.

375 *Mössner* in BeckOKG BGB, Stand: 01.03.2021, § 90, Rn. 75.

376 http://www.rechtslexikon.net/d/immaterialgut/immaterialgut.html, abgerufen am 19.03.2020.

377 *Auffenberg*, BKR 2019, 341 (342).

378 *Auffenberg*, BKR 2019, 341 (342).

379 So auch *Möslein/Omlor/Urban*, ZIP 2020, 2149 (2152).

380 *Kaulartz*, CR 2016, 474 (478); *Martiny*, IPRAX 2018, 553 (556); *Djazayeri* in jurisPR-BKR 6/2014, Anm. 1.

381 *Djazayeri* in jurisPR-BKR 6/2014, Anm. 1 m. V. a. BGH, Beschluss v. 05.07.2004 – VII ZB 5/05, BeckRS 2004, 30342974.

382 *Boehm/Pesch*, MMR 2014, 75 (77); Djazayeri in jurisPR-BKR 6/2014, Anm. 1.

383 *Engelhart/Klein*, MMR 2014, 355 (357); *Kuhlmann*, CR 2014, 691 (695); *Djazayeri* in jurisPR-BKR 6/2014, Anm. 1; *Kaulartz*, CR 2016, 474 (479).

anzuschließen, da das Mining keine menschliche schöpferische Tätigkeit impliziert, sondern einzig durch Rechenleistung bewirkt wird.

Insgesamt können Kryptowährungen bzw. Krypto-Token damit zwar grundsätzlich nach der obigen Definition als Immaterialgut bezeichnet werden.[384] Mit der herrschenden Ansicht wird jedoch ein immaterialgüterrechtlicher Schutz verneint.[385]

G. Kryptowährungen als sonstiges Recht i. S. d. § 823 BGB

Fraglich ist deshalb, ob Kryptowährungen als sonstige Rechte i. S. d. § 823 Abs. 1 BGB gelten. Da das reine Vermögen als solches nicht von § 823 Abs. 1 BGB geschützt ist[386], verbleibt einzig die mögliche Klassifizierung als sonstiges Recht. Dies setzt indes voraus, dass die einzelne Rechtsposition durch Normen außerhalb des Deliktsrechts als absolutes Recht geschützt und anerkannt ist.[387] Dazu ist erforderlich, dass die Rechtsposition einem Rechtsinhaber konkret zugewiesen werden kann und hierdurch alle weiteren Personen von einer Nutzung der Rechtsposition ausgeschlossen sind.[388]

Da es sich bei Kryptowährungen verallgemeinert um Daten bzw. Datenpakete handelt, stellen diese im Rahmen der rechtlichen Qualifizierung den maßgeblichen Anhaltspunkt dar. In der bisherigen Literatur und Rechtsprechung ist dabei zu verschiedensten Formen der Daten eine Einordnung bereits vorgenommen worden. So sind personenbezogene Daten als Ausfluss des grundrechtlich geschützten allgemeinen Persönlichkeitsrechtes in Ausgestaltung der informationellen Selbstbestimmung als absolute Rechtsposition anerkannt. Die sich stetig weiter entwickelnden Datenschutzgesetze in Form der DSGVO und des BDSG stellen eine weitere Ausgestaltung dessen dar.[389]

Darüber hinaus schützt auch das Strafrecht Daten und qualifiziert sie damit als schutzwürdige Rechtsobjekte. So macht sich etwa gem. § 303a StGB strafbar, „wer rechtswidrig Daten (§ 202a Abs. 2 StGB) löscht, unterdrückt, unbrauchbar macht oder verändert". Überdies stellen die §§ 202a, 202b, 202c und 202d StGB das Ausspähen, Abfangen, das Vorbereiten des Ausspähens oder des Abfangens von Daten sowie die Datenhehlerei unter Strafe. Indes hat der Gesetzgeber den Datenbegriff

384 So *Martiny*, IRPAX 2018, 553 (565); *Kaulartz*, CR 2016, 474, 478; verneinend *Spindler/Bille*, WM 2014, 1357 (1360).

385 So auch *Omlor*, JZ 2017, 754 (758); *Djazayeri* in jurisPR-BKR 6/2014, Anm. 1; *Martniny*, IRPAX 2018, 553 (565); *Kaulartz*, CR 2016, 474(478).

386 *Sprau* in Grüneberg, 81. Auflage 2022, § 823, Rn. 2, 11.

387 *Spindler* in BeckOKG BGB, Stand: 01.03.2022, § 823, Rn. 159.

388 *Möllenkamp/Shmatenko* in Hoeren/Sieber/Holznagel, Multimedia-Recht Teil 13.6 Blockchain und Kryptowährungen, Stand: 57. EL September 2021, Rn. 34 m. w. N.

389 *Möllenkamp/Shmatenko* in Hoeren/Sieber/Holznagel, Multimedia-Recht, Teil 13.6 Blockchain und Kryptowährungen, Stand: 57. EL September 2021, Rn. 34 m. w. N.

nicht weiter definiert. Die Legaldefinition in § 202a Abs. 2 StGB, wonach Daten im Sinne des Absatzes 1 nur solche sind, die elektronisch, magnetisch oder sonst nicht unmittelbar wahrnehmbar gespeichert sind oder übermittelt werden, dient nach Ansicht der Literatur nur der Einschränkung des dort vorausgesetzten allgemeinen Datenbegriffs.[390] Nach h. M. sei dabei von einem weiten Datenbegriff auszugehen. Dieser umfasse nicht nur Daten gemäß der Norm DIN 44300[391], sondern darüber hinaus auch Informationen ohne direkten Verarbeitungszweck. Diese Informationen können dabei auch binär codiert sein, wobei dies nicht erforderlich sei. Darüber hinaus sei der Datenbegriff auch nicht i. S. v. § 202a StGB auf personenbezogene Daten gem. § 3 Abs. 1 BDSG beschränkt. Vielmehr könne es sich sogar um Daten handeln, welche an anderer Stelle offen und frei verfügbar seien, z. B. im Internet.[392]

Der Gesetzgeber forciert jedoch auch, dass von dem Datenbegriff des § 202a StGB gespeicherte Programme umfasst sind.[393] Hiergegen sind vermehrt Gegenstimmen[394] erhoben worden. Denn Programme würden unabhängig von ihrer Struktur aus einer Summe von Daten bestehen und damit unweigerlich einen Datencharakter aufweisen.[395]

Diese verschiedenen Datenbegriffe zugrunde gelegt, sind weder Krypto-Coins noch Krypto-Token als Daten in einem der vorbenannten Sinne einzuordnen. Zwar stellen sie faktisch eine Rechnungseinheit dar. Jedoch ist ihre Speicherung in der Blockchain und ihre Zuweisung über die Schlüsselpaare in der *Wallet* nicht vergleichbar mit einem elektronisch unmittelbar wahrnehmbaren gespeicherten Datenpaket. Infolge der Zuordnung über den öffentlichen und privaten Schlüssel sind die Datenpakete, anders als es der Schutzbereich der StGB-Normen vorsieht, nicht öffentlich nachverfolgbar, sondern ausschließlich für den Inhaber des

---

390 *Graf* in Münchener Kommentar zum StGB, 4. Auflage 2021, § 202a, Rn. 12 m. w. N.

391 Bei der Bezeichnung DIN 44300 handelt es sich um Begrifflichkeiten, die vom Deutschen Institut für Normung festgelegt wurden und sich mit der Terminologie der Informationsverarbeitung befassen. Der Umfang umfasst insgesamt über 300 Begriffe und ist wegen der Übersichtlichkeit in insgesamt neun Kapitel gegliedert; es steht für ein Gebilde aus Zeichen oder kontinuierlichen Funktionen, die auf Grund bekannter oder unterstellter Abmachungen Informationen darstellen; Näheres unter: https://www.itwissen.info/DIN-44300-DIN-44300.html#:~:text=DIN%2044300%20stand%20in%20unmittelbarem,in%20insgesamt%209%20Kapitel%20gegliedert, abgerufen am 23.12.2020.

392 *Graf* in Münchener Kommentar zum StGB, 4. Auflage 2021, § 202a, Rn. 12 m. w. N.

393 BT-Drs. 10/5058, S. 29.

394 *von Gravenreuth*, NStZ 1989, 201 (204 f.).

395 *Graf* in Münchener Kommentar zum StGB, 4. Auflage 2021, § 202a, Rn. 12, m. w. N.; *Schmid*, Computerhacken und materielles Strafrecht – unter besonderer Berücksichtigung von § 202a StGB, Diss. Konstanz 2001, *S.* 55 f.

privaten Schlüssels erkennbar. Eine konkrete Zuweisung zum Rechtsinhaber durch fremde Dritte kann demnach nicht erfolgen. Infolge dessen fallen die Krypto-Coins bzw. Krypto-Token bereits nicht in den Anwendungsbereich der Schutzgesetze des § 823 Abs. 2 BGB, weshalb eine Klassifizierung als sonstiges Recht i. S. d. § 823 Abs. 1 BGB ausscheidet.[396]

H. Rechte oder sonstiger Gegenstand i. S. d. § 453 BGB

In der Diskussion steht deshalb die Fragestellung, ob Krypto-Token Rechte i. S. d. § 453 Abs. 1 Alt. 1 BGB oder sonstige Gegenstände i. S. d. § 453 Abs. 1 Alt. 2 BGB sind.[397] Ein Recht ist die Befugnis, die sich für den Berechtigten unmittelbar aus der geltenden Rechtsordnung ergibt.[398] Es besteht originär oder wird erworben und kann ein Anspruch, ein Herrschafts- oder ein Gestaltungsrecht sein. Gegenstand eines Kaufs kann es aber nur sein, wenn es als solches wirksam übertragen und so vom Verkäufer dem Käufer dinglich verschafft werden kann.[399] Unter einem sonstigen Gegenstand werden hingegen sonstige Vermögenswerte verstanden, die gerade keine Sachen oder Rechte sind[400] und die einzeln oder zusammengefasst im Rechts- und Wirtschaftsverkehr gegen Entgelt vom Erwerber zur Verwendung oder Verfügung verschafft werden können.[401] Für eine genaue Einordnung ist zwischen den einzelnen Typen von Krypto-Token zu differenzieren.

I. Currency-Token

Currency-Token stellen – wie bereits erläutert[402] – eine elektronische Währung dar. Die *BaFin* hat den Bitcoin aufsichtsrechtlich als Rechnungseinheit gem. § 1 Abs. 11 S. 1 Nr. 7 KWG eingeordnet.[403] Überdies gewähren Currency-Token keinerlei Ansprüche. Das bedeutet, dass z. B. der Emittent keinen Anspruch auf Rückzahlung oder dergleichen hat. Auf Grund dessen wird in der Literatur die Auffassung

---

396 So auch *Omlor*, ZHR 2019, 294 (310); a. A. *Möllenkamp/Shmatenko* in Hoeren/Sieber/Holznagel, Multimedia-Recht, Stand: 57. EL September 2021, Teil 13.6 Blockchain und Kryptowährungen, Rn. 34–38.

397 *van Aubel* in Habersack/Müller/Schlitt, Unternehmensfinanzierung am Kapitalmarkt, 4. Auflage 2018, Initial Coin Offerings (ICOs), Rn. 20.40, m. V. a. *Borkert*, ITBR, 91 ff., unter Berufung auf *Peukert* in Leible/Lehmann/Zech, Unkörperliche Güter im Zivilrecht, S. 95 ff.

398 *Wilhelmi* in BeckOKG BGB, Stand: 01.01.2022, § 453, Rn. 12.

399 *Weidenkaff* in Grüneberg, 81. Auflage 2022, § 453, Rn. 3.

400 *Faust* in BeckOK BGB, 61. Edition, Stand: 01.02.2022, § 453, Rn. 24.

401 *Weidenkaff* in Grüneberg, 81. Auflage 2022, § 453, Rn. 5.

402 Vgl. 3. Teil, 1. Abschnitt, A.

403 *BaFin*, Jahresbericht 2015, S. 39.

vertreten, dass sie nicht als Rechte i. S. d. § 453 Abs. 1 Alt. 1 BGB zu klassifizieren sind.[404]

Indes könnten sie jedoch sonstige Gegenstände i. S. d. § 453 Abs. 1 Alt. 2 BGB darstellen. Sonstige Gegenstände sind alle übertragbaren Rechtsobjekte, die keine Sachen oder Rechte sind oder bei denen dies zweifelhaft ist und die im Rechts- und Wirtschaftsverkehr dem Erwerber gegen Entgelt einzeln oder zusammengefasst zur Verwendung oder Verfügung dauerhaft verschafft werden.[405] Currency-Token sind – wie bereits dargestellt[406] – keine Sachen. Auch stellen sie kein Recht im oben benannten Sinne dar, da sich aus ihnen keinerlei Befugnisse aus der geltenden Rechtsordnung ergeben. Sie sind jedoch gegen Entgelt an einen Erwerber übertragbar, sofern dieser bereit ist, ein Entgelt oder eine sonstige geldwerte Gegenleistung zu erbringen. Sie können durch einen entsprechenden Eintrag in der Blockchain auch dauerhaft einem anderen Inhaber eines Schlüsselpaares verschafft werden[407]. Damit stellen sie einen im Rechts- und Wirtschaftsverkehr verschaffbaren sonstigen Gegenstand i. S. d. § 453 Abs. 1 Alt. 2 BGB dar.

II. Investment-Token

Anders verhält es sich indes bei Investment-Token. Wie bereits ausgeführt, verbriefen sie Rechte bzw. Ansprüche an bestimmten Unternehmen oder deren Gewinn. Dies hat zur Konsequenz, dass dem Inhaber gegenüber dem Emittenten allein auf Grund des Innehabung des Investment-Tokens ein Recht zusteht. Dieser Umstand führt dazu, dass in der Literatur diskutiert wird, ob Investment-Token als Rechte in Gestalt von Wertpapieren i. S. d. § 453 Abs. 1 Alt. 2 BGB zu qualifizieren sind.[408] Diese Einordnung orientiert sich am zivilrechtlichen Wertpapierbegriff.

1. Wertpapier i. S. d. Zivilrechts

Danach sind Wertpapiere Urkunden, ohne deren Innehabung ein darin verbrieftes privates Recht nicht geltend gemacht werden kann.[409] Urkunden im

---

404 *van Aubel* in Habersack/Mülbert/Schlitt, Unternehmensfinanzierung am Kapitalmarkt, 4. Auflage 2018, Rn. 20.41, m. V. a. *Richter/Augel*, FR 2017, 937 (940); *Borkert*, ITBR 2018, 91 (92 f.).

405 *Wilhelmi* in BeckOKG BGB, Stand: 01.01.2022, § 453, Rn. 145.

406 Vgl. 3. Teil, 1. Abschnitt, E.

407 Bestätigend: BFH, Urt. v. 14.02.2023 - IX R 3/22, DStR 2023, 435 (439 f.).

408 *Schulz*, Kryptowährungen – Zahlungsmittel, Spekulationsobjekt oder Nullum? Zivilrechtliche & aufsichtsrechtliche Einordung sowie Bedürfnis und mögliche Ausgestaltung, Beiträge zum Transnationalen Wirtschaftsrecht, Heft 192,Mai 2019, S. 17 f.

409 *Hueck/Canaris*, Recht der Wertpapiere, 1986, § 1 Abs. 1; *Zöllner*, Wertpapierrecht, 15. Auflage 2006, § 3.

zivilrechtlichen Sinne sind durch Niederschrift verkörperte Gedankenerklärungen, die Aussagen über Rechtsgeschäfte oder Rechtsverhältnisse zum Gegenstand haben, gleichgültig, in welcher Weise die Niederschrift erfolgt.[410] Abgeleitet ist der Urkundenbegriff von dem der ZPO. Eine Urkunde i. S. d Zivilprozessrechts ist die schriftliche Verkörperung einer Gedankenerklärung durch Lautzeichen, die aus sich heraus ohne Weiteres verständlich ist.[411] Bei Investment-Token ist grundsätzlich die Inhaberschaft erforderlich, um das aus ihnen resultierende Recht geltend zu machen. Damit ist das Erfordernis einer inhaltlichen Aussage über ein Rechtsverhältnis gegeben. Allerdings stellt ein Investment-Token keine niedergeschriebene Gedankenerklärung im Sinne des vorbenannten strengen Urkundenbegriffs dar. Es wird daher in der bisherigen Literatur diskutiert, ob dennoch eine Urkunde gegeben sein kann, wenn auf die Verbriefung als Urkunde verzichtet wird.[412]

Laut Einschätzung der *BaFin* bedarf es für die aufsichtsrechtliche Einordnung von Investment-Token als Wertpapier i. S. d. WpHG keiner Verbriefung. Ausreichend sei vielmehr, dass der Inhaber des Investment-Token und die im Investment-Token verkörperten Rechte, beispielsweise anhand der Distributed Ledger- oder Blockchain-Technologie oder anhand vergleichbarer Technologien, jeweils dokumentiert werden können.[413] Diese Ansicht ist jedoch nicht direkt auf das Zivilrecht übertragbar, sondern kann allenfalls zu dessen Auslegung herangezogen werden.[414]

Die Literatur sieht deshalb in Bezug auf die zivilrechtliche Einordnung vor, den Urkundenbegriff anders auszudrücken, solange nur die Verkehrsfähigkeit und Fälschungssicherheit und damit die Beweisfunktion erhalten bleibt.[415] Für das Vorliegen der Beweisfunktion wird dabei auf die Authentizitäts- (wer hat die Urkunde erstellt?) und eine Integritätsfunktion (wurde die Urkunde verfälscht?) abgestellt.[416] Erstere wird mit dem Argument bejaht, dass nur der Inhaber des entsprechenden privaten Schlüssels über den Token verfügen kann, was wiederum mit dem dazugehörigen öffentlichen Schlüssel überprüfbar sei. Im Hinblick auf die Integritätsfunktion wird hingegen auf die Fälschungssicherheit als wesentliches Charakteristikum einer Blockchain abgestellt. Zudem wird der Einwand

---

410 *Habersack* in Münchener Kommentar zum BGB, 8. Auflage 2020, § 810, Rn. 3.

411 *Schreiber* in Münchener Kommentar zur ZPO, 6. Auflage 2020, § 415, Rn. 5.

412 U. a. *Kaulartz/Matzke*, NJW 2018, 3278 (3283).

413 *BaFin*, Merkblatt: Zweites Hinweisschreiben zu Prospekt- und Erlaubnispflichten im Zusammenhang mit der Ausgabe sogenannter Krypto-Token, S. 8, veröffentlich am 18.06.2019 unter: https://www.BaFin.de/SharedDocs/Downloads/DE/Merkblatt/WA/dl_wa_merkblatt_ICOs.html, abgerufen am 28.12.2020.

414 *Kleinert/Mayer*, EuZW 2019, 857 (859).

415 *Kaulartz/Matzke*, NJW 2018, 3278 (3283).

416 *Wagner*, JuS 2016, 29; *Roßnagel/Pfitzmann*, NJW 2003, 1209; *Fischer-Dieskau/Gitter/Paul/Steidle*, MMR 2002, 709.

vorgebracht, dass diese nicht nur zu Speicherung der Investment-Token dient, sondern vielmehr das Produkt von Verschlüsselung und Signatur ist.[417]

Auf Grund dieser beiden Aspekte wird zum Teil die Ansicht vertreten, dass der Investment-Token das konkrete Recht genauso verkörpert wie das Wertpapier das in ihm verbriefte Recht.[418] Überdies sei beiden gemein, dass sowohl der Investment-Token als auch das Wertpapier nicht identisch mit dem jeweils repräsentierten Recht ist.[419]

Dieser Ansicht wird von Teilen der Literatur mit dem Argument entgegengetreten, dass Investment-Token nicht gutgläubig erworben werden können. Von einem Wertpapier im zivilrechtlichen Sinne sei nur auszugehen, wenn es am Kapitalmarkt handelbar ist. Dies setze jedoch eine Umlauffähigkeit und Fungibilität voraus, also eine Austauschbarkeit der einzelnen Instrumente.[420] Von einer unbeschränkten Umlauffähigkeit könne zudem nur ausgegangen werden, wenn ein gutgläubiger, einredefreier Erwerb möglich ist. Ein solcher kommt jedoch – außerhalb einer gesetzlichen Anordnung[421] – nur nach §§ 929, 932 BGB in Betracht. Dies setzt jedoch einen Rechtsscheinträger voraus, weshalb ein gutgläubiger Erwerb nur bei urkundsmäßig verbrieften Wertpapieren in Betracht kommt.[422]

Da Investment-Token nicht urkundsmäßig verbrieft sind und darüber hinaus auch – wie bereits dargelegt[423] – keine Sachen i. S. d. § 90 BGB darstellen, sind die tatbestandlichen Voraussetzungen von §§ 929, 932 BGB von vornherein nicht gegeben. Insoweit kommt allenfalls eine dingliche Übertragung nach §§ 413, 398 BGB in Betracht. Da diese Vorschriften jedoch keine Gutglaubensvorschriften implizieren, scheidet ein gutgläubiger Erwerb und damit eine rechtliche Qualifizierung als zivilrechtliches Wertpapier aus.[424]

---

417 *Kaulartz/Matzke*, NJW 2018, 3278 (3283).

418 *Zieckgraf*, AG 2018, 293 (301 f.); *Brocker/Klebeck*, RdF 2018, 288 (291); *Klöhn/Parhofer/Resas*, ZBB 2018, 89 (101 f.); *Kaulartz/Matzke*, NJW 2018, 3278 (3282 f.); *Höhlein/Weiß*, RdF 2019, 116 (118).

419 *van Aubel* in Habersack/Mülbert/Schlitt, Unternehmensfinanzierung am Kapitalmarkt, 4. Auflage 2018, Rn. 20.41, m. V. a. *Weidenkaff* in Grüneberg, 81. Auflage 2022, § 453, Rn. 23 ff.; *Westermann* in Müchener Kommentar, 7. Auflage 2016, § 453, Rn. 5.

420 *Kaulartz/Matzke*, NJW 2018, 3278 (3283).

421 *Ekkenga* in Münchener Kommentar HGB, 4. Aufl. 2019, Effektenhandel, Rn. 36.

422 *Schäfer/Eckholt* in Assmann/Schütze/Buck-Heeb, Handbuch des Kapitalanlagerechts 5. Auflage 2020, § 16a Crowdfunding, Crowdlending, Crowdinvesting, Kryptowährungen und Initial Coin Offerings (ICOs), Rn. 47 m. V. a. BT-Drs. 15/4999S. 28, sowie RegE Finanzmarktrichtlinie-UmsetzungsG, BT-Drs. 16/4028, S. 54.

423 Vgl. 3. Teil, 1. Abschnitt, E.

424 So auch *F. Schäfer/Eckholt* in Assmann/Schütze/Buck-Heeb, Handbuch des Kapitalanlagerechts 5. Auflage 2020, § 16a Crowdfunding, Crowdlending, Crowdinvesting, Kryptowährungen und Initial Coin Offerings (ICOs), Rn. 47; a. A. *Kaulartz/Matzke*,

Danach stellen Investment-Token kein Recht i. S. d. § 453 Abs. 1 Alt. 1 BGB dar.[425]

In Betracht kommt damit die Einordnung als sonstiger Gegenstand i. S. d. § 453 Abs. 1 S. 1 Alt. 2 BGB. Da es sich hierbei um einen Auffangtatbestand handelt,[426] ist in Abgrenzung zum sonstigen Gegenstand zunächst zu erörtern, ob Investment-Token nicht vorrangig als Schuldverschreibung gem. § 973 BGB oder Schuldurkunden § 952 BGB zu klassifizieren sind.[427]

2. *Schuldverschreibung i. S. d. § 973 BGB*

Zunächst ist zu diskutieren, ob Investment-Token als Schuldverschreibung i. S. d. § 973 BGB zu deklarieren sind.[428] Schuldverschreibungen sind auf den Inhaber in Gestalt einer Urkunde ausgeschriebene Verpflichtungen, in der sich der Aussteller zu einer Leistung an den Inhaber der Urkunde verpflichtet.[429] Hierbei gilt der Grundsatz, dass „das Recht im Papier dem Recht am Papier folgt".[430] Tragendes Tatbestandsmerkmal für die Annahme einer Inhaberschuldverschreibung ist wiederum der Urkundenbegriff.[431] Wie bereits erläutert, stellen Investment-Token nach dem strengen Urkundenbegriff keine solchen dar, da sie nicht als Beweis im Rechtsverkehr dienen. Darüber hinaus können Investment-Token nicht unterschrieben werden i. S. d. § 793 Abs. 2 BGB. In Bezug auf dieses Kriterium wird in der Literatur zwar eingewendet, dass Investment-Token zumindest die Funktionen von Urkunden übernehmen können, weshalb eine analoge Anwendung geboten

---

NJW 2018, 3278 (3283); aus demselben Grund wird auch die Qualifizierung als Schuldurkunde gem. § 952 BGB sowohl direkt als auch analog abgelehnt, vgl. u. a. *Schermaier* in BeckOKG BGB, Stand: 01.12.2021, § 592, Rn. 18 f.

425 So auch *Schulz*, Beiträge zum Transnationalen Wirtschaftsrecht, Heft 192, Mai 2019, S. 17 f.

426 *Faust* in BeckOK BGB, 61. Edition, Stand: 01.02.2022, § 453, Rn. 24.

427 So auch *Kaulartz/Matzke*, NJW 2018, 3278 (3281); *Schäfer/Eckholdt* in Assmann/Schütze/Buck-Heeb, Handbuch des Kapitalanlagerechts, 5. Auflage 2020, § 16a Crowdfunding, Crowdlending, Crowdinvesting, Kryptowährungen und Initial Coin Offerings (ICOs), Rn. 50.

428 *Schulz*, Kryptowährungen – Zahlungsmittel, Spekulationsobjekt oder Nullum? Zivilrechtliche & aufsichtsrechtliche Einordung sowie Bedürfnis und mögliche Ausgestaltung, Beiträge zum Transnationalen Wirtschaftsrecht, Heft 192, Mai 2019, S. 17 f.; *Kaulartz/Matzke*, NJW 2018, 3278 (3281); *Schäfer/Eckhold* in Assmann/Schütze/Buck-Heeb, Handbuch des Kapitalanlagerechts, 5. Auflage 2020, § 16a Crowdfunding, Crowdlending, Crowdinvesting, Kryptowährungen und Initial Coin Offerings (ICOs), Rn. 45.

429 *Füller* in Münchener Kommentar zum BGB, 8. Auflage 2020, § 952, Rn. 3.

430 *Kaulartz/Matzke*, NJW 2018, 3278 (3281).

431 *Habersack* in Münchener Kommentar zum BGB, 8. Auflage 2020, § 97, Rn. 1.

sei.[432] Hiergegen wird wiederum vorgebracht, dass Investment-Token zwar verkehrsfähig seien und durchaus eine Beweisfunktion verkörpern könnten, jedoch alleine eine faktische Ähnlichkeit entgegen dem Wortlaut noch keine Einordnung unter die §§ 793 ff. BGB rechtfertige.[433] Der zuletzt genannten Ansicht ist zuzustimmen. Für eine analoge Anwendung fehlt es an einer planwidrigen Regelungslücke. Da sich Investment-Token anderweitig klassifizieren lassen, ist keine derartige Einordnung erforderlich. Somit sind Investment-Token richtigerweise keine Schuldverschreibungen i. S. d. § 793 BGB.[434]

3. Schuldurkunde i. S. d. § 952 BGB

Angeführt und relativ eindeutig negiert wird schließlich die Einordnung als Schuldurkunde i. S. d. § 952 BGB. Als solche werden Urkunden definiert, die dem Beweis dienen, dass ein Gläubiger einen Anspruch gegen den Schuldner hat oder dass in ihnen eine konstitutive Wirkung implementiert ist, die einem Schuldversprechen gleicht.[435] Bei ihnen gilt der Grundsatz, dass „das Recht am Papier dem Recht im Papier folgt".[436] Für Investment-Token hat dies zur Folge, dass der Gläubiger der Forderung, die der Investment-Token verkörpert, auch der Berechtigte des Investment-Token sein muss.[437] Dies wird in der bisherigen Literatur richtigerweise abgelehnt.[438] Denn die Zuordnung des Investment-Token durch die Zuweisung des Schlüsselpaares zum Blockchaineintrag ist eine rein faktische Ausgestaltung. Hierdurch wird dem Zweck der Schuldurkunde, eine Beweiserleichterung im Rechtsverkehr zu erschaffen, indem Gläubiger und Schuldner erkennbar sind, nicht nachgekommen. Infolge dessen scheidet eine derartige Einordnung aus.[439]

---

432 *Krüger/Lampert*, BB 2018, 1154 (1155 f.).

433 *Kaulartz/Matzke*, NJW 2018, 3278 (3281).

434 So auch *Schäfer/Eckhold* in Assmann/Schütze/Buck-Heeb, Handbuch des Kapitalanlagerechts, 5. Auflage 2020, § 16a Crowdfunding, Crowdlending, Crowdinvesting, Kryptowährungen und Initial Coin Offerings (ICOs), Rn. 50.

435 *Füller* in Münchener Kommentar zum BGB, 8. Auflage 2020, § 952, Rn. 3.

436 *Kaulartz/Matzke*, NJW 2018, 3278 (3281); *Füller* in Münchener Kommentar zum BGB, 8. Auflage 2020, § 952, Rn. 1.

437 *Füller* in Münchener Kommentar zum BGB, 8. Auflage 2020, § 952, Rn. 1.

438 *Möllenkamp/Shmatenko* in Hoeren/Sieber/Holznagel, Multimedia-Recht, Stand: 57. EL September 2021, Teil 13.6 Blockchain und Kryptowährungen, Rn. 71.

439 So auch *Schäfer/Eckholdt* in Assmann/Schütze/Buck-Heeb, Handbuch des Kapitalanlagerechts, 5. Auflage 2020, § 16a Crowdfunding, Crowdlending, Crowdinvesting, Kryptowährungen und Initial Coin Offerings (ICOs), Rn. 45; *Kaulartz/Matzke*, NJW 2018, 3278 (3281) m. w. N.

4. Ergebnis

Nach den aufgezeigten Literaturansichten ist sich richtigerweise der Ansicht, die Investment-Token nicht als sonstiges Recht i. S. d. § 453 Abs. 1 S. 1 Alt 1 BGB, Schuldverschreibung i. S. d. § 973 BGB oder Schuldurkunde i. S. d. § 952 BGB ansieht, anzuschließen. Damit verbleibt lediglich die Qualifizierung als sonstiger Gegenstand i. S. d. § 453 Abs. 1 Alt. 2 BGB. Da als sonstiger Gegenstand grundsätzlich jedes unkörperliche Objekt verstanden wird, das ein geldwertes Gut ist, und somit auch Daten und Software als solches angesehen werden,[440] sind Investment-Token als sonstige Gegenstände i. S. d. § 453 Abs. 1 Alt. 2 BGB einzuordnen.[441]

III. Utility-Token

Wie bei Investment-Token wird auch bei Utility-Token im Vorhinein vom Emittenten festgelegt, welche Rechte mit diesem einhergehen. Überdies ist sein Innehabung auch erforderlich, um diese Rechte anschließend geltend zu machen. Insoweit ähnelt die Ausgestaltung sehr stark dem der Investment-Token. Allerdings gewähren sie – anders als Investment-Token – keinen Anspruch auf einen Gewinn bzw. eine Gewinnbeteiligung, sondern zumeist den Zugang zu Dienstleistungen. Damit stellen sie jedoch ebenfalls ein geldwertes Gut dar, das als unkörperliches Objekt einen geldwerten Anspruch vermittelt. In der Folge sind auch Utility-Token im Einklang mit der bisherigen Literatur als sonstige Gegenstände i. S. d. § 453 Abs. 1 S. 1 Alt. 2 BGB zu verstehen.[442]

IV. Ergebnis

Im Ergebnis lässt sich damit festhalten, dass sowohl Currency- als auch Investment- und Utility-Token sonstige Gegenstände i. S. d. § 453 Abs. 1 S. 1 Alt. 2 BGB darstellen. Danach können sie Gegenstand eines Vertrages sein. Gem. § 453 Abs. 1 BGB finden somit auf den Erwerb von Krypto-Token die Vorschriften über den Kauf Anwendung.

Auf die Fragestellung, ob Krypto-Token als solche ihrem Inhaber ein absolutes Recht einräumen, wird vorliegend nicht eingegangen, da dies den Umfang der zivilrechtlichen Einordnung übersteigt.[443]

---

440 *Westermann* in Münchener Kommentar zum BGB, 8. Auflage 2019, § 453, Rn. 6.

441 So auch *Schulz*: Kryptowährungen – Zahlungsmittel, Spekulationsobjekt oder Nullum? Zivilrechtliche & aufsichtsrechtliche Einordung sowie Bedürfnis und mögliche Ausgestaltung, Beiträge zum Transnationalen Wirtschaftsrecht, Heft 192, Mai 2019, S. 17 f.

442 So auch *van Aubel* in Habersack/Mülbert/Schlitt, Unternehmensfinanzierung am Kapitalmarkt, 4. Auflage 2018, Rn. 20.42.

443 Zur näheren Einordnung vergleiche BGH, Beschluss v. 05.07.2004 – VII TB 5/05, MMR 2005, 685 mit Anm. RiOLG Hoffmann, Stuttgart; sowie in diesem Zusammenhang

2. Abschnitt: Erwerb von Kryptowährungen

In einem weiteren Schritt gilt es nunmehr zu klären, wie die einzelnen Krypto-Token erworben bzw. veräußert werden. Hierbei ist zunächst zwischen dem zugrunde liegenden Verpflichtungs- und dem Verfügungsgeschäft zu differenzieren.

A. Technische Grundlage des Erwerbs

Bevor das dem Erwerb von Krypto-Token zugrunde liegende Verpflichtungsgeschäft betrachtet wird, soll zunächst ein Einblick in die technische Umsetzung des Erwerbs gegeben. Dieser erfolgt über das Internet auf Onlinebörsen, sog. *Exchanges*. Auf diesen ist es je nach Ausgestaltung und Verifizierungslevel des Benutzers möglich, bestimmte Arten von Kryptowährungen direkt gegen Euro oder andere staatliche Währungen zu erwerben bzw. zu veräußern. Teilweise wird jedoch auch nur die Möglichkeit des Erwerbs einer bestimmten Kryptowährung im Tausch gegen eine andere Kryptowährung angeboten, die man wiederum im Vorfeld bei Banken reservieren bzw. sperren kann und anschließend auf die *Exchange* überweisen muss.[444]

Die Durchführung der Übertragung erfolgt mittels des Schlüsselpaares. Dies erfolgt so, dass der PIN, mit dessen Hilfe der Zugriff auf die Krypto-Coins bzw. Krypto-Token erst erfolgen kann, auf der *Exchange* gespeichert wird. Die erworbenen Krypto-Coins bzw. Krypto-Token selbst befinden sich hingegen auf der Blockchain. Aufgabe der *Exchange* ist es dann, die PIN zu verwalten. Dies ist allerdings für die Benutzer nicht sichtbar. Erst die PIN ermöglicht jedoch mittels der Zugangsdaten zur *Exchange* den Zugriff auf die Krypto-Coins bzw. Krypto-Token. Durch deren Einsatz werden die erworbenen Krypto-Token bzw. die Krypto-Coins anschließend dem neuen Schlüsselpaar zugewiesen. Die PIN wird durch die Zuweisung mittels der Schlüssel für den Benutzer damit mittelbar auch in der *Wallet* des Benutzers hinterlegt.[445]

B. Vorfrage des anwendbaren Rechts

Der Übertragung von Kryptowährungen liegt meist ein grenzüberschreitender Kontext zugrunde. Insoweit ist fraglich, in welchen Fällen bei der Übertragung deutsches Recht zur Anwendung gelangt. Hierbei ist grundsätzlich zwischen der

---

die Ausführungen von *Fritzsche* in BeckOK BGB, 61. Edition, Stand: 01.02.2022, § 90, Rn. 26 f. m. V. u. a. *Stresemann* in Müchener Kommenar BGB, 9. Auflage 2021, § 90, Rn. 25; *Peschel/Rockstroh*, MMR 2014, 571 (572); *Druschel*, GRUR Int. 2015, 125 (127); *Härting*, CR 2016, 646 (654); *Fries/Scheufen*, MMR 2019, 721 (724 ff.) und BT-Drs. 14/6040, S. 242.

444 *Heuel/Matthey*, EStB 2018, 263 (264).

445 *Heuel/Matthey*, EStB 2018, 263 (264).

schuldrechtlichen und dinglichen Ebene zu unterscheiden. Da es sich hierbei jedoch um eine komplexe und den Umfang dieser Arbeit übersteigende Rechtsfrage handelt, die in der bisherigen Literatur kaum behandelt worden ist[446], wird vorliegend zur näheren Erläuterung auf diese verwiesen[447] und für die folgende rechtliche Prüfung unterstellt, dass das deutsche Zivilrecht Anwendung findet.

C. Arten der Übertragungen

Infolge des im Zivilrecht vorherrschenden Abstraktions- und Trennungsprinzips ist auch im Hinblick auf die Übertragung von Krypto-Token zwischen dem dinglichen Übertragungsvorgang und schuldrechtlichen Rechtsgeschäft zu differenzieren. Daneben gilt es zu unterscheiden, ob die Krypto-Token selbst übertragen werden bzw. den Erwerbsgegenstand bilden oder ob sie als Gegenwert zum Erwerb anderer Güter eingesetzt werden. Zunächst wird dabei der dingliche Übertragungsvorgang beleuchtet. Anschließend wird das schuldrechtliche Verpflichtungsgeschäft näher dargelegt.

I. Dinglicher Übertragungsvorgang

Im Nachfolgenden wird deshalb zunächst geprüft, wie die einzelnen Krypto-Token dinglich übertragen werden.

1. §§ 929 ff. BGB direkt

Die dingliche Übertragung von Eigentum an beweglichen Sachen richtet sich zuvorderst nach den §§ 929 ff. BGB. Wie bereits ausführlich dargetan,[448] handelt es sich bei Krypto-Token infolge der fehlenden Körperlichkeit nicht um bewegliche Sachen i. S. d. § 90 BGB.[449] Die bisherige Literatur schließt deshalb eine Übertragung von Kryptowährungen als bewegliche Sachen i. S. d. §§ 929 ff. BGB überwiegend aus [450] bzw. prüft und verwirft anschließend diese Option.[451] Dieser Ansicht

---

446 z. B. bei *Walter*, NJW 2019, 3609.

447 z. B. *Zimmermann*, IPRax 2018, 566–573.

448 S. o. 3. Teil, 1. Abschnitt, E.

449 *Omlor*, JuS 2019, 289 (290); *Omlor/Spiegel* in *Möslein/Omlor*, FinTech-HdB, 2. Auflage 2021, § 19, Rn. 41; *Schlund/Pongratz*, DStR 2018, 598 (600); *Reither/Mether*, DSRITB 2018, 359; *Spindler/Bille*, WM 2014, 1357 (1359); *Boehm/Pesch*, MMR 2014, 75 (77); *Engelhardt/Klein*, MMR 2014, 357; *Kütük/Sorge*, MMR 2014, 643 (644).

450 *Omlor*, JuS 2019, 289 (290); *Omlor/Spiegel* in *Möslein/Omlor*, FinTech-HdB, 2. Auflage 2021, § 19, Rn. 41; *Schlund/Pongratz*, DStR 2018, 598 (600); *Spindler/Bille*, WM 2014, 1357 (1359); *Boehm/Pesch*, MMR 2014, 75 (77); *Zarte* in Münchener Kommentar HGB, 4. Auflage 2019, M. Anlageberatung, Rn. 376; *Kütük/Sorge*, MMR 2014, 643 (644); *Engelhardt/Klein*, MMR 2014, 355 (356); *Shmatenko/Möllenkamp*, MMR 2018, 495 (497).

451 *Reiter/Methner*, DSRITB 2018, 359

ist sich anzuschließen, weshalb eine dingliche Übertragung nach §§ 929 ff. BGB – nicht zuletzt auch wegen des sachenrechtlichen *Numerus clausus*[452] – ausscheidet.

2. Analoge Anwendung der §§ 929 ff. BGB

Ferner wird in der Literatur diskutiert, ob Krypto-Token analog §§ 929 ff. BGB übertragbar sind.[453] Dies würde eine planwidrige Regelungslücke sowie eine vergleichbare Interessenlage voraussetzen.[454] Dies wird jedoch nur von einer Mindermeinung in der Literatur angenommen.[455] Die überwiegende Meinung in der Literatur lehnt richtigerweise eine analoge Anwendung der §§ 929 ff. BGB in Bezug auf Kryptowährungen ab.[456] Gerade im Hinblick auf den *Numerus clausus*[457] des Sachenrechts und den eindeutigen Wortlaut von §§ 929 ff., 90 BGB erscheint eine analoge Anwendung nicht nur sach-, sondern auch systemfremd. Denn im Ergebnis bleibt es bei der fehlenden Sacheigenschaft von dezentralen Kryptowährungen, da sie allein als virtuelle Aufzeichnung über die Transaktionen in der Blockchain existieren.[458] Auch ein gutgläubiger Erwerb nach § 932 BGB scheidet nach den bereits dargetanen Argumenten aus. Allein die Implementierung auf der Blockchain vermittelt nach bisheriger Ansicht keinen Gutglaubenstatbestand.[459]

---

452 *Engelhardt/Klein*, MMR 2014, 357; *Shmatenko/Möllenkamp*, MMR 2018, 495 (497).

453 *Spindler/Bille*, WM 2014, 1357 (1362 f.) m. w. N.; *Schlund/Pongratz*, DStR 2018, 508 (601).

454 BVerfG, NJW 1995, 1141 (1142 f.); NJW 1990, 1593 (1594); BGHZ 135, 289, NJW 1997, 2683 (2684); BGHZ 131, 185, NJW 1996, 46 (467); BVerfGE 36, 126, NJW 1974, 268 (269).

455 *Walter*, NJW 2019, 3609 (3613 f.).

456 *Boehm/Bruns* in Bräutigam/Rücker, E-Commerce, 2017, Teil 13, E. Digitale Währungen am Beispiel Bitcoin, Rn. 5; Analogievoraussetzungen prüfend und bejahend, aber dennoch ablehnend *Omlor/Spiegel* in *Möslein/Omlor*, FinTech-HdB, 2. Auflage 2021, § 19 Rn. 42 ff.

457 *Engelhardt/Klein*, MMR 2014, 355 (357); *Shmatenko/Möllenkamp*, E-Commerce, Teil 13, E., Rn. 17.

458 *Shmatenko/Möllenkamp*, MMR 2018, 495 (497) m. V. a. *Mössner*, in BeckOKG, Stand: 01.03.2021, § 90, Rn. 100.3; *Pesch*, Cryptocoin-Schulden, 2017, S. 73 f.; *Schrey/Thalhofer*, NJW 2017, 1431 (1431 f.); *Beck/König*, JZ 2015, 130; *Beck*, NJW 2015, 580 (581); *Spindler/Bille*, WM 2014, 1357 (1358); *Kuhlmann*, CR 2014, 691 (692); *Kütük/Sorge*, MMR 2014, 643 (644); *Boehm/Pesch*, MMR 2014, 75; *Engelhardt/Klein*, MMR 2014, 355; *Djazayeri* in jurisPR-BKR 6/2014, Anm. 1.

459 *Zickgraf*, AG 2018, 293 (301); *Kaulartz/Matzke*, NJW 2018, 3278 (3283).

Somit ist eine analoge Anwendung der §§ 929 ff. BGB auf Kryptowährungen mit der herrschenden Ansicht in der Literatur abzulehnen.[460]

3. Realakt

In Betracht kommt deshalb die Klassifizierung der dinglichen Übertragung als bloßen Realakt.[461] Realakte sind Handlungen, die lediglich auf die Herbeiführung eines tatsächlichen Erfolgs gerichtet und typischerweise weder auf ein Rechtsverhältnis noch auf Rechtsfolgen bezogen sind, an die das Gesetz aber unabhängig vom Parteiwillen bestimmte Rechtsfolgen knüpft.[462] Wie bereits erläutert, erfolgt die Übertragung der einzelnen Krypto-Token unter Einsetzung des Schlüsselpaares mittels Eintragung in der Blockchain. Dementsprechend handelt es sich lediglich um einen einseitigen Akt des Absenders.[463] Dieser einseitige Akt erfolgt unabhängig von einem etwaigen zugrunde liegenden Verpflichtungsgeschäft, was wiederum gegen die Ansicht eines Teils der Literatur spricht, dass die Krypto-Token bereits mit diesem übergehen.[464]

Stattdessen ist die Übertragung der Krypto-Token richtigerweise als reale Leistungsbewirkung und damit als Realakt zu klassifizieren.[465] Dem Erwerber des Krypto-Tokens wird lediglich eine faktische Verfügungsgewalt über den betreffenden Krypto-Token verschafft. Diese ist vergleichbar mit der Situation des Besitzerwerbes nach § 854 BGB, bei der es ebenfalls nur auf die Erlangung der tatsächlichen Gewalt über die Sache ankommt.[466] Durch den Eintrag in der Blockchain und die Zuweisung zum Schlüsselpaar des Empfängers erlangt dieser die tatsächliche Gewalt über die jeweiligen Krypto-Token. Hierdurch kann nur er mit diesen nach

---

460 *Klinck* in BeckOGK BGB, Stand: 01.01.2022, § 929, Rn. 19 m. w. N.; *Boehm/Bruns* in Bräutigam/Rücker, E-Commerce, 2017, Teil 13, E. Digitale Währungen am Beispiel Bitcoin, Rn. 5; *Zickgraf*, AG 2018, 293 (301); *Kaulartz/Matzke*, NJW 2018, 3278 (3283).

461 *Schäfer/Eckhold* in Assmann/Schütze/Buck-Heeb, Handbuch des Kapitalanlagerechts, 5. Auflage 2020, § 16a Crowdfunding, Crowdlending, Crowdinvesting, Kryptowährungen und Initial Coin Offerings (ICOs), Rn. 40; *Omlor*, ZHR 2019, 294 (327 ff.); *Heckelmann*, NJW 2018, 504 (508); *Paulus/Matzke*, ZfPW 2018, 431 (451 ff.) m. w. N.; *Kaulartz*, CR 2016, 474 (478); *Engelhardt/Klein*, MMR 2014, 355 (357); a. A. *Zickgraf*, AG 2018, 293 (301).

462 https://www.lecturio.de/magazin/rechtsgeschaeft-realakt-geschaeftsaehnlich, abgerufen am 23.03.2020.

463 *van Aubel* in Habersack/Mülbert/Schlitt, Unternehmensfinanzierung am Kapitalmarkt, 4. Auflage 2018, Initial Coin Offerings (ICOs), Rn. 20.45.

464 *Borkert*, ITRB 2018, 91 (92 f.) m. w. N.

465 So auch *Heckelmann*, NJW 2018, 504 (509) m. w. N.; *Kaulartz*, CR 2016, 474 (478); *Kaulartz/Matzke*, NJW 2018, 3278 (3280); *Engelhart/Klein*, MMR 2014, 355 (357).

466 *Möllenkamp/Shmatenko* in Hoeren/Siebel/Holznagel, Multimedia-Recht, Stand: 57. EL September 2021, Teil 13.6 Blockchain und Kryptowährungen, Rn. 68, 70.

Belieben verfahren. Damit erlangt er nach der Verkehrsanschauung eine Machtbeziehung zu den Krypto-Token, die den Ausschluss Dritter von der Einwirkung auf diese nach sich zieht. Da der Machtbeziehung jedoch keine dingliche Übertragung vorausgeht, verbleibt faktisch – als Minus zum dinglichen Erwerb – der bloße Realakt.[467] Denn die einzelnen Nutzer oder Miner transferieren die Krypto-Token lediglich mit dem Willen des faktischen Besitzwechsels. Eine zugrunde liegende Begründung eines Rechtsverhältnisses oder von Rechtsfolgen ist hingegen nicht gewollt und würde in diesem Zusammenhang auch der Intention von Kryptowährungen widersprechen, da diese gerade dezentral und unabhängig von staatlichen Regelungen gehandelt werden sollen.[468] Damit ist die dingliche Übertragung folgerichtig als Realakt einzustufen.

4. Abtretung i. S. d. §§ 398 ff. BGB

Vermehrt diskutiert wird ferner, ob Krypto-Token im Wege der Abtretung übertragen werden können.[469] Hierbei muss jedoch differenziert werden, ob der Krypto-Token selbst abgetreten werden soll oder eine Forderung, die einen Krypto-Token zum Gegenstand hat.

a) Abtretung der einzelnen Krypto-Token

Fraglich ist zunächst, ob die einzelnen Krypto-Token gem. §§ 398 ff. BGB abgetreten werden können. Dies würde eine Forderung gegen einen Schuldner sowie die Austauschbarkeit des Gläubigers voraussetzen, s. § 398 S. 1 u. 2 BGB. Demnach ist zu prüfen, ob ein Krypto-Token eine Forderung i. S d. § 398 S. 1 BGB bzw. ein anderes Recht i. S. d. §§ 413, 398 S. 1 BGB sein kann. Eine Forderung ist definiert als ein Recht, von einem anderen ein Tun oder Unterlassen zu verlangen, s. § 194

467 *Möllenkamp/Shmatenko* in Hoeren/Siebel/Holznagel, Multimedia-Recht, Stand: 57. EL September 2021, Teil 13.6 Blockchain und Kryptowährungen, Rn. 68.

468 *Kaulartz/Matzke*, NJW 2018, 3278 (3280); *Kaulartz*, CR 2016, 474 (478); *Engelhardt/Klein*, MMR 2014, 355 (357); *Möllenkamp/Shmatenko* in Hoeren/Siebel/Holznagel, Multimedia-Recht, Stand: 57. EL September 2021, Teil 13.6 Blockchain und Kryptowährungen, Rn. 70; *Schäfer/Eckhold* in Assmann/Schütze/Buck-Heeb, Handbuch des Kapitalanlagerechts, 5. Auflage 2020, § 16a Crowdfunding, Crowdlending, Crowdinvesting, Kryptowährungen und Initial Coin Offerings (ICOs), Rn. 40, im Ergebnis wohl auch: BFH, Urt. v. 14.02.2023 - IX R 3/22, DStR 2023, 435 (438).

469 *Kaulartz/Matzke*, NJW 2018, 3278 (3280 ff.); *Schäfer/Eckhold* in Assmann/Schütze/Buck-Heeb, Handbuch des Kapitalanlagerechts, 5. Auflage 2020, § 16a Crowdfunding, Crowdlending, Crowdinvesting, Kryptowährungen und Initial Coin Offerings (ICOs), Rn. 40; *Schlund/Pongratz*, DStR 2018, 589 (600 ff.); *Möllenkamp/Shmatenko* in Hoeren/Siebel/Holznagel, Multimedia-Recht, Stand: 57. EL September 2021, Teil 13.6 Blockchain und Kryptowährungen, Rn. 68 ff.

S. 1 BGB.[470] Teile der bisherigen Literatur[471] verneinen dies kurz und bündig mit dem Argument, dass Kryptowährungen keinen Anspruch gegen Dritte vermitteln und deshalb eine Abtretung dieser von vornherein nicht in Betracht komme. So vertritt *Walter*[472] die Ansicht, dass „zwar Gegenstand einer Übertragung nach §§ 413, 398 S. 1 BGB grundsätzlich alle nicht unmittelbar unter § 398 BGB fallenden sonstigen Rechte sein können, für deren Übertragung es keine spezialgesetzliche Regel gebe.[473] Eines Leistungsanspruchs gegen einen Dritten bedürfe es daher nicht. Ein Token einer Kryptowährung, also beispielsweise ein Bitcoin, vermittle aber ebenso wenig ein Recht wie einen Anspruch.[474] Der in ihm verkörperte Wert ergebe sich einzig und allein aus dem marktwirtschaftlichen Umstand, dass er für andere Menschen einen Wert habe. Erforderlich sei daher nicht die Übertragung eines Rechts „aus" dem Bitcoin, sondern die Veränderung der Zuweisung des Bitcoins in der Blockchain.[475]

Anders wird dies indes von *Kaulartz/Matzke*[476] gesehen. Sie stellen darauf ab, ob ein Krypto-Token Forderungen oder Rechte abbildet. Ist dem so, würden diese gem. §§ 398, 413 BGB durch Vertrag abgetreten werden können.[477] Auch andere Ansichten machen die Abtretbarkeit von der Beantwortung dieser Grundsatzfrage abhängig.[478] Andere wiederum sehen eine Abtretung zumindest als zweifelhaft an.[479]

Die neueren Ansichten in der Literatur stellen hingegen darauf ab, ob dem Krypto-Token Rechte gegen Dritte immanent sind. Auf Grund der Charakterisierung von Krypto-Token als sonstiges Recht i. S. d. § 453 Abs. 1 S. 1 Alt. 2 BGB käme zwar eine Übertragung gem. §§ 413, 398 ff. BGB in Betracht. Dies wird jedoch teilweise mit dem Argument abgelehnt, dass es sich bei sonstigen Rechten lediglich um Abwehrrechte handle. Bei Krypto-Token bestehe aber lediglich

470 *Lieder* in BeckOKG BGB, Stand 01.11.2021, § 398, Rn. 105.

471 *Omlor/Spiegel* in *Möslein/Omlor*, FinTech-HdB, 2. Auflage 2021, § 19, Rn. 44; *Boehm/Pesch*, MMR 2014, 75 (77); *Boehm/Bruns* in Bräutigam/Rücker, E-Commerce, 2017, Teil 13, E. Digitale Währungen am Beispiel Bitcoin, Rn. 17.

472 *Walter*, NJW 2019, 3609 (3611).

473 *Walter*, NJW 2019, 3609 (3611) m. V. a. *Mugdan*, Die gesamten Materialen zum Bürgerlichen Gesetzbuch für das Deutsche Reich, 1899 (Nachdruck 2005), II, 77 f., Mot. II, 141.

474 *Walter*, NJW 2019, 3609 (3611) m. V. a.: *Roth/Kieniger* in Münchener Kommentar BGB, 8. Auflage 2019, § 398, Rn. 2; *Rohe* in BeckOK BGB, 61. Edition Stand: 01.02.2022, § 413, Rn. 2.

475 *Walter*, NJW 2019, 3609 (3611).

476 *Kaulartz/Matzke*, NJW 2018, 3278.

477 *Kaulartz/Matzke*, NJW 2018, 3278 (3280).

478 *Zickgraf*, AG 2018, 293 (299).

479 *Omlor*, JuS 2019, 289 (290) m. V. a. *Omlor/Spiegel* in Möslein/Omlor, FinTech-HdB, 2019, 2. Auflage 2021, § 19, Rn. 44.

eine tatsächliche Stellung des Berechtigten infolge der in der Blockchain dokumentierten Transaktionshistorie. Das Abwehrrecht und die Stellung des faktisch Verfügungsberechtigten würden jedoch dem Erwerber vom Veräußerer nicht übertragen, sondern erst durch eine neue Dokumentation der Transaktion in der Blockchain neu geschaffen.[480]

Andere Meinungen stellen darauf ab, dass § 413 BGB nur Anwendung finde, wenn eine Übertragung von Rechten stattfinde.[481] Da Currency-Token jedoch keine solchen Rechte verleihen würden, könnten diese nicht mittels Abtretung dinglich übertragen werden.[482]

Im Ergebnis ist richtigerweise zwischen den einzelnen Typen an Krypto-Token zu differenzieren. Folgerichtig ist als Ausgangspunkt die Einstufung als sonstiger Gegenstand i. S. d. § 453 Abs. 1 S. 1 Alt. 2 BGB zu nehmen und auf dieser Basis – wie *Kaulartz/Matzke* es unter anderem tun – zu prüfen, ob mit den einzelnen Krypto-Token ein Recht oder eine Forderung einhergeht oder ob lediglich die Blockchain-Position neu zugewiesen wird.

Currency-Token verleihen ihrem Verfügungsberechtigten keine Rechte gegen Dritte, sie implizieren demnach keine Forderung gegen einen Emittenten oder jemand anderen. Da sie somit weder ein sonstiges Recht i. S. d. § 413 BGB noch eine Forderung im vorbenannten Sinne darstellen und ihre Übertragung damit lediglich in der Einräumung eines neuen Blockchaineintrags einhergeht, sind Currency-Token selbst nicht abtretbar.

Anders verhält es sich indes bei Investment- und Utility-Token. Nach den bereits dargelegten Ausführungen implizieren diese entweder Ansprüche gegen ein Unternehmen oder auf gewinnbeteiligende Ausschüttungen. Im Fall von Utility-Token gewähren sie ihrem Verfügungsberechtigten den Zugang zu Plattformen oder das Recht auf Inanspruchnahme einer Dienstleistung. Damit stellen sowohl Investment- als auch Utility-Token, je nach ihrer konkreten Ausgestaltung, Forderungen bzw. sonstige Rechte dar. Folglich sind sie als solche gem. §§ 413, 398 ff. abtretbar.[483]

---

480 So *Reiter/Methner*, DSRIBT 2018, 359; *Möllenkamp/Shmatenko* in Hoeren/Siebel/Holznagel, Multimedia-Recht, Stand: 57. EL September 2021, Teil 13.6 Blockchain und Kryptowährungen, Rn. 69.

481 *Schäfer/Eckhold* in Assmann/Schütze/Buck-Heeb, Handbuch des Kapitalanlagerechts, 5. Auflage 2020, § 16a Crowdfunding, Crowdlending, Crowdinvesting, Kryptowährungen und Initial Coin Offerings (ICOs), Rn. 40.

482 *Schäfer/Eckhold* in Assmann/Schütze/Buck-Heeb, Handbuch des Kapitalanlagerechts, 5. Auflage 2020, § 16a Crowdfunding, Crowdlending, Crowdinvesting, Kryptowährungen und Initial Coin Offerings (ICOs), Rn. 40.

483 *Mössner* in BeckOKG BGB, Stand: 01.03.2021, § 90, Rn. 104.5 m. w. N.; *Schäfer/Eckhold* in Assmann/Schütze/Buck-Heeb, Handbuch des Kapitalanlagerechts, 5. Auflage 2020, § 16a Crowdfunding, Crowdlending, Crowdinvesting, Kryptowährungen und Initial Coin Offerings (ICOs), Rn. 44, 52.

Im Ergebnis ist sich damit richtigerweise der Meinung von *Kaulartz/Matzke* anzuschließen, sodass eine Abtretung dann angenommen werden kann, wenn die jeweiligen Krypto-Token eine Forderung bzw. ein sonstiges Recht i. S. d. §§ 413, 398 S. 1 BGB verkörpern. Es muss demnach eine Beurteilung anhand des Einzelfalls vorgenommen werden. Diese Sichtweise spiegelt am nächsten die Grundintention einer Kryptowährung wider und berücksichtigt die informationstechnischen Besonderheiten einer jeden.

b) Abtretung einer Forderung, die einen Krypto-Token zum Gegenstand hat

Weit weniger ist hingegen die Frage beleuchtet, ob Forderungen, die Krypto-Token zum Gegenstand haben, abgetreten werden können. Nach der obigen Legaldefinition der Forderung muss also konkret die Frage gestellt werden, ob ein Gläubiger von einem Schuldner ein Tun oder Dulden in Bezug auf eine bestimmbare Forderung bzw. Forderungsmehrheit verlangen kann, die einzelne Krypto-Token zum Gegenstand hat.[484]

Problematisch ist in diesem Zusammenhang die Konkretisierung bzw. die Identifizierbarkeit des Forderungsinhalts. Die Identifizierung der Forderung erfolgt typischerweise über Gegenstand, Inhalt und Umfang der Leistungspflicht sowie die Person des Forderungsschuldners. Wenn dies nicht ausreicht, kann auf Detailinformationen zum Rechtsgrund zurückgegriffen werden.[485] Welche Forderung konkret abgetreten werden soll, ist durch Auslegung des Abtretungsvertrags nach den allgemeinen Grundsätzen des bürgerlichen Rechts zu ermitteln. Dabei dürfen auch außerhalb des Zessionsvertrags liegende Umstände, wie z. B. Geschäftsbücher oder andere Aufzeichnungen, berücksichtigt werden. Ohne Belang ist der zur Individualisierung der zedierten Forderung erforderliche Zeit- und Arbeitsaufwand.[486]

Krypto-Token sind nach den obigen Ausführungen ohne Weiteres identifizierbar. Auch ist ermittelbar, zu welchem aktuellen Tageskurs sie gehandelt werden. Problematisch ist indes die Identifizierung der Person des Forderungsschuldners. Dies ist jedoch z. B. bei jedem blockchainbasierten Krypto-Token über die Zuordnung des jeweiligen Schlüsselpaares über die *Wallet* möglich. Krypto-Token sind

---

484 *Grüneberg* in Grüneberg, 81. Auflage 2022, § 398, Rn. 1.

485 *Rohe* in BeckOK BGB, 61. Edition Stand: 01.02.2022, § 398, Rn. 41.

486 *Lieder* in BeckOKG BGB, Stand: 01.11.2021, § 398, Rn. 115 m. V. a. *Roth/Kieninger* in Münchener Kommentar BGB, 8. Auflage 2019, § 398, Rn. 66; *Busche* in Staudinger, 16. Auflage 2020, Rn. 53; BGH NJW 1978, 634; BGH, Urt. v. 20.09.2012 – IX ZR 208/ 11, NJW-RR 2013, 248, Rn. 8; BGH, Urt. v. 12.10.1999 – XI ZR 24/ 99, NJW 2000, 276; *Rohe* in BeckOK BGB, 61. Edition Stand: 01.02.2022; *Rosch* in jurisPK-BGB, Rn. 11; *Müller* in PWW, Rn. 15; *Lieder*, Die rechtsgeschäftliche Sukzession, 1. Auflage 2015, 311; BGHZ 70, 86 (90); BGH NJW 2000, 276; *Westermann* in Erman, BGB, 16. Auflage 2020, § 398, Rn. 10; *Grüneberg* in Grüneberg, 81. Auflage 2022, § 398, Rn. 14; *Busche* in Staudinger, 16. Auflage 2020, Vor § 398, Rn. 10.

auch über *Exchanges* handelbar. Hierbei erfolgt ebenfalls eine Verifizierung der einzelnen Krypto-Token. Sofern auch die Zuordnung zum Schuldner möglich ist, ist ein Krypto-Token somit bestimmbar i. S. d. § 398 BGB. Das reicht nach den vorbenannten Grundsätzen aus, um ihn Gegenstand eines Tuns oder Unterlassens werden zu lassen. Da nach obigen Ausführungen der Zeit- und Arbeitsaufwand der Bestimmbarkeit für diese irrelevant ist, kann ohne Weiteres ein Krypto-Token bzw. eine Kryptowährung Gegenstand eines Zessionsvertrages sein. Denn die Vertragsfreiheit kann vorsehen, dass eine Zuordnung über die Schlüssel zur Identifizierung ausreicht. Infolge der im deutschen Recht vorherrschenden Vertragsfreiheit kann somit im Rahmen einer Forderung durchaus vereinbart werden, dass ein Nutzer durch die Zuordnung der sich in seiner *Wallet* befindlichen Schlüssel und damit den ihm zugeordneten Krypto-Token im Wege des aufgezeigten Prozederes einem anderen Schlüsselpaar in einer anderen *Wallet* zugeordnet werden soll. Dies würde einem Anspruch auf ein Tun gleichstehen. Damit kann ein Krypto-Token – unabhängig von der Ausgestaltung – Gegenstand einer Forderung sein. Diese Forderung kann, sofern keine anderen rechtlichen Gründe dagegensprechen, grundsätzlich abgetreten werden. Somit ist im Ergebnis die Abtretbarkeit einer Forderung, die eine Kryptowährung bzw. einen Krypto-Token zum Gegenstand hat, gem. § 398 ff. BGB zu bejahen.

II. Schuldrechtlicher Übertragungsvorgang

Nachdem die dingliche Übertragung rechtlich als Realakt zu bewerten ist bzw. Krypto-Token auch Gegenstand einer Abtretung sein können, gilt es im Folgenden zu klären, wie die schuldrechtliche Einordnung von Geschäften mit Krypto-Token zu erfolgen hat. Hierbei ist wiederum danach zu differenzieren, ob die Krypto-Token Gegenstand des jeweiligen Schuldverhältnisses sind oder ob sie als Bezahlmittel dienen, mittels derer etwas erworben wird.

1. Erwerb von Krypto-Token

Da nach den bisherigen Ausführungen alle Typen von Krypto-Token als sonstiger Gegenstand gem. § 453 Abs. 1 S. 1 Alt. 2 BGB einzuordnen sind, hat dies zur Konsequenz, dass gem. § 453 Abs. 1 BGB bei deren Erwerb Kaufrecht zur Anwendung gelangt.

a) §§ 453, 433 BGB

Argumentativ lässt sich dies mit der Intention des Gesetzgebers begründen. Danach soll § 453 Abs. 1 BGB die Möglichkeit schaffen, über beherrschbare Energien, ungeschützte Energien und technisches Know-how Kaufverträge zu schließen.[487] Betrachtet man die Klassifizierung der einzelnen Token-Typen, so erscheint

487 BT-Drs. 14/6040, S. 242.

die Übertragung als sonstiges Recht nur folgerichtig. Wie bereits dargetan[488], können im Ergebnis Investment-Token als Wertpapiere i. S. d. § 2 Abs. 1 WpHG bzw. des Art. 4 Abs. 1 Nr. 22 MiFID II, Utility-Token als digitale Gutscheine, die weitestgehend unreguliert sind, und Currency-Token nach Ansicht der *BaFin*[489] und nunmehr auch in § 1 Abs. 11 Nr. 10 KWG rechtlich normiert als Rechnungseinheiten qualifiziert werden.[490] Unabhängig von der Frage, ob man ihn als Rechts- oder Sachkauf qualifiziert, fällt der Erwerb von Wertpapieren unter § 453 Abs. 1 BGB.[491] In Bezug auf die Utility-Token ist indes der bisherigen Ansicht[492] zu folgen, dass diese weitgehend unreguliert sind und infolge dessen als bloßes Immaterialgut – möglicherweise als virtuelle Gegenstände – zivilrechtlich als sonstiger Gegenstand i. S. d. § 453 Abs. 1 S. 1 Alt. 2 zu klassifizieren sind und somit vom Tatbestand des § 453 Abs. 1 BGB erfasst sind.[493] Schließlich unterfallen Currency-Token als sonstiger Gegenstand im Hinblick auf ihre Handelbarkeit ebenfalls § 453 Abs. 1 BGB.[494]

In der Folge ist der Kauf von Kryptowährungen gegen eine Geldsumme als Kaufvertrag einzuordnen.[495] In der rechtlichen Folge findet zudem auf das Verpflichtungsgeschäft das Gewährleistungsrecht gem. §§ 434 ff. BGB Anwendung.[496]

---

488 S. u. 4. Teil, 4. Abschnitt, I.

489 Anders das Kammergericht Berlin, Urt. v. 25.09.2018 – (4) 161 Ss 28/18, NJW 2018, 3734, nach dem es sich bei Bitcoins um keine Rechnungseinheiten gem. § 1 Abs. 11 S. 1 KWG und auch um kein E-Geld i. S. d. § 1 Abs. 2 S. 3 ZAG handle, s. krit. dazu auch *Heuel/Matthey*, NWB 2018, 1037; *Schlund/Pongratz*, DStR 2018, 598.

490 *Sixt*, DStR 2019, 1766 (1767 f.) m. w. N.

491 *Weidenkaff* in Grüneberg, 81. Auflage 2022, § 453, Rn. 10; *Wilhelmi* in BeckOKG BGB, Stand: 01.01.2022, § 453, Rn. 192 ff.

492 *Sixt*, DStR 2019, 1766 (1767).

493 *Wilhelmi* in BeckOKG BGB, Stand: 01.01.2022, § 453, Rn. 158–172.

494 *Schäfer/Eckhold* in Assmann/Schütze/Buck-Heeb, Handbuch des Kapitalanlagerechts, 5. Auflage 2020, § 16a Crowdfunding, Crowdlending, Crowdinvesting, Kryptowährungen und Initial Coin Offerings (ICOs), Rn. 36, m. V. a. *van Aubel* in Habersack/Mülbert/Schlitt, Unternehmensfinanzierung am Kapitalmarkt, 4. Aufl. 2019, § 20, Rn. 2041 ff. m. w. N.

495 *Schlund/Pongratz*, DStR 2019. 598 (600); *Shmatenko/Möllenkamp*, MMR 2018, 495 (499); *Paulus/Matzke*, ZfPW 2018, 431 (450); *Omlor*, JZ 2017 754 (761); *Kaulartz*, CR 2016, 474 (478); *Beck König*, JZ 2015, 130 (132 f.); *Spindler/Bille*, WM 2014, 1357 (1362); *Kuhlmann*, CR 2014, 691 (694); anders der BFH, der mit Verweis auf *Arendt/Friedberg*, DStR 2022, 138 (1138) auf ein Rechtsgeschäft *sui generis* abstellt, vgl. BFH, Urt. v. 14.02.2023 - IX R 3/22, DStR 2023, 435 (441).

496 *Paulus/Matzke*, ZfPW 2018, 431 (451); *Omlor*, JZ 2017, 754 (761).

b) §§ 453, 480 BGB

Wird hingegen der Kaufpreis als Entgelt für die Übertragung nicht in Geld bezahlt, so scheidet eine Qualifikation als Kaufvertrag aus.[497] In diesem Fall liegt ein Tausch i. S. d. § 480 BGB vor.[498]

Dieser erklärt wiederum die Regeln des Kaufrechts für anwendbar, s. § 480 Abs. 1 BGB. Ein Tausch ist ein gegenseitiger Vertrag über den Umsatz eines individuellen Werts gegen einen anderen individuellen Wert oder gegen eine Wertsache.[499] Wesentliches Merkmal ist – wie bereits erläutert – das Fehlen eines Kaufpreises in Geld. Zahlt indes derjenige, der den geringwertigeren Gegenstand leistet, den Wertunterschied in Fiat-Geld, so wird hierdurch zwar die Annahme eines Tauschs nicht in Gänze ausgeschlossen. Maßgebend ist vielmehr der Umstand, wo der Schwerpunkt der Gegenleistung liegt. Erst soweit der Geldbetrag die Hauptleistung darstellt, kommt es zum Ausschluss eines Tauschgeschäftes i. S. d. § 480 BGB.[500]

Kryptowährungen bzw. Krypto-Token kommt auf Grund des dem Angebots- und Nachfragemechanismus zugrunde liegenden Wertbildungsfaktors ein monetärer Gegenwert zu.[501] Damit ist den Krypto-Token ein individueller Wert immanent. Dieser bestimmt sich – wie bereits erläutert – anhand von Angebot und Nachfrage. Neben dem Bitcoin ist dies auch bei allen anderen Kryptowährungen der Fall. Der aktuelle Kurs ist jedermann online zugängig, sodass auf den Tauschvertragsabschlusszeitpunkt gemünzt der individuelle Gegenstandswert des einzelnen Krypto-Tokens hinreichend bestimmbar ist. Insofern finden auf Schuldverhältnisse kraft Gesetzes die Regeln über den Kaufvertrag insoweit Anwendung, als dass die Kryptowährung bzw. Krypto-Token den Schwerpunkt der monetären Gegenleistung für einen anderen individuellen Wert bzw. eine andere Wertsache darstellt. Somit sind auf den Fall, in dem der Krypto-Token den monetären Gegenwert im Rahmen eines Tauschgeschäfts i. S. d. § 480 BGB darstellt, ebenfalls die Regelungen des Kaufrechts auf Schuldverhältnis anwendbar, s. § 480 Abs. 1 BGB.

2. Krypto-Token als Bezahlmittel im Rahmen des Verpflichtungsgeschäfts

Zu prüfen ist ferner, welches Verpflichtungsgeschäft zugrunde liegt, wenn Krypto-Token als Bezahlmittel benutzt werden. In Betracht kommt wiederum die Einordnung als Kaufpreis i. S. d. § 433 Abs. 2 BGB. Der Kaufpreis ist das Entgelt für die Übertragung des Kaufgegenstandes. Der Kaufpreis muss in Geld – auch ausländischen Währungen – bestehen. Ist dies nicht der Fall, liegt ein Tausch i. S. d

---

497 *Faust* in BeckOK BGB, 61. Edition Stand: 01.02.2022, § 433, Rn. 14.
498 *Weidenkaff* in Grüneberg, 81. Auflage 2022, § 433, Rn. 38.
499 *Bodenheimer* in BeckOKG BGB, Stand: 01.03.2022, § 480, Rn. 2.
500 *Weidenkaff* in Grüneberg, 81. Auflage 2022, § 480, Rn. 1.
501 S. o. u. a. 3. Teil, 1. Abschnitt; *Engelhardt/Klein*, MMR 2014, 355 (359).

§ 480 BGB vor.[502] Würde man mit der Mindermeinung infolge des offenen Wortlauts des § 433 Abs. 2 BGB auch andere Güter als Geld als Kaufpreis tolerieren, käme es indes zum Leerlauf der Regelung des § 480 BGB, wonach der Gegenwert durch Vereinbarung festgelegt wird.[503]

Nach den obigen Ausführungen[504] sind Kryptowährungen nicht mit (Fiat-)Geld, Buchgeld, elektronischem Geld oder Fremdwährungen gleichzusetzen.[505] Infolge dessen scheidet auch eine Einordnung von Kryptowährungen bzw. Krypto-Token als Kaufpreis i. S. d. § 433 Abs. 2 BGB von vornherein aus. Die bisher führenden Ansichten in der Literatur ordnen das Bezahlen mit Kryptowährungen im Ergebnis deshalb richtigerweise als Tauschvertrag gem. §§ 453, 480 BGB ein.[506] Diese Einordnung beinhaltet dabei jeden Typ von Krypto-Token.[507]

3. Miet-, Dienst- und Werkverträge

In Betracht kommt schließlich die Erfüllung von Miet-, Dienst- und Werkverträgen mittels Kryptowährungen. Nach §§ 535 Abs. 2, 611 Abs. 1 und 631 Abs. 1 BGB wird jeweils eine Vergütung bzw. eine Miete geschuldet. Diese umfassen dabei jegliche Art von Vergütung, sofern diese in Geld oder geldwerter Leistung erbracht werden.[508] Geldschulden sind insoweit Wertverschaffungsschulden[509], die den Schuldner zur Verschaffung von abstrakter und unkörperlicher Vermögensmacht verpflichten. Die Basis dieser Klassifikation stellt wiederum der abstrakte Geldbegriff dar.[510] Da Kryptowährungen – wie bereits dargelegt – nicht unter den Geldbegriff fallen, sind sie als Zahlungsmittel für Geldschulden nicht erfüllungstauglich. Somit würde einer Begleichung einer Geldschuld mit Kryptowährungen keine Erfüllungswirkung gem. § 362 Abs. 1 BGB zukommen, da die insoweit

---

502 *Weidenkaff* in Grüneberg, 81. Auflage 2022, § 433, Rn. 38.

503 *Beck/König*, JZ 2015, 130 (137); *Kaulartz*, CR 2016, 474 (478); *Shmatenko/Möllenkamp*, MMR 2018, 495 (500).

504 S. o. 3. Teil, 1. Abschnitt, A.–D.

505 *Paulus/Matzke*, ZfPW 2018, 431 (450) m. w. N.

506 *Engelhardt/Klein*, MMR 2014, 355 (359); *Spindler/Bille*, WM 2014, 1357 (1362); *Omlor*, JZ 2017, 754 (760); *Paulus/Matzke*, ZfPW 2018, 431 (450); *Schlund/Pongratz*, DStR 2018, 598 (600); a. A. *Beck/König*, JZ 2015, 130 (134).

507 *Langenbucher*, AcP 2018, 387 (414).

508 *Zehelein* in BeckOK BGB, 61. Edition Stand: 01.02.2022, § 535, Rn. 509 ff; *Maties* in BeckOKG BGB, Stand: 01.03.2021, § 611, Rn. 256 ff.; *Merkle* in BeckOKG BGB, Stand: 01.01.2022, § 631, Rn. 554.

509 *Omlor*, ZHR 2019, 294 (319) m. V. a. BVerwG, Beschluss v. 27.01.2006 - 6 P 5/05, NVwZ 2006, 835, 837; OLG Düsseldorf, Beschluss v. 21.03.1991 - 6 W 17/91, NJW-RR 1992, 493; OLG Frankfurt, Urt. v. 08.07. 2005 - 10 U 11/05, BeckRS 2011, 19957; KG, Urt. v. 04.04.2011 - 24 U 81/10, BeckRS 2011, 11171.

510 *Omlor*, ZHR 2019, 294 (319).

getätigte Leistung ein *Aliud* und nicht das Geschuldete darstellen würde.[511] Erfüllungswirkung tritt folglich nur dann ein, soweit die weiteren Voraussetzungen des § 364 Abs. 1 BGB gegeben sind, also individualvertraglich die Kryptowährung als eine andere als die geschuldete Leistung an Erfüllungs statt angenommen wird.[512] Danach können – soweit die übrigen Abwicklungsmodalitäten konkret zwischen den Parteien vereinbart sind – Kryptowährungen als Erfüllungssurrogat i. S. d. § 364 Abs. 1 BGB im Rahmen von Miet-, Dienst und Werkverträgen vereinbart werden.[513]

4. Übertragungen nach dem Urhebergesetz

Eine Übertragung nach den Vorschriften über den urheberrechtlichen Schutz wird mangels nach § 2 Abs. 2 UrhG erforderlicher persönlicher Schöpfung abgelehnt. Danach sind Werke im Sinne des Gesetzes nur persönliche geistige Schöpfungen, s. § 2 Abs. 2 UrhG. Vom Schutzzweck ist nur eine Schöpfung umfasst, die das Ergebnis eines Denkprozesses und als persönlich zu erachten ist.[514] Die Übertragung von Kryptowährungen über eine Blockchain sowie das Mining stellen keinen Ausfluss eines persönlichen Denkprozesses dar. Die Literatur wendet hiergegen argumentativ ein, dass die einzelnen Krypto-Coins durch Mining und damit durch eine eigenständige Verarbeitung der jeweiligen Computer und nicht von einem Menschen geschaffen werden. Krypto-Token werden infolge dessen nicht als vom UrhG geschützte Werke angesehen. Die h. Lit. prüft zwar eine Klassifizierung an, lehnt diese jedoch richtigerweise wegen „Gemeinfreiheit" ab.[515] Folgerichtig scheidet demnach eine Übertragung nach dem Urhebergesetz aus.

5. Zwischenergebnis

Somit können Krypto-Token dinglich via Realakt übertragen und Investment- und Utility-Token – je nach konkreter Ausgestaltung – zudem abgetreten werden gem. §§ 413, 398 ff. BGB. Schuldrechtlich richtet sich die Veräußerung von Krypto-Token dagegen nach §§ 453 Abs. 1 S. 1 Alt. 2, 433 BGB oder nach §§ 453 Abs. 1 S. 1

---

511 *Freitag* in BeckOK BGB, 61. Edition Stand: 01.02.2022, § 244, Rn. 25; *Engelhardt/Klein*, MMR 2014, 355 (356).

512 *Omlor*, ZHR 2019, 294 (325).

513 So auch *Omlor*, JZ 2017, 754 (760 f.); *Paulus/Matzke*, ZfPW 2018, 431 (451); *Shmatenko/Möllenkamp*, MMR 2018, 495 (500); *Langenbucher*, AcP 2018, 387 (414); zu Mietzahlungen unten ausführlicher, vgl. 3. Teil, 2. Abschnitt, C., 3. b).

514 *Ahlberg* in BeckOK Urheberrecht, Ahlberg/Götting, 33. Edition, Stand: 15.01.2022, § 2, Rn. 52.

515 So auch *Engelhardt/Klein*, MMR 2014, 355 (357); ausführlich zu der Frage der rechtlichen Bewertung von Blockchains und Smart-Contracts im Rahmen des Immaterialgüterrechts vgl. *Hohn-Hein/Bath*, GRUR 2018, 1089 ff.

Alt. 2, 480 BGB, sodass im Ergebnis die Regelungen über den Kaufvertrag auf die Verträge Anwendung finden.

6. Sonstiger Bezug von Kryptowährungen

Neben den typischen Verpflichtungsgeschäften innerhalb des BGB werden Kryptowährungen mittlerweile auch aus anderen Rechtsgründen bzw. mittels anderweitiger Übertragungsarten übertragen. Im Folgenden wird daher ein kurzer Einblick gewährt, auf welche praktische Art und Weise Kryptowährungen erworben werden können.

a) Kryptowährungen als Teil des Gehalts

Mittlerweile gibt es eine Vielzahl von Unternehmen, gerade im Bereich von Start-up-Unternehmen, die einen Teil des Gehalts in Kryptowährungen zahlen. Zwar ist gem. § 107 Abs. 1 GewO das Arbeitsentgelt in Euro zu berechnen und zu bezahlen. Indes ist gem. § 107 Abs. 2 GewO ein Sachbezug zulässig. In arbeitsrechtlicher Hinsicht wird die Entlohnung in Gestalt von Kryptowährungen deshalb als Sachbezug gewertet.[516] Voraussetzung für eine solche wirksame Vereinbarung ist neben der Zustimmung des Arbeitnehmers, dass das Entgelt nur teilweise in Kryptowährungen ausgezahlt wird, s. § 107 Abs. 2 S. 5 GewO, da der unpfändbare Anteil des Gehalts zwingend in Euro ausgezahlt werden muss.[517] Überdies besagt die ständige Rechtsprechung, dass bei Sachbezügen, die erheblichen Kursschwankungen unterliegen, diese maximal zwischen 25-30 % des Gesamtgehalts ausmachen dürfen.[518] Neben diesen beiden Aspekten spielt zudem auch das Mindestlohngesetz eine Rolle. Da Kryptowährungen erheblichen Schwankungen unterliegen, muss der Arbeitgeber den Nettolohn mindestens in Höhe des Mindestlohns in Euro bezahlen. Anders verhält es sich indes, wenn die Kryptowährungen als zusätzliches Entgelt gewährt werden, z. B. als Bonus oder anlässlich persönlicher Ereignisse.[519]

b) Anschaffung von Kryptowährungen durch Bezug

Neben dem Erhalt von Kryptowährungen als Teil des Gehalts sind auch andere Bezüge denkbar. Derzeit ist gerade im Rahmen von Start-up-Unternehmen der Trend zu beobachten, dass der Mietzins für die angemieteten Geschäftsräumlichkeiten monatlich in Kryptowährungen anstatt in Euro gezahlt wird. Der Vermieter

---

516 *Mückel*, Bitcoin & Co. – Arbeitsentgelt in virtuellen Währungen, veröffentlicht am 22.01.2019 unter: https://www.noerr.com/de/newsroom/news/bitcoin--co---arbeitsentgelt-in-virtuellen-wahrungen, abgerufen am 27.01.2023.

517 *Plitt/Fischer*, NZA 2016, 799.

518 Vgl. BAG, Urt. v. 12.01.2005 – 5 AZR 364/04, NZA 2005, 465; LAG Düsseldorf, Urt. v. 30.10.2008 – 5 Sa 977/08, BeckRS 2009, 50340, FD-ArbR 2009, 274416.

519 *Plitt/Fischer*, NZA 2016, 799.

erhält demnach anstatt Euro Kryptowährungen. Fraglich ist hierbei, was diese „Alternativzahlungen" darstellen. Grundsätzlich ist die Zahlung zunächst einmal als Erfüllungssurrogat zu betrachten. Da das Gesetz den Gegenstand, der als Miete zu leisten ist, offengelassen hat, stellt die Geldzahlung zwar die empirische Regel dar, sie ist jedoch nicht zwingend vorgesehen, weshalb sie durch Individualabrede anderweitig bestimmt werden[520] und damit grundsätzlich auch in Kryptowährungen erfolgen kann.[521] Soweit diese von dem Vermieter akzeptiert wird, tritt demnach mit Zuweisung der Kryptowährungen über sein Schlüsselpaar Erfüllung gem. § 364 Abs. 1 BGB ein. Somit ist es infolge der Vertragsfreiheit durchaus möglich, den Mietzins gem. § 535 Abs. 2 BGB in Kryptowährungen zu begleichen, sofern der Vermieter diese Art der Mietzinsentrichtung akzeptiert.

7. Erhalt von Kryptowährungen mittels Lending und Air-Drop

In Zusammenhang mit Kryptowährungen haben sich weitere spezifische Zugangsvarianten gebildet. Die bekanntesten sind das sog. *Lending* und der sog. *Air-Drop.* Diesbezüglich wird im Hinblick auf die steuerrechtliche Bewertung zumeist diskutiert, ob es sich bei den jeweiligen Erwerbsvarianten um solche handelt, die entgeltlich oder unentgeltlich erfolgen. Zudem ist fraglich, wie diese zivilrechtlich zu bewerten sind.

a) Lending

Fraglich ist, ob das sog. *Lending* als ein unentgeltlicher Erwerbsvorgang zu fassen ist. Unter *Lending* wird das Verleihen von Kryptowährungen verstanden.[522] Hierbei gibt es verschiedene Ausgestaltungen. Zum einen gibt es *Wallets*, die das automatische *Lending* vorsehen. Das heißt, dass das Verleihen von Krypto-Coins erlaubt ist, ohne dass der Inhaber der *Wallet* aktiv werden muss. Als Gegenleistung erhält der Inhaber der *Wallet* dann eine Gebühr. Insoweit ist die Terminologie des Verleihens irreführend, da das *Lending* nicht unentgeltlich erfolgt, sondern hierdurch stets Zinsen generiert werden.[523] Daneben besteht die aktive Variante des *Lendings*, beispielweise im Rahmen des *Proof-of-Stake*-Minings. Im Zuge dessen werden die Krypto-Coins – mit der Intention, eine große Anzahl von weiteren Krypto-Coins zu generieren – dem Pool zur Verfügung gestellt, damit dieser dann das *Proof-of-Stake*-Mining betreiben kann. Bildlich gesprochen wird anstelle der

---

520 *H. Schmidt* in BeckOKG BGB, Stand: 01.01.2022, § 535, Rn. 449 m. w. N.

521 *Zehelein* in BeckOK BGB, 61. Edition Stand: 01.02.2022, § 535, Rn. 516 ff.

522 *Arendt* in Beck´sches Steuer- und Bilanzrechtslexikon, Edition 55 2022, Stand: 01.07.2021, Kryptowerte, Rn. 9.

523 *Heuel/Matthey*, EStB 2018, 263 (266); zum Vergleich der Begrifflichkeitenverwendung bei der Wertpapierleihe vgl. *Lohse* in BeckOKG BGB, Stand: 01.12.2021, § 607, Rn. 16 ff.

Zurverfügungstellung von Rechenleistung wie beim typischen Mining das reine Vermögen zur Verfügung gestellt. Aber auch hier wird als Gegenleistung eine Gebühr bzw. ein Entgelt in Form neu generierter Krypto-Coins an den Inhaber der Krypto-Coins ausgegeben.[524]

Zu beachten ist zudem, dass am Ende des Kreditzeitraums sowohl die verliehenen Krypto-Coins – welche nicht stets die hergegebenen sind – als auch die Rendite zurück an den Kreditgeber gegeben wird.[525] Danach gleicht das *Lending* eher einem Sachdarlehen i. S. d. § 607 BGB. Bei einem solchen ist der Darlehensgeber verpflichtet, dem Darlehensnehmer eine vereinbarte vertretbare Sache zu überlassen. Vertretbare Sachen sind gem. § 91 BGB bewegliche Sachen, die im Verkehr nach Zahl, Maß oder Gewicht bestimmt werden. Der Darlehensgeber ist nach § 607 S. 2 BGB hingegen zur Zahlung eines Darlehensentgelts und bei Fälligkeit zur Rückerstattung von Sachen gleicher Art, Güte und Menge verpflichtet, s. § 607 Abs. 1 S. 2 BGB. Da es sich bei Krypto-Coins jedoch – wie bereits erläutert – nicht um bewegliche und damit auch nicht um vertretbare Sachen i. S. d. §§ 90, 91 BGB handelt, scheidet eine direkte Anwendung des § 607 BGB aus.

Allerdings gleicht das Prinzip dem der Wertpapierleihe. Bei diesem hat der Darlehensnehmer/Entleiher, sofern sich die überlassenen Aktien noch im Besitz des Darlehensnehmers/Entleihers befinden, diese in natura zurückzugeben. Liegt der Wertpapierleihe hingegen die Deckung eines Leerverkaufs zugrunde und sind die Aktien bereits veräußert, so ist der Darlehensgeber/Entleiher zum Wertersatz verpflichtet.[526] Diese Vorgehensweise gleicht dem vorbenannten Prinzip des *Lendings*. Auch hier erlangt der Darlehensgeber seine hingegebenen Krypto-Coins entweder in natura oder in Gestalt anderer Krypto-Coins zuzüglich der vereinbarten Rendite wieder.[527] Somit handelt es sich beim *Lending* um einen gegenseitigen Vertrag, der ein Darlehensentgelt vorsieht.[528] Somit ist das *Lending* nicht als unentgeltlich zu klassifizieren.

b) Air-Drop

Fraglich ist ferner, ob der Zugang von Krypto-Coins mittels eines *Air-Drops* als unentgeltlicher Erwerb bewertet werden kann. *Air-Drops* kommen insbesondere bei der Neukreierung von Kryptowährungen zum Einsatz. Da es zu Beginn der Entwicklung von neuen Kryptowährungen nur wenige Krypto-Coins gibt, werden häufig Algorithmen entwickelt, mittels derer zusätzliche Krypto-Coins an die Inhaber von bereits existenten Krypto-Coins herausgegeben werden. Diese

---

524 https://www.winheller.com/bankrecht-finanzrecht/bitcointrading/bitcoinundsteuer/besteuerung-lending.html, abgerufen am 23.01.2023.

525 https://coin-ratgeber.de/bitcoin-kredit-lending, abgerufen am 17.01.2021.

526 *Schall* in BeckOKG BGB, Stand: 01.03.2022, § 346, Rn. 390.

527 https://coin-ratgeber.de/bitcoin-kredit-krypto-lending/, abgerufen am 27.01.2023.

528 *Weidenkaff* in Grüneberg, 81. Auflage 2022, § 607, Rn. 1.

werden als *Air-Drops* jeweils dem Schlüsselpaar gutgeschrieben. In der *Wallet* wird indes nur der Zugang von *New generated Coins* angezeigt, da es keinen Vorbesitzer gibt. Manche *Exchange*-Anbieter benutzen *Air-Drops* jedoch auch so, dass bei der Verifizierung automatisch Krypto-Coins gutgeschrieben werden, ohne dass eine Gegenleistung erfolgt. Je nach Ausgestaltung der *Exchange* werden als Anreiz für das Durchlaufen einzelner Schritte, wie z. B. das tägliche Anmelden über einen bestimmten Zeitraum, jeweils Krypto-Coins ausgegeben. Im Endeffekt stellen *Air-Drops* damit sog. *Candys* dar, mittels derer neue Nutzer generiert werden sollen. Jedoch führen sie auch dazu, dass der Wert der jeweiligen Kryptowährung zum Teil unterlaufen wird.[529] Im Ergebnis ist der Zugang von neuen Krypto-Coins mittels eines *Air-Drops* damit in der Regel als ein unentgeltlicher Erwerb zu qualifizieren[530].

III. Fazit

Unabhängig davon, ob Kryptowährungen im Rahmen eines Austauschvertrags die Leistung oder Gegenleistung darstellen, finden im Ergebnis die Vorschriften über den Kaufvertrag nach §§ 433 ff. BGB stets Anwendung, entweder über die Verweisung des § 453 Abs. 1 BGB oder über die des § 480 BGB. Darüber hinaus können sie als geldwerte Leistung Gegenstand von Miet-, Dienst- und Werkverträgen sein. Schließlich ist der Erhalt neuer Krypto-Coins mittels *Lending* als entgeltliche und die mittels eines *Air-Drops* als unentgeltliche Anschaffung zu deklarieren.

D. Zivilrechtliche Qualifikation der Zusammenwirkung von Blockchain-Nutzern

Die Klärung der zivilrechtlichen Rechtsnatur der Blockchain als solcher steht indes noch aus. Das Zusammenwirken von privaten Nutzern wurde bisher weder in der Rechtswissenschaft noch in der Rechtsprechung beleuchtet. Im Zuge dessen kommt neben der Qualifikation als Gesellschaft bürgerlichen Rechts (GbR) die als Bruchteilsgemeinschaft in Betracht.[531] Die Klärung dieser Fragen im Einzelnen ist jedoch nicht Gegenstand dieser Arbeit und wird als solche außen vor gelassen.[532]

---

529 *Kortendick/Rettenmaier*, FR 2019, 421 (415).

530 Ausführlich zu den einzelnen Formen von *Air-Drops*: *Selonke/Madsen*, beck.digitax 2022, 290 (294) m. V. a.: *Carlé/Winkler*, DStZ 2021, 570; *Himmer/Liedgens*, Ubg 2022, 194 (202 f.).

531 *Omlor*, ZRP 2018, 85 (86).

532 Ausführlich zu dieser Thematik *Omlor*, ZRP 2018, 85–89.

4. Teil: Aufsichtsrechtliche Einordnung von Kryptowährungen

Neben der zivilrechtlichen Einordnung von Kryptowährungen ist für die steuerrechtliche Betrachtung vor allem auch die aufsichtsrechtliche Bewertung durch die *BaFin* maßgeblich. Diese soll nachfolgend kurz dargestellt werden. Eine besondere Aufmerksamkeit in der bisherigen Literatur erfuhr diese durch die Entscheidung des Kammergerichts Berlin vom 25.09.2018[533], in der dieses von der Bewertung der *BaFin* abgewichen ist und damit eine komplett konträre Ansicht eingenommen hat. Diese Abweichung hatte nicht nur Diskussionen in der Literatur zur Folge[534], sondern wirft auch die Frage auf, ob infolge der Entscheidung die Ansicht der *BaFin* kritisch beleuchtet werden sollte. Da jedoch mit dem zum 01.01.2020 in Kraft getretenen Gesetz zur Umsetzung der Änderungsrichtlinie zur vierten EU-Geldwäsche-RL[535] das Kryptoverwahrgeschäft als neue Finanzdienstleistung im KWG eingestuft[536] und Kryptowerte als Finanzinstrumente, s. § 1 Abs. 11 Nr. 10 KWG, klassifiziert wurden, erscheinen die Ansichten des Kammergerichts möglicherweise überholt.[537] Eine abschließende Entscheidung dieser Frage ist zwar nicht Gegenstand der Arbeit. Der Vollständigkeit halber soll dennoch eine Betrachtung dieser verschiedenen Ansichten vorgenommen werden.

1. Abschnitt: *BaFin:* Einordnung als Rechnungseinheit

Die *BaFin* hat bereits in ihrer Stellungnahme vom 19.12.2013 zur aufsichtsrechtlichen Bewertung und zu Risiken für Nutzer[538] Bitcoins – rechtlich nicht verbindlich[539] – als Tatbestandsalternative der Rechnungseinheiten gem. § 1 Abs. 11

---

533 KG Berlin, Urt. v. 25.09.2018 – (4) 161 Ss 28/18 (35/18), WM 2018, 2083–2085.

534 z. B. *Klöhn/Parhofer*, ZIP 2018, 2093.

535 BGBl. I 2019, 2602.

536 Vgl. § 1 Abs. 1a Nr. 6 KWG, und somit der Erlaubnis der *BaFin* bedarf, vgl. § 1 Abs. 11 S. 1 Nr. 10 KWG. § 1 Abs. 11 S. 4 u. 5 KWG.

537 Ausführlich hierzu *Weber*, NJW 2020, 968.

538 *BaFin*, Bitcoins: Aufsichtliche Bewertung und Risiken für Nutzer, veröffentlicht am 19.12.2013 unter: https://www.bafin.de/SharedDocs/Veroeffentlichungen/DE/Fachartikel/2014/fa_bj_1401_bitcoins.html, abgerufen am 01.04.2020.

539 Anzumerken ist, dass die Ausführungen der *BaFin* keinen Normcharakter aufweisen und somit nicht rechtlich verbindlich sind; sie spiegeln jedoch die Verwaltungspraxis wider und weisen somit eine hohe praktische Relevanz auf, so *Hennrichs/Heidelbach/Doleczik* in Schwark/Zimmer, Kapitalmarktrechts-Kommentar, 5. Auflage 2020, Vor §§ 114 ff., Rn. 13.

Satz 1 KWG qualifiziert. Hierbei orientiert sich die *BaFin* an einer sehr weiten Auslegung[540] und lässt hierunter „auch Werteinheiten fallen, die die Funktion von privaten Zahlungsmitteln bei Ringtauschgeschäften haben, sowie jede andere Ersatzwährung, die auf Grund privatrechtlicher Vereinbarung als Zahlungsmittel in multilateralen Verrechnungskreisen eingesetzt wird". Ferner soll dies für alle virtuellen Währungen gelten, unabhängig von der zugrunde liegenden Software oder Verschlüsselungstechnik.[541]

A. *Kein gesetzliches Zahlungsmittel oder E-Geld i. S. d. ZAG*

Eindeutig ist die *BaFin* hingegen in ihrer dahin gehenden Bewertung, dass virtuelle Währungen keine gesetzlichen Zahlungsmittel und damit weder Devisen noch Sorten sind. Sie würden mangels Emittenten, die diese unter Begründung einer Forderung ausgeben, auch kein E-Geld im Sinne des ZAG darstellen. Letzteres würde sich indes bei digitalen Zahlungsmitteln anders verhalten, hinter denen eine zentrale Stelle steht, da diese die Ausgabe und Verwaltung der Einheiten tätige. Derartige Unternehmen würden in aller Regel ein E-Geld-Geschäft nach § 1a ZAG betreiben.[542]

B. *Erlaubnispflichten*

Die *BaFin* geht grundsätzlich bei der bloßen Nutzung von virtuellen Währungen als Ersatz von Bar- oder Buchgeld zur Teilnahme am Wirtschaftskreislauf im Austauschgeschäft von einer erlaubnisfreien Tätigkeit aus. Dies gilt im Grundsatz auch für das Mining. Anders könne dies bei Onlineplattformen und Börsen zu beurteilen sein. Hier komme insbesondere die Annahme eines Finanzkommissionsgeschäfts nach § 1 Abs. 1 S. 1 Nr. 4 KWG oder der Eigenhandel gem. § 1 Abs. 1 S. 1 Nr. 4 KWG in Betracht, dies sei aber stets im Einzelfall zu prüfen.[543]

---

540 *Schäfer* in Boos/Fischer/Schulte-Mattler, KWG, CRR-Vo, 5. Auflage 2016, Rn. 287.

541 *BaFin*, Virtuelle Währungen/Virtual Currency (VC), veröffentlicht am 18.09.2020 unter: https://www.bafin.de/SharedDocs/FAQs/DE/Verbraucher/Fintech/VirtuelleWaehrungen/2_chancen_risiken.html, abgerufen am 27.01.2023.

542 *BaFin*, Virtuelle Währungen/Virtual Currency (VC), veröffentlicht am 28.04.2016 unter: https://www.bafin.de/SharedDocs/FAQs/DE/Verbraucher/Fintech/VirtuelleWaehrungen/2_chancen_risiken.html, abgerufen am 27.01.2023.

543 *BaFin*, Virtuelle Währungen/Virtual Currency (VC), veröffentlicht am 28.04.2016 unter: https://www.bafin.de/SharedDocs/FAQs/DE/Verbraucher/Fintech/VirtuelleWaehrungen/2_chancen_risiken.html, abgerufen am 27.01.2023. Da für die steuerrechtliche Betrachtung in diesem Zusammenhang lediglich das Kriterium der Gewerblichkeit maßgeblich ist, wird auf eine weitere Darstellung der Ausführungen der *BaFin* zu diesem Thema verzichtet.

2. Abschnitt: Einordnung durch KG Berlin

Das Kammergericht Berlin[544] vertritt nunmehr eine gegenteilige Ansicht.[545] Seiner Ansicht nach sind Bitcoins keine Rechnungseinheiten und auch keine Finanzinstrumente i. S. d. § 1 Abs. 11 KWG. Zusammengefasst meint das Gericht, dass die Gesetzgebungsgeschichte nur den Schluss zulasse, dass Rechnungseinheiten die Vergleichbarkeit von Waren und Dienstleistungen innerhalb unterschiedlicher Länder durch Verwendung einer allgemeingültigen und verständlichen Einheit ermöglichen sollen. Dem Gesetzesentwurf seien jedoch keinerlei Hinweise dahingehend immanent, dass hiervon auch Kryptowährungen erfasst seien. Dieser Aspekt sei zwar grundsätzlich dem Umstand geschuldet, dass diese zum Zeitpunkt der Gesetzesfassung noch nicht existent gewesen seien. Dies führe jedoch nicht dazu, dass das Gesetz einer Auslegung zugänglich sei, wonach die erst nach dem Erlass des Gesetzes in Erscheinung getretenen Bitcoins unter den Begriff der Rechnungseinheiten subsumierbar seien. Diese Annahme begründet das Kammgericht unter anderem mit dem Argument, dass der Bitcoin nicht wertbeständig genug und infolge dessen nicht vergleichbar mit Dienstleistungen oder Waren sei. Des Weiteren stehe auch der Bestimmtheitsgrundsatz des Art. 103 Abs. 2 GG einer derartigen Subsumtion entgegen, da allein aus dem Wortlaut heraus schon nicht erkennbar sei, dass hierunter Bitcoins fallen sollen.[546]

3. Abschnitt: Auswirkungen auf die steuerrechtliche Bewertung

In Bezug auf diese Arbeit stellt sich nur eine relevante Frage, nämlich nach den konkreten Auswirkungen der konträren Ansichten der *BaFin* und der des Kammergerichts Berlin auf die steuerrechtliche Bewertung einzelner Tatbestände.

Zunächst ist hervorzuheben, dass Einigkeit darüber vorherrscht, dass es sich bei Kryptowährungen nicht um E-Geld handelt. Überdies ist im Hinblick auf steuerrechtliche Aspekte relevant, dass bei dem Betreiben von sog. Plattformen und Börsen von einer Gewerblichkeit ausgegangen werden kann. Das heißt, dass die Betreiber für fremde Rechnung Kryptowährungen an- und verkaufen, sie also einer selbstständigen, nachhaltigen, mit Gewinnerzielungsabsicht betriebenen Tätigkeit in Gestalt der Beteiligung am allgemeinen Wirtschaftsverkehr nachgehen,

544 Der Entscheidung lag in der Sache der strafrechtliche Vorwurf des fahrlässigen Verstoßes gegen § 54 Abs. 1 Nr. 2, Abs. 2 KWG durch den Betreiber einer Internethandelsplattform, mittels derer mit Bitcoins gehandelt wurde, zugrunde.

545 KG Berlin, Urt. v. 25.09.2018 – (4) 161 Ss 28/18 (35/18), WM 2018, 2083–2085.

546 KG Berlin, Urt. v. 25.09.2018 – (4) 161 Ss 28/18 (35/18), WM 2018, 2083–2085.

die keine Vermögensverwaltung ist.[547] Daneben muss berücksichtigt werden, dass sich beide rechtlichen Bewertungen mit der Kernfrage von Erlaubnispflichten im Hinblick auf Handelsplattformen i. S. d. § 32 KWG und etwaige Strafbarkeiten i. S. d. § 54 KWG auseinandersetzen. Auch befasst sich das Kammergericht Berlin ausschließlich mit der Kryptowährung Bitcoin, während die *BaFin* eine allgemeine Einordnung für sämtliche virtuellen Währungen vorgenommen hat.

Fraglich ist, was hieraus für das Steuerrecht folgt. Voranzustellen ist hierbei der Aspekt, dass der steuerrechtliche Tatbestand in den einschlägigen Normen wie z. B. in § 20 EStG an dem Begriff des Kapitalvermögens ansetzt. § 20 Abs. 2 Nr. 3 b) EStG besagt, dass zu den Einkünften aus Kapitalvermögen auch der Gewinn aus der Veräußerung eines als Termingeschäft ausgestalteten Finanzinstruments gehört. In diesem Zusammenhang wird jedoch z. B. auf Finanzinstrumente i. S. d § 2 WpHG abgestellt.[548] In Bezug hierauf zeigt der Umstand, dass Rechnungseinheiten zwar gem. § 1 Abs. 11 S. 1 Nr. 7 KWG zu den Finanzinstrumenten zählen, jedoch nicht zu den Finanzinstrumenten i. S. d. § 2 Abs. 4 WpHG, auf, dass keine einheitliche Einordnung von Kryptowährungen für alle Gesetze vorgenommen werden kann. Vielmehr ist es so, dass einzelne Begriffe mitunter schutzzweckabhängig unterschiedlich definiert werden, sodass die Definitionen gesetzesübergreifend teilweise nur zur Auslegung herangezogen werden können.

Liegen nunmehr rechtlich zu bewertende Sachverhalte vor, die zum Zeitpunkt der Gesetzesbegründung noch nicht gegeben waren, so ist es Aufgabe der Wissenschaft und gerichtlichen Rechtsfortbildung zu entscheiden, ob der Sachverhalt unter die bestehende Norm und vor allem ihren Schutzzweck subsumierbar ist oder ob der Gesetzgeber tätig werden muss, weil ein zu regelnder Sachverhalt rechtlich noch nicht erfasst ist.[549] Bezieht man nunmehr diese allgemeingültigen juristischen Grundsätze auf die vorliegend aufgeworfene Fragestellung, so ist festzustellen, dass im Ergebnis zunächst unter die individuelle Norm zu subsumieren und lediglich zu deren Auslegung die in einem anderen Rechtsgebiet verwendete Definition heranzuziehen ist. Im Hinblick auf die beiden dargestellten Ansichten der *BaFin* und des Kammergerichts Berlin hat dies zur Folge, dass nunmehr die gesetzliche Verankerung von Kryptoverwahrungsgeschäften gem. § 1 Abs. 1a Nr. 6 KWG und die jetzt auch gesetzlich normierte Einordnung von Kryptowährungen als Finanzinstrumente, s. § 1 Abs. 11 Nr. 10 KWG, zur Folge haben, dass die Einschätzungen des Kammergerichts überholt erscheinen. In Bezug auf die Auslegung von Steuerrechtsnormen sind deshalb, sofern dies zulässig ist, die Ansichten

547 *Feißt*, Grundlagen der gewerblichen Tätigkeit, verfügbar unter: https://www.haufe.de/finance/haufe-finance-office-premium/grundlagen-der-gewerblichen-taetigkeit_idesk_PI20354_HI2175814.html, abgerufen am 08.01.2021.

548 *von Beckrath* in Kirchhof, EStG, 20. Auflage 2021, § 20, Rn. 131.

549 *Geserich*, DStR-Beih 2011, 59.

der *BaFin* sowie die nunmehr gesetzlich niedergelegten Einordnungen im KWG heranzuziehen.

4. Abschnitt: Weitere rechtliche Einordnung von Krypto-Token

Neben der Einordnung der *BaFin* und des Kammergerichts Berlin haben sich weitere rechtliche Einordnungen von Krypto-Token herauskristallisiert, die für die anschließende steuerrechtliche Betrachtung von Relevanz sind.

Krypto-Token sind – wie bereits aufgezeigt[550] – infolge der individuellen Ausgestaltungen in den verschiedensten technischen Ausführungen vorfindbar. Typisch und am häufigsten sind die – bereits dargestellten – Currency-, Utility- und Investment-Token. Unter welchen dieser Typen der jeweils rechtlich zu bewertende Krypto-Token zu fassen ist, bestimmt sich nach seiner vertraglichen Ausgestaltung und nicht nach der bloßen Bezeichnung.[551] Im Folgenden wird daher kurz aufgezeigt, wie die jeweiligen Krypto-Token (aufsichts-)rechtlich einzuordnen sind.

A. Investment-Token

Reine Investment-Token könnten Wertpapiere i. S. d. § 2 Abs. 1 WpHG bzw. des Art. 4 Abs. 1 Nr. 44 MiFID II darstellen. Voraussetzung dafür, dass ein Investment-Token als Wertpapier i. S. d. § 2 Abs. 1 WpHG bzw. Art. 4 Abs. 1 Nr. 44 MiFID II anzusehen ist, ist insbesondere (1) seine Übertragbarkeit, (2) seine Handelbarkeit am Finanzmarkt bzw. Kapitalmarkt, wobei *Exchanges* grundsätzlich als Finanzmärkte bzw. Kapitalmärkte i. S. d. Wertpapier-Definition angesehen werden können, (3) die Verkörperung von Rechten im Krypto-Token, d. h. entweder Gesellschafterrechte, schuldrechtliche Ansprüche oder mit solchen vergleichbare Ansprüche und (4) der Krypto-Token darf nicht die Voraussetzungen eines Zahlungsinstruments (wie in § 2 Abs. 1 WpHG bzw. Art. 4 Abs. 1 Nr. 44 MiFID II genannt) erfüllen.[552] Im Hinblick auf Kryptowährungen und die weitere Tatbestandsvoraussetzung der Dokumentation reicht es nach Ansicht der *BaFin* indes aus, wenn der Inhaber des Krypto-Tokens anhand der Distributed Ledger-, Blockchain-Technologie

---

550 Vgl. 2. Teil, 6. Abschnitt.

551 BT-Drs. 19/851, S. 1; Initial Coin Offerings: *BaFin* veröffentlicht Hinweisschreiben zur Einordnung als Finanzinstrumente, veröffentlicht am 15.03.2018 unter: https://www.bafin.de/SharedDocs/Veroeffentlichungen/DE/Fachartikel/2018/fa_bj_1803_ICOs.html, abgerufen am 31.03.2020.

552 *BaFin*, Hinweisschreiben (WA) GZ: WA 11-QB 4100-2017/0010, verfügbar unter: https://www.bafin.de/SharedDocs/Downloads/DE/Merkblatt/WA/dl_hinweisschreiben_einordnung_ICOs.html;jsessionid=3971C447FAE5868821B576ABABE545A6.1_cid392, abgerufen am 03.04.2020.

oder anderer vergleichbarer Technologien jeweils verifiziert werden kann. Eine Verbriefung des Investment-Tokens in Gestalt einer Urkunde wird dagegen nicht als zwingende Voraussetzung für die Übertragbarkeit eines Wertpapiers i. R. d. § 2 Abs. 1 WpHG und Art. 4 Abs. 1 Nr. 44 MiFID II angesehen.[553]

Grundsätzlich kommt es nach Ansicht der *BaFin* zudem auf eine Einzelfallprüfung an.[554]

Daneben kann ein Krypto-Token auch ein Anteil an einem Investmentvermögen i. S. d. § 1 Abs. 1 KAGB bzw. an einem Organismus für gemeinsame Anlagen (Anhang I Abschnitt C (3) MiFID II) sein. Schließlich stellt ein Investment-Token ebenfalls ein Finanzinstrument i. S. d. WpHG bzw. MiFID II dar, wenn ihm ein Anteil an einem Organismus für gemeinsame Anlagen zugrunde liegt.[555]

Schließlich wird subsidiär davon ausgegangen, dass Investment-Token auch Vermögensanlagen i. S. d. VermAnlG und damit Finanzinstrumente i. S. d. WpHG sein können. Voraussetzung für diese Annahme ist gem. § 1 Abs. 2 VermAnlG, dass es sich bei dem Krypto-Token nicht um ein Wertpapier i. S. d. WpPG handelt. Zudem darf der Krypto-Token keinen Anteil an einem Investmentvermögen darstellen und die Annahme der Gelder darf überdies nicht als Einlagengeschäft i. S. d. § 1 Abs. 1 S. 2 Nr. 1 KWG zu qualifizieren sein. Überdies können die Investment-Token abhängig von der rechtlichen Ausgestaltung u. a. als eine Unternehmensbeteiligung (§ 1 Abs. 2 Nr. 1 VermAnlG), als partiarisches Darlehen oder Nachrangdarlehen (§ 1 Abs. 2 Nr. 5 VermAnlG) oder als sonstige Anlage (§ 1 Abs. 2 Nr. 7 VermAnlG) klassifiziert werden. Praktisch ist das Vorliegen der gesetzlichen

553 *BaFin*, Hinweisschreiben (WA) GZ: WA 11-QB 4100-2017/0010, verfügbar unter: https://www.bundesfinanzministerium.de/Content/DE/Downloads/BMF_Schreiben/Steuerarten/Einkommensteuer/2022-05-09-einzelfragen-zur-ertragsteuerrechtlichen-behandlung-von-virtuellen-waehrungen-und-von-sonstigen-token-bmf-schreiben.pdf?__blob=publicationFile&v=2, abgerufen am 27.01.2023; *BMF* v. 10.05.2022, Einzelfragen zur ertragsteuerrechtlichen Behandlung von virtuellen Währungen und sonstigen Token, verfügbar unter: https://www.bundesfinanzministerium.de/Content/DE/Downloads/BMF_Schreiben/Steuerarten/Einkommensteuer/2022-05-09-einzelfragen-zur-ertragsteuerrechtlichen-behandlung-von-virtuellen-waehrungen-und-von-sonstigen-token.pdf?__blob=publicationFile&v=1, abgerufen am 06.06.2022.

554 *Sixt,* DStR, 2019, 1766 m. V. a. *BaFin*, Aufsichtsrechtliche Einordnung von sog. Initial Coin Offerings (ICOs) zugrunde liegenden Tokens bzw. Kryptowährungen als Finanzinstrumente im Bereich der Wertpapieraufsicht.

555 *BaFin*, Hinweisschreiben (WA) GZ: WA 11-QB 4100-2017/0010, verfügbar unter: https://www.bafin.de/SharedDocs/Downloads/DE/Merkblatt/WA/dl_hinweisschreiben_einordnung_ICOs.html;jsessionid=3971C447FAE5868821B576ABABE545A6.1_cid392, abgerufen am 03.04.2020.

Voraussetzungen der Anwendbarkeit des VermAnlG bei jedem Token individuell zu prüfen.[556]

Im Ergebnis fallen Investment-Token, sofern sie vertraglich entsprechend den oben benannten Kriterien ausgestaltet sind, unter § 2 Abs. 1 WpHG bzw. Art. 4 Abs. 1 Nr. 44 MiFID II sowie gegebenenfalls unter § 2 Abs. 4 Nr. 7 WpHG, § 1 Abs. 2 VermAnlG.

B. Currency-Token

Wie bereits dargestellt, ordnet die *BaFin* Currency-Token als Rechnungseinheiten gem. § 1 Abs. 11 S. 1 KWG ein. Nach der *BaFin* sind Rechnungseinheiten Werteinheiten, die die Funktion von privaten Zahlungsmitteln bei Ringtauschgeschäften haben, sowie jede andere Ersatzwährung, die auf Grund privatrechtlicher Vereinbarungen als Zahlungsmittel in multilateralen Verrechnungskreisen eingesetzt wird. Darüber hinaus werden sie mit Devisen verglichen, ohne jedoch als solche oder gesetzliche Zahlungsmittel klassifiziert zu werden.[557] Im Gegensatz dazu steht das bereits thematisierte Urteil des Kammergerichts Berlin vom 25.09.2018.[558] In Bezug auf die inhaltlichen Einzelheiten wird auf die obigen Ausführungen Bezug genommen.[559] Im Ergebnis sind Currency-Token damit digitale Darstellungen von im Intranet handelbaren Werten, die die Funktion eines Zahlungsmittels übernehmen, aber nicht als gesetzliches Zahlungsmittel akzeptiert sind.[560]

C. Utility-Token

Problematisch ist die Einordnung von Utility-Token. Wie bereits dargestellt, stellen diese eine Art Gutschein dar.[561] Die jeweilige Ausgestaltung hängt maßgeblich

---

556 *Weitnauer*, BKR 2018, 231; *BaFin*, Hinweisschreiben (WA) GZ: WA 11-QB 4100-2017/0010, verfügbar unter: https://www.bafin.de/SharedDocs/Downloads/DE/Merkblatt/WA/dl_hinweisschreiben_einordnung_ICOs.html;jsessionid=3971C447FAE5868821B576ABABE545A6.1_cid392, abgerufen am 03.04.2020.

557 *BaFin*, Virtuelle Währungen/Virtual Currency (VC), veröffentlicht am 28.04.2016 unter: https://www.bafin.de/SharedDocs/FAQs/DE/Verbraucher/Fintech/VirtuelleWaehrungen/2_chancen_risiken.html, abgerufen am 27.01.2023.

558 KG Berlin, Urt. v. 25.09.2019 – (4) 161 Ss 28/18, NJW 2018, 3734; s. a. *Heuel/Matthey*, NWB 2018, 1037; *Schlund/Prognatz*, DStR 2018, 598.

559 Vgl. oben 4. Teil, 1., 2. und 3. Abschnitt.

560 *Schäfer/Eckhold* in Assmann/Schütze/Buck-Heeb, Handbuch des Kapitalanlagerechts, 5. Auflage 2020, § 16a Crowdfounding, Crowdlending, Crowdinvesting, Kryptowährungen und Initial Coin Offerings (ICOs), Rn. 34, m. V. a. *Hess/Lienhard* in Emmenegger, Zahlungsverkehr 2018, S. 155 (158) m. w. N.

561 *Kaulartz/Matzke*, NJW 2018, 3278; *Weitnauer*, BKR 2018, 231.

von dem Geschäftskonzept der ausgebenden Plattform bzw. des Netzwerks ab.[562] Nach Ansicht der *BaFin* stellen Utility-Token in der Regel keine Wertpapiere nach der vorbenannten Definition dar, weshalb sie nicht unter das WpHG fallen. Ferner stellen sie auch keine Vermögensanlagen oder andere Finanzinstrumente dar.[563] Das Bundesfinanzministerium zieht daraus rechtlich den Schluss, dass infolge der Ablehnung der Qualifizierung als Wertpapier keine gesetzliche Verpflichtung zur Veröffentlichung eines Prospektes oder Informationsblattes besteht. Überdies würden aber auch die *Whitepaper* keine vergleichbaren Informations- oder Haftungsdokumente darstellen. Infolgedessen stünden den Investoren nur unzureichende Angaben in Bezug auf die mit den Utility-Token einhergehenden Rechte und potenziellen Interessenkonflikte zu. Dadurch würden keine informierten Investorenentscheidungen möglich sein, was in aller Regel zu erheblichen Risiken führen würde.

Im Ergebnis ist damit festzuhalten, dass bisher keine konkrete Regulierung im Allgemeinen gegeben ist. Die *BaFin* schätzt jedoch die bis dato nicht gegebene Prospektpflicht von Utility-Token – gerade, wenn diese im Rahmen von *ICOs* ausgegeben werden – als kritisch ein und begehrt zukünftig nationale wie internationale Regelungen.[564]

---

562 *Richter/Schlücke*, FR 2019, 407 (409); *Soppe* in BeckOK Urheberrecht, 33. Edition 2020, Stand: 15.01.2022, § 31, Rn. 5.

563 *BaFin*, Eckpunkte für die regulatorische Behandlung von elektronischen Wertpapieren und Krypto-Token – Digitale Innovationen ermöglichen – Anlegerschutz gewährleisten, veröffentlicht am 07.03.2019 unter: https://www.bundesfinanzministerium.de/Content/DE/Gesetzestexte/Gesetze_Gesetzesvorhaben/Abteilungen/Abteilung_VII/19_Legislaturperiode/2019-03-07-Eckpunktepapier-Wertpapiere-Krypto-Token/2019-03-07-Eckpunktepapier-regulatorische-Behandlung-elektronische-Wertpapiere-Krypto-Token.pdf?__blob=publicationFile&v=3#:~:text=Dieses%20Eckpunktepapier%20ist%20die%20erste,Rechts%2D%20und%20Anwendungssicherheit%20zu%20schaffen., abgerufen am 27.01.2023.

564 *Bundesministerium der Finanzen*, Eckpunkte für die regulatorische Behandlung von elektronischen Wertpapieren und Krypto-Token – Digitale Innovationen ermöglichen – Anlegerschutz gewährleisten, veröffentlicht am 07.03.2019 unter: https://www.bundesfinanzministerium.de/Content/DE/Gesetzestexte/Gesetze_Gesetzesvorhaben/Abteilungen/Abteilung_VII/19_Legislaturperiode/2019-03-07-Eckpunktepapier-Wertpapiere-Krypto-Token/2019-03-07-Eckpunktepapier-regulatorische-Behandlung-elektronische-Wertpapiere-Krypto-Token.pdf?blob=publicationFile&v=3, abgerufen am 31.03.2020.

5. Abschnitt: Geld im Sinne eines gesetzlichen Zahlungsmittels

Gemeinhin werden Kryptowährungen häufig mit Geld verglichen. Rechtlich ist dies nicht nur im Zivilrecht problematisch. Ausgangsproblem ist die fehlende gesetzliche Definition des Geldes.[565]

Teile der Literatur sehen Geld als etwas an, das als Zahlungsmittel, Rechnungseinheit und Wertbewahrungsmittel dient.[566] Andere Stimmen in der Literatur stellen darauf ab, dass in dem Wertaufbewahrungsmittel kein Unterschied zu dem Zahlungs- bzw. Tauschmittel bestünde, da die Wertaufbewahrung schlussendlich eine hinausgeschobene Tauschfunktion darstellt.[567] Im Laufe dieser Diskussion hat sich der Geldbegriff in den des abstrakten und den des konkreten verfestigt. Abstrakt betrachtet bedarf Geld keiner Verkörperung oder Anerkennung als gesetzliches Zahlungsmittel.[568] Im konkreten Sinn liegt es hingegen nur vor, wenn es sich um einen körperlichen Gegenstand und um ein gesetzliches Zahlungsmittel handelt.[569]

Mangels Körperlichkeit lehnt die herrschende Meinung die Subsumtion von Kryptowährungen unter den konkreten Geldbegriff ab.[570] Überdies sind sie auch nicht als Buchgeld zu klassifizieren, da – wie bereits erörtert – keine Forderung eines Zahlungsmittelinhabers gegen einen Emittenten besteht.[571] Dieser Umstand führt – wie bereits dargelegt – zur Ablehnung der Subsumtion als E-Geld.[572]

---

565 *Engelhardt/Klein*, MMR 2014, 355 (356).

566 *Beck*, NJW 2015, 580 (582 ff.) m. w. N.

567 *Omlor/Spiegel* in Möslein/Omlor, FinTech-HdB, 2. Auflage 2021, § 9, Rn. 1 ff. m. w. N; *Omlor*, ZHR 183 (2019), 294 (303 ff.) m. w. N.

568 *Omlor*, ZHR 183 (2019), 294 (306).

569 *Paulus/Matzke*, ZfPW 2018, 431 (450); *Omlor*, ZHR 183 (2019), 294 (306).

570 Im Ergebnis ganz h. L.: z. B. *Danwerth/Hildner*, BKR 2019, 57 (61); *Lerch*, ZBB 2015, 190 (199 f.); *Spindler/Bille*, WM 2014, 1357 (1360 f.).; *Sorge/Krohn-Grimberghe*, DuD 2012, 479 (484); *Hanten/Sacarcelik*, RdF 2019, 124; a. A. *Weiss*, JuS 2019, 1050 (1055 f.).

571 S. o.; *Paulus/Matzke*, ZfPW 2018, 431 (450); *Beck*, NJW 2015, 580 (582); *Spindler/Bille*, WM 2014, 1357 (1360 f.); *Eckert*, DB 2013, 2108 (2109 f.).

572 *Schäfer/Eckhold* in Assmann/Schütze/Buck-Heeb, Handbuch des Kapitalanlagerechts, 5. Auflage 2020, § 16a Crowdfounding, Crowdlending, Crowdinvesting, Kryptowährungen und Initial Coin Offerings (ICOs), Rn. 34 m. V. a. *Omlor*, ZHR 183 (2019), 294 (308 f.) m. w. N; *Terlau* in Möslein/Omlor, FinTech-HdB, 2. Auflage 2021, § 20, Rn. 45; *Schlund/Pongratz*, DStR 2018, 597 (599 f.); *Hildner*, BKR 2016, 485 (489); *Danwerth/Hildner*, BKR 2019, 57 (61). Allerdings hält es die EBA für möglich, dass Token als E-Geld ausgestaltet werden, vgl. EBA: Report with advice for the European Comission on crypto-assets, sub. 2.1.1, insb. Rn. 24, veröffentlicht am 09.01.2019 unter: https://eba.europa.eu/sites/default/documents/files/documents/10180/2545547/67493daa-85a8-4429-aa91-e9a5ed880684/EBA%20Report%20on%20

Als problematisch wird im Rahmen der Diskussion dennoch der Umstand gesehen, dass die Kryptowährungen faktisch anders benutzt werden.[573] Ihrem Wesen nach dienen Currency-Token als Zahlungsmittel bzw. zu Zahlungszwecken, ohne dass ihnen jedoch eine allgemeine Anerkennung als Universaltauschmittel zugestanden wird.[574] Infolge dessen wird in der Literatur ferner diskutiert, ob sie nicht doch unter den Begriff der Währungen zu subsumieren sind. Währungen werden gemeinhin als hoheitlich geordnetes Geldwesen eines Staates oder eines Währungsgebietes einschließlich aller Regelungen zur Sicherung der Geldwertstabilität verstanden.[575] Vor diesem Hintergrund wird die Fragestellung jedoch schnell wieder mit dem Argument verneint, dass Kryptowährungen private Zahlungs- bzw. Tauschmittel ohne hoheitlichen Charakter sind und somit nicht als Währung qualifiziert werden können.[576] Daneben wird auf den fehlenden gesetzlichen Annahmezwang abgestellt, weshalb Kryptowährungen nicht unter den Währungsbegriff fallen können.[577]

Etwas anderes ergibt sich auch nicht aus anderen in der Literatur vertretenen Ansichten. Zwar ist *Weiss*[578] dahingehend zuzustimmen, dass, soweit man eine Geldschuld in Zusammenhang mit Kryptowährungen ablehnt, dies zu weitreichenden Konsequenzen führt. Hierfür führt er unter anderem an, dass das Unmöglichkeitsrecht im Rahmen des Zivilrechts Anwendung finden würde ebenso wie das Mängelgewährleistungsrecht. Im Zuge eines Prozesses müsste die Vornahme einer Handlung eingeklagt werden und im Rahmen der Zwangsvollstreckung käme § 888 ZPO und nicht § 802a ff. ZPO zur Anwendung. Schließlich würden Schulden in einer Kryptowährung nicht verzinsbar sein.[579] Auch ist dem Ergebnis, dass die im Gesetz reflektierte Besonderheit der Geldschulden dem Umstand geschuldet ist, dass Geldschulden ihrem Sinn und Zweck nach abstrakte, gegenstandslose

crypto%20assets.pdf?retry=1, abgerufen am 29.10.2020; BT-Drs. 325/19, deren zukünftige Definition von „Kryptowerten" in § 1 Abs. 11 S. 4 und 5 KWG ausdrücklich E-Geld ausnimmt; *Auffenberg*, BKR 2019, 341 ff.: zu E-Geld auf Blockchain-Basis mit Emittenten; *Ukrow*, EuZW 2019, 726: zu *Libra*.

573 *Omlor*, ZRP 2018, 85.

574 *Beck*, NJW 2015, 580 (585); *Omlor/Spiegel* in Möslein/Omlor, FinTech-HdB, 2. Auflage 2021, § 19, Rn. 9 f.

575 *Manger-Nestler*, Währung, verfügbar unter: https://www.gabler-banklexikon.de/definition/waehrung-62457, abgerufen am 09.01.2021.

576 *Omlor/Spiegel* in Möslein/Omlor, FinTech-HdB, 2. Auflage 2021, § 19, Rn. 12 ff.; *Omlor*, JZ 2017, 754 (758); *Beck/König*, JZ 2015, 131 (135); *Terlau* in Möslein/Omlor, FinTech-HdB, 2. Auflage 2021, § 20, Rn. 17 ff. m. w. N.

577 *Omlor/Spiegel* in Möslein/Omlor, FinTech-HdB, 2. Auflage 2021, § 19, Rn. 17 m. w. N.

578 *Weiss*, JuS 2019, 1050.

579 *Weiss*, JuS 2019, 1050 m. V. a. *Spindler/Bille*, WM 2014, 1357 (1362); *Plitt/Fischer*, NZA 2016, 799 (800); *Kütük/Sorge*, MMR 2014, 643 (645).

Wertverschaffungsansprüche sind,[580] zuzustimmen. Die daraus gezogene Ansicht, dass Kryptowährungsschulden Geldschulden seien, ist jedoch richtigerweise abzulehnen. Schlussendlich scheitert diese Annahme daran, dass Kryptowährungen immer nur dann eine Geldschuld darstellen, wenn die Parteien es so vereinbart haben. Es steht und fällt demnach mit der vertraglichen Ausgestaltung der Krypto-Token. Mit der h. M. ist diesbezüglich das Argument anzuführen, dass es schlichtweg keinen gesetzlichen Annahmezwang gibt, und zwar weder einen gesetzlichen noch einen privatautonomen. Dieser ist bei Kryptowährungen aber gerade nicht gegeben und von deren Grundintention auch nicht gewollt. Kryptowährungen sollen gerade außerhalb von staatlichen Währungen und ohne eine zentrale Stelle fungieren.[581] Diese Zielsetzung ist auch den meisten Whitepapers der einzelnen Kryptowährungen zu entnehmen.[582] Würde man nunmehr der Ansicht von *Weiss* folgen, so würde man trotz Nichtvorliegens der Definitionsmerkmale und entgegen dem Sinn und Zweck von Kryptowährungen diese in ein rechtliches Konstrukt pressen, in das sie einfach nicht passen. Somit ist mit der h. M. eine Subsumtion von Kryptowährungen unter Geld bzw. Geldschuld und Währungen abzulehnen.

Zusammenfassend ist sich richtigerweise der herrschenden Ansicht in der Literatur anzuschließen und eine Subsumtion sowohl unter den abstrakten als auch den konkreten Geldbegriff sowie unter den Währungsbegriff zu verneinen.

---

580 *Weiss*, JuS 2019, 1050 m. V. für die h. M. a *Grothe* in BeckOK BGB, 61. Edition, Stand: 01.02.2022, § 244, Rn. 9 f; OLG Frankfurt a. M., Urt. v. 08.07.2005 – 10 U 11/05, BeckRS 2011, 19957.

581 *Arendt* in Beck´sches Steuer- und Bilanzrechtslexikon, Edition 58 2022, Stand 01.07.2021, Kryptowerte, Rn. 1.

582 Vgl. u. a. *Nakamato*, Bitcoin. A Peer-to-Peer Electronic Cash System 2008, veröffentlicht unter: https://bitcoin.org/bitcoin.pdf; abgerufen am 06.04.2020.

6. Abschnitt: Fremdwährungen

Wie bereits festgestellt, sind Kryptowährungen rechtlich im Grundsatz nicht mit Fremdwährungen gleichzusetzen oder vergleichbar.[583] Regelmäßig scheitert dies jedenfalls daran, dass keine staatliche Stelle für ihre Ausgabe verantwortlich ist.[584] Allerdings sind dabei die Besonderheiten des jeweiligen Rechtsgebiets zu berücksichtigen, sodass auf die Frage der steuerrechtlichen Vergleichbarkeit mit Fremdwährungen noch eingegangen wird.[585]

583 Vgl. unter 3. Teil, 1. Abschnitt, D; vgl. auch u. a. *Pinkernell*, Ubg 2015, 19; *Engelhardt/Klein*, MMR 2014, 355 (356 f.); *Eckert*, DB 2013, 2108; *Grundmann* in Münchener Kommentar BGB, 8. Auflage 2019, § 245, Rn. 10.

584 Anders ist dies z. B. beim venezolanischen Petro, der ersten staatlichen Kryptowährung, vgl. hierzu *Andreas Busch*, Venezuelas Kryptowährung Petro ist ein verzweifelter Versuch, an ausländische Gelder zu kommen, Neue Züricher Zeitung, veröffentlicht am 21.02.2018 unter: https://www.nzz.ch/wirtschaft/potemkinscher-petro-ld.1359430, abgerufen am 05.04.2020; *Philipp Horch*, Venezuela: Mit Petro kommt die erste staatliche Kryptowährung, ICO Startet am 20.2, veröffentlicht am 01.02.2018 unter: https://web.archive.org/web/20180217023912/https://www.btc-echo.de/venezuela-mit-petro-kommt-die-erste-staatliche-kryptowaehrung-ico-am-20-februar/, abgerufen am 27.01.2023; sowie der Planung der Einführung des E-Euro, vgl. hierzu: https://www.sparkasse.de/aktuelles/digitaler-euro.html, abgerufen am 09.01.2021 und https://t3n.de/news/e-euro-testphase-2021-beginnen-1341634/, abgerufen am 09.01.2021. So z. B. *Krüger*, BB 2018, 1887–1893.

585 S. u. unter anderem: 5. Teil, 2. Abschnitt, A., III und IV; 5. Teil, 2. Abschnitt, B, I., 1., a) und c) sowie 5. Teil, 2. Abschnitt, 2. d), bb), (1); dazu z. B.: *Krüger*, BB 2018, 1887–1893.

5. Teil: Steuerrechtliche Behandlung von Kryptowährungen

Nachdem sich zunächst mit der zivilrechtlichen und faktischen Einordnung von Kryptowährungen bzw. der einzelnen Krypto-Token-Typen auseinandergesetzt wurde, wird sich im Folgenden mit den einzelnen Besteuerungsfragen in Zusammenhang mit Kryptowährungen befasst.

1. Abschnitt: Anwendbarkeit des deutschen Steuerrechts

Da Kryptowährungen weltweit generiert und gehandelt werden, stellt sich vorab die Frage, in welchen Fällen überhaupt deutsches Steuerrecht zur Anwendung gelangt. Gemäß § 1 Abs. 1 S. 1 EStG ist in der Bundesrepublik jede natürliche Person, die im Inland einen Wohnsitz oder ihren gewöhnlichen Aufenthalt hat, unbeschränkt einkommensteuerpflichtig. Einen Wohnsitz hat jemand dort, wo er eine Wohnung unter Umständen innehat, die darauf schließen lässt, dass er die Wohnung beibehalten und benutzen wird, s. § 8 AO. Den gewöhnlichen Aufenthalt hingegen hat jemand dort, wo er sich unter Umständen aufhält, die erkennen lassen, dass er an diesem Ort oder in diesem Gebiet nicht nur vorübergehend verweilt. Als gewöhnlicher Aufenthalt ist stets und von Beginn an ein zeitlich zusammenhängender Aufenthalt von mehr als sechs Monaten Dauer anzusehen, wobei kurzfristige Unterbrechungen unberücksichtigt bleiben, s. § 9 S. 1 und 2 AO. Etwas anderes kann indes gelten, wenn sog. Doppelbesteuerungsabkommen (DBA)[586] zum Tragen kommen. Ihrer Funktion nach bilden DBA ein eigenständiges Regelsystem, das in Bereichen, in denen Überschneidungen des Steuerzugriffs zweier Staaten zu erwarten sind, Steuertatbestände des innerstaatlichen materiellen Steuerrechts, teilweise auch des Steuerverfahrensrechts, im bilateralen oder im multilateralen Gegenseitigkeitsverhältnis modifiziert. Im Rahmen dessen verzichten die beteiligten Staaten wechselseitig auf Steueransprüche oder die Steuerquellen, teilen Steuergüter untereinander auf und grenzen ihre Besteuerungszuständigkeiten wechselseitig ab. Im Ergebnis werden dem innerstaatlichen Steuerrecht somit Schranken gesetzt.[587] Dadurch wirken die Abkommen ähnlich wie sachliche Steuerbefreiungen oder -ermäßigungen nach innerstaatlichem Recht.[588] Kommt

586 I. F. als DBA abgekürzt.

587 *Lehner* in Vogel/Lehner, DBA, 7. Auflage 2021, Grundlagen des Abkommens, Rn. 2 f.

588 *Lehner/Reichold/Faber/Schwenke* in Kessler/Kröner/Köhler, Konzernsteuerrecht, 3. Auflage 2018, § 6 Rechtsquellen und Normenhierachie im internationalen Kontext, Rn. 4 m. w. N.

demnach ein DBA zur Anwendung, kann unabhängig vom Wohnsitz oder gewöhnlichen Aufenthalt die Steuerpflichtigkeit in Deutschland entfallen. Im Übrigen ist ansonsten von der Anwendbarkeit des deutschen Steuerrechts auszugehen, sofern der Steuerpflichtige unter die zuvor benannten Definitionen fällt.

In Bezug auf die Besteuerung von Körperschaften richtet sich die Anwendbarkeit des deutschen Steuerrechts nach § 1 Abs. 1 KStG. Danach sind unbeschränkt körperschaftsteuerpflichtig die unter Abs. 1 aufgeführten Körperschaften, Personenvereinigungen und Vermögensmassen, die ihre Geschäftsleitung oder ihren Sitz im Inland haben.

2. Abschnitt: Einkommensteuerliche Behandlung von Kryptowährungen

Die einkommensteuerliche Behandlung von Kryptowährungen wird zunächst bei natürlichen Personen erörtert. Dazu wird zunächst allgemein auf die ertragsteuerliche Einordnung der originären oder sonstigen Generierung von Kryptowährungen eingegangen.

Im Anschluss wird der originäre Erwerb von Kryptowährungen durch Mining und der sonstige Erwerb bzw. die anderweitige Nutzung von Kryptowährungen steuerrechtlich betrachtet. Im Rahmen dessen wird zwischen den privaten Einkünften von natürlichen Personen und deren gewerblichen Einkünften unterschieden.

A. Ertragsteuerliche Einordnung

Allem voran ist zunächst einmal die Frage der ertragsteuerlichen Einordnung zu stellen, also die nach der steuerrechtlichen Bewertung von Kryptowährungen. Hierzu haben sich in den vergangenen Jahren die *BaFin*[589], das Bundesministerium der Finanzen[590] sowie die Oberfinanzdirektion Nordrhein-Westfalen[591], das

---

589 https://www.bafin.de/SharedDocs/Veroeffentlichungen/DE/Fachartikel/2014/fa_bj_1401_bitcoins.html, abgerufen am 12.05.2020.

590 *Bundesministerium der Finanzen* und *Bundesministerium der Justiz und für Verbraucherschutz*, Eckpunkte für die regulatorische Behandlung von elektronischen Wertpapieren und Krypto-Token – Digitale Innovationen ermöglichen – Anlegerschutz gewährleisten – vom 07.03.2019, verfügbar unter: https://www.bundesfinanzministerium.de/Content/DE/Gesetzestexte/Gesetze_Gesetzesvorhaben/Abteilungen/Abteilung_VII/19_Legislaturperiode/2019-03-07-Eckpunktepapier-Wertpapiere-Krypto-Token/2019-03-07-Eckpunktepapier-regulatorische-Behandlung-elektronische-Wertpapiere-Krypto-Token.pdf?__blob=publicationFile&v=3#:~:text=Dieses%20Eckpunktepapier%20ist%20die%20erste,Rechts%2D%20und%20Anwendungssicherheit%20zu%20schaffen., abgerufen am 27.01.2023; i. F. *BMF* abgekürzt.

591 *OFD Nordrhein-Westfalen*, Kurzinformation ESt Nr. 04/2018 vom 20.04.2018, DB Nr. 20 v. 18.05.2018, 1185-1187, S. 1185; i. F. *OFD-NRW* abgekürzt.

Finanzministerium Hamburg[592], das bereits dargestellte Kammergericht Berlin-Brandenburg[593] sowie in der ersten Hauptsacheentscheidung des Bundesgerichtshof geäußert.

I. Einordnung der BaFin

Nach Ansicht der *BaFin* stellen Bitcoins, andere Kryptowährungen und andere Kryptowerte gem. § 1 Abs. 11 S. 1 Nr. 10 KWG Finanzinstrumente dar. Darüber hinaus sieht sie Bitcoins als Rechnungseinheiten i. S. d. § 1 Abs. 11 S. 1 Nr. 7 KWG und damit als Finanzinstrumente an.[594]

II. Einordnung des BMF vom 19.12.2013

Bereits im Jahr 2013 hat das *BMF* Bitcoins als Privatgeld und eigenständige Wirtschaftsgüter klassifiziert.[595]

III. Einschätzung der OFD-NRW

Nach Ansicht der *OFD-NRW* gelten für den Kauf und Verkauf von Kryptowährungen, die die *BaFin* als Rechnungseinheiten i. S. d. § 1 Abs. 11 S. 1 Nr. 7 KWG qualifiziert hat und die deshalb mit Devisen vergleichbar seien, dieselben Grundsätze, die auch für Fremdwährungsgeschäfte maßgeblich sind.[596]

---

592 *FinMin Hamburg*, Erlass vom 11.12.2017 – S 2256-2017/003-52: Ertragssteuerliche Behandlung des Handels mit Bitcoins auf der privaten Vermögenssphäre, verfügbar unter: https://datenbank.nwb.de/Dokument/Anzeigen/722501/, abgeru fen am 12.05.2020.

593 Finanzgericht Berlin-Brandenburg, Beschluss v. 20.06.2019 – 13 V 13100/19, BB 2020, 176–177. BFH, Urt. v. 14.02.2023 - IX R 3/22, DStR 2023, 435.

594 *BaFin*, Virtuelle Währungen/Virtual Currency, geändert am 18.09.2020, verfügbar unter: https://www.bafin.de/SharedDocs/FAQs/DE/Verbraucher/Fintech/Virtuell eWaehrungen/2_chancen_risiken.html, abgerufen am 27.01.2023.

595 https://www.bafin.de/SharedDocs/Veroeffentlichungen/DE/Fachartikel/2014/fa_bj_1401_bitcoins.html, abgerufen am 18.05.2019.

596 *OFD-NRW*, Kurzinformation ESt Nr. 04/2018 vom 20.04.2018, DB Nr. 20 v. 18.05.2019, S. 1185.

IV. Einschätzung des Finanzministeriums Hamburg

Anders beurteilte dies das Finanzministerium Hamburg[597], das Bitcoins als eine nicht näher spezifizierte „Ersatzwährung" eingeordnet hat.[598]

V. Einschätzung des Finanzgerichts Baden-Württemberg

In einer ersten Hauptsacheentscheidung hatte das Finanzgericht Baden-Württemberg[599] über die Steuerpflicht von Gewinnen aus der Veräußerung von Kryptowährungen zu entscheiden. Das Finanzgericht schloss sich ohne eine tiefgehende Auseinandersetzung mit der zugrunde liegenden Technologie und ohne eine Differenzierung der einzelnen Krypto-Token-Typen der bisherigen einhelligen Ansicht an, dass Kryptowährungen wie z. B. der Bitcoin immaterielle Wirtschaftsgüter und damit andere Wirtschaftsgüter i. S. d. § 23 Abs. 1 S. 1 Nr. 2 EStG sind.[600]

VI. Einschätzung des Finanzgerichts Köln

In einem weiteren, sich der Entscheidung des Finanzgerichts Baden-Württemberg[601] inhaltlich anschließenden Urteil bekräftigte auch das Finanzgericht Köln[602] die Wirtschaftsguteigenschaft von Krypto-Token. Unter Bezugnahme auf diverse BFH-Entscheidungen zum weiten Wirtschaftsgutbegriff nimmt das Finanzgericht Köln mit einer etwas tiefer gehenden Auseinandersetzung mit ähnlichen Entscheidungen zu den Thematiken des z. B. kommerzialisierbaren Teils des Namensrechts einer natürlichen Person[603], Internet-Domains[604] und Wärmeenergie[605] – jedoch ohne eine Differenzierung zwischen den einzelnen Krypto-Token-Typen vorzunehmen – unter gleichzeitiger Verneinung eines strukturellen Erhebungsdefizits

---

597 I. F. *FinMin Hamburg* abgekürzt.

598 *FinMin Hamburg*, Erlass vom 11.12.2017 – S 2256-2017/003-52: Ertragssteuerliche Behandlung des Handels mit Bitcoins auf der privaten Vermögenssphäre, verfügbar unter: https://datenbank.nwb.de/Dokument/Anzeigen/722501, abgeru fen am 12.05.2020.

599 FG Baden-Württemberg, Urt. v. 11.06.2021 – 5 K 1996/19, DStR 2022, 143.

600 FG Baden-Württemberg, Urt. v. 11.06.2021 – 5 K 1996/19, DStR 2022, 143; kritisch hierzu *Zawodsky*, StuB 2022, 72; *Andres/Stoffels*, DStR 2022, 137.

601 FG Baden-Württemberg, Urt. v. 11.06.2021 – 5 K 1996/19, DStR 2022, 143.

602 FG Köln, Urteil v. 25.11.2021 – 14 K 1178/20, BeckRS 2021, 46851.

603 BFH, Urt. v. 12.06.2019 – X R 20/17, BStBl. II 2020, 3.

604 BFH, Urt. v. 19.10.2006 – III R 6/05, BStBl. II 2007, 301.

605 BFH, Urt. v. 12.03.2020 – IV R 9/17, BStBl. II 2021, 226.

sowohl für den Verkauf als auch den Tausch von Krypto-Token ein steuerpflichtiges Spekulationsgeschäft gem. § 23 Abs. 1 S. 1 Nr. 2 EStG an.[606]

VII. Einschätzung des Bundesfinanzhofes

In der vom Finanzgericht Köln zugelassenen Revision entschied der BFH mit Urteil vom 14.02.2023,[607] dass Currency-Token (Bitcoin, Ether, Monero) andere Wirtschaftsgüter und als solche Gegenstand eines privaten Veräußerungsgeschäfts i. S. d. § 23 Abs. 1 Satz 1 Nr. 2 EStG sein können, und bestätigte das Urteil des Finanzgerichts Köln dahingehend, dass bei der Erfassung und Besteuerung von Veräußerungsgeschäften mit Currency-Token im Jahr 2017 kein normatives Vollzugsdefizit vorlag. Anders als die vorherigen finanzgerichtlichen Entscheidungen stellte der BFH ausschließlich auf die Currency-Token Bitcoin, Ether und Monero ab. Unter Zugrundelegung der bisher erschienen Literatur zur zivilrechtlichen und steuerlichen Klassifizierung von Krypto-Token sowie einer detaillierten technischen Betrachtung lässt der BFH in Ansehung der Verkehrsanschauung keinen Zweifel daran, dass die drei Currency-Token-Typen unter den nach stetiger Rechtsprechung des BFH[608] weit auszulegenden Wirtschaftsgutbegriff fallen. Ferner folgt der BFH der Annahme der strukturellen Vergleichbarkeit der drei Currency-Token-Typen mit Fremdwährungen. Hierbei wurde insoweit eine Vergleichbarkeit angenommen, als Dritte bereit sind, diese – zu marktüblichen Umtauschwerten – gegen Geld, Dienstleistungen oder Sachwerte zu tauschen.[609] Schließlich sieht der BFH in jedem Einzelfall eines entgeltlichen Erwerbs oder Tauschs einen Rechtsträgerwechsel auf Grund eines Rechtsgeschäfts *sui generis* verwirklicht, weshalb jeder Verkauf oder Rücktausch innerhalb eines Jahres nach dem Erwerb den

---

606 FG Köln, Urteil v. 25.11.2021 – 14 K 1178/20, BeckRS 2021, 46851; *Urban*, NWB 2022, 681.

607 BFH, Urt. v. 14.02.2023 – IX R 3/22, DStR 2023, 435.

608 BFH, Urt. v. 14.02.2023 – IX R 3/22, DStR 2023, 435 m. V. a.: BFH, Beschl. v. 02.03.1970 – GrS 1/69, BFHE 1998, 360, BStBl. II 1970, 382, BeckRS 1970, 22000465; BFH, Beschl. v. 26.10.1987 – GrS 2/86, BFHE 151, 523, BStBl. II 1988, 348, BeckRS 1987, 22008261; BFH, Urt. v. 26.04.2018 – III R 5/16, BFHE 261, 326, BStBl. II 2018, 536, DStR 2018, 1542; BFH, Urt. v. 30.11.2010 – VIII R 58/07, BFHE 232, 337, BStBl. II 2011, 491, DStR 2011, 668; BFH, Urt. v. 19.10.2006 – III R 6/05, BFHE 215, 222, BStBl. II 2007, 301, DStR 2007, 335; *Ratschow* in Brandis/Heuermann, EStG, Stand: 165. EL Dezember 2022, § 23, Rn. 62.

609 BFH, Urt. v. 14.02.2023 – IX R 3/22, DStR 2023, 435 m. V. a.: *Reiter/Nolte*, BB 2018, 1179 (1180); *Brinkmann* in Omlor/Link, Kryptowährungen und Token, 1. Auflage 2021, Kap. 13 Rn. 49; Hötzel, Virtuelle Währungen im System des deutschen Steuerrechts, 2018, S. 132; *Gillen/Schubert*, juris PraxisReport Bank- und Kapitalmarktrecht 9/2021 Anm. 4, zu Kryptowährungen in der Zwangsvollstreckung.

Tatbestand des privaten Veräußerungsgeschäftes i. S. d. § 23 Abs. 1 Satz 1 Nr. 2 EStG verwirklicht.[610]

VIII. *Zusammenfassung*

Im Ergebnis werden erworbene Bitcoins nach den Ansichten der Finanzverwaltungen[611], des Finanzgerichts Berlin-Brandenburg[612], des Finanzgerichts Baden-Württemberg[613], des Finanzgerichts Köln[614] sowie des Bundesfinanzhofes[615] bis dato als nicht abnutzbare Wirtschaftsgüter des Anlagevermögens i. S. v. § 23 Abs. 1 Nr. 2 EStG behandelt.[616]

Darüber hinaus werden Kryptowährungen vorwiegend mit Fremdwährungen oder Edelmetallen verglichen und ebenso steuerrechtlich behandelt. Offen bleibt hierbei die Frage, ob dies auch für andere Kryptowährungen als den Bitcoin, Ether und Monero gilt. Gerade im Hinblick auf die Vielfältigkeit im Rahmen der Ausgestaltung der einzelnen Krypto-Token und der Anzahl der verschiedenen Kryptowährungen ist diese Frage nicht konkret beantwortbar. Die Äußerungen der *OFD-NRW*[617] und die *BMF*-Schreiben[618] jüngeren Datums, in denen ausschließlich

---

610 BFH, Urt. v. 14.02.2023 – IX R 3/22, DStR 2023, 435 (442) m. V. a.: *Arendt/Friedberg*, DStR 2022, 1137 (1138); *Bachert*, CR 2022, 332 (333).

611 *OFD Nordrhein-Westfalen*, Kurzinformation ESt Nr. 04/2018 vom 20.04.2018, DB Nr. 20 v. 18.05.2019, S. 1185; *FinMin Hamburg*, Erlass vom 11.12.2017 – S 2256-2017/003-52: Ertragssteuerliche Behandlung des Handels mit Bitcoins auf der privaten Vermögenssphäre, verfügbar unter: https://datenbank.nwb.de/Dokument/Anzeigen/722501, abgerufen am 12.05.2020.

612 Finanzgericht Berlin-Brandenburg, Beschluss v. 20.06.2019 – 13 V 13100/19, BB 2020, 176–177.

613 FG Baden-Württemberg, Urt. v. 11.06.2021 – 5 K 1996/19, DStR 2022, 143.

614 FG Köln, Urteil v. 25.11.2021 – 14 K 1178/20, BeckRS 2021, 46851.

615 BFH, Urt. v. 14.02.2023 - IX R 3/22, DStR 2023, 435.

616 Antwortschreiben des *BMF* an den Bundestagsabgeordneten Frank Schäffler v. 07.08.2013, Az. IV C 1 – S 2256/0-01, verfügbar unter: https://www.frankschaeffler.de/wp-content/uploads/2013/08/2013_08_07-Antwort-Koschyk-Bitcoins-Besteuerung-Wirtschaftsgut.pdf, abgerufen am 12.05.2020.

617 *OFD-NRW*, Kurzinformation ESt Nr. 04/2018 vom 20.04.2018, DB Nr. 20 v. 18.05.2019, S. 1185.

618 U. a. BT-Drs. 19/370, S. 21, Frage und Antwort 25 der Abgeordneten Lisa Paus; *BMF* v. 07.03.2019, Eckpunkte für die regulatorische Behandlung von elektronischen Wertpapieren und Krypto-Token – Digitale Innovationen ermöglichen – Anlegerschutz gewährleisten, verfügbar unter: https://www.bundesfinanzministerium.de/Content/DE/Gesetzestexte/Gesetze_Gesetzesvorhaben/Abteilungen/Abteilung_VII/19_Legislaturperiode/2019-03-07-Eckpunktepapier-Wertpapiere-Krypto-Token/2019-03-07-Eckpunktepapier-regulatorische-Behandlung-elektronische-Wertpapiere-Kry

von „Kryptowährungen" und nicht nur von dem Bitcoin an sich gesprochen wird, sowie das jüngst ergangene BFH-Urteil, das spezifisch drei Typen an Krypto-Token benennt, lassen hierauf jedoch schließen.

B. Differenzierung private und gewerbliche Einkünfte

Im Rahmen der Besteuerung der privaten Einkünfte von natürlichen Personen ist dem Grunde nach zu differenzieren, ob sie private oder gewerbliche Einkünfte i. S. d. § 15 EStG generieren. Welche Einkünfte der Einkommensteuer unterliegen, regelt § 2 EStG abschließend. Fallen die generierten Einkünfte unter keine der dort benannten Einkunftsarten, sind sie nicht steuerbar.[619]

Im Folgenden wird daher zwischen diesen beiden Einkunftsarten differenziert. Ferner wird danach differenziert, ob es sich um Einkünfte durch Mining handelt, also infolge des originären Erwerbs von Kryptowährungen, oder ob sonstige Einkünfte in Zusammenhang mit bzw. durch die Nutzung von Kryptowährungen gegeben sind. Bevor die individuelle Einordnung vorgenommen wird, ist allgemein auf die ertragsteuerliche Einordnung der originären oder sonstigen Generierung von Kryptowährungen eingegangen.

I. Private Einkünfte durch unmittelbare Nutzung von Kryptowährungen

Zunächst wird die Frage der Besteuerung von Einkünften aus im Privatvermögen gehaltenen Kryptowährungen beleuchtet. Es sind hierbei eine Vielzahl von Handlungsvarianten denkbar, bei denen Kryptowährungen involviert sind. Im Folgenden wird deshalb bei einzelnen Handlungsszenarien geprüft, ob durch diese ein steuererheblicher Tatbestand erfüllt wird und welche Einkünfte gegebenenfalls dem Finanzamt gegenüber anzugeben wären.

1. Erwerb und Veräußerung von Currency-Token

Der Kauf und Verkauf von Currency-Token wird in der jüngsten Literatur und nach neuesten Verwaltungsanweisungen[620] sowie nach Ansicht des BFH[621]einhellig als

---

pto-Token.pdf;jsessionid=17252C5F150BAD516BD4DDA9B20CDE4E.delivery1-master?__blob=publicationFile&v=3, abgerufen am 23.01.2023.

619 *Ratschow* in Brandis/Heuermann, EStG, Stand: 159. EL Oktober 2021, § 2, Rn. 5.

620 FinMin der Freien und Hansestadt Hamburg v. 11.12.2017 – S 2256 – 2017/003-52, NWB SAAAG-72252, verfügbar unter: https://datenbank.nwb.de/Dokument/Anzeigen/722501, abgerufen am 06.05.2020; *OFD-NRW*, Kurzinfo v. 20.04.2018, DB 2018, 1185; *Trossen* in BeckOK EStG, 12. Edition, Stand: 01.03.2022, § 23, Rn. 202a m. w. N.; *Lutzenberger*, GmbHR 2018, 794 (797).

621 BFH, Urt. v. 14.02.2023 - IX R 3/22, DStR 2023, 435.

steuerpflichtiges privates Veräußerungsgeschäft behandelt, sofern die weiteren Voraussetzungen des § 22 Nr. 2 i. V. m. § 23 Abs. 1 S. 1 Nr. 2 EStG erfüllt sind.[622]

Nach § 23 Abs. 1 S. 1 Nr. 2 EStG sind Gewinne aus privaten Veräußerungsgeschäften steuerpflichtig, wenn der Zeitraum zwischen der Anschaffung und Veräußerung des Wirtschaftsgutes nicht mehr als ein Jahr beträgt. Dieser Gewinn ist jedoch nach § 23 Abs. 3 S. 5 EStG steuerfrei, wenn er im Kalenderjahr die Freigrenze von 600,00 € nicht überschreitet. Übersteigt der Gewinn hingegen die Grenze von 600,00 €, ist er ab dem ersten Euro mit dem persönlichen Steuersatz zu versteuern, s. § 23 Abs. 3 Nr. 3 S. 5 EStG. Der Gewinn selbst wird gem. § 4 Abs. 3 EStG im Zuge der Einnahmenüberschussrechnung ermittelt, also durch Vergleich der Einnahmen mit den Ausgaben.[623] Kommt es hierbei zu einem Verlust, kann dieser nur mit anderen sonstigen Einkünften i. S. d. § 23 EStG aus dem gleichen Kalenderjahr oder gem. § 23 Abs. 3 EStG mit Gewinnen aus vergangenen oder zukünftigen Jahren verrechnet werden, s. § 23 Abs. 3 S. 8 EStG. Der zuletzt genannte Aspekt wird als Verlustvortrag bezeichnet.[624] Es kommt jedoch nur dann zu einer Besteuerung des etwaigen Gewinns nach § 23 EStG, sofern keine andere Einkunftsart einschlägig ist. Insoweit handelt es sich bei § 23 EStG um einen subsidiären Steuertatbestand.[625]

a) Wirtschaftsgut i. S. d. § 23 EStG

Currency-Token müssten also andere Wirtschaftsgüter i. S. d. § 23 Abs. 1 S. 1 Nr. 2 EStG darstellen, welche innerhalb eines Jahres angeschafft und wieder veräußert werden, damit eine Steuerbarkeit anzunehmen ist.

Unter dem Begriff des anderen Wirtschaftsguts ist – wie bei den übrigen Einkunftsarten[626] – dem Grunde nach dasselbe zu verstehen wie unter dem des Vermögensgegenstandes.[627] Diese Begrifflichkeit umfasst alle vermögenswerten Vorteile des Privatvermögens, die einer selbstständigen Bewertung zugänglich und von längerfristigem Nutzen sind wie auch keine Gegenstände des täglichen Gebrauchs darstellen. Hierunter sind neben Gegenständen i. S. d. bürgerlichen Rechts auch tatsächliche Zustände und konkrete Möglichkeiten, deren Erlangung

622 FinMin der Freien und Hansestadt Hamburg v. 11.12.2017 – S 2256 – 2017/003-52, NWB SAAAG-72252, verfügbar unter: https://datenbank.nwb.de/Dokument/Anzeigen/722501, abgerufen am 06.05.2020; *Trossen* in BeckOK EStG, 12. Edition, Stand: 01.03.2022, § 23, Rn. 202a m. w. N.

623 *Ratschow* in Brandis/Heuermann, EStG, Stand: 159. EL Oktober 2021, § 23, Rn. 180.

624 *Kube* in Kirchhof, EStG, 20. Auflage 2021, § 23, Rn. 22.

625 *Ratschow* in Blümich, EStG, Stand: 154. EL Juli 2019, § 23, Rn. 28.

626 BFH, Urt. v. 02.05.2000 – IX R 73/98, BStBl. II 2000, 614.

627 St. Rspr.: BFH, Urt. GrS v. 02.03.1970 – Grs 1/69, BStBl. II 1970, 382; GrS v. 26.10.1987 – GrS 2/86, BStBl. II 1988, 348.

sich der Steuerpflichtige etwas kosten lässt, zu subsumieren.[628] Sie sind dabei im Lichte einer wirtschaftlichen Betrachtungsweise zu bestimmen. Infolge dessen ist jedoch nicht jeder Vermögenswert als Wirtschaftsgut zu qualifizieren. Er kann jedoch auf Grund seiner Verkehrsfähigkeit als solches anerkannt werden. Hierbei kommt es auf die jeweiligen Einzelfallumstände an.[629]

Der BFH vertritt einen weiten Begriff des Wirtschaftsgutes. Danach ist für die Annahme eines Wirtschaftsguts im steuerlichen Sinne bereits ausreichend, dass eine bloße Möglichkeit oder ein konkreter Zustand gegeben ist, sofern diesen ein eigenständiger Wert im Rechtsverkehr zukommt.[630] Das Finanzgericht Berlin-Brandenburg[631] nimmt deshalb unter Bezugnahme auf *Reiter/Nolte*[632] richtigerweise an, dass Krypto-Token (dort als Krypto-Assets betitelt, was übersetzt Krypto-Vermögenswerte[633] bedeutet) „als steuerverstrickte, private Vermögenswerte einzustufen sind, da sie im Geschäftsgebrauch als Zahlungsmittel für einen Sach- oder Dienstleistungserwerb akzeptiert werden. Sie sind insoweit strukturell vergleichbar mit Fremdwährungen oder Devisen, deren Transaktionen ebenfalls von § 23 Abs. 1 S. 1 Nr. 2 S. 1 EStG erfasst werden.[634] Überdies vertritt das Gericht unter Verweisung auf die h. Literatur“[635] die Ansicht, dass es sich bei „Bitcoins bzw. anderen Kryptowährungen bzw. virtuellen Währungen um ein immaterielles Wirtschaftsgut handelt mit der Folge, dass der Verkauf von virtuellen Währungen

628 *Ratschow* in Brandis/Heuermann, EStG, Stand: 159. EL Oktober 2021, § 23, Rn. 62 m. V. a. BFH, Urt. v. 21.09.2004 – IX R 36/01, BStBl. II 2006, 12 zu GmbH-Bezugsrechten.

629 BFH, Urt. v. 29.11.2012 – IV R 47/09, BStBl. II 2013, 324.

630 *Weber/Grellet* in Schmidt, EStG, 40. Auflage 2021, § 5, Rn. 94 m. w. N.

631 Finanzgericht Berlin-Brandenburg, Beschluss v. 20.06.2019 – 13 V 13100/19, BB 2020, 176–177.

632 *Reiter/Nolte*, BB 2018, 1179 (1181), ebenso: BFH, Urt. v. 14.02.2023 - IX R 3/22, DStR 2023, 435 (440).

633 https://www.dict.cc/englisch-deutsch/assets.html.

634 Finanzgericht Berlin-Brandenburg, Beschluss v. 20.06.2019 – 13 V 13100/19, BB 2020, 176–177 m. V. a. *Reiter/Nolte*, BB 2018, 1179 (1181), ebenso: BFH, Urt. v. 14.02.2023 - IX R 3/22, DStR 2023, 435 (440).

635 Finanzgericht Berlin-Brandenburg, Beschluss v. 20.06.2019 – 13 V 13100/19, BB 2020, 176–177 m. V. a. *Tonner* in Bordewin/Brandt/Bode, EStG Kommentar, 442. Aktualisierung 2021, § 5, Rn. 40; *Anzinger* in Herrmann/Heuer/Raupach, EStG-KStG Kommentar, Stand: 309. Lieferung, 02.2022, § 5, Rn. 1817; *Weber-Grellet* in Schmidt, EStG, 40. Auflage 2021, § 5, Rn. 270 „Bitcoins“; *Richter/Augel*, FR 2017, 937 (948); *Kirsch/von Wieding*, BB 2017, 2731 (2734 f.); *Pielke*, IWB 6/2018, 234; *Lutzenberger*, GmbHR 2918, 794 (797); *Heuel/Matthey*, NWB 2018, 1037; *Moritz/Strohm*, DB 2018, 3012 (3015); *Lohmar/Jeuckens*, FR 2019, 110 (111); *Heck*, DStZ 2019, 106 (109); a. A. *Schroen*, DStR 2018, 1369.

durch einen Privaten zu Einkünften i. S. d. § 23 Abs. 1 S. 1 Nr. 2 EStG führt, wenn zwischen Anschaffung und Veräußerung weniger als ein Jahr liegt".[636]

Danach wohnt Currency-Token ein eigenständiger wirtschaftlicher Wert inne, der sich durch Angebot und Nachfrage auf den jeweiligen Handelsplattformen ermitteln lässt. Die bei Kryptowährungen oft gegebenen Kursschwankungen führen indes nicht dazu, dass ihnen kein Wert im Rechtsverkehr zugesprochen wird.

Diesen Umstand nimmt auch das Finanzministerium Hamburg zum Anlass, die Ansicht zu vertreten, dass der Gewinn und Verlust aus der Veräußerung von Bitcoins zu sonstigen Einkünften aus privaten Veräußerungsgeschäften führt, sofern der Erwerb und die Veräußerung der Bitcoins innerhalb eines Jahres stattfindet.[637] Voraussetzung sei jedoch, dass die Bitcoins nicht selbst generiert würden, weil es insoweit am „Erwerb" fehle.[638] Spiegelbildlich führe auch die Hingabe von Bitcoins als Zahlungsmittel zu sonstigen Einkünften aus privaten Veräußerungsgeschäften. Im Zuge dessen sei der Wert der im Gegenzug erhaltenen Ware oder Dienstleistung als Veräußerungspreis anzusetzen. Die Durchschnittswertmethode komme hingegen nicht zur Anwendung. Schließlich seien bei der Ermittlung des Gewinns die Anschaffungskosten vom Veräußerungspreis abzuziehen, s. § 23 Abs. 3 S. 1 EStG. Werden die Bitcoins in mehreren Tranchen erworben, würde zudem im Rahmen der Anschaffungskosten die FiFo-Methode zur Anwendung gelangen.[639]

Ebenso beurteilt es die *OFD-NRW*. Sie ordnet die Anschaffung und Veräußerung von Bitcoins und anderen Kryptowährungen ebenfalls als privates Veräußerungsgeschäft i. S. d. § 23 Abs. 1 S. 1. Nr. 2 EStG ein, sofern der Zeitraum zwischen der Anschaffung und der Veräußerung maximal ein Jahr beträgt.[640]

In den ersten Hauptsacheentscheidungen über die steuerliche Behandlung des Erwerbs und der Veräußerung von Currency-Token bestätigten sowohl das Finanzgericht Baden-Württemberg[641] als auch das Finanzgericht Köln[642] sowie in zweiter Instanz der Bundesfinanzhof[643] die Einordnung als anderes Wirtschaftsgut

---

636 Finanzgericht Berlin-Brandenburg, Beschluss v. 20.06.2019 – 13 V 13100/19, BB 2020, 176–177 m. V. a. *Buchert/Böse*, DB 2018, 857 (858) und w. N.

637 Vgl. § 22 Nr. 2 EStG i. V. m. § 23 Abs. 1 S. 1 Nr. 2 EStG.

638 FinMin der Freien und Hansestadt Hamburg v. 11.12.2017 – S 2256 – 2017/003-52, NWB SAAAG-72252, verfügbar unter: https://datenbank.nwb.de/Dokument/Anzeigen/722501, abgerufen am 06.05.2020.

639 FinMin der Freien und Hansestadt Hamburg v. 11.12.2017 – S 2256 – 2017/003-52, NWB SAAAG-72252, verfügbar unter: https://datenbank.nwb.de/Dokument/Anzeigen/722501, abgerufen am 06.05.2020.

640 *OFD-NRW*, Kurzinfo v. 20.04.2018, DB 2018, 1185.

641 FG Baden-Württemberg, Urt. v. 11.06.2021 – 5 K 1996/19, DStR 2022, 143.

642 FG Köln, Urteil v. 25.11.2021 – 14 K 1178/20, BeckRS 2021, 46851.

643 BFH, Urt. v. 14.02.2023 - IX R 3/22, DStR 2023, 435.

i. S. v. § 23 Abs. 1 S. 1 Nr. 2 EStG, weshalb der Gewinn bei einem Verkauf innerhalb von einem Jahr nach der Anschaffung steuerpflichtig sei.[644]
Der BFH führt hierzu unter Zugrundelegung der bisher erschienenen Literatur zur zivilrechtlichen und steuerlichen Klassifizierung von Krypto-Token anhand des am HGB orientierten und gemäß stetiger Rechtsprechung des BFH[645] weit auszulegenden Wirtschaftsgutbegriffs sehr detailliert aus, weshalb es sich bei den vorgenannten Currency-Token um andere „Wirtschaftsgüter" handelt. Zur Begründung stellt der BFH unter Bezugnahme auf die zur Bewertung der Krypto-Token heranzuziehende Verkehrsanschauung sehr deutlich darauf ab, dass die drei Typen von Currency-Token wie reale Zahlungsmittel einzeln übertragbar bzw. tauschbar sind und ihnen objektiv werthaltige und selbstständig bewertbare Positionen (im Sinne einer „Chance" bzw. „Möglichkeit") innewohnen. Diese Annahme stützt der BFH weiter darauf, dass die von den Investoren (Erwerbern) hinsichtlich derartiger virtueller Währungen geprägte Verkehrsanschauung einen greifbaren, mit einem ins Gewicht fallenden besonderen Entgelt zu bemessenden, marktüblichen (Handels- oder Umtausch-)Wert und damit ein diesen Token innewohnendes Spekulationspotential ergebe;[646] dass der Handel zumeist an unregulierten Märkten stattfinde, ändere daran nichts. Unproblematisch bejahte der BFH zudem die erforderliche Verkehrsfähigkeit im Sinne einer abstrakten wirtschaftlichen Übertragbarkeit sowie die Übertragbarkeit der Currency-Token zusammen mit einem Betrieb.[647]

Richtigerweise ist deshalb der Ansicht der h. Lit., des Finanzgerichts Berlin-Brandenburg, des Finanzgerichts Baden-Württemberg, des Finanzgerichts Köln, dem Bundesfinanzhof, der *OFD-NRW*, des Finanzministeriums Hamburg und des *BMF* zu folgen. Entsprechend dem Subsidiaritätscharakter des § 23 Abs. 1 S. 1

---

644 FG Baden-Württemberg, Urt. v. 11.06.2021 – 5 K 1996/19, DStR 2022, 143 ebenso: BFH, Urt. v. 14.02.2023 - IX R 3/22, DStR 2023, 435 für Bitcoin, Ether und Monero.

645 BFH, Urt. v. 14.02.2023 – IX R 3/22, DStR 2023, 435 m. V. a.: BFH, Beschl. v. 02.03.1970 – GrS 1/69, BFHE 1998, 360, BStBl. II 1970, 382, BeckRS 1970, 22000465; BFH, Beschl. v. 26.10.1987 – GrS 2/86, BFHE 151, 523, BStBl. II 1988, 348, BeckRS 1987, 22008261; BFH, Urt. v. 26.04.2018 – III R 5/16, BFHE 261, 326, BStBl. II 2018, 536, DStR 2018, 1542; BFH, Urt. v. 30.11.2010 – VIII R 58/07, BFHE 232, 337, BStBl. II 2011, 491, DStR 2011, 668; BFH, Urt. v. 19.10.2006 – III R 6/05, BFHE 215, 222, BStBl. II 2007, 301, DStR 2007, 335; *Ratschow* in Brandis/Heuermann, EStG, Stand: 165. EL Dezember 2022, § 23, Rn. 62.

646 BFH, Urt. v. 14.02.2023 – IX R 3/22, DStR 2023, 435 m. V. a.: *Sannig*, DB 2022, 1409 (1410); *Höring*, DStZ 2022, 520 (524); *Arendt/Friedberg*, DStR 2022, 1137 (1139); *Hötzel*, Virtuelle Währungen im System des deutschen Steuerrechts, 2018, S. 132; kritisch *Penner/Zawodsky/Thoß*, DStZ 2022, 551 (553).

647 BFH, Urt. v. 14.02.2023 – IX R 3/22, DStR 2023, 435 m. V. a.: BFH, Urt. v. 22.03.2022 – IV 13/18, BFHE 276, 139, BStBl. II 2022, 656; BFH, Urt. v. 14.12.2011 – I R 198/10; *Höring*, DStZ 2022, 520 (524).

Nr. 2 EStG kommt die Einordnung als sonstiges Wirtschaftsgut nur in Betracht, sofern eine anderweitige Qualifizierung ausscheidet. In Bezug auf Currency-Token scheidet eine Qualifikation innerhalb des Katalogtatbestandes des § 20 Abs. 1 bis 3 EStG aus. Alle dort aufgeführten Einkunftsarten stellen im Ergebnis wiederkehrende bzw. laufende Leistungen dar. Dieses Merkmal ist bei Currency-Token von vornherein nicht gegeben, da sie lediglich als Währungsäquivalent genutzt werden. Mangels anderweitiger einschlägiger Qualifizierungstatbestände sind Currency-Token als andere Wirtschaftsgüter i. S. d. § 23 EStG zu qualifizieren.[648]

b) Bewertung der einzelnen Erwerbsvorgänge

Folgerichtig führt sowohl ihr Erwerb als auch ihre Veräußerung zu Einkünften aus privaten Veräußerungsgeschäften. Hierbei ist jedoch eine differenzierte Betrachtung im Hinblick auf die einzelnen Erwerbsvorgänge vorzunehmen.

aa) Erwerb und Veräußerung gegen Fiat-Geld

Der Erwerb von Currency-Token selbst, sofern er gegen Fiat-Geld erfolgt, ist als Kauf zu qualifizieren. Die in diesem Rahmen getätigten Aufwendungen für die Erlangung der Währungseinheiten sind jedoch unerheblich, da es sich steuerrechtlich immer um einen Tausch handelt, sei es gegen konventionelle Währungen oder andere Güter.[649]

Der Erwerb als solcher ist zunächst nicht steuerbar. Erst wenn es zu einer Veräußerung innerhalb eines Jahres kommt, ist der Gewinn – sofern er die Freigrenze von 600,00 € übersteigt – gem. §§ 22 Nr. 2 i. V. m. 23 Abs. 1 S. 1. Nr. 2 EStG steuerbar, bei einer längeren Haltedauer ist er steuerfrei.[650]

Somit ist die Veräußerung von Currency-Token, soweit zwischen der Anschaffung und Veräußerung ein Zeitraum von mehr als einem Jahr liegt, nicht steuerbar. Anders verhält es sich indes, soweit die erworbenen Currency-Token zur Einkünfteerzielung genutzt werden, indem sie an anderen Nutzer verliehen oder

---

648 Ebenso u. a. *Krüger*, BB 2018, 1887 (1889) m. w. N.

649 *Korn/Strahl* in Korn, Einkommensteuergesetz, 1. Auflage 2000, 133. Lieferung 2021, § 6, Rn. 530 m. w. N.

650 FinMin der Freien und Hansestadt Hamburg v. 11.12.2017 – S 2256 – 2017/003-52, NWB SAAAG-72252, verfügbar unter: https://datenbank.nwb.de/Dokument/Anzeigen/722501, abgerufen am 06.05.2020; *BMF* v. 10.05.2022, Einzelfragen zur ertragsteuerrechtlichen Behandlung von virtuellen Währungen und sonstigen Token, verfügbar unter: https://www.bundesfinanzministerium.de/Content/DE/Downloads/BMF_Schreiben/Steuerarten/Einkommensteuer/2022-05-09-einzelfragen-zur-ertragsteuerrechtlichen-behandlung-von-virtuellen-waehrungen-und-von-sonstigen-token-bmf-schreiben.pdf?__blob=publicationFile&v=2, abgerufen am 23.01.2023; ebenso: BFH, Urt. v. 14.02.2023 - IX R 3/22, DStR 2023, 435.

gegen Gebühr überlassen werden, sog. *Lending*. In diesem Fall ist es streitig, ob die Currency-Token der zehnjährigen Spekulationsfrist gem. § 23 Abs. 1 S. 1 Nr. 2 S. 4 EStG unterliegen. unterliegen die Currency-Token der zehnjährigen Spekulationsfrist gem. § 23 Abs. 1 S. 1. Nr. 2 S. 4 EStG.[651] In der Praxis ist demnach genau darauf zu achten, ob die Currency-Token nach ihrer Anschaffung ausschließlich als Zahlungsmittel genutzt oder ob sie zur Generierung weiterer Einkünfte eingesetzt werden.[652]

bb) Erwerb gegen Ware/Dienstleistung

Anders verhält es sich indes im Hinblick auf den Erwerb von anderen Wirtschaftsgütern oder Dienstleistungen, welche durch die Hingabe von Currency-Token als Zahlungsmittel erworben werden. Ertragssteuerlich stellt dies einen Verkauf der Currency-Token dar. Die erworbenen Güter werden als Gegenleistung für diesen Verkauf gewertet.[653] Die Veräußerung unterliegt der Besteuerung gem. §§ 22 Nr. 2 i.V.m. 23 Abs. 1 S.1 Nr. 2 EStG.[654] Fraglich ist, ob der in § 23 Abs. 1 S. 1 Nr. 2 S. 2 EStG verankerte Ausnahmetatbestand für Gegenstände des täglichen Gebrauchs auf Currency-Token anwendbar ist.[655] Von dieser Ausnahme sind nach der Gesetzesintention nur solche Wirtschaftsgüter umfasst, die objektiv betrachtet typischerweise einem Wertverlust unterliegen und deren Veräußerung deshalb ein Verlustgeschäft ist.[656]

---

651 So noch: *Weber-Grellet* in Schmidt, EStG, 40. Auflage 2021, § 23, Rn. 27 f; a. A.: *BMF* v. 10.05.2022, Einzelfragen zur ertragsteuerrechtlichen Behandlung von virtuellen Währungen und sonstigen Token, verfügbar unter:https://www.bundesfinanzministerium.de/Content/DE/Downloads/BMF_Schreiben/Steuerarten/Einkommensteuer/2022-05-09-einzelfragen-zur-ertragsteuerrechtlichen-behandlung-von-virtuellen-waehrungen-und-von-sonstigen-token-bmf-schreiben.pdf?__blob=publicationFile&v=3, abgerufen 31.03.2023.

652 Zu diesen Aspekten in Zusammenhang mit Kryptowährungen wird vorliegend jedoch erst im Rahmen des *Lendings* weiter eingegangen werden, vgl. hierzu Näheres unter 5. Teil, 2. Abschnitt, B, 4. a).

653 *OFD-NRW*, Kurzinfo v. 20.04.2018, DB 2018, 1185.

654 FinMin der Freien und Hansestadt Hamburg v. 11.12.2017 – S 2256 – 2017/003-52, NWB SAAAG-72252, verfügbar unter: https://datenbank.nwb.de/Dokument/Anzeigen/722501, abgerufen am 06.05.2020; bestätigend: BFH, Urt. v. 14.02.2023 - IX R 3/22, DStR 2023, 435 (440).

655 *Eckert*, DB 2013, 2108 (2111).

656 *Ratschow* in Brandis/Heuermann, EStG, Stand: 159. EL Oktober 2021, § 23, Rn. 67.

(1) Currency-Token als Wirtschaftsgut des täglichen Gebrauchs?

Gegen die Qualifikation von Currency-Token als Wirtschaftsgüter des täglichen Gebrauchs spricht zunächst der Umstand, dass sie zuvor als anderes Wirtschaftsgut i. S. d. § 23 EStG eingeordnet worden sind. Da der Qualifikation als anderes Wirtschaftsgut gerade der Umstand immanent ist, dass es keinen Gegenstand des täglichen Gebrauchs darstellt, schließen sich die beiden Begrifflichkeiten zwangsläufig gegenseitig aus.[657] Daneben spricht auch der Aspekt, dass Currency-Token keinem durch Nutzung bedingten Wertverlust unterliegen und ihnen auch das Charakteristikum der Wertsteigerung nicht gänzlich abgesprochen werden kann, gegen die Annahme eines Gegenstands des täglichen Gebrauchs.

(2) Teil der Literatur

Teile der Literatur gehen dennoch von dem Vorliegen eines Gegenstandes des täglichen Gebrauchs aus. Argumentativ wird dies darauf gestützt, dass es sich schuldrechtlich bei der Bezahlung mit Currency-Token um einen Tausch i. S. d. § 480 BGB und nicht um einen Kauf i. S. d. § 433 BGB handelt, wie er beim Handel von Kryptowährungen gegen Fiat-Geld gegeben sei. Überdies sei eine währungsspezifische Betrachtungsweise geboten mit der Folge, dass „ein kursgewinnrealisierender Veräußerungsvorgang bereits begrifflich ausscheide, da ansonsten jeder Zahlungsvorgang im Ausland mit zuvor entgeltlich erworbener Valuta zu einem gewinnrealisierenden Veräußerungsgeschäft führe“. Nichts anderes dürfe für Currency-Token gelten.[658]

(3) Finanzministerium Hamburg

Anders sieht dies – wie bereits dargelegt – das Finanzministerium Hamburg[659], wonach die Einsetzung von Currency-Token als Zahlungsmittel als Veräußerung derselben gelte, was zu sonstigen Einkünften aus privaten Veräußerungsgeschäften führe. Der Wert der im Gegenzug erhaltenen Ware oder Dienstleistung sei als Veräußerungspreis anzusetzen. Die Durchschnittswertmethode komme indes nicht zur Anwendung. Im Rahmen der Ermittlung des Gewinns seien die Anschaffungskosten von dem Veräußerungspreis abziehen, § 23 Abs. 3 S. 1 EStG. Des Weiteren komme die FiFo-Methode[660] zur

---

657 *Kube* in Kirchhof, EStG, 20. Auflage 2021, § 23, Rn. 7.

658 *Westermann/Hornung*, DStZ 2018, 301–307 m. w. N.

659 FinMin der Freien und Hansestadt Hamburg v. 11.12.2017 – S 2256 – 2017/003-52, NWB SAAAG-72252, verfügbar unter: https://datenbank.nwb.de/Dokument/Anzeigen/722501, abgerufen am 06.05.2020.

660 Ausführlich hierzu unten, vgl. 5. Teil, 2. Abschnitt, B., I., 1., c).

Anwendung, sofern die Currency-Token in mehreren Tranchen erworben wurden.[661]

(4) Fazit

Im Ergebnis ist der Ansicht des Finanzministeriums Hamburg zu folgen. Es wäre inkonsequent und würde der Einheitlichkeit der Besteuerung widersprechen, Currency-Token zunächst als sonstige Wirtschaftsgüter und anschließend als Gegenstände des täglichen Gebrauchs zu klassifizieren. Currency-Token stellen keine Gebrauchsgegenstände dar, die einem durch wirtschaftliche Abnutzung bedingten Wertverlust unterliegen und kein Wertsteigerungspotential aufweisen.[662] Vielmehr stellen sie genau das Gegenteil dar. Somit handelt es sich nicht um Gegenstände des täglichen Gebrauchs i. S. d. § 23 Abs. 1 S. 1 Nr. 2 S. 2 EStG mit der Folge, dass der Ausnahmetatbestand im Rahmen eines entgeltlichen Erwerbs von Waren oder Dienstleistungen mittels Currency-Token nicht greift.

Somit ist dieser Vorgang als privates Veräußerungsgeschäft gem. §§ 22 Nr. 2 i. V. m. 23 Abs. 1 S. 1 Nr. 2 EStG steuerbar. Im Übrigen wird sich den Ausführungen des Finanzministeriums Hamburg[663] angeschlossen.

Überdies handelt es sich steuerlich betrachtet, sofern keine selbst geminten Krypto-Token genutzt werden, um einen Anschaffungsvorgang i. S. d. § 23 EStG. Der Tausch selbst wiederum ist als Veräußerungsvorgang zu klassifizieren.[664] Im Zuge dessen bestimmt sich der Veräußerungspreis anhand der Differenz zwischen den Anschaffungskosten der Currency-Token und dem Wert der Ware[665] zum Kaufzeitpunkt bzw. dem Preis für die Dienstleistung.[666]

cc) Tausch gegen Fiat-Geld

Der Tausch von Krypto-Token gegen staatlich anerkannte Währungen oder gegen andere Kryptowährungen erfolgt über Handelsplattformen, sog. *Exchanges*.[667] Im Zuge dessen entstehen Tausch- bzw. Veräußerungsgebühren. Diese werden

---

661 FinMin der Freien und Hansestadt Hamburg v. 11.12.2017 – S 2256 – 2017/003-52, NWB SAAAG-72252, verfügbar unter: https://datenbank.nwb.de/Dokument/Anzeigen/722501, abgerufen am 06.05.2020.

662 *Ratschow* in Brandis/Heuermann, EStG, Stand: 159. EL Oktober 2021, § 23, Rn. 67.

663 FinMin der Freien und Hansestadt Hamburg v. 11.12.2017 – S 2256 – 2017/003-52, NWB SAAAG-72252, verfügbar unter: https://datenbank.nwb.de/Dokument/Anzeigen/722501, abgerufen am 06.05.2020; bestätigend: BFH, Urt. v. 14.02.2023 - IX R 3/22, DStR 2023, 435 (440).

664 *Eckert*, DB 2013, 2108 (2110); *Richter/Augel*, FR 2017, 937 (948).

665 *Pinkernell*, Ubg 2015, 19 (26); *Richter/Augel*, FR 2017, 937 (948).

666 *Heuel/Matthey*, EStB 2018, 263 (270).

667 *Heuel/Matthey*, EStB 2018, 263 (264).

überwiegend in Krypto-Coins, teilweise jedoch auch in Fiat-Geld erhoben. Fraglich ist, ob diese Vorgänge einem Besteuerungstatbestand unterliegen. Nach allgemeiner Ansicht stellt der private Erwerb keinen steuerpflichtigen Vorgang dar. Die Handelsgebühren hingegen stellen Anschaffungskosten dar. Im Fall des steuerpflichtigen Veräußerungsgeschäfts sind die Handelsgebühren insoweit als Aufwendungen zu berücksichtigen.[668]

Die Ermittlung des Gewinns im Rahmen des steuerpflichtigen Veräußerungsgeschäfts bemisst sich beim Tausch oder Rücktausch von Kryptowährungen gegen konventionelle Währungen (Fiat-Geld) oder auch Kryptowährungen untereinander nach dem gemeinen Wert des empfangenen Wirtschaftsgutes.[669] Unter dem gemeinen Wert ist der im gewöhnlichen Geschäftsverkehr für ein Wirtschaftsgut nach seiner Beschaffenheit unter Berücksichtigung aller den Preis beeinflussender Umstände erzielbare Verkaufspreis zu verstehen, wobei ungewöhnliche oder persönliche Verhältnisse nicht zu berücksichtigen sind.[670] Infolge des Zuflussprinzips des § 11 EStG ist der maßgebliche Zeitpunkt bei der Berechnung der Umtauschwerte der Zeitpunkt des Zu- bzw. Abflusses in Euro. Liegt der Wert der empfangenen Leistung über dem der Anschaffungskosten, so ist ein steuerpflichtiger Gewinn gegeben. Liegt er indes unter dem der Anschaffungskosten, liegt spiegelbildlich ein Verlust vor.[671]

dd) Tausch gegen andere Kryptowährungen

Der Tausch in eine andere Kryptowährung unterfällt wie der Tausch gegen Fiat-Geld ebenfalls einem Anschaffungs- bzw. Veräußerungstatbestand.[672] Steuerrechtlicher Beurteilungsmaßstab ist wiederum § 23 Abs. 1 S. 1 Nr. 1 EStG und damit ein privates Veräußerungsgeschäft. Begründet wird dies in der Literatur[673] mit der Vergleichbarkeit des Tausches von Währungen und der diesbezüglichen Rechtsprechung des BFH, wonach in diesen Fällen eine Besteuerung nach § 23 Abs. 1 S. 1 Nr. 2 EStG erfolgt.[674] Dem ist richtigerweise zuzustimmen. Eine Anschaffung i. S. d. § 6 EStG, § 255 Abs. 1 HGB setzt einen entgeltlichen Erwerb eines bestehenden

---

668 *Arendt* in Beck´sches Steuer- und Bilanzrechtslexikon, Edition 58 2022, Stand: 01.07.2021, Kryptowerte, Rn. 11.

669 *Brinkmann/Meseck*, RdF 2018, 231 (236); *Heuel/Matthey*, EStB 2018, 263 (269); wohl auch *Reiter/Massoner*, ISR 2018, 424 (429).

670 *Halacinzskay-Rössler* in Troll, BewG, Stand: 33. EL Januar 2021, § 9, Rn. 8.

671 *Kortendick/Rettenmaier*, FR 2019, 412 (413).

672 *OFD-NRW*, Kurzinfo v. 20.04.2018, DB 2018, 1185; BFH, Urt. v. 14.02.2023 - IX R 3/22, DStR 2023, 435 (440).

673 *Westermann/Hornung*, DStZ 2018, 301–307.

674 BFH, Urt. v. 02.05.2000 – IX R 73/98, BStBl. II 2000, 614; *Ratschow* in Brandis/Heuermann, EStG, Stand: 159. EL Oktober 2021, § 23, Rn. 131; bestätigt durch: BFH, Urt. v. 14.02.2023 - IX R 3/22, DStR 2023, 435.

Wirtschaftsgutes von einem anderen voraus. Dies kann auch durch einen Tausch i. S. d. § 480 BGB erfolgen.[675] Damit ist der Tausch von Kryptowährungen untereinander ebenfalls ein privates Veräußerungsgeschäft und unterliegt insoweit den oben dargestellten Besteuerungsmechanismen der §§ 22 Nr. 2 i. V m. § 23 Abs. 1 S. 1 Nr. 2 EStG.

Die Bestimmung des Veräußerungspreises richtet sich indes beim Tausch von Wirtschaftsgütern im Privatvermögen nicht nach dem hingegebenen Wirtschaftsgut, sondern nach § 23 Abs. 3 S. 1 EStG nach dem gemeinen Wert der empfangenen Gegenleistung.[676] Problematisch ist hier die Umsetzung in der Praxis, da Kryptowährungen enormen Tagesschwankungen unterliegen und im Rahmen des Tausches dessen Vollziehung den steuerrechtlich maßgeblichen Entstehungszeitraum darstellt. Es wird daher in der bisherigen Literatur[677] angeraten, den Wert der entsprechenden Börse im Zeitpunkt des Tauschs zu übernehmen. Hilfreich kann hierbei die Plattform *Coinmarket*[678] sein, die die aktuellen Kurse auszeichnet.

c) FiFo-Methode

Weitere Voraussetzung der Steuerbarkeit nach § 23 Abs. 1 S. 1 Nr. 2 EStG ist – wie bereits erläutert – der zeitliche Aspekt der Veräußerung der Wirtschaftsgüter innerhalb eines Jahres nach deren Anschaffung. Kommt es nach diesem Zeitpunkt zu einer Veräußerung, ist diese nicht steuerbar. Die Jahresfrist beginnt mit der Anschaffung, konkret mit Abschluss des Verpflichtungsgeschäftes.[679] Die Bestimmung des Anschaffungszeitpunktes wird jedoch dann kompliziert, wenn mehrere Anschaffungs- und Veräußerungsvorgänge zu verschiedenen Zeitpunkten vorgenommen wurden.[680] Bei der Anschaffung und Veräußerung von mehreren gleichartigen Fremdwährungsbeträgen ist nach § 23 Abs. 1 S. 1 Nr. 2 S. 3 EStG zu unterstellen, dass die zuerst angeschafften Beträge zuerst veräußert werden. Diese Methode wird allgemeinhin als FiFo-Methode – *First in-First out* – bezeichnet. Diese Methode unterstellt, dass die zuerst angeschafften Fremdwährungsbeträge auch zuerst wieder veräußert werden.[681] Während die *OFD-NRW* und das Finanzministerium Hamburg ohne Weiteres von deren Anwendbarkeit bei Kryptowährungen

---

675 *Ratschow* in Brandis/Heuermann, EStG, Stand: 159. ELOktober 2021, § 23, Rn. 91.

676 *Musil* in Herrmann/Heuer/Raupach, EStG-KStG Kommentar, Stand: 309. Lfg. 02.2022, § 23 EStG, Rn. 272; *Weber-Grellet* in Schmidt, EStG, 40. Auflage 2021, § 23, Rn. 71.

677 *Heuel/Matthey*, EStB 2018, 263 (268).

678 https://coinmarketcap.com, abgerufen am 06.05.2020.

679 *Krüger*, BB 2018, 1887 (1890); *Selonke/Madsen*, beck.digitax 2022, 290 (291).

680 *OFD-NRW*, Kurzinfo v. 20.04.2018, DB 2018, 1185.

681 *Musil* in Herrmann/Heuer/Raupach, EStG-KStG Kommentar, Stand: 309. Lfg. 02.2022, § 23, Rn. 164.

ausgehen,[682] ist die Anwendung der FiFo-Methode wegen der mangelnden rechtlichen Qualifikation von Currency-Token als Fremdwährungen i. S. d. § 23 Abs. 1 S. 1 Nr. 2 S. 3 EStG in der Literatur strittig.[683]

aa) Entsprechende Anwendung des § 23 Abs. 1 S. 1 Nr. 2 S. 3 EStG

Teile der Literatur gehen von einer vergleichbaren Interessenlage zwischen Fremdwährungsbeträgen und Kryptowährungen aus, die in mehreren Tranchen erworben und einheitlich in einer *Wallet* verwaltet werden. Argumentativ wird diese Rechtsansicht auf das Kriterium der Nachvollziehbarkeit gestützt, da diese bei mehreren Anschaffungs- und Veräußerungstransaktionen mit Blick auf die Haltefrist des § 23 Abs. 1 S. 1 Nr. 2 S. 1 EStG den relevanten Anknüpfungspunkt darstellt.[684] In der Folge wird eine entsprechende Anwendung der FiFo-Methode für sämtliche Kryptowährungen angenommen.[685]

bb) Ablehnung der FiFo-Methode

Teilweise wird auch andiskutiert, ob in bestimmten Sachverhaltskonstellationen auf die Anwendung der FiFo-Methode verzichtet werden kann. Dieser Ansatz wird damit begründet, dass es durch die entsprechende Anwendung des § 23 Abs. 1 S. 1 Nr. 2 S. 3 EStG zu keinem entsprechenden Anwendungszwang komme.[686]

Andere Teile der Literatur lehnen die Anwendung der FiFo-Methode mit Verweisung auf das StÄnd-AnpG-Kroatien 2014 ab[687], da in diesem zwar eine

---

682 *OFD-NRW,* Kurzinfo v. 20.04.2018, DB 2018, 1185; FinMin der Freien und Hansestadt Hamburg v. 11.12.2017 – S 2256 – 2017/003-52, NWB SAAAG-72252, verfügbar unter: https://datenbank.nwb.de/Dokument/Anzeigen/722501, abgerufen am 06.05.2020; ebenso: *BMF* v. 10.05.2022, Einzelfragen zur ertragsteuerrechtlichen Behandlung von virtuellen Währungen und sonstigen Token, verfügbar unter: https://www.bundesfinanzministerium.de/Content/DE/Downloads/BMF_Schreiben/Steuerarten/Einkommensteuer/2022-05-09-einzelfragen-zur-ertragsteuerrechtlichen-behandlung-von-virtuellen-waehrungen-und-von-sonstigen-token-bmf-schreiben.pdf?__blob=publicationFile&v=2, abgerufen am 27.01.2023.

683 *Lutzenberger,* GmbHR 2018, 794 (797); *Pinkernell,* Ubg 2015, 19 ff.; *Richter/Augel,* FR 2017, 937 (948); *Heuel/Matthey,* NWB 2018, 1037 (1045) m. w. N.

684 *Hornung/Westermann,* DStZ 2018, 301 (303); *Krüger,* BB 2018, 1887 (1890).

685 *Reiter/Nolte,* BB 2018, 1179 (1182); *Krauß/Blöchle,* DStR 2018, 1210 (1212); *Hornung/Westermann,* DStZ 2018, 301 (303); *Heuel/Matthey,* NWB 2019, 1037 (1045).

686 *Krüger,* BB 2018, 1887 (1890).

687 Gesetz zur Anpassung des nationalen Steuerrechts an den Beitritt Kroatiens zur EU und zur Änderung weiterer steuerlicher Vorschriften, BGBl. I 2014, 1266 ff., verfügbar unter: https://www.bundesfinanzministerium.de/Content/DE/Gesetzestexte/Gesetze_Gesetzesvorhaben/Abteilungen/Abteilung_IV/18_Legislaturperiode/Gesetze_Verordnungen/2014-07-30-StAend-AnpG-Kroatien/3-Verkuendetes-Gesetz.pdf;jsessio

Neuregelung für Fremdwährungsbeträge erfolgte, jedoch ohne die Nennung von gleich gelagerten Bitcoins bzw. Kryptowährungen.[688] Die unterlassene Nennung von Kryptowährungen verdeutliche, dass keine Vergleichbarkeit mit Fremdwährungen gewollt sei mit der Folge, dass auf die vom BFH vertretene allgemeine Verwertungsreihenfolge mittels Durchschnittswerten zurückzugreifen sei.[689] Die FiFo-Methode sei hingegen nur bei nicht hinreichender Individualisierungsmöglichkeit anzuwenden.[690]

Nach der Durchschnittswertmethode würde zunächst der Krypto-Token als veräußert betrachtet werden, der außerhalb der Behaltensfrist angeschafft wurde. In Bezug auf die restlichen Krypto-Token, die zu unterschiedlichen Zeitpunkten angeschafft worden sind und die anschließend nicht vollständig veräußert werden, gelten die zu den verschiedenen Zeitpunkten angeschafften Restbestände als anteilig veräußert. Die Anschaffungskosten der Krypto-Token, bei denen die Behaltensfrist indes noch nicht abgelaufen ist, werden schließlich anhand des Durchschnitts der sich aus den einzelnen Anschaffungskosten ergebenden Kosten ermittelt.[691]

Zu Recht wird diese Ermittlung – gerade im Hinblick auf weitere Käufe und Verkäufe – in der Literatur als unpraktikabel klassifiziert.[692]

cc) Fazit und Praxistauglichkeit

Eine abschließende allumfassende und generelle Entscheidung für die Anwendbarkeit der FiFo-Methode würde der technischen Ausgestaltung von Kryptowährungen widersprechen. Maßgeblich in Bezug auf die Frage, ob die FiFo-Methode, die Durchschnittswertermittlung[693] oder eine gänzlich andere Variante Anwendung findet, ist der Umstand, ob und wie der Zugang bzw. der Abgang der einzelnen Krypto-Token beim Steuerpflichtigen identifizierbar ist. Im Hinblick auf die Ausgestaltung der einzelnen Krypto-Token ist es durchaus denkbar, dass sowohl der Anschaffungs- als auch der Veräußerungszeitpunkt des individualisierten Krypto-Tokens präzise gegenüber dem Finanzamt nachweisbar ist. Wäre dem so, wäre die Anwendung der FiFo-Methode obsolet.[694] Als Nachweis für die Dauer des Besitzes könnten dabei beispielsweise Screenshots vom Bestand der Krypto-Token

nid=C99A48F4FF80F73D522F009199BD1566.delivery2-master?__blob=publicationFile&v=3, abgerufen am 06.05.2020.

688 *Lutzenberger*, GmbHR 2018, 794 (797).

689 *Pinkernell*, Ubg 2015, 19 ff.; *Richter*/Augel, FR 2017, 937 (948).

690 *Heuel/Matthey*, NWB 2018, 1037 (1045).

691 *Heuel/Matthey*, EStB 2018, 263 (268) m. V. a. S. *Ronig*, NWB-EV 2018, 132 (134).

692 *Heuel/Matthey*, EStB 2018, 263 (268) m. V. a. S. *Ronig*, NWB-EV 2018, 132 (134); *Lutzenberger*, GmbHR 2018, 794 (797).

693 *Ratschow* in Brandis/Heuermann, EStG, Stand: 159. EL Oktober 2021, § 23, Rn. 68.

694 *Krüger*, BB 2018, 1887 (1890); *Heuel/Matthey*, NWB 2019, 1037 (1045); *Krauß/Blöchle*, DStR 2018, 1210 (1212).

inklusive des Datums und des jeweiligen Werts oder spezielle *Tools* wie z. B. *Coin-Tracking*[695] dienen. Problematisch ist hierbei die praktische Umsetzbarkeit dieser Vorgehensweise. Der dahinterstehende Aufwand wird sich regelmäßig nur bei werthaltigen Krypto-Token lohnen.

(1) Mitwirkungspflicht gem. §§ 90 ff. AO

Fraglich ist auch, ob eine dahin gehende Mitwirkungspflicht des Steuerpflichtigen überhaupt angenommen werden kann. Eine solche würde sich nach § 90 AO richten. Danach sind die Beteiligten zur Mitwirkung bei der Ermittlung des Sachverhalts verpflichtet. Dieser Mitwirkungspflicht kommen sie insbesondere dadurch nach, dass sie die für die Besteuerung erheblichen Tatsachen vollständig und wahrheitsgemäß offenlegen und die ihnen bekannten Beweismittel angeben.[696] Der Umfang dieser Pflicht richtet sich nach den Umständen des Einzelfalls, s. § 90 Abs. 1 S. 1–3 AO. In Bezug auf in der Steuererklärung anzugebende Gewinne aus der Veräußerung von Krypto-Token kommt es somit darauf an, inwieweit § 90 AO eine dahin gehende Mitwirkungspflicht des Steuerpflichtigen – auch im Hinblick auf eine etwaige Steuerhinterziehung – begründet.

Voranzustellen ist, dass § 90 AO keine beliebigen Beweisvorsorgepflichten begründet. Die Beweisvorsorgepflichten des § 90 Abs. 2, 3 AO erfassen nur Auslandsvorgänge.[697] Im Übrigen kommt es auf andere Vorschriften an, die eine solche Pflicht begründen, wie z. B. §§ 4 Abs. 1 und 5 Abs. 1 S. 1 EStG oder §§ 140, 141 AO, die Buchführungspflichten regeln. Zu beachten ist jedoch auch hierbei, dass diese Gesetze keine allgemeine Anordnung implizieren, mittels derer Freiberufler oder Bezieher von Einkünften i. S. d. § 2 Abs. 2 Nr. 5–7 EStG ihre Einnahmen und Ausgaben (Werbungskosten) aufzuzeichnen haben und Belege aufbewahren müssen.[698] Das bedeutet, soweit keine Aufzeichnungen vorgeschrieben sind, können die Finanzbehörden sie auch nicht unter Berufung auf § 90 Abs. 1 AO verlangen.[699]

Die relevantesten Mitwirkungspflichten ergeben sich z. T. unmittelbar aus dem Gesetz (z. B. auf Grund von §§ 137, 139; 140 ff.; 149 Abs. 1 S. 1; 153 AO). Teilweise sind sie auch erst auf Grund besonderer Aufforderung – in Gestalt eines Verwaltungsaktes (VA) – zu erfüllen, die wiederum einer Gesetzesgrundlage bedarf.[700] Die Rechtsgrundlage für eine solche Anforderung von Beweismitteln findet sich indes in § 92 i. V. m. §§ 93 ff. AO. § 90 Abs. 1 AO schafft daneben jedoch keine Aufbewahrungspflichten, die das Gesetz nicht besonders vorsieht.[701] Das bedeutet,

---

695 https://cointracking.info/?language=de, abgerufen am 06.05.2020.

696 *Rätke* in Klein AO, 15. Auflage 2020, § 90, Rn. 4.

697 *Suchanek/Jansen*, GmbHR 2009, 412 (413).

698 *Seer* in Tipke/Kruse, AO/FGO, 168. Lieferung 11.2021, § 90, Rn. 4.

699 BFH, Urt. v. 24.6.2009 – VIII R 80/06, BStBl. II 2010, 452 (453).

700 *Wenzig*, DStZ 1986, 376.

701 *Lammerding*, DB 1979, 2452 ff.; *Schaumburg/Schaumburg*, FS Streck, 2011, 369 (372).

den Steuerpflichtigen trifft nicht die Verpflichtung, einen umfassenden – in sich geschlossenen – Nachweis über die Herkunft seines Privatvermögens zu führen. Bleibt die Herkunft ungeklärt, entscheiden die Regeln der objektiven Beweislast.[702]

Überdies begründet die Mitwirkungspflicht dem Grunde nach keine Beweisführungs- oder Nachweispflicht. Somit liegt kein Fall einer subjektiven Beweislast vor. Von einer solchen ist auszugehen, wenn ein Verhalten zwar nicht erzwungen werden kann, an dessen Ausbleiben aber nachteilige Folgen geknüpft werden. Das trifft aber nicht zu, soweit die Verletzung der Mitwirkungspflicht nicht grundsätzlich dazu führt, dass die Sachaufklärungspflicht des Finanzamtes erlischt.[703] Das Gesetz kann die Mitwirkungspflicht jedoch zur Nachweispflicht steigern. Die Mitwirkungspflicht bezieht sich auf die für die Besteuerung erheblichen Tatsachen. Die Finanzbehörde hat allerdings die verbindliche Entscheidungshoheit inne, welche Tatsachen steuererheblich sind.[704]

Schließlich muss der Steuerpflichtige die steuererheblichen Tatsachen wahrheitsgemäß offenlegen, s. § 90 Abs. 1 S. 2 AO. Wahr sind nur richtige und vollständige Angaben über Tatsachen. Spiegelbildlich werden alle Angaben als unwahr qualifiziert, die unrichtig oder unvollständig sind oder etwas verschleiern.[705] Zur Anwendung kommt insoweit die sog. Sphärentheorie[706], die sich daraus begründet, dass die meisten relevanten Aspekte nur der Steuerpflichtige wissen kann und er insoweit dann auch zur Mitwirkung verpflichtet ist. Diese Mitwirkung ist jedoch auf sein Wissen begrenzt. Liegt in Bezug auf spezifische Angaben Nichtwissen vor, besteht keine Mitwirkungspflicht, was wiederum dazu führt, dass ein etwaiges Mitwirkungsverlangen des Finanzamtes nicht erfüllbar ist. Der Steuerpflichtige muss insoweit die in seinem Lebens- und Verantwortungsbereich angesiedelten Tatsachen und Beweismittel offenbaren. Die Grenze liegt hierbei – wie bei der des Finanzamtes – in Gestalt der sog. Ermessensgrenze vor. Danach muss die Mitwirkung des Steuerpflichtigen zur Sachaufklärung notwendig, geeignet, erfüllbar, verhältnismäßig und zumutbar sein. Das Maß dessen, was als ausreichend erachtet wird, ist anhand des Einzelfalls zu bestimmen.[707]

---

702 BFH, Urt. v. 28.5.1986 – I R 265/83, BStBl. II 1986, 732 (733); BFH, Urt. v. 29.6.2016 – II R 41/14, BStBl. II 2016, 865, Rn. 10 f.; BFH, Urt. v. 30.5.2008 – III B 80/07; BFH, Urt. v. 28.1.2009 – X R 20/05, Rn. 26; FG Nürnberg, Urt. v. 23.10.1985 – V 169/80, EFG 1986, 154–155; FG Niedersachsen, Urt. v. 2.4.1987 – III 48/86, DStZ/E 1987, 245.

703 *Seer* in Tipke/Kruse, AO/FGO, 168. Lieferung 11.2021, § 90, Rn. 4.

704 *Seer* in Tipke/Kruse, AO/FGO, 168. Lieferung 11.2021, § 90, Rn. 7.

705 *Seer* in Tipke/Kruse, AO/FGO, 168. Lieferung 11.2021, § 90, Rn. 9.

706 *Suchanek/Jansen*, GmbHR 2009, 412 (414 f.).

707 *Seer* in Tipke/Kruse, AO/FGO, 168. Lieferung 11.2021, § 90, Rn. 12 m. w. N.

(2) Bisheriger gerichtlicher Standpunkt

In seinem Urteil vom 08.04.2020 führt das FG Nürnberg[708] zu dem Aspekt der Mitwirkungspflicht aus, dass für die Frage, ob ein einfacher Sachverhalt gegeben sei, zum einen darauf abzustellen ist, um welche Kryptowährungen es sich im Streitfall handle und welche Vorgänge der Steuerpflichtige als An- und Verkauf qualifiziert habe. Auch wenn dies bekannt und der genaue Zeitpunkt der Vorgänge ermittelbar sei, liege dennoch keine einfache Sachverhaltskonstellation vor. Da das Finanzamt keine dahin gehenden Unterlagen gefordert habe, obwohl die Behörde infolge des steuererhöhenden Sachverhalts die Feststellungslast treffe, könne dem Steuerpflichtigen nicht entgegengehalten werden, dass er nur unvollständige Angaben gemacht habe, die insoweit gegen ihn gelten würden. „Dies würde wohl bei einfachen Sachverhaltsangaben gelten, nicht aber, wenn es sich um eine tatsächlich und rechtlich komplexe Beurteilung handle, wie im Streitfall um die Einordnung von Erträgen aus Geschäften mit verschiedenen Kryptowährungen als steuerpflichtige private Veräußerungsgeschäfte i. S. d. § 22 Nr. 2 i. V. m. § 23 Abs. 1 EStG“.

Es liege auch keine Verletzung von Mitwirkungspflichten vor. Die Finanzbehörde ermittle den Sachverhalt von Amts wegen und bestimme Art und Umfang der Ermittlungen.[709] Zwar sei die „Mitwirkungspflicht gem. § 90 AO das oberste und unentbehrlichste Mittel zur Verwirklichung der Aufklärungspflicht. Allerdings sehe der Senat keine vorwerfbare Verletzung dieser Pflicht, wenn der Steuerpflichtige überhaupt nicht zur Mitwirkung aufgefordert und herangezogen werde“.[710]

(3) Entwurf-Schreiben des BMF

In einem nicht allgemein veröffentlichten Entwurf-Schreiben vom Juli 2022 hat das *BMF* sich erstmals zu Steuererklärungs-, Mitwirkungs- und Aufzeichnungspflichten geäußert. Danach sind die Steuerpflichtigen zur Mitwirkung bei der Ermittlung des Sachverhalts verpflichtet (vgl. §§ 90, 93 und 97 AO). Bei Auslandssachverhalten, insbesondere beim Erwerb von Kryptowährungen über ausländische *Exchanges*, findet die in § 90 Abs. 2 AO normierte erweiterte Mitwirkungspflicht Anwendung. Macht der Steuerpflichtige keine ausreichenden Angaben und kann das Finanzamt deshalb die Besteuerungsgrundlage nicht ermitteln, behält es sich die Schätzung nach § 162 Abs. 2 AO vor. Für die Mitwirkungs- und Aufzeichnungspflichten im

708 FG Nürnberg, Urt. v. 08.04.2020 - 3 V 1239/19, BeckRS 2020, 8128.

709 A. A. FG Baden-Württemberg, Urt. v. 11.06.2021 – 5 K 1996/19, DStR 2022, 143, das die Ansicht vertritt, dass das Finanzamt nicht dazu verpflichtet sei, die Ermittlung der Veräußerungsgewinne durch den Steuerpflichtigen detailliert nachzuprüfen und ggf. eigene Ermittlungen anzustrengen. Die Revision ist unter dem Az. BFH – IX R 27/21 eingelegt, weshalb abzuwarten bleibt, ob der BFH diese Ansicht höchstrichterlich bestätigt.

710 FG Nürnberg, Urt. v. 08.04.2020 – 3 V 1239/19, BeckRS 2020, 8128, Rn. 33 f.

Betriebsvermögen stellt das *BMF* ebenfalls auf die allgemeinen Normen ab (vgl. § 90 Abs. 3, §§ 141, 143 bis 145 AO, 22 UStG, § 4 Abs. 3 S. 5 und § 41 EStG sowie die §§ 238 ff. HGB). Unter Verweis auf das *BMF*-Schreiben vom 28.11.2019[711] normiert das *BMF* zusätzlich eine Aufbewahrungspflicht für sämtliche Unterlagen, die für die Besteuerung im Einzelfall von Bedeutung sind, und weitet diese auch auf Unterlagen in Form von Daten, Datensätzen und elektronischen Dokumenten aus, die dokumentieren, dass die Ordnungsvorschriften umgesetzt und deren Einhaltung überwacht wurden. Ferner stellt das *BMF* auf die Ordnungsvorschriften gem. §§ 146 und 147 AO ab und ordnet für die Verwendung von spezieller Software für die Ermittlung der Besteuerungsgrundlagen in Zusammenhang mit virtuellen Währungen an, dass für diese eine Verfahrensdokumentation zu erstellen ist und die Anforderungen an die Unveränderbarkeit zu beachten sind.[712] Für Privatpersonen stellt das *BMF* für Steuerpflichtige, deren Überschusseinkünfte mehr als EUR 500.000,00 betragen, ebenfalls auf die Aufbewahrungspflicht ab, vgl. § 147a AO. Danach haben die Steuerpflichtigen ihre bestehenden Aufzeichnungen und Unterlagen sechs Jahre aufzubewahren und, soweit ein Datenverarbeitungssystem oder spezielle Software zur Erfüllung der Aufzeichnungs- und Aufbewahrungspflichten eingesetzt worden sind, einen Datenzugriff gem. § 147 Abs. 6 i. V. m. § 147a Abs. 1 S. 5 AO zu ermöglichen. Unterhalb der Einkunftschwelle fordert das *BMF* hingegen lediglich die üblichen Mitwirkungspflichten. Hierbei sollen die Steuerpflichtigen folgende Angaben machen können: *Wallet*-Adressen, die Benennung der genutzten (Handels-)Plattformen, *Wallet*-Bestände zum 31.12. des Veranlagungszeitraums und des Vorjahres, Anschaffungszeitpunkt und Art des Anschaffungsvorgangs (Kauf/Tausch, *ICO, Mining/Forging, Staking, Lending* etc.), bei *Air-Drop* alternativ Darstellung des Nichtvorliegens einer Leistung, Anschaffungskosten in Euro, ggfs. mit Angabe des Marktkurses, Anschaffungsneben- (z. B. Transaktionsgebühren) und sonstige Kosten (z. B. für die Einrichtung eines Accounts) in Euro, Veräußerungszeitpunkt, Veräußerungserlös in Euro, ggfs. mit Angabe des Marktkurses, Veräußerungskosten (z. B. Transaktionsgebühren) in Euro, Dokumentation der gewählten Einzelbetrachtung, Durchschnitts- oder FiFo-Methode, Summen der Einkünfte nach § 22 Nr. 3 und §§ 22 Nr. 2 i. V. m. § 23 Abs. 1 S. 1 Nr. 2 EStG (Überschreiten der Freigrenzen).[713]

---

711 *BMF*-Schreiben v. 28.11.2019, BStBl. I 2019, 1269, Rn. 5.

712 *BMF*-Schreiben v. 28.11.2019, BStBl. I 2019, 1269, Rn. 107 ff.

713 *BMF*-Entwurfschreiben zu Aufzeichnungspflichten bei virtuellen Währungen und von sonstigen Token, Stand Juli 2022, Zusammenfassung verfügbar unter: https://www.nwb-experten-blog.de/bmf-entwurfsschreiben-zu-aufzeichnungspflichten-bei-virtuellen-waehrungen-und-von-sonstigen-token-liegt-vor/, abgerufen am 31.03.2023.

(4) Fazit

Der Mitwirkungspflicht wird im Allgemeinen eine sehr hohe Bedeutung im Hinblick auf die Sachverhaltsermittlung zugesprochen. Gerade vor dem Ausgangspunkt der vorbenannten Sphärentheorie[714] ist dieser auch im Fall von privaten Veräußerungsgeschäften, die Krypto-Token zum Gegenstand haben, eine erhebliche Tragweite zuzusprechen. Wie weit diese genau geht, lässt sich aus dem Urteil des FG Nürnberg[715] nicht in Gänze entnehmen. Jedoch ist der Senat so zu verstehen, dass der Gewinn anzuzeigen ist, die Ermittlung aber von Amts wegen zunächst durch das Finanzamt zu erfolgen hat. Ist der Sachverhalt – wie im Fall des FG Nürnberg infolge der Involvierung verschiedener Kryptowährungen und unterschiedlicher Zeitmomente – diffizil, so hat sich zunächst die Finanzverwaltung damit auseinanderzusetzen. Dabei kann sie sich jedoch des Steuerpflichtigen bedienen. Das bedeutet in der Folge, dass der Senat im Fall der Aufforderung zur Mithilfe von einer dahin gehenden Pflicht des Steuerpflichtigen ausgeht. Dies hätte ferner zur Folge, dass der Steuerpflichtige die einzelnen An- und Verkäufe auf Nachfrage mit den jeweiligen Kursen nachzuweisen hätte. Diese Pflicht findet ihre Grenzen – nach den vorangegangenen Äußerungen – darin, wo das Wissen des Steuerpflichtigen endet oder der Aufwand der Dokumentation unverhältnismäßig wird.[716] Letzteres wird schwer anzunehmen sein, da der Aufwand bei dem Erwerb und der Veräußerung von Krypto-Token noch immer als höher zu betrachten ist, als dies bei normalem Fiat-Geld oder anderen Wirtschaftsgütern der Fall ist. Insoweit ist es im Hinblick auf die Steuerstraftatbestände der §§ 370, 378 AO als sicherer zu erachten, die einzelnen Erwerbs- und Veräußerungsvorgänge mit den jeweiligen Kursen zu dokumentieren. Wie bereits erläutert, gibt es hierfür spezielle *Tools*[717], die dieses Vorgehen vereinfachen. Dies bestätigt auch das Entwurfschreiben des *BMF* zu den Mitwirkungs- und Aufzeichnungspflichten.[718]

Denkbar ist es dennoch, dass bei Massenerwerben in temporär kurzen Tranchen die Individualisierbarkeit tatsächlich mit einem unverhältnismäßig hohen Aufwand verbunden ist. In diesem Fall sollte auf Seiten des Steuerpflichtigen tatsächlich in Erwägung gezogen werden, auf vereinfachende Methoden zur Ermittlung des Zu- bzw. Abflusszeitpunktes in Gestalt der FiFo-Methode oder der Durchschnittswertmethode zurückzugreifen. Unter Berufung auf die Ansichten

---

714 *Suchanek/Jansen*, GmbHR 2009, 412 (415 f.)

715 FG Nürnberg, Urt. v. 08.04.2020 – 3 V 1239/19, BeckRS 2020, 8128, Rn. 33 ff.

716 Vgl. 5. Teil, 2. Abschnitt, B. I. 1. c), cc), (1).

717 Vgl. 5. Teil, 2. Abschnitt, B. I. 1. c), cc).

718 *BMF*-Entwurfschreiben zu Aufzeichnungspflichten bei virtuellen Währungen und von sonstigen Token, Stand Juli 2022, Zusammenfassung verfügbar unter: https://www.nwb-experten-blog.de/bmf-entwurfsschreiben-zu-aufzeichnungspflichten-bei-virtuellen-waehrungen-und-von-sonstigen-token-liegt-vor/, abgerufen am 31.03.2023.

des Finanzministeriums Hamburg[719], der *OFD NRW* [720] und des *BMF* [721] ist diese Handhabung auch als durchaus sicher dahingehend zu erachten, dass so die Mitwirkungspflicht des Steuerpflichtigen ausreichend erfüllt sein dürfte. Im Ergebnis würde diese Vorgehensweise auch der Intention der Anmerkungen des FG Nürnberg entsprechen.[722]

Zusammenfassend ist – gerade auch im Hinblick auf eine drohende Steuerverkürzung bzw. -hinterziehung, §§ 378, 371 AO[723] – in jedem Fall eine Angabe gegenüber dem jeweils zuständigen Finanzamt zu machen. Bestenfalls enthält diese den genauen Zeitpunkt des An- und Verkaufs sowie die jeweiligen gehandelten Werte der Krypto-Token. Sollte dies mit einem unverhältnismäßig hohen Aufwand verbunden sein, kann unter Verweis auf die Ansichten der Finanzverwaltungen und des *BMF* auf die FiFo-Methode zurückgegriffen werden. Es spricht derzeit nichts Konkretes gegen deren Anwendung. Schließlich ist im Hinblick auf die Wertermittlung noch an die Durchschnittswertmethode zu denken, da die Kryptowährungen, gerade wenn sie zu den weniger stabilen zählen, hohen Kursschwankungen unterliegen. Hierbei ist jedoch zu beachten, dass infolge der praktischen Untauglichkeit im Rahmen von Fremdwährungsgeschäften[724] der Gesetzgeber wieder von der Anwendbarkeit der Durchschnittswertmethode hin zur FiFo-Methode abgewichen ist.[725]

Alles in allem kann richtigerweise bis zur Veröffentlichung des verbindlichen *BMF*-Schreibens keine abschließende Entscheidung getroffen werden. Es bleibt abzuwarten, ob sich die Finanzverwaltungen der übrigen Länder ebenfalls in Zukunft dazu äußern oder entsprechende gerichtliche Entscheidungen ergehen werden. Bis dahin sollte grundsätzlich eine irgendwie geartete Dokumentation des An- und Verkaufs getätigt werden, um im Falle eines Auskunftsverlangens des Finanzamtes dieser vollumfänglich nachzukommen. Infolge dessen, dass die *BaFin*

---

719 FinMin der Freien und Hansestadt Hamburg v. 11.12.2017 – S 2256 – 2017/003-52, NWB SAAAG-72252, verfügbar unter: https://datenbank.nwb.de/Dokument/Anzeigen/722501, abgerufen am 18.05.2020.

720 *OFD-NRW*, Kurzinfo v. 20.04.2018, DB 2018, 1185.

721 *BMF*-Entwurfsschreiben zu Aufzeichnungspflichten bei virtuellen Währungen und von sonstigen Token, Stand Juli 2022, Zusammenfassung verfügbar unter: https://www.nwb-experten-blog.de/bmf-entwurfsschreiben-zu-aufzeichnungspflichten-bei-virtuellen-waehrungen-und-von-sonstigen-token-liegt-vor/, abgerufen am 31.03.2023.

722 FG Nürnberg, Urt. v. 08.04.2020 – 3 V 1239/19, BeckRS 2020, 8128, Rn. 33 f.

723 Zu dieser Problematik ausführlich: *Pielke*, Besteuerung von Kryptowährungen – Ein Überblick auf die verschiedenen Steuerarten, 1. Auflage 2018, Rn. 7.

724 BT-Drs. 18/1529, S. 54.

725 *Ratschow* in Brandis/Heuermann, EStG, Stand: 159. EL Oktober 2021, § 23, Rn. 167; BT-Drs. 18/1529, S. 54.

jedoch Kryptowährungen als Rechnungseinheiten qualifiziert hat und diese mit Devisen vergleicht, erscheint es als durchaus denkbar, dass die übrigen Finanzverwaltungen und die Rechtsprechung unter Bezugnahme auf Fremdwährungsgeschäfte die Anwendung der FiFo-Methode bestätigen. Dies hätte eine enorme Vereinfachung für den Steuerpflichtigen zur Folge und ist somit als praktikabler einzustufen als eine genaue Aufzeichnung. Jedoch bleibt in diesem Fall zu beachten, dass beispielsweise das Bayrische Landesamt für Steuern erklärt hat, dass die FiFo-Methode bei Fremdwährungsguthaben nicht mehr gegen den Willen des Steuerpflichtigen angewandt werden dürfe. Vielmehr habe der Steuerpflichtige selbst anhand geeigneter Unterlagen nachzuweisen, welche Teile des Fremdwährungsguthabens er veräußert habe.[726] Es bleibt offen, ob die anderen Finanzverwaltungen der Länder dies ebenso beurteilen.

dd) Verlängerung der Haltefrist, § 23 Abs. 1 S. 1 Nr. 2 S. 4 EStG

Im Rahmen des § 23 Abs. 1 S. 1 Nr. 2 EStG wird schließlich auch über die Anwendbarkeit des dortigen Satzes 4 diskutiert. Danach kann es zu einer Verlängerung der Haltefrist von einem auf zehn Jahre kommen, wenn aus der Nutzung der Wirtschaftsgüter als Einnahmequelle zumindest in einem Kalenderjahr Einkünfte erzielt werden.[727] Teilweise wird sogar angenommen, dass es ausreichend sei, wenn dies nach Ablauf der Jahresfrist geschehe.[728] In Zusammenhang mit Kryptowährungen wird dieses Szenario vorwiegend im Hinblick auf das sog. *Staking* und *Lending* diskutiert.[729] Wie bereits erläutert,[730] handelt es sich hierbei um zwei Verfahren, mittels derer bereits angeschaffte Krypto-Token zur Generierung neuer Krypto-Token eingesetzt werden, nachdem diese selber angeschafft wurden. Beim *Lending* kommt es zum entgeltlichen Verleih der Krypto-Token[731], wohingegen beim *Staking* die Krypto-Token durch bloßes Halten an der Fortschreibung der neuen Blockchain teilnehmen.[732]

Fraglich ist, ob durch diese Form der Einkünftegenerierung die hinter der Haltefristverlängerung stehende Gesetzesintention überhaupt einschlägig ist und infolge dessen eine Haltefristverlängerung als notwendig erachtet wird. Nach der

---

726 Bayrisches Landesamt für Steuern v. 12.03.2012 – S 2256.1.1-6/4 St3, verfügbar unter: https://datenbank.nwb.de/Dokument/Anzeigen/498931, abgerufen am 20.05.2020.

727 *Ratschow* in Brandis/Heuermann, EStG, Stand: 159. EL Oktober 2021, § 23, Rn. 68.

728 *Ratschow* in Brandis/Heuermann, EStG, Stand: 159. EL Oktober 2021, § 23, Rn. 68, m. V. a. *Delp*, DB 2011, 1996.

729 *Reiter/Nolte*, BB 2018, 1179 (1182); *Heuel/Matthey*, NWB 2018, 1037 (1045 ff.); *Kanders/Thondemann-Micker/Gräfe*, ErbStB 2018, 145 (150); *Krüger*, BB 2018, 1887 (1890).

730 Vgl. 3. Teil, 2. Abschnitt, B. I.; 4. Teil, 2. Abschnitt, C. II.

731 *Krüger*, BB 2018, 1887 (1890).

732 *Heuel/Matthey*, NWB 2018, 1037 (1041).

Gesetzesbegründung[733] ist die Regelung zur Missbrauchsbekämpfung von Steuersparmodellen in Gestalt der Vermeidung der Veräußerungsgewinnbesteuerung bei der Vermietung beweglicher Wirtschaftsgüter[734] eingeführt worden. Der Gesetzgeber wollte erkennbar nur solche Wirtschaftsgüter erfassen, die eine eigenständige Erwerbsgrundlage darstellen.[735] Diesen Aspekt nimmt die herrschende Meinung in der Literatur zum Anlass, um § 23 Abs. 1 S. 1 Nr. 2 S. 4 EStG wegen seiner überschießenden Tendenz teleologisch zu reduzieren.[736] Nach ihr erscheine es sachgerecht, die Haltefristverlängerung auf solche Fälle beschränkt zu halten, in denen Wirtschaftsgüter zusätzlich zu der von § 23 EStG erfassten Wertsteigerung weitere Erträge generieren. Denn dadurch werde der Bereich rein privater Vermögensverwaltung erst überschritten.[737]

Nach Ansicht von Teilen der Literatur ist dies beim sog. *Staking* und *Lending* nicht der Fall.[738] Argumentativ wird dies im Hinblick auf das *Staking* auf den Umstand zurückgeführt, dass keine aktive Betätigung des Steuerpflichtigen vorliege, die eine Überschreitung der Grenze reiner Vermögensverwaltung rechtfertigen würde.[739] In Bezug auf das *Lending* wird im Ergebnis auf eine Besteuerung nach § 22 Nr. 3 EStG abgestellt, soweit der Steuerpflichtige die Krypto-Token verleiht, ohne sich einer professionellen Struktur zu bedienen.[740]

Fraglich ist, ob diesen Ansichten ohne Weiteres gefolgt werden kann. Das Bayrische Landesamt für Steuern hat angeordnet, dass „bei verzinslich angelegten

733 BT-Drs. 16/4841, S. 58.

734 Sog. Container-Leasing-Angebote mit Rückkaufoption, vgl. LFD Thüringen v. 31.01.2012, DStR 2012, 970.

735 *Ratschow* in Brandis/Heuermann, EStG, Stand: 159. EL Oktober 2021, § 23, Rn. 68 m. w. N.

736 *Reiter/Nolte*, BB 2018, 1179 (1182); *Heuel/Matthey*, NWB 2018, 1037 (1042); *Kanders/Thondemann-Micker/Gräfe*, ErbStB 2018, 145 (150); *Ratschow* in Brandis/Heuermann, EStG, Stand: 159. EL Oktober 2021, § 23, Rn. 68; *Musil* in Herrmann/Heuer/Raupach, EStG-KStG Kommenar, Stand: 309. Lfg. 02.2022, § 23 EStG, Rn. 165.

737 *Krüger*, BB 2018, 1881 (1890) m. V. a. *Kanders/Thondemann-Micker/Gräfe*, ErbStB 2018, 145 (150); *Heuel/Matthey*, NWB 2018, 1037 (1042); *Reiter/Nolte*, BB 2018, 1179 (1182).

738 Ebenso, aber ohne Begründung: *BMF* v. 10.05.2022, Einzelfragen zur ertragsteuerrechtlichen Behandlung von virtuellen Währungen und sonstigen Token, verfügbar unter: https://www.bundesfinanzministerium.de/Content/DE/Downloads/BMF_Schreiben/Steuerarten/Einkommensteuer/2022-05-09-einzelfragen-zur-ertragsteuerrechtlichen-behandlung-von-virtuellen-waehrungen-und-von-sonstigen-token-bmf-schreiben.pdf?__blob=publicationFile&v=2, abgerufen am 27.01.2023.

739 *Krüger*, BB 2018, 1881 (1890).

740 *Lutzenberger*, GmbHR 2018, 794 (798); *Heuel/Matthey*, NWB 2018, 1037 (1045); Krüger, BB 2018, 1881 (1890).

Fremdwährungsguthaben die Frist des § 23 Abs. 1 S. 1 Nr. 2 S. 3 EStG a. F. (heute Satz 4) nicht greife, da die Einkünfte (Zinsen) nicht Ausfluss des Wirtschaftsgutes Fremdwährungsguthaben", sondern Ausfluss der eigentlichen Kapitalforderung seien.[741] Hintergrund dieser Annahme ist ein Urteil des BFH, in dem dieser die Trennung zwischen dem Wirtschaftsgut Fremdwährungsguthaben und dem Wirtschaftsgut Darlehensforderung, die entsteht, wenn der Steuerpflichtige das Fremdwährungsguthaben als Festgeld anlegt, vorgenommen hat.[742]

Kernvoraussetzung für diese Annahme ist jedoch, dass keine Anschaffung und Veräußerung i. S. d. § 23 EStG im Hinblick auf die Darlehensforderung gegeben sind.[743] Bezogen auf Kryptowährungen bedeutet dies, dass die Gewinne aus dem *Staking* bzw. *Lending* nicht als eigenständige Wirtschaftsgüter betrachtet werden dürften, die angeschafft und veräußert werden. Da im Rahmen des *Staking* die einmal (entgeltlich) erworbenen Krypto-Token allein durch ihre Existenz weitere Gewinne generieren, liegt keine Anschaffung dieser Gewinne vor. Ebenso verhält es sich beim *Lending*, denn auch hier werden nur die verliehenen Krypto-Token angeschafft, nicht hingegen die dadurch erwirtschafteten Zinsen. Somit ist zu Recht von keiner Verlängerung der Haltefrist i. S. d. § 23 Abs. 1 S. 1. Nr. 2 S. 4 EStG beim *Staking* oder *Lending* auszugehen.[744]

Im Hinblick auf andere Sachverhaltskonstellationen ist demnach nur dann von einer Verlängerung der Haltefrist i. S. d. § 23 Abs. 1 S. 1. Nr. 2 S. 4 EStG nach den Grundsätzen des BFH anzugehen, wenn ein vom Grunderwerb zu trennender zweiter Anschaffungs- und Veräußerungsvorgang von Krypto-Token gegeben ist, der in Zusammenhang mit dem Grunderwerb steht.

2. Erwerb und Veräußerung von Investment-Token

Durch Investment-Token generierte Gewinne könnten anders als Currency-Token, die keine Erträge gewähren, als Einkünfte aus Kapitalvermögen gem. § 20 Abs. 1 Nr. 1 EStG steuerbar sein. Gemäß § 20 Abs. 1 Nr. 1 EStG gehören zu den Einkünften aus Kapitalvermögen Gewinnanteile (Dividenden), Ausbeuten und sonstige Bezüge aus Aktien, aus Genussrechten, mit denen das Recht am Gewinn und Liquiditätserlös einer Kapitalgesellschaft verbunden ist, aus Anteilen an Gesellschaften mit beschränkter Haftung und an Erwerbs- und Wirtschaftsgenossenschaften. Investment-Token verleihen ihren Nutzern – wie bereits erläutert[745] – mitgliedschaftliche Rechte oder schuldrechtliche Ansprüche vermögenswerten Inhalts

741 Bayrisches Landesamt für Steuern v. 12.03.2012 – S 2256.1.1-6/4 St3, verfügbar unter: https://datenbank.nwb.de/Dokument/Anzeigen/498931, abgerufen am 20.05. 2020.

742 BFH, Urt. v. 02.05.2000 – IX R 73/98, BStBl. II 2000, 614, DStR 2000, 1254.

743 BFH, Urt. v. 02.05.2000 – IX R 73/98, BStBl. II 2000, 614, DStR 2000, 1254.

744 Bestätigend: *Selonke/Madsen*, beck.digitax 2022, 290 (292).

745 Vgl. 2. Teil, 6. Abschnitt, III., 2., c).

(ähnlich wie bei Aktien oder Schuldtiteln). Sie können je nach Ausgestaltung unter das WpHG oder VermAnlG fallen.[746] Somit könnten sie – je nach Ausgestaltung – als Aktien, Gewinnanteile oder Genussrechte unter den Katalog des § 20 Abs. 1 Nr. 1 EStG fallen. Da Investment-Token nach Ansicht der *BaFin* auch ohne urkundliche Verbriefung wie Aktien ausgestaltet sein können[747], ist die Einordnung unter diese Alternative des § 20 Abs. 1 Nr. 1 EStG als unproblematisch zu erachten.

Als Gewinnanteil (Dividenden) i. S. d. § 20 Abs. 1 Nr. 1 EStG wird hingegen der Anteil an dem ausgeschütteten Gewinn der Gesellschaft, der dem Gesellschafter bzw. Genussrechtsinhaber auf Grund seines Gewinnbezugsrechts zugewendet wird, verstanden.[748] Sind die Investment-Token – wie bereits dargelegt – als Debt- oder Equity-Token ausgestaltet, so verleihen sie ihrem Inhaber einen Gewinnanteil an dem beteiligten Unternehmen.[749] Somit fallen auch diese unter § 20 Abs. 1 Nr. 1 EStG.

Unter Genussrechten sind schließlich schuldrechtliche Beteiligungsrechte zu verstehen. Der Genussrechtsinhaber stellt einer Kapitalgesellschaft, ohne sich zu beteiligen, Kapital zur Verfügung und erhält im Gegenzug in der Regel zumeist einen Anspruch auf Gewinnbeteiligung.[750] Da Investment-Token solche Rechten – wie bereits dargelegt[751] – beinhalten können, sind sie je nach Ausgestaltung als Genussrechte i. S. d. § 20 Abs. 1 Nr. 1 EStG zu qualifizieren.

Damit fallen Investment-Token – je nach konkreter Ausgestaltung – grundsätzlich unter die abschließende Aufzählung des § 20 Abs. 1 Nr. 1 S. 1. EStG. Inwieweit die konkreten Ausgestaltungen tatsächlich besteuert werden könnten, wird nachfolgend – ohne einen Anspruch auf Vollständigkeit – erörtert.

a) Voraussetzungen der Steuerbarkeit nach § 20 Abs. 1 Nr. 1 EStG

Der steuerlichen Leistungspflicht i. S. d. § 38 AO unterfällt im Rahmen des § 20 Abs. 1 Nr. 1 EStG derjenige, der Kapital entgeltlich zur Nutzung überlässt.[752]

---

746 Vgl. 4. Teil, 4. Abschnitt, I.; *BaFin*, Blockchain-Technologie – Gedanken zur Regulierung, veröffentlicht am 01.08.2018 unter: https://www.bafin.de/SharedDocs/Veroeffentlichungen/DE/BaFinPerspektiven/2018/bp_18-1_Beitrag_Fusswinkel.html, abgerufen am 04.06.2020.

747 *BaFin*, Blockchain-Technologie – Gedanken zur Regulierung, veröffentlicht am 01.08.2018 unter: https://www.bafin.de/SharedDocs/Veroeffentlichungen/DE/BaFinPerspektiven/2018/bp_18-1_Beitrag_Fusswinkel.html, abgerufen am 12.01.2021.

748 *von Beckrath* in Kirchhof, EStG, 20. Auflage 2021, § 20, Rn. 49.

749 Vgl. 2. Teil, 6. Abschnitt, 2., III., c), aa) und bb).

750 *Ratschow* in Brandis/Heuermann, EStG, Stand: 159. EL Oktober 2021, § 20, Rn. 80 ff.

751 Vgl. 2. Teil, 6. Abschnitt, 2., III., c).

752 BFH, Urt. v. 09.03.1982 – VIII R 160/81, BStBl. II 1982, 540; BFH, Urt. v. 24.04.1990 – VIII R 170/83, BStBl. II 1990, 539.

Steuerschuldner ist dabei derjenige, der im Zeitpunkt des Zuflusses der Erträge die Dispositionsfreiheit über die Veräußerung der Kapitalforderung bzw. deren Überlassung innehat.[753]

Anders als bei Aktien, die sich normalweise in einer Sammelverwahrungsstelle befinden und bei denen der depotführende Verwahrer dem Eigentümer den Besitz an dessen Dauerglobalurkunden vermittelt[754], ist der Investment-Token demjenigen Nutzer zugeordnet, dessen Schlüsselpaar zu dem jeweiligen *Hash* gehört. Kommt es nunmehr zur Veräußerung des Investment-Tokens, so geschieht dies nicht über ein Finanzinstitut oder einen Verkaufskommissionär, indem dieser den Übergang der in den Aktien verbrieften Forderungen oder Gesellschaftsrechte gegen Zahlung einer Gebühr im Zuge eines Durchgangserwerbes vollzieht.[755] Stattdessen wird der Investment-Token Zug um Zug gegen Entrichtung des Entgelts auf den öffentlichen Schlüssel des Anlegers überwiesen. Im Folgenden kommt es zur normalen Zuweisung über die Schlüsselpaare an den Erwerber, was schließlich von den anderen Nutzern bestätigt und in der Blockchain dokumentiert wird. Somit ist der Inhaber des zugehörigen Schlüsselpaares der Investment-Token der Steuerschuldner i. S. d. § 20 Abs. 1 Nr. 1 EStG.

b) Klassifizierung durch die BaFin

Im Rahmen von Investment-Token werden diese erworben, um – ähnlich wie bei Aktien oder anderen Wertpapieren – ihrem Inhaber einen zukünftigen Kapitalfluss zu ermöglichen. Bisher wurden in Deutschland im Hinblick auf die Prospektpflicht des WpHG kaum Krypto-Token generiert, die anschließend als Wertpapier eingeordnet worden sind. Erstmalig im April 2019 hat die *BaFin* solche Krypto-Token aufsichtsrechtlich als „Wertpapiere eigener Art“ klassifiziert.[756] Überdies hat die *BaFin* Anfang des Jahres 2019 einen Wertpapierprospekt einer tokenisierten Schuldverschreibung genehmigt. Infolge dessen wurde erstmalig eine tokenisierte Vermögensanlage als Ausfluss eines Blockchain-Produkts als Wertpapier *sui generis* anerkannt.[757]

---

753 *Hamacher/Dahm* in Korn, EStG, 1. Auflage 2000, 126. Lieferung, § 20, Rn. 78 f. m. w. N.

754 *Einsele* in Münchener Kommentar zum HGB, 4. Auflage 2019, Depotgeschäft, Rn. 56.

755 Ausführlich hierzu *Einsele* in Münchener Kommentar zum HGB, 4. Auflage 2019, Depotgeschäft, Rn. 101–105.

756 *BaFin* Journal April 2019, S. 8 f., veröffentlicht unter: https://www.bafin.de/SharedDocs/Downloads/DE/BaFinJournal/2019/bj_1904.html, abgerufen am 25.05.2020.

757 *BaFin* Journal April 2019, S. 8 f., veröffentlicht unter: https://www.bafin.de/SharedDocs/Downloads/DE/BaFinJournal/2019/bj_1904.html, abgerufen am 25.05.2020.

c) BMF-Schreiben vom März 2019

Parallel ist im März 2019 auch das „Eckpunkteschreiben für die regulatorische Behandlung von elektronischen Wertpapieren und Krypto-Token" des *BMF* erschienen.[758] Zwar werden in diesem Schreiben diverse Punkte für den Anlegerschutz wie beispielsweise die Einführung eines Wertpapierregisters für elektronische Wertpapiere oder eine sog. Blockchain-Schuldverschreibung angeregt. Äußerungen zu der steuerrechtlichen Behandlung von Investment-Token werden jedoch nicht getroffen. Zwar hat das Bundesministerium der Justiz und Verbraucherschutz mittlerweile auf diese Anregungen reagiert und am 03.06.2021 das – bereits dargelegte – elektronische Wertpapiergesetz verkündet.[759] In diesem ist jedoch lediglich das Kryptowertpapier geregelt, welches nur dann anzunehmen ist, soweit es in einem Kryptowertpapierregister i. S. d § 16 eWpG geführt wird. Da dies bei Investment-Token im herkömmlichen Sinne, wie sie Gegenstand dieser Arbeit sind, ihrer Natur nach nicht der Fall ist, haben die Neuregelungen im eWpG keinerlei Auswirkung auf die hiesige Bewertung von Investment-Token. Dies entspricht auch der Gesetzesbegründung, die deutlich keine Regelungen für andere als in dem Gesetz benannten Krypto-Token schaffen wollte.[760]

d) Folgerungen

Im Folgenden wird daher auf Grund der faktischen Ausgestaltung auf die mögliche Besteuerung eingegangen, ohne dass es bis dato eine finanzverwaltungsrechtliche oder gerichtliche Entscheidung zu der Thematik gibt. Hierbei ist jedoch – wie bereits aufgezeigt[761] – zwischen den Debt- und Equity-Token zu differenzieren. Voranzustellen ist noch der Umstand, dass zumeist die mit ihnen erwirtschafteten Erträge nicht zwangsläufig in Fiat-Geld ausgeschüttet werden. Stattdessen ist es zumeist im Interesse der Emittenten und auch der Investoren, dass die Erträge ebenfalls in der Blockchain verzeichnet werden und infolge dessen die Investment-Token zumeist Ansprüche auf Currency-Token verkörpern.[762]

---

758 *BMF*-Schreiben vom 07.03.2019: Eckpunkte für die regulatorische Behandlung von elektronischen Wertpapieren und Krypto-Token – Digitale Innovationen ermöglichen – Anlegerschutz gewährleisten –; verfügbar unter: https://www.bundesfinanzministerium.de/Content/DE/Gesetzestexte/Gesetze_Gesetzesvorhaben/Abteilungen/Abteilung_VII/19_Legislaturperiode/2019-03-07-Eckpunktepapier-Wertpapiere-Krypto-Token/2019-03-07-Eckpunktepapier-regulatorische-Behandlung-elektronische-Wertpapiere-Krypto-Token.pdf?__blob=publicationFile&v=3, abgerufen am 25.05.2020.

759 BGBl. I 2021,1423.

760 BT-Drs. 19/26925, S. 42.

761 Vgl. 2. Teil, 6. Abschnitt, III., 2., c).

762 *Werneburg*, BB 2019, 2844 (2846).

aa) Equity-Token

Equity-Token gleichen – wie bereits erläutert[763] – einem Geschäftsanteil, da mit ihnen Stimmrechte oder Anteile an künftigen Einnahmen des Emittenten erworben werden.[764] Somit ermöglichen sie die Zahlungen von Dividenden oder die Ausschüttungen von Genussrechten. Insoweit dürften die Einnahmen aus Equity-Token überwiegend als Kapitaleinkünfte gem. § 20 Abs. 1 Nr. 1 EStG einzustufen sein. Hiervon unabhängig ist, ob die Dividenden oder Erfolgsbeteiligungen in Fiat-Währungen oder in Currency-Token geleistet werden. Weiter ist es auch als unerheblich einzustufen, ob im Zeitpunkt der Investition diese in Gestalt von Krypto-Token oder Fiat-Geld erfolgt ist. Ausschlaggebend ist einzig, ob der Investment-Token seinem Besitzer eine mitgliedschaftliche Beteiligung einräumt.[765]

Problematisch ist in diesem Zusammenhang jedoch der bereits dargelegte Umstand der genauen Beteiligungsform im bisherigen GmbHG und AktG. Ausgangspunkt dieser praktischen Umsetzungsproblematik stellen die strengen Formerfordernisse der Beteiligungsverhältnisse gem. §§ 15 und 55 Abs. 1 GmbHG bzw. § 185 AktG dar. Danach ist die Übertragung der GmbH-Anteile und Erhöhung des Stammkapitals notariell zu beglaubigen (§§ 15 Abs. 3, 55 Abs. 1 GmbHG) bzw. die Ausgabe neuer Aktien nach den Vorgaben des § 185 AktG zu zeichnen. In Bezug auf GmbH-Anteile wird auch die Vereinbarung eines Treuhandmodells infolge des Formerfordernisses abgelehnt. Ein solches dürfte jedoch bei Aktien ebenso wie eine Unterbeteiligung möglich sein.[766] Im Ergebnis wird daher in der Literatur davon ausgegangen, dass ausschließlich Treuhandmodelle und Unterbeteiligungen in Betracht kommen. Im Falle eines echten Treuhandverhältnisses sollen die Einkünfte aus Gewinnanteilen und Dividenden dem wirtschaftlich berechtigten Investor/Treugeber gem. § 20 Abs. 5 EStG zuzurechnen sein. Anders verhalte es sich bei einer Unterbeteiligung. Hier müsse differenziert werden, da nur die atypische Unterbeteiligung Kapitaleinkünfte generiere. Im Ergebnis bestünden jedoch zwischen dem Emittenten und dem Investor lediglich schuldrechtliche Beziehungen.[767]

In Bezug auf die steuerrechtliche Qualifikation ist die zivilrechtliche Ausgestaltung zwar grundsätzlich ein Anhaltspunkt. Sie ist jedoch nicht tatbestandsweisend.[768] Das bedeutet, dass allein anhand der faktischen Ausgestaltung des (Lebens-)Sachverhalts die Besteuerung vorgenommen wird. Liegt ein Investment-Token vor, der einen Anteil an einer GmbH darstellt oder dieselben Rechte

763 Vgl. 2. Teil, 6. Abschnitt, III, 2., c), aa).
764 *Dietsch*, MwStR 2018, 546 (547 f.).
765 *Werneburg*, BB 2019, 2844 (2847).
766 *Werneburg*, BB 2019, 2844 (2847).
767 *Werneburg*, BB 2019, 2844 (2846).
768 *Seer* in Tipke/Lang, Steuerrecht, 24. Auflage 2021, § 1, Rn. 31 ff.

vermittelt wie eine Aktie, so wird der Besteuerungstatbestand anhand dessen bemessen, s. § 38 AO. Insoweit bestimmt sich die Erfüllung des gesetzlichen Tatbestands gem. § 38 AO danach, wie die Beteiligten den Sachverhalt tatsächlich gestaltet haben.[769] Die anfängliche oder spätere Unwirksamkeit des zugrunde liegenden Rechtsgeschäfts ist gem. § 41 Abs. 1 S. 1 AO unbeachtlich, solange und soweit die Beteiligten das wirtschaftliche Ergebnis eintreten und bestehen lassen, den Vollzug also nicht rückgängig machen.[770]

Danach ist für die steuerrechtliche Bewertung darauf abzustellen, ob dem Inhaber des Equity-Tokens eine atypische Unterbeteiligung gewährt wird, die entsprechend den vertraglichen Abreden dem Steuerpflichtigen die mit einer üblichen Hauptbeteiligung verbundenen wesentlichen Rechte an dem Unternehmen vermittelt, also Gewinnbezugsrechte, Wertminderungsrisiken bzw. Wertsteigerungschancen sowie Stimmrechte. Wird dem Inhaber des Equity-Tokens auf diese Weise quasi die Stellung eines GmbH-Gesellschafters oder eines Aktionärs eingeräumt, so ist der Tatbestand des § 20 Abs. 1 Nr. 1 EStG als erfüllt zu betrachten.

bb) Debt-Token

Debt-Token hingegen verkörpern reines Fremdkapital.[771] Die ausgebenden Unternehmen gestalten die Debt-Token so aus, dass sie einer Kreditforderung zugunsten des späteren Erwerbers gleichen. Dieser verleiht dem Emittenten durch den Erwerb des Debt-Tokens einen kurzfristigen Kredit, wohingegen er einen Anspruch auf einen festen oder variablen Zins für eine bestimmte Zeit erhält und im Falle einer Insolvenz die Stellung eines normalen Insolvenzgläubigers einnimmt.[772]

Fraglich ist, wie die Zinseinkünfte steuerlich zu bewerten sind. Hier kommt eine Einordnung als Kapitaleinkünfte i. S. d. § 20 EStG oder als sonstige Einkünfte i. S. d. § 22 EStG in Betracht.[773]

(1) Kapitaleinkünfte i. S. d. § 20 Abs. 1 Nr. 7 EStG

Teilweise wird in der Literatur diskutiert, ob die Zinseinnahmen aus Debt-Token gem. § 20 Abs. 1 Nr. 7 EStG steuerbar sind. Danach gehören zu den Einkünften aus Kapitalvermögen auch Erträge aus sonstigen Kapitalforderungen jeder Art, wenn die Rückzahlung des Kapitalvermögens oder ein Entgelt für die Überlassung des Kapitalvermögens zur Nutzung zugesagt oder geleistet worden ist, auch wenn die

---

769 *Drüen* in Tipke/Kruse, AO/FGO, 168. Lieferung 11.2021, § 41 AO, Rn. 2 m. w. N.

770 BFH, Urt. v. 10.08.2010 – VIII R 44/07, BStBl. II 2005, 46, (49) m. w. N.; BFH, Urt. v. 10.08.2020 – VIII R 44/07, BFH/NV 2011, 20; BFH, Urt. v. 16.05.2012 – IV R 6/10, BFH/NV 2013, 1584.

771 *Werneburg*, BB 2019, 2844 (2846).

772 *Dietsch*, MwStR 2018, 546 (548) m. w. N.

773 *Stöhr*, DStR 2019, 1889 (1891).

Höhe der Rückzahlung oder des Entgelts von einem ungewissen Ereignis abhängt, s. § 20 Abs. 1 Nr. 7 S. 1 EStG. Maßgebliche Tatbestandsvoraussetzung ist demnach eine auf Geldleistung gerichtete Forderung.[774] Anders verhält es sich hingegen nach Ansicht des BFH, wenn die Forderung auf eine Sachleistung gerichtet ist. Solche Forderungen werden selbst in dem Fall nicht als Kapitalforderung erachtet, in dem sie die Lieferung einer auf Geld gerichteten Forderung zum Gegenstand haben.[775] Diese Rechtsprechung, die auf dem Handel mit Goldzertifikaten beruht, wurde von Teilen der Literatur auch zur Begründung der Besteuerung von Einnahmen aus dem sog. *Lending* gem. § 22 Nr. 3 EStG herangezogen.[776] Die Gemeinsamkeit der beiden Mechanismen liegt vorliegend darin, dass die gezahlten Zinsen sowohl bei Debt-Token als auch beim *Lending* nicht in Fiat-Geld, sondern in Krypto-Token geleistet werden. Wie bereits erläutert, stellen Krypto-Token kein Geld bzw. keine anerkannte Fremdwährung dar.[777] Da Debt-Token ihrem Inhaber keinen Geldanspruch, sondern einen Anspruch auf Rücküberlassung von Currency-Token einräumen, wird in der Literatur die Ansicht vertreten, dass sie eine auf Sachleistung gerichtete Forderung enthalten. Basierend auf dieser Annahme wird eine Steuerbarkeit gem. § 20 Abs. 1 Nr. 7 EStG im Ergebnis abgelehnt.[778]

Dieser Ansicht ist nur in der geschilderten Sachverhaltskonstellation zu folgen. Anders verhält es sich, wenn der Anspruch auf die Zinszahlung in Fiat-Geld gerichtet ist. In diesem Fall liegt eine auf Geld gerichtete Forderung mit der Konsequenz vor, dass die Zinseinnahmen gem. § 20 Abs. 1 Nr. 7 EStG steuerbar sind. Nichts anderes ergibt sich bei der praktischen Handhabung, wenn es sich um Debt-Token handelt, die mit einem dahin gehenden Wahlrecht ausgestaltet sind. Hier ist so zu verfahren, dass auch das Wahlrecht des Emittenten oder Investors – wie bei Goldzertifikaten – dazu führt, dass Einkünfte aus Kapitalvermögen i. S. d. § 20 Abs. 1 Nr. 7 EStG angenommen werden.[779]

---

774 BFH, Urt. v. 19.04.2005 – VIII R 80/02, BeckRS 2005, 25009125; *Levedag* in Schmidt, EStG, 40. Auflage 2021, § 20, Rn. 115; *Haisch*, BB 2014, 2333 (2334 f.).

775 BFH, Urt. v. 12.09.1985 – VIII R 306/81, BStBl. II 1986, 252, BB 1986, 373.

776 *Heuel/Matthey*, EStB 2018, 263 (266); *Heuel/Matthey*, NWB 2018, 1037 (1042); *Kanders/Thomemann-Micker/Gräfe*, ErbStB 2018, 145 (149); *Lutzenberger*, GmbHR 2018, 794 (798).

777 *BMF* v. 27.02.2018 – III C 3 – S 7160-b/13/10001, BStBl. I 2018, 316; FinMin der Freien und Hansestadt Hamburg v. 11.12.2017 – S 2256 – 2017/003-52, NWB SAAAG-72252, verfügbar unter: https://datenbank.nwb.de/Dokument/Anzeigen/722501, abgerufen am 18.05.2020; OFD NRW, Kurzinfo v. 20.04.2018, DB 2018, 1185.

778 *Werneberg*, BB 2019, 2844 (2847).

779 *BMF*, 18.01.2016 – IV C 1 – S 2252/08/10004: 017, BStBl. I 2016, 85, Rn. 57.

(2) *Kapitaleinkünfte i. S. d. § 20 Abs. 1 Nr. 4 EStG*

Teilweise wird in dem Fall, in dem die an den Investor zu zahlenden Zinsen eine Gewinnvariable enthalten, von Einnahmen aus Kapitaleinkünften in Gestalt von partiarischen Darlehen gem. § 20 Abs. 1 Nr. 4 EStG ausgegangen. Anders als beim (Geld-)Darlehen i. S. d. § 488 BGB, gewährt ein partiarisches Darlehen statt oder neben festen oder variablen Zinsen einen Gewinnanteil bzw. eine gewinnabhängige Verzinsung. Überdies muss ein Kapitalrückzahlungsanspruch[780] bei gleichzeitigem Ausschluss einer Verlustbeteiligung vereinbart sein.[781] Dabei kann ein partiarisches Darlehen nicht bloß bei einem Gelddarlehen, sondern auch bei einem Sachdarlehen vereinbart werden.[782] Gewährt der Debt-Token demnach seinem Inhaber nicht nur einen Zinsanspruch, sondern auch eine gewinnabhängige Verzinsung, ohne dass eine Verlustbeteiligung gegeben ist, so sind die generierten Einnahmen als Kapitaleinkünfte i. S. d. § 20 Abs. 1 Nr. 4 EStG steuerbar.

Stellt der Debt-Token hingegen eine Vermögenseinlage dar, die im Rahmen des § 20 Abs. 1 Nr. 4 EStG neben Geld auch in Gestalt von Sachen, Rechten oder sonstigen Vermögensrechten erfolgen kann[783], ist indes von einer (typischen) stillen Beteiligung i. S. d. § 20 Abs. 1 Nr. 4 EStG auszugehen, die ebenfalls zu derartigen Kapitaleinkünften führt.[784] Die Unterscheidung zwischen stiller Beteiligung und partiarischem Darlehen liegt indes im Vorhandensein eines gemeinsamen Zwecks. Ergibt der Vergleich zwischen der Vereinbarung und dem Regelstatus der stillen Beteiligung i. S. d. §§ 230 ff. HGB eine Überstimmung in Bezug auf die wirtschaftlichen und persönlichen Ziele der Parteien und besteht eine Verlustbeteiligung, so ist eine stille Beteiligung gegeben.[785] Die Verlustbeteiligung stellt wiederum das Abgrenzungskriterium zum Genussrecht dar. Dieses wird angenommen, wenn gegen Gewinnbeteiligung Kapital überlassen wird und keine gemeinsame Zweckverfolgung gegeben ist und somit auch keine Kontroll- oder Treuepflichten vorherrschen.[786] Debt-Token stellen somit nur dann Einkünfte aus einer stillen Beteiligung dar, wenn sie nach den vorbenannten Abgrenzungskriterien kein Genussrecht oder partiarisches Darlehen verkörpern.

---

780 BFH, Urt. v. 25.01.2000 – VIII R 50/97, BStBl. II 2000, 393.

781 BFH, Urt. v. 07.02.2018 – X R 10/16, BStBl. II 2018, 630.

782 *Intermann* in Hermann/Heuer/Raupach, EStG/ KStG, 301. Lfg. 12.2020, § 20, Rn. 191.

783 *Ratschow* in Brandis/Heuermann, EStG, Stand: 159. EL Oktober 2021, § 20, Rn. 202.

784 *Werneburg*, BB 2019, 2844 (2847); im Ergebnis gehen *Reiter/Nolte* von einer kompletten Steuerbarkeit nach § 20 Abs. 1 Nr. 4 EStG aus, vgl. *Reiter/Nolte*, BB 2018, 1179 (1180).

785 https://www.haufe.de/finance/haufe-finance-office-premium/stille-gesellschaft-25-partiarisches-darlehen_idesk_PI20354_HI2968677.html, abgerufen am 19.02.2021.

786 https://itfconsult.wordpress.com/2013/05/30/zur-abgrenzung-patriarisches-darlehenstille-beteiligung-sowie-dem-genussrecht, abgerufen am 19.02.2021.

(3) Sonstige Einkünfte i. S. d. § 22 Nr. 3 EStG

In den Fällen, in denen die Debt-Token keine Geldforderung oder eine Gewinnbeteiligung vermitteln, sind die generierten Einkünfte aus den vorstehenden Erwägungen keine Kapitaleinkünfte i. S. d. § 20 Abs. 1 EStG. In Betracht kommt insoweit eine Besteuerung als sonstige Einkünfte gem. § 22 Abs. 3 EStG. Die Zinserträge in Gestalt von Krypto-Token fallen unter keine der anderen Einkunftsarten und stellen eine Leistung i. S. d. § 22 Nr. 3 EStG dar. Eine Leistung i. S. d. § 22 Nr. 3 EStG setzt ein Tätigwerden im Privatbereich voraus, dass nicht aus einer Veräußerung oder einem veräußerungsähnlichen Vorgang besteht. Die Begrifflichkeiten „Tätigkeit" und „Leistung" sind dabei weit zu fassen, sodass darunter grundsätzlich jedes Tun, Unterlassen oder Dulden zu verstehen ist, das Gegenstand eines entgeltlichen Vertrages sein kann und eine Gegenleistungspflicht auslöst.[787]

Die Zinszahlung in Gestalt von Krypto-Token stellt in Form der Überlassung der Debt-Token ein Tun dar, das Gegenstand eines entgeltlichen Vertrages ist. Die so erhaltenen Krypto-Token sind als Leistungsentgelt i. S. d. § 22 Nr. 3 EStG zu qualifizieren.[788] Somit sind die darauf generierten Einkünfte gem. § 22 Nr. 3 EStG steuerbar.

cc) Zwischenfazit

In Abgrenzung zu Equity- und Debt-Token, die jeweils eigen- oder fremdkapitalähnlich sind, gibt es noch sog. tokenisierte Genussrechts-Token. Diese bieten ihren Investoren ebenfalls eine Gewinnbeteiligung, jedoch wird ihnen kein Mitbestimmungsrecht eingeräumt.[789] Infolge des zumeist gleichzeitig vereinbarten qualifizierten Rangrücktritts, also des Verzichts des Investors, im Falle einer Insolvenz seine Forderung erstrangig geltend zu machen (s. § 39 Abs. 2, 199 S. 2 InsO), sind diese Genussrechts-Token mit dem sog. Mezzanine-Kapital vergleichbar. Dies hat zur Folge, dass sie sowohl Eigen- als auch Fremdkapitalcharakter aufweisen.[790] Infolge dessen können die Emittenten diese sowohl als Equity- als auch als reine Investment-Token ausgestalten.

---

787 BFH, Urt. v. 23.6.1964 – GrS 1/64 S, BStBl. III 1964, 500; BFH, Urt. v. 26.10.1982 – VIII R 83/79, BStBl. II 1983, 404; BFH, Urt. v. 21.11.1997 – X R 124/91, BStBl. II 1998, 133; BFH Urt. v. 28.11.2007 – IX R 39/06, BStBl. II 2008, 469; BFH, Urt. v. 19.03.2013 – IX R 65/10, BFH/NV 2013, 1085; BFH, Urt. v. 14.04.2015 – IX R 35/13, BStBl. II 2015, 795; BFH, Urt. v. 11.07.2017 – IX R 28/16, BStBl. II 2018, 86.

788 *Werneburg*, BB 2019, 2844 (2848).

789 https://www.fin-law.de/2020/04/13/die-tokenisierte-wandelanleihe-ein-kompromiss-auf-dem-weg-zum-equity-token, abgerufen am 19.02.2021.

790 *Weitnauer* in Weitnauer, Handbuch Venture Capital, 7. Auflage 2022, Teil F., Die VC-Beteiligung, Rn. 280 ff.

Abschließend ist festzuhalten, dass bei Equity-Token Kapitaleinkünfte gegeben sind. Liegt kein Equity-Token vor, ist grundsätzlich von einem Debt-Token auszugehen. Sollte Letzterer indes wie ein eigenkapitalähnlicher Genussrechts-Token ausgestaltet sein, der einen Anspruch auf Beteiligung sowohl am Gewinn als auch am Liquidationserlös gewährt, so ist ebenfalls von Kapitaleinkünften auszugehen.[791]

dd) Andere Finanzprodukte

Daneben kommt noch der Ertrag aus derivativen Finanzprodukten in Betracht, deren Wertentwicklung an die Kursentwicklung von Kryptowährungen gekoppelt ist. Unter derivativen Finanzprodukten werden gemeinhin Finanzinstrumente mit begrenzter Laufzeit verstanden, deren Wert auf dem Wert einer Basisposition beruht und nach einem bestimmten Mechanismus daraus abgeleitet wird. Basiswerte können dabei Wertpapiere, Aktien, Anleihen oder andere Derivate sein.[792] In Bezug auf Kryptowährungen stellen beispielsweise *Contracts for Difference* (CFD-Differenzkontrakte) oder Bitcoin Zertifikate solche derivativen Finanzprodukte dar.

Die aus diesen derivativen Finanzinstrumenten resultierenden Gewinne werden bisher ebenfalls als Einkünfte aus Kapitalvermögen eingestuft.[793] Konkret wird hierbei zum einen eine Besteuerung der Einkünfte nach § 20 Abs. 1 Nr. 1 EStG angenommen. Zum anderen wird in diesem Zusammenhang auch auf § 20 Abs. 2 S. 1 Nr. 4 EStG verwiesen, der im Hinblick auf die Umwandlung von Zinseinkünften in steuerfreie Kapitalgewinne die aufgeworfene Besteuerungslücke schließen soll.[794]

Fraglich ist jedoch, ob die Einkünfte nicht als Gewinne aus Termingeschäften bzw. aus der Veräußerung eines als Termingeschäft ausgestalteten Finanzinstruments gem. § 20 Abs. 2 Nr. 3 Buchst. a) bzw. b) EStG zu qualifizieren sind. Nach § 20 Abs. 3 Buchst. a) EStG ist der Gewinn bei Termingeschäften steuerbar, durch die der Steuerpflichtige einen Differenzausgleich oder einen durch den Wert einer veränderlichen Bezugsgröße bestimmten Geldbetrag oder Vorteil erlangt. Unter dem nicht legal definierten Termingeschäft werden dabei nach der Rechtsprechung des BGH zur Auslegung des WpHG[795] und des BFH zu Verträgen über Wertpapiere[796] vertretbare Waren oder Devisen nach gleichartigen Bedingungen verstanden, die von beiden Seiten erst zu einem späteren Zeitpunkt zu erfüllen sind und die

791 So auch *Werneburg*, BB 2019, 2844 (2847).

792 https://www.versicherungsmagazin.de/lexikon?char=R#results, abgerufen am 13.01.2021.

793 *Heuel/Matthey*, EStB 2018, 263 (265).

794 *Reiter/Nolte*, BB 2018, 1179 (1180).

795 BGH, Urt. v. 16.04.1991 – XI ZR 88/90, BGHZ 114, 177.

796 BFH, Urt. v. 04.12.2014 – IV R 53/11, BStBl. II 2015, 483 (486); FG Köln, Urt. v. 03.08.2011 – 7 K 4682/07, EFG 2012, 49; BFH, Urt. v. 24.10.2017 – VIII R 35/15, BStBl. II 2018, 189.

zudem eine Beziehung zu einem Terminmarkt haben, der es ermöglicht, jederzeit ein Geschäft abzuschließen.[797] Nach § 2 Abs. 2 Nr. 1 WpHG sind Termingeschäfte hingegen als Kauf, Tausch oder andere Festgeschäfte oder als Optionsgeschäfte ausgestaltete Geschäfte, die zeitlich verzögert zu erfüllen sind und deren Wert sich unmittelbar oder mittelbar vom Preis oder Maß eines Basiswertes ableitet. Unter einem Finanzinstrument i. S. d. § 20 Abs. 2 Nr. 3 Buchst. b) EStG werden indes Wertpapiere i. S. d. § 2 Abs. 1 WpHG, Geldmarktinstitute i. S. d. § 2 Abs. 1a WpHG, Derivate i. S. d. § 2 Abs. 2 WpHG und Rechte auf Zeichnung von Wertpapieren verstanden.[798]

Eine Besteuerung nach § 20 Abs. 1 Nr. 1 ESG ist für derivative Finanzinstrumente nicht einschlägig, da kein unmittelbarer Gewinn aus den dort abschließend benannten Bezugsvarianten gegeben ist.[799] Zwar kann der Basiswert in Gestalt von Aktien oder Genussrechten durchaus gegeben sein. Jedoch ist dem derivativen Finanzgeschäft immanent, dass es zum zeitlichen Auseinanderfallen des Verpflichtungs- und Erfüllungsgeschäfts kommt.[800] Danach ist die Besteuerung nach § 20 Abs. 2 Nr. 3 EStG als spezieller zu erachten. Auch eine Besteuerung gem. § 20 Abs. 2 Nr. 4 EStG scheidet aus, da die Gewinne aus der Realisierung des derivativen Finanzgeschäfts weder eine Veräußerung eines Wirtschaftsgutes noch eine stille Beteiligung oder ein partiarisches Darlehen darstellen. Vielmehr wird der Gewinn durch die werthaltige Kursveränderung des sich in der Kryptowährung widerspiegelnden Basiswertes verzögert realisiert. Damit unterfallen diese auf Grund ihrer Ausgestaltung vielmehr dem vorbenannten Termingeschäft – je nachdem wie die konkrete Ausgestaltung gegeben ist – gem. § 20 Abs. 2 Nr. 3 Buchst. a oder b EStG. Somit ist der bisherigen Literaturmeinung, dass Erträge aus Kapitaleinkünften i. S. d. § 20 EStG vorliegen, zwar zuzustimmen. Jedoch handelt es sich hierbei um Einkünfte gem. § 20 Abs. 2 Nr. 3 Buchst. a oder b EStG und nicht um solche nach § 20 Abs. 1 Nr. 1 oder Abs. 2 Nr. 4 EStG.

ee) Ausgabe von Investment-Token an Mitarbeiter

Einen Ausnahmefall stellt die Ausgabe von Investment-Token an Mitarbeiter des Emittenten dar. In diesem Fall wird in der Literatur sowohl dem Grunde als auch der Höhe nach von einem steuerpflichtigen Sachbezug und somit von Einkünften aus nicht selbstständiger Arbeit ausgegangen, s. § 19 Abs. 1 EStG, § 2 LStDV. Diese Annahme setzt jedoch drei kumulativ vorliegende Erfordernisse voraus: Zunächst muss der Investment-Token dem sich in der *Wallet* befindlichen öffentlichen Schlüssel des Mitarbeiters zugeordnet sein, daneben muss der Wert

---

797 *Bleschik* in Kirchhof, EStG, 20. Auflage 2021, § 20, Rn. 130.
798 *Bleschik* in Kirchhof, EStG, 20. Auflage 2021, § 20, Rn. 130.
799 *Ratschow* in Brandis/Heuermann, EStG, Stand: 159. EL Oktober 2021, § 20, Rn. 2.
800 *Schimmelschmidt/Hun Chai*, DB 2008, 1711 (1712).

des Investment-Tokens größer als null sein und es dürfen keine rechtlichen oder tatsächlichen Pflichten bestehen, den Investment-Token auf einen Dritten zu übertragen.[801]

Probleme werden in diesem Zusammenhang dann gesehen, wenn der Investment-Token zum Zeitpunkt der Ausgabe noch nicht handelbar ist, da in diesem Fall dennoch von einer Besteuerung durch die Finanzverwaltung ausgegangen wird. Als Lösung wird für diese sog. *dry-income* Problematik vorgeschlagen, ein Optionsrecht zu vereinbaren, sodass mittels einer Sperrfrist die erstmalige Ausübung zeitlich nach hinten versetzt wird.[802] Hierzu bietet sich eine Klausel an, nach der dem Mitarbeiter lediglich eine Chance zum Erwerb, jedoch keine sofort ausübbare sowie frei übertragbare Option zum Erwerb des Investment-Tokens eingeräumt wird.[803]

Ob diese Steuergestaltung in der Praxis durchsetzungsfähig sein wird, bleibt abzuwarten. Infolge der großen Anzahl von unbekannten Faktoren, wie z. B. die gesetzliche Anerkennung dieser Entlohnungsmethode, die Anerkennung durch das Finanzamt und diverse offene Fragen, die mit der tatsächlichen Umsetzung einhergehen, ist davon auszugehen, dass nur wenige Unternehmen sich für diese Möglichkeit entscheiden werden.

e) Vorgang der Besteuerung

Im Ergebnis sind die Erträge aus Investment-Token demnach als Einkünfte aus Kapitalvermögen zu versteuern. Die Gewinnanteile sowie eigenkapitalartige Genussrechte fallen unter den Katalog des § 20 Abs. 1 Nr. 1 EStG. Die Zinsen und Zahlungen sonstiger Genussrechte hingegen sind gem. § 20 Abs. 1 Nr. 4 bzw. Nr. 7 EStG steuerbar. Im Hinblick auf die Besteuerung nach § 20 Abs. 1 Nr. 1 und Nr. 4 EStG kommen die Vorschriften zum Quellensteuereinbehalt gem. § 43 Abs. 1 S. 1 Nr. 1, 3 EStG zur Anwendung.[804] Danach wird bei Kapitalerträgen i. S. d. § 20 Abs. 1 Nr. 1 EStG aus Aktien und Genussrechten bzw. Kapitalerträgen i. S. d. § 20 Abs. 1 Nr. 4 EStG die Einkommensteuer durch Abzug vom Kapitalertrag (Kapitalertragsteuer) erhoben.[805] Anders verhält es sich indes bei Kapitalerträgen nach § 20 Abs. 1 Nr. 7 EStG. Diese Einkünfte lösen nur dann eine Kapitalertragsteuerpflicht aus, wenn die zugrunde liegende Kapitalforderung verbrieft oder registriert ist oder sich gegen ein inländisches Kreditinstitut richtet.[806] Dies hat bis dato

---

801 *Figatowski*, NWB 2019, 2352 (2359).

802 Sog. *vesting period.*

803 *Figatowski*, NWB 2019, 2352 (2359).

804 *Jachmann-Michel* in Brandis/Heuermann, EStG, Stand: 159. EL Oktober 2021, § 43, Rn. 1.

805 *Jachmann-Michel* in Brandis/Heuermann, EStG, Stand: 159. EL Oktober 2021, § 43, Rn. 1 ff.

806 *Werneburg*, BB 2019, 2844 (2848).

zur Konsequenz, dass Unternehmensfinanzierungen, die über Debt-Token laufen, in der Regel, sofern keine variable Verzinsung gewährt wird, nicht kapitalertragsteuerpflichtig sind.[807]

aa) Veräußerungsgewinne

Im Hinblick auf die Veräußerung von Investment-Token greift indes § 20 Abs. 2 EStG ein. Danach gehört zu den Einkünften aus Kapitalvermögen auch der Gewinn aus der Veräußerung von Anteilen an einer Körperschaft i. S. d. § 20 Abs. 1 Nr. 1 EStG. Hierunter fallen auch Genussrechte und nach § 20 Abs. 2 S. 1 Nr. 2 Buchst. b der Gewinn aus der Veräußerung von Zinsforderungen durch deren Inhaber, wenn die dazugehörige Schuldverschreibung nicht mitveräußert wird. Dies gilt auch für die Einlösung von Zinsforderungen durch den ehemaligen Inhaber der Schuldverschreibung.[808] Das bedeutet, dass sofern der Steuerpflichtige sowohl Equity- als auch Debt-Token veräußert, die insoweit generierten Einkünfte ebenfalls Einkünfte aus Kapitalvermögen darstellen. Bei Equity-Token richtet sich die Besteuerung dabei nach § 20 Abs. 2 Nr. 1 EStG, wohingegen bei Debt-Token sich die Besteuerung dabei – je nach Ausgestaltung – nach § 20 Abs. 2 Nr. 4 oder 7 EStG[809] oder nach § 22 Nr. 2 i. V. m. § 23 Abs. 1 Nr. 2 EStG richten kann. Im Hinblick auf die dargelegten anderen Finanzprodukte richtet sich die Besteuerung nach § 20 Abs. 2 Nr. 3 Buchst. a oder b EStG. Zu beachten ist zudem, dass die Veräußerungsgewinne anders als bei § 23 Abs. 1 Nr. 2 EStG zeitlich unbegrenzt erfasst werden.[810] Überdies bemisst sich der Steuersatz nicht wie bei §§ 22, 23 EStG nach dem persönlichen Steuersatz, sondern wird grundsätzlich pauschal gem. § 32d Abs. 1 EStG mit dem gesonderten Steuertarif für Einkünfte aus Kapitalvermögen von 25 % versteuert, s. § 32d Abs. 1 S. 1 EStG.

bb) Anzeigepflichten des Investors bzw. Emittenten

Anders als beim gewöhnlichen Besteuerungsablauf im Rahmen der Quellenbesteuerung gibt es innerhalb des Konzepts von Investment-Token oft keine zentrale Stelle, die die Kapitalerträge auszahlt, s. § 44 Abs. 1 S. 3 EStG. Dies hat zur praktischen Konsequenz, dass den Steuerpflichtigen selbst die kapitalertragsteuerlichen

807 So auch *Werneburg*, BB 2019, 2844 (2848).

808 *Ratschow* in Brandis/Heuermann, EStG, Stand: 159. EL Oktober 2021, § 20, Rn. 350 ff.

809 Ebenso: *BMF* v. 10.05.2022, Einzelfragen zur ertragsteuerrechtlichen Behandlung von virtuellen Währungen und sonstigen Token, verfügbar unter: https://www.bundesfinanzministerium.de/Content/DE/Downloads/BMF_Schreiben/Steuerarten/Einkommensteuer/2022-05-09-einzelfragen-zur-ertragsteuerrechtlichen-behandlung-von-virtuellen-waehrungen-und-von-sonstigen-token-bmf-schreiben.pdf?__blob=publicationFile&v=2, abgerufen am 27.01.2023.

810 *Levedag* in Schmidt, EStG, 40. Auflage 2021, § 20, Rn. 126.

Pflichten und die damit einhergehenden spezifischen Haftungstatbestände, §§ 44 Abs. 5, 45a Abs. 7 EStG, treffen.[811] In Bezug auf die Erträge aus Debt-Token, die nicht in Fiat-Geld ausgegeben werden, ist § 44 Abs. 1 S. 7 bis 11 EstG anzuwenden. Danach hat der Steuerpflichtige die Kapitalertragsteuer, die nicht ausreichend durch die generierten Kapitalerträge gedeckt ist und die in Geld ausgegeben werden, dem Finanzamt in Fiat-Geld zur Verfügung zu stellen. Nach Ansicht der Finanzverwaltung kann der Emittent hierzu den steuerpflichtigen Investor auffordern, ihm diesen Betrag zur Verfügung zu stellen.[812] Kommt der Investor dieser Aufforderung indes nicht nach, kann der Emittent dies dem zuständigen Finanzamt anzeigen und dieses tritt dann im Rahmen des § 44 Abs. 1 S. 11 EStG an den Investor heran.[813] Im Ergebnis trifft damit nicht den Emittenten, sondern den Investor die Pflicht zur Zahlung der Kapitalertragsteuer. Der Emittent ist lediglich dazu verpflichtet, das Finanzamt darüber zu informieren, dass es überhaupt Investoren gibt, die ihm die angefallene Kapitalertragsteuer nicht zur Verfügung gestellt haben, s. § 44 Abs. 1 S. 10 EStG.[814]

In den übrigen Fällen, in denen eine zentrale Stelle, wie z. B. die emittierende Gesellschaft, die Investment-Token ausgibt, hat diese als Schuldnerin der Kapitalerträge den Steuerabzug für Rechnung des Steuergläubigers i. S. d. § 44 Abs. 1 EStG vorzunehmen.[815]

3. Erwerb und Veräußerung von Utility Token

Schwieriger verhält sich die Besteuerung des Erwerbs und der Veräußerung von Utility-Token. Dies hängt maßgeblich mit dem Umstand zusammen, dass diese stets individuell ausgestaltet sind und je nach Ausgestaltung ihrem Inhaber andere Rechte verleihen.[816]

a) Erwerb und Veräußerung

Im Hinblick auf den An- und Verkauf von Utility-Token kommt dennoch eine Steuerbarkeit nach §§ 22 Nr. 1 i. V. m. 23 Abs. 1 S. 1 Nr. 2 EStG in Betracht. Nach der obigen Definition handelt es sich auch bei Utility-Token um andere Wirtschaftsgüter i. S. d. § 23 Abs. 1 Nr. 2 EStG. Nach Ansicht der *BaFin*[817] können

---

811 *Werneburg*, BB 2019, 2844 (2848).

812 *BMF* v. 18.01.2016 – IV C 1 – S 2252/08/10004:017, BStBl. I 2016, 85, Rn. 251b.

813 *Werneburg*, BB 2019, 2844 (2848).

814 *Werneburg*, BB 2019, 2844 (2848).

815 *Jachmann/Michel* in Brandis/Heuermann, EStG, Stand: 159. EL Oktober 2021, § 44, Rn. 14 ff.

816 Vgl. 2. Teil, 6. Abschnitt, III., 2.; 4. Teil, 4. Abschnitt, C.

817 *BaFin*, Blockchain-Technologie – Gedanken zur Regulierung, veröffentlicht am 01.08.2018 unter: https://www.bafin.de/SharedDocs/Veroeffentlichungen/DE/BaFinPerspektiven/2018/bp_18-1_Beitrag_Fusswinkel.html, abgerufen am 04.06.2020.

Utility-Token „nur im Netzwerk des Emittenten zum Bezug von Waren oder Dienstleistungen genutzt werden. Bei Utility-Token finden sich regelmäßig sehr komplexe rechtliche Gestaltungen. Bei reinen Utility-Token (App-Token, Nutzungstoken, Verbrauchstoken) steht die alleinige Nutzung zum Bezug einer realwirtschaftlichen Dienstleistung im Vordergrund und nicht eine finanzielle Gegenleistung".[818] Im Kern bedeutet dies, dass auch Utility-Token vermögenswerte Vorteile darstellen, die einer selbstständigen Bewertung zugänglich und grundsätzlich von längerfristigem Nutzen sind. Sie implizieren eine konkrete wirtschaftliche Möglichkeit, deren Erlangung sich der Steuerpflichtige etwas kosten lässt.[819] Ihnen kommt damit ein eigenständiger Wert im Rechtsverkehr zu.[820] Dieser Umstand manifestiert sich bereits in dem Umstand, dass es zumeist Utility-Token bzw. Hybrid-Token aus Utility- und Currency-Token sind, die Gegenstand von *ICOs* sind.[821] Da diese Form der Finanzierung in den letzten Jahren immer mehr an Attraktivität dazu gewonnen hat und infolge dessen mittlerweile ein gefestigtes Instrument im Rahmen von Firmengründungen darstellt[822], sind den zugrunde liegen Utility-Token ebenfalls die vorbenannten Eigenschaften mit der Folge zuzusprechen, dass sie als andere Wirtschaftsgüter i. S. d. §§ 22, 23 EStG zu qualifizieren sind.

Somit ist der reine An- und Verkauf von Utility-Token – wie bei Currency-Token – als privates Veräußerungsgeschäft gem. §§ 22 Nr. 2 i. V. m. 23 Abs. 1 S. 1 EStG mit den bereits aufgetanen Besteuerungsmechanismen steuerbar.[823]

---

818 *BaFin*, Blockchain-Technologie – Gedanken zur Regulierung, veröffentlicht am 01.08.2018 unter: https://www.bafin.de/SharedDocs/Veroeffentlichungen/DE/BaFinPerspektiven/2018/bp_18-1_Beitrag_Fusswinkel.html, abgerufen am 04.06.2020.

819 *Ratschow* in Brandis/Heuermann, EStG, Stand: 159. EL Oktober 2021, § 23, Rn. 62 m. V. a. BFH, Urt. v. 21.09.2004 – IX R 36/01, BStBl. II 2006, 12 *zu GmbH-Bezugsrechten.*

820 *Weber/Grellet* in Schmidt, EStG, 40. Auflage 2021, § 5, Rn. 94 m. w. N.

821 *Schwendemann/Kirschbaum/*Förste, Utility-Token: ICO, Gestaltung, Besteuerung, veröffentlicht unter: https://www.winheller.com/bankrecht-finanzrecht/bitcointrading/ico-initial-coin-offering/utility-token.html, abgerufen am 01.06.2020.

822 *Nathmann*, BKR 2019, 540.

823 *van Aubel* in Habe/Mülbert/Schlitt, Unternehmensfinanzierung am Kapitalmarkt, 4. Auflage 2019, Initial Coin Offerings (ICOs), 3. Bilanzielle und ertragsteuerliche Behandlung beim Investor, Rn. 20.206; ebenso *BMF* v. 10.05.2022, Einzelfragen zur ertragsteuerrechtlichen Behandlung von virtuellen Währungen und sonstigen Token, verfügbar unter: https://www.bundesfinanzministerium.de/Content/DE/Downloads/BMF_Schreiben/Steuerarten/Einkommensteuer/2022-05-09-einzelfragen-zur-ertragsteuerrechtlichen-behandlung-von-virtuellen-waehrungen-und-von-sonstigen-token.pdf?__blob=publicationFile&v=1, abgerufen am 06.06.2022.

b) *Nutzung von Utility-Token*

Anders verhält es sich indes im Rahmen der reinen Nutzung der Utility-Token. Im Unterschied zu Currency-Token, die zumeist als reines Zahlungsmittel dienen, und Investment-Token, die auf Grund der Überlassung von Kapital zu Erträgen führen, besteht der Nutzen von Utility-Token darin, Zugang zu bestimmten Dienstleistungen zu erhalten. Dabei sind diverse Ausgestaltungen denkbar: So kann es sich beispielsweise um Nutzungsrechte oder Gutscheine für noch zu entwickelnde Plattformen oder auch um eine Dienstleistung handeln. Bei einem Vergleich mit sonstigen (alltäglichen) Dienstleistungen besteht im Ergebnis kein Unterschied, ob der Anspruch auf diese etwa aus klassischen „Papiergutscheinen" oder Utility-Token resultiert. Im Ergebnis ist daher – im Einklang mit der bisherigen Ansicht in der Literatur – von einem nicht steuerbaren privaten Konsum auszugehen.[824]

4. *Anderweitige Nutzung von Krypto-Token im Privatvermögen*

Mittlerweile haben sich diverse Nutzungsvarianten von Krypto-Token entwickelt. Neben den bereits vorgestellten Erwerbs- und Veräußerungsvorgängen werden die Krypto-Token auch durch diverse technische Vorgänge genutzt, um Einnahmen zu generieren. Einige dieser Nutzungsvarianten – ohne einen Anspruch auf Vollständigkeit erheben zu wollen – werden im Folgenden kurz vorgestellt und steuerrechtlich eingeordnet.

a) *Lending*

Beim *Lending* handelt es sich – wie bereits erörtert[825] – um einen entgeltlichen Vertrag, der dem Sach- bzw. Wertpapierdarlehen i. S. d. § 607 BGB gleicht. Das dahinterstehende System besteht zumeist auf speziell darauf ausgerichteten Crypto-*Lending*-Anbietern. Diese vergeben entweder Sofortkredite und nehmen hierfür Kryptowährungen als Sicherheit entgegen.[826] Oder der Kreditgeber stellt seine Krypto-Coins gegen Zahlung eines festen Zinssatzes dem Kreditnehmer zur Verfügung. Bei diesem Modell befinden sich die Krypto-Coins während der vereinbarten Laufzeit auf der *Wallet* der Plattform. Am Ende der Laufzeit erlangt

---

824 So auch *van Aubel* in Habersack/Mülbert/Schlitt, Unternehmensfinanzierung am Kapitalmarkt, 4. Auflage 2019, Initial Coin Offerings (ICOs), 3. Bilanzielle und ertragsteuerliche Behandlung beim Investor, Rn. 20.206.

825 Vgl. 3. Teil, 2. Abschnitt, C., I., 3., c), aa); die vorliegende rechtliche Würdigung bezieht sich nur auf klassische *Air-Drops*, nicht Gegenstand der hiesigen Prüfung sind der Erhalt von Krypto-Token mittels eines *Airgrabs* oder *Reward-Airgrabs*, vgl. hierzu: *Selonke/Madsen*, beck.digitax 2022, 290 (294) m. V. a.: *Carlé/Winkler*, DStZ 2021, 570; *Himmer/Liedgens*, Ubg 2022, 194.

826 https://coin-ratgeber.de/krypto-lending-kredit, abgerufen am 05.05.2020.

der Darlehensgeber diese – entweder in Gestalt der hingegebenen oder in Gestalt wertgleicher Krypto-Coins – zuzüglich der Rendite zurück.[827]

In steuerrechtlicher Hinsicht kommt eine Steuerbarkeit gem. § 20 Abs. 1 Nr. 7 EStG in Betracht. Danach gehören zu den Einkünften aus Kapitalvermögen auch die Erträge aus sonstigen Kapitalforderungen jeder Art, wenn die Rückzahlung des Kapitalvermögens oder ein Entgelt für die Überlassung des Kapitalvermögens zur Nutzung zugesagt oder geleistet worden ist, auch wenn die Höhe der Rückzahlung oder des Entgelts von einem ungewissen Ereignis abhängt. Dies gilt unabhängig von der Bezeichnung und der zivilrechtlichen Ausgestaltung der Kapitalanlage.[828] Erstattungszinsen i. S. d. § 233a AO sind hierbei ebenfalls als Erträge i. S. d. § 20 Abs. 1 Nr. 7 S. 1 EStG zu qualifizieren, s. § 20 Abs. 1 Nr. 1 S. 1–3 EStG. Unter einer Kapitalforderung i. S. d. § 20 Abs. 1 Nr. 7 EStG fällt schließlich jede auf eine Geldleistung gerichtete Forderung.[829] Unter dem Begriff der Forderung ist indes jeder Anspruch i. S. d. zivilrechtlichen Forderungsbegriffes zu verstehen. Voraussetzung ist ein wirksames Rechtsverhältnis. Der zugrunde liegende Rechtsgrund kann dabei sowohl vertraglich als auch gesetzlich sowie privatrechtlich oder öffentlich-rechtlicher Natur sein.[830] Keine Kapitalforderungen sind hingegen auf Sachleistung gerichtete Forderungen[831], z. B. aus Wertpapierdarlehen, also der Übereignung von Wertpapieren auf Zeit mit der Verpflichtung, dass der Darlehensnehmer Papiere gleicher Art und Güte zurück zu übereignen hat, oder Forderungen, die auf die Lieferung von Sachen gerichtet sind.[832]

Problematisch ist vorliegend das Tatbestandsmerkmal der auf eine Geldleistung gerichteten Forderung innerhalb der Kapitalüberlassung. Eine solche ist im Rahmen des *Lendings* nicht gegeben. Es wird zwar eine Gebühr bezahlt, diese wird jedoch nicht in Fiat-Geld, sondern in Krypto-Coins gezahlt.[833] Auf Grund dessen geht der überwiegende Teil der Literatur zwar von einer entgeltlichen Überlassung

---

827 https://coin-ratgeber.de/bitcoin-kredit-lending, abgerufen am 17.01.2021; *Hosp*, Bitcoin-*Lending*: Vergleich der 5 besten Crypto Plattformen, veröffentlicht am 09.04.2020 unter: https://www.wallstreet-online.de/nachricht/12392059-bitcoin-lending-vergleich-5-besten-crypto-plattformen/all, abgerufen am 05.05.2020.

828 *Ratschow* in Brandis/Heuermann, EStG, Stand: 159. EL Oktober 2021, § 20, Rn. 308a.

829 *Ratschow* in Brandis/Heuermann, EStG, Stand: 159. EL Oktober 2021, § 20, Rn. 308.

830 BFH, Urt. v. 26.06.1996 – VIII R 67/95, BFH/NV 97, 175.

831 *Weißbrodt/Michalke*, DStR 2012, 1536.

832 *Ratschow* in Brandis/Heuermann, EStG, Stand: 159. EL Oktober 2021, § 20, Rn. 308 m. V. a. BFH, Urt. v. 12.05.2015 – VIII R 4/15, BStBl. II 2015, 835; BFH, Urt. v. 12.05.2015 – VIII R 35/14, BStBl. 2015, 834; BFH, Urt. v. 06.02.2018 – IX R 33/17, BStBl. II 2018, 525.

833 Vgl. 4. Teil, 2. Abschnitt, B., II.

aus.[834] Indes handelt es sich hierbei nach einhelliger Meinung nicht um eine auf eine Geldleistung gerichtete Forderung aus Kapitalüberlassung.[835] Stattdessen stellt die Verleihung eines Krypto-Coins – wie bereits dargelegt – eine Art Sachdarlehen dar.[836] Damit scheidet eine Steuerbarkeit gem. § 20 Abs. 1 Nr. 7 EStG aus.[837]

In Betracht kommt deshalb eine Besteuerung als sonstige steuerbare Nutzungsüberlassung gem. § 22 Nr. 3 EStG.[838] Danach sind sonstige Einkünfte aus Leistungen solche, die weder zu anderen Einkunftsarten (§ 2 Abs. 1 S. 1 Nr. 1–6 EStG) noch zu den Einkünften i. S. d. § 22 Abs. 1 Nr. 1, 1a, 2 oder 4 EStG gehören, z. B. Einkünfte aus gelegentlichen Vermittlungen oder aus der Vermietung beweglicher Gegenstände, s. § 22 Nr. 3 S. 1 EStG. Die so generierten Einkünfte sind nach § 22 Nr. 3 Satz 2 EStG nicht einkommensteuerpflichtig, wenn sie weniger als 256,00 € im Kalenderjahr betragen haben. § 22 Nr. 3 EStG ist gegenüber § 22 Nr. 1 und 2 EStG subsidiär[839] und kommt damit nur zum Tragen, wenn diese nicht anwendbar sind. Unter Leistung ist wiederum jedes Tun, Dulden oder Unterlassen, das Gegenstand eines entgeltlichen Vertrages sein kann und um des Entgelts willen erbracht wird[840], zu verstehen. Ein gegenseitiger synallagmatischer Vertrag wird indes nicht gefordert.[841] Entscheidend ist vielmehr, dass der Zahlende auf Grund des Auftretens des Zahlungsempfängers die betreffende Leistung unabhängig davon

---

834 *Lutzenberger*, GmbHR 2018, 794 (798); *Arendt* in Beck´sches Steuer- und Bilanzrechtslexikon, Edition 58 2022, Stand: 01.07.2021, Kryptowerte, Rn. 17; *Heuel/Matthey*, EStB 2018, 263 (267); *Brinkmann/Meseck*, EdF 2018, 231 (235).

835 *Lutzenberger*, GmbHR 2018, 794 (798).

836 https://coin-ratgeber.de/krypto-lending-kredit.

837 Infolge der vom BFH (Urt. v. 14.02.2023 – IX R 3/22, DStR 2023, 435) angenommenen strukturellen Vergleichbarkeit mit Fremdwährungen könnte die Diskussion aufgeworfen werden, die Gewinne aus *Lending* wie Währungsgewinne und -verluste aus der Veräußerung oder Rückzahlung einer verbrieften oder unverbrieften verzinslichen Kapitalforderung oder eines verzinslichen Fremdwährungsguthabens nach § 20 Abs. 2 S. 2 i. V. m. § 20 Abs. 2 S. 1 Nr. 7 EStG zu besteuern.

838 *Heuel/Matthey*, NWB 2018, 1037 (1042); *Heuel/Matthey*, ErbStB 2018, 263 (266); *Kanders/Thonemann-Micker/Gräfe*, ErbStB 2018, 145 (150); *BMF* v. 10.05.2022, Einzelfragen zur ertragsteuerrechtlichen Behandlung von virtuellen Währungen und sonstigen Token, verfügbar unter: https://www.bundesfinanzministerium.de/Content/DE/Downloads/BMF_Schreiben/Steuerarten/Einkommensteuer/2022-05-09-einzelfragen-zur-ertragsteuerrechtlichen-behandlung-von-virtuellen-waehrungen-und-von-sonstigen-token.pdf?__blob=publicationFile&v=1, abgerufen am 06.06.2022; a. A.: Heuel/Matthey, EStB 2018, 300 (301).

839 BFH, Urt. v. 14.06.1994 – VIII R 14/93, BFH/NV 1995, 377.

840 BFH, Urt. v. 23.06.1964 – GrS 1/64 S, BStBl. III 1964, 500.

841 BFH, Urt. v. 14.09.1999 – IX R 88/95, BStBl. II 1999, 776, FR 1999, 1379 m. Anm. *Fischer*; BFH, Urt. v. 18.12.2001 – IX R 74/98, BFH/NV 2002, 643 m. w. N.

erwartet, ob Letzterer die Leistung erbringen kann oder will. Infolge dessen reicht es aus, wenn der Steuerpflichtige im wirtschaftlichen Zusammenhang mit seinem Tun, Dulden oder Unterlassen die gewährte Leistung als solche annimmt.[842] Im Rahmen des *Lendings* kommt es – wie bereits ausgeführt – zu einer entgeltlichen Überlassung der Krypto-Token. Das Entgelt wird für die Zurverfügungstellung bezahlt. Insoweit erbringt der Steuerpflichtige eine Leistung um des Entgelts willen. Ein dahinterstehender wirtschaftlicher Zusammenhang ist ebenfalls gegeben. Es liegt auch keine Leistung i. S. e. anderen Erwerbstatbestands vor. Somit führt das *Lending* zu steuerbaren sonstigen Einkünften i. S. d. § 22 Nr. 3 EStG.[843]

Wie bereits ausgeführt[844], kommt es beim *Lending* nicht zu einer Verlängerung der Haltefrist gem. § 23 Abs. 1 Nr. 2 S. 4 EStG.[845] Insoweit wird vollumfänglich auf die obigen Ausführungen Bezug genommen.

b) Air-Drops

Ferner ist zu prüfen, wie der Erhalt und die gegebenenfalls spätere Veräußerung von im Privatvermögen gehaltenen Krypto-Coins steuerlich zu bewerten ist, die mittels eines *Air-Drops* generiert worden sind. Wie bereits dargestellt, werden den Nutzern die Coins im Zuge eines *Air-Drops* kostenlos zur Verfügung gestellt.[846]

---

842 BFH, Urt. v. 21.09.2004 – IX R 13/02, BStBl. II 2005, 44, FR 2004, 1399 m. Anm. *Fischer*; BFH, Urt. v. 20.04.2004 – IX R 39/01, BStBl. II 2004, 1072, FR 2004, 1011.

843 Im Ergebnis auch *Pielke*, Besteuerung von Kryptowährungen – Ein Überblick über die verschiedenen Steuerarten, 1. Auflage 2018, Rn. 3.2.5; *Lutzenberger* in GmbHR 2018, 794 (797); *Heuel/Matthey*, NWB 2018, 1037 (1042).

844 Vgl. 5. Teil, 2. Abschnitt, B., I., 1., c), dd).

845 *Lutzenberger* in GmbHR 2018, 794 (798); *Heuel/Matthey*, EStB 2018, 263 (267); *Brinkmann/Meseck*, RdF 2019, 231 (235); ebenso aber ohne Begründung *BMF* v. 10.05.2022, Einzelfragen zur ertragsteuerrechtlichen Behandlung von virtuellen Währungen und sonstigen Token, verfügbar unter: https://www.bundesfinanzministerium.de/Content/DE/Downloads/BMF_Schreiben/Steuerarten/Einkommensteuer/2022-05-09-einzelfragen-zur-ertragsteuerrechtlichen-behandlung-von-virtuellen-waehrungen-und-von-sonstigen-token.pdf?__blob=publicationFile&v=1, abgerufen am 06.06.2022.

846 Vgl. 3. Teil, 2. Abschnitt, C., I., 3., c), bb); die vorliegende rechtliche Würdigung bezieht sich nur auf klassische *Air-Drops*, nicht Gegenstand der hiesigen Prüfung sind der Erhalt von Krypto-Token mittels eines *Airgrabs* oder *Reward-Airgrabs*, vgl. hierzu: *Selonke/Madsen*, beck.digitax 2022, 290 (294) m. V. a.: *Carlé/Winkler*, DStZ 2021, 570; *Himmer/Liedgens*, Ubg 2022, 194.

aa) Erhalt von Krypto-Coins mittels eines Air-Drops

In Bezug auf den Erhalt von Krypto-Coins infolge eines *Air-Drops* kommt der Tatbestand der sonstigen Einkünfte gem. § 22 EStG in Betracht. Die bereits benannte Definition der sonstigen Einkünfte i. S. d. § 22 Nr. 3 EStG[847] wird im Hinblick auf die Leistung auch dahingehend ausgelegt, dass ihr eine Ergänzungsfunktion zugesprochen wird, wonach sie im Verhältnis zu den anderen Einkunftsarten lediglich eine solche innehat.[848] Nach Ansicht der Literatur soll dies zur Konsequenz haben, dass nur wirtschaftlich entsprechende Sachverhalte von § 22 Nr. 3 EStG erfasst sein sollen.[849]

Ob nunmehr Krypto-Coins aus *Air-Drops* eine sonstige Leistung i. S. d. § 22 Nr. 3 EStG darstellen, ist umstritten. Nach einer Ansicht soll § 22 Nr. 3 EStG einschlägig sein, da die unentgeltliche Zurverfügungstellung von Krypto-Coins unter keine der anderen Einkunftsarten falle und Kryptowährungen mittlerweile als sonstige Leistungen i. S. d. § 22 Nr. 3 EStG verstanden werden.[850] Nach anderer Ansicht handle es sich bei dem Bezug von neuen Krypto-Coins im Zuge eines *Air-Drops* nicht um eine steuerbare Leistung i. S. d. § 22 Nr. 3 EStG.[851] Argumentativ wird diese Ansicht darauf gestützt, dass der Vorgang des *Air-Drops* selbst unentgeltlich erfolge und infolge dessen könne er zwangsläufig kein Gegenstand eines entgeltlichen Vorgangs i. S. d. BFH-Rechtsprechung sein.[852]

Der zuletzt benannten Ansicht ist zuzustimmen. Die Ermittlung der sonstigen Einkünfte erfolgt dergestalt, dass eine Überschussrechnung erstellt wird. Das heißt, die sonstigen Einkünfte werden grundsätzlich als Überschuss der Einnahmen über die Werbungskosten ermittelt, s. § 2 Abs. 2 Nr. 2 EStG. Soweit die Einkünfte indes nicht in Geld bestehen, sind sie nach § 8 EStG mit den üblichen Mittelpreisen des Verbrauchsorts anzusetzen.[853] Leistung setzt in diesem Zusammenhang ein Tätigwerden im Privatbereich voraus, das nicht aus einer Veräußerung oder einem

---

847 BFH, Urt. v. 24.02.2012 – IX R 6/10, EStB 2012, 245, BStBl. II 2012, 581; BFH, Urt. v. 21.09.2004 – IX R 13/02, EStB 2005, 11, BStBl. II 2005, 44.

848 *Killat* in Herrmann/Heuer/Raupach, EStG-KStG Kommentar, Stand: 309. Lieferung 02.2022, § 22 EStG, Rn. 285.

849 *Heuel/Matthey*, EStB 2018, 300 (302) m. w. N.

850 *Nacke* in Brandis/Heuermann, EStG, Stand: 159. EL Oktober 2021, § 22, Rn. 168 M; ähnlich *BMF* v. 10.05.2022, Einzelfragen zur ertragsteuerrechtlichen Behandlung von virtuellen Währungen und sonstigen Token, verfügbar unter: https://www.bundesfinanzministerium.de/Content/DE/Downloads/BMF_Schreiben/Steuerarten/Einkommensteuer/2022-05-09-einzelfragen-zur-ertragsteuerrechtlichen-behandlung-von-virtuellen-waehrungen-und-von-sonstigen-token.pdf?__blob=publicationFile&v=1, abgerufen am 06.06.2022.

851 *Heuel/Matthey*, NWB 2018, 1037 (1049).

852 *Heuel/Matthey*, EStB 2018, 300 (302).

853 *Nacke* in Brandis/Heuermann, EStG, Stand: 159. EL Oktober 2021, § 22, Rn. 22.

veräußerungsähnlichen Vorgang besteht. Hierbei sind die Begriffe Tätigkeit und Leistung weit zu fassen, weshalb grundsätzlich jedes Tun, Dulden oder Unterlassen hierunter fällt, das Gegenstand eines entgeltlichen Vertrags sein kann und eine Gegenleistung auslöst.[854] Da ein *Air-Drop* weder Gegenstand eines entgeltlichen Vertrages ist noch eine Gegenleistung im Gegenzug für die Zurverfügungstellung der Krypto-Coins erfolgt, liegt keine Leistung i. S. d. § 22 EStG vor. Infolge dessen ist kein steuerbarer Vorgang i. S. d. § 22 Nr. 3 EStG gegeben.

Da es sich um Zuwendungen innerhalb des Geschäfts- bzw. Wirtschaftslebens handelt, stellen die im Rahmen eines *Air-Drops* erhaltenen Krypto-Coins auch keine Schenkung unter Lebenden i. S. d. § 7 Abs. 1 Nr. 1 ErbStG dar. Nach Ansicht des BFH[855] liegt keine freigebige Zuwendung im Bereich geschäftlicher Beziehungen vor, wenn die Zuwendung zur Förderung des Geschäfts des Zuwendenden dient. Danach besteht keine Steuerpflicht für Zuwendungen von Werbegeschenken oder Kulanzzahlungen, da mit diesen Aufwendungen der geschäftliche Erfolg erreicht werden soll.[856] Da es sich bei den ausgegeben Krypto-Coins ebenfalls – wie bereits dargelegt – um Zuwendungen zum Anreiz weiterer Investitionen beim zuwendenden Unternehmen handelt, scheidet auf der Grundlage der Ansicht des BFH eine Besteuerung nach § 7 Abs. 1 Nr. 1 ErbStG ebenfalls aus.

Damit ist ein Erhalt von Krypto-Coins infolge eines *Air-Drops* dem Finanzamt gegenüber nicht anzuzeigen.

bb) Veräußerung von Krypto-Coins aus Air-Drops

Dem *Air-Drop* ist es immanent, dass ihm kein selbstständiger Erwerbstatbestand zugrunde liegt. Im Hinblick auf die spätere Veräußerung der Krypto-Coins könnte dies zur Folge haben, dass mangels Anschaffungsvorgangs das private Veräußerungsgeschäft gem. § 23 Abs. 1 S. 1 Nr. 2 EStG keiner Besteuerung unterliegt. Da ein privates Veräußerungsgeschäft in Gestalt eines Veräußerungsgeschäfts über ein anderes Wirtschaftsgut grundsätzlich nur dann vorliegt, wenn der Zeitraum zwischen Anschaffung und Veräußerung nicht mehr als ein Jahr beträgt, könnte die Ermittlung der Einkünfte nach den obigen Vorgaben obsolet sein, da kein Anschaffungsvorgang gegeben ist. Denn die Veräußerung ist nur steuerbar, wenn ihr die Anschaffung des veräußerten Wirtschaftsgutes vorausgegangen ist.[857] Der Begriff

---

854 BFH, Großer Senat, Urt. v. 23.06.1964 – GrS 1/64, BStBl. III 64, 500; BFH, Urt. v. 26.10.1982 – VIII R 83/79, BStBl. II 1983, 404; BFH, Urt. v. 21.11.1997 – X R 124/91, BStBl. 1998, 133; BFH, Urt. v. 28.11.2007 – IX R 39/06, BStBl. II 2008, 469; BFH, Urt. v. 19.03.2013 – IX R 65/10, BFH/NV 2013, 1085; BFH, Urt. v. 14.04.2015 – IX R 35/13, BStBl. II 2015, 795; BFH, Urt. v. 11.07.2017 – IX R 28/16, BStBl. II 2018, 86.

855 BFH, Urt. v. 29.10.1997 – II R 60/94, BStBl. II 1997, 832.

856 *Milatz* in Burandt/Rojahn, Erbrecht, 3. Auflage 2019, § 7 ErbStG, Rn. 26 f. m. w. N.

857 *Ratschow* in Brandis/Heuermann, EStG, Stand: 159. EL Oktober 2021, § 23, Rn. 91.

der Anschaffung ist i. S. d. § 6 EStG und § 255 Abs. 1 HGB auszulegen.[858] Voraussetzung der Annahme einer Anschaffung ist demnach der entgeltliche Erwerb eines bestehenden Wirtschaftsgutes von einem anderen, z. B. durch Kauf oder Tausch.[859] Da im Rahmen eines *Air-Drops* kein entgeltlicher Anschaffungsvorgang vorliegt, ist im Ergebnis auch kein steuerbares privates Veräußerungsgeschäft gegeben, wenn diese Krypto-Coins anschließend wieder veräußert werden. Damit ist eine dahin gehende Anzeige beim Finanzamt ebenfalls nicht vorzunehmen.

c) Generierung über ICOs

ICOs stellen konkret ein Finanzierungsmodell in Gestalt eines virtuellen Börsengangs dar, bei dem durch den Verkauf von Krypto-Token vor allem Start-up-Unternehmen finanziert werden. Im Zuge dessen erwerben Investoren neue Krypto-Token gegen Zahlung mit einer anderen Kryptowährung.[860] Diese liegen zumeist in Gestalt von Currency- oder Utility-Token vor. Damit liegt im Ergebnis genau derselbe Tauscherwerbsvorgang vor, wie er bereits[861] dargetan wurde. Insoweit wird im Hinblick auf die Besteuerung auf die obigen Abschnitte verwiesen.

d) Staking

Fraglich ist, ob und wie der Gewinn, der durch mittels *Staking* generierte Krypto-Token erzielt wird, gegebenenfalls zu besteuern ist. Anders als beim Mining generieren die Nutzer ausschließlich durch die ihnen bereits gehörenden Krypto-Token Erträge.[862] Dies geschieht so, dass die Auswahlwahrscheinlichkeit im Rahmen der Konsensfindung bzw. die Auswahl, wer den nächsten Block schürfen kann, dadurch bedingt wird, wer den größten Anteil an bereits vorhandenen Krypto-Token hält. Zu beachten ist jedoch, dass auch hierbei noch eine Zufälligkeitskomponente gegeben ist.[863]

Bei den durch *Staking* generierten Krypto-Coins handelt es sich um andere Wirtschaftsgüter i. S. d. §§ 22, 23 EStG.[864] Problematisch ist jedoch auch hierbei die steuerliche Bewertung der Frage nach der Verlängerung der Haltefrist gem. § 23 Abs. 1 S. 1 Nr. 2 S. 4 EStG sowie der des Zuflusses und der späteren Veräußerung der Krypto-Coins.

---

858 St. Rspr., z. B. BFH, Urt. v. 20.04.2004 – IX R 5/02, BStBl. II 2004, 987 m. w. N.

859 *Ratschow* in Brandis/Heuermann, EStG, Stand: 159. EL Oktober 2021, § 23, Rn. 91 m. w. N.

860 *Heuel/Matthey*, EStB 2018, 300 (301).

861 Vgl. 5. Teil, 2. Abschnitt, B., 1.; 5. Teil, 2. Abschnitt, B. I. 1., b), dd) und 5. Teil, 2. Abschnitt, B. I. 3. a), dd).

862 Vgl. 2. Teil, 3. Abschnitt, B., II.

863 *Heuel/Matthey*, EStB 2018, 263 (264).

864 *Heuel/Matthey*, EStB 2018, 300 (303).

aa) Zufluss und anschließende Veräußerung

Fraglich ist zunächst, wie der Zufluss der Krypto-Coins durch das *Staking* steuerrechtlich zu bewerten ist. In Betracht kommen wiederum Einkünfte i. S. d § 22 Nr. 3 EStG, da hierunter – wie bereits erläutert – nicht nur die Erbringung eines Leistungsentgelts in Fiat-Geld, sondern auch in Sachwerten fällt.[865] Da beim *Staking* kein Anschaffungsvorgang gegeben ist, scheidet eine Steuerbarkeit gem. § 22 Nr. 3 EStG aus. Mangels anderweitiger Einschlägigkeit eines alternativen Steuertatbestandes und infolge der mit dem Zufluss der Krypto-Coins einhergehenden Leistung im vorbenannten Sinne[866] liegt damit im Zeitpunkt des Zuflusses keine steuerbare Leistung i. S. d. § 22 Nr. 3 EStG vor.[867]

Problematisch ist indes, ob mangels Anschaffungskosten und damit mangels Anschaffungsvorgangs im Zuge der Veräußerung eine Steuerbarkeit angenommen werden kann. Die anschließende Veräußerung ist nämlich – wie bereits dargetan – nur steuerbar, wenn ihr die Anschaffung des veräußerten Wirtschaftsgutes vorausgegangen ist. Die Veräußerung selbst hergestellter Wirtschaftsgüter ist, abgesehen von der Ausnahmeregelung des § 23 Abs. 1 S. 1 Nr. 1 S. 2 EStG für selbst errichtete Gebäude, steuerlich unbeachtlich.[868] Unter den Begriff der Selbstherstellung fasst die Literatur auch das Minen von Krypto-Coins.[869] Dem Minen liegt – wie bereits erörtert – ein originärer Erwerb zugrunde. Ebenso verhält es sich beim *Staking*, nur dass hierbei die bereits erworbenen Krypto-Token zum originären Erwerb führen. Mithin liegt kein Anschaffungsvorgang i. S. d. § 23 EStG vor. Somit ist die anschließende Veräußerung der durch *Staking* generierten Krypto-Coins nicht steuerbar.[870]

---

865 *Ratschow* in Brandis/Heuermann, EStG, Stand: 159. EL Oktober 2021, § 23, Rn. 91.

866 Vgl. 5. Teil, 2. Abschnitt, B., I. 4. d).

867 Im Ergebnis auch *Heuel/Matthey*, EStB 2018, 300 (303); *Selonke/Madsen*, beck.digitax 2022, 290 (293); a. A. *Sanning*, FR 2022, 244 (251); a. A. unter Annahme einer Fruchtziehung i. S. d § 22 Nr. 3 EStG ohne nähere Begründung: *BMF* v. 10.05.2022, Einzelfragen zur ertragsteuerrechtlichen Behandlung von virtuellen Währungen und sonstigen Token, verfügbar unter: https://www.bundesfinanzministerium.de/Content/DE/Downloads/BMF_Schreiben/Steuerarten/Einkommensteuer/2022-05-09-einzelfragen-zur-ertragsteuerrechtlichen-behandlung-von-virtuellen-waehrungen-und-von-sonstigen-token.pdf?__blob=publicationFile&v=1, abgerufen am 06.06.2022.

868 *Ratschow* in Brandis/Heuermann, EStG, Stand: 159. EL Oktober 2021, § 23, Rn. 91 (95).

869 *Ratschow* in Brandis/Heuermann, EStG, Stand: 159. EL Oktober 2021, § 23, Rn. 96 m. V. a. *Richter/Augel*, FR 2017, 935.

870 Im Ergebnis auch *Heuel/Matthey*, EStB 2018, 300 (303).

bb) Verlängerung der Haltefrist, § 23 Abs. 1 S. 1 Nr. 2 S. 4 EStG

Wie bereits ausgeführt, ist Sinn und Zweck der Verlängerung der Haltefrist von einem auf zehn Jahre gem. § 23 Abs. 1 S. 1. Nr. 2 S. 4 EStG derjenige, Missbräuche vorzubeugen. Infolge dessen ist die Vorschrift vorliegend, vor allem auch im Hinblick auf ihre überschießende Tendenz, teleologisch dahingehend zu reduzieren, dass es im Falle des Zuflusses von Krypto-Coins ohne Zutun des Steuerpflichtigen zu keiner Verlängerung der Haltefrist kommt. Nichts anderes kann bei durch *Staking* generierten Krypto-Coins gelten.[871] Aus demselben Grund liegt auch keine Verlängerung der Spekulationsfrist gem. § 23 Abs. 1 S. 1 Nr. 2 S. 4 EStG für die vorhandenen Krypto-Coins vor.[872] Damit kommt es im Ergebnis nicht zu einer Verlängerung der Haltefrist gem. § 23 Abs. 1 S. 1 Nr. 2 S. 4 EStG im Rahmen des Erwerbs und der Veräußerung von durch *Staking* generierten Krypto-Token.

e) Masternoding

Wie bei der Kryptowährung DASH vorgestellt, können Nutzer auch durch das Halten von *Masternodes* Krypto-Token genieren.[873] Diese Form der Gewinnerzielung wird als sog. *Masternoding* bezeichnet. Hierbei erhalten die Betreiber der *Masternodes* für die Übernahme der zusätzlichen Aufgaben wie z. B. das Verarbeiten von anonymen und vertraulichen Transaktionen, Sofort-Transaktionen und die Teilnahme an der *Governance* innerhalb des jeweiligen Netzwerkes einen Anteil am *Block-Reward* als Vergütung. Die Anzahl und die Häufigkeit sind dabei jedoch sehr variabel und divergieren je nach der gewählten Plattform.[874] Fraglich ist nunmehr, wie der Erhalt und die spätere Veräußerung der durch *Masternoding* generierten Krypto-Coins steuerrechtlich zu bewerten ist.

aa) Erhalt von Krypto-Coins durch Masternoding

In Betracht kommt insoweit eine ähnliche Bewertung wie bei der Generierung beim *Staking*. Denn auch dort fließen dem Steuerpflichtigen auf Grund des Besitzes von Krypto-Token unentgeltlich weitere Krypto-Token zu. Jedoch besteht ein großer Unterschied darin, dass beim *Masternoding* das Halten einer bestimmten Anzahl von Krypto-Token vorausgesetzt wird, wie z. B. beim DASH 1000 Stück. Zudem ist die Arbeitsweise hauptsächlich darauf ausgerichtet, die vorgenannten Tätigkeiten auszuüben und nicht primär Transaktionen zu bestätigen.[875] Insoweit

---

871 Ebenso *Heuel/Matthey*, EStB 2018, 300(303).

872 *Heuel/Matthey*, EStB 2018, 300 (303); *Heuel/Matthey*, EStB 2018, 263 (266) m. V. a. BT-Drs. 16/4841, S. 58; *Musil* in Herrmann/Heuer/Raupach, EStG-KStG Kommentar, Stand: 309. Lieferung 02.2022, § 23, Rn. 165; *Heuel/Matthey*, NWB 2018, 1037 (1042).

873 S. o. 2. Teil, 4. Abschnitt, D., II.

874 https://blockchainwelt.de/masternodes, abgerufen am 16.12.2020.

875 *Steinadler*, Masternodes – Grundlagen, Hosting, Pools und Anbieter, veröffentlicht am 04.10.2020 unter: https://bitcoin-kurier.de/masternodes-grundlagen-host

besteht beim *Masternoding* ein Austauschverhältnis, welches weder beim *Staking* noch beim Mining gegeben ist. Der teilweise gezogene Vergleich zum bloßen Mining[876] ist deshalb abzulehnen.

Bei dem anteiligen Erhalt der Krypto-Coins aus dem *Block-Reward* handelt es sich demnach um stetig wiederkehrende Einnahmen, bei denen die Höhe und der jeweilige Zeitabstand einer Zufallskomponente unterfällt.

Zu klären ist somit, ob diese divergierenden Komponenten eine andere steuerrechtliche Betrachtung erfordern als z. B. beim *Staking*. In der bisherigen Literatur findet sich keine einheitliche Antwort. Die Einordnung der laufenden Einkünfte als sonstige Einkünfte gem. § 22 Nr. 3 EStG wird mit dem Argument verneint, dass kein Leistungsaustausch mit einem identifizierbaren Leistungsempfänger vorliege.[877] Dieser Ansicht ist richtigerweise zuzustimmen, da die Zuteilung des *Block-Reward*-Anteils durch das System mittels eines Zufallsmechanismus ausgewählt wird. Dabei werden sämtliche *Masternodes* in einer Datenbank festgehalten, aus der das System via Zufallsalgorithmus den Empfänger auswählt und ihn anschließend wieder an das Ende der Datenbank setzt.[878] Somit ist kein Leistungsaustausch i. S. d. § 22 Nr. 3 EStG gegeben.

Ebenfalls wird die Klassifizierung der laufenden Einkünfte als solche aus Gewerbebetrieb mangels Leistungs- oder Güteraustausches und somit mangels Beteiligung am wirtschaftlichen Verkehr verneint.[879] Dieser Ansicht ist sich nur zum Teil anzuschließen. Kommt dem *Masternode* nämlich ein solches Handelsvolumen zu, wie es z. B. 2018 beim DASH der Fall war, wo ein *Masternode* fast 300 000,00 US-Dollar wert war, so ist davon auszugehen, dass er eine an Außenstehende gerichtete Tätigkeit ausübt, die diese als solche wahrnehmen.[880] In solchen Fällen kann die Besteuerung der monatlichen Einnahmen unter gewerbliche Einkünfte gem. § 15 Abs. 1 EStG fallen.[881] Ist indes nicht von einem solchen Handelsvolumen

---

ing-pools-und-anbieter/#:~:text=unterschiedliche%20H%C3%B6he%20aufweisen.-,Masternode%20ROI,der%20Betreiber%20pro%20Jahr%20bekommt, abgerufen am 17.12.2020.

876 https://cryptotax.io/masternodes-wirtschaftlichen-steuerlichen-auswirkungen, abgerufen am 16.12.2020.

877 *Pinkernell*, Ubg 2015, 19(25).

878 https://cryptotax.io/masternodes-wirtschaftlichen-steuerlichen-auswirkungen, abgerufen am 17.12.2020.

879 *Arendt* in Besck´sches Steuer- und Bilanzrechtslexikon, Edition 53 2020, Stand: 01.07.2020, V. *Masternoding*, Rn. 16.

880 So vertreten unter https://cryptotax.io/masternodes-wirtschaftlichen-steuerlichen-auswirkungen, abgerufen am 16.12.2020.

881 Zur Besteuerung von gewerblichen Einkünften vgl. unten: 5. Teil, 2. Abschnitt, B., III; ausführlich hierzu https://cryptotax.io/masternodes-wirtschaftlichen-steuerlichen-auswirkungen, abgerufen am 17.12.2020.

auszugehen, ist richtigerweise eine nicht steuerbare private Vermögensverwaltung anzunehmen.[882]

bb) Veräußerung von Krypto-Coins aus Masternoding

Fraglich ist ferner, wie die spätere Veräußerung steuerlich zu bewerten ist. Hierbei ist zu differenzieren, ob es sich bei dem Erhalt der Krypto-Coins um Einkünfte i. S. d. § 15 Abs. 1 EStG handelt oder um nicht steuerbare Einkünfte. Ist Letzteres der Fall, so ist nach den vorangegangenen Ausführungen i. R. d. *Staking* auch beim *Masternoding* mangels Anschaffungsvorgangs von einer nicht steuerbaren Veräußerung auszugehen.[883] Sind hingegen gewerbliche Einkünfte gegeben, so bemisst sich die Besteuerung des Veräußerungsgewinns nach § 15 Abs. 1 Nr. 1 EStG.[884]

f) Krypto-Coins aus einer Hard-Fork

Im Falle einer *Hard-Fork* kommt es zu mehreren möglichen steuerbaren Sachverhalten. Zunächst wäre dies der Erhalt derselben Anzahl der neuen – geforkten – Krypto-Coins, ohne dass diesem Erhalt eine Leistung des Nutzers, sei es durch Entgelt oder sonstige Leistung, vorausgegangen ist. Hierbei erhalten die Nutzer, sofern sie der neuen Blockchain folgen, neben ihren bereits gehaltenen Krypto-Coins dieselbe Anzahl an neuen Krypto-Coins, die jedoch nur auf der neuen Blockchain verwendet werden können. Dieser Vorgang wird als sog. *Claiming* bezeichnet.[885] Ferner schließt sich die Frage der Besteuerung der anschließenden Veräußerung der Krypto-Coins bzw. deren Tausch gegen andere Kryptowährungen oder Fiat-Geld an.[886]

---

882 *Arendt* in Besck´sches Steuer- und Bilanzrechtslexikon, Edition 53 2020, Stand: 01.07.2020, V. *Masternoding*, Rn. 16.

883 S. o. 5. Teil, 2. Abschnitt, B., I., 4., d., aa); a. A. *BMF* v. 10.05.2022, Einzelfragen zur ertragsteuerrechtlichen Behandlung von virtuellen Währungen und sonstigen Token, verfügbar unter: https://www.bundesfinanzministerium.de/Content/DE/Downloads/BMF_Schreiben/Steuerarten/Einkommensteuer/2022-05-09-einzelfragen-zur-ertragsteuerrechtlichen-behandlung-von-virtuellen-waehrungen-und-von-sonstigen-token.pdf?__blob=publicationFile&v=1, abgerufen am 06.06.2022.; a. A. Heuel/Matthey, EStB 2018, 300 (301).

884 Ausführlich hierzu unter 5. Teil, 2. Abschnitt, B., III.

885 *Hakert/Kirschbaum*, DStR 2018, 881 f.

886 Eine bisherige Einschätzung dieser Vorgänge seitens der Finanzverwaltung oder Rechtsprechung ist bis dato ausgeblieben, weshalb sich nachfolgend intensiv mit dieser Frage auseinandergesetzt wird, vgl. auch *Arendt* in Beck´sches Steuer- und Bilanzrechtslexikon, Edition 58 2022, Stand: 01.07.2021, Kryptowerte, Rn. 15.

aa) Erhalt durch sog. Claiming

Fraglich ist zunächst, wie der Erhalt der neuen Krypto-Coins durch das sog. *Claiming* steuerlich zu bewerten ist.

(1) § 22 Nr. 3 EStG

Wie beim *Air-Drop* liegt diesem Vorgang keine Leistung zugrunde.[887] Die Nutzer erhalten die Krypto-Coins, ohne dass sie etwas dafür getan haben. Dem Umstand des bloßen Erhalts wird keine wirtschaftliche Bedeutung beigemessen.[888] Er kann auch nicht als Dulden oder Unterlassen i. S. d. § 22 Nr. 3 EStG gewertet werden, weil der Steuerpflichtige zu keinem Zeitpunkt eine wie auch immer geartete Dispositionsfreiheit innehat, die er dulden oder unterlassen könnte.[889] Infolge dessen scheidet eine Steuerbarkeit nach § 22 Nr. 3 EStG von vornherein aus.

(2) § 7 Abs. 1 Nr. 1 ErbStG

In Betracht kommt indes eine unentgeltliche Zuwendung i. S. d. § 7 Abs. 1 Nr. 1 ErbStG. Danach gilt als Schenkung unter Lebenden jede freigiebige Zuwendung unter Lebenden, soweit der Bedachte durch sie auf Kosten des Zuwendenden bereichert wird, s. § 7 Abs. 1 Nr. 1 ErbStG. Vorliegend sind das Tatbestandsmerkmal „auf Kosten des Zuwendenden" und der Übertragungsakt als solcher problematisch.

Dem Grundtatbestand sind zwei Tatbestandsmerkmale immanent, der objektive und der subjektive Zuwendungstatbestand. Das Merkmal des objektiven Zuwendungstatbestands setzt voraus, dass sich das Vermögen des Empfängers durch die Schenkung vermehrt. Eine zwingende deckungsgleiche Verminderung des Vermögens des Zuwendenden ist hingegen nicht erforderlich.[890] Ob eine objektive Bereicherung vorliegt, ist anhand des gemeinen Wertes (Verkehrswertes) des Zuwendungsgegenstandes zu beurteilen. Die Mehrung des Vermögens muss unentgeltlich, das heißt ohne eine Gegenleistung erfolgen.[891]

Die Mehrung beim jeweiligen Nutzer erfolgt unentgeltlich. Da es auf keine spiegelbildliche Minderung des Vermögens beim Zuwendenden ankommt, scheidet die Annahme des Tatbestands auf Grund dieser Umstände indes nicht aus. Etwas anderes könnte sich jedoch in Bezug auf den Übertragungsakt ergeben. Teilweise wird dieser in der bisherigen Literatur mit dem Argument abgelehnt, dass die neuen Krypto-Coins zuvor nicht im Vermögen eines anderen standen.[892] Im Zuge

887 Vgl. 6. Teil, B., 2. Abschnitt, B., I., 4., b).
888 *Hakert/Kirschbaum*, DStR 2018, 881 (882).
889 *Kortendick/Rettenmaier*, FR 2019, 412 (414).
890 *Milatz* in Burandt/Rojahn, Erbrecht, 3. Auflage 2019, § 7, Rn. 3.
891 *Milatz* in Burandt/Rojahn, Erbrecht, 3. Auflage 2019, § 7, Rn. 3 m. w. N.
892 *Hakert/Kirschbaum*, DStR 2018, 881 (882).

dessen stellt sich jedoch die Frage, ob dies nicht anders zu beurteilen ist. Denn für die sog. juristische Sekunde müssen die neuen Krypto-Coins zunächst einmal auf der Blockchain vermerkt werden, um dann anschließend mittels der Zuweisung über die Schlüsselpaare in der jeweiligen *Wallet* dem konkreten Nutzer zugewiesen werden zu können. Fraglich ist somit, ob dieser Umstand dazu führt, dass die Krypto-Coins im Vermögen eines anderen stehen. Dies ist wohl nur dann anzunehmen, wenn die Krypto-Coins auf der Blockchain jemandem zugeordnet sind. Dies wird wohl nur bei solchen Blockchains der Fall sein, die von einem Unternehmen betrieben werden, wie z. B. bei Ethereum. Insoweit wäre die Ansicht, dass die Krypto-Coins zuvor nicht im Vermögen eines anderen waren, abzulehnen. Handelt es sich indes um eine Blockchain, die ausschließlich durch ihre Benutzung betrieben wird, so ist der vorbenannten Ansicht zu folgen, da die ausgegeben Krypto-Coins nicht im Vermögen eines anderen stehen.

Fraglich ist daneben allerdings auch, ob das subjektive Tatbestandsmerkmal der freigebigen Zuwendung erfüllt ist. Der Begriff entspringt dem zivilrechtlichen Begriff der Freigebigkeit, das heißt, es kommt auf den Willen des Zuwendenden an, einen Dritten ohne rechtliche Verpflichtung, also ohne Gegenleistung, begünstigen zu wollen. Die Bereicherungsabsicht ist jedoch anders als im Rahmen von § 516 Abs. 1 BGB zu definieren. Danach liegt der Schenkung die Zuwendung mit Bereicherungsabsicht des Zuwendenden sowie die Einigung über die Unentgeltlichkeit zugrunde.[893] Im Rahmen von § 7 Abs. 1 ErbStG kommt es hingegen nur auf die Freigebigkeit des Zuwendenden an, also darauf, ob dieser aus seiner Sicht etwas zuwenden will. Die Bereicherungsabsicht des Zuwendenden ist indes ohne Belang. Entscheidend ist nur der Wille des Zuwendenden zur Unentgeltlichkeit, der auf der Grundlage der ihm bekannten Umstände nach den Maßstäben des allgemein Verkehrsüblichen festzustellen ist.[894]

Dieses subjektive Tatbestandsmerkmal ist indes als problematisch zu erachten. Denn es setzt voraus, dass dem Zuwendendem der Bedachte bekannt ist und es ihm auf die Unentgeltlichkeit ankommt. Im Rahmen einer *Hard-Fork* gibt es lediglich die Entscheidung eines Teils des Netzwerkes, der neuen Blockchain anstatt der alten zu folgen. Einen direkten Willen zur unentgeltlichen Bereicherung jener, die dies ebenfalls machen wollen – ganz davon abgesehen, dass ohnehin eine umfassende Pseudonymisierung besteht – kann im Sinne des ErbStG schwerlich angenommen werden. Dem Gesetzeszweck ist es gerade immanent, dass lebzeitige Schenkungen zwischen natürlichen Personen besteuert werden. Vorliegend kommt es jedoch zu keiner Schenkung von einer natürlichen Person an eine andere. Vielmehr werden infolge von Rechenleistungen neue Vermögenswerte geschaffen und sofort neu zugeordnet. Eine Ausweichmöglichkeit hat der Empfänger im Zeitpunkt der

893 *Harke* in BeckOKG BGB, Stand: 01.04.2022, § 516, Rn. 2.

894 *Milatz* in Burandt/Rojahn, Erbrecht, 3. Auflage 2019, § 7, Rn. 6 m. w. N.

Spaltung nicht.[895] Hierin ist kein subjektiver Wille einer natürlichen Person zu sehen. Somit scheidet eine Steuerbarkeit gem. § 7 Abs. 1 Nr. 1 ErbStG aus.

(3) Steuerverhaftender Vorgang

Im Ergebnis ist der Zufluss neuer Krypto-Coins im Rahmen einer *Hard-Fork* somit nicht steuerbar. Dies führt jedoch nicht per se dazu, dass ihr Anfallen nicht steuerverhaftet ist. Eine solche Steuerverhaftung hätte zur Konsequenz, dass ein späterer Veräußerungsvorgang der Besteuerung unterliegen kann.[896] Im Kern geht es bei der Steuerverhaftung um die Frage, ob in Bezug auf die Anschaffung der neuen Krypto-Coins bereits auf den Zeitpunkt der Anschaffung der ursprünglichen Krypto-Coins abzustellen ist oder nicht. Die Beantwortung dieser Frage ist maßgeblich für die Beantwortung der weiteren Frage, wie im Falle einer späteren Veräußerung der neuen Krypto-Coins deren Anschaffungskosten steuerrechtlich zu bewerten sind. Zu dem Ob und Wie dieser Fragestellung werden bisher zwei Ansichten vertreten.

(a) „Fußstapfentheorie"

Nach der einen Ansicht wird der Zugang der neuen Krypto-Coins aus dem Bestand der ursprünglichen Krypto-Coins abgeleitet. Hierbei wird eine Kausalität zwischen dem Erwerb bzw. dem Bestand der ursprünglichen und dem Zugang der neuen Krypto-Coins angenommen.[897] Bildlich betrachtet wird davon ausgegangen, dass ein einheitliches Wirtschaftsgut in zwei neue Wirtschaftsgüter gespalten wird. Die neuen Krypto-Coins gehen jedoch nicht auf einen anderen Steuerpflichtigen über, sondern verbleiben bei dem Inhaber der alten Krypto-Coins. Es wird lediglich eine Teilmenge abgespalten und mit neuem Namen und technisch modifizierten Merkmalen fortgeführt. Die „Grund-DNA" und Historie beider Krypto-Coins bleiben hingegen dieselben und damit identisch. Infolge dessen sollen auch die Anschaffungskosten auf beide Teilmengen anteilig verteilt werden.[898]

Rechtlich wird dies mit der Rechtsprechung des BFH zur Berechnung der Werte von Stammaktien und Bezugsrechten sowie von Gratisaktien nach der Gesamtwertmethode begründet.[899] Diese solle auch auf die vorliegende Konstellation bei

895 *Hakert/Kirschbaum*, DStR 2018, 881 (882).

896 *Kordentdick/Rettenmaier*, FR 2019, 412 (414); *Hakert/Kirschbaum*, DStR 2018, 881 (885); *Lohmar/Jeuckens*, FR 2019, 110 (114); *Reiter/Nolte*, BB 2018, 1179 (1181); *Siegel*, FR 2018, 306 (307); a. A. *Heuel/Matthey*, EStB 2018, 300 (301); *Richter/Augel*, FR 2018, 1131 (1132); wohl auch *Hornung/Westermann*, DStR 2018, 301 (305); *Krüger*, BB 2018, 1887 (1890).

897 *Siegel*, FR 2017, 306 (307).

898 *Siegel*, FR 2017, 306 (307).

899 BFH, Urt. v. 19.12.2000 – IX R 100/97, BStBl. II 2001, 345, DStRE 2001, 581.

den Krypto-Coins übertragen werden, da auch hier auf Grund des Besitzes der alten Krypto-Coins die neuen ausgegeben werden. Deshalb seien anteilig auf die neuen Krypto-Coins entfallende Anschaffungskosten gegeben.[900] Die Vertreter dieser Ansicht sind auch der Meinung, dass diese steuerrechtliche Betrachtung im Hinblick auf § 23 Abs. 1 S. 3 EStG Bestand habe. Danach komme es ebenfalls trotz eines Rechtsträgerwechsels und unentgeltlichen Erwerbs zur Fortführung der Anschaffungskosten. Da vorliegend nicht einmal ein Rechtsträgerwechsel gegeben sei, könne nichts anderes gelten. Deshalb würden sowohl der Anschaffungszeitpunkt als auch die (anteiligen) Anschaffungskosten entsprechend der „Fußstapfentheorie“[901] auf die neuen Krypto-Coins übergehen. Im Ergebnis werde diesen deshalb sowohl der Anschaffungszeitpunkt als auch ein Anteil an den ursprünglichen Anschaffungskosten der ursprünglichen Krypto-Coins zugerechnet.[902]

(b) Aktiensplit analog

Nach einer anderen Ansicht sollen die Regelungen zum Aktiensplit analoge Anwendung finden. Eine direkte Anwendung scheide indes aus, weil Kryptowährungen nicht unter § 20 EStG zu fassen seien.[903] Dies habe zur Konsequenz, dass die Anschaffungskosten der ursprünglich erworbenen Kryptowährung durch die *Hard-Fork* unverändert blieben und die der neu hinzukommenden Kryptowährungen null Euro betragen würden, da nichts aufgewendet worden sei. Des Weiteren komme es auch nicht zu einer Änderung des Anschaffungszeitpunkts der ursprünglich erworbenen Krypto-Coins infolge der *Hard-Fork*. Wie bei einem Aktiensplit entspreche der Anschaffungszeitpunkt der zusätzlich erhaltenen Kryptowährungen dem der ursprünglich erworbenen.[904]

Zudem wird vertreten, dass es sich nicht um einen neuen Anschaffungsvorgang handle, sodass bei einer späteren Veräußerung der zusätzlich erhaltenen

---

900 *Kortendick/Rettenmaier*, FR 2019, 412 (414) m. V. a. BFH, Urt. v. 19.12.2000 – IX R 100/97, BStBl. II 2001, 345, FR 2001, 543 m. Anm. *Fischer*; *BMF* v. 20.12.2005 – IV C 3 – S 2256 – 2255/05, BStBl. I 2006, 8.

901 *Trossen* in BeckOK, EStG, 12. Edition, Stand: 01.03.2022, § 23, Rn. 232.

902 *Kortendick/Rettenmaier*, FR 2019, 412 (414) m. V. a. *Hakert/Kirschbaum*, DStR 2018, 881 (885); *Reiter/Nolte*, BB 2018, 1179 (1181); im Ergebnis wird dies auch im *BMF*-Schreiben angenommen, jedoch ohne weitere Begründung, s. *BMF* v. 10.05.2022, Einzelfragen zur ertragsteuerrechtlichen Behandlung von virtuellen Währungen und sonstigen Token, verfügbar unter: https://www.bundesfinanzministerium.de/Content/DE/Downloads/BMF_Schreiben/Steuerarten/Einkommensteuer/2022-05-09-einzelfragen-zur-ertragsteuerrechtlichen-behandlung-von-virtuellen-waehrungen-und-von-sonstigen-token.pdf?__blob=publicationFile&v=1, abgerufen am 06.06.2022.; a. A.: *Heuel/Matthey*, EStB 2018, 300 (301).

903 *Heuel/Matthey*, EStB 2018, 300 (301); *Reiter/Nolte*, BB 2018, 1179 (1181).

904 *Heuel/Matthey*, EStB 2018, 300 (301); *Heuel/Matthey*, NWB 2018, 1037 (1048).

Krypto-Coins kein privates Veräußerungsgeschäft vorliegen könne.[905] Argumentativ wird diese Ansicht auf die fehlende Beteiligung Dritter sowie die notwendige Entgeltlichkeit gestützt.[906]

Daneben wird auch die fehlende wirtschaftliche Identität angeführt. Die im Hinblick auf die Annahme eines privaten Veräußerungsgeschäfts notwendige Voraussetzung des einheitlichen Wirtschaftsgutes und damit die erforderliche wirtschaftliche Identität in Gestalt von Gleichartigkeit, Funktionsgleichheit und Gleichwertigkeit liege zwischen den ursprünglichen und neuen Krypto-Coins nicht vor. Überdies scheitere die Gleichwertigkeit bereits an dem Umstand der erheblichen Wertdifferenz zwischen beiden Währungen.[907]

Schließlich wird auch die Verlängerung der Spekulationsfrist von einem auf zehn Jahre gem. § 23 Abs. 1 Nr. 2 S. 4 EStG verneint, da keine Nutzung der alten Krypto-Coins zur Ertragserzielung gegeben sei. Da kein Anschaffungsvorgang hinsichtlich der zusätzlich erhaltenen Krypto-Coins vorliege, beginne auch nicht der Lauf einer neuen Frist i. S. d. § 23 EStG.[908]

(c) Zwischenergebnis

Im Ergebnis kann keiner der genannten Ansichten in Gänze gefolgt werden. Weder die „Fußstapfentheorie“ noch die analoge Anwendung der Regelungen zum Aktiensplit werden der technischen Ausgestaltung und der damit einhergehenden wirtschaftlichen Folgen einer *Hard-Fork* vollkommen gerecht.

(aa) Keine Annahme der „Fußstapfentheorie“

Inhaltlich besagt die „Fußstapfentheorie“, dass sich der Empfänger bzw. Erbe eines Wirtschaftsgutes im Rahmen einer Schenkung bzw. Erbschaft auf steuerschuldmindernde bzw. -ausschließende Umstände, die aus der Person des Rechtsvorgängers resultieren, berufen kann.[909] Daraus folgt, dass der (unentgeltliche) Erwerber des neu zugewiesenen Wirtschaftsgutes bezüglich des Anschaffungszeitpunktes und der -kosten an die Stelle des ursprünglichen Eigentümers tritt.[910]

---

905 *Heuel/Matthey*, NWB 2018, 1037 (1048); *Richter/Augel*, FR 2017, 1131 (1132); *Kanders/Thonemann-Micker/Gräfe*, ErbStB 2018, 145 (149); *Reiter/Nolte*, BB 2018, 1179 (1181); a. A. *Siegel*, FR 2018, 306.

906 *Heuel/Matthey*, EStB 2018, 300 (301) m. V. a. *Richter/Augel*, FR 2017, 1131 (1132).

907 *Heuel/Matthey*, EStB 2018, 300 (301) m. V. a. *Richter/Augel*, FR 2017, 1131 (1132).

908 *Heuel/Matthey*, EStB 2018, 300 (301).

909 U. a. BFH, Beschl. v. 05.11.2014 – I B 34/14, BFH/NV 2015, 356; *BMF*-Schreiben v. 04.07.2008, BStBl. I 2008, 736.

910 *Grashoff* in Grashoff, Grundzüge des Steuerrechts, 15. Auflage 2021, 2. Kapitel Steuerarten/Unternehmenssteuerrecht, Rn. 393 m. w. N.

Voraussetzung für die Annahme der „Fußstapfentheorie" ist neben der Unentgeltlichkeit, dass es sich um einen vom Willen des Erblassers oder Schenkers gesteuerten Übertragungsakt handelt. Ein solcher ist vorliegend gerade nicht gegeben.[911]

Wie bereits innerhalb der Erörterungen zu § 7 Abs. 1 ErbStG dargelegt,[912] fehlt es innerhalb einer *Hard-Fork* an einem derartigen Willen. Vielmehr führt ein technischer Rechenschritt dazu, dass neben den bereits existierenden Krypto-Coins eine gleiche Anzahl an neuen Krypto-Coins ausgegeben wird, unabhängig davon, wer zuvor Krypto-Coins innehat und auch ohne den gesteuerten Willen, das Vermögen des unbekannten Schlüsselpaar-Inhabers zu mehren. Vergleicht man diese Aspekte mit der Intention der „Fußstapfentheorie", die es bezweckt, den im Wege der Gesamtrechtsnachfolge bzw. im Rahmen einer Schenkung bereicherten Erben/Empfänger von überbordenden steuerlichen Lasten und Komplikationen zu entlasten, um so vor allem Betriebsvermögen, Teilbetriebe und Mitunternehmeranteile für zukünftige Generationen zu sichern, führt dies zu Folgendem: Im Zeitpunkt des Zuflusses hat der Empfänger – anders als ein Erbe, der das Erbe ausschlagen kann – keine Wahl, den Zufluss anzunehmen oder nicht. Auch ist vollkommen unklar, ob den neuen Krypto-Coins auch nur annähernd ein wirtschaftlicher Wert zukommt, wohingegen die vorbenannten Beispiele von Wirtschaftsgütern in den geführten Büchern einen festgelegten Wert aufweisen. Somit besteht keine Vergleichbarkeit zwischen vorliegender Konstellation und dem Sinn und Zweck der „Fußstapfentheorie".

(bb) Keine analoge Anwendung des Aktiensplits

Eine *Hard-Fork* ist auch nicht vergleichbar mit einem Aktiensplit. Ein Aktiensplit ist die Umwandlung von existierenden Aktien in eine größere Anzahl neuer Aktien mit einem geringeren Nominalwert.[913] Der Geschäftsanteil, den der einzelne Aktionär an dem Unternehmen hält, sowie das Grundkapital der Gesellschaft sind vor und nach dem Aktiensplit gleich.[914] Die im Zuge des Aktiensplits dem Gesellschafter zugeteilten Aktien werden durch den Aktiensplit als solchen weder angeschafft noch wird die gesplittete Aktie veräußert. Als Tag der Anschaffung des Aktienbestandes gilt weiterhin der Tag, an dem die jetzt gesplittete Aktie angeschafft wurde.

---

911 *Neumann* in Rödder/Herlinghaus/van Lishaut, UmwStG, 3. Auflage 2019, § 13 UmwStG, Rn. 78.

912 Vgl. 5. Teil, 2. Abschnitt, B., I., 4. f), aa), (2).

913 https://wirtschaftslexikon.gabler.de/definition/aktiensplit-31072, abgerufen am 20.04.2020.

914 *BMF* v. 09.10.2012 – IV C 1 – S 2252/10/10013, DOK 2011/0948384, BStBl. I 2012, 953, BeckVerw. 265120, verfügbar unter: https://datenbank.nwb.de/Dokument/Anzeigen/448096, abgerufen am 20.04.2020.

Die Anschaffungskosten sind nach dem Split-Verhältnis auf die neue Anzahl der Aktien aufzuteilen.[915]

In Bezug auf den Erhalt der neuen Krypto-Coins im Zuge der *Hard-Fork* werden diese jedoch geschaffen und anschließend ausgegeben. Es kommt lediglich zur Spaltung der Blockchain selbst, nicht jedoch zu der der bereits vorhandenen Krypto-Coins. Somit scheidet eine direkte Anwendung der Regelungen über den Aktiensplit auf den hier zu beurteilenden Sachverhalt aus, allerdings nicht auf Grund des Umstandes, dass der Sachverhalt nicht unter § 20 EStG zu subsumieren sei. Insoweit ist der vorbenannten Ansicht nicht zuzustimmen. Aber auch der analogen Anwendung ist nicht zuzustimmen, da keine vergleichbare Interessenlage gegeben ist. Sinn und Zweck des steuerprivilegierten Aktiensplits ist es, den Steuerpflichtigen entsprechend dem Leistungsprinzip keine erhöhte Steuerlast aufzuerlegen, da ein Aktiensplit nur eine Neueinteilung des Grundkapitals unter Aufteilung einer Aktie in zwei oder mehrere darstellt.[916] Da sowohl das Grundkapital der Gesellschaft als auch der Gesellschaftsanteil, den der einzelne Aktionär an dem Unternehmen hält, unverändert bleibt, besteht kein Anlass einer Besteuerung.[917] Bei einer *Hard-Fork* bleibt weder ein Grundkapital noch etwas Vergleichbares gleichbleibend bestehen. Vielmehr entsteht eine gänzlich neue Währung, deren Wert sich unabhängig von der der Ausgangswährung durch Angebot und Nachfrage bildet. Der Privilegierungsgrund in Gestalt des gleichbleibenden Werts des Wirtschaftsgutes, welches nunmehr lediglich auf mehrere Aktien verteilt ist, besteht demnach bei einer *Hard-Fork* nicht. Demnach scheidet auch eine analoge Anwendung der Regeln über den Aktiensplit aus.

(cc) Fazit

Danach führt weder die Anwendung des „Fußstapfentheorie“ noch die Anwendung der Regeln über den Aktiensplit zu einer Steuerverhaftung der neuen Krypto-Coins.

(4) Andere steuerrechtliche Betrachtung

Im In der Folge würden beide erläuterten Ansichten steuerrechtlich auch zu diffusen Ergebnissen führen. Fraglich ist demnach, ob eine andere steuerrechtliche Betrachtung geboten ist.

Bei den neuen Krypto-Coins handelt es sich faktisch um solche einer ganz neuen Kryptowährung. Sie sind sowohl in ihrem Wert als auch in ihrem Bestand

---

915 *BMF* v. 09.10.2012 – IV C 1 – S 2252/10/10013, DOK 2011/0948384, BStBl. I 2012, 953, BeckVerw. 265120, verfügbar unter: https://datenbank.nwb.de/Dokument/Anzeigen/448096, abgerufen am 20.04.2020.

916 *Fölsing*, DStR 2014, 1342.

917 BFH, Urt. v. 11.12.2013 – IX R 45/12, NZG 2014, 595, Rn. 25 m. w. N.

vollkommen unabhängig von denen der Ausgangswährung. Lediglich der Genesis-Block ihrer Blockchain stimmt mit einem Block der Blockchain der ursprünglichen Krypto-Währung überein. Der nachfolgende Kursverlauf, etwaige Haltedauern oder Ähnliches erfolgen ohne jedwede Anknüpfung an die ursprüngliche Kryptowährung. Für den Steuerpflichtigen verhält es sich so, als ob er sie im Zeitpunkt der Spaltung „per Zauberhand" erhalten hat. Es würde dem Leistungsprinzip widersprechen, hieran nunmehr steuerliche Folgen – vor allem im Hinblick auf die Spekulationsfrist – zu knüpfen, da das Vorkommnis einer *Hard-Fork* bei Anschaffung der ursprünglichen Krypto-Coins weder absehbar noch gewollt war. Es ist dem deutschen Steuerrecht immanent, dass, sofern kein steuerrechtlicher Tatbestand erfüllt ist, keine Steuerbarkeit gegeben ist.[918] Es wäre demnach systemfehlerhaft, nunmehr Anschaffungszeitpunkt und -kosten auf einen Zeitpunkt vorzuverlagern, bei dem weder das Ob noch das Wie des Zuflusses absehbar war. Stattdessen kommt es richtigerweise auf den Zeitpunkt des tatsächlichen Zuflusses an.

Im Folgenden ist deshalb zu prüfen, ob dieser Zufluss einen steuerbaren Vorgang auslöst. Nach den vorbenannten Voraussetzungen könnte dies zu einer Annahme von sonstigen Einkünften gem. § 22 Nr. 3 EStG führen, sofern eine Leistung i. S. d. Norm gegeben ist.[919] Im Hinblick auf § 7 Abs. 1 Nr. 1 ErbStG mangelt es bereits von vornherein am subjektiven Willen eines Zuwendenden.[920]

(a) Steuerbarkeit gem. § 22 Nr. 3 EStG

In Betracht kommt demnach – auf der Grundlage einer isolierten Betrachtung bezogen auf den Zeitpunkt des Zuflusses – eine Steuerbarkeit gem. § 22 Nr. 3 EStG. Entsprechend der Definition der Einkünfte aus sonstigen Leistungen i. S. d. § 22 Nr. 3 EStG müssten die neu erhaltenen Krypto-Coins infolge einer Leistung Einkünfte beim Steuerpflichtigen generieren, die nicht unter die Einkunftsarten i. S. d. § 2 Abs. 1 S. 1 Nr. 1–6 EStG fallen. Letzteres ist nach den vorangegangenen Ausführungen zu bejahen.

Fraglich bleibt demnach, ob die neuen Krypto-Coins durch eine Leistung i. S. d. § 22 Nr. 3 EStG generiert worden sind. Nach der bereits dargelegten Definition setzt dies zwar ein um des Entgelts willen erbrachtes Tun, Dulden oder Unterlassen voraus. Allerdings wird dieses Erfordernis auch bei einer nachträglichen Entlohnung angenommen.[921] Zudem setzt § 22 Nr. 3 EStG kein gegenseitiges synallagmatisches (Austausch-)Verhältnis voraus.[922] Es genügt demnach, dass der

---

918 *Ratschow* in Klein, AO, 15. Auflage 2020, § 38, Rn. 1 f.

919 Vgl. 6. Teil, 2. Abschnitt, B., I., 4., f), aa), (1).

920 Vgl. 6. Teil, 2. Abschnitt, B., I., 4., f), aa), (2).

921 *Nacke* in Brandis/Heuermann, EStG, Stand: 159. EL Oktober 2021, § 22, Rn. 161 m. w. N.

922 *Fischer* in Kirchhof, EStG, 20. Auflage 2021, § 22, Rn. 66 m. w. N.

Steuerpflichtige im wirtschaftlichen Zusammenhang mit seinem Tun, Dulden oder Unterlassen die gewährte Gegenleistung „als solche annimmt".[923]

Dem Wortlaut nach muss also durch das Einwirken des Steuerpflichtigen auf den Geschehensablauf ein wirtschaftlicher Erfolg herbeigeführt werden. In Einklang mit den Anforderungen der Rechtsprechung muss zudem die Einwirkung um des Entgelts willen vorgenommen werden.[924] Gerade der letzte Aspekt wird im Zuge einer *Hard-Fork* mitnichten erfüllt. Auch wenn man in dem Zufluss der neuen Krypto-Coins eine nachträgliche Entlohnung sehen könnte und es im Rahmen des § 22 Nr. 3 EStG nicht auf ein synallagmatisches Verhältnis zwischen dem Steuerpflichtigen und einer anderen etwaigen (Vertrags-)Partei ankommt, ist eine Leistung um des Entgelts willen dennoch abzulehnen. Die neuen Krypto-Coins fließen dem Steuerpflichtigen zu, ohne dass ihm diesbezüglich eine Dispositionsfreiheit zukommt. Er selbst hat keinen Einfluss hierauf und wirkt demnach auch nicht auf den Geschehensablauf mit dem Willen eines entgeltlichen wirtschaftlichen Erfolges hin. In seinem Nichtstun ist auch kein dahin gehendes Unterlassen zu sehen. Im Ergebnis ist daher auch bei isolierter Betrachtung bezogen auf den zeitlichen Aspekt des Zuflusses der neuen Krypto-Coins keine Steuerbarkeit nach § 22 Nr. 3 EStG gegeben.

(b) Fall des § 20 Abs. 4a S. 5 EStG

In Betracht kommt schließlich die (analoge) Anwendung des § 20 Abs. 4a S. 5 EStG. Grundsätzlich gilt anders als im Strafrecht im Steuerrecht kein allgemeines Analogieverbot.[925] Dies gilt mittlerweile auch für eine steuerverschärfende Analogie von Steuerrechtsnormen. Zu beachten ist jedoch die im Steuerrecht vorherrschende strenge Gesetzesbindung. Eine vorzunehmende Rechtsfortbildung hat sich deshalb im Rahmen der anerkannten juristischen Methodik zu halten, sodass sie nachvollziehbar und überprüfbar bleibt.[926] Im Zuge dessen muss auch in Bezug auf eine analoge Anwendung von Steuerrechtsnormen eine planwidrige Regelungslücke gegeben sein, die unter Rückgriff für eine andere Norm, die einen Fall mit vergleichbarer Interessenlage regelt, gefüllt wird.[927]

---

923 *Fischer* in Kirchhof, EStG, 20. Auflage 2021, § 22, Rn. 66 m. w. N.

924 *Nacke* in Brandis/Heuermann, EStG, Stand: 159. EL Oktober 2021, § 22, Rn. 161 m. w. N.

925 *Gersch* in Klein, AO, 15. Auflage 2020, § 4, Rn. 37 m. V. a. *Tipke*, Grenzen der Rechtsfortbildung durch Rechtsprechung und Verwaltungsvorschriften im Steuerrecht, 1982, S. 163.

926 *Wernsmann* in Hübschmann/Hepp/Spitaler, AO/FGO, 265. Lieferung 11.2021, § 4 AO, Rn. 701 m. w. N.

927 *Wernsmann* in Hübschmann/Hepp/Spitaler, AO/FGO, 265. Lieferung 11.2021, § 4 AO, Rn. 701 m. w. N.

Nach § 20 Abs. 4a S. 5 EStG führt die (steuerbare) Zuteilung von Anteilen an einer inländischen oder ausländischen Kapitalgesellschaft oder einer Erwerbs- oder Wirtschaftsgenossenschaft, ohne dass der Steuerpflichtige eine gesonderte Gegenleistung, z. B. in Form eines Tausches oder von Geldzahlungen, zu erbringen hat und bei der kein Andienungsrecht nach § 20 Abs. 4a S. 3 oder Bezugsrechte nach § 22 Abs. 4a S. 4 EStG vorliegen, (ausnahmsweise) zu einem Ertrag von 0,00 €. Der Wertzuwachs durch die Zuführung der Anteile unterliegt damit nicht der Besteuerung. Da der Wert der erhaltenen Anteile mit Anschaffungskosten in Höhe von 0,00 € anzusetzen ist, tritt die Besteuerung des Wertzuwachses erst im Zeitpunkt der Veräußerung ein.[928] Daneben darf der Kapitalertrag nicht ermittelbar sein. Hiervon geht die Finanzverwaltung im Zweifel aus, wenn es sich um einen im Ausland verwirklichten Sachverhalt handelt.[929] Dies gilt jedoch nicht, wenn die Vermutung im konkreten Einzelfall widerlegt werden kann.[930]

Da die neuen Krypto-Coins nicht per se mit Aktien, Anteilen an Gesellschaften oder anderen in § 20 Abs. 1 Nr. 1 und Abs. 2 Nr. 1 EStG genannten Gesellschaftsanteilen vergleichbar sind, kommt – insoweit dies nicht der Fall ist – eine analoge Anwendung der Vorschriften auf den Sachverhalt der *Hard-Fork* in Betracht. Voraussetzung für eine Analogie ist das Bestehen einer planwidrigen Regelungslücke bei vergleichbarer Interessenlage.[931]

(aa) Planwidrige Regelungslücke

Eine Regelungslücke ist vorliegend gegeben, da der Bundesgesetzgeber bisher keinen auf den Fall der *Hard-Fork* gemünzten Steuertatbestand geschaffen hat, s. Art. 105 Abs. 1 i. V. m. 72 Abs. 1 GG. Fraglich ist, ob diese auch planwidrig ist. Planwidrig ist eine Regelungslücke, wenn der Fall unbewusst nicht geregelt wurde, weil der Gesetzgeber den Fall nicht gesehen hat. Wurde der Sachverhalt hingegen bewusst nicht mit in den Tatbestand der Norm einbezogen, so scheidet eine analoge Anwendung der Norm aus.[932]

928 *Ratschow* in Blümich, EStG, Stand: 155. EL November 2019, § 20, Rn. 437 m. V. a. Bericht FinA BT-Drs. 16/11109, S. 19.

929 *BMF* v. 18.01.2016 IV C 1 – S 2252/08/10004:017, BStBl. I 2016, 85 S., verfügbar unter: https://datenbank.nwb.de/Dokument/Anzeigen/626750, abgerufen am 20.04.2020.

930 FG Münster, Urt. v. 28.02.2018 – 9 K 2117/16 E, DStRE 2019, 275, Rev. VIII R 17/18.

931 BVerfG, Beschluss v. 10.01.1995. 1 BvR 718/89, 719/89, 723/89, NJW 1995, 1141 (1142 f.); BVerfG, Urt. v. 03.04.1990 – 1 BvR 1186/89, NJW 1990, 1593 (1594); BGH, Beschluss v. 29.04.1997 – X ZB 19/96, BGHZ 135, 298–306, NJW 1997, 2683 (2684); BGH, Beschluss v. 23.11.1995 – V ZB 28/95, BGHZ 131, 185, NJW 1996, 466 (467); BVerfG, Beschluss v. 17.10.1973 – 1 BvL 20/72, BVerfGE 36, 126, NJW 1974, 268 (269).

932 *Wernsmann* in Hübschmann/Hepp/Spitaler, AO/FGO, Stand: 265. EL 11.2020, § 4, Rn. 692 f. m. V. a. BVerfG, Urt. v. 15.1.2009 – 2 BvR 2044/07, BVerfGE 122, 248 (283, 298); BVerfG, Urt. v. 25.1.2011 – 1 BvR 918/10, BVerfGE 128, 193 (210 f.).

Anders als die *IRS* (*Internal Revenue Security*), die Bundessteuerbehörde der Vereinigten Staaten,[933] die am 09.10.2019 Richtlinien verabschiedet hat, wie die Besteuerung von Krypto-Einnahmen unter anderem auch aus *Hard-Forks* zu erfolgen hat[934], ist der Bundesgesetzgeber im Hinblick auf eine derartige Regelung bisher untätig geblieben. Die Untätigkeit ist auch als ungewollt anzusehen. An dieser Einschätzung vermögen auch Frage Nr. 9 der Kleinen Anfrage der Abgeordneten und der Fraktion der FDP an die Bundesregierung und deren Antwort vom 24.06.2019 nichts zu ändern. Darin heißt es:[935]

> „9. Wann und wie beabsichtigt die Bundesregierung, bei der Besteuerung privater Veräußerungsgeschäfte von Kryptowährungen (§ 23 in Verbindung mit § 22 Nummer 2 EStG) für eine Besteuerung zu sorgen, die ihren eigenen Aussagen aus Bundestagsdrucksache 18/7457 entspricht (Seite 67 –‚Der Gesetzgeber ist daher verpflichtet, zur Vermeidung der Verfassungswidrigkeit des materiellen Steuergesetzes dieses in ein normatives Umfeld einzubetten, das die tatsächliche Lastengleichheit der Steuerpflichtigen gewährleistet – mit dem Instrument des Quellenabzugs oder im Veranlagungsverfahren mit der Ergänzung des Deklarationsprinzips durch das Verifikationsprinzip (BVerfG-Urteil in BStBl. 2005 II S. 56, unter C.II.1., m. w. N.). […] Unzulängliche Erklärungen der Steuerpflichtigen müssen allerdings mit einem angemessenen Entdeckungsrisiko verbunden sein (BVerfG-Urteil in BStBl. II 2005, S. 56, unter C.II.2.a, m. w. N.)')?"[936]

Hierauf antwortete die Bundesregierung kurz, dass

> „die Erörterung darüber […] innerhalb der Bundesregierung noch nicht abgeschlossen"[937]

sei. Sowohl die Frage als auch die Antwort zeigen deutlich auf, dass die Bundesregierung sich des Problems der Nichtregelung der Besteuerung aus einer *Hard-Fork* generierten Krypto-Coins noch nicht angenommen hat. Damit ist es auch nicht als Gegenstand der gesetzgeberischen Überlegungen zu deklarieren. Die Anfrage der Abgeordneten bezog sich ausschließlich auf die Besteuerung von Krypto-Coins,

---

933 https://www.irs.gov/individuals/taxes-security-together, abgerufen am 27.01.2022.

934 Bitcoin-Steuer: ISR veröffentlicht neue Regeln, veröffentlicht am 11.10.2019 unter: https://www.btc-echo.de/news/bitcoin-steuer-irs-veroeffentlicht-neue-regeln-78800/, abgerufen am 27.01.2023, abgerufen am 20.04.2020.

935 BT-Drs. 19/11045, S. 6 f., Antwort der Bundesregierung auf die Kleine Anfrage der Abgeordneten Frank Schäffler, Christian Dürr, Dr. Florian Toncar, weiterer Abgeordneter und der Fraktion der FDP, verfügbar unter: http://dipbt.bundestag.de/dip21/btd/19/110/1911045.pdf, abgerufen am 20.04.2020.

936 BT-Drs. 19/11045, S. 6, Frage Nr. 9, verfügbar unter: http://dipbt.bundestag.de/dip21/btd/19/110/1911045.pdf, abgerufen am 20.04.2020.

937 BT-Drs. 19/11045, S. 6, Antwort auf die Frage Nr. 9, verfügbar unter: http://dipbt.bundestag.de/dip21/btd/19/110/1911045.pdf, abgerufen am 20.04.2020.

die unter den Tatbestand des privaten Veräußerungsgeschäftes gem. § 23 i. V. m. § 22 Nr. 2 EStG fallen. Darüberhinausgehende Besteuerungsalternativen waren nicht Gegenstand der Anfrage. Somit war auch die kurz und bündig gehaltene Antwort der Bundesregierung auf die Besteuerungen von Krypto-Coins bzw. Krypto-Token im Rahmen von privaten Veräußerungsgeschäften beschränkt. Im Umkehrschluss liegt damit in Bezug auf § 20 Abs. 4a S. 5 EStG und die Besteuerung von Krypto-Coins aus einer *Hard-Fork* kein dahin gehendes Problembewusstsein des Gesetzgebers vor. Danach liegt eine Nichtregelung des Sachverhalts auf Grund von Unkenntnis vor und damit eine Planwidrigkeit im vorbenannten Sinn. Somit ist vom derzeitigen rechtlichen Status quo von einer planwidrigen Regelungslücke auszugehen.

(bb) Vergleichbare Interessenlage

Für eine analoge Anwendung muss zudem das Erfordernis der vergleichbaren Interessenlage gegeben sein. Im Zuge der vergleichbaren Interessenlage ist zu prüfen, ob die Übertragung des in der Rechtsnorm enthaltenen oder dem Rechtssystem innewohnenden Rechtsprinzips oder Rechtsgedankens auf einen ähnlich gelagerten Sachverhalt, der – selbst unter Berücksichtigung aller in Betracht kommenden Auslegungsmethoden – nicht geregelt wurde, zu einer Schließung der Gesetzeslücke führt.[938] Die Anwendung einer im Gesetz vorgesehenen Folge auf einen im Gesetz nicht geregelten Tatbestand ist allgemein zulässig, wenn die gesetzliche Regelung, gemessen an ihrem Zweck, unvollständig ist und die Ergänzung nicht in Widerspruch zu einer vom Gesetz beabsichtigten Beschränkung steht.[939] Im Rahmen der Eingriffsverwaltung darf zudem die analoge Anwendung einer Steuerrechtsnorm zulasten eines Steuerpflichtigen im Interesse der Rechtssicherheit nur unter größter Zurückhaltung vorgenommen werden.[940] Eine Rechtsfortbildung zugunsten des Steuerpflichtigen ist uneingeschränkt möglich.[941]

Der Sachverhalt der *Hard-Fork* ist durchaus vergleichbar mit dem, den der Gesetzgeber in § 20 Abs. 4a S. 5 EStG geregelt hat. Danach erlangt der Steuerpflichtige ohne eine Gegenleistung Anteile, deren ertragsteuerliche Bewertung auf Grund von auslandsbezogenen Besonderheiten nicht ohne Weiteres vorgenommen werden kann.[942] Im Zuge einer *Hard-Fork* erhält der Steuerpflichtige ebenfalls neue Krypto-Coins – die im Fall von Investment-Token ebenfalls wie die in § 20

938 *Gersch* in Klein, AO, 15. Auflage 2020, § 4, Rn. 37 f.

939 BFH, Urt. v. 26.01.2016 – III R 51/05, BStBl. 2006, 515, DStR 2006, 474; BFH, Urt. v. 25.07.2007 – III R 55/02, BStBl. II 2008, 758, DStR 2008, 91.

940 BFH, Urt. v. 01.08.1974 – IV R 120/70, BStBl. II 1975, 12.

941 BFH, Urt. v. 24.01.1974 – IV R 76/10, BStBl. II 1974, 295.

942 *Hamacher/Dahm* in Korn, EStG, 1. Auflage 2000, 126. Lieferung, § 20, Rn. 412 ff.

Abs. 1 Nr. 1 EStG benannten Rechte ausgestaltet sein können[943] –, ohne dass er eine Gegenleistung erbringt und es seines Zutuns bedarf. Zudem handelt es sich – anders als beim Aktiensplit – nicht um ein neues Wirtschaftsgut. Überdies ist die Erfassung des Zugangs der neuen Krypto-Coins nicht unbedingt transparent für die Finanzverwaltung. Eine *Hard-Fork* kündigt sich selten temporär weit im Voraus an. Es ist auch nicht ohne Weiteres erkennbar bzw. nachvollziehbar, welcher Nutzer nunmehr wie viele neue Krypto-Coins erhält. Dies hängt individuell von den bereits gehaltenen Krypto-Coins zum Zeitpunkt der *Hard-Fork* ab. Darüber hinaus erhält auch nicht jeder Steuerpflichtige, der irgendwann einmal Inhaber der ursprünglichen Kryptowährung war, automatisch die neuen Krypto-Coins. Dies ist nur bei denjenigen der Fall, die der neuen Blockchain folgen. Somit gibt es mehrere Voraussetzungen, die kumulativ erfüllt sein müssen, damit die neuen Krypto-Coins dem Schlüsselpaar in der *Wallet* des jeweiligen Steuerpflichtigen zugeteilt werden. Ferner ist auch infolge der Anonymität durch das Zusammenspiel der öffentlichen und privaten Schlüssel mit der Blockchain und der *Wallet* nicht ohne Weiteres (für das zuständige Finanzamt) ersichtlich, welche steuerpflichtige Person hinter dem privaten Schlüssel steht und wem damit die Krypto-Coins nunmehr zugeflossen sind. Somit sind der Aufwand und die Schwierigkeit der Ermittlung des etwaigen steuerbaren Vorgangs durchweg vergleichbar mit dem von der Finanzverwaltung angeführten Auslandsbezug und der damit einhergehenden Erschwernis bei der Ermittlung des Kapitalertrags.[944]

Auch in Bezug auf das Besteuerungsobjekt liegt eine vergleichbare Interessenlage vor. Von § 20 Abs. 4a S. 5 EStG sind Anteile an Körperschaften, Personenvereinigungen oder Vermögensmassen umfasst. Bei Krypto-Coins aus einer *Hard-Fork* kann es sich – wie bereits dargelegt – grundsätzlich um jeden Typ an Krypto-Token handeln. Im Fall von Investment-Token können diese im Einzelfall sogar wie die in § 20 Abs. 4a S. 5 EStG benannten Anteile ausgestaltet sein, sodass in der Folge eine direkte Anwendung in Betracht kommt. Im Hinblick auf Currency- oder Utility-Token verhält sich dies indes anders. Hier kommt ausschließlich eine analoge Anwendung in Betracht, da sie keine Anteile darstellen und somit außerhalb der Wortlautgrenze liegen.

Fraglich ist somit – nach den eingangs benannten Voraussetzungen –, ob bezogen auf diese ein vergleichbarer Sachverhalt gegeben ist, die Rechtsfolge des § 20 Abs. 4a S. 5 EStG gemessen an ihrem Zweck die gesetzliche Lücke schließt und die Ergänzung nicht in Widerspruch zum Zweck steht. Sinn und Zweck von § 20 Abs. 4a S. 5 EStG ist die Vermeidung von Veranlagungsfällen bei einer Einbuchung von Anteilen, die ohne eine gesonderte Gegenleistung dem Steuerpflichtigen zufließen. Hierbei handelt es sich insbesondere um Auslandssachverhalte. Ferner setzt § 20 Abs. 4a S. 5 EStG voraus, dass die Ermittlung des Kapitalertrags nicht

943 S. o. 4. Teil, 4. Abschnitt, A.

944 *BMF* v. 18.01.2016 – IV C 1 – S 2252/08/1000:017, BeckVerw. 323200.

möglich ist.[945] Nach der Gesetzesbegründung soll diese Handhabe „vor allem" bei den in diesem Absatz benannten Kapitalmaßnahmen notwendig sein, bei denen die Erträge nicht in Geldzahlungen, sondern „insbesondere" in Form von Anteilen an Kapitalgesellschaften zufließen.[946] Bei § 20 Abs. 4a S. 5 EStG handelt es sich zudem um den einzigen derartigen Besteuerungstatbestand im Privatvermögen.[947] Schließlich handelt es sich bei dieser Regelung auch um keine nachteilige für den Steuerpflichtigen, da bei den angeführten Kapitalmaßnahmen der Gewinn abweichend von § 20 Abs. 4 EStG mit 0,00 € angesetzt wird, ebenso wie die Anschaffungskosten.[948] Somit würde auch eine analoge Anwendung zu keiner steuerverschärfenden Wirkung führen.

Diese Aspekte zugrunde gelegt, ist der Sinn und Zweck über den Wortlaut hinaus dahin gehend zu verstehen, dass neben den benannten Anteilen auch weitere Wirtschaftsgüter umfasst sein können. Auf Grund der Formulierung in der Gesetzesbegründung und der gesetzlichen Zielsetzung der Besteuerung von Auslandssachverhalten kann von keiner abschließenden Aufzählung ausgegangen werden. Durch die Formulierung „vor allem" und „insbesondere" wird deutlich, dass über den Wortlaut hinaus auch andere Kapitalmaßnahmen hierunter fallen können.

Dafür spricht ferner der Hauptanwendungsfall von Auslandssachverhalten. Bei diesen besteht laut Gesetzesbegründung größte Unsicherheit, da nur in seltenen Fällen ausreichende Informationen für deren zuverlässige Beurteilung nach deutschen steuerlichen Grundsätzen vorliegt und eine zutreffende Qualifikation und Bewertung erfolgen kann.[949] Dies ist im Ergebnis auch bei dem Zugang von Krypto-Coins mittels einer *Hard-Fork* der Fall, da auch hier eine zuverlässige Beurteilung und zutreffende Qualifikation nicht ohne Weiteres möglich ist.

Dies zugrunde gelegt, ist eine extensive Auslegung von der Gesetzesintention her möglich. Currency- und Utility-Token sind als sonstige Gegenstände auch mit Anteilen i. S. d. § 20 Abs. 4a S. 5 EStG dahingehend vergleichbar, dass ihnen sowohl ein Wert im Wirtschaftsverkehr zukommt als auch eine Personenzugehörigkeit durch die Zuweisung über das Schlüsselpaar zur individuellen *Wallet.* Sie sind deshalb insoweit mit Kapitalmaßnahmen vergleichbar, als der ihnen zugehörige Wert im Zeitpunkt des Zuflusses unbestimmbar ist. Auch ist ihr Zugang im Wege einer *Hard-Fork* – wie bereits dargelegt – oft nicht bzw. nur schwer ermittelbar. Die Rechtsfolge des § 20 Abs. 4a S. 5 EStG auch auf den Zugang von Currency- und

945 *von Beckrath* in Kirchhof EStG, 19. Auflage 2020, § 20, Rn. 163.

946 JStG 2009 v. 19.12.2008, BGBl. I 2008, 2794; BT-Drs. 16/10189, S. 50.

947 *Bleschik* in Kirchhof, 19. Auflage 2020, § 20 EStG, Rn. 159 ff.

948 BT-Drs. 16/10189, S. 50.

949 BT-Drs. 16/10189, S. 50.

Utility-Token zu erweitern, steht demnach in Einklang mit dem Sinn und Zweck der Norm. So werden nur schwer ermittelbare Zugänge von geldwerten Wirtschaftsgütern erfasst, die ansonsten steuerlich nicht erfasst würden. Diese Erfassung ist auch nicht nachteilig für den Steuerpflichtigen, da es in der Rechtsfolge zu einer Ansetzung der Anschaffungskosten in Höhe von 0,00 € kommt.

Diese Aspekte zugrunde gelegt, liegt demnach ein vergleichbarer Sachverhalt vor, der bisher gesetzlich nicht geregelt worden ist, weshalb eine Lücke im Gesetz besteht. Diese ist dadurch zu schließen, dass die Rechtsfolge des § 20 Abs. 4a S. 5 EStG auf den Sachverhalt des Zugangs von neuen Krypto-Coins durch eine *Hard-Fork* entsprechend angewandt wird, da – gemessen an dem Zweck der Norm – dies nicht im Widerspruch zu den im Gesetz beabsichtigten Beschränkungen steht, sondern dazu beiträgt, eine planwidrige Regelungslücke zu schließen.

(5) Fazit

Im Ergebnis findet damit § 20 Abs. 4a S. 5 EStG analog auf den Erhalt von neuen Krypto-Coins durch sog. *Claiming* Anwendung. Praktisch hat dies zur Folge, dass der Zugang der neuen Krypto-Coins mit 0,00 € keinen steuerrelevanten Vorgang auslöst und damit nicht steuerbar ist. Die Anschaffungskosten betragen ebenfalls 0,00 €. Die vorbenannten anderweitigen Ansichten sind aus den benannten Gründen abzulehnen. Unter Bezugnahme auf die faktische Ausgestaltung der *Hard-Fork* und den nicht steuerbaren Zufluss der neuen Krypto-Coins infolge des *Claimings* ist das Ergebnis auch sachgerecht. Nicht zuletzt entspricht es am ehestens dem im Steuerrecht vorherrschenden Grundsatz der Leistungsfähigkeit[950] und führt dennoch dazu, dass es zu keiner Nichtbesteuerung kommt.[951]

bb) Veräußerung von aus einer Hard-Fork entstandenen Krypto-Coins

Das obige Ergebnis zugrunde gelegt, kommt es demnach erst im Fall der Veräußerung der aus der *Hard-Fork* entstandenen Krypto-Coins zu einem Wertzuwachs und damit gegebenenfalls zu einer Besteuerung.[952] Fraglich ist dabei, wie der Fall der anschließenden Veräußerung der durch die *Hard-Fork* erhaltenen Krypto-Coins steuerrechtlich zu bewerten ist. Auch diese Frage ist in der Literatur umstritten, ohne dass sich bisher eine überwiegende Meinung abgezeichnet hat.[953]

---

950 *Gersch* in Klein, AO, 15. Auflage 2020, § 3, Rn. 14.

951 Hierzu im folgenden Abschnitt.

952 *Ratschow* in Brandis/Heuermann, EStG, Stand: 159. EL Oktober 2021, § 20, Rn. 437.

953 *Heuel/Matthey*, EStB 2018, 300; *Richter/Augel*, FR 2017, 111; *Hakert/Kirschbaum*, DStR 2018, 881; *Reiter/Massoner*, ISR 2018, 424; *Arendt* in Beck´sches Steuer- und Bilanzlexikon, Edition 58 2022, Stand: 01.07.2021, Kryptowerte, Rn. 15.

(1) § 22 Nr. 2 i. V. m. § 23 Nr. 2 EStG

Fraglich ist dabei zunächst, ob die Veräußerung – wie in den übrigen dargestellten Fällen – der Besteuerung als privates Veräußerungsgeschäft gem. § 22 Nr. 2 i. V. m. § 23 Nr. 2 EStG unterfällt.

Maßgebliches Abgrenzungskriterium im Rahmen des bisherigen Literaturstreits stellen wiederum die (fehlenden) Anschaffungskosten dar. Denn ein Teil der Literatur, der von dem Vorliegen von Anschaffungskosten ausgeht, geht folglich auch von einer Besteuerung nach § 22 Nr. 2 i. V. m. § 23 Abs. 1 S. 1 Nr. 2 EStG aus.[954]

Eine derartige Besteuerung kommt jedoch nur in Betracht, wenn zwischen der Anschaffung – i. S. d. § 6 Abs. 1 EStG i. V. m. § 255 Abs. 1 S. 1 HGB[955] – und der Veräußerung nicht mehr als ein Jahr vergangen ist. Danach erfordert die Steuerbarkeit des Veräußerungsvorgangs also zwingend eine vorherige Anschaffung des veräußerten Wirtschaftsgutes. Wie bereits erläutert, setzt die Anschaffung den entgeltlichen Erwerb des Wirtschaftsgutes von einem Dritten voraus.[956] Mit Ausnahme der Rechtsnachfolge gem. § 23 Abs. 1 S. 3 EStG liegt demnach bei einem unentgeltlichen Erwerb keine Anschaffung i. S. d. § 23 EStG vor.[957] Konsequenz der Ablehnung des Anschaffungsvorgangs – gleich mit welcher Begründung[958] – ist somit, dass bei der späteren Veräußerung der zusätzlich erhaltenen Kryptowährung kein privates Veräußerungsgeschäft vorliegen kann.[959]

(2) Wirtschaftliche Identität i. S. d. § 23 EStG

An dieser Stelle übergehen einige Stimmen in der Literatur das vorliegende Problem der mangelnden Anschaffungskosten, indem der Vergleich mit der Teilung eines

954 z. B. *Kortendick/Rettenmaier*, FR 2019, 412 (414); ebenso das *BMF* v. 10.05.2022, Einzelfragen zur ertragsteuerrechtlichen Behandlung von virtuellen Währungen und sonstigen Token, verfügbar unter: https://www.bundesfinanzministerium.de/Content/DE/Downloads/BMF_Schreiben/Steuerarten/Einkommensteuer/2022-05-09-einzelfragen-zur-ertragsteuerrechtlichen-behandlung-von-virtuellen-waehrungen-und-von-sonstigen-token.pdf?__blob=publicationFile&v=1, abgerufen am 06.06.2022 kritisch hierzu: *Selonke/Madsen*, beck.digitax 2022, 290 (296).

955 *Oellerich* in BeckOK, EStG, 12. Editon, Stand: 01.03.2022, § 6, Rn. 172 ff.

956 BFH, Urt. v. 22.05.2003 – IX R 9/00, DStR 2003, 1249 (1250); *Ratschow* in Brandis/Heuermann, EStG, Stand: 159. EL Oktober 2021, § 23, Rn. 91 f.

957 *Ratschow* in Blümich, EStG, Stand: 155. EL November 2021, § 23 EStG, Rn. 95.

958 z. B. nach Ansicht von *Heuel/Matthey*, EStB 2018, 300 (301) mangels Beteiligung Dritter und der notwendigen Entgeltlichkeit; so auch *Richter/Augel*, FR 2017, 1131 (1132).

959 *Heuel/Matthey*, NWB 2018, 1037 (1048); *Richter/Augel*, FR 2017, 1131 (1132); *Kanders/Thonemann-Micker/Gräfe*, ErbStB 2018, 145 (159); *Reiter/Nolte*, BB 2018, 1179 (1181); a. A. *Siegel*, FR 2018, 306 (307).

Wirtschaftsgutes – kein Aktiensplit – angestrebt wird. Hintergrund dieser Ansicht ist der Umstand, dass, sofern man zu dem Schluss einer Identität zwischen den ursprünglichen und neuen Krypto-Coins gelangt, der Anschaffungszeitpunkt i. S. d. § 23 EStG auf den der ursprünglichen Krypto-Coins vorverlagert würde.[960] Argumentativ knüpft die Ansicht daran an, dass sich ein Wirtschaftsgut durch gewisse Herstellungsmaßnahmen verändern kann, es jedoch dennoch solange bei dem Vorliegen einer wirtschaftlichen Identität bleibt, wie sich das Wirtschaftsgut nicht in ein anderes verwandelt.[961] Dies wäre erst dann der Fall, wenn nach der Anschaffung ein anderes oder ein zusätzliches Wirtschaftsgut erzeugt würde, das bei wirtschaftlicher Betrachtung nicht mehr als angeschafft betrachtet werden könnte.[962] Die Annahme eines solchen zusätzlichen Wirtschaftsgutes lehnt die Ansicht indes mit dem Argument ab, dass die neuen Krypto-Coins nicht hergestellt worden seien im Sinne der Erzeugung eines Wirtschaftsgutes durch Leistung des Nutzers oder des Netzwerks. Der Ausweis in der *Wallet* sei vielmehr im System durch die Durchführung der *Hard-Fork* entstanden und die neuen Krypto-Coins würden automatisch in der *Wallet* erscheinen.[963]

Bereits an dieser Stelle überzeugt die dargestellte Ansicht nicht. Gänzlich falsch ist die Annahme, dass die neuen Krypto-Coins einfach so in der *Wallet* auftauchen. Auch diese sind als *Hash*-Wert in der neuen Blockchain verankert. Wie bereits mehrfach erläutert, gelangt ein solcher *Hash*-Wert nicht aus dem Nichts in die Blockchain. Vielmehr muss auch dieser errechnet und bestätigt werden. Dies setzt wiederum per se ein Handeln der Nutzer voraus. Die neuen Krypto-Coins gelangen deshalb nicht ohne aufgewandte Rechenleistung allein durch Zuweisung durch das Schlüsselpaar in den Machtbereich der jeweiligen Nutzer. An dieser Stelle sei noch einmal verdeutlicht, dass in der *Wallet* nur die privaten Schlüssel verwahrt werden und nicht die Krypto-Coins als solche. Diese sind lediglich mittels des in der *Wallet* befindlichen privaten Schlüssels verifizierbar.[964]

Nicht überzeugen kann auch die – von den Vertretern dieser Ansicht gelieferte – Begründung, dass zwischen den alten und den neuen Krypto-Coins bei wirtschaftlicher Betrachtung eine Identität vorliege, da die Adressen, auf denen die Krypto-Coins der Nutzer lagern, gleich geblieben seien und somit auch die

---

960 So *Hakert/Kirschbaum*, DStR 2018, 881 (885).

961 *Hakert/Kirschbaum*, DStR 2018, 881 (884) m. V. a. *Wernsmann* in Kirchhof/Söhn/Mellinghoff, EStG, 321. Lieferung 02.2022, § 23, Rn. B 17; BFH, Urt. v. 19.07.1983 – VIII R 202/72, BeckRS 1976, 22003796; BFH, Urt. v. 19.07.1983 – VIII R 161/82, NJW 1984, 384; BFH, Urt. v. 05.02.2007 – IX B 52/06, BeckRS 2007, 25011425.

962 *Hakert/Kirschbaum*, DStR 2018, 881 (884) m. V. a. *Wernsmann* in Kirchhof/Söhn/Mellinghoff, EStG, 321. Lieferung 02.2022, § 23, Rn. B 17; BFH, Urt. v. 19.07.1983 – VIII R 202/72, BeckRS 1976, 22003796; BFH, Urt. v. 29.03.1989 – X R 4/84, BeckRS 1989, 2208943.

963 *Hakert/Kirschbaum*, DStR 2018, 881 (884).

964 *Schmidt*, DStR, 2019, 1369 (1371).

Identität der Blockchain „bis" zur *Hard-Fork* bestanden habe.[965] Dieses Argument zeigt gerade, dass nur bis zu einer *Hard-Fork* Identität vorliegt und danach schlichtweg nicht mehr. Der dahin gehende Vergleich, dass auch noch bei einer Teilung eines Wirtschaftsgutes – z. B. Grundstücken – die wirtschaftliche Identität bestehen bleibe, überzeugt nicht. Die Ansicht verweist hierbei auf die Leitlinien des BFH[966], wonach die Identität des aufgeteilten Wirtschaftsgutes erhalten bleibt, soweit die Teilung ohne aufwendige technische Maßnahmen durchgeführt werden kann und sich die Marktgängigkeit des bisherigen Wirtschaftsgutes fortsetzt.[967] Bei einer *Hard-Fork* liegt weder ein geringer technischer Aufwand vor noch setzt sich die Marktgängigkeit der alten Krypto-Coins an den neuen fort. Schließlich sind die *Hard-Fork*s auch nicht bei dem Erwerb der ursprünglichen Krypto-Coins angelegt. Beide großen *Hard-Forks* bei Ethereum und Bitcoin erfolgten wegen eines nicht vorhersehbaren – durch die Whitepaper eigentlich als unmöglich ausgewiesenen – Hackerangriffs.[968]

Letztlich überzeugt auch das letzte Argument der Ansicht, dass die *Hard-Fork* mit dem mit einem Hauptversammlungsbeschluss zur Kapitalerhöhung einhergehenden Bezugsrecht vergleichbar sei, nicht.[969] Zwischen den alten und den neuen Krypto-Coins liegt weder eine Funktionsgleichheit noch eine Gleichartigkeit oder Gleichwertigkeit vor. Von einer Funktionsgleichheit wird ausgegangen, wenn das neu erzeugte Wirtschaftsgut dieselben und keine darüber hinausgehenden Funktionen aufweist wie das originäre Wirtschaftsgut. Gleichartigkeit setzt daneben voraus, dass die Ausgestaltung dieselbe ist, und die Gleichwertigkeit, dass der dem Wirtschaftsgut innewohnende Wert derselbe ist wie beim ursprünglichen.[970] Richtigerweise gehen *Richter/Augel* von keiner Funktionsgleichheit aus, da jeweils die neuen Krypto-Coins wie z. B. Bitcoin Cash oder Ether nicht jeweils als alternative Zahlungsmittel zum Bitcoin bzw. Ether Classic eingesetzt werden können.[971] Auch liegt zwischen ihnen keine Gleichwertigkeit vor, da nachweislich die Kurse der jeweiligen Krypto-Coins stark voneinander abgewichen sind.[972] Schließlich ist

---

965 *Hakert/Kirschbaum*, DStR 2018, 881 (884).

966 BFH, Urt. v. 19.07.1983 – VIII R 161/82, NJW 1984, 384.

967 *Hakert/Kirschbaum*, DStR 2018, 881 (884).

968 *Nakamoto*, Bitcoin: A Peer-to-Peer Electronic Cash System, veröffentlicht unter: https://bitcoin.org/bitcoin.pdf, abgerufen am 28.04.2020.

969 *Schmidt*, DStR, 2019, 1369 (1371).

970 *Richter/Augel*, FR 2017, 1131 (1132) m. V. a. BFH, Urt. v. 17.10.1974 – IV R 223/72, BStBl. II 1975, 58, Rn. 15; BFH, Urt. v. 12.06.2013 – IC R 31/12, BStBl. II 2013, 1011.

971 *Richter/Augel*, FR 2017, 1131 (1132).

972 *Horch*, Bitcoin-SV-Kurs pumpt – Hard-Fork angekündigt, veröffentlicht am 21.01.2020 unter: https://www.btc-echo.de/news/bsv-kurs-pumpt-die-aussichten-am-bitcoin-markt-83788/, angerufen am 27.01.2023; für den Kurs des Bitcoin-Cash seit der *Hard-Fork* 2017: https://kryptoszene.de/kurs/bch, abgerufen am 23.04.2020. Für den Kurs nach der *Hard-Fork* im Ethereum Netzwerk vgl.: https://coin-ratge

auch keine Gleichartigkeit zwischen den alten und den neuen Krypto-Coins gegeben. Folge einer *Hard-Fork* ist es auch, dass die jeweiligen Krypto-Coins nicht auf der jeweils anderen Blockchain gehandelt werden können. Gerade im Hinblick auf diesen Aspekt ist deshalb eine Kompatibilität der alten und der neuen Krypto-Coins zu verneinen.[973]

Damit ist die Ansicht, dass zwischen den alten und den neuen Krypto-Coins eine wirtschaftliche Identität mit der Folge gegeben ist, dass sich der Anschaffungszeitpunkt auf den der alten Krypto-Coins vorverlagert und im Ergebnis ein privates Veräußerungsgeschäft i. S. d. § 23 EStG gegeben ist, abzulehnen.

(3) Veräußerung nach § 20 Abs. 2 Nr. 1 EStG analog

In Betracht kommt – spiegelbildlich zu dem oben angenommenen Erwerb der neuen Krypto-Coins gem. § 20 Abs. 4a S. 5 EStG – die Besteuerung der Einkünfte aus der Veräußerung nach § 20 Abs. 2 Nr. 1 EStG. Danach gehört zu den Einkünften aus Kapitalvermögen auch der Gewinn aus der Veräußerung von Anteilen an einer Körperschaft i. S. d. § 20 Abs. 1 Nr. 1 EStG. Die Annahme einer solchen Besteuerung hängt maßgeblich davon ab, ob die im Rahmen des Zugangs der neuen Krypto-Coins gebotene Analogie[974] auch im Hinblick auf deren Veräußerung und vor allem im Hinblick auf den Sinn und Zweck des Besteuerungstatbestandes gem. § 20 Abs. 2 Nr. 1 EStG greift.

Nach § 20 Abs. 2 Nr. 1 EStG gehört zu den Einkünften aus Kapitalvermögen auch der Gewinn aus der Veräußerung von Anteilen an einer Körperschaft i. S. d. § 20 Abs. 1 Nr. 1 EStG. In Bezug auf Investment-Token können die Vorschriften gegebenenfalls – wie bereits aufgezeigt – direkt angewendet werden. Anders verhält es sich jedoch im Hinblick auf die übrigen Krypto-Token-Typen. Bei Vorliegen solcher ist allenfalls eine analoge Anwendung der Vorschrift denkbar.

Die Besonderheit besteht nunmehr darin, dass im Rahmen der Gewinnermittlung nach § 20 Abs. 4 S. 1 EStG, wonach der Gewinn nach § 20 Abs. 2 EStG der Unterschied zwischen den Einnahmen aus der Veräußerung nach Abzug der Aufwendungen ist, die im unmittelbaren sachlichen Zusammenhang mit dem Veräußerungsgeschäft stehen, die Anschaffungskosten mit 0,00 € anzusetzen sind. Dies führt im Ergebnis dazu, dass die steuerliche Belastung aller Voraussicht nach höher ausfallen wird als in dem Fall, in dem Anschaffungskosten gegeben sind. Allerdings ist auch zu berücksichtigen, dass die Gewinne nach § 20 Abs. 2 EStG gem. § 32d EStG mit einem Steuersatz von 25 % besteuert werden. Darüber hinaus greift § 20 Abs. 9 EStG ein, wonach bei der Ermittlung der Einkünfte aus Kapitalvermögen als Werbungskosten ein Betrag von 801 € abzuziehen ist (Sparer-Pauschbetrag),

---

ber.de/ethereum-prognose-2020-ein-spannendes-jahr-fuer-ethereum/, abgerufen am 27.01.2023, abgerufen am 23.04.2020.

973 So auch *Richter/Augel*, FR 2017, 1131 (1132).

974 Vgl. Ausführungen unter 5. Teil, 2. Abschnitt, B., I., 4., f), aa), (4), (b) und (5).

bei Ehegatten 1602 €. Das bedeutet, sofern die neuen Krypto-Coins nicht zeitnah veräußert werden, könnte der Gewinn durchaus einer geringeren Steuerlast unterworfen werden, als würde der persönliche Steuersatz Anwendung finden. Dieses Ergebnis ist auch als billig zu erachten, da der zur Anwendung gelangende Steuersatz gem. § 32d EStG zumeist geringer ist als der individuelle Steuersatz im Rahmen von § 22 Nr. 2 i. V. m. § 23 EStG.

Die vorbenannte Besteuerung greift richtigerweise jedoch nur in direkter Anwendung bei Investment-Token ein, sofern diese ihrer Ausgestaltung nach unter Anteile an Körperschaften i. S. d. § 20 Abs. 1 Nr. 1 EStG fallen.[975]

(a) Voraussetzungen einer Analogie

Fraglich ist jedoch, ob eine Übertragung des in der Rechtsnorm enthaltenen Rechtsprinzips bzw. Rechtsgedankens auf den vorliegenden Sachverhalt unter Berücksichtigung aller in Betracht kommenden Auslegungsmethoden sinnig erscheint. Die Anwendung der Rechtsfolge des § 20 Abs. 2 Nr. 1 EStG auf einen im Gesetz nicht geregelten Tatbestand müsste dafür allgemein zulässig sein. Dies ist wiederum der Fall, wenn die gesetzliche Regelung gemessen an ihrem Zweck unvollständig ist und die Ergänzung nicht in Widerspruch zu einer vom Gesetz beabsichtigten Beschränkung steht.[976] Zu prüfen ist deshalb, ob dies bei der Veräußerung von Krypto-Coins aus einer *Hard-Fork* in Bezug auf § 20 Abs. 2 Nr. 1 EStG der Fall ist.

(aa) Entwicklung des § 20 Abs. 2 Nr. 1 EStG

Einkünfte aus Kapitalvermögen erzielt, wer durch die Nutzung seines Kapitalvermögens am Kapitalmarkt Erträge oder Wertzuwächse erwirtschaftet.[977] Die Steuer bemisst sich nach dem Erfolg, der mit der Nutzung der Erwerbsgrundlage Kapitalvermögen erzielt wurde.[978] Die Einkünfte aus Kapitalvermögen i. S. d. § 20 EStG sind überdies als Überschusseinkünfte zu klassifizieren, die an der Quellentheorie ausgerichtet sind und bei denen kein Vermögensvergleich stattfindet. Es werden deshalb – nach dem theoretischen Ansatz – keine Vermögensveränderungen in Form von Vermögenszugängen, -abgängen und Wertveränderungen erfasst.[979] Zum 01.01.2009 hat der Gesetzgeber neben der Einführung der Abgeltungsteuer auch den Katalog des § 20 Abs. 1 EStG um die in § 20 Abs. 2 EStG aufgezählten

---

975 Vgl. 5. Teil, 2. Abschnitt, B., I., 4., f), aa), (4), (b) und (5).

976 BFH, Urt. v. 26.01.2016 – III R 51/05, BStBl. 2006, 515, DStR 2006, 474; BFH, Urt. v. 25.07.2007 – III R 55/02, BStBl. 2008, 758, DStR 2008, 91.

977 *Bleschick* in Kirchhof, EStG, 20. Auflage 2021, § 20 EStG, Rn. 2 m. V. a. *Kirchhof/Söhn/Mellinghoff*, EStG, 321. Lieferung 02.2022, § 2, Rn. B 160 m. w. N.

978 *Bleschick* in Kirchhof, EStG, 20. Auflage 2021, § 20 EStG, Rn. 2.

979 *Ratschow* in Brandis/Heuermann, EStG, Stand: 159. EL Oktober 2021, § 20, Rn. 4 ff.

Gewinne aus der Veräußerung von Kapitalvermögen, unabhängig von deren Haltedauer, ergänzt.[980] Diese wurden zuvor meist unter § 23 EStG gefasst.[981] Die Gesetzesintention der Neuregelung war eine erhebliche Vereinfachung in der Praxis, da sie die schwierige Abgrenzung von laufenden Kapitalerträgen und Veräußerungsgewinnen bei Finanzinnovationen entbehrlich machte. Daneben wurde in § 20 Abs. 2 EStG eine haltedauerunabhängige Besteuerung umgesetzt.[982] Hintergrund dieses Effekts war der Umstand, dass nach Ansicht des Gesetzgebers § 23 EStG zum Teil veraltet und infolge dessen für die aktuelle praktische Handhabe nicht mehr passend erschien. Nach § 23 EStG sollten Veräußerungsgewinne nur ausnahmsweise bei atypisch kurzfristiger Umschichtung erfasst werden. Im Ergebnis wurde diese Differenzierung jedoch bei Einkünften aus Kapitalvermögen als nicht mehr realitätsgerecht und damit auch nicht tragfähig erachtet, da Kapitalvermögen immer schneller umgeschichtet wurden.[983] Im Ergebnis war es also vom Willen des Gesetzgebers getragen, dass die grund- und zeitunabhängige Besteuerung nunmehr im Rahmen des § 20 EStG und nicht mehr innerhalb des § 23 EStG erfolgt.

(bb) Übertragbarkeit auf den diskutierten Sachverhalt

Fraglich ist demnach, ob der damit verfolgte Regelungszweck auf die diskutierte Konstellation, also die Veräußerung von durch *Hard-Forks* erhaltenen Krypto-Coins, inhaltlich und hinsichtlich der Rechtsfolge übertragbar ist oder ob die Aufzählungen in § 20 Abs. 1 Nr. 1 EStG abschließend sind. Gegenstand der Besteuerung sind die Erträge aus der Nutzung privaten Geldvermögens in bestimmten Anlageformen.[984] Den Tatbestand des § 20 EStG erfüllt nach der Formel des BFH derjenige, der Kapital gegen Entgelt zur Nutzung überlässt.[985] Der Begriff des Kapitals ist dabei jedoch nicht volks- oder betriebswirtschaftlich abzugrenzen.[986] Stattdessen liegt eine grundsätzlich abschließende, d. h. rechtliche Umschreibung des

980 Vgl. Unternehmensteuerreformgesetz 2008 v. 14.08.2007, BGBl. I 2007, 1912, verfügbar unter: https://www.bgbl.de/xaver/bgbl/start.xav?startbk=Bundesanzeiger_BGBl&jumpTo=bgbl107s1912.pdf#__bgbl__%2F%2F*%5B%40attr_id%3D%27bgbl107s1912.pdf%27%5D__1614006186533, abgerufen am 22.02.2020.

981 *Bleschick* in Kirchhof, EStG, 20. Auflage 2021, § 20 EStG, Rn. 2.

982 *Bleschick* in Kirchhof, EStG, 20. Auflage 2021, § 20 EStG, Rn. 2.

983 Unternehmensteuerreformgesetz 2008 v. 14.08.2007, BGBl. I 2007, 1912, verfügbar unter: https://www.bgbl.de/xaver/bgbl/start.xav?startbk=Bundesanzeiger_BGBl&jumpTo=bgbl107s1912.pdf#__bgbl__%2F%2F*%5B%40attr_id%3D%27bgbl107s1912.pdf%27%5D__1588169319864, abgerufen am 29.04.2020; *Bleschick* in Kirchhof, EStG, 20. Auflage 2021, § 20 EStG, Rn. 4; *Ratschow* in Brandis/Heuermann, EStG, Stand: 159. EL Oktober 2021, § 20, Rn. 1, 3 m. w. N.

984 *Ratschow* in Brandis/Heuermann, EStG, Stand: 159. EL Oktober 2021, § 20, Rn. 4

985 BFH, Urt. v. 13.11.2007 – VIII R 36705, BStBl. II 2008, 292.

986 *Weißbrodt/Michalke*, DStR 2012, 1533.

Steuertatbestandes vor. Dies hat zur Folge, dass die Aufzählungen sowohl in Abs. 1 als auch in Abs. 2 des § 20 EStG für sich genommen jeweils abschließend sind und nicht durch völlig neue Punkte ergänzt werden können.[987] Eine darüber hinausgehende inhaltliche Offenheit des Besteuerungstatbestands wird hingegen weder als erforderlich noch als rechtsstaatlich vertretbar erachtet.[988] Zwar ist nicht gänzlich ausgeschlossen, dass über die in § 20 Abs. 1 Nr. 1 S. 1 EStG ausdrücklich genannten Beteiligungsformen oder Gewinnanteile solche an ausländischen Gesellschaften möglich sein können. Außerhalb dessen wird jedoch von einem im Grundsatz abschließenden Charakter der Norm ausgegangen.[989] Es müsste also auch in dem vorliegend zu beurteilenden Sachverhalt eine Kapitalüberlassung gegeben sein, die in der Regel auf einem schuldrechtlichen, gesetzlichen oder faktischen Rechtsverhältnis beruht. Ferner muss eine Entgeltentrichtung vorliegen.[990] Hierbei findet der Einnahmenbegriff des § 8 Abs. 1 EStG Anwendung, unter den neben Geldzahlungen auch Sachleistungen fallen.[991]

(b) Auswirkungen für den zu betrachtenden Fall

Im Zuge einer *Hard-Fork* kommt es indes zu keinerlei Kapitalüberlassung seitens des Steuerpflichtigen bzw. des Inhabers der ursprünglichen Krypto-Coins.[992] Dieser hat im Vorgang zum Erhalt der neuen Krypto-Coins lediglich Currency- oder Utility- oder anderweitige Krypto-Coins oder Krypto-Token entweder durch Mining oder auf andere Weise erworben. Diesem Erwerbstatbestand war jedoch keine Kapitalüberlassung immanent in Gestalt einer Vergesellschaftung von Kapital oder einer Kapitalüberlassung auf Zeit.[993] Ebenso wenig ging dem Zufluss der neuen Krypto-Coins eine schuldrechtliche, gesetzliche oder faktische Kapitalüberlassung vorweg. Insoweit ist von keiner Kapitalüberlassung auszugehen, sofern keine Investment-Token zuvor im Herrschaftsbereich des Steuerpflichtigen bzw. Nutzers waren.

---

987 *Ratschow* in Brandis/Heuermann, EStG, Stand: 159. EL Oktober 2021, § 20, Rn. 4 m. V. a.: a. A. BFH, Urt. v. 03.11.1961 – VI 42/60 U, BStBl. III 1962, 7; BFH Urt. v. 14.02.1984 – VIII R 126/82, BStBl. II 1984, 580.

988 *Hamacher/Dahm* in Korn, EStG, 1. Auflage 2000, 126. Ergänzungslieferung, § 20, Rn. 2.

989 *Ratschow* in Brandis/Heuermann, EStG, Stand: 159. EL Oktober 2021, § 20, Rn. 4 m. w. N.

990 *Hamacher/Dahm* in Korn, EStG, 1. Auflage 2000, 126. Ergänzungslieferung, § 20, Rn. 2.

991 *Bleschick* in Kirchhof, EStG, 20. Auflage 2021, § 20, Rn. 9 m.w. N.; *Ratschow* in Brandis/Heuermann, EStG, Stand: 159. EL Oktober 2021, § 20, Rn. 4 m. w. N.

992 Mit Ausnahme des Falls, in dem dieser Investment-Token innehat. Dieser Ausnahmefall ist von der vorliegenden rechtlichen Betrachtung ausdrücklich ausgenommen.

993 *Hamacher/Dahm* in Korn, EStG, 1. Auflage 2000, 126. Ergänzungslieferung, § 20, Rn. 2.

Im Zusammenspiel mit dem Umstand, dass Currency- und Utility-Token nicht unter den abschließenden Katalog des § 20 Abs. 1 EStG fallen – auch sofern ein Auslandsbezug gegeben sein sollte – sind unter Berücksichtigung des abschließenden Charakters andere als Investment-Token nicht unter diesen Absatz subsumierbar. Infolge dessen ist eine dahin gehende Analogie sowohl in Bezug auf den abschließenden Charakter der Norm als auch im Hinblick auf die mangelnde Kapitalüberlassung, die Grundvoraussetzung für den gesetzlichen Steuertatbestand ist, abzulehnen.[994] Im Ergebnis führt die Veräußerung der neuen Krypto-Coins daher nicht zu steuerbaren Einnahmen gem. § 20 Abs. 2 Nr. 1 EStG. Diese sind nur gegeben, sofern es sich bei den neuen Krypto-Coins ebenfalls um Investment-Token handelt.

(4) Keine Steuerbarkeit

Fraglich bleibt somit, ob der Veräußerungsgewinn von durch *Hard-Fork* erhaltenen Krypto-Coins, die keine Investment-Coins sind, überhaupt steuerbar ist. Das Gebot der Gesetzmäßigkeit der Besteuerung ist ein allgemein anerkannter Grundsatz, der im Kern aus Art. 20 Abs. 3 GG herrührt. Infolge des Umstands, dass es sich bei jeder Besteuerung dem Grunde nach um klassische Eingriffsverwaltung handelt, greift insoweit der rechtsstaatliche Eingriffsvorbehalt. Das bedeutet, dass die Besteuerung verfassungsrechtlich wie einfachgesetzlich – §§ 3, 4 und 38 AO – nur dann zugelassen ist, sofern und soweit sie durch förmliches Gesetz angeordnet ist und das Gesetz determiniert, ob und inwieweit Steuern entstehen, s. § 38 AO. In der Folge bedeutet dies, „keine Steuer ohne Gesetz".[995]

Spiegelbildlich gilt für die Finanzbehörden das Legalitätsprinzip als verfahrensrechtliche Seite des Verfassungsgrundsatzes der Gesetzmäßigkeit der Verwaltung.[996] Danach ist die Finanzverwaltung berechtigt und verpflichtet, die nach § 38 AO entstandenen Steueransprüche gegenüber dem Steuerpflichtigen geltend zu machen.[997] Dies führt dazu, dass die Feststellungen der Besteuerungsgrundlagen, welche für die Entstehung und den Umfang der Steuerforderungen maßgebend sind, nur vorzunehmen sind, sofern die gesetzlichen Voraussetzungen erfüllt sind.[998] Im Grundsatz hat das Legalitätsprinzip zudem zur Folge, dass sich die

---

994 *Hamacher/Dahm* in Korn, EStG, 1. Auflage 2000, 126. Ergänzungslieferung, § 20, Rn. 2.

995 *Söhn* in Hübschmann/Hepp/Spitaler, AO/FGO; 265. Lieferung 11.2021, § 85 AO, Rn. 31.

996 BVerfG, Urt. v. 12.02.1969 – 1 BvR 687/62, BVerfGE 25, 216 (228).

997 BFH, Urt. v. 19.03.1981 – IV R 49/77, BStBl. II 1981, 538 (541), BFHE 133, 144; *Seer* in Tipke/Kruse, AO/FGO 168. Lieferung 11.2021, § 85, Rn. 6.

998 BVerfG, Urt. v. 12.02.1969 – 1 BvR 687/62, BVerfGE 25, 216 (228).

Egalität der Besteuerung erst durch deren Legalität durchsetzen lässt.[999] Praktisch entscheiden die Finanzbehörden daher ausschließlich über das Wie der Sachverhaltsermittlung und deren Durchsetzung. Im Hinblick auf den Aspekt, ob überhaupt eine Steuerforderung i. S. d. § 38 AO entstanden ist, ist sie indes nicht an das Opportunitäts-, sondern ausschließlich an das Legalitätsprinzip gebunden.[1000] Eine Besteuerung außerhalb des Gesetzes ist deshalb unzulässig.[1001]

Bezogen auf die vorliegende Situation, dass die Veräußerung von durch *Hard-Forks* erhaltenen Krypto-Coins, die keine Investment-Token sind, weder unter § 22 Nr. 2 i. V. m. § 23 Abs. 1 Nr. 2 EStG noch unter § 20 Abs. 2 Nr. 1 EStG noch unter eine andere Steuerrechtsnorm fällt, die die privaten Einnahmen von natürlichen Personen besteuert, hat dies zur Konsequenz, dass aus diesem Steuerschuldverhältnis mangels Tatbestandsverwirklichung keine Ansprüche seitens der Finanzbehörden entstehen (s. § 38 AO; Art. 20 Abs. 3, Art. 2 Abs. 1, Art. 14 Abs. 1 S. 2, Abs. 3 S. 2 GG). Dies hat zur Konsequenz, dass die Gewinne aus der Veräußerung der neuen Krypto-Coins nicht steuerbar und damit auch vom Steuerpflichtigen bzw. dem Nutzer dem Finanzamt gegenüber nicht anzugeben sind. Anders verhält es sich nur, wenn es sich bei den neuen Krypto-Coins um Investment-Token handelt. In diesem Fall sind diese als Gewinne aus der Veräußerung von Kapitalanteilen gem. § 20 Abs. 2 Nr. 1 EStG gegenüber dem Finanzamt anzuzeigen und werden gem. § 32d EStG mit 25 % Abgeltungsteuer besteuert.

cc) Ergebnis

Im Ergebnis kommt es somit lediglich in einem Fall zu einer Besteuerung bei dem Erhalt von Krypto-Coins aus einer *Hard-Fork*. Ausschließlich bei der Veräußerung von Investment-Token, die der Steuerpflichtige im Zuge einer *Hard-Fork* unentgeltlich erlangt hat, sind diese als Gewinne aus der Veräußerung von Anteilen an einer Körperschaft i. S. d. § 20 Abs. 1 Nr. 1 EStG gem. § 20 Abs. 2 Nr. 1 EStG gegenüber dem Finanzamt anzuzeigen. Hierbei betragen die Anschaffungskosten jedoch unter Bezugnahme auf § 20 Abs. 4a S. 5 EStG 0,00 € und führen damit zu keiner Minderung des Veräußerungsgewinns. Der Steuersatz beträgt indes 25 % Abgeltungsteuer gem. § 32d EStG.

In Bezug auf alle übrigen Krypto-Coins, die dem Steuerpflichtigen auf dem vorbenannten Wege zufließen, hat dieser keinerlei Anschaffungskosten im Rahmen des Zugangs gem. § 20 Abs. 4a S. 5 EStG in analoger Anwendung zu verbuchen. Mangels Anschaffungsvorgangs, wirtschaftlicher Identität mit den ursprünglichen

---

999 *Söhn* in Hübschmann/Hepp/Spitaler, AO/FGO, 265. Lieferung 11.2021, § 85, Rn. 32 m. V. a. *Isensee*, Die typisierende Verwaltung, 1. Auflage 1976, S. 134.

1000 *Söhn* in Hübschmann/Hepp/Spitaler, AO/FGO, 265. Lieferung 11.2021, § 85, Rn. 32 m. V. a. BFH, Urt. v. 04.07.2012 – II R 38/10, BStBl. II 2012, 782, BFHE 238, 216; *Seer* in Tipke/Kruse, AO/FG, 168. Lieferung 11.2021, § 85 AO, Rn. 6.

1001 *Seer* in Tipke/Kruse, AO/FG, 168. Lieferung 11.2021, § 85 AO, Rn. 8 m. w. N.

Krypto-Token und Vorliegens einer planwidrigen Regelungslücke im Hinblick auf § 20 Abs. 2 Nr. 1 EStG infolge der nicht zuvor vorgenommenen Kapitalüberlassung sowie der abschließenden Regelung des § 20 Abs. 1 Nr. 1 EStG verbleibt eine Besteuerungslücke. Dies hat zur praktischen Folge, dass die Veräußerung der neuen Krypto-Coins keinen Steuertatbestand erfüllt und damit der Vorgang gem. § 38 AO i. V m. dem Grundsatz der Gesetzmäßigkeit der Besteuerung nicht steuerbar ist.

An dieser Stelle ist es die Aufgabe des Gesetzgebers, die aufgezeigte Lücke in der Besteuerung zu schließen. Insoweit ist von einem dahin gehenden Gesetzgebungsauftrag auszugehen, da ansonsten eine Besteuerungslücke gegeben ist. Diese bedarf auch einer konkreten Regelung, um im Hinblick auf das Leistungsfähigkeitsprinzip eine Gleichmäßigkeit der Besteuerung zu sichern. Solange der Gesetzgeber diesem jedoch nicht nachkommt, können die Finanzbehörden die Veräußerung der durch die *Hard-Fork* erhaltenen Krypto-Coins keiner Besteuerung unterziehen. Aus Vorsichtsmaßnahmen und der offenen Frage, wann und wie der Gesetzgeber in absehbarer Zeit tätig werden wird, ist es in Bezug auf die praktische Umsetzung ratsam, gegen die Steuerbescheide, die in egal wie gearteten Sachverhaltskonstellationen Kryptowährungen und damit einhergehende Besteuerungsversuche seitens der Finanzbehörden – trotz fehlender Grundlage – zum Gegenstand haben, Einspruch einzulegen. Diese sind bis zur endgültigen Klärung der Rechtslage aufrechtzuerhalten.[1002]

g) *Krypto-Währungen als Mietzins*

Schließlich wurde im Rahmen der zivilrechtlichen Betrachtung die Begleichung des Mietzinses von Start-up-Unternehmen in Kryptowährungen betrachtet. In der Praxis stellt sich steuerrechtlich bei diesem Bezahlungsmodell die Frage, wie die Zahlung gegenüber dem Finanzamt anzumelden ist. Bisher wird die Zahlung mit der einer Fremdwährung gleichgesetzt. [1003] Danach sind diese Einnahmen nach stetiger Rechtsprechung des BFH in Euro umzurechnen.[1004] Der vom BFH getroffenen Entscheidung lag zwar ein grenzüberschreitender Sachverhalt zugrunde, in dem der Kläger sein Gehalt in Fremdwährungen bezog und in Deutschland versteuerte. Dennoch sind die dortigen Entscheidungsgründe, nach denen die Vergütung, die monatlich zufließt und auch monatlich nach dem Referenzkurs der Europäischen Zentralbank umzurechnen ist, auf die hiesige Fallkonstellation anwendbar. Kryptowährungen werden in diversen Konstellationen mit Fremdwährungen gleichgesetzt, so z. B. bei der Besteuerung von *ICOs* oder im Rahmen der FiFo-Methode.[1005]

1002 So auch *Andres/Stoffels*, NWB 2020, 489 (493).

1003 *Kubaile/Kuhl*, Die Besteuerung von Kryptowährungen in Deutschland, verfügbar unter: https://www.handelskammerjournal.ch/de/die-besteuerung-von-kryptowaehrungen-in-deutschland-teil-1, abgerufen am 27.01.2023.

1004 BFH, Urt. v. 03.12.2009 – VI R 4/08, NZA 2010, 624.

1005 *Krauß/Blöchle*, DStR 2018, 1210 m. w. N.

Die dort als Begründung herangezogene Vergleichbarkeit besteht auch im Falle des Entgeltbezugs als Erfüllungssurrogat, da theoretisch auch die Miete in US-Dollar oder einer anderen Währung beglichen werden könnte. Bezogen auf den vorliegend zu betrachtenden Sachverhalt hat das zur Konsequenz, dass der jeweilige Stichtagskurs und die genaue Wertigkeit der jeweiligen Kryptowährung zu ermitteln und zu dokumentieren ist. Gem. § 11 EStG ist der Zufluss der Zeitpunkt, in dem der Vermieter frei über die Beträge verfügen kann, also in dem die Transaktion vom Netzwerk bestätigt wird.[1006] Demnach muss der Kurs der jeweiligen Kryptowährung zu diesem Zeitpunkt ermittelt und die Umrechnung vorgenommen werden. Das Ergebnis dieser Berechnung ist dann nach Ablauf des Veranlagungszeitraums in der Steuererklärung im Rahmen der Einkünfte aus Vermietung und Verpachtung anzugeben.

II. Private Einkünfte durch das Mining

Zu klären ist zunächst, wann das Mining unter private Einkünfte fällt. Relevantes Abgrenzungskriterium zum gewerblichen Mining ist das in § 15 Abs. 2 EStG normierte Tatbestandsmerkmal der Teilnahme am Wirtschaftsverkehr.[1007]

1. Ansicht der OFD-NRW

Nach Ansicht der *OFD-NRW* ist dieses im Rahmen des Minings erst dann verwirklicht, wenn eine eigene Entscheidung des Steuerpflichtigen hinsichtlich des Umfangs der eingesetzten Rechenleistung gegeben ist, wie z. B. bei *Mining-Pools* oder beim *Cloudmining*. Eine Teilnahme am allgemeinen wirtschaftlichen Verkehr sei dann zu bejahen, wenn der Einsatz der geminten Kryptowährungen als Zahlungsmittel erfolgt bzw. sie getauscht oder veräußert werden.[1008]

Liegt demnach keine Marktteilnahme vor, ist fraglich, wie die Einnahmen aus dem privaten Mining zu besteuern sind. Die *OFD-NRW* führt hierzu lediglich aus, dass infolge des mittlerweile sehr ressourcenintensiven Minings regelmäßig Einkünfte aus Gewerbebetrieb vorliegen würden. Auf eine anderweitige Besteuerung wird indes nicht eingegangen.[1009] In Betracht kommen insoweit Einnahmen aus sonstigen Leistungen i. S. d. § 22 Nr. 3 EStG.

1006 BFH, Urt. v. 09.05.1984 – VI R 63/80, BStBl. II. 1984, S. 560.

1007 *Arendt* in Beck´sches Steuer- und Bilanzlexikon, Edition 58 2022, Stand: 01.07.2021, Kryptowerte, Rn. 9. m. V. a. *Pinkernell*, Ubg 2015, 19 (20); *Furrugia-Weber/Dietsch*, DStR 2022, 8(13).

1008 *OFD-NRW*, Kurzinfo v. 20.04.2018, DB 2018, 1185.

1009 *OFD-NRW*, Kurzinfo v. 20.04.2018, DB 2018, 1185.

Der Parlamentarische Staatssekretär *Meister* bekräftigte auf Anfrage des Bundestagsabgeordneten *Paus* am 29.12.2017, dass Einnahmen aus Mining Einkünfte aus sonstigen Leistungen i. S. d. § 22 Nr. 3 EStG darstellen würden.[1010]

2. Gegenansicht der Literatur

Hiergegen führen Stimmen in der Literatur an, dass es sich bei § 22 Nr. 3 EStG um einen subsidiären Tatbestand handeln würde und deshalb eine Differenzierung zwischen der Verifikation von Transaktionen und dem Mining selbst vorzunehmen sei.[1011]

Infolge dessen werden für das Mining die Voraussetzungen des § 22 Nr. 3 EStG mit dem Argument abgelehnt, dass alleine der Zufall und nicht die Geschicklichkeit entscheide, wer die neuen Krypto-Coins erlange und die übrigen Nutzer „leer ausgingen". Diese Zufallskomponente führe dazu, dass das Mining nicht als jedes Tun, Dulden oder Unterlassen, das entweder eine Veräußerung oder einen veräußerungsähnlichen Vorgang im Privatbereich darstelle, klassifiziert werden könne. Es sei auch nicht Gegenstand eines entgeltlichen Vertrages oder löse eine Gegenleistung aus.[1012] Bezug genommen wird zudem auf die Rechtsprechung zur Steuerpflicht von sog. „Onlinepokerspielen". Bei diesen übertreffe das Geschicklichkeits- das Zufallselement. Infolge dessen kann, entgegen der Rechtsprechung zum Glücksspiel[1013], bei der keine Teilnahme am allgemeinen Wirtschaftsverkehr vorliegt, eine solche angenommen werden. Kernargument stellt dabei die Verknüpfung von Leistung und Gegenleistung dar. Diese liege bei Onlinepokerspielen im Gegensatz zum Glücksspiel vor, weshalb eine Steuerbarkeit angenommen wird.[1014] Bezogen auf das Mining sei jedoch keine derartige Verknüpfung mit der Folge anzunehmen, dass keine Steuerbarkeit vorliege.[1015] Dieser Ansicht ist zuzustimmen. Infolge des Zufallsmechanismus kommt es weder zu einer spezifizierten

---

1010 BT-Drs. 19/370, S. 21 f.; ebenso *BMF* v. 10.05.2022, Einzelfragen zur ertragsteuerrechtlichen Behandlung von virtuellen Währungen und sonstigen Token, verfügbar unter: https://www.bundesfinanzministerium.de/Content/DE/Downloads/BMF_Schreiben/Steuerarten/Einkommensteuer/2022-05-09-einzelfragen-zur-ertragsteuerrechtlichen-behandlung-von-virtuellen-waehrungen-und-von-sonstigen-token.pdf?__blob=publicationFile&v=1, abgerufen am 06.06.2022.

1011 *Heuel/Matthey*, EStB 2018, 300 (306) m. V. a. *Pinkernell*, Ubg 2015, 19 (22); *Heuel/Matthey*, NWB 2018, 1037 (1054).

1012 *Heuel/Matthey*, EStB 2018, 300 (306) m. V. a. *Heuel/Matthey*, NBW 2018, 1037 (1035); BFH, Urt. v. 24.04.2012 – IX R 6/10, EStB 2012, 245, BStBl. II 2012, 581.

1013 Ausführlich zur Abgrenzung von Glücksspiel und Mining *Furrugia-Weber/Dietsch* DStR 2022, 8 (12).

1014 BFH, Urt. v. 16.09.2015 – X R 43/12, EStB 2016, 4; *Reiter/Nolte*, BB 2018, 1179 (1181).

1015 *Heuel/Matthey*, EStB 2018, 300 (306).

Zuteilung der neuen Krypto-Coins durch eine zentrale Stelle noch ist eine Gegenleistung garantiert.[1016] Somit liegen keine steuerbaren Einnahmen i. S. d. § 22 Nr. 3 EStG vor.

Teilweise wird in der Literatur noch andiskutiert, ob das private Mining als freiberufliche Tätigkeit i. S. d. § 18 EStG behandelt werden könne.[1017] Dies wird jedoch richtigerweise mit dem Argument abgelehnt, dass die zugrunde liegende Arbeitsleistung automatisch von Rechnern bzw. Maschinen erbracht werde und nicht von den Steuerpflichtigen höchstpersönlich.[1018]

3. Fazit

Im Ergebnis unterfällt gelegentliches Mining in einem begrenzten Umfang damit keiner der in § 2 Abs. 1 S. 1 EStG genannten Einkunftsarten.[1019] Damit ist es einzig der privaten Vermögenssphäre zuzuordnen und somit grundsätzlich nicht steuerbar.[1020]

4. Einnahmen durch Verifizierung der Transaktion

Anders verhält es sich hinsichtlich der Verifikation von Transaktionen im Rahmen des Minings. Hierbei erhält der Miner ein Entgelt als Gegenleistung für seine Miningleistung. Diese Gegenleistung stellt steuerlich dem Grunde nach eine Gegenleistung i. S. d. § 8 Abs. 1 EStG dar. Danach sind Einnahmen alle Güter, die in Geld oder Geldeswert bestehen und dem Steuerpflichtigen im Rahmen einer der Einkunftsarten des § 2 Abs. 1 S. 1 Nr. 4–7 EStG zufließen. Nach § 8 Abs. 1 S. 2 EStG

1016 *Heuel/Matthey*, EStB 2018, 300 (306); *Heuel/Matthey*, NBW 2018, 1037 (1054).

1017 *Lutzenberger*, GmbHR 2018, 794 (798); *Heuel/Matthey*, NWB 2018, 1037 (1053); *Richter/Augel*, FR 2017, 937 (945).

1018 So auch *Lutzenberger*, GmbHR 2018, 794 (798); *Heuel/Matthey*, NWB 2018, 1037 (1053); *Richter/Augel*, FR 2017, 937 (945).

1019 *Schlund/Pongratz*, DStR 2018, 598 (602).

1020 Im Ergebnis auch *Heuel/Matthey*, EStB 2018, 300 (307) m. w. N; dies im Entwurf eines *BMF*-Schreibens noch annehmend: *Oberste Finanzbehörden der Länder*, Entwurf eines *BMF*-Schreibens, veröffentlicht am 17.06.2021 unter: https://www.bundesfinanzministerium.de/Content/DE/Downloads/BMF_Schreiben/Steuerarten/Einkommensteuer/2021-06-17-est-kryptowaehrungen.html, abgerufen am 09.04.2022; im finalen Entwurf ablehnend: *BMF* v. 10.05.2022, Einzelfragen zur ertragsteuerrechtlichen Behandlung von virtuellen Währungen und sonstigen Token, verfügbar unter: https://www.bundesfinanzministerium.de/Content/DE/Downloads/BMF_Schreiben/Steuerarten/Einkommensteuer/2022-05-09-einzelfragen-zur-ertragsteuerrechtlichen-behandlung-von-virtuellen-waehrungen-und-von-sonstigen-token.pdf?__blob=publicationFile&v=1, abgerufen am 06.06.2022. kritisch hierzu: *Selonke/Madsen*, beck.digitax 2022, 290 (293).

gehören zu den Einnahmen in Geld auch zweckgebundene Geldleistungen, nachträgliche Kostenerstattungen, Geldsurrogate und andere Vorteile, die auf einen Geldbetrag lauten. Diese müssen jedoch zum Zeitpunkt des Zugangs werthaltig sein und den Steuerpflichtigen objektiv bereichern. Von einer objektiven Bereicherung wird indes nur ausgegangen, wenn der Vorteil einen wirtschaftlichen und nicht nur einen ideellen Wert hat.[1021] Da die aus der Verifikation der Transaktionen resultierenden Einkünfte aus Leistungen erfolgen, die unter keine der anderen Einkunftsarten i. S. d. § 22 Nr. 3 S. 1 EStG fallen, stellen sie grundsätzlich Einkünfte i. S. d. Norm dar, sofern ihnen im Zeitpunkt des Zugangs ein wirtschaftlicher Wert zukommt.[1022] Dieser ist jedoch – wie bei ausländischen Währungen – in Euro umzurechnen.[1023] Dabei gibt es anders als bei Auslandswährungen keinen maßgeblichen Referenzkurs der EZB, sondern dieser müsste anhand der Tageskurse an den größten *Exchanges* wie *coinmarketcap.de* ermittelt werden.[1024] Gemäß § 9 Abs. 1 EStG können die mit der Verifizierung in Zusammenhang stehenden Werbungskosten wie z. B. Strom- und Anschaffungskosten für *Hardware* von der Summe der Einkünfte abgezogen werden. Übersteigen diese dennoch die Freigrenze von 256,00 € pro Person, sind die darüber hinausgehenden Einkünfte mit dem persönlichen Steuersatz zu besteuern.[1025]

III. Gewerbliche Einkünfte durch das Mining

Nach den vorangegangenen Ausführungen gilt es nunmehr zu klären, wann beim Mining gewerbliche Einkünfte i. S. d. § 15 EStG gegeben sind. Einkünfte aus Gewerbebetrieb sind Einkünfte aus gewerblichen Unternehmen, s. § 15 Abs. 1 Nr. 1 S. 1 EStG. Der in § 15 Abs. 2 EStG legaldefinierte Begriff der Gewerblichkeit ist im EStG derselbe wie im GewStG (§ 1 Abs. 1 S. 2 GewStG) und setzt bestimmte unabdingbare Merkmale voraus. Danach muss eine selbstständige, nachhaltige, mit Gewinnerzielungsabsicht betriebene Tätigkeit mit einer Beteiligung am allgemeinen Wirtschaftsverkehr vorliegen, bei der es sich nicht um Land- und Forstwirtschaft und nicht um einen freien Beruf oder sonstige selbstständige Arbeit

---

1021 *Ettlich* in Brandis/Heuermann, EStG, Stand: 159. EL Oktober 2021, § 8, Rn. 13 f.

1022 So auch *Furrugia-Weber/Dietsch* DStR 2022, 8 (13).

1023 *Ettlich* in Brandis/Heuermann, EStG, Stand: 159. EL Oktober 2021, § 8, Rn. 12.

1024 https://coinmarketcap.com/de/all/views/all.

1025 So im Ergebnis auch *Heuel/Matthey*, EStB 2018, 300 (306) m. V. a. *OFD-NRW* v. 20.04.2018, NWB LAAAH-23099, verfügbar unter: https://datenbank.nwb.de/Dokument/Anzeigen/799991, abgerufen am 08.06.2020; ausführlich zur Abgrenzung zwischen Gewerbebetrieb und Vermögensverwaltung *Richter/Augel*, FR 2017, 944 ff.

handelt.[1026] Diese Voraussetzungen müssen indes kumulativ erfüllt sein. Fehlt auch nur eine, liegt keine gewerbliche Tätigkeit vor.[1027] Daneben sind Einkünfte aus Gewerbebetrieb auch die Gewinnanteile der Gesellschafter einer OHG, KG oder einer anderen Gesellschaft, bei der der Gesellschafter als Unternehmer (Mitunternehmer) des Betriebes anzusehen ist; dies gilt auch für mittelbare Beteiligungen (§ 15 Abs. 1 Nr. 2 EStG). Schließlich sieht § 15 Abs. 1 Nr. 3 EStG eine entsprechende Regelung für die Gewinnanteile der persönlich haftenden Gesellschafter einer KGaA vor.

1. *Wann ist Mining gewerblich?*

Anders als bei den privaten Einkünften gab es bis zum *BMF*-Schreiben[1028] keine abschließende[1029] Verwaltungsanweisung im Hinblick auf etwaige Kriterien zur Bestimmung der Gewerblichkeit des Bitcoin-Handels bzw. des Handels mit Currency-Token.[1030] Vorwiegend wurde deshalb in der Literatur unter Vergleichsziehung zum gewerblichen Wertpapierhandel, der nur in Ausnahmefällen angenommen wird, eine Abgrenzung im Einzelfall angestrebt. Hierbei wird die Gewerblichkeit – ähnlich wie beim gewerblichen Wertpapierhandel – anhand von Kriterien abgegrenzt wie dem äußerlichen Anbieten am Markt, dem Leistungsaustausch und der Nachhaltigkeit und Teilnahme am Wirtschaftsverkehr.[1031] Diese vom BFH[1032] aufgestellten Kriterien, die auch als „professionelle Konturierungen" bezeichnet werden, beinhalten neben den soeben benannten Kriterien auch die des

---

1026 St. BFH-Rspr., z. B. BFH, Urt. v. 17.03.1981 – VIII R 149/78, BStBl. II 1981, 522; vgl. auch *Tipke/Lang*, Steuerrecht, 23. Aufl. 2018, § 8, Rn. 413 m. w. N. z. Rspr. des Preußischen OVG u. RFH.

1027 *Bode* in Brandis/Heuermann, EStG, Stand: 159. EL Oktober 2021, § 15, Rn. 13 m. w. N.

1028 *BMF* v. 10.05.2022, Einzelfragen zur ertragsteuerrechtlichen Behandlung von virtuellen Währungen und sonstigen Token, verfügbar unter: https://www.bundesfinanzministerium.de/Content/DE/Downloads/BMF_Schreiben/Steuerarten/Einkommensteuer/2022-05-09-einzelfragen-zur-ertragsteuerrechtlichen-behandlung-von-virtuellen-waehrungen-und-von-sonstigen-token.pdf?__blob=publicationFile&v=1, abgerufen am 06.06.2022.

1029 Das *BMF* hatte am 17.06.2021 lediglich einen Enwurf veröffentlicht, vgl. *Oberste Finanzbehörden der Länder*, Entwurf eines *BMF*-Schreibens, veröffentlicht am 17.06.2021 unter: https://www.bundesfinanzministerium.de/Content/DE/Downloads/BMF_Schreiben/Steuerarten/Einkommensteuer/2021-06-17-est-kryptowaehrungen.html, abgerufen am 09.04.2022.

1030 *Lutzenberger*, GmbHR 2018, 794 (797).

1031 *Heuel/Matthey*, EStB 2018, 300 (304) m. w. N.

1032 BFH, Urt. v. 19.08.2009 – III R 31/07, EStB 2010, 74, BFH/NV 2010, 844; *Wacker* in Schmidt, EStG, 40. Auflage 2021, § 15, Rn. 91.

Ausnutzens eines Marktes unter Einsetzung beruflicher Erfahrungen, des Unterhaltens von Büroorganisationsstrukturen und des Umfangs des Geschäfts.[1033] Zudem wird neben dem Tätigwerden für fremde Rechnung bzw. auf eigene Rechnung das Vorliegen einer Haupttätigkeit mit direktem Auftreten gegenüber dem Markt gefordert.[1034] Das *BMF* hat sich nunmehr diesen Kriterien zur Bestimmung von gewerblichen Einkünften i. S. d. § 15 EStG größtenteils angeschlossen.[1035]

a) Äußerliches Anbieten am Markt

Im Rahmen des Erfordernisses des äußerlichen Anbietens am Markt wird in Abgrenzung zur privaten Vermögensverwaltung ein gewisser Grad an Professionalität gefordert.[1036] Private Vermögensverwaltung liegt im Allgemeinen vor, wenn sich die Betätigung noch als Nutzung von Vermögen im Sinne einer Fruchtziehung aus zu erhaltenden Substanzwerten darstellt und die Ausnutzung substanzieller Vermögenswerte durch Umschichtung – dann wird Gewerblichkeit angenommen – nicht entscheidend in den Vordergrund tritt (s. auch § 14 S. 3 AO). Abgestellt wird stets auf das Gesamtbild der Tätigkeit, wobei die einzelnen Kriterien in der Zusammenschau zu würdigen sind.[1037]

Überdies werden von Rechtsprechung und Finanzverwaltung, je nach Anlagegegenstand, eigene Abgrenzungskriterien entwickelt. Maßgeblich sind vor allem die vom BFH für den Gold-, Grundstücks- und Wertpapierhandel herausgearbeiteten Kriterien.[1038] Daneben kommt in dem Fall, in dem Gewinne nur mittels

---

1033 *Heuel/Matthey*, EStB 2018, 300 (304).

1034 *Heuel/Matthey*, NWB 2018, 1037 (1051 f.) m. w. N.

1035 *BMF* v. 10.05.2022, Einzelfragen zur ertragsteuerrechtlichen Behandlung von virtuellen Währungen und sonstigen Token, verfügbar unter: https://www.bundesfinanzministerium.de/Content/DE/Downloads/BMF_Schreiben/Steuerarten/Einkommensteuer/2022-05-09-einzelfragen-zur-ertragsteuerrechtlichen-behandlung-von-virtuellen-waehrungen-und-von-sonstigen-token.pdf?__blob=publicationFile&v=1, abgerufen am 06.06.2022.

1036 *Lutzenberger*, GmbHR 2018, 794 (798).

1037 BFH, Urt. v. 28.09.2017 – IV R 50/15, BStBl. II 2018, 89, DStR 2017, 2726; BFH, Urt. v. 19.01.2017 – IV R 50/14, BStBl. II 2017, 456, DStR 2017, 851; so auch Entwurf eines *BMF*-Schreibens: Einzelfragen zur ertragsteuerlichen Behandlung von virtuellen Währungen und von Token, Rn. 29, veröffentlicht am 17.06.2021 unter: https://www.bundesfinanzministerium.de/Content/DE/Downloads/BMF_Schreiben/Steuerarten/Einkommensteuer/2021-06-17-est-kryptowaehrungen.html, abgerufen am 07.04.2022.

1038 BFH, Urt. v. 19.01.2017 – IV R 50/14, BStBl. II 2017, 456, DStR 2017, 851 zum gewerblichen Goldhandel; *BMF* v. 26.03.2004 – IV A 6 – S 2240 – 46/04, BStBl. I 2004, 434, DStR 2004, 632 zum gewerblichen Grundstückshandel; BFH, Urt. v. 30.07.2003 – X R 7/99, BStBl. II 2004, 408, DStR 2004, 598 zum gewerblichen Wertpapierhandel; hierauf

Veräußerungsvorgängen und nicht durch Fruchtziehung generiert werden können, im Hinblick auf die Annahme der Gewerblichkeit der Anzahl der An- und Verkäufe ein hohes Gewicht zu.[1039] Nach Ansicht der Literatur ist zudem auch das Kriterium der Verkaufszahlen beim gewerblichen Krypto-Handel von Bedeutung.[1040]

Schließlich sind jedoch noch weitere allgemeingültige Kriterien zwecks Abgrenzung zur privaten Vermögensverwaltung heranzuziehen. Zumeist werden hierfür das Tätigwerden für fremde Rechnung, die Art der Durchführung der Geschäfte, das Anbieten gegenüber einem weiten Markt sowie der Umfang der Geschäfte als solcher angeführt.[1041] Letzteres wird im Hinblick auf die mit dem Mining einhergehenden hohen Investitionskosten und den Bedarf von sehr viel Strom in der Regel bejaht, da diese eine Vermutungswirkung für ein Großkundenkontingent und damit für eine gewisse Professionalität haben. Daneben ist die Anzahl der An- und Verkäufe sowie die in der Gesamtbetrachtung vorzunehmende Bewertung des Geschäftsgebarens ausschlaggebend. Werden durch das Mining eine hohe Anzahl an An- und Verkäufen von Krypto-Coins bzw. Krypto-Token vorgenommen und sind die zugrunde liegende Mining-Geschäftsstruktur infolge des Auftretens am Markt und das nach außen verkörperte Geschäftskonstrukt für Dritte erkennbar, so ist von einem äußerlichen Anbieten am Markt auszugehen.

b) Einkünfteerzielungsabsicht

Sollte indes dennoch ein Fall gegeben sein, in dem die Gewerblichkeit seitens der Finanzbehörden abgelehnt wird, so stellt sich im Folgenden die Frage der Einkünfteerzielungsabsicht beim Steuerpflichtigen.[1042] Bei dieser handelt es sich um eine innere Tatsache, die sich nur anhand äußerer Merkmale manifestieren lässt. Jedoch ist diese allein auf Grund von längeren Verlustperioden nicht *per se* zu verneinen. Vielmehr muss die Feststellung erfolgen, dass die Tätigkeit nur aus privaten Gründen und Neigungen erfolgt.[1043] In Abgrenzung zur nicht steuerbaren Sphäre der privaten Vermögensverwaltung wird in der bisherigen Literatur für die Annahme einer gewerblichen Tätigkeit den hohen Stromkosten eine Indizwirkung

---

lediglich im Entwurf abstellend: Oberste Finanzbehörden der Länder, Entwurf eines *BMF*-Schreibens, veröffentlicht am 17.06.2021 unter: https://www.bundesfinanzministerium.de/Content/DE/Downloads/BMF_Schreiben/Steuerarten/Einkommensteuer/2021-06-17-est-kryptowaehrungen.html, abgerufen am 09.04.2022.

1039 BFH, Urt. v. 19.01.2017 – IV R 50/14, BStBl. II 2017, 456, DStR 2017, 851.

1040 *Krauß/Blöchle*, DStR 2018, 1210 (1211).

1041 BFH, Urt. v. 20.12.2000 – X R 1/97, BStBl. II 2001, 705, DStR 2001, 888; BFH, Urt. v. 30.07.2003 – X R 7/99, BStBl. II 2004, 408, DStR 2004, 598.

1042 *Richter/Augel* FR 2017, 937 (945); *Lutzenberger*, GmbHR 2018, 794 (799).

1043 *Bode* in Brandis/ Heuermann, EStG, Stand: 159. EL Oktober 2021, § 15, Rn. 45 f. m. w. N.

beigemessen, da diese im Hinblick auf § 12 Abs. 1 Nr. 1 EStG, wonach ein steuerlicher Abzug von Aufwendungen für den Haushalt gesetzlich ausgeschlossen ist, nicht anderweitig steuermindern geltend gemacht werden können.[1044] Fehlt es im Ergebnis an der Einkünfteerzielungsabsicht, so muss die Gewerblichkeit negiert werden mit der Folge, dass es sich um nicht steuerbare Vorgänge im Privatvermögen handelt.

c) *Leistungsaustausch*

Darüber hinaus wird die Einordnung als gewerbliche Einnahmen in Abgrenzung zu einer nicht auf einen Leistungsaustausch abzielenden Tätigkeit vorgenommen.[1045] Im Zuge dessen wird für die Annahme von gewerblichen Einnahmen zum einen auf die Zahlung der Transaktionsgebühr als Gegenleistung abgestellt.[1046] Zum anderen wird in diesem Zusammenhang auf die Zahlung der Kryptowährung für den Mining-Erfolg abgestellt, die die wirtschaftliche Gegenleistung darstellen soll.[1047] Unabhängig davon, auf welche der beiden genannten Alternativen man abstellt, ist im Ergebnis richtigerweise von einem Leistungsaustausch und damit von einer Gewerblichkeit auszugehen.

d) *Nachhaltigkeit und Teilnahme am wirtschaftlichen Verkehr*

In der bisherigen Literatur werden im Zusammenhang mit dem gewerblichen Mining vor allem die Kriterien der Nachhaltigkeit, Marktbeteiligung und der Teilnahme am wirtschaftlichen Verkehr als problematisch bezeichnet. Teile der Literatur lehnen das Vorliegen einer Nachhaltigkeit mit dem Argument ab, dass keine nachhaltige Tätigkeit mit gleichzeitiger Beteiligung am wirtschaftlichen Verkehr gegeben sei.[1048] Für Letztere wird gefordert, dass der Miner nach außen in Erscheinung trete und seine Krypto-Coins entgeltlich gegenüber Dritten anbiete. Hierfür wird beispielhaft gefordert, dass eine eigene Vermarktungstätigkeit dergestalt gegeben sein müsse, dass ein *Mining-Pool* gegen Entgelt betrieben werde oder ein Verkauf hierüber stattfinde. Auch ein Verkauf über Börsen wird genannt.[1049] Nach Ansicht der *OFD-NRW* soll hingegen das Tatbestandsmerkmal der selbstständigen Tätigkeit dann erfüllt sein, wenn der Steuerpflichtige eine eigene Entscheidung im Hinblick auf den Umfang seiner zur Verfügung gestellten Rechenleistung treffe. Das Tatbestandsmerkmal der Teilnahme am allgemeinen wirtschaftlichen Verkehr

---

1044 So auch: *Lutzenberger*, GmbHR 2018, 794 (799).
1045 *Lutzenbeger*, GmbHR 2018, 794 (798).
1046 *Pinkernell*, Ubg 2015, 19 ff.
1047 *Richter/Augel*, FR 2017, 937 (945).
1048 *Pinkernell*, Ubg 2015, 19 (21); *Heuel/Matthey*, EStB 2018, 300 (305); *Furrugia-Weber/Dietsch* DStR 2022, 8 (13).
1049 *Heuel/Matthey*, EStB 2018, 300 (305).

sei hingegen dann zu bejahen, wenn der Steuerpflichtige die selbst geschürften Krypto-Coins im Anschluss an das Mining als Zahlungsmittel bzw. Tauschmittel oder entsprechend verwende.[1050] Schließlich sieht die *OFD-NRW* den Umstand der hohen Investitionskosten in Gestalt von Strom- und Hardwarekosten als widerlegliche Vermutung dafür an, dass das Betreiben des Minings nachhaltig erfolgen solle und im Zuge dessen auch gewerblich sei.[1051]

e) BMF-Schreiben vom 10.05.2022

Nachdem bereits am 17.06.2021[1052] der vielfach diskutierte[1053] Entwurf eines *BMF*-Schreibens zur ertragsteuerrechtlichen Behandlung von virtuellen Währungen und sonstigen Token auf der Website des Bundesfinanzministeriums zur Verfügung gestellt worden war, veröffentlichten die *Obersten Finanzbehörden der Länder* schließlich am 10.05.2022[1054] eine mit diversen Änderungen versehene finale Fassung. In dieser wird unter anderem die ertragsteuerliche Behandlung von Mining bewertet. Wie bereits im Entwurf-Schreiben wird sehr kurz festgestellt, dass es sich beim Mining um einen Anschaffungsvorgang handelt, der je nach den Umständen des Einzelfalls eine private oder gewerbliche Tätigkeit darstellen kann. Danach unterfallen die Einnahmen des Steuerpflichtigen sowohl in Gestalt von erhaltenen Einheiten der virtuellen Währung als auch von Transaktionsgebühren sowie die Entgelte für das Zurverfügungstellen von Rechnerleistung im Rahmen des *Mining-Pools* grundsätzlich den gewerblichen Einkünften i. S. d. § 15 EStG.

Das *BMF* geht bereits dann – ohne nähere inhaltliche Begründung – von einer Teilnahme am allgemeinen wirtschaftlichen Verkehr aus, wenn die Miner den übrigen Netzwerkteilnehmern ihre Rechenleistung für die Verifikation der Transaktionsdaten und deren Aufnahme in einen neu zu erstellenden Block der Blockchain zur Verfügung stellen. Der Umstand, dass das Entgelt von der erfolgreichen Erstellung des Blocks abhänge, stehe einer Teilnahme am allgemeinen wirtschaftlichen

1050 *OFD-NRW*, Kurzinfo v. 20.04.2018, DB 2018, 1185.

1051 *OFD-NRW*, Kurzinfo v. 20.04.2018, DB 2018, 1185.

1052 *Oberste Finanzbehörden der Länder*, Entwurf eines *BMF*-Schreibens, veröffentlicht am 17.06.2021 unter: https://www.bundesfinanzministerium.de/Content/DE/Downloads/BMF_Schreiben/Steuerarten/Einkommensteuer/2021-06-17-est-kryptowaehrungen.html, abgerufen am 09.04.2022.

1053 U. a. *Furrugia-Weber/Dietsch*, DStR 2022, 8.

1054 *BMF* v. 10.05.2022, Einzelfragen zur ertragsteuerrechtlichen Behandlung von virtuellen Währungen und sonstigen Token, verfügbar unter: https://www.bundesfinanzministerium.de/Content/DE/Downloads/BMF_Schreiben/Steuerarten/Einkommensteuer/2022-05-09-einzelfragen-zur-ertragsteuerrechtlichen-behandlung-von-virtuellen-waehrungen-und-von-sonstigen-token.pdf?__blob=publicationFile&v=1, abgerufen am 06.06.2022.

Verkehr nicht entgegen.[1055] Dieser pauschalen Annahme ist im Hinblick auf die unterschiedlichsten technischen Ausgestaltungen von Kryptowährungen nicht zu folgen. Mit Ausnahme des Bitcoins, dessen Anzahl an zu generierenden Krypto-Coins auf 21 Millionen Stück laut dem zugrunde liegenden White-Paper limitiert ist[1056], gibt es derzeit keine andere Kryptowährung, die eine Limitierung vorsieht. Selbst wenn man beim Vorliegen einer solchen Limitierung die Ansicht vertritt, dass hiermit ein gewisser Anspruch auf den Erhalt eines Krypto-Coins einhergeht, so ist dieser Ansatz lediglich in diesem Einzelfall denkbar. Infolge des technischen Grundsatzes einer unabhängigen Währung, deren Generierung zwar die Hingabe von Rechenleistung voraussetzt, jedoch unweigerlich das Zufallsprinzip sowie die Anonymität der Netzwerkteilnehmer erfordert, ist dieser vom *BMF* vertretene Ansatz – selbst für das Bitcoin-*Mining* – schlichtweg nicht haltbar.[1057] Es bleibt demnach abzuwarten, wie die einzelnen Finanzverwaltungen diesen Aspekt in der Praxis behandeln werden.

Anders als noch im Entwurf-Schreiben[1058] verneint das *BMF* nunmehr die Annahme einer privaten Vermögensverwaltung im Rahmen des *Minings* mit der – wiederum ohne weitere Begründung versehenen – These, dass beim Mining der Blockerstellende die Blockbelohnung und die Transaktionsgebühren im Tausch für die Erstellung der neuen Blöcke erhalte, weshalb diese Tätigkeit ihrem Erscheinungsbild nach der eines Dienstleisters entspreche.[1059] Bereits die Annahme einer Dienstleistung im Zusammenhang mit dem *Mining* ist streitig und in der bisherigen Literatur vielschichtig beleuchtet.[1060] In einer solcher schlichten und

1055 *BMF* v. 10.05.2022, Einzelfragen zur ertragsteuerrechtlichen Behandlung von virtuellen Währungen und sonstigen Token, verfügbar unter: https://www.bundesfinanzministerium.de/Content/DE/Downloads/BMF_Schreiben/Steuerarten/Einkommensteuer/2022-05-09-einzelfragen-zur-ertragsteuerrechtlichen-behandlung-von-virtuellen-waehrungen-und-von-sonstigen-token.pdf?__blob=publicationFile&v=1, abgerufen am 06.06.2022.

1056 S. o. unter 2. Teil, 4. Abschnitt, A., IV., 1.

1057 Ebenso: *Selonke/Madsen*, beck.digitax 2022, 290 (293).

1058 *Oberste Finanzbehörden der Länder*, Entwurf eines *BMF*-Schreibens, veröffentlicht am 17.06.2021 unter: https://www.bundesfinanzministerium.de/Content/DE/Downloads/BMF_Schreiben/Steuerarten/Einkommensteuer/2021-06-17-est-kryptowaehrungen.html, abgerufen am 09.04.2022.

1059 *BMF* v. 10.05.2022, Einzelfragen zur ertragsteuerrechtlichen Behandlung von virtuellen Währungen und sonstigen Token, verfügbar unter: https://www.bundesfinanzministerium.de/Content/DE/Downloads/BMF_Schreiben/Steuerarten/Einkommensteuer/2022-05-09-einzelfragen-zur-ertragsteuerrechtlichen-behandlung-von-virtuellen-waehrungen-und-von-sonstigen-token.pdf?__blob=publicationFile&v=1, abgerufen am 06.06.2022.

1060 Ausführlich hierzu *Furrugia-Weber/Dietsch*, DStR 2022, 8; *Sanning*, FR 2022, 244.

pauschalierenden Form ist sie indes abzulehnen. Die Annahme einer Dienstleistung setzt stets die im Vorwege vereinbarte Entlohnung voraus, s. § 611 Abs. 1 S. 2 BGB. Beim Mining hingegen hängt der Erhalt des Block-Rewards – wie für jeden *Miner* im Whitepaper zuvor eruierbar – vom Zufall ab. Das bedeutet, der *Miner* mint in dem Bewusstsein, dass er zwar Rechenleistung zur Verfügung stellt, aber auch mit einem Ausfall in Bezug auf den Erhalt des *Block-Rewards* zu rechnen hat. Vor diesem Hintergrund kann keine feste Entlohnung angenommen werden und in der Folge die pauschale Annahme einer Dienstleistung keinen Bestand haben.

Die noch im Entwurf-Schreiben vertretene Ansicht der *Obersten Finanzbehörden der Länder,* dass unabhängig von der Höhe der Aufwendungen für Hardware und Strom widerlegbar eine gewerbliche Tätigkeit vermutet wird und eine bloße Verwaltung eigenen Vermögens nur im Einzelfall durch Aufstellung einer Totalgewinnprognose in Bezug auf die Gewinnerzielungsabsicht zu prüfen sei[1061], findet in der finalen Fassung indes keinen Niederschlag. Stattdessen wird nunmehr – wiederum ohne nähere Begründung – angenommen, dass die Blockerstellung keine private Vermögensverwaltung darstelle. Sowohl beim *Mining* als auch beim *Forging* würden die Blockerstellenden die Blockbelohnung und die Transaktionsgebühren im Tausch für die Erstellung neuer Blöcke erhalten, weshalb die Tätigkeit dem Bild eines Dienstleisters entsprechen würde.[1062]

f) Fazit

Im Ergebnis gibt es derzeit keine trennscharfen Abgrenzungskriterien, deren Vorliegen maßgeblich zu der Bejahung oder Verneinung eines gewerblichen Minings führen könnte. Auch das finale *BMF*-Schreiben der *Obersten Finanzbehörden der Länder*[1063] vermag an dieser Einschätzung nichts zu

1061 *Oberste Finanzbehörden der Länder,* Entwurf eines *BMF*-Schreibens, veröffentlicht am 17.06.2021 unter: https://www.bundesfinanzministerium.de/Content/DE/Downloads/BMF_Schreiben/Steuerarten/Einkommensteuer/2021-06-17-est-kryptowaehrungen.html, abgerufen am 09.04.2022; zusammenfassend *Thurow*, BC 2021, 304; kritisch hierzu: *Selonke/Madsen*, beck.digitax 2022, 290 (293).

1062 *BMF* v. 10.05.2022, Einzelfragen zur ertragsteuerrechtlichen Behandlung von virtuellen Währungen und sonstigen Token, verfügabr unter: https://www.bundesfinanzministerium.de/Content/DE/Downloads/BMF_Schreiben/Steuerarten/Einkommensteuer/2022-05-09-einzelfragen-zur-ertragsteuerrechtlichen-behandlung-von-virtuellen-waehrungen-und-von-sonstigen-token.pdf?__blob=publicationFile&v=1, abgerufen am 06.06.2022; a. A. *Furrugia-Weber/Dietsch*, DStR 2022, 8.

1063 *BMF* v. 10.05.2022, Einzelfragen zur ertragsteuerrechtlichen Behandlung von virtuellen Währungen und sonstigen Token, verfügbar unter: https://www.bundesfinanzministerium.de/Content/DE/Downloads/BMF_Schreiben/Steuerarten/Einkommensteuer/2022-05-09-einzelfragen-zur-ertragsteuerrechtlichen-behandlung-von-vir

ändern.[1064] Richtigerweise ist deshalb an die allgemeingültigen Kriterien für die Gewerblichkeit anzuknüpfen und diese sind im Hinblick auf die Besonderheiten des Minings und mittels einer Gesamtbetrachtung im Einzelfall auszulegen. Insoweit kann der *OFD-NRW* nicht in Gänze zugestimmt werden. Wie *Heuel/Matthey*[1065] richtig anführen, gibt es derzeit eine Vielzahl von Kryptowährungen, bei denen die Anfangsinvestitionskosten nicht so enorm hoch sind wie z. B. beim Bitcoin. Deshalb erscheint eine pauschalierte Vermutungswirkung nicht ohne Weiteres möglich. Jedoch muss auch berücksichtigt werden, dass immer mehr Kryptowährungen spezielle Hardware und hohe Rechenleistung und damit hohe Stromkosten voraussetzen, damit geschürft werden kann. Es ist also anhand der spezifischen Kryptowährungen zu entscheiden, ob die hohen Anfangsinvestitionskosten, die dem Grunde nach ein tragfähiges Kriterium bilden können, als widerlegliche Vermutung greifen. Eine widerlegbare Vermutung für gewerbliches Mining ohne Berücksichtigung der Höhe der Aufwendungen für Hardware und Strom, wie es die *Obersten Finanzbehörden der Länder* noch im Entwurf-Schreiben lediglich feststellen, ist indes als zu pauschalisierend und dem Leistungsfähigkeitsprinzip widersprechend abzulehnen. Selbiges gilt für die pauschalierende Annahme des Vorliegens einer Dienstleistung, von der das *BMF* nunmehr ohne weitere Begründung ausgeht[1066], da eine solche eine zumindest vorab vereinbarte Vergütung voraussetzt, s. § 611 Abs. 1 Hs. 2 BGB. Beim *Mining* ist es jedoch dem Zufall überlassen, welcher Miner die gestellte Rechenaufgabe löst und den *Block-Reward* erhält. Vor diesem Hintergrund kann bereits infolge der technischen Ausgestaltung keine Vergütung vereinbart werden.

Überdies ist im Hinblick auf die Teilnahme am allgemeinen wirtschaftlichen Verkehr nach der Ansicht der *OFD-NRW* auf die vom Steuerpflichtigen eingesetzte Rechenleistung abzustellen. Diese stellt bildlich betrachtet eine Kapitalhingabe dar und begründet somit eine Unternehmerinitiative. Insoweit lässt die Hingabe Rückschlüsse darauf zu, dass der Steuerpflichtige nicht nur in geringem Maße, sondern darüber hinausgehend wirtschaften möchte. Kommt es anschließend zu einer Veräußerung der durch die hingegebene Rechenleistung geschürften Krypto-Coins, so liegt nach objektiver Betrachtung eine Teilnahme am allgemeinen wirtschaftlichen

tuellen-waehrungen-und-von-sonstigen-token.pdf?__blob=publicationFile&v=1, abgerufen am 06.06.2022.

1064 Ebenso zum Entwurf-Schreiben *Farrugia-Weber/Dietsch*, DStR 2022, 8 (15).

1065 *Heuel/Matthey*, NWB 2018, 1037 (1053); *Heuel/Matthey*, EStB 2018, 300 (305).

1066 *BMF* v. 10.05.2022, Einzelfragen zur ertragsteuerrechtlichen Behandlung von virtuellen Währungen und sonstigen Token, verfügbar unter: https://www.bundesfinanzministerium.de/Content/DE/Downloads/BMF_Schreiben/Steuerarten/Einkommensteuer/2022-05-09-einzelfragen-zur-ertragsteuerrechtlichen-behandlung-von-virtuellen-waehrungen-und-von-sonstigen-token.pdf?__blob=publicationFile&v=1, abgerufen am 06.06.2022.

Verkehr vor. Ein weiteres Indiz hierfür stellt die Anzahl der An- und Verkäufe der geschürften Krypto-Coins dar. Dieser Aspekt dient als nachvollziehbarer Verifizierungsfaktor, von dem sich eine – gegebenenfalls – transparente Vergleichbarkeit ableiten lässt.

Zusammen mit den genannten Investitionskosten stellen diese Parameter richtigerweise Abgrenzungskriterien dar, die es dem Steuerpflichtigen und auch dem Finanzamt möglich machen können, eine Gewerblichkeit anzunehmen. Im Ergebnis ist also anhand einer Einzelfallbetrachtung zu prüfen, ob ein gewerbliches Mining vorliegt. Dazu ist auf die dargestellten Kriterien und die widerlegliche Vermutung abzustellen.

2. *Formen des gewerblichen Minings*

Nachfolgend werden die typischsten gewerblichen Mining-Ausgestaltungen und ihre Besteuerung näher betrachtet.[1067]

a) Pool-Mining

Bei *Mining-Pools* wird – wie bereits erörtert[1068] – die Hardware von vielen Nutzern gebündelt benutzt, um die Rechenleistung zu erhöhen. Dies geschieht über einen zentralen Dienstleister. Der Zweck dahinter ist die Chancenerhöhung auf einen sog. *Block-Reward.* Dazu werden die Rechenaufgaben auf die einzelnen Nutzer verteilt und, sofern durch die Lösung neue Krypto-Coins geschürft werden, diese anteilig – abhängig von der zur Verfügung gestellten Rechenleistung – als Gewinn verteilt.[1069]

Das Schürfen von Krypto-Coins im Rahmen von *Mining-Pools* führt zu gewerblichen Einkünften i. S. d. § 15 Abs. 1, 2 EStG, da sich verschiedene Nutzer initiativ als Mitunternehmer mit entsprechendem Risiko zu einer nach Art und Umfang festgelegten Tätigkeit zusammenschließen.[1070] Maßgebliches Abgrenzungskriterium im Zusammenhang mit der Frage der Gewerblichkeit ist die Unternehmerinitiative bzw. das Unternehmerrisiko. Unter Mitunternehmerinitiative versteht

1067 Zur Frage der Gewerblichkeit u. a. des *Stakings* vgl. *Sanning*, FR 2022, 244–252; *BMF* v. 10.05.2022, Einzelfragen zur ertragsteuerrechtlichen Behandlung von virtuellen Währungen und sonstigen Token, verfügbar unter: https://www.bundesfinanzministerium.de/Content/DE/Downloads/BMF_Schreiben/Steuerarten/Einkommensteuer/2022-05-09-einzelfragen-zur-ertragsteuerrechtlichen-behandlung-von-virtuellen-waehrungen-und-von-sonstigen-token.pdf?__blob=publicationFile&v=1, abgerufen am 06.06.2022.

1068 Vgl. 2. Teil, 3. Abschnitt, E., V.

1069 *Heuel/Matthey*, EStB 2018, 300 (306); *Richter/Augel*, FR 2017, 937 (945).

1070 *Richter/Augel*, FR 2017, 937 (947 f.); *Heuel/Matthey*, EStB 2018, 300 (307); *Blank/Christ*, StB 2018, 47 (50).

man die Teilhabe an unternehmerischen Entscheidungen.[1071] Dabei reicht die Ausübung von Rechten aus, die den Stimm-, Kontroll- und Widerspruchsrechten eines Kommanditisten einer KG (§§ 164, 166 HGB) angenähert sind oder den Kontrollrechten nach § 716 BGB entsprechen.[1072] Daneben liegt Mitunternehmerrisiko vor, wenn der Gesellschafter sowohl am Erfolg als auch am Misserfolg, das heißt am Gewinn und Verlust sowie an allen stillen Reserven einschließlich des Geschäftswerts, beteiligt ist.[1073] In der Regel werden diese beiden Kriterien in der Literatur mit dem Argument bejaht, dass der Pool-Teilnehmer frei über seinen Beteiligungsumfang bestimmen und im Zuge dessen den Erfolg des *Mining-Pools* unmittelbar steuernd erhöhen kann.[1074] Indem er jederzeit seine Rechenkapazität abziehen oder zugunsten des *Mining-Pools* erweitern kann, hat er auch eine gewisse Art Machtposition inne, die mit der Hingabe von Kapital eines Kommanditisten und den damit einhergehenden Stimmrechten im Rahmen einer KG vergleichbar ist.[1075]

Dieser Ansicht ist zuzustimmen. Durch die Hingabe der Rechenkapazität und der anschließenden Teilhabe sowohl am Gewinn als auch am Verlust, wobei dieser wohl in der Nichtgenerierung des *Block-Rewards* zu sehen ist, welche wiederum zu nicht amortisierten Aufwendungen führt, trägt der Steuerpflichtige sowohl eine Mitunternehmerinitiative als auch ein Mitunternehmerrisiko.

Schließlich wird auch das Merkmal der Nachhaltigkeit als erfüllt betrachtet, sofern der Steuerpflichtige nicht nur gelegentlich mint.[1076] Nachhaltigkeit bedeutet, dass die Tätigkeit von der Absicht getragen sein muss, diese zu wiederholen und daraus eine ständige Einnahmequelle zu machen. Objektiv muss sie auf eine Wiederholung angelegt sein, wobei dies nicht bei jeder einzelnen Handlung der Tätigkeit gefordert wird.[1077] Entscheidend für das Merkmal der Nachhaltigkeit ist nicht das Erzielen von Einnahmen, sondern die Betätigung des Steuerpflichtigen. Grundsätzlich muss eine tatsächliche Wiederholung mehrerer Tätigkeitsakte vorliegen, die auf einen als Erwerbsquelle geeigneten Dauerzustand, der die Nachhaltigkeit der Tätigkeit objektiv dokumentiert, ausgerichtet ist.[1078] Relevant ist vor allem, dass von Beginn an der Wille des Steuerpflichtigen zur Wiederholung der Tätigkeit mit dem Ziel, daraus eine Erwerbsquelle zu machen, gegeben

---

1071 BFH, Urt. v. 01.08.1996 – VIII R 12/94, BStBl. II 1991, 272.

1072 BFH, Urt. v. 01.08.1996 – VIII R 12/94, BStBl. II 1991, 272.

1073 BFH, Urt. v. 28.10.1999 – VIII R 66 – 70/97, BStBl. II 2000, 183.

1074 *Lutzenberger*, GmbHR 2018, 794 (798); *Richter/Augel*, FR 2017, 937 (947).

1075 *Lutzenberger*, GmbHR 2018, 794 (798); *Richter/Augel*, FR 2017, 937 (947).

1076 *Heuel/Matthey*, EStB 2018, 300 (307).

1077 *Bode* in Brandis/Heuermann, EStG, Stand: 159. EL Oktober 2021, § 15, Rn. 32.

1078 *Bode* in Brandis/Heuermann, EStG, Stand: 159. EL Oktober 2021, § 15, Rn. 32 m. V. a. BFH, Urt. v. 21.08.1985 – I R 60/80, BStBl. II 1985, 88 m. w. N.; BFH, Urt. v. 19.11.1985 – VIII 104/84, BStBl. II 1986, 424; BFH, Urt. v. 13.12.1995 – XI R 43–45/89, BStBl. II 1996, 232; BFH, Urt. v. 10.12.1998 – III R 61/97, BStBl. II 1999, 390.

ist.[1079] Hierbei reicht ein einmal gefasster Wille grundsätzlich aus, da bei der Vornahme mehrerer gleichgearteter Handlungen auf diesen grundsätzlich geschlossen wird.[1080] Gefordert wird jedoch keine ununterbrochene Tätigkeit. Die jeweiligen Anforderungen bemessen sich anhand des spezifischen Gewerbes.[1081] Liegt keine Nachhaltigkeit vor, geht das Finanzamt zumeist von einer sog. Liebhaberei aus. Das bedeutet, dass die Absicht, mit der Tätigkeit einen Gewinn bzw. Überschuss zu erlangen, nicht gegeben ist. Bei einem Fehlen der Gewinnerzielungsabsicht bleiben die Gewinne und Verluste einkommensteuerlich außer Ansatz.[1082]

Beim *Pool-Mining* liegt in der Regel eine nachhaltige Tätigkeit vor. Die Zurverfügungstellung von Rechenkapazität erfolgt in der Regel nicht nur einmalig, sondern kontinuierlich, um die Chance auf den *Block-Reward* und damit die Chance der Generierung von Krypto-Coins zu erhöhen. Da auf Grund der wiederholenden Zurverfügungstellung auf einen Wiederholungswillen zu schließen ist, ist im Zweifelsfall das Finanzamt beweisbelastet, dessen Vorliegen darzutun.[1083]

Im Ergebnis führt damit das Minen von Krypto-Coins im Rahmen eines *Mining-Pools* beim jeweiligen Miner/Steuerpflichtigen zu Einnahmen aus Gewerbebetrieb gem. § 15 Abs. 1, 2 EStG.

b) Cloudmining

Die Steuerbarkeit von *Cloudmining* ist hingegen umstritten.[1084] Die mittels einmaliger Zahlung erkaufte Rechenleistung gewährt dem Käufer die Zuweisung der damit geschürften Krypto-Token. Hierbei sind drei verschiedene steuererhebliche Sachverhalte zu unterscheiden: die Zahlung des Entgelts für die Kapitalüberlassung, der Gewinn in Gestalt der zugewiesenen Currency-Token im Falle des erfolgreichen Minings und die Zahlung der Transaktionsgebühren.[1085]

1079 *Bode* in Brandis/Heuermann, EStG, Stand: 159. EL Oktober 2021, § 15, Rn. 32 m. V. a. BFH, Urt. v. 07.03.1996 – IV R 2/92, BStBl. II 1996, 369.

1080 BFH, Urt. v. 19.11.1985 – VIII R 104/85, BStBl. II 1986, 424; BFH, Urt. v. 12.07.1991 – III R 47/88, BStBl. II 1992, 143.

1081 *Bode* in Brandis/Heuermann, EStG, Stand: 159. EL Oktober 2021, § 15, Rn. 32 ff. m. w. N.

1082 *Golombek* in Beck´sches Steuer- und Bilanzrechtslexikon, Edition 58 2022, Stand: 01.01.2022, Liebhaberei, Rn. 1.

1083 *Bode* in Brandis/Heuermann, EStG, Stand: 159. EL Oktober 2021, § 15, Rn. 32.

1084 *Richter/Augel*, FR 2017, 937 (947 f.); *Heuel/Matthey*, EStB 2018, 300 (307); *Blank/Christ*, StB 2018, 47 (50).

1085 *Lutzenbeger*, GmbHR 2018, 794 (798).

aa) Entgeltzahlung für Kapitalüberlassung

In der Regel wird für das *Cloudmining* ein Entgelt für die Kapitalüberlassung gezahlt. Diese Zahlung könnte jedoch innerhalb der Grenzen der privaten Vermögensverwaltung bleiben.[1086] Dies würde voraussetzen, dass sich die Betätigung noch als Nutzung von Vermögen im Sinne einer Fruchtziehung aus zu erhaltenden Substanzwerten darstellt und die Ausnutzung substanzieller Vermögenswerte durch Umschichtung nicht entscheidend in den Vordergrund tritt.[1087] Da vorliegend nur einmalig ein Entgelt gezahlt wird und im Übrigen von einer Fruchtziehung durch das Schürfen mittels der erworbenen Rechenkapazität auszugehen ist, könnte mangels Einschlägigkeit eines anderweitigen Besteuerungstatbestandes (§ 38 AO) die Betätigung im Rahmen des *Cloudminings* der privaten Vermögensverwaltung zuzuordnen sein.[1088]

Daneben kommt durch die Hingabe des Entgelts noch eine Steuerbarkeit gem. § 20 Abs. 1 Nr. 4 EStG in Betracht. Diese würde jedoch voraussetzen, dass die genannte Zuwendung einem partiarischen Darlehen gleichzusetzen bzw. mit einem solchem vergleichbar ist, s. § 20 Abs. 1 Nr. 4 EStG. Grundvoraussetzungen für ein partiarisches Darlehen ist jedoch – wie bei einem gewöhnlichen – der Anspruch auf Rückzahlung des zur Verfügung gestellten Darlehens.[1089] Gerade diese Voraussetzung ist beim *Cloudmining* nicht gegeben. Denn das hingegebene Kapital in Gestalt von Rechenleistung wird dem Steuerpflichtigen nicht zurückgegeben.[1090] Mangels Rückübereignungsanspruchs liegt demnach keine Steuerbarkeit gem. § 20 Abs. 1 Nr. 4 EStG vor.

Im Ergebnis ist daher die einmalige Zahlung des Entgelts im Rahmen des *Cloudminings*, sofern keine Gewerblichkeit angenommen wird, mangels Einschlägigkeit eines Steuertatbestandes der steuerlich unbeachtlichen Vermögenssphäre zuzuordnen und damit nicht steuerbar.[1091]

bb) Gewinn in Gestalt der zugewiesenen Currency-Token

Fraglich ist, ob der Zugang der im Zuge des erfolgreichen Minings erhaltenen Currency-Token steuerbar ist. Möglich erscheint eine Steuerbarkeit als sonstige Einkünfte i. S. d. § 22 Nr. 3 EStG, sofern man nach den vorangegangenen Feststellungen im Ergebnis von keiner Gewerblichkeit ausgehen kann. Dieser Annahme steht jedoch die mit dem *Cloudmining* einhergehende Zufallskomponente entgegen, da

---

1086 *Lutzenbeger*, GmbHR 2018, 794 (798).

1087 *Bode* in Brandis/Heuermann, EStG, Stand: 159. EL Oktober 2021, § 15, Rn. 151 m. V. a. EStR R 15.7 (Zu § 15 EStG) Abs. 1 S. 2.

1088 Im Ergebnis auch *Lutzenbeger*, GmbHR 2018, 794 (798).

1089 BFH, Urt. v. 25.01.2000 – VIII R 50/97, BStBl. II 2000, 393.

1090 *Lutzenberger*, GmbHR 2019, 794 (799).

1091 Im Ergebnis auch *Lutzenberger*, GmbHR 2019, 794 (799).

insofern keine Verknüpfung von Leistung und Gegenleistung in Bezug auf die für die Annahme von § 22 Nr. 3 EStG erforderliche Teilnahme am allgemeinen Markt gegeben ist.[1092] Infolge dessen stellt der Gewinn im Zuge des *Cloudminings* in Gestalt von Currency-Token keine sonstigen Einkünfte i. S. d. § 22 Nr. 3 EStG dar. Mangels anderweitiger einschlägiger Besteuerungstatbestände sind demnach auch die so generierten Einkünfte nicht steuerbar.

cc) Transaktionsgebühren

Schließlich ist noch offen, ob und gegebenenfalls wie die Zahlungen der Transaktionsgebühren zu besteuern sind. In der bisherigen Literatur werden diese teilweise als Einkünfte nach § 22 Nr. 3 EStG klassifiziert.[1093] Zwar fehle es an einem gegenseitigen Vertrag. Jedoch reiche die den Einkünften zugrunde liegende Veranlassung sowie die Annahme der Gebühr auf Grund der Ausübung der Tätigkeit für die Annahme einer sonstigen Leistung i. S. d. § 22 Nr. 3 EStG aus.[1094]

Dieser Ansicht ist zuzustimmen. Das Anbieten der Rechenleistung und das dafür entrichtete Entgelt stellen Einkünfte aus einer Vermittlung einer Leistung dar, die keiner anderen Einkunftsart unterfällt. Der gegenseitige Vertrag überwindet durch die faktische Handhabe, die auf ein Handeln im Rahmen eines Leistungsaustausches gerichtet ist, das Erfordernis der Entrichtung eines Entgelts. Denn es reicht im Rahmen des § 22 Nr. 3 EStG nach seinem Wortlaut ein Verhalten aus, das durch Einwirken auf einen Geschehensablauf zu einem wirtschaftlichen Erfolg führt.[1095] Dies ist beim *Cloudmining* zweifelsohne gegeben. Mithin begründet der Erhalt des Entgelts für das *Cloudmining* sonstige Einkünfte i. S. d. § 22 Nr. 3 EStG und ist damit steuerbar.

c) Dienstleister

Fraglich ist schließlich, wie die Einnahmen der Dienstleister, die das *Pool-Mining* bzw. *Cloudmining* anbieten, zu besteuern sind. Hierbei handelt es sich jeweils um gewöhnliche Einnahmen aus Gewerbebetrieb gem. § 15 Abs. 1 Nr. 1 EStG. Das Betreiben stellt zweifelsohne eine selbstständige nachhaltige Betätigung dar, die mit der Absicht, Gewinn zu erzielen, unternommen wird, eine Beteiligung am allgemeinen wirtschaftlichen Verkehr ist und dabei weder Land- und Forstwirtschaft noch die Ausübung eines freien Berufs oder selbstständige Arbeit darstellt, s. § 15 Abs. 2 EStG. Sofern der Dienstleister in Gestalt einer Kapitalgesellschaft organisiert ist, richtet sich die Besteuerung der Einnahmen hingegen nach §§ 8, 23 KStG.[1096]

1092 *Heuel/Matthey*, NWB 2018, 1037 (1054); *Lutzenberger*, GmbHR 2019, 794(799).

1093 *Richter/Augel*, FR 2017, 937 (946); *Lutzenberger*, GmbHR 2018, 794(799).

1094 *Richter/Augel*, FR 2017, 937 (946); *Lutzenberger*, GmbHR 2018, 794(799).

1095 *Nacke* in Brandis/Heuermann, EStG, Stand: 159. EL Oktober 2021, § 22, Rn. 161.

1096 Vgl. zur Besteuerung von Kryptowährungen im Unternehmen unten: 5. Teil, 3. Abschnitt.

3. Besteuerung der gewerblichen Einnahmen

Ferner gilt es zu klären, wie die gewerblichen Einnahmen durch das Mining konkret besteuert werden.

a) Berechnung der Gewerbesteuer

Grundsätzlich werden die Einkünfte aus Gewerbebetrieb gem. § 8 Abs. 2 KStG, § 2 Abs. 1 S. 1 GewStG besteuert, wenn eine Körperschaft das Mining bzw. die dargelegten Nutzungsvarianten gewerblich ausübt. Daneben können auch Privatpersonen entweder als Gesellschafter einer Personengesellschaft, die gewerbliches Mining betreibt, gem. § 15 Abs. 1 Nr. 2 EStG, § 2 Abs. 1 S. 1 GewStG oder als selbstständige Gewerbetreibende gem. § 15 Abs. 1 Nr. 1 EStG, § 2 Abs. 1 S. 1 GewStG Einkünfte aus Gewerbebetrieb generieren. Sämtliche positiven und negativen Einkünfte, die durch das Mining erwirtschaftet werden, unterliegen – unabhängig von der Haltedauer – der Besteuerung, entweder mit der Körperschaftsteuer in Höhe von 15 % gem. § 23 Abs. 1 KStG oder der Einkommensteuer sowie neben der Körperschaft- bzw. Einkommensteuer der gemeindeabhängigen Gewerbesteuer, gegebenenfalls zuzüglich des Solidaritätszuschlags.[1097]

Die Gewerbesteuer berechnet sich anhand des Jahresgewinns, wobei der Freibetrag in Höhe von 24 400,00 € gem. § 11 Abs 1 Nr. 1 GewStG für natürliche Personen und Personengesellschaften zu beachten ist. Auf den nach Abzug dieses Freibetrages verbleibenden Betrag wird gem. § 7 GewStG zunächst der bundeseinheitliche Steuersatz in Höhe von 3,5 % gem. § 11 Abs. 2 GewStG angewendet. Der sich hieraus ergebende Betrag wird als Gewerbesteuermessbetrag klassifiziert.[1098] Dieser Gewerbesteuermessbetrag wird anschließend mit dem Hebesatz der jeweiligen Gemeinde, in dem der Gewerbebetrieb ansässig ist, multipliziert. Dieser Hebesatz kann je nach Gemeinde zwischen mindestens 200 % und maximal 490 % variieren, s. § 16 GewStG. Steuerschuldner ist grundsätzlich der Unternehmer, auf dessen Rechnung das Gewerbe betrieben wird, s. § 5 Abs. 1 S. 1 und 2 GewStG. Ist der Unternehmer eine Personengesellschaft, so ist Steuerschuldnerin die Gesellschaft, s. § 5 Abs. 1 S. 3 GewStG. Im Zuge der Unternehmenssteuerreform 2008 hat der Gesetzgeber überdies die Nichtabziehbarkeit der Gewerbesteuer als Betriebsausgabe festgelegt, s. § 4 Abs. 5b EStG. Allerdings verbleibt gem. § 35 EStG für Einkommensteuerpflichtige die Möglichkeit der Steuerermäßigung bei Einkünften aus Gewerbebetrieb. Danach führt der jeweils festgesetzte Gewerbesteuer-Messbetrag nach der Maßgabe des § 35 EStG zu einer Ermäßigung der Einkommensteuer, s. § 35 EStG.[1099] Darüber hinaus wird in der Praxis im

---

1097 *Reiter/Nolte*, BB 2019, 1179 (1183 f.); https://www.bundesfinanzministerium.de/Web/DE/Themen/Schlaglichter/Solidaritaetszuschlag/Solidaritaetszuschlag.html, abgerufen am 01.02.2021.

1098 *Rohrlack* in Brandis/Heuermann, EStG, Stand: 159. EL Oktober 2021, § 35, Rn. 44.

1099 *Krauß/Blöchle*, DStR 2018, 1210 (1212).

Rahmen von Gesellschaftsverträgen des Öfteren auf sog. Gewerbesteuerklauseln zurückgegriffen, mittels derer eine steuerliche Belastung durch die Gewerbesteuer reduziert werden kann.[1100]

b) Bilanzierung im Gewerbebetrieb

Im Hinblick auf die Erfassung der Einnahmen durch Kryptowährungen im Betrieb und deren Bilanzierung ist zunächst danach zu differenzieren, ob der jeweilige Gewerbebetrieb bzw. Gewerbetreibende seine Gewinnermittlung durch die Einnahme-Überschuss-Rechnung nach § 4 Abs. 3 EStG oder durch den in § 4 Abs. 1 EStG normierten Betriebsvermögensvergleich vornimmt. Kommt der Betriebsvermögensvergleich zur Anwendung, so hat der Steuerpflichtige betrieblich abgenutztes Anlagevermögen in Gestalt von z. B. angeschaffter Hardware in seiner Bilanz zu aktivieren und diese über die betriebsgewöhnliche Nutzungsdauer abzuschreiben. Daneben sind auch die laufenden Betriebskosten in Form von Strom- und Serverkosten, Kosten für die *Exchanges* und Ähnliches zu erfassen. Die Krypto-Token selbst werden je nach ihrer individuellen Ausgestaltung und Nutzung im Betrieb entweder dem Anlage- oder dem Umlaufvermögen zugewiesen.[1101] Sie werden mit ihren Anschaffungskosten abzüglich der Anschaffungsnebenkosten aktiviert.[1102] Nicht möglich ist indes eine periodisierte Abschreibung gem. § 7 Abs. 1 EStG, da Krypto-Token nicht verbraucht werden können im Sinne der Norm und deshalb der angesetzte Wert nicht reduziert werden kann.[1103] Im Anschluss ist zum Ende des jeweiligen Veranlagungszeitraums noch die Folgebewertung gem. § 6 Abs. 1 Nr. 2 EStG vorzunehmen. Im Zuge dessen hat der Ansatz höchstens mit den Anschaffungskosten zu erfolgen. Liegt eine voraussichtlich dauernde Wertminderung vor, kann gegebenenfalls der Teilwert angesetzt werden.[1104] Schließlich herrscht in der Literatur Einigkeit darüber, dass im Hinblick auf durch blockchainbasierte Miningvorgänge generierte Krypto-Coins mangels Entgeltlichkeit des Erwerbvorgangs ein Aktivierungsverbot für selbst geschaffene Wirtschaftsgüter gem. § 5 Abs. 2 EStG greift.[1105] Wird hingegen eine

---

1100 Wie im Übrigen die Bilanzierung und Bewertung der einzelnen Krypto-Token im Zuge der jeweiligen Erwerbsvorgänge erfolgt, ist Bestandteil des nachfolgenden Abschnitts über Kryptowährungen im Unternehmen.

1101 Hierzu im Folgenden ausführlicher *Burchert/Böser*, DB 2018, 858.

1102 *Richter/Augel*, FR 2017, 943.

1103 *Reiter/Nolte*, BB 2018, 1179 (1184).

1104 *Reiter/Nolte*, BB 2018, 1179 (1184).

1105 *Bünning*/Park, BB 2018, 1835 (1836); *Schubert/Huber* in Beck´scher Bilanzkommentar, 12. Auflage 2020, § 247, Rn. 391; Reiter/*Nolte*, BB 2018, 1179 (1184).

Einnahme-Überschuss-Rechnung gem. § 4 Abs. 3 EstG vorgenommen, sind die erzielten Einnahmen unmittelbar im Zeitpunkt ihres Zuflusses zu erfassen.[1106]

c) *Betriebseinnahmen durch* Block-Rewards *und Transaktionsgebühren*

Wie bereits dargestellt, sind im Zuge des Minings zwei Einnahmekomponenten gegeben: die zur Belohnung ausgegebenen Krypto-Coins – im Folgenden als *Block-Rewards* bezeichnet – und die Transaktionsgebühren für die Verifizierung. Diese führen im gewerblichen Bereich grundsätzlich zu Betriebseinnahmen. Hierunter versteht man nach entsprechender Anwendung des in § 4 Abs. 4 EStG niedergelegten Veranlassungsprinzips für alle Gewinnermittlungsarten einheitlich den Wertzugang in Geld oder Geldeswert, der durch den Betrieb veranlasst und keine Einlage ist.[1107] Betrieblich veranlasst ist ein Wertzuwachs, wenn er nicht nur äußerlich, sondern auch sachlich, objektiv und wirtschaftlich im Zusammenhang mit dem Betrieb steht.[1108] Wertzugänge in Geldeswert sind alle Vorteile, die nach objektiven Merkmalen in Geld ausgedrückt werden können, wirtschaftlichen – nicht nur ideellen – Wert besitzen und damit eine objektive Bereicherung des Zuwendungsempfängers zur Folge haben.[1109] Sowohl die *Block-Rewards* als auch die Transaktionsgebühren stellen einen Wertzugang dar, der einen Geldwert besitzt und betrieblich veranlasst ist. Denn beiden wohnt ein monetärer Gegenwert inne. Der Zugang steht auch objektiv und wirtschaftlich in Zusammenhang mit dem Betrieb, da er zwangsläufig mit diesem einhergeht und hierdurch bedingt ist. Somit stellen sowohl die *Block-Rewards* als auch die Transaktionsgebühren Betriebseinnahmen dar.

Nach einhelliger Ansicht in der Literatur sind diese zum Umrechnungskurs, d. h. zu dem auf einer markttransparenten Kryptowährung-Handelsplattform (wie z. B. *coinmarketcap.com*) ausgewiesenen Tageskurs, der zum Zeitpunkt der Anschaffung – das bedeutet zum Zeitpunkt des Zuflusses i. S. d. § 11 Abs. 1 EStG – gilt, umzurechnen. Zu bewerten sind sie grundsätzlich mit ihren Anschaffungskosten und im Rahmen der Bilanz im Umlaufvermögen zu erfassen, bis sie das Betriebsvermögen wieder verlassen. Im Zuge des Abgangs aus dem Betriebsvermögen

---

1106 *Reiter/Nolte*, BB 2018, 1179 (1183); *BMF* v. 10.05.2022, Einzelfragen zur ertragsteuerrechtlichen Behandlung von virtuellen Währungen und sonstigen Token, verfügbar unter: https://www.bundesfinanzministerium.de/Content/DE/Downloads/BMF_Schreiben/Steuerarten/Einkommensteuer/2022-05-09-einzelfragen-zur-ertragsteuer rechtlichen-behandlung-von-virtuellen-waehrungen-und-von-sonstigen-token.pdf?__blob=publicationFile&v=1, abgerufen am 06.06.2022.

1107 BFH, Urt. v. 01.12.2010 – IV R 17/09, BStBl. II 2011, 419; BFH, Urt. v. 18.06.1998 – IV R 617 97, BStBl. II 1998, 621.

1108 *Wied* in Brandis/Heuermann, EStG, Stand: 159. EL Oktober 2021, § 4, Rn. 521.

1109 BFH, Urt. v. 22.07.1988 – III R 175/85, BStBl. II 1989, 995; BFH, Urt. v. 06.10.2004 – X R 367 03, BFH/NV 2005, 682.

besteht indes die Gefahr der Realisierung von stillen Reserven oder Lasten, da eine Differenz zwischen dem so entstehenden Buchwert und dem aktuellen Marktwert aufkommen kann, der bei der Veräußerung aufgedeckt würde.[1110] Diese Problematik gilt es im Vorhinein zu beachten und durch geschickte Kursverfolgungen und dahin gehende Veräußerungszeitpunkte zu vermeiden.

d) Fazit

Im Ergebnis ist einhergehend mit der in der Literatur vertretenen Ansicht davon auszugehen, dass infolge der hohen Anforderungen an die Gewerblichkeit und die Gewährung der damit einhergehenden steuerlichen Vorteile ein gewerblicher Krypto-Handel nur in Ausnahmefällen anzunehmen ist. Gefordert werden grundsätzlich eine professionelle, händlertypische Organisationsstruktur sowie ein Handel mit großen Umschlagszahlen. Dabei wird vor allem auf das Kriterium der Geschäfte für fremde Rechnung abgestellt.[1111] Für den schürfenden Steuerpflichtigen wird es mangels trennscharfer Abgrenzungskriterien deshalb zunächst schwierig sein, ohne konkrete Verwaltungsvorgaben oder dahin gehende Rechtsprechung zu bestimmen, wann private Vermögensverwaltung und wann gewerblicher Krypto-Handel gegeben ist. Anders verhält es sich indes für die Betreiber von *Pool-Mining-* oder *Cloudmining*-Plattformen.

Werden im Ergebnis Einnahmen aus Gewerbebetrieb angenommen, so existieren im Gegensatz zu privaten Einkünften i. S. d. §§ 22, 23 EStG keine Spekulationsfristen. In der Folge ist eine Veräußerung der Krypto-Token auch nach Ablauf einer einjährigen Haltedauer steuerbar.[1112]

3. Abschnitt: Kryptowährungen im Unternehmen

Nachdem zunächst die Besteuerung von Kryptowährungen bei Privatpersonen untersucht wurde, folgt nunmehr eine rechtliche Betrachtung der Besteuerung von Kryptowährungen im Unternehmensbereich.

A. Besteuerung von Kryptowährungen im Unternehmen

Bei der Frage der Besteuerung von Kryptowährungen im Unternehmen steht die Frage der Bilanzierung der einzelnen Geschäftsvorfälle sowie der einzelnen Krypto-Token im Vordergrund. Es gilt zudem zu differenzieren, ob das Unternehmen als Emittent auftritt – also ob es Krypto-Token selbst ausgibt –, ob es die Krypto-Token selbst generiert oder ob es sie als Investor erwirbt.

1110 https://wirtschaftslexikon.gabler.de/definition/stille-reserve-43276, abgerufen am 01.12.2020.

1111 *Pinkernell*, Ubg 2015, 19 (21); *Krauß/Blöchle*, DStR 2018, 1210 (1212).

1112 So im Ergebnis auch *Liegmann/Furrugia-Weber*, BB 2019, 2524 (2525).

Im Rahmen von im Betriebsvermögen gehaltenen Krypto-Token ist wiederum zunächst zwischen den beiden in § 4 EStG normierten – bereits dargelegten – Gewinnermittlungsvarianten zu differenzieren. Hierbei wird zwischen nicht bilanzierungspflichtigen (§ 4 Abs. 3 EStG) und bilanzierungspflichtigen Steuerpflichtigen (§ 4 Abs. 1 EStG) unterschieden. Diejenigen Steuerpflichtigen, die Krypto-Token im Betriebsvermögen halten und hieraus auch veräußern, jedoch weder derivativ (§ 140 AO) noch originär (§ 141 AO) bilanzierungspflichtig sind und auch nicht freiwillig bilanzieren, ermitteln Gewinne und Verluste aus gewerblichen Geschäften mit Krypto-Token mittels der Einnahmenüberschussrechnung gem. § 4 Abs. 3 EStG.[1113]

Anders verhält es sich bei bilanzierungspflichtigen Steuerpflichtigen. Diese haben gem. § 4 Abs. 1 S. 1 EStG Bücher zu führen. Wie diese Buchführungspflicht in Bezug auf Kryptowährungen konkret ausgestaltet ist, ist in der Literatur bisher weitgehend ungeklärt und folglich mit diversen offenen Aspekten behaftet.

Maßgeblich für die Bilanzierung ist, als was die einzelnen Krypto-Token generell einzuordnen und wie sie handels- und steuerbilanziell zu erfassen sind. Im Folgenden wird sich deshalb zunächst mit der Frage auseinandergesetzt, ob die vorangegangenen Ergebnisse zur rechtlichen Einordnung der Krypto-Token auch für die Bilanzierung gelten und welche Besonderheiten noch zu beachten sind. Anschließend werden kurz die einzelnen Erwerbsvarianten erläutert, um dann ausführlich auf die handels- und steuerbilanzielle Einordnung der jeweiligen Krypto-Token-Typen einzugehen.[1114]

I. Einordnung der einzelnen Krypto-Token-Typen

Entsprechend der vorangegangenen Einordnung wird sich vorliegend ausschließlich auf die drei typischen Krypto-Token-Typen[1115] beschränkt.[1116]

1. Currency-Token

Currency-Token werden in der Praxis ausschließlich als Zahlungsmittel eingesetzt, ohne dass sie als solches rechtlich qualifiziert werden. Ihnen wohnt alleine der Wert inne, den der Erwerber zu zahlen bereit ist.[1117] Wie bereits aufgezeigt,

---

1113 *Liegmann/Farruggia-Weber*, BB 2019, 2524 (2526) m. V. a. *Wied* in Blümich, EStG, 155. EL November 2020, § 4, Rn. 131; *Loschelder* in Schmidt, EStG, 40. Auflage 2021, § 4, Rn. 371.

1114 Ohne jedoch einen Anspruch auf Vollständigkeit zu haben.

1115 Currency-, Investment- und Utility-Token.

1116 Die Bewertung von etwaigen hybriden Krypto-Token bleibt indes außer Betracht und ist ausdrücklich nicht Gegenstand dieser Arbeit. Zur Besteuerung von Non-Fungible-Token vgl. z. B. *Figatowski/Feser*, NWB 2022, 705 und zur Besteuerung von Kryptokunst *Moskat/Schaar*, BB 2022, 28–31.

1117 *Krüger/Lampert*, BB 2018, 1154; *Weitnauer*, BKR 2018, 231.

divergieren im Hinblick auf die rechtliche Einordnung die Ansicht der *BaFin*, wonach Currency-Token Rechnungseinheiten gem. § 1 Abs. 11 S. 1 KWG[1118] sind und damit als Finanzinstrumente gelten, und die des KG Berlin, das dies strikt ablehnt.[1119] Da Krypto-Token jedoch mittlerweile gem. § 1 Abs. 1 Nr. 10 KWG als Finanzinstrumente aufgeführt sind, dürfte die Ansicht des KG Berlin überholt sein. Für die handels- und steuerbilanzielle Klassifizierung im Rahmen der Unternehmensbesteuerung kommt es darauf jedoch nicht an, da für eine dahin gehende Einordnung zuvörderst auf die faktische Handhabe abgestellt wird. Die Einordnung im Übrigen betrifft hingegen vorrangig aufsichtsrechtliche Fragen, insbesondere ob der Handel mit Currency-Token der Erlaubnispflicht nach § 32 Abs. 1 KWG unterliegt.[1120] Diese sind jedoch nicht Gegenstand der hiesigen Betrachtung. Damit bleibt es bei der Einordnung als dezentrales Zahlungsmittel, das mit keinerlei weiteren Rechten verbunden ist und keinen eigenen Wert innehat.[1121]

2. *Investment-Token*

Im Rahmen von Investment-Token ist – wie bereits dargestellt – zwischen Debt- und Equity-Token zu differenzieren. Ihnen wohnt entweder die Inaussichtstellung zukünftiger Kapitalzuflüsse in Gestalt von Zinsen (Debt-Token) oder von Gewinnanteilen in Gestalt von atypischen Unterbeteiligen (Equity-Token)[1122] inne. Daneben können sie jedoch auch Rückzahlungsansprüche sowie im Fall von Equity-Token Stimm- oder Informationsrechte vermitteln.[1123] Im Ergebnis sind Debt-Token damit faktisch vergleichbar mit Anleihen und Equity-Token mit Geschäftsanteilen.[1124]

Die darüber hinausgehende Qualifikation als Wertpapier i. S. d. § 2 Abs. 1 WpHG[1125], als Anteil am Investmentvermögen gem. § 1 Abs. 1 KAGB oder als Vermögensanlage gem. § 1 Abs. 2 VermAnlG ist für die Klassifizierung in der

---

1118 *BaFin*, Virtuelle Währungen/Virtual Currency (VC), abrufbar unter: https://www.bafin.de/DE/Verbraucher/Finanzwissen/Fintech/VirtuelleWaehrungen/virtuelle_waehrungen_artikel.html, abgerufen am 27.01.2023.

1119 KG Berlin, Urt. v. 25.09.2018 – (4) 161 Ss 28/18 (35/18), BeckRS 2018, 24193.

1120 So die Ansicht der *BaFin*, vgl. *BaFin*, Virtuelle Währungen/Virtual Currency (VC), abrufbar unter: https://www.bafin.de/DE/Aufsicht/FinTech/VirtualCurrency/virtual_currency_node.html, abgerufen am: 01.09.2020.

1121 So im Ergebnis auch *Sixt*, DStR 2020, 1871 (1872).

1122 Vgl. oben unter 5. Teil, 2. Abschnitt, B., I., 2., d), aa).

1123 *Weitnauer*, BKR 2018, 231; *Krüger/Lampert*, BB 2018, 1154; *BaFin*, Virtuelle Währungen/Virtual Currency (VC), abrufbar unter: https://www.bafin.de/DE/Verbraucher/Finanzwissen/Fintech/VirtuelleWaehrungen/virtuelle_waehrungen_artikel.html, abgerufen am 27.01.2023, abgerufen am 01.09.2020.

1124 *Dietsch*, MwStR 2018, 546.

1125 *Sixt*, DStR 2019, 1766.

Handels- und Steuerbilanz irrelevant und hat in erster Linie aufsichtsrechtliche Fragestellungen zur Folge.[1126] Lediglich die im Rahmen der Vermögensanlage gegebene Ausgestaltung in Form von z. B. Genussrechten, Nachrangdarlehen oder partiarischen Darlehen kann von Relevanz sein. Dies ist jedoch anhand des konkreten Geschäftsvorfalls zu bestimmen.[1127]

3. Utility-Token

Utility-Token werden schließlich zumeist als digitale Gutscheine ausgestaltet mit der Besonderheit, dass ihre Verwendung zumeist nicht sofort, sondern erst zukünftig möglich ist. Rechtlich werden Utility-Token deshalb zumeist als Einzweck- oder Mehrzweckgutscheine klassifiziert.[1128] Daneben werden sie auch als Nutzungsrechte dargestellt, die die Nutzung eines Netzwerks bzw. einer Plattform eines anderen Unternehmens ermöglichen.[1129]

II. Einordnung der einzelnen Erwerbsvorgänge/Nutzungen

Nachfolgend wird eine Einordnung der einzelnen Erwerbsvorgänge bzw. Nutzungsvarianten aufgezeigt, bei denen Kryptowährungen typischerweise involviert sind.

1. Erwerb und Veräußerung von Krypto-Token

Werden Krypto-Investments im Betriebsvermögen einer Kapitalgesellschaft, einer gewerblich tätigen bzw. geprägten Personengesellschaft oder in einem gewerblich geprägten Einzelunternehmen vorgenommen, so sind die im Zuge der anschließenden Veräußerung generierten Gewinne unabhängig von einer etwaigen Haltefrist stets und in vollem Umfang als Betriebseinnahmen gem. § 4 Abs. 1 bzw. Abs. 3 EStG steuerpflichtig. Spiegelbildlich sind Verluste in demselben Maße als Betriebsausgaben abzugsfähig.[1130]

Überdies unterliegen gewerbliche Einkünfte grundsätzlich der Gewerbesteuer. Zu beachten ist hierbei, dass die festgesetzte Gewerbesteuer unter den Voraussetzungen des § 35 EStG zu einer Ermäßigung der Einkommensteuer führt.[1131] Deshalb finden sich in vielen Gesellschaftsverträgen sog. Gewerbesteuerklauseln

---

1126 *Sixt*, DStR 2020, 1871 (1872) m. V. a. *Weitnauer*, Handbuch Venture Capital, 7. Auflage 2022, Teil E, Rn. 135 ff.

1127 Vgl. unten unter 6. Teil, 3. Abschnitt, C., IV.

1128 *Dietsch*, MwStR 2018, 546; nähere Erläuterungen zu Einzweck- und Mehrzweckgutscheinen unter 5. Teil, 4. Abschnitt, B., VII.

1129 *Richter/Schlücke*, FR 2019, 407; *Soppe* in BeckOK Urhebergesetz, Stand: 33. Edition, 15.01.2022, § 31, Rn. 61.

1130 *OFD-NRW*, Kurzinfo v. 20.04.2018, DB 2018, 1185.

1131 *Krauß/Blöchle*, DStR 2018, 1210 (1212).

wieder, die die Verteilung unter den Gesellschaftern und eine mögliche Steueranrechnung regeln.

a) Erwerb gegen Entgelt

Beim Erwerb gegen Entgelt erfolgt die Zugangsbewertung grundsätzlich in Höhe der Anschaffungskosten. Die Anschaffungskosten sind dabei sowohl nach § 255 Abs. 1 HGB als auch im Sinne des EStG die Aufwendungen, die geleistet werden, um einen Vermögensgegenstand zu erwerben und ihn in einen betriebsbereiten Zustand zu versetzten, soweit diese Kosten dem Vermögensgegenstand zugeordnet werden können.[1132] Daneben gehören auch die Anschaffungsnebenkosten und die nachträglichen Anschaffungskosten dazu. Anschaffungspreisminderungen sind hingegen abzusetzen.[1133]

Wann genau Anschaffungsnebenkosten vorliegen, ist infolge der eher unscharfen Rechtsprechung nicht eindeutig bestimmbar.[1134] Zum einen stellt die Rechtsprechung auf eine Zuordnung nach wirtschaftlichen Gesichtspunkten ab. Zum anderen wird die ausdrückliche Einschränkung vorgenommen, dass ein kausaler oder zeitlicher Zusammenhang gerade nicht ausreiche, um Anschaffungsnebenkosten anzunehmen. Vielmehr sei die Zweckbestimmung der Aufwendungen maßgebend.[1135] Irrelevant ist nach der Rechtsprechung hingegen der zeitliche Aspekt[1136] des Anfalls der Nebenkosten sowie der Umstand, ob durch sie eine Erhöhung des Wertes des Vermögensgegenstandes gegeben ist.[1137] In Bezug auf die erworbenen Krypto-Token bedeutet dies, das nur solche Anschaffungsnebenkosten berücksichtigungsfähig sind, die zum Erhalt aufgewandt wurden und in einem wirtschaftlichen Zusammenhang mit diesen stehen. Hierunter fallen beispielsweise die Gebühren für die *Exchanges*.

Als nachträgliche Anschaffungskosten sind hingegen solche Kosten zu erfassen, die nach Erwerb des Vermögensgegenstandes bzw. dessen Erweiterung anfallen und diesen über seinen ursprünglichen Wert hinaus verbessern.[1138] Dies wären im Hinblick auf die Krypto-Token z. B. die Kosten für die Anmietung einer externen

1132 *Kulosa* in Schmidt, EStG, 40. Auflage 2021, § 6 EStG, Rn. 31.

1133 *Kulosa* in Schmidt, EStG, 40. Auflage 2021, § 6 EStG, Rn. 31.

1134 *Kulosa* in Schmidt, EStG, 40. Auflage 2021, § 6 EStG, Rn. 50.

1135 *Kulosa* in Schmidt, EStG, 40. Auflage 2021, § 6 EStG, Rn. 50 m. V. a. BFH, Urt. v. 20.04.2011 – I R 2/10, BStBl. II 2011, 761; BFH, Urt. v. 02.09.2014 – IX R 50/13, BStBl. II 2015, 260, Rn. 14.

1136 BFH, Urt. v. 02.09.2014 – IX R 50/13, BStBl. II 2015, 260, Rn. 13.

1137 BFH, Urt. v. 04.06.1991 – X R 136/87, BStBl. II 1992, 70.

1138 https://www.rechnungswesen-portal.de/Fachinfo/Anlagevermoegen/Nachtraegliche-Anschaffungskosten.html#:~:text=Diese%20Art%20der%20Anschaffungskosten%20entsteht,urspr%C3%BCnglichen%20Wert%20hinaus%20verbessert%20hat, abgerufen am 01.09.2020.

Wallet. Diese Kosten entstehen erst, nachdem der Krypto-Token erworben wurde und infolge dessen die dazugehörigen Schlüsselpaare einen Speicherort benötigen. Da die Krypto-Token in den meisten Fällen nicht ohne die Schlüsselpaare handelbar sind, ist die *Wallet* eine unumgängliche Investition, um den Krypto-Token wirtschaftlich zu nutzen. Damit liegt eine zeitlich nachrangige Aufwendung vor, die eine unmittelbare Aufwertung des Vermögensgegenstandes zur Folge hat. Somit sind die Kosten für eine *Wallet* als nachträgliche Anschaffungskosten ebenfalls berücksichtigungsfähig.

b) Erwerb gegen Ware/Dienstleistung

Anders verhält es sich, wenn der Erwerb durch Hingabe einer Sach- oder Dienstleistung erfolgt. In diesem Fall gelten die Tauschgrundsätze. Danach erfolgt die Zugangsbewertung ebenfalls zu den Anschaffungskosten. Diese entsprechen dem Zeitwert der erbrachten Leistung. Daneben ist jedoch auch ein Ansatz zum Buchwert oder zum steuerneutralen Zwischenwert der erbrachten Leistung vorzunehmen, dies jedoch maximal in Höhe des Zeitwertes der erhalten Krypto-Token.[1139]

c) Tausch gegen Fiat-Geld

Der Erwerb von Kryptowährungen im Wege des Tausches gegen Fiat-Geld oder andere Kryptowährungen stellt anders als bei natürlichen Personen steuerlich kein Tausch dar. Von einem solchen ist auszugehen, wenn die von einem Bilanzierenden für den Erwerb eines Vermögensgegenstandes erbrachte Leistung nicht in der Bezahlung eines Barbetrags, sondern in einer unbaren Leistung, also der Hingabe eines Vermögensgegenstandes, einer Dienstleistung oder einer anderen Leistung besteht.[1140] Bei einem Tausch gegen Fiat-Geld wird jedoch gerade ein Barbetrag für den Erhalt der Krypto-Token erbracht. In der Folge stellen die Anschaffungskosten damit die Höhe des beizulegenden Zeitwerts der eingetauschten Währung dar und ergeben sich aus dem Marktpreis zuzüglich anfallender Transaktionskosten.[1141]

2. Sonstige Nutzung von Krypto-Token im Betriebsvermögen

Neben den – soeben aufgezeigten – gängigen Nutzungsvarianten kommen zudem die nachfolgend dargestellten in Betracht. Insbesondere die Generierung von Betriebsvermögen über sog. *ICOs* stellt in der Praxis häufig einen Ausgangspunkt für steuerrechtliche Fragen dar.

1139 *Schmidt/Usinger* in Beck´scher Bilanzrechtskommentar, 12. Auflage 2020, HGB § 248 Bilanzierungsverbote und -wahlrechte, Rn. 74 m. w. N.

1140 *Ehmke* in Brandis/Heuermann, EStG, Stand: 159. EL Oktober 2021, § 6, Rn. 1385.

1141 *Kälberer* in Beck Steuer-Lotse, 1. Auflage 2021, Stand: 30.09.2021, Blockchain-Technologie, Virtuelle Währungen aus handels- und steuerbilanzieller Sicht – Bewertung, Ziff. 1.; *Zwirner*, BC 2019, 61 (64).

a) *Generierung von Betriebsvermögen mittels ICOs*

Vor diesem Hintergrund ist zunächst die Frage zu klären, wie die Einnahmen aus einem durchgeführten *ICO* im Betriebsvermögen zu besteuern sind. Das von dem jeweiligen Unternehmen gesammelte Kapital unterliegt grundsätzlich der Körperschaft- und Gewerbesteuer. Die Höhe der Gewerbesteuer bemisst sich nach dem Hebesatz der jeweiligen Gemeinde.[1142]

b) *Erwerb durch Mining*

Wie bei dem Erwerb und der Veräußerung von Krypto-Token stellen die Einkünfte aus der Herstellung und Veräußerung von durch Mining generierten Krypto-Token Betriebseinnahmen bzw. -ausgaben dar.[1143]

c) *Sonstige Besonderheiten*

Schließlich ist noch eine Besonderheit in Bezug auf Investment-Token zu beachten. Werden Investment-Token in einem Unternehmen gehalten und stellen sie Aktien oder vergleichbare Geschäftsanteile an einer inländischen Körperschaft dar, könnte im Hinblick auf die Veräußerungserlöse und Gewinnausschüttungen die Privilegierung nach § 8b Abs. 1 und 4 KStG in Betracht kommen.[1144] Danach bleiben in- und ausländische Dividenden an anderen Kapitalgesellschaften außer Ansatz, wenn die unmittelbare Beteiligung am Grund- und Stammkapital zu Beginn des Kalenderjahres mindestens 10 % beträgt. Ist dies gegeben, so wird der Beteiligungsertrag außerhalb der Bilanz vom steuerlichen Gewinn abgezogen.[1145] § 8b Abs. 5 KStG ordnet zudem an, dass 5 % der Beteiligungserträge dem Gewinn außerbilanziell hinzuzurechnen sind mit der Folge, dass per saldo 95 % der Erträge steuerfrei bleiben, s. § 8b Abs. 5 S. 1 KStG.

Investment-Token haben zudem für den Emittenten den enormen Vorteil gegenüber Currency-Token, dass das für sie aufgenommene Kapital bilanziell als Eigen- oder Fremdkapital in der Bilanz ausgewiesen werden kann und infolge dessen kein Tag-1-Gewinn realisiert wird.[1146]

1142 *Schwendemann/Kirschbaum/Förste*, Utility-Token: ICO, Gestaltung, Besteuerung, veröffentlicht unter: https://www.winheller.com/bankrecht-finanzrecht/bitcointrading/ico-initial-coin-offering/utility-token.html, abgerufen am 01.06.2020.

1143 *OFD-NRW*, Kurzinfo v. 20.04.2018, DB 2018, 1185.

1144 *van Aubel* in Habersack/Mülbert/Schlitt, Unternehmensfinanzierung am Kapitalmarkt, 4. Auflage 2019, Initial Coin Offerings (ICOs), Rn. 20.202.

1145 *Rengers* in Blümich KStG, Stand: 155. EL November 2020, § 8b, Rn. 165 ff.

1146 *Werneburg*, BB 2019, 2844 (2845).

B. Bilanzierung von Token im Betriebsvermögen in der Handelsbilanz

In der Literatur ist die Bilanzierung von Krypto-Token in der Handelsbilanz bis dato nur wenig thematisiert worden. Dies ist vor dem Hintergrund problematisch, dass Gewerbetreibende, die buchführungspflichtig sind oder freiwillig Bücher führen, zum Schluss eines jeden Wirtschaftsjahres das Betriebsvermögen anzusetzen haben, das nach den handelsrechtlichen Grundsätzen ordnungsgemäßer Buchführung und Bilanzierung auszuweisen ist.[1147] Wirtschaftet ein Gewerbebetrieb mit Kryptowährungen, stellt sich bei der Aufstellung der Handelsbilanz und auf Grund des Maßgeblichkeitsprinzips des § 5 Abs. 1 S. 1 EStG auch der Steuerbilanz daher zunächst die Frage, ob nach handelsrechtlichen Grundsätzen die Möglichkeit einer Ausweisung von Kryptowährungen in der Handels- und in der Steuerbilanz besteht, sie also bilanzierungsfähig sind, ein Bilanzierungswahlrecht besteht oder sogar eine Bilanzierungspflicht gegeben ist.[1148]

I. Allgemeine Bilanzierungsgrundsätze

Gemäß § 242 Abs. 1 HGB hat der Kaufmann zu Beginn seines Handelsgewerbes und für den Schluss eines jeden Geschäftsjahres einen das Verhältnis seines Vermögens und seiner Schulden darstellenden Abschluss (Eröffnungsbilanz, Bilanz) aufzustellen. Auf die Eröffnungsbilanz sind die für den Jahresabschluss geltenden Vorschriften entsprechend anzuwenden, soweit sie sich auf die Bilanz beziehen. Nach § 242 Abs. 2 HGB hat der Buchführungspflichtige für den Schluss eines jeden Geschäftsjahres eine Gegenüberstellung der Aufwendungen und Erträge des Geschäftsjahrs (Gewinn-und-Verlustrechnung) aufzustellen. Die Bilanz und die Gewinn-und-Verlustrechnung bilden den Jahresabschluss, s. § 242 Abs. 3 HGB. Nach § 243 Abs. 1 HGB ist der Jahresabschluss nach den Grundsätzen ordnungsgemäßer Buchführung aufzustellen. In ihm sind gem. § 248 Abs. 1 HGB das Anlage- und Umlaufvermögen, das Eigenkapital, die Schulden sowie die Rechnungsabgrenzungsposten gesondert auszuweisen und hinreichend aufzugliedern. Beim Anlagevermögen sind nur die Gegenstände auszuweisen, die bestimmt sind, dauernd dem Geschäftsbetrieb zu dienen, s. § 247 Abs. 2 HGB. Überdies bestimmt § 248 HGB Bilanzierungsverbote und -wahlrechte. Nach § 248 Abs. 2 HGB können selbst geschaffene immaterielle Vermögensgegenstände des Anlagevermögens als Aktivposten in die Bilanz aufgenommen werden. Nicht aufgenommen werden dürfen jedoch selbst geschaffene Marken, Druckmittel, Verlagsrechte, Kundenlisten oder vergleichbare immaterielle Vermögensgegenstände des Anlagevermögens. Die Bewertung der einzelnen Vermögensgegenstände richtet sich nach den §§ 252–256a HGB. Gemäß § 256a HGB sind auf fremde Währungen lautende

---

1147 *Fehrenbacher*, Steuerrecht, 7. Auflage 2019, § 2, Rn. 64 ff.

1148 *Bünning/Park*, BB 2018, 1835.

Vermögensgegenstände und Verbindlichkeiten zum Devisenkassamittelkurs am Abschlussstichtag umzurechnen. Die Bestimmungen gelten auch für Personen- und Kapitalgesellschaften sowie Einzelunternehmen, s. §§ 5, 6, 264, 264a HGB.

Die in der Handelsbilanz aufgestellten Wertansätze sind maßgeblich für die Steuerbilanz, den sog. Maßgeblichkeitsgrundsatz. Nach diesem bzw. dem sog. Maßgeblichkeitsprinzip, das in § 5 Abs. 1 S. 1 EStG verankert ist, bildet die Handelsbilanz – wenn sie nach den Grundsätzen ordnungsgemäßer Buchführung erstellt wird und nicht gegen zwingende handelsrechtliche Vorschriften verstößt – die Grundlage für die steuerliche Gewinnermittlung.[1149] Der Grundsatz wird dabei durch die steuerlichen Ansatz- und Bewertungsverbote des § 5 Abs. 1a–4b, Abs. 6 EStG sowie §§ 6, 6a und 7 EStG eingeschränkt.[1150] Die Steuerbilanz wiederum ist der Grundbaustein zur Ermittlung des steuerrechtlich relevanten Unternehmensgewinns, der anschließend der Besteuerung unterliegt. Vor diesem Hintergrund wird zunächst auf die Bilanzierung von Krypto-Token in der Handelsbilanz näher eingegangen, um im Folgenden darauf aufbauend die Abweichungen in der Steuerbilanz aufzuzeigen.[1151]

II. Abstrakte und konkrete Aktivierungsfähigkeit

Im Zuge der nach § 242 HGB vorzunehmenden Gegenüberstellung von Vermögen und Schulden des Unternehmens hat der Gesetzgeber offengelassen, was explizit unter einem Vermögensgegenstand zu verstehen ist.[1152]

Der Aktivierungsgrundsatz, der auch als abstrakte Aktivierungsfähigkeit bezeichnet wird, bestimmt grundsätzlich, was als Vermögensgegenstand zu klassifizieren und somit gem. § 247 Abs. 1 HGB auf der Aktivseite der handelsrechtlichen Bilanz auszuweisen ist.[1153] Dieser Grundsatz wird ferner durch gesetzliche Regelungen in Gestalt von Ansatzverboten (§ 248 Abs. 1 und Abs. 2 S. 2 HGB) oder Aktivierungswahlrechten (s. §§ 248 Abs. 2 S. 1, 250 Abs. 3, 274 Abs. 1 S. 2 HGB) erweitert oder beschränkt. In Bezug auf diesen Mechanismus spricht man von konkreter Aktivierungsfähigkeit.[1154]

Entsprechend der abstrakten Aktivierungsfähigkeit liegt ein Vermögensgegenstand vor, wenn dieser zur Schuldendeckung beitragen kann.[1155] Dies ist der Fall, wenn Güter selbstständig gegenüber Dritten verwertbar sind, z. B. durch Veräußerung, Einräumung von Nutzungsrechten oder bedingten Verzicht.[1156]

1149 *Fehrenbacher*, Steuerrecht, 7. Auflage 2019, § 2, Rn. 72 ff.

1150 *Böcking/Gros* in Ebenroth/Boujong/Joost/Strohn, Handelsgesetzbuch, 4. Auflage 2020, § 243, Rn. 23.

1151 Dazu ausführlich unter 5. Teil, 3. Abschnitt, C.

1152 *Baetge/Kirsch/Thiele*, Bilanzen, 16. Auflage 2021, S. 157.

1153 *Fehrenbacher*, Steuerrecht, 7. Auflage 2019, § 2, Rn. 72 ff.

1154 *Kirsch/von Wieding*, BB 2017, 2731 (2732).

1155 *Baetge/Kirsch/Thiele*, Bilanzen, 16. Auflage 2021, S. 159 f.

1156 *Baetge/Kirsch/Thiele*, Bilanzen, 16. Auflage 2021, S. 136.

Wie bereits erläutert, werden Krypto-Token an Krypto-Börsen, sog. *Exchanges*, gehandelt. Zwar handelt es sich hierbei nicht um einen regulierten Markt im üblichen Sinne. Ein solcher stellt grundsätzlich eine Börse dar, also ein Handelsplatz, der öffentlich-rechtlich ausgestaltet ist und bestimmten Pflichten, z. B. nach dem BörsG, unterliegt. Der Sache nach handelt es sich bei einer Börse zudem regelmäßig um einen multilateralen Handelsplatz.[1157] Ein multilateraler Handelsplatz ist ein gesetzlich geregelter Handelsplatz in Gestalt einer elektronischen Handelsplattform für den Kauf und Verkauf von Finanzinstrumenten.[1158] Der Betrieb eines solchen oder organisierten Handelssystems stellt regelmäßig Wertpapierdienstleistungen i. S. d. § 2 Abs. 8 S. 1 Nr. 8 und 9 WpHG bzw. Finanzdienstleistungen i. S. d. § 1 Abs. 1a Nr. 1d KWG dar, für die eine Erlaubnis nach § 32 KWG erforderlich ist.[1159]

In Bezug auf die Veräußerung von Krypto-Token wird unter diesen Gesichtspunkten in der Literatur die Ansicht vertreten, dass deren Handelsplattformen in Gestalt der *Exchanges* analog zu normalen Börsenplätzen funktionieren.[1160] Dies wird auf Grund der Ausgestaltung in Form der Preisbildung durch Angebot und Nachfrage, der 24-Stunden-Verfügbarkeit und der Möglichkeit des jederzeitigen Umtausches in Fiat-Geld angenommen, weshalb ein prinzipieller Marktzugang bejaht wird.[1161] Dieser Ansicht ist zuzustimmen. Zwar sind diese Handelsplattformen nicht öffentlich-rechtlich ausgestaltet und unterliegen auch nicht dem BörsG. Allerdings bestehen sie seit mehr als zehn Jahren und bieten unter öffentlich einsehbaren Nutzungsbedingungen und Nutzungsvoraussetzungen, wie z. B. dem Innehaben einer *Wallet* und der Nutzung einer Blockchain, eine für jedermann zugängliche Plattform, auf der die Möglichkeit der Veräußerung von Krypto-Token gegen Fiat-Geld oder andere Krypto-Token-Typen jederzeit möglich ist.[1162] Damit sind sie als Minus zum regulierten Markt zu betrachten. Infolge dessen sind an ihnen gehandelte Krypto-Token gegenüber Dritten selbstständig durch Veräußerung verwertbar. Überdies räumen Investment- und Utility-Token ihren Inhabern Nutzungsrechte ein. Insoweit sind sie nach der vorgenannten Definition als Vermögensgegenstände i. S. d. Handelsbilanzrechts zu klassifizieren.

Somit sind Krypto-Token dem Grunde nach abstrakt aktivierungsfähig. Mangels kodifizierter Ansatzverbote (§ 248 Abs. 1 und 2 S. 2 HGB) und

---

1157 *Hakenberg* in Creifelds, Rechtswörterbuch, 26. Edition 2021, Regulierter Markt.

1158 *Hakenberg* in Creifelds, Rechtswörterbuch, 26. Edition 2021, Multilaterales Handelssystem.

1159 *Hakenberg* in Creifelds, Rechtswörterbuch, 26. Edition 2021, Multilaterales Handelssystem.

1160 *Kirsch/von Wieding*, BB 2017, 2731 (2733).

1161 *Kirsch/von Wieding*, BB 2017, 2731 (2733).

1162 So im Ergebnis auch *Eckert*, DB 2013, 2109 f.; *Kirsch/von Wieding*, BB 2017, 2731 (2733) m. w. N.

Aktivierungswahlrechte (§§ 248 Abs 2 S. 1, 250 Abs. 3, 274 Abs. 1 S. 2 HGB) sind sie auch konkret aktivierungsfähig. Damit sind sie im Rahmen des Jahresabschlusses ansatzpflichtig.[1163]

III. Konkrete Ausweisung von Currency-Token

Die Gliederung der handelsrechtlichen Bilanz ist für Kapitalgesellschaften in § 266 HGB geregelt. In der Praxis orientieren sich auch bilanzierungspflichtige Unternehmen anderer Rechtsformen meist am Gliederungsschema des § 266 HGB. Die Norm sieht vor, dass Bilanzierende die Bilanz in Kontoform aufzustellen haben, s. § 266 Abs. 1 S. 1 HGB. Die linke Seite ist hierbei die Aktivseite, deren Gliederung § 266 Abs. 2 HGB vorgibt, und die rechte Seite die Passivseite, deren Angaben § 266 Abs. 3 HGB regelt. Vorliegend ist für die anschließend zu beurteilende Besteuerung der Krypto-Token zunächst von Relevanz, wie die einzelnen Krypto-Token auf der Aktivseite in Ansatz zu bringen sind. Dort wird vor allem zwischen Anlage- und Umlaufvermögen differenziert. Um Anlagevermögen handelt es sich gem. § 247 Abs. 2 HGB bei Gegenständen, die dazu bestimmt sind, dauernd dem Geschäftsbetrieb zu dienen.[1164] Maßgebend ist hierbei die Zweckbestimmung zum Bilanzstichtag. Nicht maßgebend ist die rechtliche Zuweisung, sondern die betriebswirtschaftliche Zuordnung des Mitteleinsatzes innerhalb oder außerhalb des Unternehmens.[1165] In Bezug auf das Umlaufvermögen enthält das Gesetz keine Definition, weshalb diese in Abgrenzung zum Anlagevermögen gebildet wird und somit einen Gegenbegriff darstellt.[1166] Danach gehören zum Umlaufvermögen die Vermögensgegenstände, die nicht dazu bestimmt sind, dauernd dem Geschäftsbetrieb zu dienen. Hierzu zählen vor allem Vermögensgegenstände, die verarbeitet, verbraucht oder veräußert werden sollen.[1167] Deshalb wird sich im Folgenden mit der Ausweisung der jeweiligen Krypto-Token auf der Aktivseite auseinandergesetzt.

1. Vorräte i. S. d. § 266 Abs. 2 B. I. HGB

In Betracht kommt zunächst die Ausweisung von Currency-Token als Vorräte i. S. d. § 266 Abs. 2 B. I. HGB. Danach sind Vorräte Vermögensgegenstände des Umlaufvermögens, die im betrieblichen Leistungserstellungsprozess erworben, gegebenenfalls be- oder verarbeitet und anschließend veräußert werden.[1168] Im

---

1163 *Kirsch/von Wieding*, BB 2017, 2731 (2733).

1164 *Schubert/Huber* in Beck´scher Bilanz-Kommentar, 12. Auflage 2020, HGB § 247, Inhalt der Bilanz, Rn. 350 ff.

1165 *Suchan* in BeckOKG HGB, Stand: 01.12.2021, § 266, Rn. 19.

1166 *Schubert/Huber* in Beck´scher Bilanz-Kommentar, 12. Auflage 2020, HGB § 247, Inhalt der Bilanz, Rn. 350 ff.

1167 *Suchan* in BeckOKG HGB, Stand: 01.12.2021, § 266, Rn. 53 m. w. N.

1168 *Baetge/Kirsch/Thiele*, Bilanzen, 16. Auflage 2021, S. 355.

Gesetz werden hierfür Roh-, Hilfs- und Betriebsstoffe, unfertige Erzeugnisse und Waren sowie geleistete Anzahlungen als Beispiele genannt. Nach Ansicht eines Teils der Literatur fallen jedoch weder Currency- noch Utility- noch Investment-Token unter eines dieser Beispiele.[1169] Jedoch sei zu beachten, dass durch Mining generierte Krypto-Coins durchaus im Zuge eines betrieblichen Leistungsstellungsprozesses erworben bzw. hergestellt würden, da der Bilanzposten der Vorräte auch selbst hergestellte Erzeugnisse umfasse.[1170]

Fraglich ist demnach, ob durch Mining erschaffene Krypto-Coins als Vorräte i. S. d. § 266 Abs. 2 B. I. HGB bilanziert werden können. In Betracht kommt insoweit allenfalls die Einordnung als fertige Erzeugnisse oder Waren. Waren sind von Dritten bezogene Fertigerzeugnisse, die ohne wesentliche Be- oder Verarbeitung zur Weiterveräußerung bestimmt sind.[1171] Als fertige Erzeugnisse sind hingegen Vorräte auszuweisen, wenn sie versandfertig und mittelbar der Veräußerung zugänglich sind.[1172] Mangels Bezugs von Dritten können durch Mining generierte Krypto-Coins keine Waren i. S. d. § 266 Abs. 2 B. I HGB darstellen. Allerdings sind einmal generierte Krypto-Coins grundsätzlich der Veräußerung zugänglich, also verkehrsfähig. Sofern sie also geschürft werden, um dauernd dem Geschäftsbetrieb zu dienen, handelt es sich bei durch Mining generierten Krypto-Coins um fertige Erzeugnisse und damit um Vorräte i. S. d. § 266 Abs. 2 B. I HGB.

2. Liquide Mittel i. S. d. § 266 Abs. 2 B. IV. HGB

In der Literatur wird teilweise diskutiert, ob unabhängig von der Ansicht, ob es sich bei Currency-Token faktisch um herkömmliche Währungen bzw. Geld i. w. S. handle, diese nicht doch im Rahmen der liquiden Mittel ausgewiesen werden sollten.[1173] Unter dem Posten nach § 266 Abs. 2 B. IV HGB sind Geld, geldnahe und geldgleiche Vermögensgegenstände, sog. flüssige Mittel, zusammengefasst. Wie bereits mehrfach erläutert, handelt es sich bei Krypto-Token nicht um Geld im Sinne einer anerkannten Währung.[1174] Richtigerweise ist deshalb dieser Literaturansicht nicht zuzustimmen, da Currency-Token weder Bargeld noch Forderungen an inländische Kreditinstitute oder gleichartig ausgestaltete Forderungen an ausländische Institute aus dem Kreditverkehr und auch keine Schecks darstellen.

1169 *Kirsch/von Wieding*, BB 2017, 2731 (2733); *Thurow*, IZR 2014, 198.

1170 *Suchan* in BeckOKG HGB, Stand: 01.12.2021, § 266, Rn. 54.

1171 *Suchan* in BeckOKG HGB, Stand: 01.12.2021, § 266, Rn. 65 m. w. N.

1172 *Suchan* in BeckOKG HGB, Stand: 01.12.2021, § 266, Rn. 65 m. w. N.

1173 *Kirsch/von Wieding*, BB 2017, 2731 (2733).

1174 Vgl. 3. Teil, 1. Abschnitt, A.

3. *Finanzielle Vermögensgegenstände i. S. d. § 266 Abs. 2 A. III. und B. II.–III. HGB*

Diskutiert wird des Weiteren, ob Currency-Token unter den Posten der finanziellen Vermögensgegenstände bilanziert werden können.

a) § 266 Abs. 2 A. III HGB

Im Handelsrecht existiert keine Legaldefinition des Begriffs der Finanzinstrumente. Wesentliche Tatbestandsvoraussetzung ist jedoch, dass ein finanzieller Vermögenswert vertraglich einer Gegenpartei zugeordnet werden kann, bei der dem Finanzinstrument eine finanzielle Verbindlichkeit mit Eigen- oder Fremdkapitalcharakter gegenübersteht.[1175] In der Literatur wird diese Eigenschaft den Currency-Token mit dem Argument aberkannt, dass infolge der dezentralen Daten- und Nutzerbasis keine zentral emittierende Institution besteht, die sie ausgibt.[1176] Stattdessen erfolge die Ausgabe über einen vordefinierten Algorithmus. Zwar könne das Blockchain-Netzwerk als solches als Gegenpartei angesehen werden. Jedoch handle es sich hierbei nicht um eine juristische oder natürliche Person, die abgrenzbar wäre und insoweit eine zweite Vertragspartei darstellen könnte. Überdies wird angeführt, dass Currency-Token keine Rechte und Pflichten an einem Vermögensgegenstand, einer Schuld oder einer Unternehmung verbriefen würden mit der Folge, dass sie kein Eigen- oder Fremdkapital einer anderen Partei darstellen können.[1177]

Richtigerweise ist dieser Ansicht im Hinblick auf Currency-Token zu folgen. Wie bereits mehrfach dargestellt, dienen sie als reines Zahlungsmittel, ohne Fiat-Geld oder Ähnliches zu sein. Ihnen ist auch weder ein verbrieftes Recht noch ein verbriefter Anspruch immanent und folglich auch nicht die Eigenschaft, Eigen- oder Fremdkapital einer anderen Partei darzustellen. Der Ansicht des *BMF*[1178], das ohne nähere Begründung[1179] von einem materiellen Wirtschaftsgut ausgeht, ist vor diesem Hintergrund nicht zuzustimmen. Die im *BMF*-Schreiben nicht vorgenommene

---

1175 *Scheffler* in Beck´sches Handbuch der Rechnungslegung, 67. EL, Stand: Januar 2022, B 213, Rn. 4.

1176 *Kirsch/von Wieding*, BB 2017, 2731 (2733).

1177 *Kirsch/von Wieding*, BB 2017, 2731 (2733) m. V. a. *Thurow*, IZR 2014, 198.

1178 *BMF* v. 10.05.2022, Einzelfragen zur ertragsteuerrechtlichen Behandlung von virtuellen Währungen und sonstigen Token, verfügbar unter: https://www.bundesfinanzministerium.de/Content/DE/Downloads/BMF_Schreiben/Steuerarten/Einkommensteuer/2022-05-09-einzelfragen-zur-ertragsteuerrechtlichen-behandlung-von-virtuellen-waehrungen-und-von-sonstigen-token.pdf?__blob=publicationFile&v=1, abgerufen am 06.06.2022.

1179 Ebenfalls die mangelnde Ausführung kritisierend *Himmer/Binder*, Ubg 2022, 273 (274).

Differenzierung zwischen den einzelnen Krypto-Token-Typen trägt bereits den den Currency-Token innewohnenden Implementierungen keine Rechnung. Ferner handelt es sich bei Krypto-Token – wie bereits mehrfach dargestellt[1180] – nicht um körperliche Wirtschaftsgüter, also Sachen i. S. d. § 90 BGB.[1181] Nach den allgemeinen bilanzsteurrechtlichen Grundsätzen scheidet infolge dessen und auf Grund der reinen Zahlungsmittelfunktion eine Bilanzierung von Currency-Token unter eine der in § 266 Abs. 2 A. III. HGB genannten Finanzanlagen aus.[1182]

b) *§ 266 Abs. 2 B. II. und III. HGB*

Als finanzielle Vermögensgegenstände des Umlaufvermögens normiert § 266 Abs. 2 B. II. Nr. 1–4 und III. Nr. 1 u. 2 HGB Forderungen und sonstige Vermögensgegenstände, Anteile an verbundenen Unternehmen und (sonstige) Wertpapiere. Currency-Token stellen keine Wertpapiere dar, weshalb eine derartige Einordnung von vornherein ausscheidet.

Fraglich ist demnach, ob sie unter eine der in § 266 Abs. 2 B. II. Nr. 1–3 HGB genannten Forderungen fallen. Jedoch implizieren Forderungen i. S. d. HGB, dass Abnehmer gegeben sind, die Dienstleistungen oder Waren beziehen, und dass die dafür zu leistenden Zahlungen noch ausstehen.[1183] Da Currency-Token anders als Utility-Token diese Eigenschaft nicht inhärent ist, scheidet demnach eine derartige Kategorisierung ebenfalls aus.

Der Posten der sonstigen Vermögensgegenstände hat hingegen Auffangcharakter.[1184] Deshalb werden hierunter alle kurzfristigen Ansprüche des Unternehmens wie Steuererstattungen, Kautionen und debitorische Kreditoren gefasst. Daneben fallen hierunter auch Forderungen mit einer Restlaufzeit von mehr als einem Jahr bzw. Forderungen i. S. d. § 42 Abs. 3 GmbHG gegenüber Gesellschaftern einer GmbH.[1185] Insgesamt knüpfen die von der Rechtsprechung und Literatur in diesem Zusammenhang genannten Beispiele hauptsächlich an Forderungstatbestände an,

---

1180 Vgl. 3. Teil, 1. Abschnitt, E., I.–III.

1181 *Maier* in Beck´sches Steuer- und Bilanzrechtslexikin, Edition 58 2022, Stand: 01.07.2021, Wirtschaftsgut, Rn. 3.

1182 A. A. ohne nähere Begründung *BMF* v. 10.05.2022, Einzelfragen zur ertragsteuerrechtlichen Behandlung von virtuellen Währungen und sonstigen Token, verfügbar unter: https://www.bundesfinanzministerium.de/Content/DE/Downloads/BMF_Schreiben/Steuerarten/Einkommensteuer/2022-05-09-einzelfragen-zur-ertragsteuerrechtlichen-behandlung-von-virtuellen-waehrungen-und-von-sonstigen-token.pdf?__blob=publicationFile&v=1, abgerufen am 06.06.2022.

1183 *Wulf/Sackbrook* in Haufe, HGB Bilanz-Kommentar, 12. Auflage 2021, § 266, Rn. 76.

1184 *Schubert/Waubke* in Beck´scher Bilanz-Kommentar, 12. Auflage 2020, § 266 HGB, Rn. 128.

1185 *Fehlberg* in BeckOK HGB, 34. Edition, Stand: 15.10.2021, § 266, Rn. 55.

die nicht der allgemeinen Geschäftstätigkeit zuzuordnen sind.[1186] Überdies werden hierunter auch zahlungsähnliche Güter – wie z. B. Gold- oder Silbermünzen – gefasst, die jedoch nicht die Typisierung als gesetzliches Zahlungsmittel innehaben.[1187] Nach Ansicht der Literatur kommt es im Rahmen dieses Sammelpostens gerade nicht auf eine Gegenpartei an, weshalb nicht primär auf das Vorliegen eines Finanzinstruments abzustellen ist. Dies habe zur Konsequenz, dass die Ausweisung von Currency-Token als sonstige Vermögensgegenstände des Umlaufvermögens zulässig und sachgerecht sei.[1188]

Das ist überzeugend. Currency-Token ist eine Zahlungsfunktion immanent, ohne gesetzliches Zahlungsmittel zu sein. Da es im Rahmen der Ausgestaltung als Sammelposten gerade nicht auf das Vorliegen eines Emittenten oder einer Gegenpartei ankommt und nicht notwendigerweise ein Finanzinstrument gefordert wird, ist es sachgerecht, Currency-Token als sonstige Vermögensgegenstände des Umlaufvermögens in der Handelsbilanz auszuweisen, sofern sie nicht dauerhaft dem Betriebsvermögen zu dienen bestimmt sind.

4. *Immaterielle Vermögensgegenstände i. S. d. § 266 Abs. 2 A. I. HGB*

Weiterhin ist fraglich, ob Currency-Token im Rahmen des Anlagevermögens als immaterielle Vermögensgegenstände ausgewiesen werden können. Innerhalb der immateriellen Vermögenswerte differenziert das Gesetz zwischen selbst geschaffenen Schutzrechten und ähnlichen Rechten und Werten, entgeltlich erworbenen Konzessionen, gewerblichen Schutzrechten und ähnlichen Rechten und Werten sowie Lizenzen an solchen Rechten und Werten, Geschäfts- und Firmenwerte sowie geleistete Anzahlungen, s. § 266 Abs. 2 A. I. Nr. 1–4 HGB. Die Literatur schließt die Einschlägigkeit von Nr. 1, Nr. 3 und Nr. 4 mit dem Argument aus, dass Currency-Token zwar im Zuge des Minings irgendwann einmal generiert worden seien, dies jedoch nicht von dem bilanzierenden Unternehmen. In der Folge würden sie demnach nicht von diesem „hergestellt werden", sondern allenfalls als Zahlungsmittel akzeptiert und als solches erworben. Deshalb liege auch das Entwicklungs- und Herstellungsprozessrisiko nicht bei dem bilanzierenden Unternehmen. Dies aber

---

1186 *Kirsch/von Wieding*, BB 2017, 2731 (2734) m. V. a.: *Hayn/Jutz/Zündorf*, Beck´sches Handbuch der Rechnungslegung, 67. EL, Stand: Januar 2022, B 215, Rn. 14; *Wulf/Sackbrook* in Haufe, HGB Bilanz- Kommentar, 12. Auflage 2021, HGB, § 266, Rn. 83.

1187 *Scheffler* in Beck´sches Handbuch der Rechnungslegung, 67. EL, Stand: Januar 2022, B. 217, Rn. 17.

1188 *Kirsch/von Wieding*, BB 2017, 2731 (2734); *BMF* v. 10.05.2022, Einzelfragen zur ertragsteuerrechtlichen Behandlung von virtuellen Währungen und sonstigen Token, verfügbar unter: https://www.bundesfinanzministerium.de/Content/DE/Downloads/BMF_Schreiben/Steuerarten/Einkommensteuer/2022-05-09-einzelfragen-zur-ertragsteuerrechtlichen-behandlung-von-virtuellen-waehrungen-und-von-sonstigen-token.pdf?__blob=publicationFile&v=1, abgerufen am 06.06.2022.

sei Voraussetzung für die Annahme eines selbstgeschaffenen immateriellen Vermögensgegenstandes des Anlagevermögens (Nr. 1). Daneben handle es sich bei Currency-Token auch weder um Forderungen gegenüber einem Lieferanten eines immateriellen Vermögensgegenstandes (Nr. 4), noch würden sie einen Unterschiedsbetrag aus einem Unternehmenserwerb darstellen (Nr. 3).[1189]

Somit verbleibt zutreffenderweise eine etwaige Einordnung als erworbene immaterielle Vermögensgegenstände des Anlagevermögens i. S. d. § 266 Abs. 2 A. I. Nr. 2 HGB. In diesem Rahmen kommt jedoch allenfalls die Klassifizierung als ähnliche Werte in Betracht. Denn Currency-Token stellen mitnichten Förder- und Abbaurechte, eine Erlaubnis zum Betreiben eines bestimmten Gewerbes und/oder Handels dar. Ebenso wenig lassen sie sich unter die übrigen in § 266 Abs. 2 A. I. Nr. 2 HGB benannten Rechte subsumieren.[1190] Unter ähnlichen Werten i. S. d. § 266 HGB werden hingegen auch faktische, also nicht rechtlich abgesicherte Sachverhalte subsumiert, die einen abgrenzbaren wirtschaftlichen Vorteil umfassen.[1191] Nach Ansicht der Literatur trifft dies auf Currency-Token zu.[1192] Dies ist überzeugend. Denn bei Currency-Token handelt es sich – wie festgestellt – um Werte, die ihren Besitzern einen wirtschaftlichen Vorteil bieten, der einer faktischen Abgrenzung zugänglich ist.

Das Deutsche Rechnungslegung Standards Committee (DRSC) hat in seiner am 30.10.2015 verabschiedeten Verlautbarung „DRS 24 – Immaterielle Vermögensgegenstände im Konzernabschluss“[1193] die Voraussetzungen für die Bilanzierung als immaterieller Vermögensgegenstand um ein weiteres Merkmal – in Abgrenzung zu den selbst hergestellten Vermögenswerten – ergänzt, nach der diese erworben worden sein müssen. Ein Erwerb liegt gem. DRS 24.26 vor, wenn das Unternehmen das wirtschaftliche Eigentum an dem immateriellen Vermögensgegenstand durch eine Transaktion mit einem Dritten erlangt hat.[1194] Dieser Vorgang ist bei Currency-Token sowohl beim Erwerb über eine der Krypto-Börsen als auch im Falle der Annahme als Zahlungsmittel gegeben. Insoweit wird auf die obigen Ausführungen verwiesen.[1195]

1189 *Kirsch/von Wieding*, BB 2017, 2731 (2734 f.).

1190 *Fehlberg* in BeckOK HGB, 31. Edition, Stand: 15.04.2020, § 266, Rn. 19–22.

1191 *Schubert/Waubke* in Beck´scher Bilanzrechtkommentar, 12. Auflage 2020, § 266, Rn. 60; *Dusemond/Heusinger-Lange/Knop* in Küting/Pfitzer/Weber (Hrsg), Handbuch der Rechnungslegung – Einzelabschluss, 34. Aktualisierung, Stand: Dezember 2021, § 266, Rn. 14.

1192 *Kirsch/von Wieding*, BB 2017, 2731 (2735).

1193 Zusammenfassung der DRS 24, verfügbar unter: https://www.drsc.de/verlautbarungen/drs-24, abgerufen am 17.06.2020.

1194 *Hömberg/König/Callasch* in Baetge/Kirsch/Thiele, Bilanzrecht, 1. Auflage 2002, 100. Lieferung, Stand. 01.10.2021, § 248, Rn. 41.

1195 Vgl. 3. Teil, 1. Abschnitt, A.

Currency-Token erfüllen demnach sowohl die Qualifikationsmerkmale der ähnlichen Werte als auch den Umstand des Erwerbs i. S. d. § 266 Abs. 2 A. I. Nr. 2 HGB, sodass sie, sofern sie dazu bestimmt sind, dauerhaft dem Geschäftsbetrieb zu dienen, als immaterielle Vermögensgegenstände des Anlagevermögens gem. § 266 Abs. 2 A. I. Nr. 2 HGB zu bilanzieren sind.[1196]

5. Krypto-Coins im Anlagevermögen

Nach den vorgenannten Kriterien ist nunmehr zu klären, wie durch Mining generierte Krypto-Coins im Anlagevermögen ausgewiesen werden können. In Betracht kommt die Einordnung als selbst geschaffener immaterieller Vermögensgegenstand des Anlagevermögens. Dies wäre der Fall, wenn die durch Mining geschürften Krypto-Coins selbst hergestellte immaterielle Vermögensgegenstände darstellen würden, die dazu bestimmt sind, dauerhaft dem Geschäftsbetrieb zu dienen. Wie bereits erläutert, erfüllen die durch Mining generierten Krypto-Coins die Anforderungen an einen immateriellen Vermögensgegenstand, da sie selbstständig gegenüber Dritten verwertbar sind.[1197] Mangels Körperlichkeit kommt ihnen auch unstreitig die Eigenschaft der Immaterialität zu.[1198]

Schließlich dürften die Krypto-Coins nicht entgeltlich erworben worden sein. Entgeltlich ist ein Erwerbsvorgang immer dann, wenn für den Erwerb des Vermögensgegenstandes seitens des bilanzierenden Erwerbers eine Gegenleistung zu erbringen ist, die in unmittelbarem Zusammenhang mit dieser Transaktion steht.[1199] Dies ist gerade bei durch Mining generierten Krypto-Coins nicht gegeben. Die Benutzung von Rechenkapazität und Hardware unterfällt nicht der Entgeltlichkeit im vorgenannten Sinn, da sie keine Gegenleistung darstellen. Es hängt vom Zufall ab, ob der Miner einen neuen Krypto-Coin generiert, weshalb die Gegenleistung unabhängig davon aufgebracht wird, ob ein neuer Krypto-Coin zugewiesen wird. Damit liegt die geforderte Unmittelbarkeit für die Annahme der Entgeltlichkeit nicht vor. Somit stellen Krypto-Coins, sofern sie im Zeitpunkt des

1196 So auch *Kirsch/von Wieding*, BB 2017, 2731 (2735); *Selonke/Madsen*, beck.digitax 2022, 290 (297).

1197 *Hömberg/König/Gallasch* in Baetge/Kirsch/Thiele, Bilanzrecht, 1. Aufl. 2002, 100. Lieferung, Stand: 01.10.2021, HGB, § 248, Rn. 30 ff.

1198 *Baetge/Fey/Weber/Sommerhoff* in Küting/Pfitzer/Weber, Handbuch der Rechnungslegung – Einzelabschluss, 34. Aktualisierung, Stand: Dezember 2021, § 248, Rn. 20; DRS 24.B3.

1199 *Hömberg/König/Gallasch* in Baetge/Kirsch/Thiele, Bilanzrecht, 1. Aufl. 2002, 100. Lieferung, Stand: 01.10.2021, HGB, § 248, Rn. 41 m. V. a. *Fasselt/Radde* in Beck HdR, Stand September 2020, B 211, Rn. 92; *Schmidt/Usinger* in Beck´scher Bilanzrechtkommentar, 12. Auflage 2020, § 248 HGB, Rn. 39; *Braun* in Kölner Kommentar zum Rechnungslegungsrecht, § 248 HGB, Rn. 23; *Hennrichs* in Münchener Kommentar Bilanzrecht, 1. Auflage 2013, § 248 HGB, Rn. 43–46 sowie Rn. 53–59.

Zugangs in das Unternehmen bzw. zum Bilanzstichtag dazu bestimmt sind, dauerhaft dem Geschäftsbetrieb zu dienen, selbst geschaffene immaterielle Vermögensstände des Anlagevermögens dar.

IV. Konkrete Ausweisung von Investment-Token

Fraglich ist ferner, wie Investment-Token handelsbilanziell zu erfassen sind. Auch hierbei ist zwischen Anlage- und Umlaufvermögen zu differenzieren.

1. Finanzielle Vermögensgegenstände i. S. d. § 266 Abs. 2 A. III. und B. II.–III. HGB

Investment-Token könnten als finanzielle Vermögensgegenstände i. S. d. § 266 Abs. 2 A. III. bzw. B. II.–III. HGB bilanziert werden. Als finanzielle Vermögensgegenstände werden grundsätzlich Finanzinstrumente bezeichnet, die je nach Dauer ihres Verbleibs im Unternehmen im Anlagevermögen (§ 266 Abs. 2 A. III.) oder im Umlaufvermögen (§ 266 Abs. 2 B. II.–III. HGB) auszuweisen sind.[1200] Eine Legaldefinition des Begriffs der Finanzinstrumente gibt es nicht.[1201]

a) § 266 Abs. 2 A. III. HGB

Für das Anlagevermögen benennt § 266 Abs. 2 A. III. HGB als Finanzanlagen insoweit Anteile an verbundenen Unternehmen, Ausleihungen an verbundene Unternehmen, Beteiligungen, Ausleihungen an Unternehmen, mit denen ein Beteiligungsverhältnis besteht, Wertpapiere des Anlagevermögens sowie sonstige Ausleihungen. In Bezug auf Investment-Token kommen vorliegend die Varianten der Bilanzierung unter die Punkte Wertpapiere und sonstige Ausleihungen in Betracht. Bei ersterem Punkt handelt es sich um eine sog. Auffangposition für alle Wertpapiere i. S. d. § 2 Abs. 1 WpHG bzw. Kapitalforderungen, die nicht anderen Positionen zugeordnet werden können, weil weder ein verbundenes Unternehmen i. S. d. § 271 Abs. 2 HGB noch eine Beteiligung i. S. d. § 271 Abs. 1 HGB vorliegt.[1202] Auszuweisen sind dabei Wertpapiere in Gestalt von Aktien, Anteilen an offenen Immobilien- bzw. Investmentfonds aber auch Genussrechte.[1203] Als sonstige Ausleihungen werden hingegen langfristige Darlehen sowie Genossenschafts- und GmbH-Anteile ausgewiesen, sofern diese nicht unter A. III. Nr. 1 bzw. A. III. Nr. 3 fallen.[1204]

1200 *Baetge/Kirsch/Thiele,* Bilanzen, 16. Auflage 2021, S. 319 f.

1201 *Baetge/Kirsch/Thiele,* Bilanzen, 16. Auflage 2021, S. 320.

1202 *Schubert/Kreher* in Beck´scher Bilanz-Kommentar, 12. Auflage 2020, § 266, Rn. 80 ff.

1203 *Fehlberg* in BeckOK HGB, 34. Edition, Stand: 15.10.2021, § 266, Rn. 40–42.

1204 *Fehlberg* in BeckOK HGB, 34. Edition, Stand: 15.10.2021, § 266, Rn. 40–42.

Im Rahmen von § 266 Abs. 2 A. III. Nr. 1 HGB werden Beteiligungen als Anteile an anderen Unternehmen verstanden, die dazu bestimmt sind, dem eigenen Geschäftsbetrieb durch Herstellung einer dauernden Verbindung zu einem Unternehmen zu dienen, s. § 271 Abs. 1 HGB. Verbundene Unternehmen i. S. d. HGB sind hingegen solche Unternehmen, die als Mutter- oder Tochterunternehmen (§ 290 HGB) in einen Konzernabschluss einzubeziehen sind, s. § 271 Abs. 2 HGB. Nach den bisherigen Ausführungen[1205] können Investment-Token je nach ihrer konkreten Ausgestaltung Unterbeteiligungen an einer GmbH oder aktienähnlich ausgestaltet sein. Sie können auch eine dauernde Verbindung implizieren und/oder von Mutter- oder Tochterfirmen ausgegeben werden. Danach können solche Ausgestaltungen durchaus Beteiligungsrechte i. S. d. § 271 Abs. 1 HGB oder Anteile an verbundenen Unternehmen darstellen. Somit sind Investment-Token, wenn sie dauerhaft dem Geschäftsbetrieb dienen sollen, zum Bilanzstichtag – je nach konkreter Ausgestaltung – als Wertpapiere des Anlagevermögens oder als sonstige Ausleihungen gem. § 266 Abs. 2 A. III. Nr. 5 bzw. 6 HGB oder als Anteile am Unternehmen gem. § 266 Abs. 2 A. III. Nr. 3 HGB zu bilanzieren.[1206]

b) § 266 Abs. 2 B. III. HGB

Im Rahmen des Umlaufvermögens kommt indes die Einordnung als Wertpapiere i. S. d. § 266 Abs. 2 B. III. HGB in Betracht. Hierunter fasst das Gesetz Anteile an verbundenen Unternehmen und sonstige Wertpapiere zusammen. Wie gerade festgestellt, können Investment-Token je nach Ausgestaltung Anteile an verbundenen Unternehmen darstellen. Unter sonstigen Wertpapieren in diesem Sinne werden dagegen alle Wertpapiere (§ 2 Abs. 1 WpHG) verstanden, die nicht einer der anderen Positionen des § 266 Abs. 2 HGB zuzuordnen sind und nicht mit Daueranlageabsicht erworben wurden.[1207] Wie bereits erörtert[1208], können Investment-Token Wertpapiere i. S. d § 2 Abs. 1 WpHG darstellen. Sofern sie also nicht mit der Intention erworben werden bzw. zum Bilanzstichtag dazu bestimmt sind, dem Geschäftsbetrieb dauerhaft zu dienen, sind sie als Anteile an verbundenen Unternehmen gem. § 266 Abs. 2 B. III. Nr. 1 HGB oder sonstige Wertpapiere gem. § 266 Abs. 2 B. III. Nr. 2 HGB in der Bilanz anzuweisen.[1209]

1205 Vgl. 3. Teil, 1. Abschnitt, H., II., 4.

1206 *Selonke/Madsen*, beck.digitax 2022, 290 (297).

1207 *Fehlenberg* in BeckOK HGB, 34. Edition, Stand: 15.10.2021, § 266, Rn. 59.

1208 Vgl. 3. Teil, 1. Abschnitt, H., II., 4.

1209 *Selonke/Madsen*, beck.digitax 2022, 290 (297).

2. Fazit

Im Ergebnis sind Investment-Token damit entweder gem. § 266 Abs. 2 A. III. Nr. 3, 5 oder 6 HGB bzw. gem. § 266 Abs. 2 B. III. Nr. 1 oder 2 HGB in der Bilanz auszuweisen.

V. Konkrete Ausweisung von Utility-Token

Schließlich gilt es noch zu klären, wie Utility-Token handelsbilanziell im Rahmen des § 266 HGB erfasst werden. Maßgeblich ist hierbei der mit dem Utility-Token verfolgte Zweck.

1. § 266 Abs. 2 B. II. und III. HGB

In Betracht kommt zunächst eine Einordnung als Spekulationsobjekt i. S. d. § 266 Abs. 2 B. III. Nr. 2 HGB, sofern die Utility-Token mit Spekulationsabsicht erworben werden, also mit der Absicht, dass sie weiterveräußert werden sollen. Dies würde eine Klassifizierung als „sonstige Wertpapiere" des Umlaufvermögens gem. § 266 Abs. 2 B. III. Nr. 2 HGB voraussetzen. Da Utility-Token entsprechend den vorangegangenen Erwägungen keine Wertpapiere i. S. d. § 2 Abs. 1 WpHG darstellen[1210], scheidet eine derartige Einordnung jedoch aus.

Eine Subsumtion unter § 266 Abs. 2 B. II. Nr. 2 und 3 HGB scheidet aus, da Utility-Token ebenso wie Currency-Token keine Forderungen gegen verbundene Unternehmen bzw. Unternehmen, mit denen ein Beteiligungsverhältnis besteht, implizieren. Auch kommt keine Bilanzierung als Forderung aus Lieferungen und Leistungen gem. § 266 Abs. 2 B. II. Nr. 1 HGB in Betracht. Forderungen aus Lieferungen und Leistungen entstehen mit Abschluss gegenseitiger Verträge als Anspruch auf eine Gegenleistung. Ein gegenseitiger Vertrag ist gegeben, wenn sowohl Schuldner als auch Gläubiger leistungsverpflichtet sind, wie z. B. beim Liefer-, Werk-, Dienst- und ähnlichen Verträgen.[1211] Der bilanzierungsfähige Anspruch bedingt, dass die vertraglich geschuldete Leistung bereits erfüllt wurde. Das bedeutet, dass noch nicht abgerechnete, jedoch bereits erfüllte Leistungen dennoch auszuweisen sind.[1212] Weitere Voraussetzung ist zudem, dass der Inhalt der gegenseitigen Verträge im Rahmen der gewöhnlichen Geschäftstätigkeit unternehmenstypische Erzeugnisse, Waren oder Dienstleistungen beinhalten muss, mit denen schlussendlich Umsatzerlöse gem. § 277 Abs. 1 HGB generiert werden sollen.[1213] Maßgebliches Abgrenzungskriterium ist also der vorherrschende Gesellschaftszweck. Deshalb dürfen Forderungen, die nicht im Zusammenhang mit der gewöhnlichen Geschäftstätigkeit stehen und keine unternehmenstypischen

---

1210 Vgl. 3. Teil, 1. Abschnitt, H., III.

1211 *Suchan* in BeckOKG HGB, Stand: 01.12.2021, § 266, Rn. 69.

1212 *Schubert/Waubke* in Beck´scher Bilanz-Kommentar, 12. Auflage 2020, § 266, Rn. 113.

1213 *Suchan* in BeckOKG HGB, Stand: 01.12.2022, § 266, Rn. 69 ff.

Erzeugnisse, Waren oder Dienstleistungen zum Gegenstand haben, nicht unter diesem Posten ausgewiesen werden. Sie sind vielmehr als „sonstige Vermögensgegenstände" gem. § 266 Abs. 2 B. II. Nr. 4 HGB auszuweisen.[1214]

Da Utility-Token ihrem Wesen nach derzeit nicht als unternehmenstypische Waren oder Dienstleistungen ausgestaltet sind, die dem vorherrschenden Gesellschaftszweck dienen, scheidet eine Ausweisung als Forderung aus Lieferung und Leistung i. S. d. § 266 Abs. 2 B. II. Nr. 1 HGB vorliegend aus. Anders könnte es sich hingegen in dem Fall verhalten, in dem sie im Zuge von *ICOs* zunächst alleiniger oder hauptsächlicher Gesellschaftszweck in Gestalt der Kapitalbeschaffungsmaßnahme bzw. von deren Generierung und Ausgabe sind. Dies ist jedoch individuell anhand des Einzelfalls zu prüfen und gegebenenfalls im Anhang zur Bilanz näher zu erläutern.

Auf Grund der ihnen innewohnenden Eigenschaft als Gutschein für eine spätere Ware oder Dienstleistung verbleibt demnach nur noch die Möglichkeit der Bilanzierung als sonstiger Vermögensgegenstand gem. § 266 Abs. 2 B. II. Nr. 4 HGB. Utility-Token stellen dem Grunde nach Forderungstatbestände dar, die nicht der allgemeinen Geschäftstätigkeit zuzuordnen sind.[1215] Überdies stellen sie kein gesetzliches Zahlungsmittel dar.[1216] Insoweit sind sie nach der vorgenannten Definition, sofern sie nicht dazu bestimmt sind, dauerhaft dem Geschäftsbetrieb zu dienen, im Rahmen des Umlaufvermögens als sonstige Vermögensgegenstände gem. § 266 Abs. 2 B. II. Nr. 4 HGB auszuweisen.

2. § 266 Abs. 2 A. I. HGB

Anders verhält es sich, wenn die Utility-Token mit der Absicht angeschafft werden, selbst genutzt zu werden, eine Nutzung für mehrere Jahre oder einen unbegrenzten Zugang zu dem Netzwerk oder einer Dienstleistung zu gewähren. In allen Varianten kommt eine bilanzielle Betrachtung als entgeltlich erworbene Konzession oder Lizenz im Rahmen der immateriellen Vermögensgegenstände gem. § 266 Abs. 2 A. I. Nr. 2 HGB in Betracht. Konzessionen sind befristete behördliche Genehmigungen für die Ausübung eines Gewerbes oder den Betrieb eines Handelsgeschäfts.[1217] Unter einer Lizenz versteht man eine vertragliche Vereinbarung, mit der gewerbliche Schutzrechte oder ähnliche Rechte oder Werte zur

---

1214 *Marx/Dallmann* in Baetge/Kirsch/Thiele, Bilanzrecht, 1. Aufl. 2002, 100. Lieferung, Stand: 01.10.2021, § 266 HGB, Rn. 81.

1215 *Kirsch/von Wieding*, BB 2017, 2731 (2734) m. V. a. *Hayn/Jutz/Zündorf*, Beck´sches Handbuch der Rechnungslegung, 67. EL, Stand: Januar 2022, B 215, Rn. 14; *Wulf/Sackbrook* in Haufe, HGB Bilanz-Kommentar, 12. Auflage 2021, HGB, § 266, Rn. 83.

1216 *Scheffler* in Beck´sches Handbuch der Rechnungslegung, 67. EL, Stand: Januar 2022, B. 217, Rn. 17.

1217 *Marx/Dallmann* in Baetge/Kirsch/Thiele, Bilanzrecht, 1. Aufl. 2002, 100. Lieferung, Stand: 01.10.2021, § 266 HGB, Rn. 43.

wirtschaftlichen Nutzung überlassen werden.[1218] Durch die Einräumung erhält der Lizenznehmer somit das Recht, den Lizenzgegenstand gegen ein Entgelt zu nutzen.[1219] Bei Utility-Token handelt es sich weder um behördliche Genehmigungen noch stellen sie eine vertragliche Vereinbarung dar, mittels derer ähnliche Rechte wie die eines gewerblichen Schutzrechtes vermittelt werden. Folglich scheidet eine derartige handelsbilanzielle Einordnung aus.

In Betracht kommt demnach lediglich eine Klassifizierung als ähnliche Rechte i. S. d. § 266 Abs. 2 A. I. Nr. 2 HGB.[1220] Denn Utility-Token gewähren ihrem Inhaber das Recht, eine Ware oder Dienstleistung zu nutzen, wenn sie zuvor das Entgelt für den Utility-Token gezahlt haben. Da sie auch entgeltlich im vorbenannten Sinne erworben werden, erfüllen sie somit die Tatbestandsvoraussetzungen eines immateriellen Vermögensgegenstandes des Anlagevermögens, sofern sie dauerhaft dem Geschäftsbetrieb zu dienen bestimmt sind. In diesen Fällen sind sie als immaterielle Vermögensgegenstände des Anlagevermögens gem. § 266 Abs. 2 A. I Nr. 2 HGB zu bilanzieren.

VI. Aktivierungsgebote, -verbote und -wahlrechte, § 248 HGB

Nachdem nunmehr für die einzelne Krypto-Token-Typen ermittelt wurde, wie sie handelsrechtlich zu bilanzieren sind, stellt sich im Anschluss die Frage, ob gegebenenfalls Aktivierungsgebote, -verbote oder -wahlrechte i. S. d. § 248 HGB bestehen.

Dabei hängt die Beantwortung der Frage, ob ein Ansatzgebot, -wahlrecht oder -verbot für ein immaterielles Gut besteht, davon ab, ob es einen Vermögensgegenstand darstellt, ob es dem Anlage- oder Umlaufvermögen zuzuordnen ist und ob es selbst geschaffen oder erworben wurde.[1221]

1. Aktivierungsverbote i. S. d. § 248 Abs. 1 HGB

Die in § 248 Abs. 1 HGB genannten Aktivierungsverbote betreffen Aufwendungen im Zusammenhang mit der Gründung des Unternehmens, der Eigenkapitalbeschaffung und dem Abschluss von Versicherungsverträgen. Da Aufwendungen für sämtliche mit der Gründung eines Unternehmens anfallende Aufwendungen sowie Aufwendungen für Versicherungen schon ihrem Wesen nach nichts

---

1218 *Marx/Dallmann* in Baetge/Kirsch/Thiele, Bilanzrecht, 1. Aufl. 2002, 100. Lieferung, Stand: 01.10.2021, § 266 HGB, Rn. 43.4 m. V. a. *Lüdenbach/Hoffmann*, DStR 2006, 1382 (1383).

1219 *Marx/Dallmann* in Baetge/Kirsch/Thiele, Bilanzrecht, 1. Aufl. 2002, 100. Lieferung, Stand: 01.10.2021, § 266 HGB, Rn. 43.4 m. V. a. *Menninger/Kunowski*, DStR 2003, 1180 (1181).

1220 *Selonke/Madsen*, beck.digitax 2022, 290 (297).

1221 https://www.haufe.de/finance/jahresabschluss-bilanzierung/drs-22-drs-23-und-drs-24-bekannt-gemacht_188_341306.html, abgerufen am 05.06.2020.

mit Currency-Token gemein haben, können die in § 248 Abs. 1 Nr. 1 und 3 HGB normierten Regelungen in Bezug auf Currency-Token vorliegend außer Betracht bleiben.

Fraglich ist indes, ob für Utility-Token, die im Rahmen von *ICOs* zur Beschaffung von Eigenkapital von z. B. Start-up-Unternehmen ausgegeben werden, etwas anderes gilt. Daneben könnten auch Investment-Token, die als Gesellschaftsanteile ausgestaltet sind und im Zuge der Gründung ausgegeben werden, einem Aktivierungsverbot i. S. d. § 248 Abs. 1 HGB unterliegen. Aufwendungen für die Beschaffung des Eigenkapitals entstehen grundsätzlich bei der erstmaligen (Gründung) bzw. erneuten Ausstattung (Kapitalerhöhung) des Unternehmens mit Eigenkapital.[1222] Daneben sind auch die Emissionskosten zu beachten, die bei der Ausgabe von Gesellschaftsanteilen anfallen. Das sind unter anderem Kosten für Aktien, Urkunden und Börsenprospekte, aber auch damit in Zusammenhang stehende Bankprovisionen und Kosten für die Bewertung von Sacheinlagen, sofern es sich um keine außerbörsliche Gründung handelt. Zu den Kosten für die Beschaffung des Eigenkapitals gehören zudem sämtliche Kosten einer Kapitalerhöhung, z. B. auch die Kosten einer Börseneinführung.[1223] Eigenkapital selbst liegt hingegen im Rahmen von Kapitalgesellschaften gem. § 272 Abs. 1–2 HGB in Gestalt des Stamm- oder Grundkapitals einschließlich etwaiger erhaltener Agien und Zuzahlungen der Gesellschafter und abzüglich derzeit gehaltener eigener Anteile vor.[1224]

Daneben ist auch das dem Unternehmen durch die Eigentümer zur Verfügung gestellte Kapital als Eigenkapital anzusehen. Auch die Einlagen stiller Gesellschafter sind unter bestimmten Voraussetzungen als Eigenkapital zu betrachten.[1225] Anders verhält es sich hingegen bei sog. Gesellschafterdarlehen, welche stets Fremdkapital darstellen.[1226]

Fremdkapitalbeschaffungsaufwendungen genügen indes regelmäßig nicht den Voraussetzungen für die Aktivierung von Vermögensgegenständen, da diese Aufwendungen insbesondere nicht selbstständig verwertbar sind.[1227] Als Fremdkapital werden im Bilanzwesen die Schulden eines Unternehmens verstanden, die es eingegangen ist, um sich Kapital zu verschaffen. Es muss, um als solches ausgewiesen zu werden, rechtlich entstanden oder wirtschaftlich verursacht worden sein.[1228] Trotz der Änderung des Wortlauts des § 153 Abs. 4 AktG a. F. von „Kapitalbeschaffung" in „Eigenkapital" ist die Literatur der Ansicht, dass hierunter Fremdkapital

---

1222 *Fehlberg* in BeckOK HGB, 34. Edition, Stand: 15.10.2021, § 248, Rn. 3.

1223 *Fehlberg* in BeckOK HGB, 34. Edition, Stand: 15.10.2021, § 248, Rn. 3.

1224 *Ballwieser* in Münchener Kommentar zum HGB, 4. Auflage 2020, § 248, Rn. 9.

1225 *Morck* in Koller/Kindler/Roth/Morck, HGB, 9. Auflage 2019, § 248, Rn. 3.

1226 *Reiner* in Münchener Kommentar zum HGB, 4. Auflage 2020, § 266, Rn. 99.

1227 *Schmidt/Usinger* in Beck´scher Bilanzkommentar, 12. Auflage 2020, § 248, Rn. 4.

1228 *Maier* in Beck´sches Steuer- und Bilanzrechtslexikon, Edition 58 2022, Stand: 01.01.2022, Fremdkapital, Rn. 1 ff.

nicht zu subsumieren ist.[1229] Es gilt deshalb zu klären, ob die im Rahmen eines *ICOs* zur Kapitalbeschaffung ausgegebenen Utility-Token Eigen- oder Fremdkapitalcharakter aufweisen.[1230] Zudem ist zu prüfen, ob Investment-Token Eigen- oder Fremdkapitalcharakter aufweisen und deshalb ein etwaiges Aktivierungsverbot i. S. d. § 248 Abs. 1 HGB besteht.

a) Differenzierung zwischen Ausgabe und Erhalt von Krypto-Token

Hierbei ist zunächst zu unterscheiden, ob die Utility-Token von Unternehmen entweder an Investoren ausgegeben werden, um sich Kapital zu beschaffen, oder ob sie auf der anderen Seite von den Unternehmen selbst von anderen ausgebenden Unternehmen erworben werden. Im Hinblick auf die vorzunehmende Bilanzierung ist demnach zwischen diesen beiden Alternativen zu differenzieren.

aa) Ausgabe und Erwerb von Utility-Token

Gibt ein Unternehmen die Utility-Token zur Finanzierung seines Kapitalbedarfs aus und erhalten die Erwerber hierfür den Anspruch auf eine spätere Ware oder Dienstleistung, so stellt das erhaltene Entgelt für die Utility-Token Eigenkapital dar. Erwirbt das Unternehmen hingegen Utility-Token eines anderen Unternehmens, so stellen diese ebenfalls Eigenkapital dar.[1231]

bb) Ausgabe und Erwerb von Investment-Token

Schwieriger verhält es sich indes bei Investment-Token, da diese zumeist als Mezzanine-Kapital ausgestaltet sind. Bei Mezzanine-Kapital handelt es sich um eine hybride Finanzierungsform, die sowohl Eigen- als auch Fremdkapitalcharakter aufweist.[1232] Auf Grund des Umstandes, dass Investment-Token zumeist als Genussrechte ausgestaltet sind (eine Form des Mezzanine-Kapitals), richtet sich die Einordnung der Investment-Token in der bisherigen Literatur nach der von Genussrechten.[1233] Ebenso verhält es sich indes im Hinblick auf Investment-Token,

---

1229 *Hömberg/König/Gallasch* in Baetge/Kirsch/Thiele, Bilanzrecht, 1. Aufl. 2002, 100. Lieferung, Stand: 01.10.2021, § 248, Rn. 18 m. w. N.

1230 Ebenso *BMF* v. 10.05.2022, Einzelfragen zur ertragsteuerrechtlichen Behandlung von virtuellen Währungen und sonstigen Token, verfügbar unter: https://www.bundesfinanzministerium.de/Content/DE/Downloads/BMF_Schreiben/Steuerarten/Einkommensteuer/2022-05-09-einzelfragen-zur-ertragsteuerrechtlichen-behandlung-von-virtuellen-waehrungen-und-von-sonstigen-token.pdf?__blob=publicationFile&v=1, abgerufen am 06.06.2022.

1231 Vgl. hierzu ausführlich *Sixt,* DStR 2020, 1871 (1873);: *Prinz/ Ludwig*, StuB 7/2019, 257.

1232 *Sixt,* DStR 2020, 1871 (1873).

1233 *Sixt,* DStR 2020, 1871 (1873) m. V. a.: *Richter/Schlücke*, FR 2019, 407.

die als Gesellschaftsanteile ausgestaltet sind und mittels derer der Erwerber am Gewinn und Liquidationserlös beteiligt ist.[1234] Die konkrete Beurteilung hängt von dem kumulativen Vorliegen von vier Kriterien ab: Das Kapital ist im Insolvenzfall nachrangig, die Vergütung der Investoren erfolgt erfolgsunabhängig, eine Teilhabe an Verlusten durch den Investor ist gegeben und das Kapital wird längerfristig überlassen.[1235] Sind diese Voraussetzungen nicht kumulativ erfüllt, so stellen die Investment-Token Fremdkapital dar mit der Folge, dass kein Aktivierungsverbot greift.

Wird ein Investor hingegen durch den Erwerb der Investment-Token Gesellschafter und gibt so dem Unternehmen auf Grundlage des Gesellschaftsverhältnisses Kapital hin, stellt dieses beim ausgebenden Unternehmen Eigenkapital dar. Die *OFD-NRW* bejaht dies ebenfalls in Bezug auf Investment-Token, die wie Genussrechte ausgestaltet sind.[1236] In diesem Fall greift das Bilanzierungsverbot des § 248 Abs. 1 Nr. 2 HGB mit der Folge, dass die mit diesen Investment-Token anfallenden Aufwendungen handelsbilanziell nicht erfasst werden dürfen. Das erwerbende Unternehmen hat die Investment-Token hingegen als immaterielle Wirtschaftsgüter entweder des Anlage- oder des Umlaufvermögens mit ihren Anschaffungskosten zu aktivieren, s. §§ 253 Abs. 1, 255 HGB bzw. § 6 Abs. 1 Nr. 2 EStG. Hier besteht kein Aktivierungsverbot i. S. d. § 248 Abs. 1 oder 2 HGB, vielmehr sind die Investment-Token aktvierungspflichtig.[1237]

b) Fazit

Im Ergebnis besteht damit für die Aufwendungen zur Beschaffung von Eigenkapital mittels Ausgabe von Utility-Token im Rahmen eines *ICOs* ein Bilanzierungsverbot gem. § 248 Abs. 1 Nr. 1 oder 2 HGB. Erwirbt hingegen ein Unternehmen solche ausgegebenen Utility-Token von einem anderen Unternehmen, besteht kein Aktivierungsverbot für die damit zusammenhängenden Aufwendungen. Für die Aufwendungen in Zusammenhang mit Investment-Token, die Eigenkapitalcharakter nach den vorgenannten Kriterien aufweisen, gilt beim ausgebenden Unternehmen dasselbe. Beim erwerbenden Unternehmen sind sie hingegen aktivierungspflichtig.

1234 *OFD-NRW* v. 12.05.2016 – S 2742-2016/0009-St 131, verfügbar unter: https://datenbank.nwb.de/Dokument/Anzeigen/623508, abgerufen am 04.02.2022.

1235 Vgl. hierzu ausführlich *Sixt*, DStR 2020, 1871 (1873); *Prinz/Ludwig*, StuB 2019, 257.

1236 *Maier* in Beck'sches Steuer- und Bilanzrechtslexikon, Edition 53 2020, Stand: 01.04.2020, Fremdkapital, Rn. 19.

1237 *Prinz/Ludwig*, StuB 2019, 257; *Sixt*, DStR 2019, 1766 (1770); *Weich/Sandkühler*, IRZ 2020, 409 (411).

2. *Aktivierungswahlrecht i. S. d. § 248 Abs. 2 S. 1 HGB*

Fraglich ist, ob Krypto-Token das Bilanzierungswahlrecht des § 248 Abs. 2 S. 1 HGB zuteilwird. Danach können selbst geschaffene immaterielle Vermögensgegenstände des Anlagevermögens als Aktivposten in die Bilanz aufgenommen werden. Nach den vorangegangenen Erwägungen stellen nur selbst geschürfte Krypto-Coins selbst geschaffene immaterielle Vermögensgegenstände des Anlagevermögens dar.[1238] Als solche begründen sie für das bilanzierende Unternehmen ein Wahlrecht.[1239] Das bedeutet, dass es dem Bilanzierenden in den Grenzen der Stetigkeit freisteht, den selbst erstellten immateriellen Vermögensgegenstand mit seinen Herstellungskosten i. S. d. § 255 Abs. 2a HGB bilanziell anzusetzen. Diese umfassen mindestens die Entwicklungsaufwendungen, die zwischen dem Zeitpunkt der erstmaligen Erfüllung der selbstständigen Verwertbarkeit und dem Bilanzstichtag im abgelaufenen Geschäftsjahr angefallen sind.[1240] Überdies können solche Entwicklungsaufwendungen i. S. d. § 255 Abs. 2 und 3 i. V. m. § 255 Abs. 2a HGB in Wertansatz gebracht werden, die vor dem Zeitpunkt der selbstständigen Verwertbarkeit angefallen, jedoch nicht erfolgswirksam in einem Abschluss des jeweiligen Berichtszeitraumes erfasst worden sind.[1241] Für die durch Mining generierten Krypto-Coins bedeutet dies konkret, dass das bilanzierende Unternehmen die Wahl hat, ob es deren Herstellungskosten i. S. d. § 255 Abs. 2a HGB in Gestalt von Aufwendungen, die bei der Entwicklung bzw. dem Minen angefallen sind, in Ansatz bringt. Konkret wird es sich hierbei um die Strom-, Hardware-, Telekommunikations- und ähnlichen Kosten handeln.

3. *Aktivierungsverbot i. S. d. § 248 Abs. 2 S. 2 HGB*

Wie bereits erläutert, sieht § 248 Abs. 2 S. 2 HGB für die dort genannten Vermögensgegenstände ein Aktivierungsverbot vor. Dieses soll verhindern, dass geschäftswertnahe Werte aktiviert werden und so das Aktivierungsverbot für den originären Geschäfts- oder Firmenwert unterlaufen wird.[1242] Infolge dessen werden die im Gesetz genannten vergleichbaren immateriellen Vermögensgegenstände im Zweifel weit ausgelegt, damit der Gesetzeszweck nicht umgangen wird.[1243]

1238 Vgl. 5. Teil, 3. Abschnitt, B., III., 5.

1239 *Schmidt/Usinger* in Beck´scher Bilanz-Kommentar, 12. Auflage 2020, § 248, Rn. 10 ff.

1240 Vgl. DRS 24.86.

1241 *Hömberg/König/Gallasch* in Baetge/Kirsch/Thiele, Bilanzrecht, 1. Aufl. 2002, 100. Lieferung, Stand: 01.10.2021, § 248 HGB, Rn. 29.1. Für die weiteren Einzelheiten der jeweiligen Bilanzierungsansätze wird auf die einschlägige Literatur verwiesen, da diesbezügliche tiefergehende Ausführungen nicht Gegenstand der vorliegenden Arbeit sind.

1242 BT-Drs. 16/12407, S. 85.

1243 *Hömberg/König/Gallasch* in Baetge/Kirsch/Thiele, Bilanzrecht, 1. Aufl. 2002, 100. Lieferung, Stand: 01.10.2021, § 248 HGB, Rn. 86.

Als vergleichbare immaterielle Vermögenswerte gelten zum einen Werte, die ihrem Wesen nach den aufgelisteten ähnlich sind. Zum anderen sind dies im Zuge der gebotenen weiten Auslegung[1244] sämtliche Werte, die keiner Einzelbewertung zugänglich sind und deshalb nicht vom originären Geschäfts- oder Firmenwert differenzierbar sind.[1245] Krypto-Token sind nach den vorangegangenen Ausführungen grundsätzlich einer Einzelbewertung zugänglich und somit abgrenzbar vom Geschäfts- und Firmenwert. Anders verhält es sich nur, wenn die einzelnen Krypto-Token einen Teil des Geschäfts- oder Firmenwertes ausmachen und als solche auch vertraglich konzipiert sind. Ob dies der Fall ist, sollte jedoch stets anhand des Einzelfalls geprüft werden. Sollte die Einzelfallprüfung eine derartige Ausgestaltung zum Ergebnis haben, so würde das Aktivierungsverbot des § 248 Abs. 2 S. 2 HGB mit der Folge greifen, dass die jeweiligen Krypto-Token nicht mit ihren Werten zu aktivieren wären. Ist hingegen nicht eindeutig feststellbar, ob es sich um einen vergleichbaren immateriellen Vermögenswert im vorgenannten Sinne handelt, so greift das im Handelsbilanzrecht bestehende Vorsichtsgebot mit der Konsequenz, dass die Krypto-Token ebenfalls nicht in Ansatz zu bringen sind.[1246]

VII. Fazit

Alle übrigen entgeltlich erworbenen immateriellen Vermögensgegenstände sind aktivierungspflichtig.[1247] Das bedeutet, dass sie grundsätzlich den in §§ 252 ff. HGB geregelten Bewertungsvorschriften unterliegen und unter deren Beachtung in der Handelsbilanz auszuweisen sind.[1248] Im Hinblick auf die genaue Ausgestaltung der Ausweisung wird indes auf die einschlägige Literatur verwiesen, da dahin gehende Erläuterungen nicht von der hiesigen Arbeit umfasst sind.

C. Steuerbilanzierung von Token im Betriebsvermögen

Die Steuerbilanz folgt der Handelsbilanz mit der Ermittlung des Periodengewinns als Indikator der finanziellen Leistungsfähigkeit einer wirtschaftlichen

---

1244 BT-Drs. 16/10067, S. 50; BT-Drs. 16/12407, S. 85.

1245 DRS 24.56; DRS 24.58; DRS 24.B61 f.

1246 DRS 24.57; *Baetge/Fey/Weber/Sommerhoff* in Küting/Weber, Handbuch der Rechnungslegung – Einzelabschluss, 34. Aktualisierung, Stand: Dezember 2021, § 248 HGB, Rn. 27; *Gelhausen/Fey/Kämpfer*, Rechnungslegung und Prüfung nach dem BilMoG, Abschnitt E, Rn. 83.

1247 *Fehlbert* in BeckOK HGB, 34. Edition, Stand: 15.10.2021, § 248, Rn. 13.

1248 Im Hinblick auf die genaue Ausgestaltung der Ausweisung wird indes auf die einschlägige Literatur verwiesen, da dahingehende Erläuterungen nicht von der hiesigen Arbeit umfasst sind; vgl. hierzu unter anderem *Sixt* in DStR 2020, 1871; *Richter/Schlücke*, FR 2019, 407; *Prinz/Ludwig*, StuB 2019, 257.

Einheit innerhalb eines Besteuerungsabschnitts.[1249] Anders als in der Handelsbilanz werden die Bilanzierungsobjekte in der Steuerbilanz als Wirtschaftsgüter klassifiziert.[1250] Nach ständiger Rechtsprechung werden hierunter Sachen, Rechte oder tatsächliche Zustände, konkrete Möglichkeiten oder Vorteile für den Betrieb erfasst, deren Erlangung sich der Kaufmann etwas kosten lässt und die einer selbstständigen Bewertung zugänglich sind, in der Regel eine Nutzung für mehrere Wirtschaftsjahre erbringen und zumindest mit dem Betrieb übertragen werden können.[1251] Diese Definition ist um einiges weiter gefasst als die des Vermögensbegriffs im Handelsrecht. Dieser Umstand führt seit Einführung des BilMoG dazu, dass es kaum noch die Möglichkeit einer sog. Einheitsbilanz gibt. Durch die Einschränkung des Maßgeblichkeitsgrundsatzes und durch den Wegfall der umgekehrten Maßgeblichkeit dürfen steuerrechtliche Sonderregelungen nicht mehr in die Handelsbilanz übernommen werden. Deshalb hat mittlerweile eine parallele umfassende steuerliche Buchführung zu erfolgen.[1252] Aus diesem Grund werden im Folgenden die wesentlichen Gemeinsamkeiten und Unterschiede der Steuerbilanzierung von Krypto-Token zu der bereits dargetanen Handelsbilanzierung aufgezeigt.[1253]

Ausgangspunkt der Betrachtung stellt erneut die Differenzierung der einzelnen Krypto-Token dar. Mittlerweile werden jedenfalls Currency-Token in Betriebsvermögen von Unternehmen gehalten, die deutschem Steuerrecht unterliegen, sodass sich die Finanzverwaltungen und auch beträchtliche Teile der Literatur mit deren steuerlicher Bilanzierung auseinandergesetzt haben.[1254] Anders sieht dies hinsichtlich der übrigen Krypto-Token-Typen aus. Deren steuerrechtliche und steuerbilanzielle Einordnung ist bisher kaum erfolgt.

Die konkrete steuerrechtliche und insbesondere steuerbilanzielle Behandlung hängt dabei – außer von den konkreten objektiven Umständen – vor allem auch von der jeweiligen subjektiven Verwendungsabsicht ab. Dabei gibt es grundsätzlich diverse Beweggründe, weshalb Krypto-Token ihren Weg in ein bilanzierendes Unternehmen finden. Neben der Funktion als Kapitalanlage liegt der Fokus der Unternehmen hauptsächlich auf der Nutzung neuer Technologien,

1249 *Marx/Dallmann*, StuB 2019, 217.

1250 *Weber/Grellet*, BB 2018, 2348.

1251 BFH. Urt. v. 09.07.2002 – IX R 29/98, BFH/NV 2003, 21; BFH, Urt. v. 29.11.2012 – IV R 47/09, BStBl. II 2013, 324, StuB 2013, 111; BFH, Beschluss v. 07.08.2000 – GrS 2/99, BStBl. II 2000, 631, StuB 2000, 1265.

1252 https://www.rechnungswesen-portal.de/Fachinfo/Grundlagen/Uebereinstimmungen-und-Unterschiede-zwischen-Handels-und-Steuerbilanz-nach-BilMoG.html, abgerufen am 06.06.2020.

1253 Hierbei wird jedoch kein Anspruch auf Vollständigkeit erhoben.

1254 *Heuel/Matthey*, EStB 2018, 342; *Richter/Augel*, FR 2017, 937; *Bünning/Park*, BB 2018, 1835; *Kirsch/von Wieding*, BB 2017, 2731.

der Realisierung von Spekulationsgewinnen und dem Anschluss an innovative Geschäftsmodelle.[1255]

I. Steuerrechtliche Qualifikation

Die bilanzsteuerrechtliche Erfassung bemisst sich dabei nach § 5 Abs. 1 S. 1 Hs. 1 EStG i. V. m. § 246 Abs. 1 S. 1, 2 HGB. Gemäß § 5 Abs. 1 S. 1 EStG ist bei Gewerbetreibenden, die auf Grund gesetzlicher Vorschriften verpflichtet sind, Bücher zu führen und regelmäßig Abschlüsse zu machen oder die ohne eine solche Verpflichtung Bücher führen und regelmäßig Abschlüsse machen, für den Schluss des Wirtschaftsjahres das Betriebsvermögen anzusetzen (§ 4 Abs. 1 S. 1 EStG), das nach den handelsrechtlichen Grundsätzen ordnungsmäßiger Buchführung auszuweisen ist, es sei denn, im Rahmen der Ausübung eines steuerlichen Wahlrechts wird oder wurde ein anderer Ansatz gewählt.[1256] Nach § 246 Abs. 1 S. 1, 2 HGB hat der Jahresabschluss sämtliche Vermögensgegenstände, Schulden, Rechnungsabgrenzungsposten sowie Aufwendungen und Erträge zu enthalten, soweit gesetzlich nichts anderes bestimmt ist. Vermögensgegenstände sind in die Bilanz des Eigentümers aufzunehmen. Ist ein Vermögensgegenstand nicht dem Eigentümer, sondern einem anderen wirtschaftlich zuzurechnen, hat dieser ihn in seiner Bilanz auszuweisen.[1257] In der Steuerbilanz werden die Vermögensgegenstände – wie bereits erläutert – als Wirtschaftsgüter klassifiziert.[1258] Hierbei wird zwischen selbstständigen und unselbstständigen Wirtschaftsgütern bzw. Teilen differenziert. Letztere sind zumeist die innewohnenden wertbildenden Faktoren wie Nutzungsvorteile oder sog. geschäftswertebildende Rechtsreflexe.[1259]

Im Unterschied zu den handelsbilanziellen Vorschriften implizieren die steuerbilanziellen sowohl materielle als auch immaterielle Werte.[1260] Unter die materiellen Werte werden grundsätzlich die körperlichen Gegenstände i. S. d. § 90 BGB subsumiert.[1261] Als immaterieller Vermögensgegenstand wird hingegen jeder unkörperliche Wert verstanden, selbst soweit dieser nicht mit einem Recht verbunden ist, also nicht eigentumsfähig ist.[1262] Es wird als ausreichend erachtet, wenn eine rechtliche oder tatsächliche Position von wirtschaftlichem Wert gegeben ist,

---

1255 *Kaulartz/Matzke*, NJW 2018, 3278 (3279); *Weitnauer*, Handbuch Venture Capital, 7. Auflage 2022, S. 229.

1256 *Krumm* in Brandis/Heuermann, EStG, Stand: 159. EL Oktober 2021, § 5, Rn. 1.

1257 *Regierer* in BeckOK HGB, 34. Edition, Stand: 15.10.2021, § 246 HGB, Rn. 1–8.

1258 *Krumm* in Brandis/Heuermann, EStG, Stand: 159. EL Oktober 2021, § 5, Rn. 330 ff.

1259 BFH, Urt. v. 10.03.2016 – IV R 41/13, BStBl. II 2016, 984, FR 2016, 784.

1260 *Schubert/Waubke* in Beck´scher Bilanz-Kommentar, 12. Auflage 2020, § 247, Rn. 10.

1261 *Maier* in Beck´sches Steuer- und Bilanzrechtslexikon, Edition 58 2022, Stand: 01.07.2021, Wirtschaftsgut, Rn. 3.

1262 *Maier* in Beck´sches Steuer- und Bilanzrechtslexikon, Edition 58 2022, Stand: 01.07.2021, Wirtschaftsgut, Rn. 3.

d. h. ihr ein eigener Wert im Geschäftsverkehr zukommt. Zivilrechtliches Eigentum ist indes nicht Voraussetzung.[1263] Ausschlusskriterium für die Annahme eines immateriellen Wirtschaftsgutes ist indes, dass ihm kein monetärer Posten im Anlagevermögen zugeordnet werden kann.[1264] Monetäre Posten bezeichnen Vermögensgegenstände und Schulden, welche einem Unternehmer durch eine bestimmte Anzahl von Währungseinheiten vergütet werden bzw. für welche er eine bestimmte Anzahl von Währungseinheiten bezahlen muss. Sämtliche Posten, die nicht mit einem Recht auf Erhalt oder Verpflichtung zur Bezahlung einer festen oder bestimmbaren Anzahl von Währungseinheiten ausgestattet sind, stellen folglich nicht monetäre Posten dar.[1265] Problematisch wird es im Hinblick auf die konkrete Bewertung, wenn dem Wirtschaftsgut auf Grund der ihm anhaftenden Eigenschaften keine eindeutige Klassifizierung zuteilwerden kann, da ihm sowohl materielle als auch immaterielle Eigenschaften immanent sind. In dem Fall muss eine wertende Betrachtung nach der Verkehrsauffassung anhand der konkreten Einzelfallumstände und der maßgebenden Eigenschaften vorgenommen werden.[1266]

1. Gliederung der Steuerbilanz

Unter Zugrundelegung der zu § 5 Abs. 1 EStG genannten Grundsätze sind unter Beachtung der Grundsätze in § 247 para. 1 u. 2 HGB in der Steuerbilanz ebenfalls das Anlage- und das Umlaufvermögen, das Eigenkapital, die Schulden sowie die Rechnungsabgrenzungsposten gesondert auszuweisen und hinreichend aufzugliedern. Im Anlagevermögen sind dabei nur die Gegenstände auszuweisen, die dazu bestimmt sind, dauernd dem Geschäftsbetrieb zu dienen. Im Umkehrschluss wird alles, was nicht als Anlagevermögen gewertet wird, als Umlaufvermögen qualifiziert. Zu prüfen ist, wie die einzelnen Krypto-Token in diesem Kontext zu qualifizieren sind.

2. Bisherige Einschätzung der BaFin und Finanzverwaltungen

Nach Ansicht der *BaFin*[1267] und der Bayrischen und Schleswig-Holsteinischen Finanzverwaltung[1268] stellen Currency-Token mangels Anerkennung als

---

1263 Vgl. BFH, Urt. v. 30.05.1984 – I R 146/81, BStBl. II 1984, 825.

1264 *Herzig/Jensen-Nissen/Koch*, FR 2006, 109 (113).

1265 *Grottel/Koeplin* in Beck´scher Bilanz-Kommentar, 12. Auflage 2020, § 265a, Rn. 15.

1266 *Anzinger* in Herrmann/Heuer/Raupach, EStG-KStG Kommentar, Stand: 309. Lieferung 02.2022, § 5, Anm. 187 ff.

1267 Vgl. *BaFin*, Virtuelle Währungen/Virtual Currency (VC), vom 28.04.2016, abrufbar unter: https://www.bafin.de/DE/Verbraucher/Finanzwissen/Fintech/VirtuelleWaehrungen/virtuelle_waehrungen_artikel.html, abgerufen am 27.01.2023.

1268 Vgl. FinMin Schleswig-Holstein, EStG Kurzinfo Nr. 2017/23 v. 29.11.2017; Bayrisches Landesamt für Steuern v. 14.01.2019 – S 3812b.1.1-16/12 St 34, FMNR02a130019.

gesetzliches Zahlungsmittel auch in der Steuerbilanz keine monetären Posten dar und können damit im Grundsatz als immaterielles Wirtschaftsgut im Anlagevermögen bewertet werden. Daneben ist aber auch denkbar, dass sie als Teil des Umlaufvermögens qualifiziert werden können, soweit sie auf Grund ihrer Eigenschaften als Forderung eingeordnet werden können.[1269]

Ungeklärt ist zurzeit, wie die übrigen Krypto-Token in der Steuerbilanz zu behandeln sind. Da Wirtschaftsgüter zwingend im Rahmen der Steuer- und Handelsbilanz dem Anlage- oder Umlagevermögen zuzuordnen sind, wird im Folgenden kurz auf die jeweiligen Klassifizierungsvoraussetzungen in Bezug auf die Krypto-Token eingegangen.[1270]

3. Bilanzierung von Currency-Token

Bisher gibt es lediglich Einlassungen zur Qualifizierung von Currency-Token. Wie bereits erläutert, werden Currency-Token als alternatives Zahlungsmittel verwendet. Ihr bestimmungsgemäßer Gebrauch besteht mithin grundsätzlich in der sofortigen Veräußerung. Daneben werden sie vor allem als reines Zahlungsmittel verstanden und allenfalls mit kurzer Haltedauer als Spekulationsobjekt gehalten.[1271] Deshalb gehen sowohl die Finanzverwaltung Schleswig-Holstein[1272] als auch die überwiegenden Stimmen in der Literatur[1273] davon aus, dass Currency-Token dem Grunde nach dem Umlaufvermögen und nur in Ausnahmefällen dem Anlagevermögen zuzuordnen seien.

Die letztlich vorzunehmende Qualifizierung ist jedoch stets anhand des konkreten Einzelfalls vorzunehmen, da die Zuordnung nicht anhand von ausschließlich objektiven Kriterien erfolgt, sondern im Wesentlichen durch die konkreten Umstände des Einzelfalls, die durch das subjektive Verhalten des konkreten Steuerpflichtigen geprägt werden.[1274] Deshalb gilt im Rahmen der steuerbilanziellen

---

1269 *Bünning/Park*, BB 2018, 1835 (1836) a. A. *BMF*, wonach Krypto-Token materielle Wirtschaftsgüter sind, vgl. *BMF* v. 10.05.2022, Einzelfragen zur ertragsteuerrechtlichen Behandlung von virtuellen Währungen und sonstigen Token, verfügbar unter: https://www.bundesfinanzministerium.de/Content/DE/Downloads/BMF_Schreiben/Steuerarten/Einkommensteuer/2022-05-09-einzelfragen-zur-ertragsteuerrechtlichen-behandlung-von-virtuellen-waehrungen-und-von-sonstigen-token-bmf-schreiben.pdf?__blob=publicationFile&v=3, abgerufen am 06.06.2022; kritisch hierzu: *Selonke/Madsen*, beck.digitax 2022, 290.

1270 Hierbei wird lediglich ein kurzer Einblick ohne Anspruch auf Vollständigkeit gewährt, da dieser Themenaspekt nur einen Randbereich dieser Arbeit darstellt.

1271 *Hötzel/Schober/Wicher*, IWB 2018, 392 (395 f.); *Heuel/Matthey*, EStB 2018, 342 (343).

1272 FinMin. Schleswig-Holstein, EStG Kurzinfo Nr. 2017/23 v. 29.11.2017.

1273 *Heuel/Matthey*, EStB 2018, 342 (343); *Hötzel/Schober/Wicher*, IWB 2018, 392 (395 f.).

1274 *Maier* in Beck´sches Steuer- und Bilanzrechtslexikon, Edition 58 2022, Stand: 01.01.2022, Betriebsvermögen, Rn. 3.

Beurteilung unabhängig vom Typus des konkreten Krypto-Token, dass dieser, sofern er nach wertender Betrachtung dem Geschäftsbetrieb des Steuerpflichtigen auf Dauer zu dienen bestimmt ist, im Anlagevermögen zu bilanzieren ist.[1275] Maßgeblich ist dabei neben der konkreten Zweckbestimmung vor allem auch der temporäre Aspekt. In der Praxis bedeutet das, dass nicht nur die maßgebliche subjektive Zweckbestimmung des Steuerpflichtigen bei dem Erwerb der Krypto-Token ausschlaggebend ist, sondern deren Qualifizierung zum Bilanzstichtag.[1276] Insofern muss differenziert werden, ob die Krypto-Token zum Verbrauch oder sofortigen Verkauf bestimmt sind oder dauerhaft im Vermögen verbleiben sollen. Indes schadet eine erst später auftretende Absicht, die Token doch zu veräußern, im Rahmen der Betrachtung zum Bilanzstichtag nicht.[1277]

Sofern Currency-Token entgeltlich erworben worden sind, sind sie in der Steuerbilanz entsprechend ihrer schuldrechtlichen Qualifikation[1278] und ihrer Bilanzierung nach dem Handelsrecht[1279] als immaterielles Wirtschaftsgut i. S. d. § 266 Abs. 2 A. I. Nr. 2 HGB zu aktivieren, § 6 Abs. 1 Nr. 1 EStG.[1280] Sollte kein entgeltlicher Erwerb vorliegen, wie bei durch Mining generierten Currency-Coins, so greift das in § 5 Abs. 2 EStG normierte Aktivierungsverbot, da für immaterielle Wirtschaftsgüter des Anlagevermögens ein Aktivposten nur dann anzusetzen ist, wenn sie entgeltlich erworben wurden.[1281]

Sind die Currency-Token zum Bilanzstichtag nicht dazu bestimmt, dem Geschäftsbetrieb dauerhaft zu dienen, so sind sie im Rahmen des vorzunehmenden Betriebsvermögensvergleiches in der Regel als Umlaufvermögen einzustufen und somit nach § 6 Abs. 1 Nr. 2 S. 1 EStG zu aktivieren.[1282] Handelt es sich um selbst geminte Currency-Coins, ist im Hinblick auf die Herstellungskosten zunächst auf die enormen Stromkosten abzustellen. Daneben kommt die AfA für die eingesetzte Hardware in Betracht. Jedoch werden Krypto-Coins nicht nur durch den Einsatz von herkömmlicher Hardware gemint. Es gibt auch diverse Kryptowährungen, wie beispielsweise den Ripple, die durch den Einsatz von hochauflösenden Grafikkarten geschürft werden. Diese sind in der Regel wesentlich teurer als normale

---

1275 *Maier* in Beck´sches Steuer- und Bilanzrechtslexikon, Edition 58 2022, Stand: 01.01.2022, Betriebsvermögen, Rn. 10.

1276 EStR – Einkommensteuerrichtlinien, R 6.1, Abs. 1, abrufbar unter: https://datenbank.nwb.de/Dokument/Anzeigen/443548_6___1, abgerufen am 29.07.2019.

1277 *Ehmke* in Brandis/Heuermann, EStG, Stand: 159. EL Oktober 2021, § 6, Rn. 45; *Schubert/Huber*, Beck´scher Bilanz-Kommentar, 12. Auflage 2020, § 247, Rn. 352 ff.

1278 Vgl. 3. Teil, 1. Abschnitt, H., I.

1279 Vgl. 5. Teil, 3. Abschnitt, B., III.

1280 *Westermann/Hornung*, DStR, Heft 9/2018 v. 01.05.2018, S. 301-307.

1281 *Bünning/Park*, BB 2018, 1835 (1836).

1282 *Lutzenberger*, GmbHR 2018, 794 (797).

Hardware und erhöhen somit die Kosten der Herstellung wesentlich.[1283] Die Einstufung als Umlaufvermögen wird indes in dem Moment revidiert, in dem die Currency-Token dauerhaft dem Betrieb zu dienen bestimmt sind.

4. *Bilanzierung von Investment-Token*

Die Bilanzierung von Investment-Token hängt maßgeblich davon ab, wie sie ausgestaltet sind und ob man ihnen die Eigenschaft als Finanzanlage oder sogar Wertpapier zuspricht. Nach der Legaldefinition in § 2 Abs. 1 WpHG sind Wertpapiere i. S. d. WpHG, auch wenn keine Urkunde über sie ausgestellt sind, alle Gattungen von übertragbaren Wertpapieren mit Ausnahme von Zahlungsinstrumenten, die ihrer Art nach auf den Finanzmärkten handelbar sind. Konkretisiert wird diese Definition von dem darauffolgenden, nicht abschließenden Beispielkatalog.[1284] Diese Definition zugrunde gelegt, will die Literatur die Investment-Token als Finanzanlage im Anlagevermögen oder als Wertpapier im Umlaufvermögen aktivieren. Sie würden insoweit ein nicht abnutzbares Wirtschaftsgut des Anlage- bzw. Umlaufvermögens darstellen und als solches gem. § 6 Abs. 1 Nr. 2 EStG mit ihren Anschaffungskosten aktiviert werden.[1285]

Da Investment-Token – wie bereits dargestellt[1286] – grundsätzlich keine Beteiligung i. S. d. § 266 Abs. 2 A. III. Nr. 3 HGB i. V. m. § 257a Abs. 1 HGB darstellen, verbleibt auch in der Steuerbilanz, sofern sie als langfristige Kapitalanlage erworben worden sind, nur die Ausweisung als Finanzanlage des Anlagevermögens in Gestalt von Wertpapieren des Anlagevermögens i. S. d. § 266 Abs. 2 A. III. Nr. 5 bzw. als sonstige Ausleihung i. S. d. § 266 Abs. 2 A. III. Nr. 6 HGB.[1287]

Sind sie jedoch zum Zwecke der kurzfristigen Weiterveräußerung angeschafft worden, ist eine Einstufung als „sonstige Wertpapiere" des Umlaufvermögens gem. § 266 Abs. 2 B. III. Nr. 2 HGB gegeben.[1288]

Wird den Investment-Token indes nicht die Eigenschaft als Wertpapier zugesprochen, so verbleibt nach einzelnen Stimmen in der Literatur bei langfristigen Halte- und Verwertungsabsichten die Ausweisung als immaterieller Vermögensgegenstand des Anlagevermögens gem. § 266 Abs. 2 A. I. Nr. 2 HGB. Zur Begründung wird in der Literatur die Definition in DRS 24.28 angeführt, nach der ein

1283 *Rentrop*, CPU-Mining von Kryptowährungen: Lohnt sich das?, veröffentlicht am 11.02.2020 unter: https://www.heise.de/tipps-tricks/CPU-Mining-von-Kryptowaehrungen-Lohnt-sich-das-4658058.html, abgerufen am 31.10.2020.

1284 *Poelzig* in Ebenroth/Boujong/Joost/Strohn, Handelsgesetzbuch, 4. Auflage 2020, § 2 WpHG, Rn. 3.

1285 *Bünning/Park*, BB 2018, 1835 (1837).

1286 Vgl. 5. Teil, 3. Abschnitt, B., IV., 1.

1287 *Marx/Dallmann*, StuB 2019, 217 (220).

1288 *van Aubel* in Habersack/Mülbert/Schlitt, Unternehmensfinanzierung am Kapitalmarkt, 4. Auflage 2019, Initial Coin Offerings (ICOs), Rn. 20.201.

immaterieller Vermögensgenstand im Besonderen durch fehlende physische Substanz und fehlenden finanziellen Charakter des Guts gekennzeichnet wird.[1289] Da letzteres Tatbestandsmerkmal sowohl bei Currency- als auch bei Investment-Token gegeben sei, verbleibe die Möglichkeit des Rückgriffs auf § 265 Abs. 5 S. 1 HGB und einer Ausweisung als separater Posten unter den Wertpapieren mit entsprechender Bezeichnung.[1290] Gemäß § 265 Abs. 5 S. 1 HGB ist eine weitere Untergliederung der Posten zulässig, wobei die vorgeschriebene Gliederung zu beachten ist. Neue Posten und Zwischensummen dürfen hinzugefügt werden, wenn ihr Inhalt nicht von einem vorgeschriebenen Posten gedeckt ist, s. § 265 Abs. 5 S. 1 u. S. 2 HGB. Unter Zugrundelegung der bisherigen Ausführungen zu Investment-Token erscheint dieser Lösungsansatz sachgerecht und praktikabel, zumal jeder Investment-Token individuell ausgestaltet werden kann.

5. Bilanzierung von Utility-Token

Die steuerbilanzielle Erfassung von Utility-Token hängt maßgeblich von dem mit ihnen verfolgten Zweck ab. Liegt eine Anschaffung als Spekulationsobjekt vor, wird der Utility-Token also mit der Absicht erworben, dass er weiterveräußert werden soll, liegen keine „sonstigen Wertpapiere" des Umlaufvermögens gem. § 266 Abs. 2 B. III. Nr. 2 HGB vor[1291], sondern – wie bereits festgestellt[1292] – sonstige Vermögensgegenstände gem. § 266 Abs. 2 B. II. Nr. 4 HGB. Anders verhält es sich, wenn die Utility-Token mit der Absicht angeschafft werden, sie selbst zu nutzen oder sie eine mehrjährige Nutzung oder einen unbegrenzten Zugang zu einem Netzwerk oder eine Dienstleistung implementieren. Dann kommt eine steuerbilanzielle Betrachtung als entgeltlich erworbene Lizenz oder ähnliche Rechte

---

1289 *Mujkanovic*, StuB 2016, 247.

1290 *Marx/Dallmann*, StuB 2019, 217 (220) m. V. a. *Gerlach/Oser*, DB 2018, 1543, die einen Ausweis unter den Posten als Kassenbestand, Guthaben bei Kreditinstituten als zulässig erachten, sofern eine Änderung der Postenbezeichnung und damit des Inhalts des § 266 Abs. 2 B. IV. HGB i. S. e. Erweitererung des Postens um „alternative" oder „digitale" Währungen durch den Gesetzgeber erfolgt. Diese konkrete Möglichkeit ist in der vorliegenden Arbeit bereits abgelehnt worden. Zur vertieften Lektüre – gerade im Hinblick auf den Gesetzgebungsauftrag – wird dennoch auf die vorbenannten Autoren verwiesen.

1291 So aber *van Aubel* in Habersack/Mülbert/Schlitt, Unternehmensfinanzierung am Kapitalmarkt, 4. Auflage 2019, Initial Coin Offerings (ICOs), Rn. 20.200 m. V. a. *Reiners/Haußer* in Münchener Kommentar zum HGB, 4. Auflage 2020, § 266, Rn. 22 a. E.

1292 Vgl. 5. Teil, 3. Abschnitt, B., V., 1.

bei den immateriellen Vermögensgegenständen gem. § 266 Abs. 2 A. I. Nr. 2 HGB in Betracht. Wird der Utility-Token indes „verbraucht", ist dies als Aufwand zu erfassen.[1293]

Im Gegensatz zu Currency-Token werden Utility-Token erworben, um einen Anspruch gegenüber ihrem Hersteller auf eine Leistung oder Ware zu erhalten. Somit liegt eine aktivierbare Forderung vor. Forderungen sind insbesondere (Geld-)Ansprüche, die zivilrechtlich im abgelaufenen Wirtschaftsjahr bereits entstanden sind. Auf ihre Fälligkeit kommt es nicht an, ebenso wenig darauf, ob sie als Naturalobligation einklagbar sind.[1294] Gemäß § 6 Abs. 1 Nr. 2 EStG sind sie in der Steuerbilanz mit ihren Anschaffungskosten zu bilanzieren. Überdies sind sie nur berücksichtigungsfähig, wenn sie bis zum Abschlussstichtag gem. § 252 Abs. 1 Nr. 4 Hs 2 HGB realisiert sind. Dies ist grundsätzlich der Fall, wenn eine Forderung entweder rechtlich bereits entstanden ist oder die für die Entstehung wesentlichen wirtschaftlichen Ursachen im abgelaufenen Geschäftsjahr gesetzt worden sind und der Kaufmann mit der künftigen Entstehung des Anspruchs fest rechnen kann.[1295] Kommt es zu einem sog. Aktivtausch in Gestalt von „Forderung gegen Kassenbestand", ist jedoch auch beim Erwerb keine Gewinnrealisierung gegeben.[1296]

In dem Fall, dass der Utility-Token so ausgestaltet ist, dass er eingelöst werden kann, ist er als Verbindlichkeit zu seinem Nennwert gem. § 6 Abs. 1 Nr. 5 i. V. m. Nr. 3 EStG in der Steuerbilanz des Herstellers bzw. Verkäufers zu passivieren. Zu einer Abzinsung kommt es gem. § 6 Abs. 1 Nr. 3 EStG dann, wenn eine Laufzeit der Verbindlichkeit zum Bilanzstichtag länger als zwölf Monate ist.[1297]

6. Weitere steuerbilanzielle Aspekte

Neben der steuerbilanziellen Einordnung der jeweiligen Krypto-Token stellen sich ferner die Fragen, ob es sich um abnutzbare oder nicht abnutzbare Wirtschaftsgüter handelt, wie der jeweilige Zugang der Krypto-Token bilanziert wird und welche Besonderheiten im Rahmen der steuerbilanziellen Gewinnermittlung gegebenenfalls noch beachtet werden müssen.

1293 *van Aubel* in Habersack/Mülbert/Schlitt, Unternehmensfinanzierung am Kapitalmarkt, 4. Auflage 2019, Initial Coin Offerings (ICOs), Rn. 20.200 m. V. a. *Reiners/Haußer* in Münchener Kommentar zum HGB, 4. Auflage 2020, § 266, Rn. 22 a. E.

1294 BFH, Urt. v. 17.08.1967 – IV 73/63, BStBl. II 1968, 79, BB 1968, 323.

1295 *Schramm* in Brönner, Die Bilanz nach Handels- und Steuerrecht, 11. Auflage 2016, Teil B, Rn. 658.

1296 *Bünning/Park*, BB 2018, 1835 (1837).

1297 *Bünning/Park*, BB 2018, 1835 (1837).

a) Abnutzbares oder nicht abnutzbares Wirtschaftsgut

Es muss differenziert werden, ob es sich bei den jeweiligen Krypto-Token um abnutzbare oder nicht abnutzbare Wirtschaftsgüter handelt. Relevant wird dieser Aspekt dann, wenn den Krypto-Token neben der Zahlungsfunktion weitere Funktionen wie z. B. ein Nutzungsrecht bei den Utility-Token zukommen. Sollte dies der Fall sein, muss in einem zweiten Schritt geprüft werden, ob es sich um ein einheitliches immaterielles Wirtschaftsgut handelt, also ob nach wertender Betrachtung eine Einheit gegeben ist oder nicht.[1298] Eine Einheit ist dann anzunehmen, wenn die mit den Krypto-Token verbundenen Rechte oder Eigenschaften nicht selbstständig realisierbar sind und kein betrieblicher Nutzungs- oder Funktionszusammenhang gegeben ist.[1299] Ist dies der Fall, so hat in der Steuerbilanz eine einheitliche Ansetzung der jeweiligen Token als abnutzbares Anlagevermögen zu erfolgen.[1300]

b) Bilanzierung des Zugangs

Fraglich ist ferner, wie der Zugang der jeweiligen Krypto-Token steuerbilanziell zu erfassen ist. Gem. §§ 253 Abs. 1 S. 1, 255 Abs. 1 HGB sind Vermögensgegenstände höchstens mit den Anschaffungs- oder Herstellungskosten, vermindert um die Abschreibungen nach § 253 Abs. 3–5 HGB, anzusetzen. Anschaffungskosten sind – wie bereits dargelegt – nach § 255 Abs. 1 HGB die Aufwendungen, die geleistet werden, um einen Vermögensgegenstand zu erwerben und ihn in einen betriebsbereiten Zustand zu versetzen, soweit sie dem Vermögensgegenstand einzeln zugeordnet werden können. Zu den Anschaffungskosten gehören auch die Nebenkosten sowie die nachträglichen Anschaffungskosten. Anschaffungspreisminderungen, die dem Vermögensgegenstand einzeln zugeordnet werden können, sind abzusetzen. Diese Legaldefinitionen des HGB gelten nach ständiger Rechtsprechung auch im Rahmen der Steuerbilanz.[1301] Danach sind grundsätzlich der gezahlte Kaufpreis und die damit einhergehenden Anschaffungsnebenkosten, wie z. B. die Handelsplatzgebühren und Transaktionskosten, in der Steuerbilanz bei der Zugangsbewertung zu erfassen.[1302]

Bei den Currency-Token erfolgt grundsätzlich eine Einzelbewertung mit den Anschaffungskosten in Höhe des gezahlten Börsenkurses in Euro. Ist zum

1298 *Schindler* in Kirchhof, EStG, 20. Auflage 2021, § 6, Rn. 13.

1299 *Schindler* in Kirchhof, EStG, 20. Auflage 2021, § 6, Rn. 13.

1300 *Schubert/Huber* in Beck´scher Bilanz-Kommentar, 12. Auflage 2020, § 253, Rn. 215.

1301 Vgl. BFH, Urt. v. 19.12.2000 – IX R 100/97, BStBl. II 2001, 345, FR 2001, 543; Urt. v. 17.10.2001 – I R 32/00, BStBl. II 2002, 349, FR 2002, 575; Urt. v. 26.04.2006 – I R 49, 50/04, BStBl. II 2006, 656.

1302 *Hötzel/Schober/Wicher*, IWB 2018, 392 (395); *Heuel/Matthey*, EStB 2018, 342 (344) m. w. N.

Bilanzstichtag eine voraussichtliche dauernde Wertminderung absehbar, kann wahlweise eine Teilwertabschreibung in Ansatz gebracht werden.[1303] Als unzulässig wird nach den allgemeinen Bilanzierungsgrundsätzen hingegen ein Ansatz von nicht realisierten Wertsteigerungen der Currency-Token über die historischen Anschaffungskosten erachtet.[1304]

Insgesamt ist beim Erwerb von Krypto-Token eine Umrechnung deren gehandelten Wertes in Euro mit dem Stichtagskurs auf den gängigen Handelsplattformen[1305] im Anschaffungszeitpunkt erforderlich. Dies gilt unabhängig davon, wie der Erwerb konkret erfolgt.[1306] Überdies ist nach Ansicht der herrschenden Literatur eine Art des Devisenkassamittelkurses i. S. d. § 256a HGB zur Umrechnung heranzuziehen. Entgegen dem Wortlaut soll dieser zudem nicht nur beim Abschlussstichtag, sondern auch bei der Erstbewertung angewandt werden.[1307] Zu beachten ist hierbei jedoch, dass ein solcher Devisenkassamittelkurs einen von der EZB veröffentlichten Referenzkurs oder einen aus den im Interbankenmarkt quotierten Kursen abgeleiteten Mittelkurs voraussetzt.[1308] Da es einen solchen bis dato für Kryptowährungen nicht gibt, kann nur auf die von den gängigen Handelsplattformen ableitbaren Mittelkurse zurückgegriffen werden. Diese stellen jedoch nur einen ähnlichen Devisenkassamittelkurs dar, ohne Rechtssicherheit dass die Finanzbehörden diesen akzeptieren.

c) Bilanzierung des Erhalts von Krypto-Token mittels Tausches

Beim Tausch von Krypto-Token kommt § 6 Abs. 6 S. 1 EStG zur Anwendung. Danach bemessen sich, wenn ein einzelnes Wirtschaftsgut im Wege des Tausches übertragen wird, die Anschaffungskosten nach dem gemeinen Wert des hingegebenen Wirtschaftsguts.[1309] Die im *BMF*-Schreiben vom 10.05.2022 über die Verweisung von Rn. 44 auf Rn. 43 vertretene Ansicht, dass sich die Anschaffungskosten

---

1303 *Prinz/Ludwig*, StuB 2019, 257 (258) m. V. a. *BMF* v. 02.09.2016 – IV C 6 – S 2171-b/09/10002:002, StuB 2016, 708.

1304 *Prinz/Ludwig*, StuB 2019, 257 (258).

1305 z. B. coinmarketcap.com.

1306 *Schubert/Gadek* in Beck´scher Bilanz-Kommentar, 12. Auflage 2020, § 255, Rn. 52.

1307 *Marx/Dallmann*, StuB 2019, 217 (220) m. V. a. *Wohlgemuth* in HdJ I/9 (Mai 2011) Rn. 22; *Knop/Küting/Knop* in Handbuch der Rechnungslegung – Einzelabschluss, 34. Aktualisierung, Stand: Dezember 2021, § 255, Rn. 26; BT-Drs. 16/1000367, S. 62.

1308 *Grottel/Koeplin* in Beck´scher Bilanz-Kommentar, 12. Auflage 2020, § 256a, Rn. 14.

1309 *Prinz/Ludwig*, StuB 2019, 257 (258); insoweit richtig: *BMF* v. 10.05.2022, Einzelfragen zur ertragsteuerrechtlichen Behandlung von virtuellen Währungen und sonstigen Token, verfügbar unter: https://www.bundesfinanzministerium.de/Content/DE/Downloads/BMF_Schreiben/Steuerarten/Einkommensteuer/2022-05-09-einzelfragen-zur-ertragsteuerrechtlichen-behandlung-von-virtuellen-waehrungen-und-von-sonstigen-token.pdf?__blob=publicationFile&v=1, abgerufen am 06.06.2022.

auch im Rahmen eines Tausches anhand des Marktkurses der weggegebenen Krypto-Token zu bewerten sind,[1310] ist indes anhand der st. Rspr. des BFH[1311] abzulehnen. Im Umkehrschluss bedeutet dies, dass der Wert des empfangenen Krypto-Tokens als Gegenleistung irrelevant ist. Bilanziell kommt es zu einer doppelten Erfassung, da der Tauschvorgang als solcher sowohl einen Anschaffungs- als auch Veräußerungsvorgang auslöst. Der bisher im Betriebsvermögen gehaltene Krypto-Token scheidet aus diesem aus und der neu erlangte Krypto-Token gelangt als neues Wirtschaftsgut in den Bestand des Betriebsvermögens.[1312] Die vorangegangenen Definitionen zugrunde gelegt, muss demnach für den das Betriebsvermögen verlassenden Krypto-Token der gemeine Wert ermittelt und steuerbilanziell erfasst werden.[1313] Problematisch kann diese Vorgehensweise in der Praxis jedoch dann werden, wenn eine Differenz zwischen dem gemeinen Wert und dem Buchwert des Wirtschaftsgutes gegeben ist. Je nachdem kann es zur Aufdeckung stiller Reserven oder aber stiller Lasten kommen.[1314] Die Bewertung hat im Zeitpunkt des Zu- bzw. Abgangs des Wirtschaftsgutes zu erfolgen. Hierbei ist eine Umrechnung in Euro vorzunehmen.[1315] Im Hinblick auf eine etwaige Vorratsbewertung stellt die Literatur zudem infolge der gleichartigen Wirtschaftsgüter auf die Möglichkeit der Anwendung der LiFo-Methode (*Last in-First* out) gem. § 6 Abs. 1 Nr. 2a EStG ab.[1316]

d) Bilanzierung von geminten Krypto-Coins

Im Hinblick auf Krypto-Coins, die ein Unternehmen durch Mining selber geschürft hat, besteht in der Literatur indes Uneinigkeit, ob es sich steuerbilanziell um die Herstellung eines immateriellen Wirtschaftsgutes handelt[1317] oder ob die entstandenen und final zuzuordnenden Aufwendungen aktivierbare Anschaffungskosten

---

1310 *BMF* v. 10.05.2022, Einzelfragen zur ertragsteuerrechtlichen Behandlung von virtuellen Währungen und sonstigen Token, verfügbar unter: https://www.bundesfinanzministerium.de/Content/DE/Downloads/BMF_Schreiben/Steuerarten/Einkommensteuer/2022-05-09-einzelfragen-zur-ertragsteuerrechtlichen-behandlung-von-virtuellen-waehrungen-und-von-sonstigen-token.pdf?__blob=publicationFile&v=1, abgerufen am 06.06.2022.

1311 BFH, Gutachten v. 16.12.1958 – I D 1/57 S, BStBl. III 1959, 30.

1312 *Heuel/Matthey*, EStB 2018, 342 (345); *Richter/Augel*, FR 2017, 937; *Pinkernell*, Ubg 2015, 19 (24); *Thurow*, StBp 2014, 298.

1313 *Ehmke* in Brandis/Heuermann, EStG, Stand: 159. EL Oktober 2021, § 6, Rn. 1405 f.

1314 *Heuel/Matthey*, EStB 2018, 342 (350).

1315 *Richter/Schlücke*, FR 2019, 407 (410).

1316 *Heuel/Matthey*, EStB 2018, 342 (345); *Richter/Augel*, FR 2017, 937; *Pinkernell*, Ubg 2015, 19 (24); *Thurow*, StBp 2014, 298.

1317 *Heuel/Matthey*, EStB 2018, 342 (348); *Richter/Augel*, FR 2017, 937 (941); *Pinkernell*, Ubg 2015, 19 (22).

für Currency-Token darstellen.[1318] Die zugrunde zu legenden faktischen Gegebenheiten führen grundsätzlich zur Befürwortung der zuerst genannten Ansicht, da es sich zum einen um ein isoliert zu betrachtendes Wirtschaftsgut handelt und zum anderen selbst geminte Krypto-Coins auch vertraglich anders ausgestaltet werden können als Currency-Token. Der zuletzt genannte Umstand führt somit dazu, dass die andere Ansicht abzulehnen ist. Werden die Krypto-Coins als immaterielle Wirtschaftsgüter dem Anlagevermögen zugeordnet, greift indes das Ansatzverbot des § 5 Abs. 2 EStG. Danach ist für den Herstellungsaufwand kein Aktivposten anzusetzen, s. § 5 Abs. 2 EStG.

Werden Krypto-Coins dem Umlaufvermögen zugeordnet, so sind sie dort mit ihrem Marktwert zum Zeitpunkt des Zugangs im Betriebsvermögen zu aktivieren.[1319] Aufwendungen für vergebliche Mining-Versuche stellen sofort abziehbare Betriebsausgaben dar.[1320] Daneben stellen die Kosten, die im Zusammenhang mit dem Mining anfallen, laufende Betriebsausgaben dar. Bezieht das Unternehmen infolge des Betreibens eines *Mining-Pools* oder von *Cloudmining* Transaktionsgebühren, so stellen diese einen steuerpflichtigen Ertrag dar.[1321] Schließlich sind Aufwendungen in Gestalt der AfA i. S. d. § 7 EStG für eigene Hardware, eigene *Software* oder Strom zu berücksichtigen.

e) *Steuerbilanzielle Folgen eines ICOs beim Emittenten*

Gibt das bilanzierende Unternehmen im Rahmen eines *ICOs* Krypto-Token heraus, stellt sich die Literatur im Hinblick auf die Steuerbilanz zunächst die Frage, ob durch die Ausgabe der Krypto-Token eine volle steuerliche Erfolgswirksamkeit vorliegt oder ob die erhaltenen Mittel als Eigen- oder Fremdkapital zu passivieren sind.[1322] Bei der Beantwortung der Frage ist danach zu differenzieren, welche Form von Krypto-Token ausgegeben worden sind. Bei Currency-Token liegt ein unmittelbarer steuerlicher Ertrag vor, ein sog. „Tag-1-Gewinn", der in voller Höhe zu versteuern ist.[1323]

Bei Utility- und Investment-Token hingegen ist zu prüfen, ob sie eigenkapital- oder fremdkapitalähnlich ausgestaltet sind. Sind Investment-Token mit Gesellschaftsrechten ausgestaltet, wird von einer Behandlung als bilanzielles Eigenkapital ausgegangen. Liegt hingegen eher eine fremdkapitalähnliche Ausgestaltung vor, so sind sie als Darlehensverbindlichkeit zu behandeln.[1324] In der Konsequenz sind

---

1318 *Eckert*, DB 2013, 2108 (2111); *Hötzel*, Virtuelle Währungen im System des deutschen Steuerrechts, 1. Auflage 2018, S. 235–237.

1319 *Hötzel*, Virtuelle Währungen im System des deutschen Steuerrechts, 1. Auflage 2018, S. 235–237.

1320 *Prinz/Ludwig*, StuB 2019, 257 (260).

1321 *Prinz/Ludwig*, StuB 2019, 257 (260).

1322 *Prinz/Ludwig*, StuB 2019, 257 (261).

1323 So auch *Hötzel*, ifst-schrift Nr. 533, 2020, 26.

1324 Hierzu ausführlich *Sixt*, DStR 2020, 1871 (1878).

die Investment-Token beim erwerbenden Emittenten auf Grund ihres Finanzierungscharakters regelmäßig nicht dazu bestimmt, dem Geschäftsbetrieb dauerhaft zu dienen. In Bezug auf die steuerbilanzielle Bewertung gilt es zu differenzieren, ob die Investment-Token gegen Fiat-Geld, andere virtuelle Währungen oder unentgeltlich erworben werden. Beim Erwerb gegen Fiat-Geld stellt der gezahlte Betrag den Anschaffungspreis dar, der zzgl. Anschaffungsnebenkosten gem. § 6 Abs. 6 S. 1 EStG zu aktivieren ist.[1325] Soweit keine Barzahlung, sondern ein steuerbilanzielles Tauschgeschäft gegeben ist, sind die Anschaffungskosten des erworbenen Wirtschaftsguts bilanziell mit dem gemeinen Wert, s. § 9 Abs 2 BewG, anzusetzen.[1326] Bereits der Tauschvorgang stellt einen Realisationstatbestand dar, der zu Kursgewinnen oder -verlusten führt.[1327] Im Ergebnis erfolgt die Emission damit – je nach Erwerbsform – erfolgs- und steuererheblich.

Bei Utility-Token hingegen wird von einer Anzahlung ausgegangen.[1328] In der Folge können sie im Zeitpunkt der Emission erfolgs- oder steuerneutral passiviert werden. Zu beachten ist jedoch, dass die bilanzierten erhaltenen Anzahlungen bzw. passiven Rechnungsabgrenzungsposten in den Folgejahren erfolgswirksam aufzulösen und zu versteuern sind.[1329] Wirtschaftlich betrachtet kommt es somit zu einer Verlagerung der etwaigen Steuerzahlung in die Zukunft.

f) Steuerbilanzielle Folgen eines ICOs beim Investor

Auch auf Seiten des bilanzierenden Investors ist im Zuge der steuerbilanziellen Bewertung anhand der einzelnen Typen der Krypto-Token, die im Laufe eines *ICOs* ausgegeben werden, zu differenzieren. Dabei wird in Bezug auf Currency-Token richtigerweise nicht von einem entgeltlichen Erwerb ausgegangen, da diesem Vorgang keine konkrete Gegenleistung gegenübersteht. Somit ist ein unmittelbarer Betriebskostenabzug möglich.[1330] Im Hinblick auf reine Currency-Token ist überdies bei voraussichtlich dauernder Wertminderung die Anwendung des Wahlrechts zur Teilwertabschreibung gem. § 6 Abs. 1 Nr. 1 S. 2 u. 3, Abs. 3 EStG gegeben.[1331] Anders verhält sich indes die Bilanzierung beim Erwerb von Utility- oder Investment-Token. Dieser wird nach Ansicht der Literatur als entgeltliches Anschaffungs- bzw. Tauschgeschäft im Anlage- bzw. Umlaufvermögen dargestellt. Zu beachten ist jedoch, dass keine planmäßige Abnutzbarkeit des immateriellen Wirtschaftsguts gegeben ist. Für den Fall, dass der Investment-Token

---

1325 *Link* in Kryptowährungen und Token, 1. Auflage 2021, Kapitel 11, Rn. 114 ff.

1326 *Link* in Kryptowährungen und Token, 1. Auflage 2021, Kapitel 11, Rn. 114 ff.

1327 *Niedling/Merkel*, RdF 2018, 141 (144).

1328 *Prinz/Ludwig*, StuB 2019, 257 (261).

1329 *Sixt*, DStR 2020, 1871 (1878).

1330 *Bünning/Park*, BB 2018, 1835.

1331 *Prinz/Ludwig*, StuB 2019, 257 (261); vgl. nähere Ausführungen zur Teilwertabschreibung: 5. Teil, 3. Abschnitt, C., 7.

eigenkapitalähnlich ausgestaltet ist, sei dieser als Wertpapier anzusetzen.[1332] Dieser Ansicht ist zuzustimmen. Wie bereits dargelegt[1333], stellen Investment-Token entweder Finanzanlagen des Anlagevermögens in Gestalt von Wertpapieren des Anlagevermögens i. S. d. § 266 Abs. 2 A. III. Nr. 5 HGB bzw. von sonstigen Ausleihungen i. S. d. § 266 Abs. 2 A. III. Nr. 6 HGB oder sonstigen Wertpapieren des Umlaufvermögens gem. § 266 Abs. 2 B. III. Nr. 2 HGB dar. Dies muss erst recht auch für die steuerbilanzielle Erfassung von Krypto-Token im Rahmen eines *ICOs* beim Investor gelten.

g) Besonderheiten i. R. d. § 4 Abs. 3 EStG

Schließlich sind im Rahmen der Gewinnermittlung nach § 4 Abs. 3 EStG noch einige Besonderheiten zu beachten. Im Zuge der Einnahmen-Überschussrechnung i. S. d. § 4 Abs. 3 EStG sind alle Ausgaben im Zusammenhang mit der Erzeugung von Currency-Token (Bitcoin) als sofort abziehbare Betriebsausgaben anzusehen.[1334] Ebenso stellt der erstmalige Erwerb von Krypto-Token gegen Fiat-Geld nach dem Zu- und Abflussprinzip eine Betriebsausgabe dar.[1335] Ein späterer Rücktausch in Fiat-Geld hingegen führt zu Betriebseinnahmen. Eine separate Ermittlung eines Veräußerungsgewinns entfällt indes.[1336]

Zudem gelten die Einnahmen bei Überschuss- und Gewinneinkünften, wenn der Gewinn nach § 4 Abs. 3 EStG ermittelt wird, innerhalb des Kalenderjahres als bezogen, in dem sie dem Unternehmen zugeflossen sind. Für die kalendermäßige Zuordnung ist entscheidend, wann das Unternehmen die Verfügungsmacht über die Krypto-Token erhalten hat. Hierbei ist zu differenzieren, ob es sich um wiederkehrende Einnahmen handelt oder nicht. Liegen keine wiederkehrenden Einnahmen vor und erfolgt beispielsweise eine Zinszahlung durch Überlassung von Krypto-Token, so ist der Zufluss erst in dem Moment gegeben, in welchem die Transaktion der Krypto-Token auf der jeweiligen Blockchain bestätigt und dem öffentlichen Schlüssel in der *Wallet* zugewiesen ist. Zumeist wird dies nach der Validierung der nächsten beiden darauffolgenden Blöcke der Fall sein.[1337]

h) LiFo-Methode gem. § 6 Abs. 1 Nr. 2a EStG

Auch im Rahmen der Gewinnermittlung nach § 5 EStG gibt es Besonderheiten. So ist zudem die Regelung des § 6 Abs. 1 Nr. 2a EStG von Relevanz. Danach können

---

1332 *Bünning/Park*, BB 2018, 1835; *Prinz/Ludwig*, StuB 2019, 257 (261).

1333 Vgl. 5. Teil, 3. Abschnitt, C., I., 4.

1334 *Pinkernell*, Ubg 2015, 19 (22).

1335 *Liegmann/Farruggia-Weber*, BB 2019, 2524 (2526) m. V. a. *Weitemeyer/Rehr* in Kirchhof/Kulosa/Ratschow, BeckOK, EStG, 12. Editon, Stand: 01.03.2022, § 4, Rn. 1559.

1336 So auch *Liegmann/Farruggia-Weber*, BB 2019, 2524 (2526).

1337 *Figatowski*, NWB 2019, 2352 (2358).

Steuerpflichtige, die den Gewinn nach § 5 EStG ermitteln, für den Wertansatz gleichartiger Wirtschaftsgüter des Vorratsvermögens unterstellen, dass die zuletzt angeschafften oder hergestellten Wirtschaftsgüter zuerst verbraucht oder veräußert werden, soweit dies den handelsrechtlichen Grundsätzen ordnungsgemäßer Buchführung entspricht.[1338] Im Zuge eines späteren Verkaufs von Currency-Token, die als Vorratsvermögen eingeordnet worden sind, findet deshalb im Falle eines Betriebsvermögensvergleiches gem. § 6 Abs. 1 Nr. 2a EStG die LiFo-Methode Anwendung.[1339]

7. Die Folgebewertung

Im Rahmen der Steuerbilanzierung ist auch die Frage der Folgebewertung zu erörtern. Die Folgebewertung besagt im Unterschied zur Zugangsbewertung die Bewertung von Vermögensgegenständen und Schulden zum Bilanzstichtag, der zeitlich nach dem Stichtag des Wirtschaftsjahrs der Anschaffung bzw. Herstellung des Vermögensgegenstandes oder des Entstehens einer Schuld als Verbindlichkeit bzw. als Rückstellung liegt.[1340]

Anders als bei der Handelsbilanz besteht bei der Steuerbilanz ein Wahlrecht, ob eine Teilwertabschreibung vorgenommen wird oder nicht.[1341] Gem. § 6 Abs. 1 Nr. 2 S. 2 EStG kann der niedrigere Teilwert nur dann angesetzt werden, wenn voraussichtlich eine dauernde Wertminderung vorliegt. Der Teilwert ist gem. § 6 Abs. 1 Nr. 1 S. 3 EStG der anteilige Betrag für das einzelne Wirtschaftsgut, den ein gedachter Erwerber des ganzen Betriebs im Rahmen des gedachten Gesamtkaufpreises für das einzelne Wirtschaftsgut ansetzen würde. Dabei ist von einer Betriebsfortführung auszugehen.[1342] Der Teilwert setzt sich aus der Betriebszugehörigkeit, konkreter seinem Funktionswert, des Wirtschaftsguts zusammen. Er soll den wertbestimmenden Einfluss der Betriebszugehörigkeit des Wirtschaftsguts aus der Sicht eines gedachten Erwerbers zum Ausdruck bringen und kann deshalb vom gemeinen Wert abweichen.[1343] Mit dem Teilwert kann sowohl ein etwaiger Mehrwert eines Wirtschaftsguts infolge Betriebszugehörigkeit, z. B. durch hohe Produktivität oder günstige Lage, als auch ein Minderwert, z. B. durch die Reduzierung der Wiederbeschaffungskosten, berücksichtigt werden. Die Bewertung mit dem Teilwert soll auch eine Unterbewertung der Wirtschaftsgüter und die willkürliche Bildung von stillen Reserven verhindern. Daneben eröffnet sie auch die

---

1338 *Korn/Strahl* in EStG – eKommentar, Fassung 01.01.2020, § 6 Bewertung, Rn. 352.

1339 So auch *Richter/Augel*, FR 2017, 937 (947).

1340 https://media.daa-pm.de/ufv_wirtschaftslexikon/Html/F/Folgebewertung.htm, abgerufen am 20.06.2020.

1341 *Ehmke* in Brandis/Heuermann, EStG, Stand: 159. EL Oktober 2021, § 6, Rn. 561.

1342 *Maier* in Beck´sches Steuer- und Bilanzrechtslexikon, Edition 58 2022, Stand: 01.01.2022, Teilwert, Rn. 1.

1343 BFH, Urt. v. 30.01.1980 – I R 89/79, BStBl. II 1980, 327.

Möglichkeit, eingetretene Wertminderungen durch eine Teilwertabschreibung zu berücksichtigen.[1344]

Kommt es später wider Erwarten zu einer Wertsteigerung, so greift – wie im Handelsbilanzrecht – das Wertaufholungsgebot, s. § 253 Abs. 5 HGB, § 6 Abs. 1 Nr. 2 S. 3 i. V. m. Nr. 1 S. 4 EStG. Eine voraussichtliche dauernde Wertminderung impliziert ein voraussichtlich nachhaltiges Absinken des Werts des Wirtschaftsgutes unter den maßgeblichen Buchwert.[1345] Voraussichtlich nachhaltig ist die Wertminderung, wenn mit dieser Nachhaltigkeit aus Sicht eines sorgfältigen und gewissenhaften Kaufmannes am Bilanzstichtag infolge objektiver Anzeichen ernsthaft zu rechnen ist.[1346] Wegen der – bei Kryptowährungen zu beobachtenden – teilweisen starken Kursschwankungen ist sich auch mit der Fragestellung zu befassen, wie die jeweiligen Krypto-Token als nicht abnutzbare Wirtschaftsgüter bei einem etwaigen Wertverlust steuerbilanziell zu behandeln sind.[1347]

a) Currency-Token

Da Currency-Token nicht abnutzbare Wirtschaftsgüter des Anlagevermögens darstellen, sind insoweit die dazugehörigen Grundsätze der Teilwertabschreibung heranzuziehen.[1348] Danach ist eine Teilwertabschreibung zulässig, sofern die Ursachen für eine niedrigere Bewertung aller Voraussicht nach fortwirken.[1349] Relevant in diesem Zusammenhang ist jedoch, dass marktbedingte Preisschwankungen keinen zwingenden Grund in diesem Sinne darstellen und insoweit keine dauerhafte Wertminderung bedingen können. Dies ist dem Umstand geschuldet, dass nicht ausgeschlossen werden kann, dass der Kurs wieder den Wert der Anschaffungskosten erreicht oder diesen übersteigt.[1350] Im Ergebnis kommt damit dann eine

---

1344 *Maier* in Beck´sches Steuer- und Bilanzrechtslexikon, Edition 58 2022, Stand: 01.01.2022, Teilwert, Rn. 1 m. w. N.

1345 *BMF* v. 02.09.2016 – IV C 6 – S 2171-b/09/1002:002; BStBl. I 2016, 995, Rn. 5, BB 2016, 2546.

1346 *BMF* v. 02.09.2016 – IV C 6 – S 2171-b/09/1002:002; BStBl. I 2016, 995, Rn. 5, BB 2016, 2546.

1347 *Bünning/Park*, BB 2018, 1835 (1837).

1348 *BMF*-Schreiben v. 02.09.2016 – IV C 6 – S 2171-b/09/10002:002, BStBl. I 2016, 995, Rn. 11 ff., BB 2016, 2546.

1349 *BMF*-Schreiben v. 02.09.2016 – IV C 6 – S 2171-b/09/10002:002, BStBl. I 2016, 995, Rn. 12, BB 2016, 2546.

1350 *BMF*-Schreiben v. 02.09.2016 – IV C 6 – S 2171-b/09/10002:002, BStBl. I 2016, 995, Rn. 13, BB 2016, 2546; ebenso noch die: *Oberste Finanzbehörden der Länder*, Entwurf eines *BMF*-Schreibens, veröffentlicht am 17.06.2021 unter: https://www.bundesfinanzministerium.de/Content/DE/Downloads/BMF_Schreiben/Steuerarten/Einkommensteuer/2021-06-17-est-kryptowaehrungen.html, abgerufen am 09.04.2022, wohingegen hierauf in der finalen Fassung nicht mehr explizit eingegangen wird,

Teilwertabschreibung in Betracht, wenn eine dauerhafte Wertminderung infolge anderer wirtschaftlicher Umstände zu befürchten ist.

b) Investment-Token

Im Hinblick auf Investment-Token kommt hingegen, sofern diese wie ein Wertpapier ausgestaltet sind, die Anwendbarkeit der Teilwertabschreibungsgrundsätze für börsennotierte, börsengehandelte und aktienindexbasierte Wertpapiere des Anlage- und Umlaufvermögens in Betracht. Hierfür spricht neben der den Investment-Token zugesprochenen Wertpapiereigenschaft auch der Umstand, dass die *BaFin* Handelsplattformen von Kryptowährungen als Finanz- oder Kapitalmärkte i. S d. WpHG bzw. MiFID II qualifiziert.[1351] Diese Grundsätze angewandt, ist von einer voraussichtlich dauerhaften Wertminderung dann auszugehen, wenn der Börsenwert zum Bilanzstichtag unter denjenigen im Erwerbszeitpunkt sinkt und der Kursverlust die Bagatellgrenze von 5 % zur Notierung bei Erwerb überschreitet.[1352] Überdies sind Kursänderungen, die bis zum Tag der Bilanzaufstellung eintreten, als wertbegründende Umstände zu klassifizieren, die die Bewertung zum Bilanzstichtag grundsätzlich nicht tangieren.[1353]

c) Utility-Token

Im Hinblick auf die Teilwertabschreibung von Utility-Token kommt es maßgeblich auf die Forderung an, die sie ihrem Inhaber vermitteln. In Bezug auf diese ist maßgebend, auf welchen Betrag die Forderung im Zuflussmoment lautet und wann dieser aller Voraussicht nach tatsächlich im Unternehmen eingeht.[1354] Allein infolge der Unverzinslichkeit der Forderung kommt keine Teilwertabschreibung in Betracht, da diese nicht zu einer dauerhaften Wertminderung führt.[1355] Dies

---

vgl. *BMF* v. 10.05.2022, Einzelfragen zur ertragsteuerrechtlichen Behandlung von virtuellen Währungen und sonstigen Token, verfügbar unter: https://www.bundesfinanzministerium.de/Content/DE/Downloads/BMF_Schreiben/Steuerarten/Einkommensteuer/2022-05-09-einzelfragen-zur-ertragsteuerrechtlichen-behandlung-von-virtuellen-waehrungen-und-von-sonstigen-token.pdf?__blob=publicationFile&v=1, abgerufen am 06.06.2022.

1351 So auch *Bünning/Park*, BB 2018, 1835 (1837).

1352 *BMF*-Schreiben v. 02.09.2016 – IV C 6 – S 2171-b/09/10002:002, BStBl. I 2016, 995, Rn. 17, BB 2016, 2546.

1353 BFH, Urt. v. 21.09.2011 – I R 89/10, BStBl. II 2014, 612, RdF 2012, 136.

1354 *Bünning/Park*, BB 2018, 1835 (1837) m. V. a. BFH, Urt. v. 24.10.2006 – I R 2/06, BStBl. II 2007, 469, BB 2007, 1046.

1355 *Bünning/Park*, BB 2018, 1835 (1837) m. V. a. BFH, Urt. v. 24.10.2012 – I R 43/11, BStBl. II 2013, 162, BB 2013, 176.

bedeutet, dass nur bei einem tatsächlichen Wertverlust der Forderung eine Teilwertabschreibung denkbar ist.

II. Fazit

Im Ergebnis kommt damit die Teilwertabschreibung bei den jeweiligen Krypto-Token grundsätzlich in Betracht. Jedoch ist zu beachten, dass die typischen Wertminderungen, die mit den Eigenheiten der jeweiligen Krypto-Token einhergehen, nicht zur Teilwertabschreibung führen können.

D. Steuerliche Folgen der *Hard Fork* bei bilanzierenden Unternehmen

Wie bei der Besteuerung im Privatvermögen werfen auch beim bilanzierenden Unternehmen die steuerlichen Auswirkungen einer *Hard-Fork* Fragen auf, die bisher weder durch die Finanzverwaltung noch in der Literatur befriedigend beantwortet wurden.[1356]

Ausgehend von den Ausführungen und Ergebnissen zur Besteuerung von Krypto-Coins aus einer *Hard-Fork* im Privatvermögen[1357] wird sich daher im Folgenden mit den steuerlichen Folgen einer *Hard-Fork* im bilanzierenden Unternehmen auseinandergesetzt. In Grundzügen wird auch auf die Besonderheiten von im Betriebsvermögen einer Kapitalgesellschaft gehaltenen Krypto-Coins eingegangen.[1358]

Dadurch, dass die aus einer *Hard-Fork* stammenden Krypto-Coins per se durch das Halten anderer Krypto-Token im Betriebsvermögen diesem zugehen, kommt es automatisch zu einer Betriebsvermögensmehrung und damit zwangsläufig zu diesbezüglichen Auswirkungen. Wie diese handels- und steuerbilanziell zu erfassen sind, bestimmt sich nach den allgemeinen – bereits dargetanen – Grundsätzen ordnungsgemäßer Buchführung.[1359]

1356 So z. B. *Hötzel/Schober/Wicher*, IWB Nr. 10 v. 25.05.2018, S. 292; *BMF* v. 10.05.2022, Einzelfragen zur ertragsteuerrechtlichen Behandlung von virtuellen Währungen und sonstigen Token, verfügbar unter: https://www.bundesfinanzministerium.de/Content/DE/Downloads/BMF_Schreiben/Steuerarten/Einkommensteuer/2022-05-09-einzelfragen-zur-ertragsteuerrechtlichen-behandlung-von-virtuellen-waehrungen-und-von-sonstigen-token.pdf?__blob=publicationFile&v=1, abgerufen am 06.06.2022.

1357 Vgl. oben: 5. Teil, 2. Abschnitt, B., I., 4., f). aa)–cc).

1358 Ohne jedoch einen Anspruch auf Vollständigkeit in diesem Aspekt zu erheben.

1359 *Hakert/Kirschbaum*, DStR 2018, 881 (885).

I. *Aktivierungspflicht für geforkte Coins*

Bereits die Frage der Aktivierungspflicht der geforkten Krypto-Coins ist umstritten. Gegen eine Aktivierungspflicht spricht der Umstand, dass den neuen Krypto-Coins zunächst kein wirtschaftlicher Wert zukommt. Es hängt von der jeweiligen Marktlage ab, wie diese angenommen und gehandelt werden. Zum Zeitpunkt des Zuflusses lässt sich daher nicht absehbar bestimmen, wie die Kursentwicklung aussieht und ob den Krypto-Coins überhaupt ein Wert zugesprochen werden kann. In der Bilanz sind Gewinne indes nur auszuweisen, wenn sie realisiert sind. Dies hat im Hinblick auf das – sich aus dem Vorsichtsprinzip des § 252 Abs. 1 Nr. 4 HGB ableitende – Realisationsprinzip zur Folge, dass ein Ansatz nur bei einem Umsatzakt zu erfolgen hat.[1360] Ein Umsatzakt setzt jedoch die Erbringung einer eigenen Leistung voraus, der ein gesicherter Anspruch auf eine Gegenleistung gegenübersteht.[1361] Eine solche ist jedoch bei dem Erhalt von Krypto-Coins mittels einer *Hard-Fork* gerade nicht gegeben. Danach wäre eine sofortige bilanzielle Erfassung abzulehnen.

Dagegen spricht jedoch das Vollständigkeitsgebot des § 246 Abs. 1 HGB. Danach muss der Jahresabschluss sämtliche Vermögensgegenstände ausweisen. Folge des Vollständigkeitsgebotes ist die Aktivierungspflicht im Zugangszeitpunkt für die unentgeltlich zugegangenen Krypto-Coins aus einer *Hard-Fork*.[1362] Würde das jeweilige Unternehmen dieser Pflicht nicht nachkommen, wäre nicht nur ein Verstoß gegen das Vollständigkeitsgebot gegeben, sondern auch gegen den sog. *True-and-fair-view*-Grundsatz. Dieser für Kapitalgesellschaften geltende – in § 264 Abs. 2 HGB verankerte – Grundsatz besagt, dass der Jahresabschluss ein den tatsächlichen Verhältnissen entsprechendes Bild der Vermögens-, Finanz- und Ertragslage der Kapitalgesellschaft zu vermitteln hat.[1363] Das bedeutet für die Praxis, dass die aus einer *Hard-Fork* erlangten Krypto-Coins sofort sowohl in der Handels- als auch – wegen des Maßgeblichkeitsprinzips des § 5 Abs. 1 S. 1 EStG – der Steuerbilanz aktiviert werden sollten. Im Ergebnis ist somit von einer Aktivierungspflicht auszugehen, da ansonsten nicht nur ein Verstoß gegen das Vollständigkeitsgebot, sondern auch gegen den *True-and-fair-view*-Grundsatz gegeben wäre, was im Ergebnis nicht in Einklang mit den Grundsätzen ordnungsgemäßer Buchführung stünde.

1360 *Hakert/Kirschbaum*, DStR 2018, 881 (885).

1361 BGH, Urt. v. 10.09.1998 – IV R 27/97, DStR 1998, 1827.

1362 *Kahle/Haas/Schulz* in Baetge/Kirsch/Thiele, Bilanzrecht, 1. Auflage 2002, 100. Lieferung, Stand: 01.10.2021, § 255, Rn. 74 f.

1363 *Hakert/Kirschbaum*, DStR 2018, 881 (885).

II. Bewertung der Krypto-Coins

Problematisch ist auch die Bewertung der geforkten Krypto-Coins. Die bisherige Literatur, die von einer Nämlichkeit der geforkten Krypto-Coins im Verhältnis zu den ursprünglichen Krypto-Token ausgeht, stellt auf die Ermittlung von Anschaffungskosten mittels der Gesamtwertmethode ab.[1364] Danach sind die Anschaffungskosten der ursprünglichen Krypto-Token gem. § 255 Abs. 1 S. 1 HGB, § 6 Abs. 1 Nr. 2 EStG in das Verhältnis zum Wert der neuen Krypto-Coins zu setzen und gem. § 255 Abs. 1 S. 3 HGB zu mindern. Argumentativ wird hierbei auf die so erzielte Gewinnrealisierung und den so vermiedenen Verstoß gegen das Realisationsprinzip abgestellt.[1365]

Das *BMF* vertritt hingegen die Auffassung, dass es sich bei den geforkten Krypto-Coins in Relation zu den sich bereits im Betriebsvermögen befindlichen Krypto-Token um unterschiedliche Wirtschaftsgüter handle. Die Anschaffungskosten der Einheiten der vor der Hard-Fork existierenden Krypto-Token seien auf diese Wirtschaftsgüter aufzuteilen. Der Aufteilungsmaßstab richte sich dabei nach dem Verhältnis der Marktkurse der Einheiten der verschiedenen Krypto-Token zueinander im Zeitpunkt der Hard-Fork. Soweit den geforkten Krypto-Coins kein Wert beigemessen werden könne, würden die Anschaffungskosten bei den Krypto-Token, die sich vor der Hard-Fork im Betriebsvermögen befunden haben, verbleiben. Soweit die Teilwerte der geforkten Krypto-Coins zum nächsten Bilanzstichtag sinken, könne der Steuerpflichtige bei voraussichtlicher dauerhafter Wertminderung zu diesem Bilanzstichtag Teilwertabschreibungen vornehmen.[1366]

Beide Ansätze sind fehlgehend. Da der Zugang der durch die *Hard-Fork* entstehenden Krypto-Coins keinen steuerrechtlich relevanten Vorgang darstellt und deshalb keine Steuerbarkeit im Privatvermögen besteht[1367], kann eine solche folgerichtig auch nicht im bilanzierenden Unternehmen angenommen werden. Mangels Anschaffungs- oder Herstellungskosten für die geforkten Krypto-Coins und mangels Zuordnung der Anschaffungs- und Herstellungskosten über die ursprünglich angeschafften Krypto-Token sind die Anschaffungskosten der Krypto-Coins mit 0,00 € anzusetzen.

Daraus folgt für die Bewertung: Sofern diesen Krypto-Coins keine Kapitaleinlage zugrunde liegt, erfolgt die erfolgswirksame Zugangsbewertung anhand des

---

1364 *Hakert/Kirschbaum*, DStR 2018, 881 (885).

1365 *Hakert/Kirschbaum*, DStR 2018, 881 (885).

1366 *BMF* v. 10.05.2022, Einzelfragen zur ertragsteuerrechtlichen Behandlung von virtuellen Währungen und sonstigen Token, verfügbar unter: https://www.bundesfinanzministerium.de/Content/DE/Downloads/BMF_Schreiben/Steuerarten/Einkommensteuer/2022-05-09-einzelfragen-zur-ertragsteuerrechtlichen-behandlung-von-virtuellen-waehrungen-und-von-sonstigen-token.pdf?__blob=publicationFile&v=1, abgerufen am 06.06.2022.

1367 Vgl. oben: 5. Teil, 2. Abschnitt, B., I., 4., f)., aa)–cc).

beizulegenden Zeitwerts des erhaltenen Krypto-Coins.[1368] Steuerrechtlich hat dies zur Folge, dass die betrieblich veranlasste unentgeltliche Vermögensmehrung mit dem gemeinen Wert gem. § 6 Abs. 4 EStG zu bewerten ist.

III. Aktivierungsverbot

Ferner gilt es zu klären, ob und gegebenenfalls wann ein Aktivierungsverbot hinsichtlich der geforkten Krypto-Coins zum Tragen kommt. Dies hängt davon ab, ob es sich um immaterielle Wirtschaftsgüter des Anlagevermögens handelt.[1369] Denn für diese ist steuerbilanziell gem. § 5 Abs. 2 EStG nur dann ein Aktivposten anzusetzen, wenn sie entgeltlich erworben worden sind.[1370]

Im Umkehrschluss bedeutet dies für im Umlaufvermögen befindliche Krypto-Coins aus einer *Hard-Fork*, dass das Aktivierungsverbot des § 5 Abs. 2 EStG von vornherein nicht in Betracht kommt.[1371]

In Bezug auf im Anlagevermögen befindliche Krypto-Coins greift – entgegen der bisherigen Literatur – auf Grund der Unentgeltlichkeit des Erwerbsvorgangs jedoch das Aktivierungsverbot des § 5 Abs. 2 EStG.[1372] Die bisherige Literatur geht – entgegen der hier vertretenen Ansicht – infolge der Annahme der wirtschaftlichen Identität zwischen den ursprünglichen Krypto-Token und den geforkten Krypto-Coins davon aus, dass die entgeltliche Anschaffung der ursprünglichen Krypto-Token den geforkten Krypto-Coins zugerechnet wird. Dies würde einen entgeltlichen Erwerb auch der geforkten Krypto-Coins zur Folge haben und damit zur Negierung des Aktivierungsverbotes führen.[1373]

Dieser Ansicht ist nicht zu folgen. Der Zugang der geforkten Krypto-Coins aus einer *Hard-Fork* im Privatvermögen[1374] unterfällt einer Besteuerung nach § 20 Abs. 4a S. 5 EStG (analog) mit der Folge, dass kein steuerbarer Zugang gegeben ist und die Anschaffungskosten 0,00 € betragen. Bezogen auf die Besteuerung von im Betriebsvermögen gehaltenen geforkten Krypto-Coins kann erst recht nichts anderes gelten. Zwar ist § 20 Abs. 4a EStG im Umkehrschluss zu § 20 Abs. 8 S. 2 EStG nur auf Kapitalanlagen anwendbar, die nicht nach § 20 Abs. 8 S. 1 EStG anderen Einkünften zugerechnet werden. Das bedeutet, dass die Norm nur auf Kapitalanlagen im Privatvermögen, die der Abgeltungsteuer unterliegen, anzuwenden ist.[1375]

1368 *Kahle/Haas/Schulz* in Baetge/Kirsch/Thiele, Bilanzrecht, 1. Auflage 2002, 100. Lieferung, Stand: 01.10.2021, § 255, Rn. 76.
1369 Vgl. oben: 5. Teil, 3. Abschnitt, C., 6., d).
1370 Vgl. oben: 5. Teil, 3. Abschnitt, C., 6., d).
1371 So auch *Hakert/Kirschbaum*, DStR 2018, 881 (885).
1372 *Marx/Dallmann*, NWB 2019, 217 (223).
1373 *Marx/Dallmann*, NWB 2019, 217 (223).
1374 Vgl. oben: 5. Teil, 2. Abschnitt, B., I., 4., f), aa), (5).
1375 *Schmidt* in BeckOK EStG, Kirchhof/Kulosa/Ratschow, 8. Edition, Stand: 01.01.2020, § 20 EStG, Rn. 1338 m. V. a. BT-Drs. 16/11108, S. 17.

Jedoch dürfen die die Analogie für die Besteuerung im Privatvermögen rechtfertigenden Umstände auch in Bezug auf die steuerrechtliche Behandlung von geforkten Krypto-Coins in einem bilanzierenden Unternehmen nicht außer Acht gelassen werden. Auch ein bilanzierendes Unternehmen kann Aktien oder andere Geschäftsanteile an einem anderen Unternehmen halten. Ist das Kapitalvermögen dem Betriebsvermögen zuzuordnen, so sind Nutzungsentgelte und der Veräußerungsgewinn dort zu erfassen, s. § 20 Abs. 8 EStG. Die Abgeltungssteuer findet keine Anwendung.[1376] Vielmehr ist das sog. Teileinkünfteverfahren für Dividenden und Gewinne aus der Veräußerung von Beteiligungen an Körperschaften im betrieblichen Bereich anzuwenden. Danach sind die Einkünfte gem. § 3 Nr. 40 Buchst. a und b EStG zu 40 % steuerfrei. Im Umkehrschluss können jedoch auch nur 60 % der der auf diese Einkünfte entfallenden Betriebsausgaben bzw. Werbungskosten geltend gemacht werden, s. § 3c Abs. 2 EStG.[1377]

Liegt die Beteiligung hingegen im Betriebsvermögen einer Kapitalgesellschaft, so sind nach § 8b Abs. 1 KStG die daraus resultierenden Bezüge steuerfrei. Über die Verweisung in § 8b Abs. 1 KStG auf § 20 Abs. 1 Nr. 1, 2, 9 und 10 Buchst. A EStG; Abs. 2 S. 1 Nr. 2 Buchst. a, S. 2 EStG ist dieser Grundsatz gesetzlich verankert. Mit Ausnahme von Kreditinstituten (§ 8b Abs. 7 KStG) sind alle unbeschränkt oder beschränkt steuerpflichtigen Körperschaftsteuersubjekte hiervon erfasst. Dies gilt unabhängig davon, ob die Bezüge aus Beteiligungen an inländischen oder ausländischen Kapitalgesellschaften herrühren.[1378] Die Befreiung von der Besteuerung gilt schließlich auch unabhängig davon, wie das Beteiligungsverhältnis konkret ausgestaltet ist und wie die etwaigen Regelungen in den jeweiligen DBAs aussehen.[1379] Schließlich ordnet § 8b Abs. 6 KStG an, dass die Befreiung auch dann gilt, wenn das Körperschaftssteuersubjekt über Personengesellschaften an Kapitalgesellschaften beteiligt ist und insoweit entsprechend zurechenbare Bezüge vorliegen. Gemäß § 8b Abs. 5 KStG findet für den Betriebsausgabenabzug § 3c EStG ebenfalls keine Anwendung. Dies hat zur Konsequenz, dass Aufwendungen, die mit der Beteiligung zusammenhängen, trotz der Steuerbefreiung als Ausgaben geltend zu machen sind.[1380] Lediglich die in § 8b Abs. 5 S. 1 KStG verankerte Pauschalisierung führt dazu, dass es zu einer Kürzung der Steuerfreistellung kommt. Danach dürfen 5 % aller Ausgaben nicht als Betriebsausgaben abgezogen werden. Unabhängig von dem tatsächlichen Anfall ist somit eine Reduzierung der Steuerbefreiung auf 95 % gesetzlich vorgeschrieben.[1381]

1376 *Fehrenbacher*, Steuerrecht, 7. Auflage 2019, § 2, Rn. 207 ff.
1377 *Fehrenbacher*, Steuerrecht, 7. Auflage 2019, § 2, Rn. 207 ff.
1378 *Rengers* in Blümich, KStG, Stand: 155. EL November 2020, § 8b, Rn. 60.
1379 *Rengers* in Blümich, KStG, Stand: 155. EL November 2020, § 8b, Rn. 72.
1380 *Rengers* in Blümich, KStG, Stand: 155. EL November 2020, § 8b, Rn. 1.
1381 *Fehrenbacher*, Steuerrecht, 7. Auflage 2019, S. 181.

Im Ergebnis erlangt damit auch das bilanzierende Unternehmen, das Kapitalanlagen im Betriebsvermögen hält, eine steuerliche Entlastung. Lediglich eine konkrete Ausgestaltung – wie etwa § 20 Abs. 4a S. 5 EStG – gibt es für sie nicht.[1382] Sinn und Zweck der Neuregelung des § 20 Abs. 4a S. 5 EStG ist es, die Erhebung der Kapitalertragsteuer – insbesondere für Kreditinstitute – praktikabler auszugestalten. Gegenstand der Regelung sind deshalb insbesondere Kapitalmaßnahmen, bei denen den bisherigen Gesellschaftern (neue) Anteile an einer Kapitalgesellschaft zufließen.[1383] Da dieser Zufluss unterschiedliche gesellschaftsrechtliche Motive haben kann, können auch unterschiedliche – zum Teil nicht leicht ermittelbare – steuerbare Vorfälle gegeben sein. Um die im Rahmen der Abgeltungsteuer entrichtungspflichtigen, depotführenden Kreditinstitute, die die Entscheidung treffen, ob eine zum Teil schwer zu erkennende Zuteilung innerhalb eines Sachverhalts steuerbar oder steuerneutral ist, zu entlasten, wurde § 20 Abs. 4a EStG zur Entlastung eingeführt.[1384] Er dient dazu, in solchen Situationen die Vollziehbarkeit des Gesetzes zu gewährleisten. Hierzu sieht er unter bestimmten Voraussetzungen vor, dass die erhaltenen Anteile steuerrechtlich an die Stelle der bisherigen Anteile treten. Dadurch wird die Steuerbarkeit dem Grunde nach nicht beseitigt, sondern nur zeitlich nach hinten versetzt.[1385]

Dies ist am deutlichsten bei § 20 Abs. 4a S. 5 EStG zu erkennen. Danach kommt es zu keiner Steuerbarkeit des Zuflusses, wenn keine Gegenleistung erfolgt und das betreffende Kreditinstitut sowie die Finanzbehörden den konkreten Kapitalertrag nicht oder nur unter erschwerten Umständen ermitteln können. Maßgeblicher Zeitpunkt ist der des Zuflusses.[1386] Dieser vom Gesetzgeber vorgesehene Fall beschreibt faktisch den einer *Hard-Fork*. Auch hier erfolgt der Zugang der neuen Krypto-Coins, ohne dass der Steuerpflichtige eine Gegenleistung zu erbringen hat. Überdies ist der Zufluss nicht ohne erhebliche Umstände sowohl für den Emittenten als auch für die Finanzbehörden ermittelbar. Mangels öffentlichen Registers, das ausweist, welcher Nutzer zu welchem Zeitpunkt wie viele ursprüngliche Krypto-Coins innehat und ob er auch der neuen Blockchain folgt, ist für außenstehende Finanzbehörden der Sachverhalt schwer ermittelbar. Genau ein solcher Umstand hat zur Schaffung des § 20 Abs. 4a. S. 5 EStG geführt.[1387] Somit sind – wie bereits dargestellt – im Bereich der im Privatvermögen gehaltenen geforkten Krypto-Coins ebenfalls Anschaffungskosten in Höhe von 0,00 € angenommen worden.[1388]

1382 *Bleschik* in Kirchhof, EStG, 20. Auflage 2021, § 20, Rn. 159 ff.

1383 *Bleschik* in Kirchhof, EStG, 20. Auflage 2021, § 20, Rn. 159.

1384 JStG 2009, BGBl. I 2008, 2794.

1385 *Ratschow* in Brandis/Heuermann, EStG, Stand: 159. EL Oktober 2021, § 20, Rn. 428.

1386 *Ratschow* in Brandis/Heuermann, EStG, Stand: 159. EL Oktober 2021, § 20, Rn. 437 f.

1387 *Ratschow* in Brandis/Heuermann, EStG, Stand: 159. EL Oktober 2021, § 20, Rn. 437 f.

1388 Vgl. oben: 5. Teil, 2. Abschnitt, B., I., 4., f), aa), (4), (b).

Diesen Regelungsinhalt bzw. dessen Rechtsfolge in einem Erst-Recht-Schluss auf im Betriebsvermögen gehaltene Krypto-Coins zu übertragen, ist nicht nur folgerichtig, sondern widerspricht auch nicht der soeben aufgezeigten Besteuerung durch das Teileinkünfteverfahren bzw. nach den Vorschriften des § 8b KStG. Beide Verfahren sollen im Gegensatz zur Abgeltungssteuer dazu führen, dass dem Leistungsfähigkeitsprinzip Rechnung getragen wird. Das Problem bei der Besteuerung von Beteiligungserträgen ist grundsätzlich der Umstand, dass es sich bei den ausgeschütteten Gewinnen um solche handelt, die bei der ausschüttenden Kapitalgesellschaft bereits mit der Körperschaftsteuer belastet werden. Würde keine Ausgleichsmaßnahme vorgenommen, so läge eine steuerliche Doppelbelastung vor.[1389] Im Rahmen der Körperschaftsteuer würde sich zudem die Steuerbelastung bei mehrstufigen Beteiligungen ohne eine Steuerbefreiung – durch den sog. Kaskadeneffekt – stets erhöhen.[1390] Die wirtschaftliche Leistungsfähigkeit würde hingegen nicht widergespiegelt werden. Um diesem Missstand entgegenzutreten, wurde zum 01.01.2009 der Wechsel vom Anrechnungsverfahren zum Halbeinkünfteverfahren vollzogen.[1391] Hieraus resultieren die Abgeltungsteuer, das Teileinkünfteverfahren und die Sonderregelung in § 8b KStG. Allen ist gemein, dass die steuerliche Belastung stark minimiert und am Leistungsfähigkeitsprinzip orientiert ist. Letzteres gilt auch für § 20 Abs. 4a S. 5 EStG.[1392]

Da der vom Gesetzgeber vorgesehene Fall – wie bereits erläutert – mit dem der *Hard-Fork* übereinstimmt, würde es dem Leistungsfähigkeitsprinzip widersprechen, wenn eine Aktivierung von geforkten Krypto-Coins vorgenommen würde, die sich im Anlagevermögen befinden und deren ursprüngliche Krypto-Token entgeltlich erworben worden sind. Denn mangels wirtschaftlicher Identität liegt gerade keine entgeltliche Anschaffung vor. Das daraus resultierende Aktivierungsverbot stellt auch keinen Widerspruch zum Teileinkünfteverfahren bzw. der Steuerbefreiung nach § 8b KStG dar.

Vielmehr geht es einher mit dem dort jeweils verankerten Leistungsfähigkeitsprinzip. Da im Zeitpunkt des Zuflusses keine Gegenleistung des bilanzierenden Unternehmens erfolgt und auch keine wirtschaftliche Wertigkeit bestimmbar ist, würde es dem Leistungsfähigkeitsprinzip widersprechen, dennoch eine Aktivierung vorzunehmen. Dies gilt vor allem vor dem Hintergrund der zugrunde liegenden Zufallskomponenten. Denn neben der Frage, ob eine *Hard-Fork* überhaupt erfolgt und das bilanzierende Unternehmen der entsprechenden Blockchain folgt, hängt es vom Zufall ab, ob die bisher im Betriebsvermögen gehaltenen Krypto-Token entgeltlich erworbene sind oder es sich um selbst geminte Krypto-Coins handelt, die das Unternehmen nunmehr nach Ansicht der Literatur aktivieren

1389 *Fehrenbacher*, Steuerrecht, 7. Auflage 2019, S. 112.

1390 *Fehrenbacher*, Steuerrecht, 7. Auflage 2019, S. 181.

1391 *Fehrenbacher*, Steuerrecht, 7. Auflage 2019, S. 112.

1392 BT-Drs. 16/11108, S. 16 f.

soll. Diese für den Steuerpflichtigen nicht kalkulierbaren Umstände, der Zweck des § 20 Abs. 4a S. 5 EStG und der Aspekt, dass auf Seiten der Finanzbehörden die Zuordnung wegen der bestehenden Anonymität erschwert ist, spricht dafür, dass auch im Betriebsvermögen gehaltene Krypto-Coins grundsätzlich unentgeltlich erworben werden und damit – soweit sie zum Anlagevermögen gehören – das Aktivierungsverbot des § 5 Abs. 2 EStG greift. Auf diese Weise wird eine gegebenenfalls anfallende Besteuerung zeitlich nur nach hinten verschoben. Damit ist im Ergebnis sowohl dem Leistungsfähigkeitsprinzip als auch dem Realisationsprinzip Rechnung getragen.

IV. Veräußerung der geforkten Coins

Fraglich ist schließlich, wie die Veräußerung der geforkten Coins handels- und steuerbilanziell zu erfassen ist. *Hakert/Kirschbaum*[1393] gehen in einem Erst-recht-Schluss von einem steuerpflichtigen Vermögenszufluss aus. Da die Veräußerung von per *Hard-Fork* erhaltenen Krypto-Coins bereits in der privaten Sphäre steuerbar sei, gelte dies erst recht für eine Veräußerung in der betrieblichen Sphäre.[1394] Dieser Ansicht kann nur mit gewissen Einschränkungen gefolgt werden. Ein pauschalierter Erst-recht-Schluss, nach dem die Veräußerung gleich welchen Krypto-Coin-Typs zu einem steuerbaren Vorgang im Privatvermögen führt, ist fehlgehend. Mangels Steuerverhaftung ist – außer bei der Veräußerung von Investment-Token – bei der Veräußerung von Krypto-Coins aus einer *Hard-Fork* kein steuerbarer Vorgang gegeben.[1395]

Eine entsprechende steuerrechtliche Behandlung für im Betriebsvermögen gehaltene geforkte Krypto-Coins scheidet indes aus. Dies wäre weder mit handels- noch steuerrechtlichen Grundsätzen vereinbar. Vielmehr sind auf Grund der Grundsätze der ordnungsgemäßen Buchführung auch die geforkten Krypto-Coins in den Büchern des Unternehmens zu führen. Werden diese nunmehr als Wirtschaftsgüter des Umlauf- oder Anlagevermögens veräußert, so stellt der erhaltene Kaufpreis eine Betriebseinnahme dar. Eine Betriebseinnahme ist grundsätzlich ein Zugang in Geld oder Geldeswert, der durch den Betrieb veranlasst ist, s. § 8 Abs. 1 KStG, § 4 Abs. 4 EStG. Liegt hingegen ein Tauschvorgang vor, also eine Betriebseinnahme in Gestalt von anderen Gütern, so sind diese zum gemeinen Wert (Verkehrswert) in der Bilanz zu aktivieren, s. § 6 Abs. 4 bzw. § 6 Abs. 6 EStG. Diese Vorgehensweise führt dazu, dass sowohl die unentgeltliche Weggabe als auch ein Tausch oder aber die entgeltliche Veräußerung von Krypto-Coins zu Betriebseinnahmen führt.[1396] Dies gilt grundsätzlich auch unabhängig davon, welcher Token-Typus gegeben ist.

1393 *Hakert/Kirschbaum*, DStR 2018, 881 (885 f.).
1394 *Hakert/Kirschbaum*, DStR 2018, 881 (885 f.).
1395 Vgl. oben: 5. Teil, 2. Abschnitt, B., I., 4., f), bb), (4).
1396 *Drüen* in Brandis/Heuermann, EStG, Stand: 159. EL Oktober 2021, § 4, Rn. 38.

Damit kommt es – anders als beim Privatvermögen – zunächst zu keiner Differenzierung im Hinblick auf die reine Veräußerung.

Relevant wird eine Differenzierung jedoch in Bezug auf die Bewertung i. R. d. § 6 EStG. Grundsätzlich sind Wirtschaftsgüter mit dem gemeinen Wert anzusetzen, s. § 1 Abs. 2 BewG. Nach § 9 Abs. 2 BewG wird der gemeine Wert grundsätzlich durch den Preis bestimmt, der im gewöhnlichen Geschäftsverkehr nach der Beschaffenheit des Wirtschaftsguts bei einer Veräußerung erzielt worden wäre.[1397] Demnach ist der erzielte Marktpreis als Betriebseinnahme in der Bilanz zu aktivieren.[1398]

Beim Tausch eines Wirtschaftsgutes gegen ein anderes bestimmen sich die Anschaffungskosten des eingetauschten Wirtschaftsgutes nach dem gemeinen Wert des hingegebenen Wirtschaftsguts, s. § 6 Abs. 6 S. 1 EStG. Dementsprechend bestimmt sich der Veräußerungspreis für das hingegebene Wirtschaftsgut nach dem gemeinen Wert des erhaltenen Wirtschaftsguts.[1399] Wirtschaftsgüter, die einem Unternehmen dienen, werden nach dem BewG jedoch in der Regel mit ihrem Teilwert angesetzt.[1400] Nach § 10 S. 2 u. 3 BewG ist der Teilwert der Betrag, den ein Erwerber des ganzen Unternehmens i. R. d. Gesamtkaufpreises für das einzelne Wirtschaftsgut ansetzen würde. Dabei ist davon auszugehen, dass der Erwerber das Unternehmen fortführt.[1401] Demnach wäre – entsprechend der Ansicht von *Kirsch/von Wieding/Höbener* – der aktuelle Marktpreis der geforkten Krypto-Coins anzusetzen.[1402]

Somit führt bei im Betriebsvermögen gehaltenen Krypto-Coins – anders als bei im Privatvermögen gehaltenen – sowohl die entgeltliche als auch die unentgeltliche Veräußerung egal welchen Krypto-Coin-Typs zu einer bilanzierungspflichtigen Betriebseinnahme und stellt damit einen steuerbaren Vorgang dar.

1397 *Ehmke* in Brandis/Heuermann, EStG, Stand. 159. EL Oktober 2021, § 6, R. 29 m. w. N.

1398 Nach Ansicht von *Kirsch/von Wieding/Höbener* soll der Ansatz der infolge einer Hard-Fork erhaltenen Krypto-Token bereits dann zum Marktpreis erfolgen, wenn ein erster beobachtbarer Marktpreis gegeben ist, was zeitlich bereits kurz nach der Hard-Fork der Fall sein kann. Dieser Ansicht ist infolge der größeren Marktschwankungen und dem deshalb anzuwendenen Stichtagsprinzips vorliegend nicht zu folgen. Zur vertieften Lektüre vgl. *Kirsch/von Wieding/Höbener*, IZR 2020, 495 (499).

1399 BFH, Urt. v. 13.10.2015 – IX R 43/14, BStBl. II 2016, 212.

1400 *Ehmke* in Brandis/Heuermann, EStG, Stand. 159. EL Oktober 2021, § 6, Rn. 29 m. w. N.

1401 *Ehmke* in Brandis/Heuermann, EStG, Stand: 159. EL Oktober 2021, § 6, Rn. 31.

1402 *Kirsch/von Wieding/Höbener*, IZR 2020, 495 (499).

V. Fazit

Im Ergebnis sind durch eine *Hard-Fork* entstandene Krypto-Coins, die sich im Betriebsvermögen befinden, grundsätzlich handels- und steuerbilanziell aktivierungspflichtig. Die Bewertung erfolgt mit der Ansetzung der Anschaffungs- und Herstellungskosten in Höhe von 0,00 €. In der Steuerbilanz sind die geforkten Krypto-Coins als betrieblich veranlasste unentgeltliche Vermögensmehrungen zu erfassen, die mit dem gemeinen Wert gem. § 6 Abs. 4 EStG zu bewerten sind. Handelt es sich bei den geforkten Krypto-Coins um Wirtschaftsgüter des Anlagevermögens, so greift grundsätzlich das Aktivierungsverbot des § 5 Abs. 2 EStG. Schließlich führt jedwede Veräußerung von Krypto-Coins zu bilanzierungspflichtigen Betriebseinnahmen und damit zu einem steuerpflichtigen Vorfall.

E. Steuerliche Behandlung von Kryptowährungen als Teil des Gehalts

Wie bereits aufgezeigt, kommt es immer öfter vor, dass Kryptowährungen als Teil des Gehalts gezahlt werden.[1403] Fraglich ist, wie dies steuerlich zu bewerten ist.

Wie bereits dargestellt, ist das Arbeitsentgelt gem. § 107 Abs. 1 GewO in Euro zu berechnen und auszuzahlen. Daneben ist es auch möglich, die Auszahlung in Ausnahmefällen in Fremdwährungen vorzunehmen. Auf Grund dessen wird im Hinblick auf die Besteuerung von Kryptowährungen als Arbeitsentgelt der Vergleich mit Fremdwährungen angestrebt, den die Verwaltung im Rahmen von Spekulationseinkünften anwendet.[1404] Hierbei wird in Bezug auf z. B. den Bitcoin wegen seines Handelsvolumens in Höhe von mehreren Millionen Euro pro Tag der Vergleich mit einer sog. etablierten Fremdwährung vorgenommen.[1405] Von einer solchen wird grundsätzlich ausgegangen, wenn sie als teilweise oder ganz frei konvertierbar eingestuft werden kann. Die Konvertierbarkeit wird dabei anhand

1403 S. o. 3. Teil, 2. Abschnitt, II., C., I., 3., a).

1404 https://www.lto.de/recht/hintergruende/h/lohn-arbeit-bitcoin-arbeitsrecht-entgelt-waehrung-sachbezuege/#:~:text=Auch%20diese%20werden%20weder%20als,Verg%C3%BCtungsanspruch%20des%20Arbeitnehmers%20nicht%20erf%C3%BCllen, abgerufen am 12.02.2021; anders ohne nähere Begründung *BMF* v. 10.05.2022, Einzelfragen zur ertragsteuerrechtlichen Behandlung von virtuellen Währungen und sonstigen Token, verfügbar unter: https://www.bundesfinanzministerium.de/Content/DE/Downloads/BMF_Schreiben/Steuerarten/Einkommensteuer/2022-05-09-einzelfragen-zur-ertragsteuerrechtlichen-behandlung-von-virtuellen-waehrungen-und-von-sonstigen-token.pdf?__blob=publicationFile&v=1, abgerufen am 06.06.2022.

1405 *Mückel*, Bitcoin & Co. – Arbeitsentgelt in virtuellen Währungen, veröffentlicht am 22.01.2019 unter: https://www.noerr.com/de/newsroom/news/bitcoin--co---arbeitsentgelt-in-virtuellen-wahrungen, abgerufne am 27.01.2023.

dessen bewertet, ob eine Währung leicht gegen andere eingetauscht werden kann. Je höher die Konvertierbarkeit ist, desto gefestigter und damit etablierter ist die Fremdwährung im internationalen Vergleich.[1406] Da etablierte Krypto-Token wie der Bitcoin jederzeit auf sog. *Exchanges* in Fiat-Geld umgetauscht werden können und auf diesen auch der tägliche Umtauschkurs ermittelbar ist, ist eine Vergleichbarkeit mit einer etablierten Währung gegeben. Entlohnt der Arbeitgeber demnach den Arbeitnehmer in Kryptowährungen, die ein großes Handelsvolumen aufweisen, so kann das so gezahlte Arbeitsentgelt im Rahmen des Fremdwährungsvergleichs als Arbeitsentgelt i. S. d. § 107 Abs. 1 GewO bewertet werden. Im Zuge der Auszahlung ist im Hinblick auf die steuerrechtliche Behandlung zur Wertbestimmung der Tageskurs zum jeweiligen Wert zu ermitteln. Diesen hat der Arbeitgeber schriftlich zu fixieren (§ 2 Abs. 1 Nr. 6 NachwG) und ihn gegenüber dem Finanzamt als gezahlten Lohn in Gestalt von geldwerten Zuwendungen anzuzeigen, s. § 38 Abs. 3 EStG.[1407] Offen ist, ob dieser tagesgenau oder beispielsweise als Wochen- oder Monatsdurchschnitt zu berechnen ist.

Auf Seiten des Arbeitnehmers führt die Entlohnung in Kryptowährungen zu einer Anschaffung im Zeitpunkt des Erhalts auf seinem persönlichen Schlüssel.[1408] Dieser Moment ist überdies auch maßgeblich für die Bestimmung der Höhe der Anschaffungskosten, s. § 255 Abs. 1 HGB. Gleichzeitig fängt in diesem Zeitpunkt auch die Spekulationsfrist an, zu laufen, s. § 23 Abs. 1 Nr. 2 S. 1 EStG. Wie bei allen anderen gleich gelagerten Fällen beträgt diese ebenfalls ein Jahr. Zu einer Erhöhung auf zehn Jahre gem. § 23 Abs. 1 Nr. 2 S. 4 EStG kommt es nur, wenn die jeweilige Kryptowährung nach Erhalt zur Einkünfteerzielung eingesetzt wird, beispielsweise im Rahmen des *Lendings*.[1409] Dies hat der Arbeitnehmer dem

---

1406 https://awgm.ru/de/valyutnye-cennosti-opredelenie-chto-eto-takoe---valyutnye.html, abgerufen am 21.11.2020.

1407 So auch *Mückel*, Bitcoin & Co. – Arbeitsentgelt in virtuellen Währungen, veröffentlicht am 22.01.2019 unter: https://www.noerr.com/de/newsroom/news/bitcoin--co---arbeitsentgelt-in-virtuellen-wahrungen, abgerufen am 27.01.2023.

1408 Ebenso *BMF* v. 10.05.2022, Einzelfragen zur ertragsteuerrechtlichen Behandlung von virtuellen Währungen und sonstigen Token, verfügbar unter: https://www.bundesfinanzministerium.de/Content/DE/Downloads/BMF_Schreiben/Steuerarten/Einkommensteuer/2022-05-09-einzelfragen-zur-ertragsteuerrechtlichen-behandlung-von-virtuellen-waehrungen-und-von-sonstigen-token.pdf?__blob=publicationFile&v=1, abgerufen am 06.06.2022.

1409 *Mückel*, Bitcoin & Co. – Arbeitsentgelt in virtuellen Währungen, veröffentlicht am 22.01.2019 unter: https://www.noerr.com/de/newsroom/news/bitcoin--co---arbeitsentgelt-in-virtuellen-wahrungen, abgerufen am 27.01.2023; a. A. zum *Lending* *BMF* v. 10.05.2022, Einzelfragen zur ertragsteuerrechtlichen Behandlung von virtuellen Währungen und sonstigen Token, verfügbar unter: https://www.bundesfinanzministerium.de/Content/DE/Downloads/BMF_Schreiben/Steuerarten/Einkommensteuer/2022-05-09-einzelfragen-zur-ertragsteuerrechtlichen-behandlung-von-vir

Finanzamt gegenüber dann mitzuteilen, s. § 38 Abs. 3 EStG. Im Übrigen verhält es sich mit der Erklärung wie bei jeder Lohnsteuererklärung, nur dass der Bezug der Kryptowährung explizit auszuweisen ist, s. § 107 Abs. 2 GewO, § 2 Nr. 6 NachwG.

4. Abschnitt: Umsatzsteuerliche Behandlung von Kryptowährungen

Ein weiterer praxisrelevanter Besteuerungsaspekt ist der der Umsatzbesteuerung von Transaktionen mit Kryptowährungen. Als indirekte Steuer setzt die Umsatzsteuer grundsätzlich an der Entgeltleistung von Lieferungen und Leistungen von Unternehmern an. Von ihrer Wirkung her ist sie deshalb als Verbrauchsteuer zu bezeichnen. Ihrer Form nach ist sie jedoch auch als Verkehrsteuer anzusehen, da sie an den vorgenannten Leistungsaustausch anknüpft, s. § 1 Abs. 1 Nr. 1 AO.[1410] Durch die Mehrwertsteuersystem-Richtlinie ist die Umsatzsteuer in der EU weitestgehend harmonisiert. Neben Vorgaben zum Besteuerungsgegenstand enthält diese vor allem auch solche zur Bemessungsgrundlage und zum Vorsteuerabzug. Lediglich die Höhe des Steuersatzes ist nicht einheitlich geregelt. Kommt es zu Zweifelsfragen der nationalen Anwendung, ist eine richtlinienkonforme Auslegung vorzunehmen.[1411] In Bezug auf die Frage der Umsatzsteuererhebung bei der Transaktion mit Kryptowährungen ist nach dem „*Hedqvist*-Urteil" des EuGH vom 22.10.2015 ebenfalls eine richtlinienkonforme Auslegung geboten.[1412]

Von diesem Ausgangspunkt aus wird sich nachfolgend zunächst mit dem EuGH-Urteil und dem zugrunde liegenden Sachverhalt auseinandergesetzt. Anschließend erfolgt eine Auseinandersetzung mit dem *BMF*-Schreiben vom 27.02.2018, das als Reaktion auf das EuGH-Urteil erlassen wurde.[1413] Anschließend wird dargestellt, zu welchen Reaktionen das Urteil und das Schreiben in der Literatur geführt haben.[1414]

A. Urteil des EuGHs vom 22.10.2015

Einen ersten „Meilenstein" in der Rechtsprechung zum Thema Kryptowährungen stellt das EuGH-Urteil „*Hedqvist*" aus dem Jahr 2015 dar[1415], in dem über den

tuellen-waehrungen-und-von-sonstigen-token-bmf-schreiben.pdf?__blob=publicationFile&v=2, abgerufen am 27.01.2023.

1410 *Fehrenbacher*, Steuerrecht, 7. Auflage 2019, § 7, Rn. 3.

1411 *Fehrenbacher*, Steuerrecht, 7. Auflage 2019, § 7, Rn. 5.

1412 EuGH, Urt. v. 22.10.2015 – C-264/14, Skatteverket/Hedqvist, MMR 2016, 201.

1413 *BMF*-Schreiben v. 27.02.2018 – III C – S 7160-b/13/10001, 2018/0163969.

1414 Mangels konkreter Vorgaben zur Umsatzbesteuerung von Krypto-Token und auf Grund des Umstands, dass dieser Themenaspekt nur einen Randbereich dieser Arbeit darstellt, besteht diesbezüglich kein Anspruch auf Vollständigkeit.

1415 EuGH, Urt. v. 22.10.2015 – C-264/14, Skatteverket/Hedqvist, MMR 2016, 201.

Umtausch von Bitcoin in konventionelle Währungen vor dem Hintergrund der Mehrwertsteuersystemrichtlinie RL 2006/112/EF des Rates vom 28.11.2006[1416] erstmalig entschieden worden ist.

I. Sachverhalt

Dem Urteil lag folgender Sachverhalt zugrunde:

Der schwedische Unternehmer *Hedqvist*, der beabsichtigte, über ein Unternehmen Dienstleistungen in Form des Umtausches von konventionellen Währungen in die Kryptowährung Bitcoin und umgekehrt anzubieten, führte einen Rechtsstreit mit der schwedischen Steuerverwaltung über einen Vorbescheid des Steuerrechtsausschusses. In diesem Vorbescheid vom 14.10.2013 hatte der Steuerrechtsausschuss auf Grundlage des Urteils über die *First National Bank of Chicago*[1417] des Europäischen Gerichtshofes angenommen, dass Herr *Hedqvist* eine Umtauschdienstleistung gegen Entgelt anbiete und für diese die nach Kap. 3 § 9 des schwedischen Mehrwertsteuergesetzes vorgesehene Steuerbefreiung greife. Die Steuerrechtskommission beim Obersten Verwaltungsgericht (*Högsta förnvaltingsdomstol*) beurteilte die Rechtslage hingegen anders und erhob gegen diesen Vorbescheid Klage. In dieser vertrat sie die Ansicht, dass die in dem Mehrwertsteuergesetz vorgesehene Steuerbefreiung im vorliegenden Fall nicht greife. Infolge von rechtlichen Zweifeln in Bezug auf die Steuerbefreiung setzte das erkennende Gericht das Verfahren aus und legte dem EuGH die Sache vor.[1418]

II. Vorgelegte Fragestellung

Das vorlegende Gericht begehrte die Beantwortung folgender zwei Fragestellungen:

1. Erste Fragestellung

Zum einen wollte das vorlegende Gericht wissen, ob „Art. 2 Abs. 1 der Mehrwertsteuerrichtlinie dahin auszulegen [ist], dass als Umtausch einer virtuellen Währung in eine konventionelle Währung und umgekehrt bezeichnete Umsätze, für die eine Vergütung zu entrichten ist, die der Erbringer dieser Leistung bei der Festlegung der Wechselkurse einrechnet, als Erbringung einer Dienstleistung gegen Entgelt zu verstehen sind?“[1419]

1416 ABl. L 347, S. 1, i. F. MwSt.-RL.

1417 EuGH, Urt. v. 22.10.2015 – C-264/14, Skatteverket/Hedqvist, MMR 2016, 201.

1418 EuGH, Urt. v. 22.10.2015 – C-264/14, Skatteverket/Hedqvist, MMR 2016, 201.

1419 EuGH, Urt. v. 22.10.2015 – C-264/14, Skatteverket/Hedqvist, MMR 2016, 201.

2. *Zweite Fragestellung*

Zum anderen begehrte das vorlegende Gericht die Beantwortung der Frage, falls die erste Frage zu bejahen ist: „Ist Art. 135 Abs. 1 der Mehrwertsteuerrichtlinie dahin auszulegen, dass derartige Umtauschgeschäfte von der Steuer befreit sind?“[1420]

III. Entscheidungsgründe

Der EuGH entschied folgendermaßen:

1. *Zur ersten Fragestellung*

Nach Ansicht des EuGH können Bitcoins nicht als Gegenstand i. S. v. Art. 14 der MwSt.-RL[1421] eingestuft werden, da ihr Zweck ausschließlich in der Verwendung als Zahlungsmittel bestehe. Somit würden die im Zuge des Umtausches anfallenden Umsätze nicht unter den Begriff der „Lieferung von Gegenständen“ i. S. v. Art. 14 der MwSt.-RL fallen, sondern vielmehr Dienstleistungen i. S. v. Art. 24 der MwSt.-RL darstellen. Des Weiteren nimmt der EuGH an, dass zwischen den Umsätzen und den erbrachten Dienstleistungen ein unmittelbarer Zusammenhang bestehe – mit der Folge, dass er von einer Erbringung einer Dienstleistung gegen Entgelt i. S. v. Art. 2 Abs. 1 Buchst. c der MwSt.-RL ausgeht.[1422]

2. *Zur zweiten Fragestellung*

Zum Sinn und Zweck der in Art. 135 Abs. 1 MwSt.-RL manifestierten Ausnahmetatbestände führt der EuGH vorab aus, dass diese eng auszulegen seien und den Zweck verfolgten, die Schwierigkeiten, die mit der Bestimmung der Bemessungsgrundlage und der Höhe der abzugsfähigen MwSt. verbunden seien, zu beseitigen. Deshalb seien die auf Grund der Bestimmungen von der MwSt. befreiten Umsätze ihrer Art nach Finanzgeschäfte, auch wenn sie nicht notwendigerweise von Banken oder Finanzinstituten getätigt werden müssen. Im Ergebnis würden die steuerbefreiten Umsätze durch die Art der erbrachten Dienstleistung definiert werden.[1423]

Da im Ausgangsverfahren unstreitig sei, dass die virtuelle Währung Bitcoin keinem anderen Zweck als dem der Verwendung als Zahlungsmittel diene und sie in dieser Eigenschaft von bestimmten Wirtschaftsteilnehmern akzeptiert werde, sei die Schlussfolgerung zu ziehen, dass sich Art. 135 Abs. 1 Buchst. e MwSt.-RL auch auf Dienstleistungen wie die im Ausgangsverfahren in Rede stehenden beziehe.

1420 EuGH, Urt. v. 22.10.2015 – C-264/14, Skatteverket/Hedqvist, MMR 2016, 201.

1421 Abkürzung für Mehrwertsteuersystem-Richtlinie.

1422 EuGH, Urt. v. 22.10.2015 – C-264/14, Skatteverket/Hedqvist, MMR 2016, 201, Rn. 22–31.

1423 EuGH, Urt. v. 22.10.2015 – C-264/14, Skatteverket/Hedqvist, MMR 2016, 201, Rn. 22–31.

Fest stehe jedoch, dass die virtuelle Währung Bitcoin weder ein Wertpapier noch ein Eigentumsrecht an einer juristischen Person oder ein vergleichbares Wertpapier darstelle, weshalb die im Ausgangsverfahren in Rede stehenden Umsätze nicht in den Anwendungsbereich des Art. 135 Abs. 1 Buchst. f MwSt.-RL. fallen würden. Im Ergebnis handle es sich bei den in Rede stehenden Umsätzen deshalb um von der MwSt. befreite Umsätze.[1424]

B. *BMF*-Schreiben vom 27.02.2018

Das *BMF* reagierte erstmals am 27.02.2018[1425] auf die nationalen steuerrechtlichen Auswirkungen dieses Urteils in Deutschland. In diesem nicht ganz unumstrittenen Schreiben nahm das *BMF* Stellung zu der umsatzsteuerlichen Behandlung des Umtausches von Bitcoin, des Minings, der *Wallets*, von Handelsplattformen und fügte einen neuen Absatz 3a nach Abschnitt 4.8.3 Absatz 3 UStAE[1426] ein. Im Folgenden wird die Ansicht des *BMF* kurz wiedergegeben.

I. Umtausch von Bitcoin

Zur der dem EuGH-Urteil zugrunde liegenden Fragestellung der umsatzsteuerlichen Bewertung des Umtausches von konventionellen Währungen in Bitcoin und umgekehrt äußerte sich das *BMF* dahingehend, dass es sich hierbei um eine steuerbare sonstige Leistung handle, die im Rahmen einer richtlinienkonformen Gesetzesauslegung gem. § 4 Nr. 8 Buchst. b UStG umsatzsteuerfrei sei.[1427]

II. Die Verwendung von Bitcoin als Entgelt

Im Hinblick auf die Verwendung von Bitcoins oder anderen virtuellen Währungen ist das *BMF* der Ansicht, dass, soweit sie keinem anderen Zweck als dem eines reinen Zahlungsmittels dienen, deren Verwendung der von konventionellen Zahlungsmitteln gleichzusetzen ist. Dies habe zur Konsequenz, dass die bloße Hingabe von Bitcoin zur Entgeltentrichtung als nicht steuerbar angesehen wird.[1428] Überdies führt das *BMF* aus, dass sich das Entgelt, welches man Zug um Zug gegen die hingegebenen virtuellen Währungen erhalte, beim Leistenden grundsätzlich nach dem Gegenwert zum Leistungszeitpunkt in der Währung des Mitgliedstaates bestimme, in dem die Leistung erfolge. Die Umrechnung habe in analoger Anwendung des Art. 91 Abs. 2 MwSt.-RL zum letzten veröffentlichten Verkaufskurs zu

---

1424 EuGH, Urt. v. 22.10.2015 – C-264/14, Skatteverket/Hedqvist, MMR 2016, 201, Rn. 32–57.

1425 *BMF*-Schreiben v. 27.02.2018 – III C 3 – S 7160-b/13/10001b, BStBl. 2018, 316.

1426 Abkürzung für Umsatzsteuer-Anwendungserlass.

1427 *BMF*-Schreiben v. 27.02.2018 – III C 3 – S 7160-b/13/10001b, BStBl. 2018, 316.

1428 So auch *Reiter/Nolte*, BB 2018, 1179 (1183).

erfolgen, der auf entsprechenden Umrechnungsportalen im Internet abrufbar sei. Die Dokumentationslast liege dabei beim leistenden Unternehmer.[1429]

III. Mining

Im Rahmen des Minings ist das *BMF* der Ansicht, dass es sich hierbei um nicht steuerbare Vorgänge handle. In Bezug auf die sog. Transaktionsgebühr ist es der Ansicht, dass diese freiwillig gezahlt werde und in keinem unmittelbaren Zusammenhang mit der Leistung der Miner stünde. Auch im Hinblick auf die Entlohnung der Miner in Gestalt von neuen Bitcoins vertritt es die Ansicht, dass diese nicht als Entgelt zu qualifizieren seien, da die Miningleistungen nicht im Rahmen eines Leistungsaustauschverhältnisses erbracht würden. Dieses setze neben dem Leistenden nämlich das Vorhandensein eines identifizierbaren Leistungsempfängers voraus, was auf Grund des den virtuellen Währungen zugrunde liegenden Systems nicht der Fall sei.[1430]

IV. Wallet

Anders beurteilt das *BMF* die Steuerbarkeit der *Wallets*. Soweit die Anbieter von digitalen *Wallets* hierfür eine Zahlung in Gestalt von Gebühren verlangen, würden auf elektronischem Weg erbrachte sonstige Leistungen i. S. d. § 3a Abs. 5 S. 2 Nr. 3 UStG vorliegen, welche gem. § 3a Abs. 2 bzw. Abs. 5 S. 2 UStG steuerbar und steuerpflichtig seien, soweit der Leistungsort im Inland liege.[1431]

V. Handelsplattformen

Die Zurverfügungstellung von Handelsplattformen als technischen Marktplatz zum Erwerb bzw. Handel von Bitcoins stellt nach Ansicht des *BMF* die reine Ermöglichung der EDV-technischen Abwicklung dar. Eine Steuerbefreiung nach § 4 Nr. 8 UStG komme hierfür indes nicht in Betracht. Dies verhalte sich jedoch anders, soweit der Betreiber der Plattform den Kauf- und Verkauf von Bitcoins als Mittelsperson im eigenen Namen vornehme, da hier die Steuerbefreiung gem. § 4 Nr. 8 Buchst. b UStG durchaus in Betracht komme.[1432]

1429 *BMF*-Schreiben v. 27.02.2018 – III C 3 – S 7160-b/13/10001b, BStBl. 2018, 316.

1430 *BMF*-Schreiben v. 27.02.2018 – III C 3 – S 7160-b/13/10001b, BStBl. 2018, 316.

1431 *BMF*-Schreiben v. 27.02.2018 – III C 3 – S 7160-b/13/10001b, BStBl. 2018, 316 m. V. a. Abschnitt 3a.9a Abs. 1 bis 8 UStAE.

1432 *BMF*-Schreiben v. 27.02.2018 – III C 3 – S 7160-b/13/10001b, BStBl. 2018, 316.

VI. Praktische Konsequenz des BMF-Schreibens

Im Nachgang zum *BMF*-Schreiben vom Februar 2018 wurde das Bundesfinanzministerium weiter tätig und erließ einen neuen Absatz in der UStAE. Da durch das *BMF*-Schreiben zu den meisten Transaktionsvorgängen mit Kryptowährungen Stellung bezogen worden war, jedoch keine Stellungnahme zum Mining selbst, kam es in der Literatur überdies zu einer vermehrten Auseinandersetzung mit der Frage, wie das Mining umsatzsteuerrechtlich zu bewerten ist (dazu unter 2.).

1. Neue Regelung im UStAE

Im Zuge des *BMF*-Schreibens vom 27.02.2018[1433] wurde nachfolgender Absatz 3a nach Abschnitt 4.8.3. Abs. 3 UStAE eingefügt:

> „sog. virtuelle Währungen (Kryptowährungen, z. B. Bitcoin) werden den gesetzlichen Zahlungsmitteln gleichgestellt, soweit diese sog. virtuellen Währungen von den an der Transaktion Beteiligten als alternatives vertragliches und unmittelbares Zahlungsmittel akzeptiert worden sind und keinem anderen Zweck als der Verwendung als Zahlungsmittel dienen (s. EuGH-Urteil vom 22. Oktober 2015, C-264/14, *Hedqvist*, BStBl. 2008 II S. 211). Dies gilt nicht für virtuelles Spielgeld (sog. Spielwährungen oder *Ingame*-Währungen, insbesondere in Onlinespielen)."

2. Rezeption in der Literatur

Das Tätigwerden des *BMF* wurde in der Wissenschaft zum Anlass genommen, sich eingehender mit der umsatzsteuerlichen Behandlung von Krypto-Mining und artverwandter Leistungen zu beschäftigen.

a) Mining

Primär wird sich in der Literatur mit der Frage auseinandergesetzt, wie das Mining umsatzsteuerlich zu bewerten ist.

aa) Sonstige Leistung i. S. d. § 3 Abs. 9 UStG

Danach handele es sich beim Mining um eine sonstige Leistung gem. § 3 Abs. 9 UStG in Form der Zurverfügungstellung von Rechenleistung. Daneben stelle das Mining auch eine unternehmerische (wirtschaftliche) Tätigkeit mit Einnahmeerzielungsabsicht dar, welche gegen Entgelt i. S. d. § 1 Abs. 1 Nr. 1 UStG erfolge.[1434] Argumentativ wird dies darauf gestützt, dass es sich zumindest beim Bitcoin um ein Zahlungsmittel handle, welches von den an der Transaktion beteiligten Personen

---

1433 *BMF*-Schreiben v. 27.02.2018 – III C 3 – S 7160-b/13/10001b, BStBl. 2018, 316.

1434 *Dietsch*, MwStR 2018, 250 (252).

als solches akzeptiert werde.[1435] Dagegen scheide ein tauschähnlicher Umsatz i. S. d. § 3 Abs. 12 UStG durch das Mining aus. In Bezug auf etwaige Transaktionsgebühren handle es sich schließlich um eine einheitliche Leistung. Der Umstand, dass die Erbringung des Miningvorgangs und die Zahlung der Transaktionsgebühr getrennt voneinander erfolgen, würde hieran nichts ändern, da es dem Zahlenden gerade um die Verbindung beider Elemente gehe, um diese schneller auszuführen.[1436]

bb) Bestimmung des Leistungsortes

Für den Ort der Leistung wird auf § 3a UStG abgestellt. Danach wird eine sonstige Leistung grundsätzlich an dem Ort ausgeführt, von dem aus der Unternehmer sein Unternehmen betreibt, s. § 3a Abs. 1 S. 1 UStG. Der Miner führt seine sonstige Leistung an denjenigen aus, der die Rechenaufgabe gestellt hat und die Krypto-Coins als Belohnung ausgibt. Leistungsempfänger ist somit derjenige, der die Ausgabe des neuen Krypto-Coins veranlasst hat. Fraglich ist hierbei, ob es sich bei dem Veranlasser um eine Privatperson oder einen Unternehmer handelt. Ist Ersteres gegeben, so könnte sich der Ort der Leistung gem. § 3a Abs. 5 UStG auf den Sitz des Nichtunternehmers verlagern.[1437] Zudem muss es sich um eine auf elektronischem Weg erbrachte Leistung handeln, s. § 3a Abs. 5 S. 2 Nr. 3 UStG. Eine solche liegt insbesondere dann vor, wenn von einem Computer aus eine automatisch generierte Dienstleistung über das Internet oder ein ähnliches elektronisches Netz auf Grundlage spezifischen Dateninputs des Dienstleistungsempfängers gegeben ist, s. Art 7 Abs. 2 Buchst. c MwStVO.[1438]

Nach den vorangegangenen Ausführungen zum allgemeinen Mining-Prozess sind diese Voraussetzungen vorliegend erfüllt. Im Ergebnis stellt das Mining damit eine elektronische Dienstleistung i. S. v. Art. 58 MwSt.-RL i. V. m. Art. 7 Abs. 2 Buchst. c MwStVO dar. Ort der Leistung ist folglich der Sitz des

---

1435 Vgl. *BMF*-Schreiben v. 27.02.2018 – III C 3 – S 7160-b/13/10001b, BStBl. I 2018, 316; BT-Drs. 19/370, Antwort auf die Frage 25 der Abgeordneten Lisa Paus (BÜNDNIS 90/DIE GRÜNEN); ebenso *Pielke*, MwStR 2016, 150 (152); *Ehrke-Rabel/Pfeiffer*, SWK 2017, 532 (537); *Dietsch*, MwStR 2017, 868 (874); vgl. auch Österreichisches *BMF* v. 25.07.2017, letzte ÄNderunge vom 14.02.2022, verfpgbar unter: https://www.bmf.gv.at/themen/steuern/sparen-veranlagen/steuerliche-behandlung-von-kryptowaehrungen.html, abgerufen am 27.01.2023.

1436 *Dietsch*, MwStR 2018, 250 (252) m. V. a.: BFH, Urt. v. 10.01.2013 – V R 31/10, BStBl. II 2013, 352, MwStR 2013, 205 m. Anm. *Breucha*; Abschn. 3.10 Abs. 3 S. 3 UStAE; anders wohl *BMF* v. 27.02.2018 – III C 3 – S 7160-b/13/10001, MwStR 2018, 281.

1437 Vgl. zu den Voraussetzungen des § 3a Abs. 5 UStG unten unter: 5. Teil, 4. Abschnitt, VII., 3., b).

1438 Umgesetzt in Abschn. 3a.12. Abs. 2 Nr. 3 UStAE; *Dietsch*, MwStR 2018, 250 (252).

Leistungsempfängers.[1439] Der leistende Unternehmer hat somit seinen Wohnsitz, Sitz oder gewöhnlichen Aufenthaltsort nachzuweisen.[1440]

Ist hingegen der Miner ein Unternehmer, so findet § 3a Abs. 2 UStG mit der Folge Anwendung, dass der Ort der Leistung beim Unternehmer liegt, der die Miningleistung empfängt. Sofern dieser seinen Sitz oder seine Betriebstätte nicht in Deutschland hat, ist der Vorgang im Ergebnis im Inland nicht steuerbar.[1441]

cc) Unmittelbarkeitszusammenhang

Als problematisch wird hingegen der für die Umsatzsteuerbarkeit vorausgesetzte Unmittelbarkeitszusammenhang beim Mining erachtet, da keine vertragliche Grundlage gegeben sei, auf der der Leistende eine sonstige Leistung an den Leistungsempfänger erbringe.[1442] Grundsätzlich liegt ein unmittelbarer Zusammenhang zwischen Leistung und Gegenleistung vor, wenn ein irgendwie geartetes Rechtsverhältnis gegeben ist und auf dessen Basis die Vertragsparteien leisten.[1443]

Der EuGH stellt in diesem Zusammenhang im *Hedqvist*-Urteil allein auf den faktischen Leistungsaustausch ab.[1444] Zwar wird in der Literatur davon ausgegangen, dass die im *Hedqvist*-Urteil aufgestellten Kriterien nicht unmittelbar auf den Mining-Prozess übertragbar seien, da der Miner sich zwar die Transaktion gezielt aussuche, der tatsächliche Erfolg jedoch willkürlich eintrete.[1445] Diesen Bedenken wird jedoch mit dem Argument entgegengetreten, dass dem Miner bewusst sei, welche Gegenleistung – also wie viele Krypto-Coins – er als Belohnung erhalten könne und er zudem durch die Zurverfügungstellung von mehr Rechenkapazität seine Chancen hierauf selbst erhöhen könne. Dadurch sei der Unmittelbarkeitszusammenhang zwischen Leistung und Gegenleistung auch beim Mining gegeben.[1446] In Ergebnis ist demnach richtigerweise der Leistung des Miners ein entsprechender Gegenwert zuzusprechen.

1439 So auch *Pielke*, MwStR 2016, 150 (152).

1440 *Lang* in BeckOK UStG, 32. Edition Stand: 06.03.2022, § 3a, Rn. 291.

1441 So auch *Dietsch*, MwStR 2018, 250 (253).

1442 *Wolf* in International VAT Monitor September/October 2014, 254 (257), verfügbar unter: http://www.belastingrechtaandevu.nl/Portals/0/images/Wolf_artikel8.pdf, abgerufen am 31.10.2020; *BMF* v. 27.2.2018 – III C 3 – S 7160-b/13/10001, MwStR 2018, 281.

1443 BFH, Urt. v. 16.1.2014 – V R 22/13, MwStR 2014, 333 m. Anm. *Hummel*.

1444 EuGH, Urt. v. 22.10.2015 – C-264/14, Skatteverket/Hedqvist, MMR 2016, 201, Rn. 27 ff.

1445 *Dietsch*, MwStR 2018, 250 (253) m. V. a. *Wolf* in International VAT Monitor September/October 2014, 254 (257), verfügbar unter: http://www.belastingrechtaandevu.nl/Portals/0/images/Wolf_artikel8.pdf, abgerufen am 31.10.2020; EuGH, Urt. v. 3.3.1994 – C-16/93, Tolsma, BeckRS 2004, 74552.

1446 So im Ergebnis auch *Dietsch*, MwStR 2018, 250 (253).

b) *Umtausch von Krypto-Token*

Geht es hingegen um den Umtausch von Krypto-Token – vor allem Currency-Token oder Stablecoins – auf *Exchange*-Plattformen, so wird in Übereinstimmung mit der Ansicht des EuGH und des *BMF* im Ergebnis von einer umsatzsteuerbaren Leistung ausgegangen, die jedoch steuerbefreit ist.[1447] Argumentativ wird dies – ähnlich wie beim EuGH-Urteil – auf den Sinn und Zweck des Art. 135 Abs. 1 MwSt.-RL gestützt. Denn sei es gerade problematisch, das eigentliche Entgelt für die Umtauschdienstleistung zu lokalisieren.[1448]

Für den tauschähnlichen Umsatz wird indes richtigerweise auf § 3 Abs. 12 UStG abgestellt. Ein tauschähnlicher Umsatz liegt nach § 3 Abs. 12 S. 2 UStG vor, wenn das Entgelt für die sonstige Leistung in einer Lieferung oder sonstigen Leistung besteht. Offen bleibt hingegen die Frage, ob für ausländische unternehmerische Leistungsempfänger im EU-Ausland jeweils eine Umsatzsteuerbefreiung nach der dortigen Finanzverwaltungsauffassung greift oder gegebenenfalls eine *Reserve-Charge*-Umsatzsteuerschuld entsteht. Dies hätte enorme Auswirkungen auf die umsatzsteuerlichen Melde- und Erklärungspflichten der Transaktionsbeteiligten.

Im Ergebnis ist somit abzuwarten, wie zukünftig mit den vorgenannten Problemen umgegangen wird. Gerade auch im Hinblick auf die offenen Fragestellungen im internationalen Kontext wäre eine einheitlich rechtliche Vorgabe wünschenswert. Denn derzeit wird eine zutreffende Behandlung dieser Problematiken in der Wissenschaft als kaum realisierbar eingestuft.[1449]

VII. Unbeantwortete Frage der Umsatzsteuerpflicht i. R. v. ICOs

Nicht vom *BMF*-Schreiben beantwortet wurde die Frage der Umsatzsteuerpflicht der Ausgabe von Krypto-Token im Rahmen von *ICOs*. In der Literatur wird bei der Betrachtung dieser Frage hauptsächlich danach differenziert, welche Token-Gattung im konkreten Fall ausgegeben wird. Da *ICOs* eine hohe Praxisrelevanz aufweisen, wird sich nachfolgend mit der bisherigen Literaturansicht eingehend auseinandergesetzt.

1447 U. a. *Liegmann/Farruggia-Weber*, BB 2018, 2524 (2529 f.).

1448 *Liegmann/Farruggia-Weber*, BB 2018, 2524 (2530) m. V. a. EuGH, Urt. v. 22.10.2015 – C-264/14, Skatteverket/Hedqvist, MMR 2016, 201, Rn. 36, 48; EuGH, Urt. v. 12.06.2014 – C-461/12, Granton Advertising, Rn. 30; EuGH, Urt. v. 14.05.2018 – verb. Rs C-231/07 und C-232707, Tiercé Ladbroke, Rn. 74; EuGH, Urt. v. 19.04.2007 – C-455705, Velvet & Steel Immobilien, Rn. 24.

1449 *Liegmann/Farruggia-Weber*, BB 2019, 2524 (2530).

1. Gutschein-Richtlinie

Ausgangspunkt der Diskussion bezüglich der Utility-Token stellt die 2016 von der EU verabschiedete Gutschein-Richtlinie[1450] dar. Denn Utility-Token können je nach konkreter Ausgestaltung auch Gutscheine darstellen. Gutscheine im Sinne der Richtlinie sind gem. Art. 1 der Gutschein-Richtlinie von 2016 Instrumente, bei denen die Verpflichtung besteht, sie als Gegenleistung oder Teil einer solchen für eine Lieferung von Gegenständen oder eine Erbringung von Dienstleistungen anzunehmen und bei den die zu liefernden Gegenstände oder zu erbringenden Dienstleistungen oder die Identität der möglichen Lieferer oder Dienstleistungserbringer entweder auf dem Instrument selbst oder in damit zusammenhängenden Unterlagen, einschließlich der Bedingungen für die Nutzung dieses Instruments, angegeben sind.[1451]

Im Rahmen der Richtlinie wird grundsätzlich zwischen Einzweck- und Mehrzweckgutscheinen differenziert. Der Unterschied liegt darin, ob bereits im Zeitpunkt der Ausgabe feststeht, für welche Art von Geschäft der Gutschein genutzt werden kann. Ist dem so, liegt ein Einzweckgutschein mit der Folge vor, dass bereits die Ausgabe als solche eine umsatzsteuerbare Leistung i. S. d. UStG darstellt. Im Gegensatz dazu wird bei Mehrzweckgutscheinen die umsatzsteuerbare Leistung i. S. d. UStG erst im Zeitpunkt der Annahme des Gutscheins ausgelöst.[1452]

In Bezug auf Utility-Token bedeutet dies, dass, sofern dieser als Einzweckgutschein im Sinne der EU-Richtlinie[1453] ausgestaltet ist, bereits die Ausgabe des Utility-Tokens eine umsatzsteuerbare Leistung darstellt. Andernfalls kann es sich um einen Mehrzweckgutschein handeln, der zunächst nicht umsatzsteuerpflichtig ist.[1454]

1450 Richtlinie (EU) 2016/1065 des Rates vom 27. Juni 2016 zur Änderung der Richtlinie 2006/112/EG hinsichtlich der Behandlung von Gutscheinen, L 177/9, verfügbar unter: https://eur-lex.europa.eu/legal-content/DE/ALL/?uri=CELEX%3A32016L1065, abgerufen am 01.06.2020.

1451 Richtlinie (EU) 2016/1065 des Rates vom 27. Juni 2016 zur Änderung der Richtlinie 2006/112/EG hinsichtlich der Behandlung von Gutscheinen, RL 2016/1065/EU, beck-online.

1452 *Radeisen*, Umsatzsteuer 2019: Wichtige Änderungen im Überblick/1.3 Umsetzung der EU-Gutschein-Richtlinie, veröffentlicht unter: https://www.haufe.de/steuern/kanzlei-co/umsatzsteuer-2019-wichtige-aenderungen-im-ueberblick_170_478070.html, abgerufen am 27.01.2023.

1453 Richtlinie (EU) 2016/1065 des Rates vom 27. Juni 2016 zur Änderung der Richtlinie 2006/112/EG hinsichtlich der Behandlung von Gutscheinen, RL 2016/1065/EU, beck-online.

1454 *Schwendemann/Kirschbaum/Förster*, Utility-Token: ICO, Gestaltung, Besteuerung, veröffentlicht unter: https://www.winheller.com/bankrecht-finanzrecht/bitcointrading/ico-initial-coin-offering/utility-token.html, abgerufen am 01.06.2020.

2. Umsatzsteuerpflicht von Einzweckgutscheinen

Im Ergebnis sind damit Utility-Token, die wie Einzweckgutscheine ausgestaltet sind, umsatzsteuerpflichtig gem. § 1 Abs. 1 Nr. 1 UStG.[1455] Dies hat zur Folge, dass der ausgebende Emittent bei der Ausgabe der Utility-Token Umsatzsteuer abführen muss. Problematisch ist dabei, dass der Leistungsort bei der Ausgabe von Utility-Token im Zuge eines *ICOs* oft nicht im Inland liegt. Leistungsort ist der Ort, an dem der Unternehmer sein Unternehmen betreibt, s. § 3a Abs. 1 S. 1 UStG, bzw. wo er seine Betriebsstätte unterhält, s. § 3a Abs. 1 S. 2 UStG. Der Ort des tatsächlichen Verbrauchs spielt keine Rolle.[1456]

Die Regelung in § 3a Abs. 1 UStG gilt jedoch nur für Dienstleistungen an Verbraucher. Wird hingegen die sonstige Leistung von einem Unternehmer an einen anderen Unternehmer für dessen Unternehmen erbracht, bestimmt sich der Leistungsort nach dem Sitz des Leistungsempfängers, sog. Bestimmungslandprinzip[1457], s. § 3a Abs. 2 UStG.

3. Bestimmung des Leistungsortes i. S. d. § 3a UStG

Von diesen beiden Grundsätzen gibt es jedoch Ausnahmen, s. § 3a Abs. 3 ff. UStG. Erbringt beispielsweise ein Unternehmer, der sein Unternehmen in einem Drittstaat betreibt, eine in § 3a Abs. 4 Satz 2 Nr. 1–10 oder Abs. 5 S. 1 Nr. 1 u. 2 UStG bezeichnete Leistung, ist diese Leistung abweichend von § 3a Abs. 1, Abs. 3 Nr. 2 und Abs. 4 S. 1 oder Abs. 5 UStG als im Inland ausgeführt zu behandeln, wenn sie dort genutzt oder ausgewertet wird. Erfolgt diese Leistung durch eine in einem Drittstaat gelegene Betriebsstätte eines Unternehmers, so gilt Entsprechendes, s. § 3a Abs. 6 Satz 1 u. 2 UStG.

Fraglich ist, ob und gegebenenfalls unter welche der in § 3a Abs. 3 ff. UStG genannten Ausnahmetatbestände die Ausgabe von Utility-Token im Rahmen eines *ICOs* fallen könnte. In Betracht kommen die in § 3a Abs. 4 Nr. 4 UStG genannten sonstigen Leistungen in Gestalt der Datenverarbeitung und die in § 3a Abs. 5 S. 2 Nr. 1 UStG normierten, auf elektronischem Weg erbrachten sonstigen Leistungen.

a) Datenverarbeitung i. S. d. § 3a Abs. 4 S. 2 Nr. 4 UStG

Unter Datenverarbeitung i. S. d. § 3a Abs. 4 S. 2 Nr. 4 UStG wird die manuelle, mechanische oder elektronische Speicherung, Umwandlung, Verknüpfung und Verarbeitung von Daten verstanden. Hierzu gehören insbesondere die Automatisierung von gleichförmig wiederholbaren Abläufen, die Sammlung, Aufbereitung, Organisation, Speicherung und Wiedergewinnung von Informationsmengen sowie die Verknüpfung von Datenmengen oder Datenstrukturen mit der Verarbeitung dieser Informationen auf Grund computerorientierter Verfahren. Die

---

1455 *Weitnauer* in Weitnauer, Handbuch Venture Capital, 7. Auflage 2022, Teil E. Die Gründung, Rn. 131.

1456 *Fehrenbacher*, Steuerrecht, 7. Auflage 2019, § 7, Rn. 28 ff.

1457 *Fehrenbacher*, Steuerrecht, 7. Auflage 2019, § 7, Rn. 28 ff.

Datenverarbeitung muss den wirtschaftlichen Gehalt der Dienstleistung darstellen. Sie darf nicht lediglich technisches Hilfsmittel bei der Erbringung der eigentlichen Dienstleistung sein. Wird lediglich das Ergebnis der Datenverarbeitung auf elektronischem Weg übermittelt, so liegt kein Fall des § 3a Abs. 5 S. 2 Nr. 3 UStG vor.[1458]

b) Auf elektronischem Weg erbrachte sonstige Leistungen i. S. d. § 3a Abs. 5 S. 2 Nr. 3 UStG

Was hingegen unter elektronisch erbrachten Dienstleistungen zu verstehen ist, wird weder vom UStG noch von der MwSt.-RL definiert. In Art. 58 S. 1 Buchst. c MwSt.-RL[1459] sind lediglich Beispiele aufgezählt. Einigkeit besteht jedoch dahingehend, dass die Erbringung der elektronischen Dienstleistung elektronisch erfolgt, wenn der eigentliche Leistungsvorgang erst mit Zugang der elektronischen Daten beim Empfänger abgeschlossen ist, sodass dieser sie abrufen kann und damit erst der Leistungserfolg beim Empfänger eintritt.[1460] Nach dieser Definition gilt dies nicht nur für Dienstleistungen, die via Internet erbracht werden, sondern für alle Dienstleistungen, die mittels eines beliebigen elektronischen Mediums ausgeführt werden.[1461] Art 7 Abs. 1 MwSt.-VO[1462] umfasst hingegen nur solche auf elektronischem Weg erbrachten Dienstleistungen i. S. v. Art. 58 S. 1 c) MwSt.-RL[1463], die über das Internet oder ein ähnliches elektronisches Netz erbracht werden, deren Erbringung auf Grund ihrer Art im Wesentlichen automatisiert und nur mit minimalem menschlichen Beteiligungsakt erfolgt und ohne Informationstechnologie nicht umsetzbar wäre.[1464] Einigkeit besteht dahingehend, dass § 3a Abs. 5 Nr. 3 UStG dann nicht mehr einschlägig ist, wenn die eigentliche Leistungshandlung bereits ausgeführt worden ist. Das ist der Fall, wenn die sonstige Leistung bereits dem Inhalt nach an einem anderen Ort erbracht bzw. ausgeführt und lediglich dem Auftraggeber das Ergebnis auf elektronischem Wege übermittelt wird.[1465] In diesem

---

1458 *Stadie* in Rau/Dürrwächter, UStG, 197. Lieferung 01.2022, § 3a UStG, Rn. 541 m. w. N.

1459 https://datenbank.nwb.de/Dokument/Anzeigen/251304_58, abgerufen am 15.10.2020.

1460 *Korn* in Bunjes, UStG, 19. Auflage 2020, § 3a, Rn. 128 f.

1461 *Korn* in Bunjes, UStG, 19. Auflage 2020, § 3a, Rn. 128 f.

1462 https://datenbank.nwb.de/Dokument/Anzeigen/416957_7, abgerufen am 15.10.2020.

1463 https://datenbank.nwb.de/Dokument/Anzeigen/251304_58, abgerufen am 15.10.2020.

1464 *Stadie* in Rau/Dürrwächter, UStG, 197. Lieferung 01.2022, § 3a UStG, Rn. 589 m. w. N.

1465 *Korn* in Bunjes, UStG, 19. Auflage 2020, § 3a, Rn. 129.

Fall erfolgt nur die Übermittlung elektronisch, nicht jedoch die Leistungsausführung an sich, s. auch Art. 58 S. 2 MwSt.-RL.[1466]

c) Fazit

Im Zuge eines *ICOs* gibt das emittierende Unternehmen die Utility-Token an die Erwerber aus, die diese anschließend – teilweise erheblich zeitversetzt – in die Gegenleistung, beispielsweise in den Zugang zu einer Plattform, wieder eintauschen können. Hierbei werden also erst die Utility-Token generiert und anschließend mittels der Blockchain dem öffentlichen Schlüssel des Erwerbers zugeordnet. Erst wenn die Zuordnung erfolgt ist und der Erwerber mit seinem privaten Schlüssel über die Utility-Token verfügen kann, tritt der gewollte Leistungserfolg ein. Dieser Vorgang stellt keine Speicherung, Umwandlung, Verknüpfung oder Verarbeitung von Daten dar. Somit ist die Ausgabe der Utility-Token im Rahmen eines *ICOs* keine Datenverarbeitung i. S. d. § 3a Abs. 4 Nr. 4 UStG.

Vielmehr erfolgt der eigentliche Leistungsvorgang durch Zuweisung der Utility-Token beim Empfänger. Es kann dabei dahinstehen, ob die Dienstleistung über das Internet, ähnliche Medien oder ein beliebiges elektronisches Netz erfolgt, da das Blockchain-Verfahren unter beide Anwendungen subsumierbar ist. Somit stellt die Ausgabe von Utility-Token im Zuge eines *ICOs* eine sonstige Leistung in Gestalt einer auf elektronischem Weg erbrachten Leistung i. S. d. § 3a Abs. 5 Nr. 3 UStG dar.

Der Leistungsort bestimmt sich demnach danach, wo der Leistungsempfänger seinen Wohnsitz hat. Liegt dieser im Inland, so ist Umsatzsteuer darauf abzuführen. Liegt ein Fall von § 3a Abs. 6 UStG vor, so ist die Leistung ebenfalls als im Inland ausgeführt zu behandeln, wenn sie dort genutzt oder verwertet wird. Anders verhält es sich, wenn der Leistungsort der sonstigen Leistung nicht im Inland liegt. Dann richtet sich die Umsatzbesteuerung nach den dort geltenden Umsatzsteuerregelungen.

C. Fazit

Zusammenfassend lässt sich feststellen, dass infolge des EuGH-Urteils und des *BMF*-Schreibens die Behandlung der Umsatzsteuerpflicht von Transaktionen mit Kryptowährungen weitaus mehr und einheitlichere rechtliche Vorgaben aufweist als die der anderen Besteuerungsarten. Durch die stetige Aktualisierung der Auslegung, die wiederum stark durch die EU-Harmonisierung bedingt ist, ist die Umsatzbesteuerung wesentlich transparenter für den Steuerpflichtigen. Dies gilt gerade im Hinblick auf die praktische Handhabung und Kalkulierbarkeit, da diese durch die Vorgaben deutlich leichter handhabbar sind und sich dadurch in der Praxis wirtschaftlich effektiver gestalten lassen.

1466 *Stadie* in Rau/Dürrwächter, UStG, 197. Lieferung 01.2022, § 3a UStG, Rn. 599 m. w. N.

6. Teil: Rechtliche Behandlung von Kryptowährungen im internationalen Kontext

Im Folgenden wird kurz der internationale Kontext der Behandlung von Kryptowährungen betrachtet.[1467]

1. Abschnitt: International tragende Aspekte

Im Zusammenhang mit der grenzüberschreitenden steuerlichen Behandlung von Kryptowährungen und den Auswirkungen auf das deutsche Steuerrecht ist derzeit vieles ungeklärt. Im Folgenden kann also lediglich ein kurzer Überblick gewährt werden.

A. Allgemeines

In Bezug auf direkte Steuern weisen grenzüberschreitende Sachverhalte oft die steuerrechtliche Problematik der Doppelbesteuerung und damit auf Seiten der betroffenen Staaten Handlungsbedarf auf. Direkte Steuern sind solche Steuern, bei denen der Steuerschuldner und der durch die Steuer wirtschaftlich Belastete jedenfalls der Regelungskonzeption nach identisch sind, auch wenn in der Praxis direkte Steuern auch auf Dritte übergehen können.[1468] Anders verhält sich dies bei den sog. indirekten Steuern. Indirekte Steuern sind solche, bei denen der Steuerzahler und Steuerträger bereits infolge des Regelungskonzeptes nicht identisch sind.[1469] Die indirekten Steuern unterliegen zumeist einheitlichen Prinzipien, welche Ausfluss der vor allem in Europa gewollten steuerlichen Harmonisierung sind.[1470] Um eine Doppelbesteuerung bei internationalen Aktivitäten zu vermeiden, werden zwischen den Staaten häufig sog. Doppelbesteuerungsabkommen[1471] abgeschlossen.

1467 Infolge der Weite des Themenabschnitts und des Umstandes, dass dieser ebenfalls nur einen Randbereich dieser Arbeit darstellt, ist die Darstellung im Folgenden auf einzelne Aspekte beschränkt.

1468 *Gröpl* in Dausens/Ludwigs, Handbuch des EU-Wirtschaftsrechts, Stand: 51. EL Oktober 2020, J. Steuerrecht, Rn. 23.

1469 *Gröpl* in Dausens/Ludwigs, Handbuch des EU-Wirtschaftsrechts, Stand: 51. EL Oktober 2020, J. Steuerrecht, Rn. 23.

1470 *Jacobs/Endres/Spengel* in Jacobs, Int. Unternehmensbesteuerung, 8., 3. Kapitel Stand der Harmonisierung in der EU, Rn. 175 f.

1471 I. F. als DBA abgekürzt.

Bei diesen handelt es sich um völkerrechtliche Verträge zwischen zwei oder mehr Staaten, die regeln, welcher der jeweiligen Staaten mit seinem Besteuerungsrecht hinter das Besteuerungsrecht des jeweils anderen Staates zurücktritt.[1472]

Die DBA enthalten Bestimmungen und Definitionen in Bezug auf besonders relevante Anwendungsfälle und Begriffe. Kernanliegen eines jeden DBA ist jedoch die Verteilung des Besteuerungsrechts zwischen den Vertragsstaaten und die Bestimmung, wie eine Doppelbesteuerung vermieden wird. Daneben muss geregelt werden, welcher Staat als Ansässigkeitsstaat und welcher als Quellenstaat gilt. Als Ansässigkeitsstaat gilt dabei der Vertragsstaat, in welchem eine Person i. S. d. Art. 4 Abs. 1 OECD-MA auf Grund ihres Wohnsitzes, ständigen Aufenthalts, ihrer Geschäftsleitung oder auf Grund ähnlicher Merkmale unbeschränkt steuerpflichtig ist.[1473] Der Quellenstaat ist hingegen der Vertragsstaat, aus dem die Einkünfte stammen.[1474] Orientierungspunkt für die Zuweisung der einzelnen Besteuerungsrechte stellen schließlich die verschiedenen Arten der Einkünfte dar.[1475]

Als Grundmuster für die jeweiligen DBA steht das OECD-MA zur Verfügung. Dieses beinhaltet neben einem einheitlichen Aufbau, Definitionen und der Regelung von Standardfällen auch Hilfskriterien für die Zuordnung von Fällen, die keine eindeutige Einordnung zulassen.[1476]

Zudem gilt das sog. Welteinkommens- bzw. Weltvermögensprinzip. Danach ist in Bezug auf die Besteuerung im Rahmen der direkten Steuern lediglich relevant, welches Steuersubjekt sich im jeweiligen Hoheitsbereich befindet. Wo dieses Steuersubjekt hingegen den Steuergegenstand erwirtschaftet oder erwirbt, ist nicht von Belang.[1477]

Schließlich dürfen auch die inländischen Steuerquellen nicht unberücksichtigt bleiben, bezüglich derer nach dem Quellen- bzw. Territorialitätsprinzip ein Besteuerungsrecht besteht. Kommt es dem Grunde nach bei grenzüberschreitenden Sachverhalten zu einer doppelten Besteuerung, indem der Ansässigkeitsstaat das Steuersubjekt und der Quellenstaat das Steuerobjekt besteuert, ist ein DBA unerlässlich.[1478]

1472 *Fey* in Beck´sches Steuer- und Bilanzrechtslexikon, Edition 58 2022, Stand: 01.01.2022, OECD-Musterabkommen, Rn. 1.

1473 *Lehner* in Vogel/Lehner, DBA, 7. Auflage 2021, Grundlagen des Abkommensrechts, Rn. 91.

1474 *Lehner* in Vogel/Lehner, DBA, 7. Auflage 2021, Grundlagen des Abkommensrechts, Rn. 91.

1475 *Lehner* in Vogel/Lehner, DBA, 7. Auflage 2021, Grundlagen des Abkommensrechts, Rn. 33–35a m. w. N.

1476 *Lehner* in Vogel/Lehner, DBA, 7. Auflage 2021, Grundlagen des Abkommensrechts, Rn. 4a.

1477 *Fehrenbacher*, Steuerrecht, 7. Auflage 2019, § 1, Rn. 40.

1478 *Stöber* in Gosch/Kroppen/Grotherr/Kraft, DBA, 47. Aktualisierung 2021, Art. 1 B. I., Rn. 9.

Dies gilt auch für die Geschäfte mit und das Halten von Kryptowährungen. Das zuletzt im Juli 2017 aktualisierte OECD-MA enthält keine expliziten Regelungen zu Kryptowährungen. Da grenzüberschreitende Sachverhalte jedoch dem Grundprinzip von Kryptowährungen immanent sind, ist die Frage der Besteuerung in solchen Fällen von hoher Praxisrelevanz.

Im Folgenden wird ein kurzer Einblick gewährt, wie das OECD-MA aufgebaut ist und welche Bestimmungen es enthält. Anschließend wird geprüft, unter welche Bestimmungen einzelne Transaktionen mit Kryptowährungen subsumierbar sein könnten. Zum Schluss werden die in der Praxis häufigsten Problematiken kurz aufgezeigt und Lösungsvorschläge vorgestellt.

I. Das OECD-MA

Seit 1963 hat die *OECD*[1479] diverse Doppelbesteuerungsmusterabkommen entworfen und überarbeitet bzw. aktualisiert. Sinn und Zweck der Musterabkommen ist es, dass den jeweiligen Staaten ein einheitlicher Grundtext für ihre völkerrechtlichen Verträge an die Hand gegeben wird. Neben dem Musterabkommen selbst gibt es einen begleitenden Kommentar. Dieser beinhaltet Erläuterungen und Interpretationsansätze zu den einzelnen Bestimmungen.[1480] Um dem ständigen Wirtschaftswandel gerecht zu werden, werden sowohl das Musterabkommen als auch die Kommentierungen stetig von der OECD aktualisiert. Die letztmalige Änderung erfolgte im Jahr 2017.[1481] Für Deutschland hat das *BMF* zur besseren Umsetzung der Verhandlungsziele zudem am 22.08.2013 eine Mitteilung mit dem Titel *„Deutsche Verhandlungsgrundlage für Doppelbesteuerungsabkommen"* veröffentlicht.[1482]

II. Aufbau der Musterabkommen

Das OECD-MA ist in sieben Abschnitte gegliedert. Art. 1 und 2 OECD-MA regeln den Geltungsbereich des Abkommens und Art. 3.–5 OECD-MA die Begriffsbestimmungen. Die Zuweisungen der Besteuerungsrechte an den Einkünften finden sich in den Art. 6–21 OECD-MA, wohingegen die Zuweisungen an den Besteuerungsrechten am Vermögen in Art. 22 OECD-MA aufzufinden sind. Von großer Bedeutung sind zudem die Bestimmungen zu den Methoden zur Vermeidung der Doppelbesteuerung in Art. 23 A und 23 B OECD-MA sowie die besonderen

---

1479 Abkürzung für Organisation für wirtschaftliche Zusammenarbeit und Entwicklung, vgl.: https://www.oecd.org/ueber-uns, abgerufen am 25.02.2021.

1480 *Lehner* in Vogel/Lehner, DBA, 7. Auflage 2021, Grundlagen des Abkommensrechts, Rn. 3.

1481 *Fey* in Beck´sches Steuer- und Bilanzrechtslexikon, Edition 58 2022, Stand: 01.01.2022, OECD-Musterabkommen, Rn. 2.

1482 *BMF* v. 22.08.2013 – IV B 2 – S 1301/13/10009, BStBl. I 2013, 980.

Bestimmungen in Art. 24–29 OECD-MA. Schließlich finden sich in Art. 30 und 31 OECD-MA die Schlussbestimmungen.[1483]

Hervorzuheben sind vor allem die Normen, die aufzeigen, wie sich die einzelnen Staaten untereinander geeinigt haben. Besonders relevant ist hierbei vor allem der gefundene Konsens, welcher Staat als sog. Quellenstaat fungiert und welche Befugnisse ihm im Hinblick auf die Steuerberechtigung der einzelnen Einkunftsarten bzw. Vermögen hieraus erwachsen. Diese Normen werden gemeinhin als Schrankennormen bezeichnet.[1484] Daneben gibt es noch sog. Zuweisungsartikel und Methodenartikel. Erstere legen fest, in welchem Rahmen der Quellenstaat die Einkünfte besteuern darf. Die Methodenartikel hingegen legen fest, wie der Ansässigkeitsstaat bei den Einkünften, die auch der Quellenstaat besteuern darf, die Doppelbesteuerung vermeidet.[1485]

Die praktische Umsetzung der Vermeidung einer Doppelbesteuerung erfolgt in einem Zwei-Stufen-System. Zunächst ist innerhalb der Schrankennorm zu prüfen, welche Besteuerungsrechte dem Quellenstaat zugewiesen werden. Anschließend erfolgt im Rahmen der sog. Methodenartikel – Art. 23 A oder Art. 23 B OECD-MA – die konkrete Besteuerung. Diese erfolgt entweder anhand der Anrechnungs- oder der Freistellungsmethode, um die Kompensation der etwaigen Besteuerung im Quellenstaat durch die Entlastung im Wohnsitzstaat zu erreichen.[1486]

III. Anrechnungsmethode

Nach der Anrechnungsmethode werden die Steuern, die im Ausland in Zusammenhang mit einem ausländischen Steuergegenstand gezahlt werden (beschränkte Steuerpflicht), im Rahmen der unbeschränkten Steuerpflicht angerechnet. Dabei kann die Anrechnung von weiteren Voraussetzungen, wie z. B. der Gleichartigkeit der Steuern oder davon, dass keine weiteren Ermäßigungen vorliegen, abhängig gemacht werden. In der Praxis wird die Anrechnungsmethode zumeist als einseitige Maßnahme ausgestaltet, um eine Doppelbesteuerung zu vermeiden.[1487]

IV. Freistellungsmethode

Bei der Freistellungsmethode kommt es hingegen zu einer sachlichen Steuerbefreiung. Dies erfolgt dergestalt, dass die ausländischen Steuergegenstände im Inland

---

1483 Vgl. OECD-Musterabkommen, Stand: Juli 2017, z. B. verfügbar unter: https://www.uni-saarland.de/fileadmin/user_upload/Professoren/fr11_ProfGroepl/lehre___nur_Pdfs_/lehre19/OECD-MA-2017.pdf, abgerufen am 21.10.2020.

1484 *Fey* in Beck´sches Steuer- und Bilanzrechtslexikon, Edition 58 2022, Stand: 01.01.2022, OECD-Musterabkommen, Rn. 3.

1485 *Stöber* in Gosch/Kroppen/Grotherr/Kraft, DBA, Art. 1 OECD-MA, B. I., Rn. 15.

1486 *Stöber* in Gosch/Kroppen/Grotherr/Kraft, DBA, Art. 1 OECD-MA; B. I., Rn. 314.

1487 *Stöber* in Gosch/Kroppen/Grotherr/Kraft, DBA, Art. 1 OECD-MA, B. I., Rn. 15.

im Zuge der unbeschränkten Steuerpflicht des Steuersubjekts von der Besteuerung freigestellt werden und nicht in die inländische Steuerbemessungsgrundlage mit einfließen. In Relation zur Anrechnungsmethode findet sich die Freistellungsmethode häufiger in den Doppelbesteuerungsabkommen der jeweiligen Staaten wieder. In bestimmten Konstellationen kommt es jedoch trotz der Freistellung zur Berücksichtigung der freigestellten Einkünfte im Rahmen des Progressionsvorbehalts, s. z. B. §§ 32b EStG, 19 Abs. 2 ErbStG. Auf diese Weise wird der Steuersatz, der sich unter Einbeziehung der freigestellten Einkünfte ergibt, auf die übrigen Einkünfte angewandt.[1488]

V. Transformation

DBA bedürfen als völkerrechtliche Verträge der Zustimmung in Gestalt eines Bundesgesetzes, s. Art. 59 Abs. 2 S. 1 GG, das den Inhalt des DBA in nationales Recht überführt. § 2 AO bestimmt zudem, dass der Inhalt des in dieser Weise geschaffenen Rechts den nationalen Steuergesetzen vorgeht. Jedoch kann sich der Bundesgesetzgeber in bestimmten Einzelfällen über diese Anordnung hinwegsetzen. Dies ist dann der Fall, wenn er bestimmt, dass das im DBA niedergeschriebene Recht im Inland keine Anwendung finden soll, um z. B. Missbräuchen vorzubeugen.[1489] Dieser Vorgang wird gemeinhin als sog. *Treaty Override* bezeichnet.[1490]

B. Kryptowährungen im Rahmen des OECD-Musterabkommens

Deutschland hat mit 96 Staaten ein DBA und steht mit weiteren 61 Staaten in Verhandlungen über solche.[1491] Daneben gibt es 43 Sonderabkommen zu Erbschaft- und Schenkungsteuern, Schifffahrt und Luftfahrt sowie zur Rechts- und Amtshilfe und zwölf Sonderabkommen.[1492] Da diese DBAs zumeist individuelle

---

1488 *Stöber* in Gosch/Kroppen/Grotherr/Kraft, DBA, Art. 1 OECD-MA, B. I., Rn. 15.

1489 Ausführlich hierzu *Fey* in Beck´sches Steuer- und Bilanzrechtslexikon, Edition 58 2022, Stand: 01.01.2022, Treaty Override, Rn. 1 ff.

1490 *Stöber*, DStR 2016, 1889; *Grashoff* in Grashoff, Grundzüge des Steuerrechts, 15. Auflage 2021, 3. Kapitel, Internationales Steuerrecht, Rn. 515.

1491 Stand der Doppelbesteuerungsabkommen und anderer Abkommen im Steuerbereich, Stand: 01. Januar 2020, verfügbar unter: https://www.bundesfinanzministerium.de/Content/DE/Standardartikel/Themen/Steuern/Internationales_Steuerrecht/Staatenbezogene_Informationen/doppelbesteuerungsabkommen.html, abgerufen am 27.01.2023.

1492 Stand der Doppelbesteuerungsabkommen und anderer Abkommen im Steuerbereich, Stand: 01. Januar 2020, verfügbar unter: https://www.bundesfinanzministerium.de/Content/DE/Standardartikel/Themen/Steuern/Internationales_Steuerre

Vereinbarungen enthalten, wird sich im Folgenden hinsichtlich der möglichen Einordnung von Transaktionen im Zusammenhang mit Kryptowährungen am OECD-MA und den dort enthaltenen Definitionen und Regelungen orientiert.

In der Praxis wird es im Rahmen von grenzüberschreitenden Sachverhalten häufig um solche gehen, bei denen im Ausland Mining-Farmen (z. B. in Island) oder *Mining-Pools* betrieben werden und die Gewinne durch einen in Deutschland ansässigen Steuerpflichtigen generiert werden. Daneben haben viele Firmen, die mittels *ICOs* Krypto-Token ausgeben oder deren Investment-Token man erwerben kann oder solche, die normale Kauf- oder Tauschtransaktionen mit Krypto-Token oder Krypto-Coins betreiben, ihren Sitz im Ausland. Ihre Anleger hingegen sind in Deutschland unbeschränkt steuerpflichtig. Im Folgenden wird daher geprüft, unter welche der im OECD-MA geregelten Tatbestände diese Szenarien fallen könnten oder ob gegebenenfalls eine Besteuerungslücke gegeben ist.

I. Persönlicher und sachlicher Anwendungsbereich

Nachfolgend wird zunächst der persönliche und sachliche Anwendungsbereich des OECD-MA dargestellt. Anschließend wird untersucht, wann dieser bei Transaktionen mit Kryptowährungen eröffnet ist.

1. Regelung im OECD-MA

Der persönliche Anwendungsbereich eines DBA ist grundsätzlich für diejenigen Personen eröffnet, die in einem Vertragsstaat oder in beiden Vertragsstaaten ansässig sind, s. Art. 1 Abs. 1 OECD-MA. Natürliche Personen sind gem. Art. 4 OECD-MA in dem Staat ansässig, in dem sie infolge ihres Wohnsitzes, gewöhnlichen Aufenthaltes oder wegen eines anderen Merkmals (z. B. Staatsangehörigkeit) unbeschränkt steuerpflichtig sind. Gesellschaften oder Personenvereinigungen hingegen gelten in dem Staat als ansässig, in dem sie ihre Geschäftsleitung oder ein ähnliches Merkmal (z. B. den Firmensitz) haben und unbeschränkt steuerpflichtig sind.[1493] Art. 4 Abs. 2 und 3 OECD-MA beinhalten zudem besondere Regelungen für Personen, bei denen eine doppelte Ansässigkeit gegeben ist, sog. *Tie-Breaker-Rules*.[1494]

Der sachliche Anwendungsbereich hingegen setzt bei der Besteuerung des Einkommens oder des Vermögens an.[1495] Gem. Art. 2 OECD-MA gilt das jeweilige

---

cht/Staatenbezogene_Informationen/doppelbesteuerungsabkommen.html, abgerufen am 27.01.2023.

1493 *Stöber* in Gosch/Krappen/Grotherr/Kraft, DBA, Art. 1 OECD-MA, B. I., Rn. 46.

1494 *Grashoff* in Grashoff, Grundzüge des Steuerrechts, 15. Auflage 2021, 3. Kapitel, Internationales Steuerrecht, Rn. 516.

1495 *Grashoff* in Grashoff, Grundzüge des Steuerrechts, 15. Auflage 2021, 3. Kapitel, Internationales Steuerrecht, Rn. 516.

Abkommen für alle Steuern vom Einkommen oder Vermögen, die für Rechnung eines Vertragsstaates oder seiner Gebietskörperschaften erhoben werden. Auf nationaler Ebene impliziert dies z. B. die Einkommensteuer inklusive Zuschlagsteuer und gegebenenfalls Solidaritätszuschlag, Körperschaft- und Gewerbesteuer sowie die Grundsteuer als Vermögensteuer i. S. d. Art. 2 Abs. 1 OECD-MA. Ausgenommen sind hingegen sog. Verbrauch- und Verkehrssteuern wie die Umsatzsteuer, Grunderwerbsteuer, Kirchensteuer und örtliche Aufwand- und Verbrauchsteuern.[1496]

Dem Quellenstaat hingegen steht nur ein eingeschränktes Besteuerungsrecht nach seinen eigenen nationalen Vorschriften zu. Wie dieses konkret ausgestaltet ist, hängt von der jeweiligen Bestätigung oder Einschränkung durch die Regelungen im DBA ab.[1497]

Schließlich wird gem. Art. 4 Abs. 1 S. 2 OECD-MA die Ansässigkeit in einem Staat nicht begründet, wenn die Person in diesem Staat nur mit Einkünften aus Quellen in diesem Staat oder mit in diesem Staat gelegenem Vermögen steuerpflichtig ist, die Person also nur beschränkt steuerpflichtig ist.[1498]

2. *Auswirkungen auf Transaktionen mit Kryptowährungen*

Nach den vorgenannten Voraussetzungen ist der Anwendungsbereich des OECD-MA somit dann für Transaktionen mit Kryptowährungen eröffnet, wenn zwei oder mehr Personen oder Unternehmen an den Transaktionen beteiligt sind, von denen zumindest eine in dem einen Vertragsstaat unbeschränkt steuerpflichtig ist und die andere in dem anderen Vertragsstaat. Zudem müssen die Transaktionen das Einkommen oder das Vermögen der jeweils im Ansässigkeits- und im Quellenstaat befindlichen Person bzw. des Unternehmens tangieren.

II. *Die einzelnen Erwerbstatbestände*

Im Folgenden werden die möglichen einschlägigen Erwerbstatbestände im OECD-Musterabkommen kurz erläutert. Anschließend wird eine kurze Einschätzung dahingehend vorgenommen, ob Transaktionen mit Kryptowährungen möglicherweise darunterfallen könnten.

1. *Einkünfte aus unbeweglichem Vermögen*

Nach Art. 6 Abs. 1 OECD-MA können Einkünfte aus unbeweglichem Vermögen im Quellenstaat besteuert werden.

1496 Doppelbesteuerung, Stand:18.08.2020, verfügbar unter: https://www.smartsteuer.de/online/lexikon/d/doppelbesteuerung, abgerufen am 23.10.2020.

1497 *Lehner* in Vogel/Lehner, DBA, 7. Auflage 2021, Grundlagen des Abkommensrechts, Rn. 92 ff.

1498 *Stöber* in Gosch/Krappen/Grotherr/Kraft, DBA, Art. 1 OECD-MA, B. I., Rn. 46.

Da Transaktionen mit Kryptowährungen ihrem Wesen nach weder in unmittelbarem Zusammenhang mit unbeweglichem Vermögen im genannten Sinne stehen noch eine Investition mit Krypto-Token in unbewegliches Vermögen unter Art. 6 OECD-MA fällt, ist eine weitere Prüfung unter diesem Aspekt obsolet.

2. *Unternehmensgewinne*

Die Gewinne von Unternehmen sind gem. Art. 7 Abs. 1, 3, Abs. 1 Buchst. d OECD-MA grundsätzlich in dem Staat zu besteuern, in dem die Person ansässig ist, die das Unternehmen betreibt. Nach Art. 4 Abs. 1 OECD-MA wird zur Bestimmung der Ansässigkeit – je nach Rechtsform des Unternehmens – entweder auf den Wohnsitz, den ständigen Aufenthalt oder den Ort der Geschäftsleistung abgestellt. Art. 7 Abs. 1 OCED-MA ist zudem wegen der Formulierung „können nur“ als endgültige Verteilungsnorm zu klassifizieren.[1499]

Anders verhält es sich nur, wenn das Unternehmen die Geschäftstätigkeit im Quellenstaat mittels einer dort belegenen Betriebsstätte ausübt. Diese sog. „Betriebsstätteneinkünfte“ können im Quellenstaat besteuert werden. Das Betriebsstättenprinzip setzt jedoch eine Betriebsstätte im abkommensrechtlichen Sinne voraus.[1500] Betriebsstätten sind Geschäftseinrichtungen, die der Tätigkeit eines Unternehmens dienen. Hierunter fallen zumeist Zweigniederlassungen, Warenlager, aber auch der Sitz der Gesellschaft. Die Betriebsstätte muss dabei ein Bestandteil des gesamten Unternehmens sein.[1501]

Für Unternehmensgewinne in Gestalt von Krypto-Token oder solchen Gewinnen, die mittels Krypto-Tokens oder Krypto-Coins generiert werden, ist demnach grundsätzlich der Staat besteuerungsberechtigt, in dem die Person, die das Unternehmen betreibt, ansässig ist. Etwas anderes gilt nur dann, wenn das Unternehmen auch im Quellenstaat eine Betriebsstätte im vorgenannten Sinne unterhält. In diesem Fall obliegt das Besteuerungsrecht dem Quellenstaat.[1502] Demnach fallen die Unternehmenseinkünfte, die in Zusammenhang mit Kryptowährungen generiert werden, sei es über das Betreiben von Mining-Farmen oder *Mining-Pools*, in Gestalt von Gewinnen aus der Ausgabe von Utility-Token oder Hybrid-Token mittels eines *ICOs* oder in Gestalt von sonstigen Gewinnen, die ein Unternehmen mit Kryptowährungen einfährt, unter Art. 7 OCED-MA.

1499 *Grashoff* in Grashoff, Grundzüge des Steuerrechts, 15. Auflage 2021, 3. Kapitel, Internationales Steuerrecht, Rn. 520.

1500 *Grashoff* in Grashoff, Grundzüge des Steuerrechts, 15. Auflage 2021, 3. Kapitel, Internationales Steuerrecht, Rn. 520.

1501 *Hemmerlrath* in Vogel/Lehner, DBA, 7. Auflage 2021, OECD-MA 2014, Artikel 7., Unternehmensgewinne, Rn. 3 ff.

1502 Zu weiteren Problematiken in diesem Zusammenhang s. u. 7. Teil, 1. Abschnitt, C., I.

3. *Dividenden und Zinsen*

Wegen der hohen Mobilität von Zinsen und Dividenden stellt zudem die Frage des Besteuerungsrechtes in Bezug auf diese stets einen zentralen Verhandlungspunkt bei den DBAs dar.[1503] Die Besteuerung von Dividenden bemisst sich dabei nach Art. 10 OECD-MA und die von Zinsen nach Art. 11 OCED-MA. Unter Dividenden i. S. d. Art. 10 OECD-MA werden Gewinnausschüttungen von Kapitalgesellschaften, Gewinne einer Personengesellschaft und die Einkünfte des Aktionärs aus dem Kapital, dass er der Gesellschaft zur Verfügung gestellt hat, verstanden.[1504] Zinsen i. S. d. Art. 11 OECD-MA sind hingegen Vergütungen für Darlehen, die zu den Einkünften aus beweglichem Vermögen zählen.[1505] Da Krypto-Token in Gestalt von Investment-, Debt- oder Equity-Token nach den vorgenannten Erläuterungen[1506] aktien- oder darlehensähnlich ausgestaltet sein können, können die aus ihnen herrührenden Erträge – je nach konkreter Ausgestaltung – Dividenden i. S. d. Art. 10 oder Zinsen i. S. d. Art. 11 OECD-MA darstellen. Der Umstand, dass die Dividenden und Zinsen grundsätzlich auch im Quellenstaat besteuert werden können, führt oft dazu, dass die Besteuerung nach der sog. „Mischmethode" in beiden Staaten erfolgt. Danach wird dem Quellenstaat das Recht eingeräumt, eine Quellensteuer zu erheben, die auf die Steuer im Ansässigkeitsstaat nach Art. 23 A Abs. 2, 23 B Abs. 1 OECD-MA angerechnet wird. Das Musterabkommen sieht hierbei Obergrenzen vor. So darf bei den Dividenden die Marke von 15 % und bei Zinsen die Marke von 10 % nicht überstiegen werden.[1507]

Abgegrenzt werden Dividenden zu Zinsen dahin gehend, dass Dividenden ihrem Inhaber mehr als nur bloße Forderungen einräumen. Wie der Mitunternehmer muss auch der Dividendenbezieher ein Unternehmerrisiko tragen, das dem eines Vollgesellschafters entspricht.[1508] Es genügt indes nicht, wenn sich das Risiko, wie bei gewinnabhängigen Zinsen, z. B. aus partiarischen Darlehen, lediglich auf den Vergütungsanspruch bezieht. Stattdessen wird ein dahin gehendes Risiko gefordert, wie es bei einem Vollgesellschafter mit der Hingabe seiner Einlage an die Gesellschaft gegeben ist[1509], also ein Risiko, das die Option eines Verlusts des zur Verfügung gestellten Kapitals impliziert. Spiegelbildlich hat der

---

1503 *Fey* in Beck´sches Steuer- und Bilanzrechtslexikon, Edition 58 2022, Stand: 01.01.2022, OECD-Musterabkommen, Rn. 7.

1504 *Tischbirek/Specker* in Vogel/Lehner, DBA, 7. Auflage 2021, Artikel 10. Dividenden.

1505 *Pöllath/Lohbeck* in Vogel/Lehner, DBA, 7. Auflage 2021, Artikel 11. Zinsen.

1506 Vgl. 5. Teil, 2. Abschnitt, B., I., 2.

1507 *Grashoff* in Grashoff, Grundzüge des Steuerrechts, 15. Auflage 2021, 3. Kapitel, Internationales Steuerrecht, Rn. 521.

1508 *Tischbirek/Specker* in Vogel/Lehner, DBA, 7. Auflage 2021, OECD-MA 2017, Art. 10, Dividenden, Rn. 189 m. V. a. FG Köln, ISTR 2005, 243.

1509 *Tischbirek/Specker* in Vogel/Lehner, DBA, 7. Auflage 2021, OECD-MA 2017, Art. 10, Dividenden, Rn. 189 m. V. a. *Bundgaard*, BIFD 2008, 126 (139 ff.).

Dividendeninhaber die Möglichkeit, an der Wertsteigerung des Unternehmens zu partizipieren.[1510]

Diese Voraussetzungen zugrunde gelegt, erfüllen lediglich Investment-Token das Erfordernis, ihrem Inhaber neben dem Recht, über seine Beteiligung an dem Gewinn der Gesellschaft, den stillen Reserven sowie ggf. ihrem Liquidationserlös zu partizipieren, das Risiko eines Verlusts aufzuerlegen. Danach unterfallen lediglich die aus Investement-Token generierten Erlöse, die eine unter das OECD-MA fallende natürliche Person oder ein Unternehmen erzielt, dem Dividendenbegriff und sind nach Art. 10 OECD-MA zu besteuern. Soweit ein Krypto-Token seinem Inhaber lediglich eine Forderung einräumt und keine Gesellschafterstellung, stellen die hieraus gewonnenen Einkünfte damit im Umkehrschluss keine Dividenden, sondern allenfalls Zinsen i. S. d. Art. 11 OECD-MA dar. Unter Zinseinkünfte fallen Einkünfte aus Anleihen und Schuldverschreibungen sowie Einkünfte aus Forderungen jeder Art, auch wenn sie mit einer Gewinnbeteiligung ausgestattet sind. Zudem müssen sie nach dem Recht des Staates, aus dem sie stammen, steuerrechtlich Zinserträgen gleichgestellt sein.[1511] Danach unterfallen die Einkünfte aus Investment-, Debt- oder Equity-Token, die ihrem Inhaber eine Forderung, aber keine Gesellschafterrechte einräumen und die nach dem jeweiligen Steuerrecht des Staates, aus denen sie stammen, als Zinserträge der Vorschrift des Art. 11 OECD-MA.

Im Ergebnis können somit die Gewinne aus Investment-, Debt- oder Equity-Token nach den vorangegangenen Ausführungen durchaus Dividenden- oder Zinserträge darstellen, weshalb derartige Einkünfte folgerichtig der Besteuerung nach Art. 10 bzw. Art. 11 OECD-MA unterfallen können. Ob es sich im konkreten Fall um Zinsen oder Dividenden handelt, ist anhand der konkreten Ausgestaltung des jeweiligen Krypto-Tokens zu ermitteln und so gegenüber den Finanzbehörden anzugeben. Zu beachten sind hierbei die in den DBAs gesetzten Obergrenzen der Besteuerungshöhe, die von der deutschen Steuerlast der Kapitalertragssteuer deutlich abweichen können.

4. *Besonderheiten bei Personengesellschaften*

Bei Personengesellschaften deutschen Rechts bestehen indes, anders als unter I. dargestellt, Besonderheiten im Hinblick auf den persönlichen und sachlichen Anwendungsbereich. Dies ist dem Umstand geschuldet, dass sie – sofern sie nicht nach § 1a KStG zur Körperschaftbesteuerung optiert haben – auf Grund der fehlenden Einkommensteuer- bzw. Körperschaftsteuerpflicht nicht als ansässige Person i. S. d. Art. 4 Abs. 1 OECD-MA angesehen werden können. Dies hat zur Folge, dass eine transparente Besteuerung stattfindet und die hinter der Personengesellschaft

---

1510 *Tischbirek/Specker* in Vogel/Lehner, DBA, 7. Auflage 2021, OECD-MA 2017, Art. 10, Dividenden, Rn. 189.

1511 *Lohbeck/Ruß* in Vogel/ Lehner, DBA, 7. Auflage 2021, OECD-MA 2017, Art. 11, Rn. 58.

stehenden Gesellschafter, also die natürlichen oder juristischen Personen, das Steuersubjekt sind.[1512] Nach Art. 3 Abs. 1 OECD-MA ist damit jeder Gesellschafter Betreiber des Unternehmens.[1513] Es besteht lediglich eine Ausnahme in Bezug auf die Gewerbesteuer, da die Personengesellschaften in dieser Hinsicht gem. § 5 Abs. 1 S. 3 GewStG selbst steuerpflichtig sind.[1514]

In Bezug auf transparent besteuerte Personengesellschaften, die Transaktionen mit Kryptowährungen vornehmen oder Gewinne durch diese generieren, hat dies zur Folge, dass diese nicht bei der Personengesellschaft, sondern bei den dahinterstehenden Gesellschaftern besteuert werden. Im Übrigen richtet sich das Besteuerungsrecht danach, welche Einkünfte der Gesellschafter mittels der Krypto-Token generiert und in welchem Staat er ansässig ist.

5. Gewinne aus der Veräußerung von Vermögen

Nach Art. 13 Abs. 2 OECD-MA werden Gewinne aus der Veräußerung beweglichen Vermögens, das Betriebsvermögen einer Betriebsstätte ist, die ein Unternehmen eines Vertragsstaats im anderen Vertragsstaat hat, erfasst. Der Begriff des beweglichen Vermögens ist im OECD-MA selbst nicht definiert. In Zusammenschau mit Art. 13 Abs. 1 OECD-MA wird hierunter jedoch Vermögen jeder Art verstanden, das nicht unbewegliches Vermögen ist.[1515] Da auch Beteiligungen an Kapital- und Personengesellschaften hierunter fallen[1516], können grundsätzlich neben Currency- und Utility-Token auch Investment-Token unter diese Begrifflichkeit subsumiert werden, soweit sie sich im Betriebsvermögen einer Betriebsstätte befinden. Soweit demnach eine Veräußerung von Anteilen oder anderer Rechte an Personengesellschaften erfolgt, die Krypto-Token im Betriebsvermögen haben, würde diese Veräußerung von Art. 13 Abs. 2 OECD-MA erfasst werden.

Art. 13 Abs. 4 OECD-MA erfasst zudem solche Gewinne, die eine in einem Vertragsstaat ansässige Person aus der Veräußerung von Anteilen oder vergleichbaren Rechten wie Rechten an einer Personengesellschaft oder einem Trust bezieht, sofern der Wert der Anteile oder vergleichbarer Rechte zu irgendeinem Zeitpunkt während der der Veräußerung vorangegangenen 365 Tage zu mehr als 5 v. H. unmittelbar oder mittelbar auf unbeweglichem Vermögen i. S. d. Art. 6 beruht. Da – wie bereits i. R. v. Art. 6 Abs. 1 OECD-MA erläutert[1517] – Krypto-Token nicht unter die Begrifflichkeit des unbeweglichen Vermögens fallen, ist auch Art. 13 Abs. 4 OECD-MA folgerichtig nicht einschlägig.

1512 *Stöber* in Gosch/Krappen/Grotherr/Kraft, DBA, Art. 1 OCED-MA, B. I., Rn. 103.

1513 *Grashoff* in Grashoff, Grundzüge des Steuerrechts, 15. Auflage 2021, 3. Kapitel, Internationales Steuerrecht, Rn. 525.

1514 *BMF*-Schreiben v. 26.09.2014, BStBl. I 2014, 1258, Rn. 2.1.1.

1515 *Reimer* in Vogel/Lehner, DBA, 7. Auflage 2021, Art. 13 OECD-MA, Rn. 79.

1516 *Reimer* in Vogel/Lehner, DBA, 7. Auflage 2021, Art. 13 OECD-MA, Rn. 81.

1517 Vgl. 6. Teil, B.,I., 1.

III. Fazit

Im Ergebnis lässt sich damit festhalten, dass Gewinne aus Kryptowährungen bzw. aus der Transaktion mit Krypto-Token je nach konkreter Ausgestaltung unter die Regelungen des OECD-MA subsumierbar sind. Dies hat zur Folge, dass es auch bei grenzüberschreitenden Sachverhalten zu einer Besteuerung kommt und die Steuerpflichtigen ihre Gewinne anzugeben haben. Ob es sich hierbei um Einkünfte aus unbeweglichem Vermögen i. S. d. Art. 6 OECD-MA, Unternehmensgewinne i. S. d. Art. 7 OECD-MA, Dividenden i. S. d. Art 10 OECD-MA oder Zinsen i. S. d. Art 11 OECD-MA handelt, hängt vom konkreten Sachverhalt und Krypto-Token-Typ bzw. dessen Einsatz ab. Hinzu kommt zudem die Möglichkeit einer Besteuerung nach Art. 13 Abs. 2 OECD-MA, soweit die veräußerten Anteile an der Personengsellschaft Krypto-Token im Betriebsvermögen haben.

Feststeht, dass es sich bei Kryptowährungen selbst nicht um unbewegliches Vermögen i. S. d. OECD-MA handelt und somit die Anwendbarkeit von Art. 6, 13 Abs. 4 und 22 OECD-MA insoweit ausscheidet. Da es sich bei Krypto-Token auch nicht um Urheberrechte, Lizenzen oder dergleichen handelt[1518], scheidet auch eine Besteuerung gem. Art. 12 OECD-MA von vornherein aus. Ebenso verhält es sich in Bezug auf alle übrigen Artikel. Insoweit fehlt es an einer mit §§ 23, 22 Abs. 3 EStG vergleichbaren Regelung, weshalb insoweit für den Fall von privaten Veräußerungsgeschäften, die Kryptowährungen zum Gegenstand haben, von einer Besteuerungslücke auszugehen ist.

C. Einzelne praktische Problematiken

Im Folgenden soll in der gebotenen Kürze auf in der Literatur bereits diskutierte grenzüberschreitende Problematiken eingegangen werden.

I. Betriebsstättenproblematik

In der Praxis ist es meist so, dass die gewerblich betriebenen *Pool-* oder *Cloudmining*-Firmen ihren Sitz im Ausland haben. Zwar ist die konkrete vertragliche Ausgestaltung individuell sehr unterschiedlich. Jedoch wird zumindest infolge des Geschäftskonzepts beim *Cloudmining* davon auszugehen sein, dass die Rechenkapazität vom Betreiber angemietet und sie dazu verwendet wird, um anschließend die geschürften Krypto-Coins wieder gut zu schreiben. Der Sache nach ist hierfür nicht zwingend eine feste Geschäftseinrichtung erforderlich. Im Ergebnis wird daher in der Literatur beim *Cloudmining* davon ausgegangen, dass keine Betriebsstätte i. S. d. Art. 5 Abs. 2 OECD-MA gegeben ist.[1519] Anders verhält es

---

1518 Vgl. 3. Teil, 2. Abschnitt, C., I., 2., d); 5. Teil, 3. Abschnitt, B., III., 4.; 5. Teil, 3. Abschnitt, B., V., 2.; 5. Teil, 3. Abschnitt, C., I., 4.

1519 *Tappe*, IStR 2011, 859.

sich hingegen beim *Pool-Mining*, da hier grundsätzlich ein Investment in eine konkrete Hardware vonnöten ist, um das Geschäftskonzept umzusetzen. Vor diesem Hintergrund ist deshalb davon auszugehen, dass eine Betriebsstätte gegeben ist.[1520]

Da es sich hierbei jedoch um eine sog. „personallose Betriebsstätte" handeln dürfte, wird aller Voraussicht nach unter Anwendung des *Significant-People-Function-Concepts* des *Authorized OECD Approachs (AOA)*, das zur Ermittlung von Betriebsstättengewinnen angewendet wird, aus deutscher Sicht kein Gewinn zugeordnet werden. Denn soweit keine Personalfunktion ausgeübt wird und im selben Zeitpunkt im übrigen Unternehmen Personalfunktionen gegeben sind, die eine Zuordnung zum übrigen Unternehmen rechtfertigen, liegt keine Betriebsstätte i. S. d. Art. 5 OECD-MA vor.[1521]

Daneben befinden sich auch die meisten Mining-Farmen im Ausland. Dies hat im Hinblick auf die Besteuerung anhand der Belegenheit der Betriebsstätte zur Folge, dass die Besteuerung – entsprechend den vorangegangenen Erläuterungen – gem. Art. 7 Abs. 1 OECD-MA dem Quellenstaat zusteht und nicht dem Ansässigkeitsstaat.[1522]

II. Abzugspflichten i. R. d. Quellensteuer

Im Hinblick auf grenzüberschreitende Zahlungen können Abzugspflichten für Quellensteuern entstehen. Quellensteuern im engeren Sinn sind alle Steuern, die vom Quellenstaat im Rahmen der beschränkten Steuerpflicht von den Einnahmen ohne Veranlagung durch Steuerabzug einbehalten werden.[1523] Quellensteuern im weiteren Sinne sind hingegen alle Steuern, die vom Quellenstaat als besteuerndes Land im Rahmen der beschränkten Steuerpflicht direkt vom Ertrag erhoben werden.[1524] Eine Abzugspflicht entsteht grundsätzlich immer dann, wenn ein beschränkt Steuerpflichtiger inländische Einkünfte i. S. d. § 50a EStG generiert. Gem. § 50a Abs. 1 Nr. 3 EStG wird die Einkommensteuer bei beschränkt Steuerpflichtigen im Wege des Steuerabzuges bei Einkünften erhoben, die aus Vergütungen für die Überlassung der Nutzung oder des Rechts auf Nutzung von Rechten, insbesondere von Urheberrechten und gewerblichen Schutzrechten, von gewerblichen, technischen, wissenschaftlichen und ähnlichen Erfahrungen, Kenntnissen und Fertigkeiten herrühren (§ 49 Abs. 1 Nr. 3 EStG). Problematisch ist jedoch, dass es sich bei Krypto-Token – wie bereits dargestellt[1525] – nicht um Urheberrechte

---

1520 *Reiter/Nolte*, BB 2018, 1179 (1185).

1521 Hierzu ausführlich *Reiter/Nolte*, BB 2018, 1179 (1185) m. V. a. *BMF* v. 22.12.2016 – IV B 5 – S 1341/12/10001-03, BStBl. I 2017, 194 (199), Rn. 28 u. 66.

1522 Vgl. 6. Teil, 1. Abschnitt, B., II., 2.

1523 *Weber-Grellet* in Musil/Weber-Grellet, Europäischs Steuerrecht, 1. Auflage 2019, RL 2001/96/EUR, Art. 5, Rn. 5.

1524 *Weber-Grellet* in Musil/Weber-Grellet, Europäischs Steuerrecht, 1. Auflage 2019, RL 2001/96/EUR, Art. 5, Rn. 5.

1525 Vgl. 4. Teil, 2. Abschnitt, A., II., 2., d).

oder gewerbliche Schutzrechte handelt und überdies auch keine zeitlich befristete Überlassung gegeben ist. Damit ist § 50a Abs. 1 Nr. 3 EStG nicht einschlägig.[1526]

In Bezug auf Krypto-Token, mittels derer Einkünfte in Gestalt von Zinsen oder Dividenden i. S. d. Art. 10 bzw. 11 OECD-MA generiert werden, unterliegen diese im Rahmen der Quellenbesteuerung der Kapitalertragsteuer gem. §§ 43 ff. EStG. Danach wird die Kapitalertragsteuer auch bei ausländischen Kapitalerträgen erhoben. Nach Art. 10 Abs. 2 OECD-MA darf die jeweils in den Staaten erhobene Steuer jedoch 5 % des Bruttobetrags der Dividende im Falle einer Beteiligung von mindestens 25 % innerhalb der vergangenen 365 Tage eines Jahres bzw. 15 % des Bruttobetrags der Dividenden in allen anderen Fällen nicht übersteigen. Es kommt somit zu einer Quellensteuerbegrenzung.[1527] Im Fall von Zinsen sieht Art. 11 Abs. 2 OECD-MA eine Quellensteuerbegrenzung i. H. v. 10 % vor.[1528] Im Ergebnis wird damit die deutsche Kapitalertragsteuer i. H. v. eigentlich 25 % reduziert.

Bei Transaktionen von blockchainbasierten Krypto-Token mit Auslandsbezug können jedoch im Ausland andere lokale Quellensteuern anfallen. Sollte dies der Fall sein, prüft das Finanzamt individuell, ob eine Freistellung oder Anrechnung für deutsche steuerliche Zwecke erfolgen kann.[1529]

2. Abschnitt: Besteuerungsregelungen im internationalen Vergleich

Deutlich wird der nationale Handlungsbedarf im Hinblick auf verbindliche gesetzliche Regelungen zur Besteuerung von Einnahmen durch Kryptowährungen im internationalen Vergleich. Im Gegensatz zu anderen Nationen, die zum Teil bereits vor mehreren Jahren in diesem Segment tätig geworden sind und deutliche Richtungen vorgegeben haben, steht der deutsche Gesetzgeber weit hinten an. So hat die US-Steuerbehörde *IRS* bereits im Jahr 2014 ein Schreiben zur steuerlichen Behandlung von Transaktionen mit Krypto-Token veröffentlicht, welches unterdessen bereits mehrfach bestätigt worden ist.[1530] Darin wird unter anderem angeführt, dass es sich bei Currency-Token nicht um eine Währung, sondern um einen Vermögenswert handle, dass Kryptowährungen entsprechend wie Aktien zu behandeln seien und durch Mining generierte Gewinne einer Steuerpflicht

1526 *Reiter/Nolte*, BB 2018, 1179 (1185).

1527 *Tischbirek/Specker* in Vogel/Lehner, DBA, 7. Auflage 2021, Art. 10, Rn. 61.

1528 *Stöber* in Gosch, Krappen/Grotherr/Kraft, DBA, 47. Aktualisieurng, Art. 2, B. IV., Rn. 44; *Lohbeck/Ruß* in Vogel/Lehner, DBA, 7. Auflage 2021, Art. 11 OECD-MA, Rn. 42.

1529 *Reiter/Nolte*, BB 2018, 1179 (1185) m. V. a. *Heuel/Matthey*, NWB 2018, 1038 f.

1530 Internal Revenue Service, IRS reminds taxpayers to report virtual currency transactions, IR-2018-71, verfügbar unter: https://www.irs.gov/pub/irs-drop/n-14-21.pdf, abgerufen am 09.06.2020.

unterliegen.[1531] Auch in Japan bestehen umfassende gesetzliche Regelungen.[1532] Darin sind Kryptowährungen als Rechtsgut nach dem *Payment Service Act* anerkannt und Gewinne aus Kryptowährungen werden als sonstige Erträge mit einem Steuersatz zwischen 15–55 % besteuert.[1533] In der EU ist Österreich Vorreiter. So hat das österreichische *BMF* bereits im Juli 2017 ein umfassendes Schreiben veröffentlicht.[1534] Hierin wird unter anderem bei der Besteuerung im Privatvermögen differenziert, ob eine zinstragende Veranlagung gegeben ist. Beim Mining wird hingegen stets von einer gewerblichen Tätigkeit ausgegangen und das Schürfen der Krypto-Coins wird als Herstellung sonstiger Wirtschaftsgüter betrachtet.[1535] Ähnliche Regelungen bestehen auch in den Schweizer Kantonen.[1536]

Am besten für eine Vergleichsziehung und hieraus eventuell resultierende Erkenntnisse für eine etwaige Ausgestaltung nationaler Regelungen dürften die Bilanzierungsvorgaben bezüglich Kryptowährungen für (international tätige) Unternehmen sein. Da diese weltweit untereinander Geschäftsbeziehungen unterhalten und so den Weltmarkt zum Teil mitbestimmen, können Abweichungen in den Bilanzierungsvorgaben große Unterschiede in den später angegebenen Gewinnen nach sich ziehen. Im Folgenden wird daher ein kurzer Einblick in die Vorgaben der jeweiligen Standardsetzer der größten Industrienationen gegeben und mit den bisherigen Erkenntnissen dieser Arbeit verglichen.

1531 *Kannenberg*, US-Steuerbehörde: Bitcoins sind keine Währung, veröffentlicht am 26.03.2014 unter: https://www.heise.de/newsticker/meldung/US-Steuerbehoerde-Bitcoins-sind-keine-Waehrung-2155331.html, abgerufen am 12.02.2021.

1532 *Danwerth*, The Regulation of Bitcoin and Other Virtual Currencies under Japanese Law in Comparative Perspektive, ZVglRWiss 2018, 117.

1533 https://complyadvantage.com/de/blog/kryptowaehrungs-bestimmungen-auf-der-ganzen-welt, abgerufen am 12.02.2021.

1534 *Österreichisches BMF* v. 25.07.2017: Steuerliche Behandlung von Kryptowährungen (virtuelle Währungen), verfügbar unter: https://www.steuerberatung-wien22.at/media/22718/Beilage%20122017_BMF%20Info%2007082017.pdf, abgerufen am 09.06.2020.

1535 *Österreichisches BMF*, Steuerliche Behandlung von Krypto-Assets, zuletzt aktualisiert am 01.01.2021, verfügbar unter: https://www.bmf.gv.at/themen/steuern/sparen-veranlagen/steuerliche-behandlung-von-kryptowaehrungen.html, abgerufen am 27.01.2023.

1536 Finanzdepartment des Kantons Basel-Stadt, Merkblatt vom 16.04.2018, verfügbar unter: https://www.steuerverwaltung.bs.ch/nm/2018-merkblatt-ueber-die-besteuerung-von-kryptowaehrungen-und-von-passivem-einkommen-aus-verdiensten-im-internet-fd.html, abgerufen am: 09.06.2020.

A. Bilanzierungsaspekte im Vergleich

In Bezug auf die Bilanzierung und Bewertung von Kryptowährungen im Jahresabschluss nach *IFRS*[1537] gibt es neben einigen nationalen Erwägungen[1538] auch verbindliche Festlegungen anderer Nationen zu dieser Thematik. Bei den *IFRS* handelt es sich um internationale Rechnungslegungsvorschriften für Unternehmen, die vom *International Accounting Standards Board* (*IASB*[1539]) herausgegebenen werden. Unabhängig von nationalen Rechtsvorschriften haben kapitalmarktorientierte Unternehmen gem. EU-Verordnung Nr. 1606/2002 (sog. *IAS*-Verordnung) ihre Konzernabschlüsse seit dem Geschäftsjahr 2005 nach den *IFRS* aufzustellen, soweit diese im sog. Komitologieverfahren in das EU-Recht übernommen worden sind.[1540] Ein Unternehmen ist kapitalmarktorientiert, wenn es als Mutterunternehmen Wertpapiere in Gestalt von Aktien und/oder Schuldverschreibungen zum Handel an einem organisierten Kapitalmarkt innerhalb der Europäischen Union ausgibt.[1541]

In Deutschland sind flankierende Vorschriften zur *IAS*-Verordnung der EU unter anderem durch das Bilanzrechtsreformgesetz erlassen worden. Gem. § 315e Abs. 2 HGB sind auch solche Unternehmen zur Anwendung der *IFRS* verpflichtet, deren Wertpapiere sich erst im Zulassungsprozess befinden.[1542] Zudem können Unternehmen, die Einzelabschlüsse machen, diese freiwillig nach den *IFRS* aufstellen, sofern parallel ein Abschluss nach HGB erstellt wird.[1543]

I. Japan

Der japanische Standardsetzer (Accounting Standards Board of Japan – ASBJ) hat eine sog. Practical Solution on the Accounting for Virtual Currencies under the Payment Service Act (Standard) im März 2018 als Teil der Japanese GAAP veröffentlicht.[1544] Der Anwendungsbereich erstreckte sich erstmalig auf die Geschäftsjahre,

---

1537 IFRS steht für *International Financial Reporting Standards.*

1538 Zur ausführlichen Lektüre *Marx/Dallmann*, PiR 2019, 123–136; *Marx/Dallmann*, NWB 2019, 2352–2359.

1539 *IASB* ist die Abkürzung für *International Accounting Standard Board*, welches ein international besetztes privatwirtschaftliches Gremium aus Rechnungslegungsexperten darstellt. Dieses entwickelt die *Internation Financial Reporting Standards* und hält diese auf dem neuesten Stand.

1540 *Gattung/Keßler* in Heidel/Schall, HGB, 3. Auflage 2020, § 315e HGB, Rn. 4.

1541 *Gattung/Keßler* in Heidel/Schall, HGB, 3. Auflage 2020, § 315e HGB, Rn. 10 ff.

1542 *Driesch* in Beck´sches IFRS-Handbuch, 6. Auflage 2020, § 1. Rechtlicher und organisatorischer Rahmen der Rechnungslegung nach IFRS, Rn. 86.

1543 *Strohn* in Henssler/Strohn, Gesellschaftsrecht, GmbHG, § 29, Rn. 12.

1544 *Marx/Dallmann*, PiR 2019, S. 125–136; *Marx/Dallmann*, NWB 2019, 2352–2359 m. V. a. *Wirth*, CCZ 2018, S. 139; *Petry*, Neue Herausforderungen durch Kryptowährungen, Audit Committee News, Ausgabe 62/Q3 2018, verfügbar unter: https://ass

die am oder nach dem 01.04.2018 begonnen haben. Bereits im Jahr 2016 wurde die zugrunde liegende Definition von digitalen Währungen veröffentlicht. Danach werden virtuelle Währungen als durch ein Computernetzwerk transferierbare geschützte Werteinheit definiert, die gegenüber Dritten als Zahlungsmittel und zum Handel verwendet oder gegen andere digitale Währungen getauscht werden können.[1545] Diese Definition weicht sehr von der deutschen ab, wonach Kryptowährungen als digitale (Quasi-)Währungen mit einem meist dezentralen, stets verteilten und kryptografisch abgesicherten Zahlungssystem verstanden werden.[1546] In Bezug auf die Bilanzierung wird in Japan darauf abgestellt, ob ein aktiver Markt gegeben ist. Ist dem so, sind Kryptowährungen zum Marktwert zu bewerten und Änderungen in der Gewinn-und-Verlust-Rechnung auszuweisen. Liegt kein aktiver Markt vor, so sind die Kryptowährungen zum niedrigeren Wert aus Anschaffungskosten und geschätztem Veräußerungswert erfolgswirksam zu erfassen. Eine anschließende Wertaufholung ist hingegen nicht möglich.[1547]

II. Schweiz

In der Schweiz gibt es hingegen sog. Fachempfehlungen zur Rechnungslegung – sog. *Swiss-GAAP-FER*, welche auf einem dem *IFRS* nachempfundenen Rahmenkonzept beruhen und dem *True-and-fair-view*-Grundsatz folgen. Danach erfüllen Kryptowährungen die Bedingungen von Vermögenswerten. Für Unternehmen, die Kryptowährungen als „Hilfsmittel" für die eigene Leistungserbringung einsetzen, sollen diese als Vorratsvermögen bilanziert werden – mit der Konsequenz, dass die Erstbewertung zu den Anschaffungskosten und die Folgebewertung zum niedrigeren Betrag aus Anschaffungskosten und Marktpreis erfolgt. Werden die Kryptowährungen hingegen zum gängigen Weiterverkauf innerhalb der gewöhnlichen Geschäftstätigkeit gehalten, wird die Anwendung des Niederstwertprinzips

---

ets.kpmg/content/dam/kpmg/ch/pdf/acn62-kryptowaehrungen-de.pdf, abgerufen am 11.10.2020.

1545 *Marx/Dallmann*, PiR 2019, S. 125–136; *Marx/Dallmann* NWB 2019, 2352–2359 m. V. a. *Wirth*, CCZ 2018, S. 139; *Petry*, Neue Herausforderungen durch Kryptowährungen, Audit Committee News, Ausgabe 62/Q3 2018, verfügbar unter: https://assets.kpmg/content/dam/kpmg/ch/pdf/acn62-kryptowaehrungen-de.pdf, abgerufen am 11.10.2020.

1546 https://wirtschaftslexikon.gabler.de/definition/kryptowaehrung-54160, abgerufen am 12.02.2021.

1547 EY Scout, Im Fokus: Bilanzierung von Kryptowährungen, Oktober 2018, S. 35, verfügbar unter: https://assets.ey.com/content/dam/ey-sites/ey-com/de_de/topics/ifrs/ey-im-fokus-bilanzierung-von-kryptovermoegenswerten-oktober-2018.pdf, abgerufen am 12.02.2021.

abgelehnt.[1548] Daneben eröffnen die *Swiss-GAAP-FER* die Möglichkeit, geschäftsmodellunabhängig Kryptowährungen als Finanzinstrumente (Wertschriften) zu definieren. Auch hier kommt es im Hinblick auf die Bewertung wieder auf die Haltedauer an.[1549] Bei langfristiger Halteabsicht ist sowohl eine Bewertung zu den Anschaffungskosten unter Berücksichtigung des Niederstwertprinzips als auch die zum Marktpreis zulässig. Bei Letzterer sind zudem die Wertänderungen in der Gewinn- und Erfolgsrechnung vorzunehmen. Ist hingegen nur eine kurzfristige Haltedauer geplant, erfolgt die Erst- und Folgebewertung anhand des Marktpreises zuzüglich erfolgswirksamer Erfassung der Wertänderungen gemäß dem sog. *fair-value*-Modells.[1550]

III. USA/Kanada

In den USA und Kanada hingegen gibt es noch keine verbindlichen Vorgaben der Standardsetzer. Bei der US-amerikanischen *FASB* gibt es jedoch Gremien, die sich derzeit mit der Ausarbeitung notwendiger Regelungen befassen.[1551]

Der kanadische Standardsetzer, die *IFRS*-Diskussionsgruppe (*IDG*), hat sich dagegen bereits verbindlicher geäußert. Sie vertritt die Ansicht, dass es sich bei Kryptowährungen um aktivierbare Vermögenswerte handelt. Da die eindeutige Kategorisierung nach den bestehenden Standards jedoch ihrer Ansicht nach nicht möglich ist, hat sie die Frage nach der Bilanzierung von Kryptowährungen dem *IASB* vorgelegt.[1552]

1548 *Marx/Dallmann*, StuB 2019, 257 m. V. a. *Petry*, Expert Focus 2018, S. 371 f; *Petry*, Neue Herausforderungen durch Kryptowährungen, Audit Committee News, Ausgabe 62/Q3 2018: verfügbar unter: https://assets.kpmg/content/dam/kpmg/ch/pdf/acn62-kryptowaehrungen-de.pdf, abgerufen am 11.10.2020.

1549 *Marx/Dallmann*, StuB 2019, 257 m. V. a. *Petry*, Expert Focus 2018, S. 371 f; *Petry*, Neue Herausforderungen durch Kryptowährungen, Audit Committee News, Ausgabe 62/Q3 2018: verfügbar unter: https://assets.kpmg/content/dam/kpmg/ch/pdf/acn62-kryptowaehrungen-de.pdf, abgerufen am 11.10.2020.

1550 *Marx/Dallmann*, StuB 2019, 257; *Petry*, Neue Herausforderungen durch Kryptowährungen, Audit Committee News, Ausgabe 62/Q3 2018: verfügbar unter: https://assets.kpmg/content/dam/kpmg/ch/pdf/acn62-kryptowaehrungen-de.pdf, abgerufen am 11.10.2020.

1551 https://www.btc-echo.de/kategorie/politik/regulierung/page/43/, abgerufen am 27.01.2023.

1552 EY Scout International Accounting, Im Fokus: Bilanzierung von Kryptowährungen, Oktober 2018, S. 32, verfügbar unter: https://assets.ey.com/content/dam/ey-sites/ey-com/de_de/topics/ifrs/ey-im-fokus-bilanzierung-von-kryptovermoegenswerten-oktober-2018.pdf, abgerufen am 11.10.2020.

IV. *Australien*

Relativ frühzeitig äußerte sich hingegen der australische Standardsetzer *AASB* im Dezember 2016. In einem Diskussionspapier wurden Möglichkeiten zur Abbildung von Kryptowährungen nach den seinerzeit vorliegenden Standards und *Frameworks* dargestellt. Danach unterfallen Kryptowährungen weder der Definition eines Zahlungsmittels oder -äquivalentes noch stellten sie Finanzinstrumente dar. Stattdessen würden sie immaterielle Vermögenswerte oder Vorratsvermögenswerte darstellen, die zu Handelszwecken im Betriebsvermögen gehalten werden. Die Bewertung solle anhand des *fair-value*-Grundsatzes erfolgen. Danach sind auch hier die jeweiligen Wertänderungen in der Gewinn-und-Verlust-Rechnung aufzuzeigen, ebenso wie der Umstand anzuzeigen ist, ob sie für die eigene Nutzung gehalten werden.[1553]

B. *Fazit*

Im Ergebnis kann festgehalten werden, dass jede der vorgenannten Nationen einen Handlungsbedarf in Bezug auf einheitliche Bilanzierungsregelungen in Bezug auf Kryptowährungen sieht. Einigkeit besteht grundsätzlich darin, dass Kryptowährungen keine Zahlungsmittel oder -äquivalente darstellen. Ebenso besteht Einigkeit über die Aktivierung(spflicht) von Krypto-Token in der Bilanz eines Unternehmens. Die im Übrigen absehbare Tendenz der Bilanzierung als immaterieller Vermögensgegenstand oder als Vorräte zeigt eine Übereinstimmung mit den in dieser Arbeit festgestellten Ergebnissen. Ferner ist ebenfalls eine Tendenz ersichtlich, dass zwischen den einzelnen Krypto-Token-Typen zu differenzieren ist. Wünschenswert in diesem Zusammenhang wäre sicherlich eine stringente einheitliche Vorgabe der *IFRS*, anhand derer jede Nation ihre eigenen Vorgaben ausrichten kann. Festzuhalten ist zudem, dass auch im internationalen Vergleich zwar bereits einige Nationen richtungsweisend tätig geworden sind, jedoch überall noch von einem Handlungsbedarf im Hinblick auf einheitliche rechtliche Vorgaben auszugehen ist.

1553 *Zapf*, Herausforderungen und Chancen bei der Bilanzierung von Kryptowährungen, Junior Management Science 5 (2) 2020, 148–175, verfügbar unter: https://jums.ub.uni-muenchen.de/JMS/article/view/5069, abgerufen am 27.01.2023; *Marx/Dallmann*, PiR 2019, 126.

7. Teil: Schlussbemerkung und Ausblick

Im Folgenden sollen die gewonnenen Ergebnisse noch einmal zusammengefasst und ein Fazit gezogen werden.

1. Abschnitt: Ergebnisse

1. Kryptowährungen fallen nicht unter den originären Geldbegriff. Auch eine Einordnung als Buch- oder elektronisches Geld scheidet aus. Sie stellen auch keine Fremdwährung i. S. d. § 244 Abs. 1 BGB dar.
2. Krypto-Token sind keine Sachen i. S. d. § 90 BGB. Lediglich Kryptowertpapiere i. S. d. eWpG werden wie Sachen i. S. d. § 90 BGB behandelt, s. §§ 2 Abs. 3, 4 Abs. 2 eWpG.
3. Sowohl Krypto-Token als auch Krypto-Coins stellen dem Grunde nach Immaterialgüter dar; ein immaterialgüterrechtlicher Schutz wird ihnen jedoch nicht zuteil. Sie stellen kein sonstiges Recht i. S. d. § 823 Abs. 1 BGB dar.
4. Sowohl Currency- als auch Investment- und Utility-Token sind zivilrechtlich als sonstige Gegenstände i. S. d. § 453 Abs. 1 Alt. 2 BGB zu klassifizieren. Insbesondere Investment-Token stellen kein Wertpapier i. S. d. Zivilrechts, keine Schuldverschreibung i. S. d. § 973 BGB oder Schuldurkunden i. S. d. § 952 BGB dar.
5. Auf der dinglichen Ebene können die einzelnen Krypto-Token mittels Realaktes übertragen werden. Im Rahmen der Abtretung gem. § 398 ff. BGB ist zwischen den einzelnen Typen von Krypto-Token zu unterscheiden. Während Currency-Token keine Rechte gegen einen Emittenten oder Dritten implizieren und sie ihrem Inhaber auch keine Forderung gegenüber Dritten verleihen, stellt die bloße Einräumung eines neuen Blockchaineintrags keine Abtretung dar. Investment- und Utility-Token stellen hingegen auf Grund ihrer Ausgestaltung Forderungen oder sonstige Rechte i. S. d. § 413 BGB dar und sind damit – nach Einzelfallbetrachtung – abtretbar. Schließlich können Krypto-Token auch Gegenstand einer Forderung sein, die abgetreten wird.
6. Da Krypto-Token sonstige Gegenstände i. S. d. § 453 Abs. 1 S. 1 Alt. 2 BGB darstellen, finden auf die schuldrechtliche Übertragung die Vorschriften des Kaufrechts gem. §§ 433 ff. BGB Anwendung. Ebenso verhält es sich, wenn es sich bei dem zugrunde liegenden Schuldverhältnis um einen Tausch i. S. d. § 480 BGB handelt. Dies ist der Fall, wenn der Krypto-Token nicht gegen Entgelt erworben wird.
7. Werden hingegen Krypto-Token als Bezahlmittel eingesetzt, so liegt ein Tauschvertrag i. S. d. § 480 BGB vor. Daneben können Krypto-Token auch als geldwerte Leistung Gegenstand eines Miet-, Dienst- oder Werkvertrags sein.

8. Die Generierung von neuen Krypto-Coins mittels *Lending* ist als ein entgeltlicher Anschaffungsvorgang und der mittels eines *Air-Drops* als unentgeltlicher Anschaffungsvorgang zu qualifizieren.
9. Investment-Token sind – je nach Ausgestaltung – Wertpapiere i. S. d. § 2 Abs. 1 WpHG oder Vermögensanlagen i. S. d. § 2 Abs. 4 Nr. 7 WpHG, § 1 Abs. 2 VermAnlG. Currency-Token sind Rechnungseinheiten i. S. d. § 1 Abs. 11 S. 1 KWG, wohingegen Utility-Token unreguliert sind.
10. Currency-Token sind sonstige Wirtschaftsgüter i. S. d. § 23 Abs. 1 Nr. 2 EStG. Werden sie innerhalb eines Jahres erworben und wieder veräußert, ist der erzielte Gewinn – sofern er mehr als 600,00 € beträgt – als privates Veräußerungsgeschäft gem. § 22 Nr. 2 i. V. m. § 23 Abs. 1 S. 1 Nr. 2 EStG steuerbar. Sofern sie nicht an Dritte verliehen oder gegen eine Gebühr überlassen werden, ist die Veräußerung nach Ablauf der Jahresfrist nicht steuerbar, s. § 23 Abs. 1 S. 1 Nr. 2 S. 4 EStG. Die Hingabe von Currency-Token zum Erwerb von Waren oder Dienstleistungen ist steuerrechtlich als Tausch zu qualifizieren, dessen Steuerbarkeit sich ebenfalls nach § 22 Nr. 2 i. V. m. § 23 Abs. 1 S. 1 Nr. 2 EStG richtet.
11. Der Umtausch von Kryptowährungen in Fiat-Geld ist nicht steuerbar. Der Umtausch von Kryptowährungen untereinander stellt hingegen ein privates Veräußerungsgeschäft gem. § 22 Nr. 2 i. V. m. § 23 Abs. 1 S. 1 Nr. 2 EStG dar.
12. Bisher ist von einer Anwendbarkeit der FiFo-Methode im Rahmen des Erwerbs und der Veräußerung von Krypto-Token auszugehen; wie umfänglich die Mitwirkungspflicht i. S. d. § 90 AO ist, ist anhand des Einzelfalls zu betrachten, wobei eine irgendwie geartete Dokumentation des An- und Verkaufs ratsam ist.
13. Sowohl beim *Staking* als auch beim *Lending* kommt es nicht zu einer Verlängerung der Haltefrist gem. § 23 Abs. 1 S. 1 Nr. 2 S. 4 EStG, da kein vom Grunderwerb zu trennender zweiter Anschaffungs- bzw. Veräußerungsvorgang gegeben ist.
14. Gewährt ein Equity-Token seinem Inhaber Gewinnbezugsrechte, Wertminderungsrisiken bzw. Wertsteigerungschancen oder Stimmrechte, wodurch diesem eine Stellung als Quasi-GmbH-Gesellschafter oder -Aktionär zukommt, sind die daraus generierten Einnahmen nach § 20 Abs. 1 Nr. 1 EStG zu versteuern.
15. Debt-Token, die ihrem Inhaber Gewinne in Fiat-Geld generieren, führen zu Einkünften gem. § 20 Abs. 1 Nr. 7 EStG. Stellen sie hingegen partiarische Darlehen oder stille Beteiligungen dar, sind die Einkünfte nach § 20 Abs. 1 Nr. 4 EStG zu versteuern. Vermitteln sie schließlich weder Geldeinkünfte noch Gewinnbeteiligungen, liegen Gewinne nach § 22 Nr. 3 EStG vor. Stellen Investment-Token hingegen derivative Finanzinstrumente dar, so richtet sich die Besteuerung – je nach Ausgestaltung – nach § 20 Abs. 2 Nr. 3 Buchst. a oder b EStG.

16. Der Veräußerungsgewinn von Investment-, Debt- und Equity-Token ist nach § 20 Abs. 2 Nr. 1, 3 Buchst. a oder b, 4 oder 7 EStG – je nach Ausgestaltung – steuerbar.
17. Mangels zentraler Stelle ist es Aufgabe des Investors, die Kapitalertragsteuer zu zahlen. Den Emittenten trifft lediglich eine Anzeigepflicht gegenüber dem Finanzamt, dass die Investoren ihm die angefallene Kapitalertragsteuer nicht zur Verfügung gestellt haben, s. § 44 Abs. 1 S. 10 EStG.
18. Der Gewinn aus dem reinen An- und Verkauf von Utility-Token ist ebenfalls als privates Veräußerungsgeschäft gem. § 22 Nr. 2 i. V. m. § 23 Abs. 1 Nr. 2 EStG steuerbar. Die Nutzung von Utility-Token ist hingegen nicht steuerbar.
19. Einkünfte aus sog. *Lending* stellen Einkünfte i. S. d. § 22 Nr. 3 EStG dar. Hierbei kommt es nicht zu einer Verlängerung der Haltefrist gem. § 23 Abs. 1 Nr. 2 S. 4 EStG.
20. Der Erhalt von Krypto-Coins mittels eines *Air-Drops* ist weder nach § 22 Nr. 3 EStG noch nach § 7 Abs. 1 S. 1 Nr. 1 ErbStG steuerbar. Mangels Anschaffungsvorgangs ist auch die anschließende Veräußerung der mittels eines *Air-Drops* generierten Krypto-Coins nicht steuerbar.
21. Beim Erhalt von Krypto-Coins im Zuge eines *ICOs* handelt es sich steuerrechtlich um einen Tausch, der nach § 22 Nr. 2 i. V. m. § 23 Abs. 1 S. 1 Nr. 2 EStG steuerbar ist.
22. Die Veräußerung von durch *Staking* generierten Krypto-Coins ist mangels Anschaffungsvorgangs nicht steuerbar. Es kommt infolge der teleologischen Reduktion des § 23 Abs. 1 S. 1 Nr. 2 S. 4 EStG beim *Staking* auch nicht zu einer Verlängerung der Haltefrist.
23. Der Erhalt von Krypto-Coins durch *Masternoding* ist anhand des Einzelfalls zu bestimmen; liegt ein solches Handelsvolumen vor, dass eine Gewerblichkeit anzunehmen ist, liegen Einkünfte aus § 15 Abs. 1 EStG vor, im Übrigen ist keine Steuerbarkeit gegeben. Bei der späteren Veräußerung ist dieser Vorgang hingegen nur im Fall der Gewerblichkeit gem. § 15 Abs. 1 Nr. 1 EStG steuerbar, ansonsten ist mangels Anschaffungsvorgangs keine Steuerbarkeit gegeben.
24. Der Zugang von Krypto-Coins im Zuge einer *Hard-Fork* ist weder nach § 22 Nr. 3 EStG noch nach § 7 Abs. 1 Nr. 1 ErbStG steuerbar. Der Zugang der neuen Krypto-Coins ist auch nicht steuerverhaftet.
25. Vielmehr sind die Anschaffungskosten der mittels einer *Hard-Fork* durch sog. *Claiming* zugehenden Krypto-Coins gem. § 20 Abs. 4a S. 5 EStG analog bzw. im Fall von Investment-Token (die Rechte i. S. d. § 20 Abs. 4a S. 5 EStG beinhalten) in direkter Anwendung mit 0,00 € anzusetzen.
26. Der Gewinn aus der Veräußerung von Investment-Token aus einer *Hard-Fork* ist nach § 20 Abs. 2 Nr. 1 EStG steuerbar; in Bezug auf Currency- und Utility-Token ist hingegen weder direkt nach analog eine Besteuerung gem. § 20 Abs. 2 EStG möglich, insoweit besteht eine Besteuerungslücke.
27. Gelegentliches Mining in einem begrenzten Umfang ist als private Vermögensverwaltung nicht steuerbar; die hierbei erhaltenen Verifizierungskosten sind hingegen nach § 22 Nr. 3 EStG zu versteuern.

28. Für die Bestimmung des gewerblichen Minings in Abgrenzung zur privaten Vermögensverwaltung gibt es derzeit keine trennscharfen verbindlichen Abgrenzungskriterien. Es ist anhand der spezifischen Kryptowährung zu entscheiden, ob hohe Investitionskosten, An- und Verkäufe, das Auftreten und Anbieten am Markt sowie das allgemeine Geschäftsgebaren eine Einordnung als gewerbliche Einkünfte i. S. d. § 15 Abs. 1 EStG zulassen.
29. Das Minen von Krypto-Coins im Rahmen eines *Mining-Pools* führt beim jeweiligen Miner/Steuerpflichtigen zu Einnahmen aus Gewerbebetrieb gem. § 15 Abs. 1, 2 EStG.
30. Im Rahmen des *Cloudminings* führt – sofern keine Gewerblichkeit gegeben ist – weder die Zahlung des Entgelts für die Kapitalüberlassung noch der Gewinn in Currency-Token zu einem steuerbaren Gewinn beim Nutzer. Der Erhalt der Transaktionsgebühren hingegen führt zu steuerbaren Einnahmen gem. § 22 Nr. 3 EStG. Auf Seiten des Dienstleisters liegen gewerbliche Einkünfte vor, die entweder nach § 15 Abs. 1, 2 EStG oder nach §§ 8, 23 KStG besteuert werden.
31. Krypto-Token sind abstrakt aktivierungspflichtig und im Jahresabschluss ansatzpflichtig.
32. Durch Mining generierte Krypto-Coins sind im Umlaufvermögen als fertige Erzeugnisse und damit als Vorräte i. S. d. § 266 Abs. 2 B. I. HGB zu bilanzieren. Im Rahmen des Anlagevermögens sind sie indes als selbst geschaffene immaterielle Vermögensgegenstände gem. § 266 Abs. 2 A. I. Nr. 1 HGB bilanzierbar.
33. Currency-Token sind als sonstige Vermögensgegenstände des Umlaufvermögens gem. § 266 Abs. 2 B. II. Nr. 4 HGB zu bilanzieren. Im Rahmen des Anlagevermögens werden sie als immaterielle Vermögensgegenstände gem. § 266 Abs. 2 A. I. Nr. 2 HGB bilanziert.
34. Investment-Token sind – je nach konkreter Ausgestaltung – im Anlagevermögen als Wertpapiere des Anlagevermögens oder als sonstige Ausleihungen gem. § 266 Abs. 2 A. III. Nr. 5 bzw. 6 HGB oder als Anteile am Unternehmen gem. § 266 Abs. 2 A. III. Nr. 3 HGB zu bilanzieren.
35. Im Umlaufvermögen sind Investment-Token – je nach Ausgestaltung – als Anteile an verbundenen Unternehmen gem. § 266 Abs. 2 B. III. Nr. 1 HGB oder sonstige Wertpapiere gem. § 266 Abs. 2 B. III. Nr. 2 HGB in der Bilanz anzuweisen.
36. Utility-Token sind im Rahmen des Umlaufvermögens als sonstige Vermögensgegenstände gem. § 266 Abs. 2 B. II. Nr. 4 HGB auszuweisen. Im Anlagevermögen sind Utility-Token als immaterielle Vermögensgegenstände gem. § 266 Abs. 2 A. I. Nr. 2 HGB zu bilanzieren.
37. Das Aktivierungsverbot des § 248 Abs. 1 HGB greift nicht für Aufwendungen i. S. d. § 248 Abs. 1 HGB für Currency-Token. In Bezug auf Aufwendungen für Utility-Token, die im Rahmen eines *ICOs* ausgegeben werden, besteht hingegen ein Aktvierungsverbot. Ebenso ist dies bei Investment-Token so, sofern sie Eigenkapitalcharakter aufweisen.

38. In Bezug auf durch Mining generierte Krypto-Coins besteht gem. § 248 Abs. 2 S. 1 HGB hingegen ein Ansatzwahlrecht für die damit einhergehenden Aufwendungen.
39. Stellen die Krypto-Token immaterielle Vermögensgegenstände des Anlagevermögens dar, so besteht das Bilanzierungsverbot gem. § 248 Abs. 2 S. 2 für die damit einhergehenden Aufwendungen.
40. In der Steuerbilanz sind entgeltlich erworbene Currency-Token als immaterielles Wirtschaftsgut des Anlage- oder Umlaufvermögens zu aktivieren, s. § 6 Abs. 1 Nr. bzw. Nr. 2 S. 1 EStG. Stellen sie hingegen selbst geschürfte Krypto-Coins dar, greift das Aktivierungsverbot des § 5 Abs. 2 EStG.
41. Investment-Token sind als Finanzanlagen des Anlagevermögens in Gestalt von Wertpapieren des Anlagevermögens i. S. d. § 266 Abs. 2 A. III. Nr. 5 HGB bzw. als sonstige Ausleihung i. S. d. § 266 Abs. 2 A. III. Nr. 6 HGB in der Steuerbilanz auszuweisen. Im Übrigen sind sie – je nach Ausgestaltung – in der Bilanz entweder als immaterieller Vermögensgegenstand des Anlagevermögens oder als ein separater Posten unter den Wertpapieren gem. § 265 Abs. 5 S. 1 HGB zu aktivieren. Im Rahmen des Umlaufvermögens sind sie als sonstige Wertpapiere i. S. d. § 266 Abs. 2 B. III. Nr. 2 HGB zu aktivieren.
42. Utility-Token sind, sofern sie einlösbar sind, als Verbindlichkeit zu ihrem Nennwert gem. § 6 Abs. 1 Nr. 5 i. V. m. Nr. 3 EStG in der Steuerbilanz des Herstellers bzw. Verkäufers zu passivieren. Im Übrigen stellen sie sonstige Vermögensgegenstände des Umlaufvermögens (§ 266 Abs. 2 B. II. Nr. 4 HGB) bzw. immaterielle Vermögensgegenstände des Anlagevermögens (§ 266 Abs. 2 A. I. Nr. 2 HGB) dar.
43. Bei Currency-Token kommt dann eine Teilwertabschreibung in Betracht, wenn eine voraussichtlich dauernde Wertminderung infolge anderer wirtschaftlicher Umstände zu befürchten ist; Investment-Token sind nach den Teilwertabschreibungsgrundsätzen für börsennotierte, börsengehandelte und aktienindexbasierte Wertpapiere des Anlage- und Umlaufvermögens zu behandeln. Im Rahmen von Utility-Token ist die zugrunde liegende Forderung maßgeblich; nur bei einem tatsächlichen Wertverlust der Forderung ist eine Teilwertabschreibung denkbar.
44. In Bezug auf geforkte Krypto-Coins besteht eine Aktivierungspflicht in der Steuerbilanz, soweit sie sich im Umlaufvermögen befinden; der erfolgswirksame Zugang ist mit dem Zeitwert anzusetzen, der mit dem gemeinen Wert nach § 6 Abs. 4 EStG zu bewerten ist. Für geforkte Krypto-Coins, die sie sich im Anlagevermögen befinden, greift hingegen das Aktivierungsverbot des § 5 Abs. 2 EStG.
45. Sowohl die entgeltliche als auch die unentgeltliche Veräußerung von geforkten Krypto-Coins – egal welchen Krypto-Coin-Typs – führt zu einer bilanzierungspflichtigen Betriebseinnahme und stellt damit einen steuerbaren Vorgang dar.

46. Beim Mining handelt es sich um eine sonstige Leistung i. S. d. § 3 Abs. 9 UStG, der Leistungsort bestimmt sich nach § 3a Abs. 5 S. 2 Nr. 3 UStG bzw. § 3a Abs. 2 UStG.
47. Der Umtausch von Kryptowährungen in Fiat-Geld stellt grundsätzlich eine umsatzsteuerbare Leistung dar, die jedoch steuerbefreit ist.
48. Die im Rahmen eines *ICOs* ausgegebenen Utility-Token können je nach Ausgestaltung Einzweck- oder Mehrzweckgutscheine i. S. d. EU-Gutscheinrichtlinie darstellen. Die Ausgabe von Utility-Token im Zuge eines *ICOs* ist eine sonstige Leistung in Gestalt einer auf elektronischem Weg erbrachten Leistung i. S. d. § 3a Abs. 5 Nr. 3 UStG. Der Leistungsort bestimmt sich dabei – vorbehaltlich der Fälle von § 3a Abs. 6 UStG – danach, wo der Leistungsempfänger seinen Wohnsitz hat.
49. Ein etwaiger Pachtvertrag in Zusammenhang mit Mining-Farmen in einem Quellenstaat, deren Betreiber in einem anderen Vertragsstaat ansässig sind, kann, je nach Ausgestaltung, unter Art. 6 OECD-MA fallen.
50. Unternehmenseinkünfte, die in Zusammenhang mit Kryptowährungen generiert werden, sei es über das Betreiben von Mining-Farmen oder *Mining-Pools*, in Gestalt von Gewinnen aus der Ausgabe von Utility-Token oder Hybrid-Token mittels eines *ICOs* oder in Gestalt sonstiger Gewinne, die ein Unternehmen mit Kryptowährungen einfährt, fallen unter Art. 7 OCED-MA.
51. Gewinne aus Investment-, Debt- oder Equity-Token können entweder Dividenden- oder Zinserträge i. R. d. OECD-MA darstellen. Damit unterfallen derartige Einkünfte der Besteuerung nach Art. 10 bzw. Art. 11 OECD-MA.

2. Abschnitt: Fazit

Kryptowährungen sind mittlerweile ein nicht mehr wegzudenkender Wirtschaftsaspekt, der nicht nur für hochrisikobehaftete Spekulationsgeschäfte genutzt wird. Infolge der ihnen zugrunde liegenden Dezentralität und Unabhängigkeit von zentralen Finanzinstituten haben sie weltweit ein großes Interesse geweckt. Indem sie so auch Einzug in den heutigen Wirtschaftskreislauf sowohl bei Privatpersonen als auch bei Unternehmen gefunden haben, ist die Frage der jeweiligen Besteuerung der einzelnen Transaktionen oder Generierungen unumgänglich geworden. Wie die Ergebnisse dieser Arbeit aufzeigen, gibt sowohl das deutsche als auch das internationale Steuerrecht eine solide Basis her, um die meisten Geschäftsvorfälle einer gerechten Besteuerung zu unterwerfen. Dennoch sollte es Aufgabe sowohl des Gesetzgebers als auch der Finanzverwaltungen sein, sich mit dieser Thematik intensiver auseinanderzusetzen. Die Praxis zeigt deutlich auf, dass viele Frage offen sind und auch Steuerberater oft nicht wissen, wie welche Gewinne gegenüber dem Finanzamt erklärt werden sollen. Vor dem Hintergrund der §§ 370, 378 AO und der Haftung des Steuerberaters bei Falschberatung handelt es sich zudem auch um ein heikles Terrain.

Deutlich wird dies bei der Frage der Besteuerung von Gewinnen von Krypto-Coins aus einer *Hard-Fork*. An diesem Punkt wird ersichtlich, dass der Gesetzgeber tätig werden muss oder zumindest die Finanzverwaltungen einheitliche, den technischen Grundlagen der *Hard-Fork* entsprechende Vorgaben veröffentlichen müssen. Ähnlich verhält es sich bei vielen Fragen zur Bilanzierung. Da sich die bisherige Literatur und auch die bis dato ergangenen Gerichtsentscheidungen ausschließlich mit dem Bitcoin und somit mit Currency-Token auseinandergesetzt haben, wird ebenfalls augenfällig, dass auch eine Handlungspflicht für konkrete Regelungen für die übrigen Krypto-Token-Typen besteht. Sicherlich kann dem technischen Fortschritt im Rahmen der Kryptowährungen nicht in jeder Hinsicht rechtlich detailliert Rechnung getragen werden. Es sollte jedoch ein Anspruch dahingehend bestehen, dass zumindest die Krypto-Token-Typen, die sich in den letzten zwölf Jahren herauskristallisiert haben, einer individuellen Besteuerung unterworfen werden können. Im Hinblick auf die zumeist grenzüberschreitenden Sachverhalte wäre es zudem wünschenswert, wenn die einzelnen Nationen einander angeglichene Regelungen finden würden.

Im Ergebnis bleibt es also spannend, wie sich der Markt der Kryptowährungen entwickeln und der Gesetzgeber und die Finanzverwaltung steuerrechtlich darauf reagieren werden.

www.ingramcontent.com/pod-product-compliance
Ingram Content Group UK Ltd.
Pitfield, Milton Keynes, MK11 3LW, UK
UKHW022104051026
15623UKWH00003B/665

9 783631 892244